suhrkamp taschenbuch
wissenschaft 2336

Michel Foucaults Vorlesungen aus den Jahren 1972 und 1973 untersuchen die Beziehungen zwischen Recht und Wahrheit und wie beide sich verbunden haben, um zur Entstehung eines neuen Strafregimes beizutragen. Sie sollten der Vorbereitung von Foucaults wirkmächtigem Buch *Überwachen und Strafen* dienen, entfalten aber eine ganz eigene Dynamik, die über eine Genealogie des Gefängnissystems hinausgeht und die gesamte kapitalistische Gesellschaft in den Blick nimmt als eine spezifische Organisation vielfältiger Regelverstöße. *Die Strafgesellschaft* kann daher zu den großen Werken über die Geschichte des Kapitalismus gezählt werden.

Michel Foucault (1926-1984) hatte von 1970 an den Lehrstuhl für die Geschichte der Denksysteme am Collège de France in Paris inne. Sein Werk liegt im Suhrkamp Verlag vor.

Michel Foucault
Die Strafgesellschaft

Vorlesungen am Collège de France
1972-1973

Aus dem Französischen von
Andrea Hemminger

Suhrkamp

Titel der Originalausgabe: Michel Foucault,
La société punitive. Cours au Collège de France (1972-1973)

Diese Ausgabe wurde unter der Leitung von François Ewald und Alessandro Fontana von Bernard E. Harcourt herausgegeben.

Die Arbeit der Übersetzerin am vorliegenden Text wurde vom Deutschen Übersetzerfonds gefördert.

Bibliografische Information der Deutschen Nationalbibliothek
Die Deutsche Nationalbibliothek verzeichnet diese Publikation in der Deutschen Nationalbibliografie; detaillierte bibliografische Daten sind im Internet über http://dnb.d-nb.de abrufbar.

Erste Auflage 2021
suhrkamp taschenbuch wissenschaft 2336

Umschlag nach Entwürfen von
Willy Fleckhaus und Rolf Staudt
Druck und Bindung: C.H. Beck, Nördlingen
Printed in Germany
ISBN 978-3-518-29936-4

Inhalt

Vorwort

Michel Foucault hat am Collège de France von Dezember 1970 bis zu seinem Tod im Juni 1984 gelehrt, mit Ausnahme des Jahres 1977, seinem Sabbatjahr. Sein Lehrstuhl trug den Titel: »*Geschichte der Denksysteme*«.
Dieser wurde am 30. November 1969 auf Vorschlag von Jules Vuillemin von der Generalversammlung der Professoren des Collège de France anstelle des Lehrstuhls der »Geschichte des philosophischen Denkens« eingerichtet, den Jean Hyppolite bis zu seinem Tod innehatte. Dieselbe Versammlung wählte Michel Foucault am 12. April 1970 zum Lehrstuhlinhaber.[1] Er war 43 Jahre alt.
Michel Foucault hielt seine Antrittsvorlesung am 2. Dezember 1970.[2]
Der Unterricht am Collège de France gehorcht besonderen Regeln: Die Professoren sind verpflichtet, pro Jahr 26 Unterrichtsstunden abzuleisten (davon kann höchstens die Hälfte in Form von Seminarsitzungen abgegolten werden).[3] Sie müssen jedes Jahr ein neuartiges Forschungsvorhaben vorstellen, wodurch sie gezwungen sein sollen, jeweils einen neuen Unterrichtsinhalt zu bieten. Es gibt keine Anwesenheitspflicht für die Vorlesungen und Seminare; sie setzen weder ein Aufnahmeverfahren noch ein Diplom voraus. Und der Professor stellt auch keines aus.[4] In der Terminologie des Collège de France

1 Michel Foucault hatte für seine Kandidatur ein Plädoyer unter folgender Formel abgefasst: »Man müßte die Geschichte der Denksysteme unternehmen« (»Titres et Travaux«, in: *Dits et Ecrits, 1954-1988*, hg. v. Daniel Defert und François Ewald unter Mitarbeit von Jacques Langrange, Paris: Gallimard, 1994, Bd. 1, 1954-1969, S. 842-846, bes. 846; dt.: »Titel und Arbeiten«, in: ders., *Dits et Ecrits. Schriften*, Bd. 1, 1954-1969, Frankfurt/M.: Suhrkamp, 2001, S. 1069-1075, bes. S. 1074f.).

2 In der Éditions Gallimard im März 1971 unter dem Titel *L'Ordre du discours* (*Die Ordnung des Diskurses*) publiziert.

3 Was Michel Foucault bis Anfang der 80er Jahre machte.

4 Im Rahmen des Collège de France.

heißt das: Die Professoren haben keine Studenten, sondern Hörer.

Die Vorlesungen von Michel Foucault fanden immer mittwochs statt, von Anfang Januar bis Ende März. Die zahlreiche Hörerschaft aus Studenten, Dozenten, Forschern und Neugierigen, darunter zahlreiche Ausländer, füllte zwei Amphitheater im Collège de France. Michel Foucault hat sich häufig über die Distanz zwischen sich und seinem Publikum und über den mangelnden Austausch beschwert, die diese Form der Vorlesung mit sich brachte.[5] Er träumte von Seminaren als dem Ort echter gemeinsamer Arbeit. Er machte dazu verschiedene Anläufe. In den letzten Jahren widmete er gegen Ende seiner Vorlesungen immer eine gewisse Zeit der Beantwortung von Hörerfragen.

Ein Journalist des *Nouvel Observateur*, Gérard Petitjean, gab die Atmosphäre mit folgenden Worten wieder: »Wenn Foucault die Arena betritt, eiligen Schritts vorwärtspreschend, wie jemand, der zu einem Kopfsprung ins Wasser ansetzt, steigt er über die Sitzenden hinweg, um zu seinem Pult zu gelangen, schiebt die Tonbänder beiseite, um seine Papiere abzulegen, zieht sein Jackett aus, schaltet die Lampe an und legt los, mit hundert Stundenkilometern. Mit fester und durchdringender Stimme, die von Lautsprechern übertragen wird, als einzigem Zugeständnis an die Modernität eines mit nur einer Lampe erhellten Saals, die ihren Schein zum Stuck hochwirft. Auf dreihundert Sitzplätze pferchen sich fünfhundert Leute, saugen noch den letzten Freiraum auf ... Keinerlei rhetorische Zugeständnisse. Alles transparent und unglaublich effizient. Nicht das kleinste Zugeständnis an die Improvisation. Foucault hat

---

5 Michel Foucault verlegte 1976 in der – vergeblichen – Hoffnung, die Hörerschaft zu reduzieren, den Vorlesungsbeginn von 17 Uhr 45 am späten Nachmittag auf 9 Uhr morgens. Vgl. den Anfang der ersten Vorlesung (am 7. Januar 1976) von *Il faut défendre la société. Cours au Collège de France (1975-76)*, unter Leitung von François Ewald und Alessandro Fontana hg. von Mauro Bertani und Alessandro Fontana, Paris: Gallimard – Seuil, 1997 [dt. von M. Ott: *In Verteidigung der Gesellschaft. Vorlesungen am Collège de France (1975-76)*, Frankfurt/M.: Suhrkamp, 1999].

pro Jahr zwölf Stunden, um in öffentlichem Vortrag den Sinn seiner Forschung des zu Ende gehenden Jahres zu erklären. Daher drängt er alles maximal zusammen und füllt die Randspalten, wie jene Korrespondenten, die noch immer allerhand zu sagen haben, wenn sie längst am Fuß der Seite angekommen sind. 19 Uhr 15. Foucault hält inne. Die Studenten stürzen zu seinem Pult. Nicht um mit ihm zu sprechen, sondern um die Kassettenrekorder abzuschalten. Niemand fragt etwas. In dem Tohuwabohu ist Foucault allein.« Und Foucault dazu: »Man müsste über das von mir Vorgestellte diskutieren. Manchmal, wenn die Vorlesung nicht gut war, würde ein Weniges genügen, eine Frage, um alles zurechtzurücken. Aber diese Frage kommt nie. In Frankreich macht die Gruppenbindung jede wirkliche Diskussion unmöglich. Und da es keine Rückkopplung gibt, wird die Vorlesung theatralisch. Ich habe zu den anwesenden Personen eine Beziehung wie ein Schauspieler oder Akrobat. Und wenn ich aufhöre zu sprechen, die Empfindung totaler Einsamkeit.«[6]

Michel Foucault ging seinen Unterricht wie ein Forscher an: Erkundungen für ein zukünftiges Buch, auch Rodungen für zu problematisierende Felder, die sich wie Einladungen an werdende Forscher anhörten. Auf diese Weise verdoppeln die Vorlesungen im Collège nicht die veröffentlichten Bücher. Sie nehmen diese nicht skizzenartig vorweg, auch wenn die Themen der Vorlesungen und Bücher die gleichen sind. Sie haben ihren eigenen Status und ergeben sich aus dem Einsatz eines bestimmten Diskurses im Gesamt der von Michel Foucault erstellten »philosophischen Akten«. Er breitet darin insbesondere das Programm einer Genealogie der Beziehungen von Wissen und Macht aus, im Hinblick auf welche er seine Arbeit – im Gegensatz zu der einer Archäologie der Diskursformationen, die sie bisher angeleitet hatte – reflektieren wird.[7]

---

6 Gérard Petitjean, »Les Grands Prêtres de l'université française«, *Le Nouvel Observateur*, 7. April 1975.

7 Vgl. insb. »Nietzsche, die Genealogie, die Historie«, in: ders., *Dits et Ecrits. Schriften, Bd. II, 1970-1975*, Frankfurt/M.: Suhrkamp, 2002, S. 166-191.

Die Vorlesungen hatten auch ihre Funktion innerhalb des Zeitgeschehens. Der Hörer, der ihnen folgte, wurde nicht nur von der Erzählung, die Woche für Woche weitergestrickt wurde, eingenommen; er wurde nicht nur durch die Stringenz des Vortrags verführt; er fand darin auch eine Erhellung der Tagesereignisse. Die Kunst Michel Foucaults bestand in der Durchquerung des Aktuellen mittels der Geschichte. Er konnte von Nietzsche und Aristoteles sprechen, von psychiatrischen Gutachten des 19. Jahrhunderts oder der christlichen Pastoral, der Hörer bezog daraus immer Einsichten in gegenwärtige und zeitgenössische Ereignisse. Michel Foucaults Stärke lag bei diesen Vorlesungen in dieser subtilen Verbindung von Gelehrsamkeit, persönlichem Engagement und einer Arbeit am Ereignis.

*

Die in den 70er Jahren entwickelten und perfektionierten Kassettenrecorder haben das Pult von Michel Foucault in Windeseile erobert. Auf diese Weise wurden die Vorlesungen (und gewisse Seminare) aufbewahrt.

Diese Ausgabe hat das öffentlich vorgetragene Wort von Michel Foucault zum Referenten, sofern die Aufnahmen erhalten blieben. Sie bietet dessen möglichst wortgetreue Nachschrift.[8] Wir hätten es gerne als solches wiedergegeben. Aber die Umwandlung des Mündlichen ins Schriftliche verlangt den Eingriff des Herausgebers: Zumindest eine Zeichensetzung muss eingeführt und das Ganze in Absätze unterteilt werden. Das Prinzip war indes, so nah wie möglich an der tatsächlich vorgetragenen Vorlesung zu bleiben.

Wenn es *unabdingbar* erschien, wurden Wiederaufnahmen und Wiederholungen weggelassen; unvollendete Sätze wurden zu Ende geführt und unrichtige Konstruktionen berichtigt.

---

8 Insbesondere sind die von Gilbert Burlet und Jacques Lagrange erstellten Tonbandaufnahmen verwendet worden, die auch beim Collège de France und beim IMEC (Institut mémoires de l'édition contemporaine) deponiert sind.

Auslassungspunkte zeigen an, dass die Aufzeichnung unverständlich ist. Wenn der Satz unverständlich ist, haben wir in eckigen Klammern das vermutete Fehlende eingefügt oder ergänzt.
Ein Sternchen am Fuß der Seite gibt die signifikanten Abweichungen der Aufzeichnungen Michel Foucaults vom Vorgetragenen wieder.
Die Zitate wurden überprüft und die verwendeten Textbezüge angegeben. Der kritische Apparat beschränkt sich darauf, dunkle Punkte zu erhellen, gewisse Anspielungen zu erläutern und kritische Punkte zu präzisieren.
Um die Lektüre zu erleichtern, wurde jeder Vorlesung eine Zusammenfassung vorangestellt, die die Schwerpunkte der Ausführungen angibt.
Für das Jahr 1972-1973 liegt uns die Aufnahme, die Gilbert Burlet von der Vorlesung Michel Foucaults gemacht hat, nicht mehr vor, wir verfügen jedoch über ein Typoskript, das Jacqueline Germé angefertigt hat. Dieses Typoskript und das Vorlesungsmanuskript bildeten die Grundlage für die Erstellung dieses Texts. Bernard E. Harcourt legt in seiner »Situierung« genauer dar, welche Regeln dabei befolgt wurden.[9]
Dem Vorlesungstext folgt die Zusammenfassung, die im *Jahresbericht des Collège de France* abgedruckt wurde. Michel Foucault verfasste sie im Allgemeinen im Juni, also einige Zeit nach Beendigung der Vorlesung. Für ihn war das eine gute Gelegenheit, im Nachhinein deren Intention und Ziele herauszuarbeiten. Sie ist deren beste Präsentation.
Jeder Band wird mit einer »Situierung« abgerundet, für die der Herausgeber verantwortlich zeichnet: Darin sollen dem Leser Hinweise zum biographischen, ideologischen und politischen Kontext geliefert, die Vorlesung in das veröffentlichte Werk eingeordnet und Hinweise hinsichtlich ihrer Stellung innerhalb des verwendeten Korpus gegeben werden, um sie leichter verständlich zu machen und Missverständnisse zu vermeiden, die sich

9 Vgl. S. 313f.; dt.: S. 412f.

aus dem Vergessen der Umstände, unter welchen jede der Vorlesungen erarbeitet und gehalten wurde, ergeben könnten. Die Vorlesung des Jahres 1973 wird von Bernard E. Harcourt herausgegeben.
Mit dieser Ausgabe der Vorlesungen des Collège de France wird eine neue Seite des »Werks« von Michel Foucault publiziert. Es geht im eigentlichen Sinn nicht um Unveröffentlichtes, da diese Ausgabe das öffentlich von Michel Foucault vorgetragene Wort wiedergibt und die Textstütze, auf die er zurückgriff und die unter Umständen sehr ausgefeilt war, vernachlässigt.
Diese Ausgabe der Vorlesungen am Collège de France wurde von den Erben Michel Foucaults autorisiert, die der großen Nachfrage in Frankreich wie anderswo entgegenzukommen suchten. Und das unter unbestreitbar ernsthaften Voraussetzungen. Die Herausgeber suchten dem Vertrauen, das in sie gesetzt wurde, zu entsprechen.

François Ewald und Alessandro Fontana

Alessandro Fontana ist am 17. Februar 2013 verstorben, bevor er die Herausgabe von Michel Foucaults Vorlesungen am Collège de France, zu deren Initiatoren er gehörte, zu Ende führen konnte. Da der Stil und die Gründlichkeit, die er dieser Edition zu verleihen verstand, bis zu ihrer Fertigstellung beibehalten werden sollen, zeichnet er weiterhin für sie verantwortlich. – *F. E.*

Vorlesung 1
(Sitzung vom 3. Januar 1973)

Klassifikation der Gesellschaften: feuerbestattende und erdbestattende; assimilierende und ausschließende. Die Unzulänglichkeit des Begriffs des Ausschlusses. Die psychiatrische Klinik. Die Unzulänglichkeit des Begriffs der Überschreitung. – Gegenstand der Vorlesung: Kritik der Begriffe des Ausschlusses und der Überschreitung und Analyse der ausgeklügelten Taktiken der Sanktion. (I) Die vier Strafrechtstaktiken: 1/ausschließen; 2/eine Entschädigung auferlegen; 3/brandmarken; 4/einschließen. – Ausgangshypothese: Klassifikation der Gesellschaften nach Ausschluss, Freikauf, Brandmarkung oder Einschluss. – Mögliche Einwände und Antwort: die gleich bleibenden Strafen haben innerhalb der vier Straftaktiken unterschiedliche Funktionen. Der Fall der Geldbuße. Der Fall der Todesstrafe. Damiens und die Macht des Souveräns. Die Todesstrafe als Steigerung der heutigen Einsperrung. (II) Der Ebene der Straftaktiken ihre Eigenständigkeit zurückgeben: 1/sie in das Innere der Sphäre der Macht verlegen; 2/die Kämpfe und Proteste rund um die Macht untersuchen. – Der Bürgerkrieg als Matrix der Machtkämpfe: Kampf- und Straftaktiken; die Strategie des Einschlusses.

Ich werde mit einer gewissermaßen spielerischen Hypothese beginnen. Sie wissen, dass man im 19. und 20. Jahrhundert die Gesellschaften gerne nach der Art und Weise, wie sie mit ihren Toten umgingen, in zwei Typen eingeordnet hat. So hat man zwischen feuerbestattenden und erdbestattenden Gesellschaften unterschieden.[1] Ich frage mich, ob man nicht versuchen könnte, die Gesellschaften nicht nach dem Schicksal zu klassifizieren, das sie für die Verstorbenen, sondern nach dem, das sie für diejenigen unter den Lebenden vorsehen, deren sie sich entledigen wollen; nach der Art und Weise, wie sie diejenigen unter Kontrolle bringen, die sich der Macht zu entziehen versuchen; wie sie auf diejenigen reagieren, die sich, indem sie sie brechen oder umgehen, in der einen oder anderen Weise über die Gesetze hinwegsetzen.[a]

In den *Traurigen Tropen* gibt es eine Passage, in der Lévi-Strauss ausführt, dass die Gesellschaften letztlich nur zwei Mittel

a Manuskript (S. 1): »die Regeln«.

gefunden haben, um sich von einem gefährlichen Individuum zu befreien, das eine furchteinflößende und feindliche Kraft darstellt:[2] Das eine besteht darin, sich die Substanz dieser Energie einzuverleiben und dabei alles auszuschalten, was sie an Gefährlichem, Feindlichem in sich tragen kann; das ist die anthropophagische Lösung, bei der die Absorption gleichzeitig die Assimilierung und Neutralisierung dieser Kraft erlaubt.[a] Das andere [Mittel] besteht darin, zu versuchen, die Feindseligkeit zu bezwingen, indem man das ausschaltet, was sie an Energie in sich haben kann; folglich die gegenteilige Lösung, bei der es nicht darum geht, diese Kraft zu assimilieren, sondern darum, sie zu neutralisieren, die Feindseligkeit nicht zu vereinnahmen, sondern zu besiegen und ihre Beherrschung [zu gewährleisten]. [Es geht darum], »jene gefährlichen Individuen aus dem sozialen Körper auszustoßen und sie zeitweilig oder für immer in eigens für diesen Zweck bestimmten Einrichtungen zu isolieren und von der Berührung mit anderen Menschen auszuschließen«.[3] Diese Praktik des Ausschlusses bezeichnet [Lévi-Strauss] als »*Anthropemie* (von griech. *emein*, erbrechen)«:[4] Die unserer Gesellschaft feindlichen Kräfte unter Kontrolle zu bringen heißt nicht, sie zu assimilieren, sondern sie auszuschließen.[b]

Ich möchte diese etwas spielerische Hypothese nicht diskutieren. Es ist gut möglich, dass eine solche Gegenüberstellung in beschreibender Hinsicht wertvoll ist, wenn es darum geht, Dinge wie die Anthropophagie oder den Ritus des Sündenbocks zu verorten oder zu analysieren.[5] Aber ich glaube nicht, dass man sie heranziehen kann, wenn man eine historisch verfahrende Analyse machen möchte, und dies aus mehreren Gründen.

Der Begriff des *Ausschlusses* erscheint mir zunächst zu weit und

---

a Das Manuskript (S. 2) fügt hinzu: »d. h.: sie zu fressen«.

b Das Manuskript fügt hinzu:
»Unsere Gesellschaft würde zu letzterem Typus gehören, zu denjenigen, die diese gefährlichen Kräfte ausschließen, die der Wahnsinn oder das Verbrechen darstellen. Und die sie durch den Tod oder die Verbannung oder die Internierung ausschließen.«

vor allem zu vieldeutig und zu artifiziell. Ich sage das umso mehr, als ich ihn selbst gebraucht und, vielleicht, missbraucht habe.[6] Tatsächlich diente er dazu, recht grob den Status zu kennzeichnen, zu beschreiben, der in einer Gesellschaft wie der unseren Delinquenten, ethnischen, religiösen, sexuellen Minderheiten, Geisteskranken, Individuen, die aus dem Kreislauf der Produktion oder Konsumtion herausfallen, kurz all denjenigen, die man als anormal oder abweichend betrachten kann, verliehen wird. Ich glaube nicht, dass dieser Begriff nutzlos war; in einem bestimmten Moment vermochte er eine nützliche kritische Funktion auszuüben, als es darum ging, die psychologischen, soziologischen oder sozialpsychologischen Begriffe zurückzudrängen, die die Wissenschaften vom Menschen überschwemmten, wie die der Abweichung, der mangelnden Anpassungsfähigkeit, der Anomalie, hinter deren psychologischem Gehalt sich eine sehr präzise Aufgabe verbarg: die Techniken, Prozeduren, Apparate zu verschleiern, mittels deren die Gesellschaft gewisse Individuen ausschloss, um sich ihnen sodann als Anormalen, Abweichlern zu widmen. Insofern war die Funktion der kritischen Umkehr des Begriffs des Ausschlusses gegenüber den sozialpsychologischen Begriffen der Abweichung oder der mangelnden Anpassungsfähigkeit wichtig. Doch mir scheint, dass er unzureichend ist, wenn man die Analyse weitertreiben möchte; denn der Begriff des Ausschlusses verleiht uns im Grunde den Status eines aus dem Feld der gesellschaftlichen Repräsentationen ausgeschlossenen Individuums.[a] Der Ausgeschlossene tritt exakt innerhalb dieses Feldes als solcher auf: Er kommuniziert mit den anderen nicht mehr auf der Ebene des Repräsentationssystems und erweist sich genau dadurch als abweichend. Der Begriff des Ausschlusses scheint für mich daher im Feld der Repräsentationen zu bleiben und den [Kämpfen], den Machtverhältnissen, den genau festgelegten Operationen der Macht, von denen aus der Ausschluss erfolgt, weder Rechnung zu tragen – folgerichtig gar nicht Rechnung tragen zu kön-

a Manuskript (S. 3): »ausgeschlossener Individuen (oder Gruppen) [...]«.

nen – noch sie zu analysieren. Der Ausschluss[a] wäre das repräsentative Gesamtergebnis einer Reihe von Strategien und Taktiken der Macht, die der Begriff des Ausschlusses selbst nicht erreichen kann. Außerdem weist dieser Begriff der Gesellschaft insgesamt die Verantwortung für den Mechanismus zu, durch den sich der Ausgeschlossene ausgeschlossen findet. Anders gesagt, verpasst man nicht nur den historischen und politischen Machtmechanismus, sondern läuft auch Gefahr, hinsichtlich der Instanz, die ausschließt, irregeleitet zu werden, da der Ausschluss sich auf so etwas wie einen gesellschaftlichen Konsens zu beziehen [scheint], der ausstößt, während es dahinter vielleicht eine ganze Reihe von genau festgelegten und mithin bestimmbaren Instanzen der Macht gibt, die für den Mechanismus des Ausschlusses verantwortlich sind.

Der zweite Grund, aus dem ich die Hypothese von Lévi-Strauss nicht teilen kann, ist der folgende: Er stellt letztlich zwei Techniken gegenüber, die vollkommen unterschiedlich sein sollen, zum einen den Ausstoß und zum anderen die Einverleibung. Ich frage mich, ob er nicht ein Opfer der durch den Begriff der Anthropophagie aufgebrachten Metapher der Verdauung war, denn schaut man sich genauer an, wie die Ausschlussverfahren ablaufen, dann stellt man fest, dass sie zu den Techniken der Assimilierung überhaupt keinen Gegensatz darstellen. Es gibt kein Exil, keinen Einschluss,[b] der neben dem, was man allgemein als Ausstoß bezeichnet, nicht einen Transfer, eine Reaktivierung derselben Macht beinhaltet, die zwingt, nötigt, vertreibt.

So ist die psychiatrische Klinik sehr wohl der institutionelle Ort, an dem und durch den sich der Ausstoß des Irren vollzieht; gleichzeitig und durch das Spiel dieses Ausstoßes selbst ist sie aber auch ein Hort der Bildung und Wiederherstellung[c] einer

---

a Manuskript (S. 4): »Der Ausschluss ist das repräsentative Gesamtergebnis sehr viel ausgeklügelterer Strategien und Taktiken. Sie sind das, was es zu ermitteln gilt.«

b Das Manuskript (S. 4) fügt hinzu: »oder keine Tötung«.

c Das Manuskript (S. 4) fügt hinzu: »ständigen«.

Rationalität, die innerhalb der Klinik im Rahmen der dort herrschenden Machtverhältnisse autoritär eingeführt und außerhalb der Klinik in Form eines wissenschaftlichen Diskurses wiederaufgenommen wird, der draußen als Wissen über den Wahnsinn zirkuliert und bei dem die Voraussetzung für die Möglichkeit, rational zu sein, genau die Klinik ist.[a] Innerhalb der Klinik ist der Irre das Ziel einer bestimmten Autoritätsbeziehung, die sich um Entscheidungen, Ordnungen, Disziplinen etc. herum anordnet. Diese Autoritätsbeziehung gründet sich auf eine bestimmte Macht, die letztendlich politisch ist, aber sie rechtfertigt und artikuliert sich auch ausgehend von einer Reihe von so genannten rationalen Voraussetzungen; und diese Beziehung, die sich innerhalb der Klinik stets auf den Irren erstreckt, verwandelt sich durch die Art und Weise, wie der Diskurs und die Person des Arztes innerhalb der wissenschaftlichen Gemeinschaft und Gesellschaft funktionieren, in Bestandteile rationaler Information, die wieder in die Machtbeziehungen eingehen, die die Gesellschaft kennzeichnen. Was innerhalb der Klinik in den Begriffen der Machtbeziehungen Überwachung ist, wird im Diskurs des Arztes zu wissenschaftlicher Beobachtung, und zwar durch die Tatsache, dass der Arzt einerseits innerhalb der Klinik eine Machtposition einnimmt und andererseits als jemand fungiert, der das Recht beansprucht und besitzt, außerhalb der Klinik einen wissenschaftlichen Diskurs zu führen. Was innerhalb der Klinik in den Begriffen der Autoritätsbeziehung Einstufung, Instruktion war, wird in Diagnose oder Prognose – in der Sprache der Medizin in Nosographie – umgewandelt und fungiert, indem es sich außerhalb der Klinik befindet, als Thema eines wissenschaftlichen Diskurses.

So sieht man, wie sich eine politische Beziehung, die das gesamte

a Das Manuskript (S. 4f.) fügt hinzu: »Die Machtbeziehung (Vernunft–Wahnsinn), die innerhalb der Einschließung herrscht, verschiebt und verkehrt sich – außerhalb der Einschließung – in eine Gegenstandsbeziehung: Die Geisteskrankheit konstituiert sich hier als Gegenstand eines rationalen Wissens. Und ausgehend von dieser Gegenstandsbeziehung kann der Nicht-Wahnsinn seine Macht über den Wahnsinn ausbauen.«

Leben der psychiatrischen Klinik strukturiert, in einen rationalen Diskurs umgewandelt findet, von dem aus sich genau die politische Autorität, auf deren Grundlage das Funktionieren der Klinik möglich ist, als gestärkt erweist. Der Kranke erscheint innerhalb der Klinik durchaus als Zielscheibe einer politischen Machtbeziehung, wird dann aber zum Gegenstand eines Wissens, eines wissenschaftlichen Diskurses in einem System allgemeiner Rationalität, das sich durch diesen Umstand festigt, da die Rationalität so das Vermögen erlangt hat, nicht nur zu wissen, was sich – beim Menschen – in der Natur abspielt, sondern auch, was sich bei den Verrückten abspielt. Hier gibt es eine Art Transfer und Einverleibung, die einen durchaus an das denken lässt, was Lévi-Strauss Anthropophagie nennt: einen Prozess der Einverleibung zur Stärkung.[a]

Gleichermaßen muss man vielleicht einen Begriff kritisieren, dessen Schicksal mit diesem verbunden war: den der *Überschreitung*.[7] Der Begriff der Überschreitung hat eine Zeitlang [eine Rolle] gespielt, die ungefähr mit [der des Begriffs] des Ausschlusses vergleichbar war. Auch er hat eine Art kritische Umkehr erlaubt, die insofern wichtig war, als sie gestattet hat, Begriffe wie die der Anomalie, der Schuld, des Gesetzes zu umgehen. Er ließ eine Verkehrung des Negativen ins Positive und des Positiven ins Negative zu. Er erlaubte, all diese Begriffe nicht mehr dem Oberbegriff des Rechts, sondern dem der *Grenze* unterzuordnen.[b]

Ich glaube jedoch, dass die Begriffe des Ausschlusses und der

---

a Das Manuskript (S. 5) fügt hinzu:
»Aber diese Anthropophagie tritt nur zutage, wenn man die Analyse verlagert; wenn man nicht auf der allgemeinen Ebene des Ausschlusses bleibt; und wenn man die Taktiken der Macht ausfindig macht, die unterhalb ihrer liegen«.

b Das Manuskript (S. 8) fügt hinzu:
»Von Überschreitung zu sprechen bedeutet nicht, den Übergang vom Erlaubten zum Unerlaubten zu bezeichnen (jenseits des Verbotenen): es bedeutet, den Übergang über die Grenze zu bezeichnen, jenseits der Grenze, den Übergang zu dem, was ohne Regel ist und folglich ohne Repräsentation.«[8]

Überschreitung nun als Instrumente betrachtet werden müssen, die historisch von Bedeutung waren: Sie fungierten in einer bestimmten Zeit im Feld der juristischen, politischen und moralischen Repräsentation als kritische Umschalter (*inverseurs*); doch bleiben diese Umschalter dem allgemeinen System der Repräsentationen, gegen die sie sich richteten, untergeordnet. Mir scheint, dass die Richtungen, in welche die in den Begriffen des Ausschlusses und der Überschreitung durchgeführten Analysen wiesen, in neuen Dimensionen verfolgt werden müssen, bei denen es nicht mehr um das Gesetz, um die Regel, um die Repräsentation geht, sondern eher um die Macht als um das Gesetz, eher um das Wissen als um die Repräsentation.

*

Ich möchte den Titel der Vorlesung begründen und über den Begriff der Strafe sprechen.[9] Wenn ich ausgerechnet diesen platten, naiven, schwachen, kindischen Begriff gewählt habe, dann weil ich die Dinge auf der Ebene ihrer historischen Entwicklung wiederaufnehmen wollte, indem ich mich an die Analyse dessen begebe, was man als die »ausgeklügelten Taktiken der Sanktion« bezeichnen kann. Beginnen werde ich damit, indem ich einige von ihnen aufzeige. Mir scheint, dass man vier Grundformen von Straftaktiken ausfindig machen kann,[10] die ich eher mit Verben als mit Substantiven beschreiben werde.

1/*Ausschließen*. Dieser Begriff wird hier im wörtlichen Sinne verwendet und deshalb nicht wie in dem Text von Lévi-Strauss auch im Sinne von einschließen (*enfermer*), sondern im Sinne von exilieren, vertreiben, außerhalb stellen. Bei dieser Straftaktik handelt es sich darum, die Anwesenheit eines Individuums an gemeinschaftlichen oder heiligen Orten zu untersagen, ihm gegenüber jegliche Regeln der Gastfreundschaft zu verbieten. Es handelt sich darum, ihm sein Haus zu nehmen, ja sogar sein Heim in Realität zu beseitigen, so wie man das Haus eines Verbannten niederbrennt[11] oder – nach einem mittelalterlichen Recht, das sich lange, ja bis in die Praktiken der Revolution hinein gehalten hat – das Dach des Hauses der Person anzündet, die man verbannen möchte.[a] Diese Taktik wurde bei der archaisch griechischen Bestrafung sehr bevorzugt eingesetzt.[b]

2 / Einen Freikauf anordnen, eine Entschädigung auferlegen.[13] Bei dieser Taktik wird der Bruch der Regel, das Vergehen zwei Prozesse auslösen: [einerseits] das Auftauchen von jemandem – einem Individuum oder einer Gruppe –, der als Opfer des Schadens dargestellt wird und aufgrund dieses Umstands Reparation verlangen kann; [andererseits] wird das Vergehen für denjenigen, der als Regelbrecher betrachtet wird, eine Reihe von Verpflichtungen auslösen. So gibt es rund um den Regelbruch nicht wie im ersten Fall das Phänomen des Vakuums, sondern den Aufbau eines ganzen Netzes spezifischer Verpflichtungen, die mit Schulden vergleichbar sind, die man zurückzahlen muss, oder mit einem Schaden, den man wiedergutmachen muss.[c] Wer gegen die Regeln verstoßen hat, sieht sich so in der Gewalt einer Menge von Verpflichtungen, die für ihn zwingend sind.[d] Dabei kommt eine Taktik zum Tragen, die sich von der vorhergehenden unterscheidet: Bei Letzterer geht es darum, alle Verbindungen mit dem Individuum abzubrechen, alle Verbindungen, durch die es innerhalb der Macht verbleibt; hier geht es hingegen darum, den Regelbrecher innerhalb eines Netzes vermehrter,

---

a Das Manuskript (S. 8) fügt hinzu:
»so dass nicht mehr als eine Ruine sichtbar sein soll: es handelt sich darum, ihn bis an die Grenzen zu führen oder zu jagen; es kann sich auch darum handeln, ihn auszusetzen oder einer Art Boot anzuvertrauen (als jemand, der kein Land mehr hat, keinen Ort zum Unterstellen, keine Nahrung oder Unterstützung, auf die er ein Anrecht hätte)«.

b Das Manuskript (S. 8) fügt hinzu:
»und selbst noch in der klassischen Zeit«.[12]

c Das Manuskript (S. 9) fügt hinzu:
»mal um der Rache Einhalt zu gebieten, mal um durch eine Art Freikauf einen Krieg zu verhindern, mal um durch ein Lösegeld die Freiheit wiederzuerlangen«.

d Das Manuskript (S. 9f.) fügt hinzu:
»es sei denn, er entzieht sich oder begeht ein neues Delikt. Dieses System der Entschädigung und des Freikaufs scheint in den alten germanischen Gesellschaften vorherrschend gewesen zu sein«.[14]

gegenüber dem herkömmlichen Netz, in dem er sich befindet, gesteigerter Verpflichtungen einzufangen.

3/*Brandmarken*: ein Mal, ein Zeichen auf dem Körper hinterlassen, kurz dem Körper eine virtuelle oder sichtbare Beeinträchtigung auferlegen oder, wenn man nicht an den realen Körper des Individuums gelangt, symbolisch seinen Namen beschmutzen, seine Person erniedrigen, seinen Status erschüttern. Auf jeden Fall geht es darum, auf dem Körper sichtbar oder symbolisch, physisch oder sozial, anatomisch oder statuarisch so etwas wie eine Spur zu hinterlassen. Das Individuum, das den Gesetzesbruch begangen hat, wird so mit einem Erinnerungs- und Wiedererkennungsmal markiert. Bei diesem System ist der Gesetzesbruch nicht mehr das, was wiedergutgemacht, kompensiert, ausgeglichen und folglich bis zu einem gewissen Punkt getilgt werden muss, sondern im Gegenteil das, was hervorgehoben werden muss, das, was sich dem Vergessen entziehen, in einer Art Mahnmal festgehalten werden muss, auch wenn dieses eine Narbe, eine Verstümmelung, etwas ist, das um die Schande oder Niedertracht kreist;[a] dies sind all die an den Pranger gestellten Gesichter, die abgehackten Hände der Diebe. Der sichtbare oder soziale Körper muss in diesem System das Wappen der Strafen sein, und dieses Wappen verweist auf zwei Dinge: zum einen auf das Vergehen, dessen sichtbares und sofort wiedererkennbares Zeichen es darstellen muss: Ich weiß gut, dass du ein Dieb bist, da du keine Hände mehr hast; und [zum anderen] auf die Macht, die die Strafe verhängt und durch diese Strafe auf dem Körper des Gemarterten ein Zeichen ihrer Souveränität hinterlassen hat. In der Narbe oder Verstümmelung wird nicht nur das Vergehen sichtbar, sondern auch der Souverän. Die Taktik der Brandmarkung war im Abendland vom Ende des Spätmittelalters bis zum 18. Jahrhundert maßgeblich.

4/*Einschließen*. Dies ist die Taktik, die wir praktizieren und de-

---

a Das Manuskript (S. 11) verbindet »Narbe und Schande«, sodann »Amputation und Infamie«.

ren definitive Einsetzung in die Zeit der Wende vom 18. zum 19. Jahrhundert fällt. Wir werden über die politischen Voraussetzungen der Einsperrung in ihrer allgemeinsten Form und über die Wissenseffekte dieser Einsperrung sprechen.

So würde die Ausgangshypothese in etwa folgendermaßen lauten: Es gibt Gesellschaften, die entweder die Strafe des Ausschlusses, des Freikaufs, der Brandmarkung oder des Einschlusses praktizieren.[15] Ist dieser erste Annäherungsversuch brauchbar? Ich gebe zu, dass ich es noch nicht weiß. Jedenfalls tauchen sogleich Einwände auf, über die ich gerne sprechen möchte. Zum Beispiel dieser: Man hat eine etwas allgemeine, abstrakte Kritik des Begriffs des Ausschlusses vorgenommen, bei der ihm gewissermaßen vorgeworfen wurde, ein Begriff mit einem zu hohen Grad an Verallgemeinerung zu sein, der auf der historischen Ebene nicht zu gebrauchen ist, dabei beginnt man doch selbst, Bestrafungstaktiken zu definieren, die letztendlich Gefahr laufen, derselben Kritik anheimzufallen, denn was auch immer die Brandmarkung, der Einschluss etc. sein mögen, handelt es sich gegenüber dem Corpus der genau definierten und im Übrigen sehr beständigen tatsächlichen Strafen auf jeden Fall um Schemata, die vollkommen abstrakt sind. Wenn man sich an die historische Ebene hält, weiß man gut, dass das Alphabet der Strafen relativ begrenzt und geschlossen ist, und anstatt Begriffe wie die des Einschlusses, der Brandmarkung etc. einzuführen, wäre es vielleicht sehr viel vernünftiger, mehr über die realen Strafen zu sprechen, die in den Gesellschaften tatsächlich angewendet werden: zum Beispiel die Geldbuße, die Todesstrafe.

Doch was ich zeigen möchte, ist, dass die zugleich statuarischen und scheinbar gleich bleibenden Strafen in dem einen und in dem anderen System keineswegs dieselbe Rolle spielen und tatsächlich nicht derselben Machtökonomie gehorchen. [Nehmen wir zunächst den Fall] der Geldbuße. In allen Strafsystemen, sei nun der Ausschluss, die Brandmarkung, der Einschluss vorherrschend, ist der Einzug der Habe eine durchgängige Strafe. Dennoch glaube ich, dass man sehen kann, dass die taktische Funktion dieser Bestrafung in den unterschiedlichen Systemen variiert.

Was bedeutet die Konfiszierung der Habe innerhalb der Taktik des Ausschlusses? Sie ist eine bestimmte Art, das Aufenthaltsrecht zu entziehen oder zu gefährden und dadurch die politischen Privilegien, die mit den so entzogenen Besitztümern verbundenen Bürgerrechte außer Kraft zu setzen. Sie ist eine bestimmte Art, die Staatsbürgerschaft des Rechtsbrechers auszulöschen. Sie zwingt ihn, sich anderswo einen Platz an der Sonne zu suchen. Sie verhindert, dass er nach seinem Weggang oder seinem Tode Hab und Gut hinterlassen kann.[a] Die Taktik der Geldbuße übernimmt innerhalb des Systems des Ausschlusses die Rolle eines Exils vor Ort oder indirekten Exils.

Innerhalb der Taktik des Freikaufs findet man die Geldbuße sehr wohl wieder, doch hat sie eine ganz andere Funktion; hier geht es darum, von dem Rechtsbrecher eine Entschädigung für den verursachten Schaden zu erhalten, zu erreichen, dass er an das Opfer eine Art Lösegeld bezahlt,[b] aber auch dass er eine Art Vergütung oder Lohn an denjenigen bezahlt, der urteilt, [der] die Rolle des Schiedsrichters übernimmt und dadurch die Macht aufs Spiel setzt, die man ihm zuerkennt.[16] Die Geldbuße hat innerhalb dieses Systems somit zwei Funktionen: Entschädigung desjenigen, den man als Geschädigten ansieht, und Entlohnung des Schiedsrichters.[17]

Innerhalb des Systems der Brandmarkung kommt der Geldbuße eine andere Rolle zu als die der Kompensation; sie ist in diesem System tatsächlich sehr oft symbolisch und stellt keine wirkliche Absenkung des ökonomischen Status des Individuums dar. Sie gefährdet seine Rechte als Staatsbürger nicht. Sie hat eher die symbolische Funktion, auf den Schuldigen hinzuweisen, ihn als solchen zu kennzeichnen und ihm vor allem ein sichtbares Zeichen der Souveränität der Macht aufzuprägen. Innerhalb des Systems der Brandmarkung eine Geldbuße zu be-

---

a Im Manuskript (S. 13) heißt es: »ein Haus, Besitztümer, einen Namen«.

b Das Manuskript (S. 13) fügt hinzu: »damit das Opfer keinen privaten Krieg gegen den Rechtsbrecher führt, der für diesen zu gefährlich wäre«.

zahlen heißt, sich den Machtverhältnissen zu beugen, die dafür sorgen, dass jemand, eine Autorität, Sie tatsächlich zwingen kann, eine Summe Geldes zu entrichten, selbst wenn diese verglichen mit dem besessenen Vermögen gering ist. Die Geldbuße ist mithin keine Straf[art], die man in jedem x-beliebigen System in gleicher Weise wiederfindet. Sie ist ein Verfahren, dessen taktische Rolle sich je nach den Strafregimen, in denen es auftritt, vollkommen unterscheidet.

Dasselbe könnte man über die Todesstrafe sagen. Selbst wenn es unter dem Strich nur einen Tod zu geben scheint, gibt es doch im Rahmen der Prozeduren, mit denen die Macht auf etwas reagiert, das sie angreift, sehr wohl verschiedene Arten des Sterbens. Innerhalb der Taktik des Ausschlusses – wie im antiken Griechenland – war die reine Exekution, der direkte Tod letztlich selten und ganz bestimmten Vergehen vorbehalten. Es gab bestimmte Prozeduren, die nicht eigentlich darin bestanden, jemandem den Tod zu versetzen, sondern eher darin, ihn dem Tod auszusetzen, indem man ihn des Landes verweist, ihn mittellos aussetzt, ihn an den Pranger stellt, ihn gewissermaßen für vogelfrei erklärt, so dass jeder x-Beliebige ihn töten konnte, selbst wenn faktisch niemand zum Vollstrecker ernannt wurde.[18] Es gab auch eine Art des Tötens, die darin bestand, jemanden von einem hohen Felsen ins Meer zu werfen, das heißt, ihn von der anderen Seite der Landesgrenzen her zu Fall zu bringen, ihm ganz wörtlich die »Mutter Erde« zu entziehen und ihn so brutal, ohne jegliche Rettung, ohne jegliche Unterstützung allein der Macht der Götter auszuliefern. Dies war die schroffe Form des Exils.

Beim System des Freikaufs[a] war die Todesstrafe im Grunde eine Rückerstattung der Schuld: die Art und Weise, in der für einen Mord bezahlt werden musste. Und der beste Beweis dafür, dass sie nur das war, ist, dass der Mord nicht mit dem Tod des Schuldigen, sondern mit dem Tod eines seiner Verwandten bestraft werden konnte. Die Exekution musste der Rückzahlung der

---

a Das Manuskript (S. 15) fügt hinzu: »des alten germanischen Rechts«.

Schuld entsprechen und nicht der Bestrafung des schuldig gesprochenen Individuums.[19]

Innerhalb der Praktik der Brandmarkung kann man unschwer sehen, wie sehr der Tod eine spezielle physische Operation ist, eine Arbeit am Körper, eine ritualisierte Form, dem Körper eines Individuums die Zeichen der Macht, seinen Status eines Schuldigen einzuprägen oder mit dem Entsetzen des Zuschauers zumindest die Erinnerung an das Vergehen einzuprägen. Wenn man vom ausgehenden Mittelalter bis zum 18. Jahrhundert eine so ungeheure Vielfalt an Foltermethoden sieht, dann genau deshalb, weil es einer ganzen Reihe von Variablen Rechnung zu tragen galt: zum Beispiel dem Stand des Schuldigen, so hat man die Enthauptung als einen Tod, der das Siegel des Adels trägt, und das Erhängen als einen Tod, der den Bürgerlichen kennzeichnet. Man hat den Scheiterhaufen für den Häretiker, die Vierteilung für den Landesverräter, das Abhacken für die Diebe, die durchbohrten Zungen für die Gotteslästerer etc.[20]

Man kann sich eine der ungeheuerlichsten Szenen des Todes durch Brandmarkung in Erinnerung rufen: die Tötung Damiens' 1757.[21] Damiens, der zunächst zu einer ansehnlichen Geldbuße verurteilt, dann gerädert wurde, dem man die Gliedmaßen durch Schläge mit Eisenstangen zertrümmert hat, dem man die Brust aufgeschnitten hat, auf dessen Wunden man glühend heißes Wachs gegossen hat, der dann gevierteilt wurde und dem man die Gelenke durchtrennt hat, der verbrannt wurde und dessen Asche schließlich in alle Winde verstreut wurde. All das war, auch in der damaligen Vorstellung, die letzte Inszenierung dieses Alphabets der Marter. Der Herrscher hatte durch einen aus der Menge kommenden Phantasten einen Kratzer erlitten. Auf diese Geste hat die politische Macht mit der Zurschaustellung ihres gesamten Strafarsenals geantwortet. Sie hat die qualvollste und zugleich am stärkste ritualisierte Markierung ihres Rechts auf Gerechtigkeit vorgeführt. Der Souverän hat gezeigt, was er mit dem Körper eines Menschen machen konnte.[a]

---

a Das Manuskript (S. 17) fügt hinzu: »als er auf ihm Zeichen seiner Anwe-

Wenn man innerhalb unseres Strafwesens, das im Wesentlichen ein Strafwesen des Einschlusses ist, den Tod wiederfindet, dann weil der Tod hier nicht mehr die Rolle einer Art Zurschaustellung der Zeichen der Macht auf dem menschlichen Körper spielt, sondern die der äußersten und finalen Form, der vollkommenen und unüberschreitbaren Form des Einschlusses: man unterwirft ihr – dieser Art gesteigerten Einsperrung – diejenigen, bei denen man sicher sein muss, sie ein für alle Mal eingesperrt zu haben. Der Tod[a] ist nicht mehr die Folter, sondern der endgültige Einschluss, die absolute Sicherheit.[22]
Wenn ich versucht habe zu zeigen, wie der Tod oder die Geldbuße entsprechend den vier großen Straftaktiken variiert, geschah dies exakt, um zu versuchen, der Ebene, der ich mich zuwenden möchte, ihre Eigenständigkeit zurückzugeben; diese Ebene besteht weder in den Grundfunktionen des Ausschlusses oder der Anthropophagie noch in den Strafen, die von den Gesetzbüchern oder Sitten definiert werden und deren Beständigkeit, wie ich glaube, die Unterschiedlichkeit ihrer jeweiligen Rollen verdeckt. Zwischen diesen Grundfunktionen und diesen unterschiedlichen Rollen, die die Strafen erfüllen, gibt es eine Ebene, die es zu erforschen gilt: die der Straftaktiken.[b]
Zu diesen Straftaktiken möchte ich gerne einige Dinge anmerken. Erstens, ich habe von Operationen gesprochen, ich habe versucht, diese mit Begriffen wie ausschließen, einschließen zu beschreiben, das heißt als Operationen, die sich zwischen der Macht und dem, worauf sich die Macht erstreckt, ansiedeln –

---

senheit hinterließ. Die Folterung Damiens' war die letzte große ›persönliche‹ Konfrontation zwischen dem König und dem Volk auf der Bühne des Schafotts – vor dem 21. Januar [1793], an dem die Konfrontation andersherum verlief: an diesem Tag wurde der seiner ganzen Souveränität beraubte König dem Markenzeichen einer egalitären Strafe unterworfen: der Enthauptung, der einstigen Strafe für den Adel, die zu einer Strafe für alle geworden war.«

a Das Manuskript (S. 17) fügt hinzu: »ist keine Alternative zum Gefängnis«.

b Manuskript (S. 18): »die der Operationen, der Taktiken, der Strategien des Strafens«.

Operationen, die sich gänzlich innerhalb der Sphäre der Macht abspielen. Ich habe dieser Ebene bei der Analyse Priorität eingeräumt, insofern ich die Strafsysteme nicht von bestimmten juristischen oder ethischen Vorstellungen von einem Vergehen oder Verbrechen ableiten wollte. Ich werde das Problem also nicht in folgenden Begriffen stellen: Welche Vorstellung konnte man sich vom Bösen oder von einem Vergehen machen, um darauf in dieser oder jener Weise zu reagieren, mit dem Exil oder mit der Einsperrung? Ich werde die Frage anders stellen. Wenn ich vor allem von diesen Taktiken gesprochen habe, dann weil ich folgende Frage klären möchte: Welche Formen der Macht kamen tatsächlich zum Tragen, um Verstöße, die ihre Gesetze, ihre Regeln, ihre Ausübung in Frage stellten, mit Taktiken wie denen des Ausschlusses, der Brandmarkung, des Freikaufs oder des Einschlusses zu beantworten? Wenn ich mich mit diesen Taktiken befasse – in erster Linie mit dem Einschluss –, geschieht dies nicht, um zu versuchen, die Gesamtheit der juristischen und moralischen Vorstellungen zu rekonstruieren, die diese Strafpraktiken stützen und rechtfertigen sollen, sondern weil ich von hier aus die Machtbeziehungen bestimmen möchte, die durch diese Taktiken tatsächlich aufgebaut wurden.[a] Anders gesagt, möchte ich mich mit diesen Taktiken als *Analysatoren* von Machtverhältnissen und nicht als *Indikatoren* einer Ideologie befassen. Das Strafwesen als Analysator der Macht, das ist das Thema dieser Vorlesung.

Wenn es stimmt, dass man das System der Straftaktiken als Ana-

---

a Manuskript (S. 19f.):

»Das heißt, was bei dieser Analyse in den Vordergrund gerückt wird, sind die Formen des Kampfes zwischen der politischen Macht, so wie sie in einer Gesellschaft ausgeübt wird, und denjenigen – Individuen oder Gruppen –, die dieser Macht zu entkommen versuchen, die sie lokal oder global anfechten, die gegen ihre Ordnung oder ihre Regeln verstoßen«.

Der Text, der folgt, kommt im Manuskript nicht vor, es enthält jedoch vier Seiten mit Notizen (hier wiedergegeben S. 29f.), welche die methodologischen Konsequenzen betreffen, die diese theoretische Wahl beinhaltet, und die diversen Sackgassen des soziologischen Funktionalismus.

lysator der Machtbeziehungen betrachten kann, bedeutet dies zweitens, dass das Element, das als zentral angesehen werden wird, das Element des politischen Kampfs um die Macht, gegen sie ist: das ganze Spiel der Konflikte, Kämpfe, die es zwischen der Macht, die in einer Gesellschaft ausgeübt wird, und den Individuen oder Gruppen gibt, die dieser Macht auf die eine oder andere Art zu entkommen versuchen, die sie lokal oder global anfechten, die gegen ihre Anordnungen oder Vorschriften verstoßen. Ich möchte damit nicht sagen, dass ich die Delinquenz nach gemeinem Recht und die politische Delinquenz als vollkommen gleich ansehe. Ich möchte sagen, wenn man die Analyse eines Strafsystems vornehmen möchte, ist das, was es zuerst herauszuarbeiten gilt, die Beschaffenheit der Kämpfe, die in einer Gesellschaft rund um die Macht stattfinden.

Folglich muss der Begriff des *Bürgerkriegs* in den Mittelpunkt aller Analysen des Strafwesens gerückt werden.[23] Der Bürgerkrieg ist, glaube ich, ein philosophisch, politisch, historisch ziemlich schlecht ausgearbeiteter Begriff. Dafür gibt es diverse Gründe. Mir scheint, dass die Verwerfung, die Leugnung des Bürgerkriegs, die Behauptung, dass der Bürgerkrieg nicht existiert, einer der obersten Grundsätze der Machtausübung ist. Dieser Grundsatz hatte enorme theoretische Folgen, denn betrachtet man Hobbes oder Rousseau, sieht man, dass der Bürgerkrieg auf jeden Fall nie als etwas Positives, Zentrales angesehen wurde, das als Ausgangspunkt einer Analyse dienen könnte. Entweder man spricht vom Krieg aller gegen alle als das, was es vor dem Gesellschaftsvertrag gab, und dann ist dies kein Bürgerkrieg mehr, sondern der natürliche Krieg; und ab dem Moment, in dem es den Vertrag gibt, kann der Bürgerkrieg nur die abscheuliche Fortsetzung des Krieges aller gegen alle in einer Gesellschaftsstruktur sein, die normalerweise von dem Vertrag beherrscht werden müsste. Oder man versteht den Bürgerkrieg im Gegenteil gewissermaßen als nichts anderes als die Rückwirkung eines äußeren Krieges auf den Staat selbst, den Rückstrom des Krieges jenseits der Grenzen: folglich ist er hier eine monströse Projektion des äußeren Krieges auf den Staat. Bei der einen wie bei der anderen Analyse ist der Bürgerkrieg ein Unglück, eine Anomalie und das, was man vermeiden muss, insofern es sich um eine theoretisch-praktische Monstrosität handelt.

Ich möchte mich bei der Analyse nun aber von der Überlegung leiten lassen, dass der Bürgerkrieg ein Dauerzustand ist, von dem aus man einige der Kampftaktiken verstehen kann und muss, für die gerade das Strafwesen ein besonders gutes Beispiel ist. Der Bürgerkrieg ist die Matrix aller Machtkämpfe, aller Machtstrategien und folglich auch die Matrix aller Kämpfe um und gegen die Macht. Er ist die allgemeine Matrix, die erlauben wird, die Einrichtung und Funktionsweise einer speziellen Strategie des Strafvollzugs zu verstehen: die der Einsperrung. Was ich zu zeigen versuchen werde, ist – in der Gesellschaft des 19. Jahrhunderts – das Spiel zwischen einem ständigen Bürgerkrieg und den Taktiken der Macht, die diesem entgegengesetzt werden.[a]

---

a Vier Seiten mit Notizen am Ende des Manuskripts (S. 20-23), die in der Vorlesung nicht verwendet wurden, lauten:

»Was in den Vordergrund gerückt werden wird, ist mithin der Kampf gegen oder mit oder um die Macht. Das beinhaltet als methodische Konsequenz, dass man den soziologischen Funktionalismus aufgeben muss.

Sich von der Vorstellung freimachen

– dass es die Gesellschaft insgesamt, die große Mehrheit ist, die in einem unbestimmten Konsens auf das Verbrechen oder die Vergehen reagiert;

– dass diese Reaktion in Regeln, Gesetze, Sitten gegossen wurde, die das Strafwesen bestimmen; und

– dass die Macht dieses Strafwesen auf eine mehr oder weniger geregelte Weise (mit einigen Verzerrungen, Übergriffen oder Sonderbehandlungen) umsetzt.

Diesen Funktionalismus zu beseitigen bedeutet, nicht die Reaktionen der Gesellschaft, sondern die Machtkämpfe als Kern der Strafrechtspraxis anzusetzen.

Diesen soziologischen Funktionalismus[24] zu beseitigen heißt auch zu zeigen, wie er sich herausgebildet hat; wie sich zu Beginn des 19. Jahrhunderts eine sehr seltsame Verlagerung der Verantwortung vollzogen hat, an deren Ende

– die Gesellschaft als das erschienen ist, was das Verbrechen produziert hat (gemäß einigen statistischen Konstanten und soziologischen Gesetzen);

Anmerkungen

1 Eine Klassifikation der Gesellschaften nach der Art und Weise, wie sie ihre Toten behandeln, findet sich von den 30er Jahren des 19. bis zu den 60er Jahren des 20. Jahrhunderts in den historischen, anthropologischen und archäologischen Arbeiten häufig, vor allem in der Archäologie der europäischen Urgeschichte. Für mehr Informationen über die sich kreuzenden Wege der erdbestattenden und der feuerbestattenden Gesellschaften in Europa kann man insbesondere auf den 1945 erschienenen Artikel »Directional Changes in Funerary Practices during

---

– die Gesellschaft als das erschienen ist, was durch das Vergehen verletzt, beeinträchtigt, geschädigt wurde. Die Gesellschaft produziert ihr eigenes Übel, kreiert ihren eigenen Feind;
– die Gesellschaft als das erschienen ist, was von der Macht die Bestrafung der Verbrechen unter Berücksichtigung der großen moralischen Wahlmöglichkeiten verlangt.
Diese Verlagerung der Verantwortung hat verschleiert, dass es bei dem Verbrechen oder seiner Bestrafung nicht um die Gesellschaft, sondern um die Macht ging.
Auf der Ebene der Strafrechtstheorie hat sie sich in die Vorstellung übersetzt, dass es in erster Linie die Gesellschaft ist, die ein Interesse an der Bestrafung hat, und dass jene für die Gesellschaft eine Schutzfunktion haben muss (Beccaria, Bentham).
Auf der Ebene der Praxis hat sie sich in die Generalisierung der Geschworenen übersetzt: Nicht die Macht oder die Repräsentanten der Macht haben zu sagen, ob die Gesellschaft geschädigt wurde, sondern diese selbst.
Auf der Ebene der Spekulation hat sie sich in die Herausbildung einer Soziologie der Kriminalität oder Delinquenz übersetzt, das heißt in die Untersuchung der gesellschaftlichen Mechanismen, die sowohl der Kriminalität als auch der Forderung nach ihrer strafrechtlichen Verfolgung zugrunde liegen. Diese Verschleierung der Machtbeziehungen, die unterhalb der gesellschaftlichen Beziehungen liegen, ist eines der Phänomene, die für die Art und Weise, wie im Industriekapitalismus Macht ausgeübt wird, charakteristisch sind.
Nehmen wir – als Symbol dieser Verschleierung – zwei Szenen:
– die, bei der die Menge der Exekution eines Schuldigen beiwohnt: das heißt die Zurschaustellung der Zeichen der Macht. Sie drängt sich um das Schafott, um das Spektakel und die Folter zu sehen;
– die, bei der die Exekution heimlich nachts erfolgt, bei der sich die Ausübung der Macht jedoch hinter einer Meinungsumfrage versteckt.
Gleichermaßen könnte man zeigen, wie der Übergang von der Folter zur Einsperrung dem Übergang von der Machtbeziehung zum Gesellschaftsmechanismus entspricht.«

50,000 Years« von Vere Gordon Childe zurückgreifen, in: *Man*, Bd. 45, S. 13-19 (er spricht von »*inhumationists*« und »*cremationists*«). Foucault hat auf die Klassifikation der Gesellschaften in feuerbestattende und erdbestattende Gesellschaften bereits angespielt in *Naissance de la clinique*, Paris: PUF, 1963, S. 170; dt.: *Die Geburt der Klinik*, übers. v. W. Seitter, Frankfurt/M, Berlin, Wien: Ullstein, [2]1972, S. 180 (indem er eine wichtige kulturelle Transformation beschreibt, »wie es auch der Übergang von einer Verbrennungskultur zu einer Bestattungskultur ist«). 1963 dient diese Referenz dazu, die Tragweite des gesellschaftlichen Wandels deutlich zu machen, der durch die Erfindung der pathologischen Anatomie und des ärztlichen Blicks hervorgerufen wird – einerseits was die Art und Weise anbelangt, wie die Ärzte mit dem Tod verbunden sind (einst vermittelte »der Mythos von der Unsterblichkeit«, von nun an herrscht der ärztliche Blick), andererseits was die Art und Weise anbelangt, wie die Kulturen ihre Toten behandeln (vgl. ebd.).

2 Vgl. C. Lévi-Strauss, *Tristes Tropiques*, Paris: Plon, 1955, S. 448; dt.: *Traurige Tropen*, übers. v. E. Moldenhauer, Frankfurt/M.: Suhrkamp, 1982, S. 382f.: »Ich denke dabei an unsere rechtlichen Praktiken und an unseren Strafvollzug. Betrachtet man diese von außen, so könnte man versucht sein, zwischen zwei Typen von Gesellschaften zu unterscheiden: denjenigen, welche die Anthropophagie praktizieren, also in der Einverleibung gewisser Individuen, die furchterregende Kräfte besitzen, das einzige Mittel zu sehen, diese zu neutralisieren oder gar zu nutzen; und denjenigen, die – wie die unsrige – eine Haltung einnehmen, welche man als *Anthropemie* (von griech. *emein*, erbrechen) bezeichnen könnte. Angesichts ein und desselben Problems haben diese letzteren Gesellschaften die umgekehrte Lösung gewählt, nämlich jene gefährlichen Individuen aus dem sozialen Körper auszustoßen und sie zeitweilig oder für immer in eigens für diesen Zweck bestimmten Einrichtungen zu isolieren und von der Berührung mit anderen Menschen auszuschließen. Den meisten Gesellschaften, die wir primitiv nennen, würde diese Sitte tiefen Abscheu einflößen; sie würde uns in ihren Augen mit derselben Barbarei behaften, die wir ihnen aufgrund ihrer symmetrischen Sitten anzulasten versucht sind.«
Eine anthropologische Analyse der Anthropophagie, verknüpft mit der Klassifikation der Gesellschaften in assimilierende und ausschließende Gesellschaften, wurde von Alfred Métraux (1902-1963) erstellt, vor allem in: *La Religion des Tupinamba et ses rapports avec celle des autres tribus Tupi-Guarani*, Paris: Librairie Ernest Leroux, 1928, S. 124-169: »L'anthropophagie rituelle des Tupinamba«; ders., *Réligions et Magies indiennes d'Amérique du Sud*, posthum ersch., hg. v. S. Dreyfus, Paris: Gallimard, 1967, S. 45-78. Die Berichte, die anthropophagische Praktiken erwähnen – auf die Métraux sich stützt –, sind natürlich deutlich älter. Man kann so die *Histoire d'un voyage fait en la terre du Brésil*

(1578) von Jean de Léry (1534-1611) nennen, einem reformierten Calvinisten aus dem 16. Jahrhundert, die seinen Augenzeugenbericht über die Anthropophagie bei den Tupinamba enthält (1994 erschienen in »Livre de poche«, Kap. XV: »Comment les Ameriquains traittent leurs prisonniers prins en guerre, et les ceremonies qu'ils observent tant à les tuer qu'à manger«, S. 354-377); den Bericht André Thevets (1516-1590), Forscher und Geograph, der 1555-1556 nach Brasilien reiste: *Histoire d'André Thevet, Angoumoisin, cosmographe du Roy, de deux voyages par luy faits aux Indes australes et occidentales*, Bibliothèque nationale de France, Fonds français, Ms. Nr. 15454 (Nachdruck, hg. v. S. Lussagnet in der Reihe »Les Classiques de la colonisation«, Bd. II: *Les Français en Amérique pendant la deuxième moitié du XVIe siècle*, Paris: PUF, 1953). Vgl. I. Combès, *La Tragédie cannibale chez les anciens Tupi-Guarani*, Vorwort von Pierre Chaunu, Paris: PUF, 1992; F. Lestringant, *Le Cannibale: grandeur et décadence*, Paris: Perrin, 1994. Foucault wird bei seiner Analyse der Figur des Monsters auf den Begriff der Anthropophagie zurückkommen, in: *Les Anormaux. Cours au Collège de France, 1974-1975*, hg. v. V. Marchetti u. A. Salomoni, Paris: Gallimard-Seuil, 1999, S. 94-97; dt.: *Die Anormalen. Vorlesung am Collège de France, 1974-1975*, übers. v. M. Ott, Frankfurt/M.: Suhrkamp, 2007, S. 137-142, wo er das Doppelbild der kannibalistischen Monstrosität des Volkes und der inzestuösen Monstrosität des Königs erörtert; eine Diskussion, die also am Schnittpunkt von Psychiatrie und Strafwesen mit den großen Figuren des Kriminellen und der Kriminalität im 19. Jahrhundert verbunden wird.

3 C. Lévi-Strauss, *Traurige Tropen*, a. a. O., S. 383. Zwei Jahre später, in seiner Vorlesung vom 29. Januar 1975, in *Les Anormaux*, a. a. O., S. 96; dt.: *Die Anormalen*, a. a. O., S. 140f., wird Foucault behaupten, dass der Ansatz des linguistischen Strukturalismus von Lévi-Strauss, obgleich er sich von früheren wie dem von Lucien Lévy-Bruhl unterscheidet (vgl. *La mentalité primitive*, Paris: F. Alcan, 1922; dt.: Die *geistige Welt der Primitiven*, München: Bruckmann, 1927), *in fine* auf denselben Dualismus Kannibalismus/Inzest stößt wie der, den man im 18. Jahrhundert bei den unterschiedlichen Figuren des Monsters findet.

4 C. Lévi-Strauss, *Traurige Tropen*, a. a. O., S. 383.

5 Foucault spielt hier zweifellos auf die Arbeiten René Girards an, der gerade *La Violence et le Sacré* (Paris: Grasset, 1972; dt.: Das *Heilige und die Gewalt*, übers. v. E. Mainberger-Ruh, Zürich: Benziger, 1987) veröffentlicht hatte und dabei den Begriff des »Sündenbocks« im Kontext von Ödipus entfaltet, für den sich Foucault interessierte (vgl. hier Anm. 12), und gleichzeitig auch in Bezug auf den Gefangenen als Opfer der Anthropophagie; vgl. Girard, a. a. O., S. 144, Fn. 5: »Auch in Frankreich haben zahlreiche Forscher im Ödipus des Mythos und des Sophokles [...] einen ›Sündenbock‹ gesehen. Nach Marie Delcourt kann mit Hilfe des Sündenbockgebrauchs das Schicksal des kindlichen Ödipus

erklärt werden, nämlich die Aussetzung durch seine Eltern«; ebenso ist, was die Behandlung der Gefangenen beim Volk der Tupinamba in Brasilien anbelangt, das Ziel, »den Gefangenen in einen ›Sündenbock‹ zu verwandeln« (ebd., S. 403f.). René Girard wird diese Themen in seinem Buch *Le Bouc émissaire* ausarbeiten, das zehn Jahre später veröffentlicht wurde (Paris: Grasset & Fasquelle, 1982; dt.: *Der Sündenbock*, übers. v. E. Mainberger-Ruh, Zürich: Benziger, 1988). Zu Beginn der 1970er Jahre lehrte Girard an der State University of New York in Buffalo; er diente als Verbindungsmann zwischen John Simon und Foucault, als dieser Buffalo besuchte. Foucault hielt dort Vorträge, vor allem im März 1970; vgl. D. Defert, »Chronologie«, in: *Dits et Écrits, 1954-1988*, 4 Bde., hg. v. D. Defert u. F. Ewald, unter Mitarbeit von J. Lagrange, Paris: Gallimard, 1994 [hier zit: DE]: Bd. I, S. 35; dt.: »Zeittafel«, in: *Dits et Ecrits*, hg. v. D. Defert u. F. Ewald, unter Mitarbeit von J. Lagrange, 4 Bde., Frankfurt/M.: Suhrkamp, 2001-2005 [hier zit: DE]: Bd. I, S. 53. Foucault wird diese Anspielung in *Surveiller et Punir. Naissance de la prison* (Paris: Gallimard, 1975, S. 263; dt.: *Überwachen und Strafen. Die Geburt des Gefängnisses*, übers. v. W. Seitter, Frankfurt/M.: Suhrkamp, [4]1981, S. 332) zur Beschreibung der Sträflingskette Anfang des 19. Jahrhunderts benutzen.

6 Foucault hatte den Begriff des Ausschlusses früher verwendet; siehe seine Vorlesung am Collège de France von 1972 »Théories et Institutions pénales« (Theorien und Institutionen des Strafvollzugs), 9. Vorlesung, Ms., S. 23 (Vergleich der mittelalterlichen Strafpraktiken des Austauschs und Freikaufs mit den modernen Strafpraktiken des Ausschlusses); vgl. ders.: »Je perçois l'intolérable« (Gespräch mit G. Armleder, in: *Journal de Genève: Samedi littéraire* (»cahier 135«), Nr. 170, 24.-25. Juli 1971), DE II, Nr. 94, S. 204; dt.: »Ich sehe das Unerträgliche«, DE II, Nr. 94, S. 248: »Unsere Gesellschaft entwickelte ein System der Ausschließung und der Einschließung – Internierung oder Einkerkerung – all derer, die nicht den Normen entsprachen. Von da an wurden Menschen aus dem sozialen Kreislauf ausgeschlossen und ins Gefängnis gesperrt«; ders., »Le grand enfermement« (Gespräch mit N. Meienburg), in: *Tages Anzeiger*, Nr. 12, 25. März 1972), DE II, Nr. 105, S. 306; dt.: »Die große Einsperrung«, DE II, Nr. 105, S. 381: »Das Problem lautet wie folgt: Man muss eine Kritik des Systems anbieten, die den Vorgang erklärt, durch den die gegenwärtige Gesellschaft einen Teil der Bevölkerung an den Rand drängt. Darum geht es.« In seiner Inauguralvorlesung am Collège de France, die am 2. Dezember 1970 gehalten und unter dem Titel *L'Ordre du discours* veröffentlicht wurde (Paris: Gallimard, 1971; dt.: *Die Ordnung des Diskurses*, übers. v. W. Seitter, Frankfurt/M., Berlin, Wien: Ullstein, 1977), verwendet Foucault den Begriff des Ausschlusses ab S. 11/dt. S. 7 extensiv, um die »Prozeduren [zu bezeichnen], deren Aufgabe es ist, die Kräfte und die Gefahren des Diskurses zu bändigen, sein unberechenbar Ereignishaftes zu bannen,

seine schwere und bedrohliche Materialität zu umgehen«. In seinen weiteren Ausführungen macht Foucault mit Blick auf das Verbot (S. 11/dt. S. 7), die Entgegensetzung von Wahnsinn und Vernunft (S. 12/dt. S. 8) und die Unterteilung in wahr und falsch (S. 15/dt. S. 10) drei »Prozeduren der *Ausschließung*« (hervorgehoben im Text S. 11/dt. S. 7) aus, die alternativ als »Prinzipien der Ausschließung« (S. 12/dt. S. 8) oder »Ausschließungssysteme« (S. 15/dt. S. 10) bezeichnet werden. Man könnte auch davon ausgehen, dass die Idee des Ausschlusses – oder nach Foucault zumindest der »Vertreibungen« (vgl. »Lettre de M. Michel Foucault«, DE II, Nr. 96, S. 210; dt.: »Brief von Michel Foucault«, DE II, Nr. 96, S. 256) – seiner Analyse des Wahnsinns im 15. und 16. Jahrhundert zugrunde liegt; vgl. *Folie et Déraison. Histoire de la folie à l'âge classique*, Paris: Plon, 1961, S. 10-13; dt.: *Wahnsinn und Gesellschaft. Eine Geschichte des Wahns im Zeitalter der Vernunft*, übers. v. U. Köppen, Frankfurt/M.: Suhrkamp, [3]1978, S. 25-29.
Der Begriff des Ausschlusses ist auch dem Begriff der »Repression« recht nahe, den Foucault im Vorjahr in seiner Vorlesung über »Theorien und Institutionen des Strafvollzugs« entfaltet hat (siehe vor allem den Anfang der ersten Vorlesung, wo er seine Methode darlegt: die Theorien und Institutionen des Strafvollzugs »im Kontext ihrer Funktionsweise insgesamt zu sehen, das heißt in den Repressionssystemen« (S. 1); oder noch einmal die sechste Vorlesung, welche die Einsetzung eines repressiven Staatsapparats beschreibt (S. 18-20)). In ähnlicher Weise entfernte sich Foucault in den folgenden Jahren auch vom Begriff der »Repression« (vgl. *Surveiller et Punir*, a. a. O., S. 28; dt.: *Überwachen und Strafen*, a. a. O., S. 34).

7 Vgl. M. Foucault, »Préface à la transgression« (*Critique*, Nr. 195-196: *Hommage à G. Bataille*, August-September 1963, S. 751-769), DE I, Nr. 13, S. 233-250; dt.: »Vorrede zur Überschreitung«, DE I, Nr. 13, S. 320-342. Die »Überschreitung« ist ein Begriff, dessen sich Foucault bereits ausgiebig bedient hat; vgl. »Un problème m'intéresse depuis longtemps, c'est celui du système pénal« (Gespräch mit J. Hafisa, *La Presse de Tunisie*, 12. August 1971, S. 5), DE II, Nr. 95, S. 206; dt.: »Ein Problem interessiert mich seit langem: das Problem des Strafsystems«, DE II, Nr. 95, S. 251: »Mein Thema ist also das Problem der Überschreitung von Gesetzen und der Unterdrückung ungesetzlichen Verhaltens.«

8 Der Begriff der »Grenze« verweist natürlich auf die Arbeit von Georges Bataille über die Grenzerfahrung; vgl. »Préface à la transgression«, a. a. O., S. 236-239; dt.: »Vorrede zur Überschreitung«, a. a. O., S. 324-328 (zum Werk Batailles schreibt Foucault: »Die Grenze und die Überschreitung verdanken einander die Dichte ihres Seins«, ebd., S. 237/dt.: S. 325). An anderer Stelle hat er geschrieben, die *Somme athéologique* von Bataille führt »das Denken in das – gefährliche – Spiel mit der Grenze, den Extremen, dem Gipfel, der Überschreitung ein« (M. Foucault, »Présentation« (in G. Bataille, *Œuvres complètes*, Paris:

Gallimard, 1970, Bd. I: *Premiers Écrits, 1922-1940*, S. 5-6., hier S. 5), DE II, Nr. 74, S. 25; dt.: »Vorwort. Présentation in G. Bataille, *Œuvres complètes*, Paris 1970, Bd. I: *Premiers Écrits, 1922-1940*, S. 5-6«, DE II, Nr. 74, S. 32). Foucault gesteht den Einfluss Batailles gerne ein: »Referenzpunkt für meine Herangehensweise«; »ich denke an Schriftsteller wie Blanchot, wie Artaud, wie Bataille, die für die Leute aus meiner Generation, glaube ich, sehr wichtig waren« und die »im Grunde die Frage der Grenzerfahrungen [aufgeworfen haben]. Diese Formen von Erfahrungen, die anstatt als zentral betrachtet und in einer Gesellschaft positiv gewürdigt zu werden, als Grenzerfahrungen angesehen werden, als Erfahrungen im Grenzbereich, von denen aus selbst das, was ursprünglich als akzeptabel galt, in Frage gestellt wird« (»Entretien avec André Berten«, in: M. Foucault, *Mal faire, dire vrai. Fonction de l'aveu en justice*, hg. v. F. Brion u. B.E. Harcourt, Louvain: Presses universitaires de Louvain, 2012, S. 238). Noch 1970 bekräftigt Foucault: »Heute wissen wir: Bataille ist einer der wichtigsten Schriftsteller seines Jahrhunderts« (»Présentation«, a.a.O., S. 25; dt.: »Vorwort«, a.a.O., S. 32).

9 Gemäß Daniel Defert haben viele Hörer den Titel der Vorlesung falsch aufgeschnappt und »*La société primitive*« und nicht »punitive« verstanden.

10 Einige Monate später, im Mai 1973, wird Foucault in seinen Vorträgen an der Päpstlichen Katholischen Universität von Rio de Janeiro mit dem Titel »La vérité et les formes juridiques«; dt.: »Die Wahrheit und die juristischen Formen«, eine leicht veränderte Version der »vier möglichen Arten von Strafen« vorschlagen (Exil; Ausschluss an Ort und Stelle; Wiedergutmachung durch Zwangsarbeit; Strafe nach dem Talionsprinzip, DE II, Nr. 139, S. 538-623, hier S. 590f.; dt: DE II, Nr. 139, S. 669-792, hier S. 730f.).

11 Vgl. C. Lévi-Strauss, *Traurige Tropen*, a.a.O., S. 383: »Wenn ein Eingeborener gegen die Gesetze seines Stammes verstoßen hatte, wurde er durch die Zerstörung all seiner Habe, d.h. seines Zeltes und seiner Pferde, bestraft.«

12 Die Bezugnahme auf das Exil innerhalb der archaisch griechischen Bestrafung verweist auf das Stück *König Ödipus* von Sophokles, das Foucault bereits in seinen ersten Vorlesungen am Collège de France analysiert hatte (vgl. *Leçons sur la volonté de savoir. Cours au Collège de France, 1970-1971*, hg. v. D. Defert, Paris: Gallimard-Seuil, 2011, S. 177-192; dt.: *Über den Willen zum Wissen. Vorlesungen am Collège de France 1970-1971*, übers. v. M. Bischoff, Berlin: Suhrkamp, 2012, S. 236-256), ebenso in einem Vortrag an der State University of New York in Buffalo im März 1972 und sodann an der Cornell University im Oktober 1972 (vgl. »Le savoir d'Œdipe«, ebd., S. 223-253; dt.: »Das Wissen des Ödipus«, ebd., S. 288-329). Daniel Defert bemerkt in seiner Situierung der Vorlesungen (S. 330-360), dass man im Foucault-Archiv insgesamt sieben verschiedene Versionen der Analyse von *König Ödipus*

finden kann. Eine dieser sieben Fassungen wird Foucault vier Monate später in seinen Vorträgen über »La vérité et les formes juridiques«, a. a. O., S. 553-570; dt.: »Die Wahrheit und die juristischen Formen«, a. a. O., S. 686-706, entwickeln; auch 1980, 1981 und 1983 wird er darauf zurückkommen. Vgl. *Mal faire, dire vrai*, a. a. O., S. 73, Fn. 1.

13 Die Begriffe des Freikaufs und der Entschädigung – im vorliegenden Fall: der »Reparation« – wurden in der Vorlesung von 1970-1971 im Kontext der griechischen Rechtspraxis entwickelt; vgl. *Leçons sur la volonté de savoir*, a. a. O., S. 90f.; dt.: *Über den Willen zum Wissen*, Vorlesung vom 3. Februar 1971, a. a. O., S. 125 f. Diese Themen werden erneut aufgegriffen in »La vérité et les formes juridiques«, a. a. O., S. 572-574; dt.: »Die Wahrheit und die juristischen Formen«, a. a. O., S. 708-710.
Was das zuvor genannte »mittelalterliche Recht« anbelangt, so findet der Leser in den Vorträgen Joseph Strayers den Begriff der Strafjustiz direkt mit der Geldbuße und der Einziehung der Gelder verbunden; vgl. J. R. Strayer, *On the Medieval Origins of the Modern State*, Princeton: Princeton University Press, 1970; dt.: *Die mittelalterlichen Grundlagen des modernen Staates*, hg. u. übers. v. H. Vollrath, Köln, Wien: Böhlau, 1975, S. 26: »Während des gesamten Mittelalters gab es diese enge Verbindung von Rechtsprechung und Einziehung der sich daraus ergebenden Gelder. Selbst als es dann besondere Richter gab, wurden diese oft auch als Eintreiber von Einkünften eingesetzt, und die alten Eintreiber (die *sheriffs*, *prévôts* und ähnliche Amtsträger) hielten auch weiter Gericht über Bagatellsachen.« Vgl. auch bezogen auf das 17. Jahrhundert »Théories et Institutions pénales«, 5. Vorlesung (zum Fiskalapparat als Staatsapparat, S. 10).

14 Vgl. C. Lévi-Strauss, *Traurige Tropen*, a. a. O., S. 383: »Diese Wiedergutmachung [seitens des Schuldigen] verpflichtete wiederum diesen letzteren gegenüber der Gruppe, der er seine Dankbarkeit durch Geschenke beweisen mußte«.
Interessant ist, dass Foucault bei seinen mündlichen Darlegungen die Passagen des Manuskripts, die sich auf die alten germanischen Gesellschaften, Sitten und Gesetze beziehen, nicht benutzt zu haben scheint. Die 1972 gehaltene Vorlesung »Théories et Institutions pénales« drehte sich um das germanische Recht.

15 Foucault hatte entsprechend den unterschiedlichen Arten von Strafen bereits einige rudimentärere Klassifikationen vorgeschlagen. Im Juli 1971 machte er den Vorschlag, sie in exilierende Gesellschaften, ermordende (oder folternde oder läuternde) Gesellschaften und einschließende Gesellschaften zu unterteilen; vgl. »Je perçois l'intolérable«, a. a. O., S. 203; dt.: »Ich sehe das Unerträgliche«, a. a. O., S. 248. Im März 1972 schlug er verschiedene »Arten von Zivilisationen« vor: »Die Zivilisationen, die in die Verbannung schicken«, die, »die massakrieren« oder »foltern«, und sodann »Gesellschaften, die einsperren«; vgl. »Le grand en-

fermement«, a.a.O., S. 297; dt.: »Die große Einsperrung«, a.a.O., S. 368).

16 Das Thema des Bruchs mit dem Kreislauf der Rache, das im Manuskript klarer formuliert wurde, wurde zwei Jahre zuvor in *Leçons sur la volonté de savoir*, a.a.O., S. 90f.; dt.: *Über den Willen zum Wissen*, a.a.O., Vorlesung vom 3. Februar 1971, S. 119ff., eingeführt und wird in dieser Vorlesung wiederaufgenommen: vgl. hier die Vorlesung vom 10. Januar, S. 55f., und die Vorlesung vom 7. Februar, S. 163 (Anhang). Vgl. zur Besänftigung der Rachegeister auch A. Métraux, *Religions et Magies indiennes d'Amérique du Sud*, a.a.O., S. 59: »Das Opfer hatte so die Gelegenheit, seinen Zorn auszuleben und sich in einem gewissen Maße an seinen Peinigern zu rächen. Diese dem Gefangenen gewährte Vergünstigung ›kam vielleicht von dem Wunsch, die Rachegeister zu besänftigen‹«; S. 70: die Exekution eines Gefangenen hatte das Ziel, »die Seele eines ›vom Feind ergriffenen oder gegessenen Verwandten zu besänftigen‹«; und S. 73-78: all diese Vorsichtsmaßnahmen wurden getroffen, um die Rache zu vermeiden und um »sich vor der erzürnten Seele seines Opfers zu schützen«.

17 Foucault hatte im Vorjahr die Praktik der Rache und des Freikaufs im germanischen Recht behandelt; vgl. »Théories et Institutions pénales«, achte und neunte Vorlesung; s. die neunte Vorlesung, Ms. S. 12 (über *Wehrgeld* und *Fr[edus]*). Im alten, germanisch beeinflussten Recht bildet das bei den Franken gebräuchliche *Wehrgeld* die dem Opfer oder im Falle der Verwundung oder des Mordes der Familie des Opfers gesetzlich geschuldete finanzielle Entschädigung, um private Rache zu vermeiden. Die Höhe des Wehrgelds variiert je nach dem gesellschaftlichen Status des Opfers; vgl. F. Olivier-Martin, *Histoire du droit français des origines à la Révolution*, Paris: Éditions du CNRS, 1984, S. 68. Der *»fredus«*, der einen Teil des Wehrgelds darstellt, wird an den Herrscher bezahlt, um den Frieden wiederherzustellen; vgl. C. Debuyst, F. Digneffe, A.P. Pires, *Histoire des savoirs sur le crime et la peine*, Brüssel: Larcier, 2008, Bd. 2, S. 44.

18 Die Figur des *homo sacer* im archaischen Recht, »diese Figur des Menschen, den man umbringen kann, ohne einen Mord zu begehen, den man aber nicht formell exekutieren kann«, wird von Giorgio Agamben untersucht werden in seinem Werk *Homo sacer. Die souveräne Macht und das nackte Leben*, übers. v. H. Thüring, Frankfurt/M.: Suhrkamp, 2002. Dieser Text von Agamben nimmt einerseits Foucaults Analyse der Macht aus den 1980er Jahren als Ausgangspunkt, genauer gesagt, den Punkt, an dem die Untersuchung der Art und Weise, wie sich das Individuum zum Gegenstand einer äußeren Kontrolle macht (die Untersuchung der Technologien des Selbst), und andererseits die Untersuchung der staatlichen Techniken, durch die das Leben und die Bevölkerung zum Ziel und Anliegen werden, sich kreuzen – den Schnittpunkt der »subjektive[n] Techniken der Individualisierung und objektive[n]

Prozeduren der Totalisierung« (ebd., S. 15), genau »diesen verborgenen Kreuzpunkt zwischen dem juridisch-institutionellen Modell und dem biopolitischen Modell der Macht« (ebd., S. 16); ein Punkt, der laut Agamben bei Foucault »seltsam unbeleuchtet« geblieben ist beziehungsweise »ein blinder Fleck im Gesichtsfeld des Forschers« (ebd., S. 15 u. 16). Man könnte in dieser Vorlesung Foucaults, vor allem genau in dieser Passage der Vorlesung vom 3. Januar 1973 – das heißt in der Analyse der Art und Weise, in der die Straftaktiken (wie die Figur des *homo sacer*) innerhalb der Machtbeziehungen funktionieren oder, wird Agamben sagen, in der »die Macht selbst den Köper der Subjekte und ihrer Lebensformen durchdringt« (ebd., S. 15) –, einen Text sehen, der dessen Arbeiten den Weg bereitet hat.

19 Vgl. M. Foucault, »Théories et institutions pénales«, achte und neunte Vorlesung.

20 Vgl. M. Foucault, *Surveiller et Punir*, a. a. O., S. 107; dt.: *Überwachen und Strafen*, S. 134f. Gegen diese Unterscheidung wird Le Peletier de Saint-Fargeau die Gleichheit durch die Guillotine beantragen, »ein gleicher Tod für alle« (ebd., S. 18; dt.: S. 20).

21 *Surveiller et Punir*; dt.: *Überwachen und Strafen*, wird mit dieser Szene beginnen (S. 9-11; dt.: S. 9-12).

22 In Reaktion auf die Ablehnung des von den zum Tode verurteilten Buffet und Bontemps an Präsident Pompidou gerichteten Gnadengesuchs hatte Foucault bereits 1972 eine Verbindung zwischen der Gefängnisstrafe und der Todesstrafe herausgestellt: »Doch in Wirklichkeit ist die Guillotine nur der sichtbare und triumphierende Gipfel, die rote und schwarze Spitze einer hohen Pyramide. Das gesamte Strafsystem ist im Grunde auf den Tod hin ausgerichtet und wird von ihm beherrscht« (M. Foucault, »Les deux morts de Pompidou« (Le Nouvel Observateur, Nr. 421, 4.-10. Dezember 1972, S. 56f.), DE II, Nr. 114, S. 386-389; dt.: »Die zwei Toten von Pompidou«, DE II, Nr. 114, S. 481-485. Er wird dies anlässlich der Abschaffung der Todesstrafe in Frankreich 1981 wiederholen, um die Notwendigkeit zu unterstreichen, dass das Strafsystem über das Feiern des Verschwindens der »ältesten Strafe der Welt« hinaus insgesamt zu überdenken ist; vgl. ders., »Le dossier ›peine de mort‹. Ils ont écrit contre« (*Les Nouvelles littéraires*, 59. Jg., Nr. 2783, 16.-23. April 1981, S. 17), DE IV, Nr. 294, S. 168; dt.: »Das Dossier ›Todesstrafe‹. Sie haben dagegen geschrieben«, DE IV, Nr. 294, S. 206f.; ders., »Contre les peines de substitution« (*Libération*, Nr. 108, 18. September 1981, S. 5), DE IV, Nr. 300, S. 206; dt.: »Gegen die Ersatzstrafen«, DE IV, Nr. 300, S. 251. Foucault wird die Bedeutung der Todesstrafe als Zeichen der Souveränität der Justiz mehrfach hervorheben, vor allem in »Le citron et le lait« (*Le Monde*, Nr. 10490, 21-22 octobre 1978, p. 14), DE III, Nr. 246, S. 695-698; dt.: »Zitrone und Milch«, DE III, Nr. 246, S. 870-874, und in »Manières de justice« (*Le Nouvel Observateur*, Nr. 743, 5.-11. Februar 1979, S. 20f.), DE III,

Nr. 260, S. 755-759; dt.: »Formen der Justiz«, DE III, Nr. 260, S. 944-949. Vgl. zu diesem Thema auch: ders., »L'angoisse de juger« (Gespräch mit R. Badinter und J. Laplanche, *Le Nouvel Observateur*, Nr. 655, 30. Mai – 6. Juni 1977, S. 92-96, 101, 104, 112, 120, 125-126), DE III, Nr. 205, S. 282-297; dt.: »Die Angst davor, Recht zu sprechen«, DE III, Nr. 205, S. 370-391; »Du bon usage du criminel« (*Le Nouvel Observateur*, Nr. 722, 11. September 1978, S. 40-42), DE III, Nr. 240, S. 657-662; dt.: »Vom guten Gebrauch des Kriminellen«, DE III, Nr. 240, S. 823-829; »Punir est la chose la plus difficile qui soit« (Gespräch mit A. Spire, *Témoignage chrétien*, Nr. 1942, 28. September 1981, S. 30), DE IV, Nr. 301, S. 208-210; dt.: »Strafen ist die schwierigste Sache der Welt«, DE IV, Nr. 301, S. 249-252.

1981 wird Foucault nach der Abschaffung der Todesstrafe sagen: »Die älteste Strafe der Welt steht in Frankreich kurz vor ihrem Ende. Das ist Anlass zur Freude, aber kein Grund zur Bewunderung« (»Contre les peines de substitution«, a. a. O., S. 206; dt.: »Gegen die Ersatzstrafen«, a. a. O., S. 249). Eine Schilderung von Foucaults Engagement gegen die Todesstrafe findet sich bei A. Kiéfer, *Michel Foucault: Le GIP, l'histoire et l'action*, thèse de philosophie (November 2006), Université de Picardie Jules Verne d'Amiens, 2009, S. 169-172.

23 Foucault wird diese Analyse in den folgenden Jahren weiterverfolgen, vor allem in seiner Vorlesung von 1976 *»Il faut défendre la société«. Cours au Collège de France, 1976*, hg. v. M. Bertani u. A. Fontana, Paris: Gallimard-Seuil, 1997, S. 77f.; dt.: *In Verteidigung der Gesellschaft. Vorlesungen am Collège de France, 1975-1976*, übers. v. M. Ott, Frankfurt/M.: Suhrkamp, 2001, Vorlesung vom 4. Februar 1976, S. 113.

24 Vgl. zum soziologischen Funktionalismus auch *Surveiller et Punir*; dt.: *Überwachen und Strafen*, insbesondere die Kritik an Durkheim auf S. 28; dt.: S. 33.

Vorlesung 2
(Sitzung vom 10. Januar 1973)

Die vier Grundelemente der Analyse: 1/der konstante, universale Krieg innerhalb der Gesellschaft; 2/ein Strafsystem, das weder universal noch univok ist, sondern von den einen für die anderen gemacht wird; 3/die Struktur der universalen Überwachung; 4/das System des Einschlusses. (I) Der Sinngehalt des Begriffs des Bürgerkriegs. (A) Der Bürgerkrieg als Wiederaufflammen des Krieges aller gegen alle – nach Hobbes. (B) Unterscheidung zwischen dem Bürgerkrieg und dem Krieg aller gegen alle. Die neuen Gemeinschaften; die Beispiele der Nu-pieds und der Bewegung der Ludditen. (C) Die Politik als Fortsetzung des Bürgerkriegs. (II) Der Status des Kriminellen als Feind der Gesellschaft. – Die Rechtspraxis als staatliche Kriegserklärung. – Wissenseffekte: psychologischer oder psychiatrischer Zugriff auf den Kriminellen und die Normabweichung. – Epistemische Effekte: Kriminalsoziologie als Pathologie der Gesellschaft. Der Kriminelle als Verbindungsstück, Überträger, Wechsler.

Ich möchte die Grundelemente dieser Analyse genauer darlegen.[a] Erstens, in der Zeit, mit der ich mich befassen werde, 1825 bis 1848, als das Hauptstrafsystem, das der *Code d'instruction criminelle* von 1808 und das Strafgesetzbuch von 1810 in seinen Hauptlinien vorgezeichnet hatte, eingesetzt und in Betrieb genommen wird, ist eine Sache klar: Man befindet sich im Sozialkrieg, nicht im Krieg aller gegen alle, sondern im Krieg der Rei-

---

a Das Vorlesungsmanuskript beginnt folgendermaßen (S. 1 f.):
»Der Punkt:
Die Strafe auf der Ebene ihrer Taktiken analysieren, das heißt nicht:
– was bestraft sie im Namen von welchem Prinzip und gemäß welchen Wertmaßstäben, sondern:
– wie bestraft sie; wer bestraft; wer wird bestraft, mit welchen Instrumenten.
Also:
– nicht die großen ethisch-religiösen Begriffe der Verfehlung, der Sünde, der Unreinheit als Ausgangspunkt nehmen;
– und auch nicht die großen gesellschaftlichen Funktionen wie die des Ausschlusses, der Vertreibung, des Ausstoßes, sondern:
– den Bürgerkrieg als Ausgangspunkt nehmen, als allgemeine Matrix der Straftaktiken.«

chen gegen die Armen, der Besitzenden gegen die, die nichts besitzen, der Patrone gegen die Proletarier.
Zweites Grundelement: das deutliche und im Diskurs der damaligen Zeit klar zum Ausdruck gebrachte Bewusstsein, dass die Sozialgesetze von Leuten gemacht werden, für die sie nicht bestimmt sind, sondern auf jene angewendet werden sollen, die sie nicht gemacht haben. Das Strafgesetz hat selbst im Verständnis derer, die es machen oder diskutieren, nur eine scheinbare Universalität. So sagte ein Abgeordneter aus dem Departement Var in seinem Redebeitrag vor der Kammer am 23. November 1831, als man über die Ausgestaltung des Strafgesetzbuches und die Einrichtung mildernder Umstände beriet: »Die Strafgesetze, die zum Großteil für die eine Klasse der Gesellschaft gedacht sind, sind von der anderen gemacht. Sie gelten für die gesamte Gesellschaft, das gebe ich zu; keinem Menschen wird zugesichert, immer ihrer Unerbittlichkeit zu entgehen; aber trotzdem ist wahr, dass fast alle Straftaten, vor allem bestimmte Delikte, von dem Teil der Gesellschaft begangen werden, dem der Gesetzgeber nicht angehört. Dieser Teil unterscheidet sich in seinem Bewusstsein, seinen Sitten und seiner ganzen Lebensweise jedoch nahezu vollkommen von dem anderen. Um also Gesetze zu machen, die auf ihn zugeschnitten sind, müsste der Gesetzgeber, wie mir scheint, vor allem vergessen, was er selbst ist, [...] und sich darum bemühen herauszufinden, welche Wirkung das Gesetz nicht auf ihn selbst hat, sondern auf das ganz anders gelagerte Bewusstsein des Volkes, für das er arbeitet.«[1] In der Arbeiterliteratur würde man die entsprechende, aber anders gewendete Behauptung finden, dass das Strafgesetz nicht dazu gemacht ist, für alle da zu sein.
Dritter Punkt: Der Justiz- und Strafapparat, der in dieser Zeit aufgebaut wird, ist ganz und gar vom Prinzip der universalen und ständigen Überwachung geleitet. Man kann dabei auf Julius verweisen, Professor für Strafrecht an der Universität von Berlin, der in seinen *Vorlesungen über die Gefängniß-Kunde* [1827] sagt: »Es scheint mir eine, in der Geschichte, nicht allein der Baukunst, sondern des menschlichen Geistes überhaupt, höchst

bemerkenswerte Erscheinung, daß [...] schon früh, nicht nur bei den Völkern des klassischen Altertums, sondern sogar schon im Morgenlande, die sinnesreichst entworfenen und aufs prachtvollste ausgerüsteten Bauwerke gefunden werden, welche der Menge den Anblick und die Ueberhebung Weniger verschaffen, wie es bei Tempeln, Schauspielen, Thier- und Menschenkämpfen u.s.w., der Fall war«.[2] Mit anderen Worten, eine Architektur, eine Kultur des Spektakels, Anblicks, bei der alle in einem Kreis Versammelten in ihrer Mitte etwas, einer Sache, einem Schauspiel zusehen sollten. Und Julius fährt fort: während »die menschliche Erfindungsgabe, wie es scheint, gar nicht dahin gelenkt wurde, Wenigen oder einem Einzelnen, die Uebersicht Vieler zu gewähren«.[3]

Nun, genau das passiert in der Moderne: die Verkehrung des Anblicks in Überwachung.[4] Man ist, so Julius, nicht nur im Begriff, eine Baukunst, eine Stadtplanung zu erfinden, sondern überhaupt eine ganze Geistesverfassung, so dass die Menschen nunmehr dem Blick einiger weniger, im Extremfall eines einzigen Menschen, der sie überwachen soll, dargeboten werden. Das in die Überwachung verkehrte Schauspiel, der Kreis, den die Bürger um das Schauspiel bildeten, all das wird umgeworfen. Man hat eine vollkommen andere Struktur, bei der die nebeneinander aufgereihten Menschen in einem ebenen Raum von jemandem, der eine Art allsehendes Auge ist, von oben überwacht werden: »Erst der neuesten Zeit blieb es [...] aufbehalten, mit der umfassenderen Lenkung des Staates, und dessen stets tieferem Eindringen in die Zustände und Verhältnisse des bürgerlichen Lebens, zu den Hülfsmitteln der Vervollständigung jener, auch schon die, auf Ueberschauung berechnete Bauart und Einrichtung, für eine zahlreiche Menschenmenge bestimmter Wohn- und Aufenthaltsorte, mitwirkend herbeizuziehen, und in Anspruch zu nehmen.«[5]

Man sieht, dass Julius diese Verkehrung des Schauspiels in Überwachung der Herausbildung und Entwicklung des Staates als Überwachungsinstanz zuschreibt, die es gestattet, die Beziehungen des sozialen Lebens bis ins Detail zu kontrollieren, zu beobachten und in sie einzugreifen. Indem Julius dies schreibt, macht er nichts anderes, als das, was Napoleon gesagt hat oder sagen ließ, in seine Sprache zu übertragen, denn in der Einleitung zum *Code d'instruction criminelle* findet man Folgendes: »Sie können davon ausgehen, dass kein Teil des Reichs der Überwachung entgeht, dass kein Verbrechen, kein Vergehen, kein Verstoß ohne Verfolgung bleiben kann und dass das Auge des Genius, der alles am Laufen zu halten weiß, diese riesige Maschine in ihrer Gesamtheit umfasst, ohne dass ihm dabei das kleinste Detail entgehen könnte.«[6] Und der Text fuhr, indem er auf die genaue Funktion des Prokurators einging, fort: Der Prokurator ist »das Auge des Generalprokurators, wie der Generalprokurator das Auge der Regierung ist. Durch eine rege und zuverlässige Kommunikation des kaiserlichen Prokurators mit dem Generalprokurator sowie des Generalprokurators mit dem Minister seiner Majestät kann der Amtsmissbrauch, der sich in die Institutionen einschleicht, erkannt werden, die Lauheit, die von den Personen Besitz ergreift, die Achtlosigkeit, die man einem einzelnen verzeihen kann, die aber bei einem Magistrat ins Verderben führt; und wenn man bei der Kommunikation der Generalprokuratoren und der kaiserlichen Prokuratoren ein Nachlassen, Schwäche oder Bemäntelung mutmaßte, wäre das Übel, bevor es sich Bahn bricht, sehr weit fortgeschritten, und ohne dass es irgendeine Krise gegeben hätte, würde man sich plötzlich im Zustand großer Kraftlosigkeit und ganz nahe am Niedergang befinden.«[7] So spiegelt Julius' Theorie von der allgemeinen Überwachung sehr genau das wider, was die kaiserliche Administration 1808 formuliert hat.

Das vierte Grundelement ist die Einsperrung, Inhaftierung, über die Julius im Übrigen am Ende seines Textes über die Überwachung spricht: »die Nützlichkeit dieses Grundgedankens«, das heißt der Überwachung, ist bei den Gefängnissen noch größer.[8]

Wir haben mithin vier Punkte, um unsere Analyse abzustecken: den ständigen, universalen Krieg innerhalb der Gesellschaft; ein Strafsystem, das weder universal noch univok, sondern von den einen für die anderen gemacht ist; eine Struktur universeller Überwachung; und das System der Einsperrung.

*

Ich möchte auf den ersten Punkt zurückkommen: das Problem des Bürgerkriegs und die Nicht-Beziehungen zwischen diesem und dem Krieg aller gegen alle. Wenn man sich tatsächlich darauf einlässt, sieht man, dass das Grundelement der Krieg ist. Ich möchte in das Problem des Krieges aller gegen alle und des Bürgerkrieges etwas Licht bringen und mir ansehen, wie die Kriminalität – zumindest in einem bestimmten Moment – in Verbindung mit diesen Begriffen verstanden wurde. [Und ich werde damit beginnen, indem ich den Sinngehalt] des Begriffs des Bürgerkriegs näher untersuche.

Erstens, es gibt, wie ich glaube, in der politischen Theorie eine bestimmte Tradition, die den Bürgerkrieg und den Krieg aller gegen alle gleichsetzt und eine direkte, organische Verbindung herstellt. Diese Tradition hat in Hobbes einen ihrer charakteristischsten Vertreter.[a] Ich beziehe mich auf den Text, in dem er sagt, dass der Bürgerkrieg eine bestimmte Weise ist, zum Krieg aller gegen alle zurückzukehren, oder wenn man sich eine Vorstellung vom Krieg aller gegen alle machen möchte, muss man jedenfalls den Bürgerkrieg als Beispiel nehmen. So schreibt Hobbes, nachdem er den Zusammenhang mit dem allgemeinen Krieg der Individuen gegeneinander beschrieben hat: »Man mag vielleicht denken, daß es nie solch eine Zeit oder solchen Kriegszustand gab« (über den ich gerade gesprochen habe); »und ich glaube, es war nie allgemein auf der ganzen Welt so«.[9] Folglich ist der Krieg aller gegen alle keine Art Urzustand, den die Menschheit insgesamt durchlaufen hätte und in dem sie in einer frühen Phase ihrer Geschichte gelebt hätte; dieser Krieg genießt nicht den Status einer historischen Universalie, gleich-

---

a Manuskript (S. 2): »Eine Tradition, die Hobbes, wenn nicht begründet, so doch formuliert hat.«

wohl gibt es für [Hobbes dafür] räumlich begrenzte und historisch belegte Beispiele: »es gibt viele Gegenden, wo die Menschen heute noch so leben«.[10]

Der Bürgerkrieg ist also ein historisch belegter Fall des Wiederaufflammens des Krieges aller gegen alle. Er ist eine Art epistemologisches Modell, von dem aus es möglich sein muss, den Zustand des Krieges aller gegen alle zu entschlüsseln, und das man braucht, um die Begründung und Funktionsweise des Souveräns zu verstehen. Bei Hobbes gibt es somit ein Beispiel für die Nähe dieser beiden Begriffe; bezeichnend ist im Übrigen, dass selbst diejenigen, die ein Jahrhundert später den Begriff des Krieges aller gegen alle kritisieren werden, die Gleichsetzung des Bürgerkriegs mit dem Krieg aller gegen alle nicht kritisieren. Man wird die Existenz von so etwas wie einem Krieg aller gegen alle als ursprünglichen oder archaischen Zustand leugnen. Man wird Hobbes vorwerfen, aus dem Krieg eine Art Modell des Naturzustands gemacht zu haben.[a]

Ich möchte dementgegen nun aber zeigen, dass diese Gleichsetzung nicht begründet ist, welche Folgen sie hatte und vor welchem Hintergrund sie aufkam. Die Unmöglichkeit, eine Kontinuität zwischen dem Bürgerkrieg und dem Krieg aller gegen alle herzustellen und beide miteinander zu vermischen, scheint mir angesichts der Vorstellung, die sich Hobbes vom Krieg aller gegen alle macht, [offensichtlich].[b]

Er ist in erster Linie eine natürliche, universale Dimension der Beziehungen zwischen den Individuen als Individuen. Das Individuum als solches trägt in seinen Beziehungen zu anderen ständig die Möglichkeit des Krieges aller gegen alle in sich.[c] Wenn es den Krieg aller gegen alle tatsächlich gibt, dann zunächst hauptsächlich weil die Menschen in den Dingen und Zielen, die sie anstreben, gleich sind, weil sie in den Mitteln, die sie haben, um sich das zu verschaffen, was sie erstreben, gleich sind. Sie sind gewis-

---

a Das Manuskript (S. 3) fügt hinzu: »Wenig Kritik an der Gleichsetzung: Bürgerkrieg = Krieg aller gegen alle«.

b Typoskript (S. 24): »ins Auge zu springen«.

c Manuskript (S. 3): »die Möglichkeit des Bürgerkriegs«.

sermaßen austauschbar, und genau deshalb versuchen sie, an die Stelle des anderen zu treten, und wenn der eine sich etwas wünscht, kann der andere sich immer an die Stelle dieses einen setzen, seinen Platz einnehmen und sich das aneignen wollen, was Ersterer begehrt.[11] Diese Austauschbarkeit der Menschen untereinander, diese Übereinstimmung im Wunsch kennzeichnen die ursprüngliche Konkurrenz.[12] Selbst wenn diese Konkurrenz nicht bestünde, selbst wenn es auf der Welt genügend gäbe, um jeden zufriedenzustellen, selbst wenn jemand etwas vorher an sich gebracht hätte, ist nie sicher, dass nicht jemand anderes an seine Stelle treten wird: Jeder Genuss, jeder Besitz ist daher gerade aufgrund dieser Quasi-Gleichheit unsicher. So kann es niemals ein Eigentum oder einen Genuss geben, der nicht die Dimension der Unsicherheit beinhaltet, insofern jeder sehr wohl weiß, dass jemand anderes seine Stelle einnehmen kann.

Mit dem Hinzukommen der Unsicherheit zur Konkurrenz haben wir eine zweite Dimension dieses Krieges aller gegen alle.[13] Plötzlich gibt es nur noch ein Mittel, um der Unsicherheit Einhalt zu gebieten und die Konkurrenz auszuschalten, nämlich wenn einer dieser ewigen Kombattanten durch so etwas wie eine Vergrößerung der Macht den Sieg über die anderen davonträgt, das heißt, wenn er sich nicht nur einen Gegenstand des Genusses aneignet, sondern darüber hinaus ein Instrument, um diesen Gegenstand zu erringen, wenn er folglich gegenüber den anderen seine eigene Macht steigert und den Status schematischer Gleichheit verlässt, der den Menschen am Anfang verliehen wird; eine Vergrößerung der Macht, von der er sich genau den Effekt erhofft, dass man nicht mehr versucht, an seine Stelle zu treten, und dass er in Ruhe genießen kann, was er hat, das heißt, dass man ihn respektiert.

Die Machtsteigerung lässt den Menschen in das System der Zeichen, Kennzeichen eintreten, und das Mehr an Macht soll in erster Linie in die zwischenmenschlichen Beziehungen das sichtbare Signum der Macht [des einen von ihnen] einführen.[a] Diesen

a Typoskript (S. 25): »seiner Macht«.

Willen, Respekt zu erzwingen, nennt Hobbes »Ruhmsucht«: die Fähigkeit, all diejenigen durch äußere Zeichen in Schach zu halten, die sich einbilden könnten, an dessen Stelle zu treten.[14]

Ruhmsucht, Unsicherheit, Konkurrenz, das sind die drei – völlig individuellen – Dimensionen, die den universalen Krieg aller Individuen gegen alle Individuen begründen. Hobbes sagt klar: Der Krieg aller gegen alle ist »die notwendige Folge der natürlichen Gemütsbewegungen der Menschen«.[15] Der Kriegszustand liegt mithin im Wesen des Individuums,[a] und wenn das so ist, bedeutet dies, dass die Individuen nicht allein durch die Tatsache, dass sie in Gruppen zusammengeschlossen werden, den Krieg hinter sich lassen werden; es bedarf hierfür sehr wohl mehr als der Gruppe. Hobbes erklärt, man kann noch so sehr Familien haben, die Familie verhindert nicht, dass der Krieg aller gegen alle innerhalb ihres Kreises weiterbesteht: »Und überall, wo die Menschen in kleinen Familien lebten, war gegenseitiges Ausrauben und Plündern ein Gewerbe.«[16] Und selbst wenn man von einer Kleingruppe zu einer Großgruppe übergehen würde, würde das nicht reichen, um den Krieg abzuwenden: Selbst wenn die Menschen in noch so großen Gruppen vereinigt werden würden, »wenn ihre Handlungen von ihren persönlichen Urteilen und persönlichen Trieben gelenkt werden, [können] sie dadurch keine Verteidigung und keinen Schutz erwarten, weder vor einem gemeinsamen Feind noch vor gegenseitig zugefügtem Unrecht«.[17] Es ist folglich nicht der Gruppeneffekt, eine Art transitorisches und wechselseitiges Interesse, von dem die Menschen so etwas wie das Ende des Krieges erwarten können.[b]

---

a Manuskript (S. 4):
»Dieser Kriegszustand, der im Wesen des Individuums angelegt ist, und die Zivilgesellschaft schließen sich wechselseitig aus. Überall, wo es keine Zivilgesellschaft gibt, herrscht der Krieg aller gegen alle. Die Kleingruppen verhalten sich nicht anders als Individuen [...]«.

b Das Manuskript (S. 5) fügt hinzu: »sondern die Einführung einer Ordnung neuer Art«.

Einzig die öffentliche Ordnung, das heißt das Auftreten eines Souveräns, wird dem Krieg aller gegen alle ein Ende setzen. Es bedarf dieses Prozesses, durch den die Macht aller Individuen auf ein einziges Individuum oder eine Versammlung übertragen und aller Wille zu einem einzigen vereinigt wird.[18] Der Krieg aller gegen alle endet erst in dem Moment, in dem durch diese Übertragung der Macht der Souverän konstituiert wird. Umgekehrt kommt man allmählich zu diesem Kriegszustand zurück, wenn die Macht schwächer wird und sich auflöst: Wenn es »keinen weiteren Schutz für die Untertanen in ihrer Loyalität gib, dann ist das Gemeinwesen *aufgelöst*, und jedermann hat die Freiheit, sich auf solche Weise zu schützen, wie sie ihm sein eigenes Ermessen nahelegt«.[19]

Der Bürgerkrieg ist also gewissermaßen der Endzustand der Auflösung des Souveräns, ganz wie der Krieg aller gegen alle der Anfangszustand ist, aus dem heraus der Souverän entstehen kann. Solange es einen Souverän gibt, gibt es keinen Krieg aller gegen alle, und der Bürgerkrieg kann nur erneut auftreten, wenn der Souverän am Ende dieses Weges verschwindet.

Zweitens, man muss der Vorstellung vom Bürgerkrieg als einem Wiederaufflammen des Krieges aller gegen alle, glaube ich, eine Vorstellung vom Bürgerkrieg entgegensetzen, die sich vom Krieg aller gegen alle stark unterscheidet, und dies aus mehreren Gründen. Zunächst glaube ich, dass der Bürgerkrieg entgegen dem, was man bei Hobbes finden kann, keineswegs eine Virtualität umsetzt, die im Wesen der Beziehungen zwischen Individuen angelegt wäre. Im Grunde genommen gibt es keinen Bürgerkrieg, der nicht eine Konfrontation kollektiver Einheiten wäre: Verwandtschaften, Klientele, Religionen, Ethnien, Sprachgemeinschaften, Klassen etc. Der Bürgerkrieg entsteht, spielt sich ab, entfaltet sich immer durch Massen, durch kollektive und plurale Einheiten. Er ist somit keineswegs eine natürliche Dimension der Beziehungen zwischen Individuen als Individuen: Es sind immer Gruppen als Gruppen, die die Akteure des Bürgerkriegs sind. Mehr noch setzt der Bürgerkrieg nicht nur kollektive Einheiten in Szene, sondern schafft diese auch. Weit davon entfernt, der Prozess zu sein, durch den man vom Gemeinwesen in die Individualität zurückfällt, vom Souverän in den Naturzustand, von der öffentlichen Ordnung in den Krieg aller gegen alle, ist der Bürgerkrieg der Prozess, über und durch den sich eine Reihe von neuen Kollektiven herausbildet, die es bis dahin nicht gab. Wie hat sich die Bauernschaft als ideologische Gemeinschaft, Interessengemeinschaft, soziale Klasse Ende des Mittelalters konstituiert, wenn nicht über die Prozesse des Bürgerkriegs, der Volkserhebungen, die vom 15. bis Mitte des 18. Jahrhunderts Europa erschütterten und die Klasse der Bauern entstehen ließen, deren Einheit durch den Prozess des Bürgerkriegs selbst erreicht wurde? Ebenso einerseits die Vielzahl und andererseits die politische und ökonomische Entwicklung der Marktaufstände, die das 18. Jahrhundert erschütterten – Aufstände, die allmählich in Arbeitskämpfe, dann in politische Aufstände umschlugen –, all das hat dem Volk,[a] das eine der Hauptfiguren der Revolution sein wird, seinen Zusammenhalt verliehen und es als eine einheitliche und gemeinschaftliche Kraft in Erscheinung treten lassen: Der Sansculottismus hat sich de facto über den Prozess des Bürgerkriegs herausgebildet.

Man darf den Bürgerkrieg daher nicht als etwas betrachten, was das kollektive Element im Leben der Individuen auflösen und sie in so etwas wie ihre ursprüngliche Individualität zurückversetzen würde. Der Bürgerkrieg ist im Gegenteil ein Prozess, dessen Protagonisten Kollektive sind und der im Ergebnis überdies zum Auftauchen neuer kollektiver Protagonisten führt. Außerdem besteht der Bürgerkrieg entgegen dem, was die politische Theorie gewöhnlich annimmt, nicht vor der Konstitution von Macht; er ist auch nicht das, was notwendig deren Verschwinden oder Schwächung markiert. Der Bürgerkrieg ist keine Art Antithese zur Macht, das, was vor ihr existieren würde, oder das, was nach ihr wieder auftauchen würde. Er unterhält

a Manuskript (S. 6): »[…] dem ›Lumpenproletariat‹: denjenigen, die die Sansculottes sein werden.«

mit der Macht keine Ausschlussbeziehung. Der Bürgerkrieg spielt sich auf der Bühne der Macht ab. Den Bürgerkrieg gibt es nur im Rahmen bestehender politischer Macht; er findet statt, um die Macht zu behalten oder zu erobern, um sie zu entziehen oder zu übertragen. Er ist nichts, was die Macht schlicht und einfach ignoriert oder zerstört, sondern stützt sich immer auf Elemente der Macht.[a]

Im Übrigen könnte man versuchen, verschiedene Prozeduren zu beschreiben, die für den Bürgerkrieg genau in Zusammenhang mit dem Spiel, das er mit der Macht spielt, charakteristisch sind. So, erster Punkt:[b] Im Bürgerkrieg bemächtigen sich einige kollektive Einheiten, Gruppen bestimmter Fragmente der Macht, nicht um sie abzuschaffen und zu so etwas wie dem Krieg aller gegen alle zurückzukehren, sondern im Gegenteil, um sie zu reaktivieren. [So zum Beispiel] die Marktaufstände im 18. Jahrhundert:[20] Als anlässlich einer Kornknappheit und folglich eines Anstiegs des Korn- und Brotpreises ein Aufstand in Gang kommt, ist das, was dann folgt, nicht die Rückkehr zu einer undifferenzierten und gewaltsamen Aneignung, bei der Individuen von allem Besitz ergreifen, was sie in die Hände bekommen. Diese Aufstände gehorchen einem fast gleich bleibenden Muster. Es geht seitens einiger Leute nicht darum, sich unmittelbar das Korn anzueignen, sondern um die Formen, Prozesse, Riten der Macht. In England ließen die Aufständischen die alten Regelungen des ausgehenden 16. Jahrhunderts wiederaufleben, wo-

---

a Manuskript (S. 7):
»auf Elemente, Zeichen, Instrumente der Macht, in dem Maße, wie er eine andere Macht angreift, baut er eine neue auf oder bereitet ihr den Weg. Er multipliziert die Macht: Er verschafft der Macht eine Dublette, ein Spiegelbild (in einer Art gefährlichen Symmetrie) oder begründet im Gegenteil eine ganz andere Macht«.

b Manuskript (S. 7), Randnotizen:
»1. Er bemächtigt sich dieser Fragmente (Marktaufstände)
2. Er kehrt ihren Mechanismus um (Justiz)
3. Er lässt frühere Formen davon wiederaufleben
4. Er aktiviert deren Symbole
5. Er schafft deren Mythos.«

nach auf den Märkten das Korn nicht an Großabnehmer verkauft werden durfte, ohne zuvor Kleinabnehmern angeboten worden zu sein, die zu ihren Preisen die Menge erstanden, die sie zum Leben brauchten. Dieser Vorrang der Kleinabnehmer war eine Verordnung, die die englische Monarchie Ende des 16. Jahrhunderts erlassen hat.[21] Der Aufstand bestand darin, diese Befugnis wiederaufzugreifen und zu reaktivieren. Ebenso wurden die Kontrollen des Korns, die bei den Bäckern, Müllern und in den Bauernhöfen vorgenommen wurden und die die Aufgabe der Staatsbediensteten gewesen wären, die jene aber aufgrund der Verflechtung von politischer Macht und ökonomischen Interessen nicht gewährleisteten, während der Aufstände von den Leuten selbst durchgeführt. Eine Aufstandsbewegung besteht mithin weniger darin, die Elemente der Macht zu zerstören, als darin, sie sich anzueignen und zur Geltung zu bringen.
Man könnte auch sagen – zweiter Punkt –, dass diese Machtbeziehungen bei den Erhebungen nicht nur wiederbelebt, sondern auch umgekehrt werden, das heißt, sie funktionieren in einem anderen Sinne. So waren die Septembermassaker während der Französischen Revolution eine Art umgekehrte Justiz, soll heißen, eine Wiedererrichtung des Tribunals.
Dritter Punkt: Man hat das Schema der Reaktivierung, da es darum geht, gegen die Untätigkeit des vorgeblich revolutionären Tribunals, das in den vorangegangenen Wochen eingerichtet wurde, zu protestieren. Man kehrt um, da man diejenigen vor das Volkstribunal führt, die per politischer Entscheidung dem Gericht entgehen sollten. Man wird also all diejenigen anklagen, die im Gefängnis waren, und zwar genau, um dem Revolutionstribunal zu entgehen: Aristokraten, Priester. Man hat hier somit ein Schema der Aneignung, der Reaktivierung und der Umkehrung der Machtbeziehung.
Vierter Punkt: Man könnte bei diesen Aufständen auch etwas finden, das man als Betätigung, Aktivierung der Symbole der Macht bezeichnen könnte. So versah sich der Bauernaufstand der Nu-pieds,[22] der die Normandie überzog, mit eindeutigen Zeichen höchst legitimer Macht, da er sein Siegel, sein Banner,

seine Symbole hatte und sich sogar auf die rechtmäßige Monarchie berief.

In bestimmten Fällen – fünfter Punkt – hätte man sogar die Betätigung eines Mythos der Macht. Es gibt einige Fälle, bei denen der Bürgerkrieg im Wesentlichen kollektiv abläuft, ohne Zentralisierung, ohne Aufbau einer Einheitsmacht. Bei diesen Bewegungen sieht man oft, dass sie [eine] politische Zentralisierung auf der Ebene des Mythos vornehmen.[a] So erfanden sich die Nu-pieds, eine Bewegung, die, auch wenn sie sich von Dorf zu Dorf ausbreitete, spontan war, ohne einheitliche Führung, einen Anführer und eine rein mythische Organisation,[b] die aber – als Mythos – innerhalb der Volksbewegung funktionierte: Jean Nu-pieds, umgeben von Beratern, und die tatsächlichen Initiatoren der Bewegung gaben sich lediglich als Repräsentanten des erdichteten Anführers aus.[23] Das gleiche Muster ließe sich bei der Bewegung der Ludditen zu Beginn des 19. Jahrhunderts finden, bei der man wieder auf diese Betätigung des Mythos der Macht stößt.[24] Diese Bewegung hat sich in der Zeit, als sich die Arbeiterklasse herausbildete, an der Scharnierstelle zwischen der Welt der Arbeiter und der Welt der Bauern entwickelt. Dabei findet man quer durch diese ganze Bewegung den Mythos einer Person wieder: Ludd, der der Anführer, die Zentralmacht dieser Bewegung gewesen sein soll, ein Mythos, der eine sehr präzise organisatorische Funktion hatte.[25] Er ist da als Inszenierung einer herrenlosen Macht, einer mythischen Macht, die gleichzeitig diesen ganzen Diskurs durchzog und antrieb.

So kann der Bürgerkrieg keineswegs als etwas angesehen werden, das sich außerhalb der Macht befinden würde und das

---

a Typoskript (S. 31): »die politische Zentralisierung ihrer eigenen Bewegung«.

b Das Manuskript (S. 7) fügt hinzu:
»die sich einen ›Quasi-König‹ mit Fahne, Siegel, Generälen, Dekreten gab:
– mal anderer König
– mal Diener des Königs.«

durch diese beendet werden würde, sondern als eine Matrix, in der die Bestandteile der Macht zur Geltung kommen, sich mit neuem Leben füllen, sich dissoziieren, doch dies in dem Sinne, dass die Parteien auseinanderdriften, ohne darum ihre Aktivität einzubüßen, dass die Macht eine neue Gestalt annimmt, in mythischer Weise frühere Formen wiederaufgreift. Es gibt keinen Bürgerkrieg ohne Arbeit der Macht, Arbeit an der Macht.

Drittens, man wird sagen, dass es zumindest einen Bereich gibt, in dem man eine Antithese zwischen der Macht und dem Bürgerkrieg sehen kann: nämlich die Ebene der etablierten Macht, die jeden Bürgerkrieg nach außen verlagert. Der Bürgerkrieg ist das, was sie von außen bedroht.[a] In Wirklichkeit könnte man zeigen, dass der Bürgerkrieg im Gegenteil das ist, was die Macht umtreibt – nicht nur im Sinne einer Angst, sondern insofern der Bürgerkrieg der Macht innewohnt, sie durchdringt, sie belebt, sich überall in ihr ausbreitet. Zeichen dafür hat man eben in Form der Überwachung, der Drohung, im Besitz einer Armee, kurz in all den Zwangsinstrumenten, die die etablierte Macht sich zu ihrer Ausübung zulegt. Die tagtägliche Machtausübung muss man als einen Bürgerkrieg betrachten können: Macht auszuüben ist eine bestimmte Art, Bürgerkrieg zu führen, und all die Instrumente, die Taktiken, die man hier ausmachen kann, müssen in den Begriffen des Bürgerkriegs zu analysieren sein.[b]

Das Wichtige für eine Analyse des Strafwesens ist zu begreifen, dass die Macht nicht das ist, was den Bürgerkrieg beseitigt, sondern das, was ihn führt und fortschreibt. Und wenn es stimmt, dass der äußere Krieg die Fortsetzung der Politik ist, muss man im Gegenzug sagen, dass die Politik die Fortsetzung des Bürger-

---

a Im Manuskript (S. 8) beginnt dieser Absatz folgendermaßen: »Bildet sie nicht zu jeder etablierten Macht eine Antithese? Das, was sie bedroht? Ihr gefährliches Gegenüber? Das, was ihr von außen als absolute Gefahr droht.«

b Das Manuskript (S. 8) fügt hinzu: »auch in Form von Allianzen zwischen Gruppen, die an der Macht sind, oder zwischen Günstlingen der Macht«.

kriegs ist.[26] Folglich muss man das Bild ablehnen, [das Hobbes] aufgebracht hat, indem er mit dem Aufkommen einer souveränen Ausübung der [Macht] den Krieg aus deren Raum vertrieb.[a]

*

[Ich möchte nun vom Sinngehalt des Begriffs des Bürgerkriegs zum] Status des Kriminellen kommen. Ab dem 18. Jahrhundert findet man die Vorstellung formuliert, dass das Verbrechen nicht einfach ein Vergehen ist, jene Kategorie von Vergehen, die dem anderen einen Schaden zufügt, sondern dass das Verbrechen der Gesellschaft schadet, das heißt, dass es eine Geste ist, durch die das Individuum, indem es den Gesellschaftsvertrag bricht, der es mit den anderen verbindet, in einen Krieg gegen seine eigene Gesellschaft eintritt. Das Verbrechen ist ein Akt, der zweifellos zeitweilig, augenblickshaft den Krieg aller gegen alle, das heißt des einen gegen alle, wiederaufleben lässt. Der Kriminelle ist ein Feind der Gesellschaft,[b] und deshalb soll die Bestrafung weder eine Wiedergutmachung des dem anderen zugefügten Schadens noch eine Bestrafung des Vergehens sein, sondern eine Schutzmaßnahme, ein Gegen-Krieg, den die Ge-

---

a Foucault fasst hier eine lange Passage des Manuskripts (S. 8f.) zusammen, die darlegt:
»Das Hobbes'sche Bild (der aus der Gesellschaft ausgetriebene Krieg herrscht nur noch an den Grenzen als ein gegen die Staatsfeinde gerichtetes Schwert) ist zu verwerfen.
Der Bürgerkrieg wird auch rund um die Macht (und ihre Instrumente) geführt, gegen sie, um ihr zu entkommen oder um sie zu stürzen oder zu entziehen; um sich ihrer zu bedienen, sie besser zu unterwerfen, sie besser nutzbar zu machen, dadurch eine Herrschaft zu errichten, bei der die politische Macht nur ein Aspekt oder Instrument ist.
Zunächst zwei Probleme beiseitelassen:
- Macht/Staat
- Bürgerkrieg/Klassenkampf.
Was bedeutet das Vorhaben: die Strafe nicht
- im Zeichen des Krieges aller gegen alle zu analysieren, sondern
- im Zeichen des Bürgerkriegs.«

b Das Manuskript (S. 10) fügt hinzu »›fremder‹, aber nicht äußerer Feind«.

sellschaft gegen Letzteren aufnehmen wird.[27] Man kann hier auf die Theoretiker des 18. Jahrhunderts verweisen, bei denen man sieht, wie der Begriff des Verbrechens rund um den Begriff der Gesellschaftsfeindlichkeit neu austariert wird. Daher dieser Begriff der Strafe, die sich nicht nach der Schwere des Vergehens oder Schadens bemessen soll, sondern nach dem, was für die Gesellschaft nützlich ist. Für sie ist es wichtig, dass ihre Feinde unter Kontrolle gebracht werden, dass sie sich nicht vermehren. Man muss sich ihrer also bemächtigen, sie daran hindern zu schaden. Das findet man bei Beccaria[28] ebenso wie bei Paley in England, der schrieb: »Wenn die Straffreiheit des Delinquenten für die Gesellschaft keine Gefahr bedeuten würde, gäbe es überhaupt keinen Grund zu bestrafen.«[29] Die Bestrafung erfolgt mithin ausgehend von einer Definition des Kriminellen als demjenigen, der gegen die Gesellschaft Krieg führt.[a]

Dieses theoretische Thema korreliert nun aber mit einer Rechtspraxis, die sehr viel älter ist als dieses selbst.

Denn auch wenn die Theoretiker des 18. Jahrhunderts diese Definition des Kriminellen als desjenigen, der der Gesellschaft schadet, aus einem kohärenten theoretisch-politischen Diskurs ableiten, sah man bereits seit dem Mittelalter über die Institutionen eine Praktik entstehen, die diesem theoretischen Thema gewissermaßen vorausging: die öffentliche Klage – das heißt die Tatsache, dass ein Verbrechen von den Repräsentanten der Obrigkeit auch unabhängig von einer von dem Opfer erstatteten Anzeige verfolgt werden konnte –, diese Klage hat die Privatklage der Rache oder Wiedergutmachung, die das Opfer erwarten

a Das Manuskript (S. 11) fügt hinzu:
»Ein Thema, an dem sich bis ins 20. Jahrhundert die ganze Strafrechtstheorie ausrichtet. Dass das Thema des Verbrechens als Bruch des Gesellschaftsvertrags, des Kriminellen als desjenigen, der sich mit der Gesellschaft im Krieg befindet, als Gesellschaftsfeind, im Vokabular einer politischen Theorie abgehandelt wurde, die mehr oder weniger von Hobbes stammt, ist wahr. Sagen wir auf alle Fälle, dass die Bezeichnung des Verbrechens als Angriff auf die Zivilgesellschaft insgesamt sehr wohl von einer bestimmten politischen Theorie des Gesellschaftsvertrags abzuleiten ist.«

konnte, verdoppelt, abgelöst, unter Umständen ersetzt, die Wiedergutmachung, die vor dem Mittelalter zum Beispiel im germanischen System vorherrschte.[30] Diese öffentliche Klage wird von der institutionellen Person des Prokurators oder Kronanwalts erhoben, Personen, die im Namen des Souveräns eine Bestrafung verlangen, da – seit dem Mittelalter – der Souverän auf der Bühne der Justiz nicht nur als der oberste Richter, als derjenige, bei dem man in letzter Instanz Berufung einlegen kann, in Erscheinung tritt, sondern auch als der für die Ordnung Verantwortliche, dessen Autorität durch die Störung der Ordnung oder durch das Verbrechen verletzt wird und der als geschädigter Souverän als Ankläger auftreten kann.[31] In der Strafrechtspraxis trat der Souverän dem Kriminellen so schon seit langem anstelle des singulären Kontrahenten gegenüber. Und er erklärte im Namen der Ordnung und des Friedens, der herrschen sollte, dass der Kriminelle diesen allein aufgrund der Tatsache verletzt, dass er sich mit einem Individuum in einem »wilden« Kriegszustand befindet, indem er es ungeachtet der Gesetze angreift.[a]

Man hat somit zwei Prozesse, die auf einer bestimmten Ebene der Analyse unabhängig voneinander ausgemacht werden können: erstens einen Prozess der theoretischen Ableitung, der vom Hobbes'schen Konzept des Krieges aller gegen alle, des Gesellschaftsvertrags zum Bürgerkrieg und schließlich zum Verbrechen führt; zweitens einen älteren Prozess (16. bis 18. Jahrhundert) der institutionellen Ableitung, der mit der Kontrolle der Rechtsverletzungen durch die monarchische Macht beginnt und zur Institutionalisierung von Personen und einer Reihe von Rechtsregeln führt, die den Kriminellen als Feind des Souveräns der Gesellschaft fungieren lassen.[b]

Zudem gibt es eine [Art] »Element« – Verbrechen – Gesell-

---

a Das Manuskript (S. 12) fügt hinzu: »Er wird daher einen gleichermaßen staatlichen wie juristischen Krieg in Form einer öffentlichen Klage vor Gericht erklären.«

b Das Manuskript (S. 13) fügt hinzu: »Zwei Ableitungen, die sich in einem bedeutenden Punkt treffen werden. Und ihre Schnittstelle definiert ein ›Element‹, das weder rein institutionell noch rein theoretisch ist.«

schaftsfeindlichkeit, Verbrecher – Gesellschaftsfeind –, das weder ein theoretisches Element noch ein institutionelles oder praktisches Element ist, sondern das Wechselelement, das Verbindungselement zwischen diesen beiden Serien, der einen, die zu der Vorstellung führt, dass der Kriminelle gegen die Gesellschaft Krieg führt, und der anderen der Beschlagnahme der Strafjustiz durch die monarchische Macht. Dieses Element übernimmt die Funktion eines Wechslers zwischen diesen beiden Serien, und es wird während des gesamten 19. Jahrhunderts der Schlüssel zu einer ganzen Reihe von Folgen sein, von denen die einen theoretisch, andere praktisch und wieder andere epistemologisch sind. Ab dem 18. Jahrhundert hat man in der Tat den Aufbau einer ganzen Reihe von Institutionen, die genau die Person des Kriminellen als Feind der Gesellschaft einführen und ihn in der Praxis als solchen definieren werden:[a] die Institutionen der Staatsanwaltschaft, der Beweisaufnahme, der Strafverfolgung, des Aufbaus einer Kriminalpolizei, die die rechtmäßige Einleitung der öffentlichen Klage erlauben werden; das Geschworenengericht, das es zum Beispiel in England schon gab, das aber ursprünglich für das Recht stand, von seinesgleichen beurteilt zu werden, während das Geschworenengericht, das man im 19. Jahrhundert arbeiten sieht, eine Einrichtung ist, die das Recht der Gesellschaft markiert, über jemanden, der mit ihr in Konflikt geraten ist, selbst (oder durch ihre Repräsentanten) ein Urteil zu fällen. Von einem Geschworenengericht beurteilt zu werden, heißt nicht mehr, von seinesgleichen beurteilt zu werden,[b] sondern im Namen der Gesellschaft von ihren Repräsentanten beurteilt zu werden.

---

a Das Manuskript (S. 13-14) präzisiert:
»– die Schaffung von Instrumenten, welche die Einleitung der öffentlichen Klage erlauben und ihre Verhandlung unterstützen werden,
damit die öffentliche Klage nicht einfach der Privatklage folgt,
damit sie effizient sein kann;
daher im Wesentlichen der Aufbau einer Polizei oder auch
– die Schaffung von Institutionen wie denen des Geschworenengerichts.«

b Das Manuskript (S. 14) fügt hinzu: »oder von Schiedsrichtern«.

Man hat auch eine ganze Reihe von Wissenseffekten, die um das Auftauchen des Kriminellen als ein Individuum, »das mit der Gesellschaft auf Kriegsfuß steht«[a] und mit den Gesetzen und allgemeinen Normen unvereinbar ist, gebündelt werden. So sieht man, wie sich ausgehend von dieser Bündelung die Möglichkeit[b] eines psychopathologischen oder psychiatrischen Zugriffs auf den Kriminellen herausbildet. Ist er doch jemand, der mit der Gesellschaft unvereinbar, zu gesellschaftlicher Anpassung unfähig ist, dessen Verhältnis zur Gesellschaft von konstanter Aggressivität geprägt ist, dem ihre Normen, ihre Werte fremd sind. So können mit Blick auf das Phänomen der Kriminalität Diskurse und Institutionen entstehen wie die, die sich im Namen der Psychopathologie normabweichenden Verhaltens herausbilden.[c]

Innerhalb dieser epistemischen Effekte hat man auch die Möglichkeit zu untersuchen, wie die Gesellschaft selbst ihre Feinde produziert: Wie kommt es, dass eine Gesellschaft ein solches Ausmaß des Verbrechens, des Zerfalls erreichen kann, dass sie in großer Menge Leute erzeugt, die ihre Feinde sind? Man sieht, wie sich hieran die Möglichkeit der Kriminalsoziologie als Pathologie der Gesellschaft anschließt oder festmacht.[d]

---

a Manuskript (S. 14): »›Individuum auf Kriegsfuß mit der Gesellschaft‹, ›im Krieg mit der Gesellschaft‹, ›Feind der Gesellschaft‹«.

b Manuskript (S. 14):
»die Möglichkeit, das kriminelle Individuum in den Begriffen der sozialen Unangepasstheit zu analysieren; der Inferiorität oder Exteriorität in Bezug auf die Erfordernisse der gesellschaftlichen und kollektiven Rationalität. Der Kriminelle als der, dem die Gesellschaft, ihre Normen, ihre Werte, ihre Systeme fremd sind«.

c Das Manuskript (S. 15) fügt hinzu: »So zeichnet sich der mögliche Zugriff des Diskurses der Psychopathologie, Psychiatrie, Psychologie des normabweichenden Verhaltens auf die Strafe ab.«

d Das Manuskript (S. 15) fügt hinzu:
»Das Verbrechen als Krankheit der Gesellschaft, durch die die Gesellschaft zerfällt und das, was sich gegen sie richtet, sie angreifen wird, selbst erzeugt. Oder andersherum kann das Niveau der Kriminalität analysiert werden als eine sehr niedrige Schwelle des Unerträglichen:[32] eine sehr ausgeprägte Sensibilität.

Diese Art Verbindungsstück, das der Kriminelle als Feind der Gesellschaft darstellt, ist in Wahrheit ein Instrument, mit dem die Klasse, die an der Macht ist, die Aufgabe, den Kriminellen auszustoßen, in Form des Geschworenengerichts auf die Gesellschaft oder mittels all dieser epistemischen Relais auf das soziale Gewissen überträgt. Die sich an der Macht befindende Klasse möchte erreichen, dass diejenigen, denen sie augenscheinlich die Aufgabe übertragen hat, ein Urteil zu fällen oder zu bestrafen, in ihren Handlungen oder ihrem Denken den Ausschluss vornehmen, über den ich sagte, dass ich ihn nicht als eine Grundfunktion ansehe. Ich möchte eine kritische Analyse dieser Soziologisierung des Kriminellen als Gesellschaftsfeind unternehmen, einer Soziologisierung, deren Folgen gegenwärtig die Strafrechtspraxis, die Psychopathologie der Delinquenz und die Kriminalsoziologie bestimmen.[a]

Und ausgehend von diesen epistemischen Effekten andere praktische Effekte:
- therapeutische der gesellschaftlichen Wiedereingliederung;
- Überwachung potenzieller Delinquenz.

Kurz, die Herausbildung eines ganzen epistemologischen und praktischen Feldes der Delinquenz.«

a Das Typoskript endet hier. Das Manuskript enthält fünf weitere Seiten (S. 16-20). Sie lauten:
»Es ging nicht darum zu zeigen, dass es zunächst eine Theorie des Kriminellen als Feind der Gesellschaft gegeben hätte, als Individuum, das spontan zum Krieg aller gegen alle zurückgekehrt wäre, und auf die von daher als Konsequenz neue Institutionen, neue Gesetze, neue Code, neue wissenschaftliche oder epistemische Themen gefolgt wären.

α – Der Kriminelle-Feind ist kein theoretisches Prinzip, kein von einem Diskurs formuliertes Axiom, er wird nicht von einer Praktik vorausgesetzt.

Er ist ein Element, das man weder hier noch dort genau lokalisieren kann.
Das aber zwischen dem einen und dem anderen zirkuliert, vom einen zum anderen wechselt.
Er ist weder ein theoretisches Axiom noch ein praktisches Prinzip.
Er ist ein Überträger, ein *Wechsler*.

Beweis: Er erlaubt, dass eine Einrichtung wie die öffentliche Klage (die aus politischen und steuerlichen Gründen eingerichtet wurde) in

Anmerkungen

1 M. Bernard, »Discours de la Chambre des députés«, 23. November 1831, in: *Archives parlementaires de 1887 à 1860. Recueil complet des débats législatifs et politiques des Chambres françaises*, deuxième série, Paris: Paul Dupont, 1889, Bd. LXXII (vom 23. November 1831 bis 22. Dezember 1831), S. 5. Diese Passage spiegelt ein für Foucault wichtiges Prinzip wider, vor allem weil es keine versteckte Ideologie gibt und von den Akteuren selbst stets alles gesagt wird; vgl. hier S. 59, Fn. a. Foucault wird in seiner Vorlesung vom 28. Februar auf dieses Thema im Zuge der Kritik des Begriffs des »Nicht-Gesagten« (*non-dit*) und des »Außer-Textlichen« (*hors-texte*) zurückkommen; vgl. hier S. 230 u. 231, Fn. b.

Form eines Grundsatzes im Strafrecht umgesetzt wird: Der Kriminelle schädigt nicht nur das Opfer, sondern die Gesellschaft; die Gesellschaft hat ein Interesse, in der Klage repräsentiert zu werden; und sie einzuleiten.

Der Wechsler macht aus dem Prokurator (einem Vertreter des königlichen Steuerwesens) in der Strafrechtstheorie den Repräsentanten der Gesellschaft.

Er ist es auch, der aus der durch Gesetzbücher definierten Strafe eine Maßnahme zum Schutz der Gesellschaft (in den Begriffen der Strafrechtstheorie) macht.

Und er erlaubt auch, dass der Kriminelle (der von einem Repräsentanten der Gesellschaft verfolgt und in deren Namen verurteilt wird) mit dem (psychologischen, psychiatrischen) Begriff eines asozialen Individuums beschreibbar wird.

Er ist das, was es gestattet, von der einen Ebene zur anderen, vom einen System zum anderen überzugehen; er ist kein Übersetzungscode, sondern das Element, das die Anwendung des einen Codes auf einen anderen erlaubt (des praktischen Codes auf den theoretischen oder epistemischen Code). Er gestattet all die Rückwirkungen dieser Übergänge und Übertragungen. Er ist der Universalvermittler.

β – Anmerkungen zum Wechsler.

Er ist das, was immer genannt wird.

– Immer genannt: Er wird – explizit – in den Texten, in den Gesetzen, in den Theorien genannt. Er wird in den Praktiken, Entscheidungen, Institutionen vorausgesetzt. Er wird in literarischen Bildern beschworen. Er ist nicht das Nicht-Gesagte; er ist das Mehr-als-Gesagte. Das im Übermaß Gesagte.

– Aber in diesem Übermaß wird er niemals bestimmt: Er ist kein Prinzip, aus dem sich der Rest ableitet; es handelt sich nicht um eine Schlussfolgerung. Er spielt mal diese, mal jene Rolle: mal ist er eine Vorstellung, mal ist er ein praktisches Prinzip.

2 N. H. Julius, *Vorlesungen über die Gefängniß-Kunde, oder über die Verbesserung der Gefängnisse und sittliche Besserung der Gefangenen, entlassenen Sträflinge u.s.w. gehalten im Frühlinge 1827 zu Berlin*, Berlin: Stuhrsche Buchhandlung, 1828, S. 108. Nicolaus Heinrich Julius (1783-1862), Doktor der Medizin, war ein Gefängnisreformer und zeichnete die Pläne für die Strafvollzugsanstalt Insterburg, die 1830 im Königreich Preußen errichtet wurde. 1827 unternahm er Studienreisen nach England, Wales und Schottland, dann 1834-1836 in die Vereinigten Staaten, wo er zu einem großen Bewunderer des Systems von Philadelphia wurde, das heißt in seinen eigenen Worten des »Grundsatz[es] der Trennung der Gefangenen« (N. H. Julius, *Nordamerikas sittliche Zustände. Nach eigenen Anschauungen in den Jahren 1834, 1835 und 1836*, 2 Bde., Bd. 2: *Verbrechen und Strafen*, Leipzig: F. A. Brockhaus,

---

Es handelt sich um eine permanente Affirmation.

Es handelt sich nicht um eine Aussage, die man an einem bestimmten Punkt eines Diskurses ansiedeln kann. Der Wechsler ist das, was den Zusammenhang gewährleistet und die entsprechende Systematizität heterogener Elemente (wie zum Beispiel:

- der Strafrechtspraxis
- der Strafrechtstheorie
- der Gesetzbücher
- des psychiatrischen, soziologischen Diskurses).

Doch diese Verstärkungs- und Stabilisierungseffekte sind mit Mechanismen der Einschränkung und Ausschließung verbunden.

So kann man in dem Maße, wie die Person des Prokurators (in den Begriffen der Strafrechtstheorie) in einen Repräsentanten der Gesellschaft umgedeutet werden kann, in ihm nicht mehr den Agenten einer Zentralmacht sehen, der die Rechtsstreitigkeiten zu deren Vorteil zu besteuern sucht.

Man kann ihn auch nicht mehr als Agenten einer Klasse sehen, die die Macht hat.

Ebenso ist klar, dass in dem Maße, wie die Soziologie der Delinquenz – in ihrem Vokabular – die Praktik der öffentlichen Klage ausgehend vom Wechsler (Kriminellen-Feind) beschreibt, die psychologische Theorie die Strafrechtspraxis niemals von Grund auf revidieren können wird, welche Kritik auch immer sie an ihr vorbringen mag.

Der Wechsler ist also

– die Form, die die intrinsische Undurchsichtigkeit einer Praktik annimmt, ihre Undurchlässigkeit für Diskurse, die den Anspruch erheben, sie entweder theoretisch zu begründen oder wissenschaftlich zu erhellen;

– die Form, die die Ohnmacht, die Unfähigkeit, die Nicht-Anwendbarkeit, kurz das Unvermögen des Wissens und der Theorie annimmt. Ihr Bankrott und ihre spekulative Trägheit.

1839, S. 123). Julius ist der Übersetzer der deutschen Ausgabe von G. de Beaumont u. A. de Tocqueville, *Du système pénitentiaire aux États-Unis et de son application en France, suivie d'un appendice sur les colonies pénales et de notes statistiques*, Paris: H. Fournier Jeune, 1833, 3. Aufl. erweitert um »Rapport de M. de Tocqueville sur le projet de loi de Réforme des prisons ...«, Paris: Librairie de Charles Gosselin, 1845; dt.: *Amerika's Besserungs=System und dessen Anwendung auf Europa. Mit einem Anhange über Straf=Ansiedlungen und zwei und zwanzig Beilagen.* Aus dem Französischen nebst Erweiterungen und Zusätzen von Dr. N(icolaus) H(einrich) Julius, Berlin: Enslin, 1833. Vgl. A. Krebs, »Julius, Nikolaus Heinrich«, in: *Neue Deutsche Biographie*, Bd. 10, 1974, S. 656-658.

Foucault wird diesen Auszug aus dem Text von Julius in *Surveiller et Punir*, a.a.O., S. 218; dt.: *Überwachen und Strafen*, in dem Kapitel »Der Panoptismus« wiederaufgreifen und erweitern; er wird dort schreiben: »Wenige Jahre nach Bentham verfaßte Julius die Geburtsurkunde dieser [Disziplinar-]Gesellschaft« (a.a.O., S. 277f.). Dazu wird Foucault anmerken: »In seiner ersten Version des *Panopticons* hatte Bentham auch eine akustische Überwachung vorgesehen, und zwar mittels Horchröhren, die von den Zellen zum Zentralturm führen sollten. [...] Ein Versuch zur Entwicklung eines asymmetrischen Abhorchsystems wurde von N.H. Julius unternommen« (ebd., S. 203, Fn. 2; dt.: S. 259, Fn. 3); vgl. auch »La vérité et les formes juridiques«, a.a.O., DE II, S. 607-609; dt.: »Die Wahrheit und die juristischen Formen«, a.a.O., DE II, S. 750-752.

3 N.H. Julius, *Vorlesungen über die Gefängniß-Kunde*, a.a.O., S. 108. Interessant ist, hier eine der beiden Quellen (Julius und Bentham) von einem der beiden Ursprünge (des Gefängnisses und der Klink) des Interesses zu finden, das Foucault dem Panoptismus und der allgemeinen Überwachung schenkt. Er sei während seiner Arbeiten über die Ursprünge der klinischen Medizin und des medizinischen Blicks auf die Idee des Panoptismus gekommen; vgl. M. Foucault, »L'œil du pouvoir« (Gespräch mit J.-P. Barou u. M. Perrot, in: *Le Panoptique*, hg. v. J.-P. Barou, Paris: Pierre Belfond, 1977, S. 9), DE III, Nr. 195, S. 190-207, insbes. S. 190; dt: »Das Auge der Macht«, DE III, Nr. 195, S. 250-271, insbes. S. 250. Bruno Fortier, Architekt, Lehrbeauftragter und Verantwortlicher für die Bibliothèque d'architecture, habe ihm Bauprojekte und die Pläne für ein kreisförmiges Krankenhaus beim Hôtel-Dieu aus den 1770er Jahren gebracht – sternförmige Pläne, die 1973-1974 in Foucaults Seminar am Collège de France über »die Geschichte der Institution und der Architektur des Spitals im 18. Jahrhundert« studiert werden sollten (*Le pouvoir psychiatrique. Cours au Collège de France, 1973-1974*, hg. v. J. Lagrange, Paris: Gallimard-Seuil, 2003, Résumé du cours, S. 352; dt.: *Die Macht der Psychiatrie: Vorlesung am Collège de France: 1973-1974*, übers. v. C. Brede-Konersmann u. J. Schröder,

Frankfurt/M.: Suhrkamp, 2005, Zusammenfassung der Vorlesungen, S. 504; das Seminar wird zu einer Publikation führen: B. Barret-Kriegel, A. Thalamy, F. Beguin, B. Fortier, *Les Machines à guérir. Aux origines de l'hôpital moderne*, Brüssel: Pierre Mardaga, 1979. Wie die Dokumente von Fortier zeigen, sind die Pläne für »ein riesiges sternförmiges Hospital«, das »eine konstante und vollkommene Überwachung« erlauben würde, viel älter als der Panoptismus Benthams (vgl. ebd., S. 48). Zu Bentham und dem Panoptismus vgl. hier S. 113f., Anm. 16. Foucault wird de facto die ersten Modelle »dieser isolierenden Sichtbarkeit« bis zu den Schlafsälen der École militaire von Paris 1751 skizzieren (vgl. »L'œil du pouvoir«, a.a.O., S. 191; dt: »Das Auge der Macht«, a.a.O., S. 251). Hier befinden wir uns mit Julius im Kontext des Strafwesens, über das Foucault sagen wird: »Im Weiteren habe ich bei der Untersuchung der Probleme des Strafwesens festgestellt, dass alle großen Projekte einer Umgestaltung der Gefängnisse (sie stammen übrigens aus einer etwas späteren Zeit, der ersten Hälfte des 19. Jahrhunderts) dasselbe Thema aufgriffen, dieses Mal jedoch unter dem Signum, dass man fast immer an Bentham erinnerte. Es gab kaum Texte, kaum Projekte, die Gefängnisse betreffend, in denen sich nicht das Bentham'sche ›Dingsda‹ wiederfand. Eben das Panopticon« (ebd.).

4 Vgl. M. Foucault, *Surveiller et Punir*, a.a.O., S. 218f.; dt.: *Überwachen und Strafen*, a.a.O., S. 278. Vgl. zu den Verweisen Foucaults auf das »Schauspiel« G. Debord, *La Socété du spectacle*, Paris: Buchet/Chastel, 1967. Man könnte hier auch eine gewisse Kritik an Guy Debord herauslesen, der den Begriff des Schauspiels in den Mittelpunkt des Begriffs der Moderne gestellt hat: Julius unterstreicht gemäß Foucault, dass das Schauspiel der Antike entstammt und dass das, was die Moderne kennzeichnet, nicht das Auftauchen des Schauspiels ist, sondern vielmehr die Eklipse des Schauspiels, die Hinwendung zur Überwachung. Die vorige Passage von Julius würde genau diese Kritik zum Ausdruck bringen.

5 N.H. Julius, *Vorlesungen über die Gefängniß-Kunde*, a.a.O., S. 108f.

6 J.-B. Treilhard, »Motifs du livre I à VIII, du *Code d'instruction criminelle*, présentés au corps législatif par MM. Treilhard, Réal et Faure, Conseillers d'État, Sitzung vom 7. November 1808«, in: *Code d'instruction criminelle, édition conforme à l'édition originale du Bulletin des lois*, Paris: Le Prieur, 1811, S. 5-32, hier S. 20. Foucault wird diese Passage wiederaufgreifen in *Surveiller et Punir*, a.a.O., S. 219; dt.: *Überwachen und Strafen*, a.a.O., S. 279 [Übers. leicht modif.]; vgl. auch »La vérité et les formes juridiques«, a.a.O., S. 608f.; dt.: »Die Wahrheit und die juristischen Formen«, a.a.O., S. 751f. Die Darlegung der Motive des *Code d'instruction criminelle* wird allgemein Jean-Baptise, Comte Treilhard (1742-1810) zugeschrieben, der an der Abfassung dieses Gesetzbuches mitwirkte. Treilhard, ein Jurist und Politiker, war nacheinander Präsident der Generalstände, Präsident der verfassunggebenden Natio-

nalversammlung, Präsident des Nationalkonvents (während des Prozesses von Ludwig XVI.), Mitglied des Wohlfahrtskomitees, Präsident des Rats der Fünfhundert und Mitglied des Direktoriums. Vgl. Jean Treilhard, *Jean-Baptiste Treilhard, ministre plénipotentaire de la République au Congrès de Rastadt*, Paris: Éd. Gaillon, 1939. Foucault wird in Gesprächen auf Treilhard zurückkommen; vgl. »À propos de l'enfermement pénitentiaire« (Gespräch mit A. Krywin und F. Ringelheim), in: *Pro Justitia. Revue politique de droit*, Bd. 1, Nr. 3-4: *La Prison*, Oktober 1973, S. 5-14), DE II, Nr. 127, S. 437; dt.: »Zum geschlossenen Strafvollzug«, DE II, Nr. 127, S. 544 (wichtige Rolle: Treilhard symbolisiert die Ausweitung des Panoptismus von einer Bauform zu einer Regierungsform: »Treilhard präsentiert die politische Macht als eine Art in den Institutionen verwirklichtes *Panopticon*«); vgl. auch *Surveiller et Punir*, S. 143, 219, 237; dt.: *Überwachen und Strafen*, S. 180f., 279, 300.

7 J.-B. Treilhard, »Motifs« du *Code d'instruction criminelle*, a. a. O., S. 23.

8 N. H. Julius, *Vorlesungen über die Gefängniß-Kunde*, a. a. O., S. 109. Julius bemerkt: »Bei keiner Art von Bauwerken hat sich aber die Nützlichkeit dieses, einer noch bei weitem größeren Entwicklung fähigen Grundgedankens, schneller und erfolgreicher bewährt, als bei den Gefängnissen.«

9 T. Hobbes, *Leviathan*, übers. v. J. Schlösser, mit einer Einführung und herausgegeben von H. Klenner, Hamburg: Felix Meiner, 1996, Kap. XIII, S. 106. Foucault hat Hobbes analysiert in *»Il faut dédendre la société«*, a. a. O., S. 26f.; dt.: *In Verteidigung der Gesellschaft*, a. a. O., Vorlesung vom 14. Januar 1976, S. 31ff., und vor allem in der Vorlesung vom 4. Februar 1976, S. 77f.; dt.: S. 100ff.

10 T. Hobbes, *Leviathan*, a. a. O., S. 106 (im Original herv.).

11 Vgl. ebd., S. 102f.: »Die Natur hat die Menschen in den körperlichen und geistigen Fähigkeiten so gleich geschaffen [...]. Aus dieser Gleichheit der Fähigkeiten erwächst Gleichheit der Hoffnung, unsere Ziele zu erreichen. Und wenn daher zwei Menschen das gleiche verlangen, in dessen Genuß sie dennoch nicht beide kommen können, werden sie Feinde.«

12 Vgl. ebd., S. 104: »So finden wir in der Natur des Menschen drei Hauptursachen für Konflikte: erstens Konkurrenz, zweitens Unsicherheit, drittens Ruhmsucht [*Glory*].«

13 Im Manuskript hatte Foucault ursprünglich *»méfiance«* geschrieben, diesen Ausdruck dann aber durch *»défiance«* ersetzt (S. 4). – Was in der deutschen Übersetzung sowohl auf S. 102 als auch auf S. 104 mit »Unsicherheit« übersetzt wird, wird in der von Foucault verwendeten französischen Ausgabe mal mit »méfiance« und mal mit »défiance« übersetzt (vgl. T. Hobbes, *Le Léviathan, Traité de la matière, de la forme et du pouvoir de la république ecclésiastique et civile*, übers. v. F. Tricaud, Paris: Sirey, 1971, S. 123 u. 122), Anm. d. Übers.

14 T. Hobbes, *Leviathan*, a. a. O., S. 104.
15 Ebd., Kap. XVII, S. 141.
16 Ebd., S. 142.
17 Ebd.
18 Im Manuskript zitiert Foucault (S. 5) diese Passage: »Der einzige Weg, solch eine gemeinsame Macht zu errichten, [...] besteht darin, all ihre Macht und Stärke einem Menschen oder einer Versammlung von Menschen zu übertragen, die den Willen jedes einzelnen durch Stimmenmehrheit zu einem einzigen Willen machen« (ebd., S. 144 f.).
19 Ebd., Kap. XXIX, S. 283.
20 Das Typoskript (S. 29) nennt folgende Referenz: »vgl. Thompson, in *Past and Present*, 1971)«. Foucault spielt hier auf den berühmten Aufsatz des englischen marxistischen Historikers Edward P. Thompson an, der gerade erschienen war: »The Moral Economy of the English Crowd in the Eighteenth Century«, in: *Past and Present*, Nr. 50, Februar 1971, S. 71-136. Gemäß Daniel Defert kannte Foucault die Arbeiten Thompsons gut, vor allem *The Making of the English Working Class*, London: Victor Gollancz, 1963 (über die Handwerker- und Arbeiterklasse in England zwischen 1780 und 1832); dt.: *Die Entstehung der englischen Arbeiterklasse*, übers. v. L. Eidenbenz, M. Eidenbenz, Ch. Groffy, T. Lindenberger, G. Mischkowski, R. M. Rosdale, 2 Bde., Frankfurt/M.: Suhrkamp, 1987; bei diesen Themen stützte sich Foucault auch auf die Arbeit von Paul Bois, vor allem: *Paysans de l'Ouest. Des structures économiques et sociales aux options politiques depuis l'époque révolutionnaire dans la Sarthe*, Le Mans: Mouton, 1960.
21 Foucault wird die Frage der Kornpolizei als Prototyp der Disziplin im französischen Kontext entwickeln; vgl. *Sécurité, Territoire, Population. Cours au Collège de France, 1977-1978*, hg. v. M. Senellart, Paris: Gallimard-Seuil, 2004, S. 31-50; Vorlesung vom 29. März 1978, v. a. S. 325-336; Vorlesung vom 5. April 1978, v. a. S. 343-351; dt.: *Geschichte der Gouvernementalität I: Sicherheit, Territorium, Bevölkerung. Vorlesung am Collège de France 1977-1978*, hg. v. M. Sennelart, übers. v. C. Brede-Konersmann u. J. Schröder, Frankfurt/M.: Suhrkamp, Vorlesung vom 18. Januar 1978, S. 52-79; Vorlesung vom 29. März 1978, v. a. S. 458-472; Vorlesung vom 5. April 1978, v. a. S. 481-492. Diese Kornpolizei, die Foucault beschreibt (ebd., S. 33 f.; dt.: S. 55 f.), »diese große überreglementierende Polizei« (ebd., S. 361; dt.: S. 507), wird zum Synonym oder zum Sinnbild der »Sicherheit«. Bei der Beschreibung der Verordnungen der Kornpolizei, die Delamare und Fréminville zusammengestellt haben, wird Foucault über sie sagen: »Man lebt in einer Welt der Verordnung, in einer Welt der Disziplin« (ebd., S. 489), und wird im Manuskript der genannten Vorlesung hinzufügen: »Und faktisch waren die großen praktischen Abhandlungen über die Polizei Sammlungen von Verordnungen« (ebd., S. 489, Fn. *).
22 Der Aufstand der »Nu-pieds« (die zuweilen auch als »Va-nu-pieds« be-

zeichnet werden) brach im Sommer 1639 in der Normandie aus. Foucault widmete diesem Aufstand in seiner Vorlesung über die »Theorien und Institutionen des Strafvollzugs« sechs Sitzungen. Ein Aufstand gegen das Steuer- und Verwaltungssystem, der durch die Einführung der Salzsteuer durch Ludwig XIII. in verschiedenen Regionen der Provinz ausgelöst und 1640 mit aller Härte niedergeschlagen wurde; vgl. B. Porchnev, *Les Soulèvements populaires en France de 1623 à 1648*, Paris: SEVPEN, 1963, S. 303-502. Foucault wird die ländliche Delinquenz und den Illegalismus des Volkes behandeln in *Surveiller et Punir*, a. a. O., S. 87; dt.: *Überwachen und Strafen*, a. a. O., S. 108f., wo er als Referenz folgende Texte nennt: O. Festy, *Les Délits ruraux et leur répression sous la Révolution et le Consulat. Étude d'histoire économique*, Paris: Librairie M. Rivière, 1956; M. Agulhon, *La vie sociale en Provence intérieure au lendemain de la Révolution*, Paris: Société des études robespierristes, 1970; Y.-M. Bercé, *Croquants et Nu-pieds. Les soulèvements paysans en France du XVIe au XIXe siècle*, Paris: Gallimard, 1974, S. 161. Vgl. für ein Werk aus neuerer Zeit: J.-L. Ménard, *La Révolte des Nu-pieds en Normandie au XVIIe siècle*, Paris: Éd. Dittmar, 2005.

23 Die Existenz des »Generals Jean Nu-Pieds«, mit dessen Name eine Vielzahl der in der Normandie verschickten Befehle unterzeichnet war, war Gegenstand zahlreicher Debatten über die Glaubwürdigkeit widersprüchlicher Quellen. Boris Porchnev, der verschiedene Hypothesen durchging, kommt zu dem Schluss: »Wir haben nicht genügend Beweise für die Behauptung, dass Jean Nu-Pieds eine imaginäre Person war.« Real oder imaginär, war er mit einem Siegel verbunden – zwei nackten Füßen, die auf einer Sichel ruhten – und einem Wohnsitz, zu Füßen der Stadtmauern von Avranches. Vgl. B. Porchnev, *Les Soulèvements populaires en France de 1623 à 1648*, a. a. O., S. 320-327.

24 Der Aufstand der so genannten »Ludditen« erfolgte zwischen 1811 und 1813 in den Midlands, in Yorkshire und Lancashire in Form einer Bewegung zur Zerstörung der Maschinen in der Textilindustrie – vor allem der Webstühle. Vgl. E. P. Thompson, *Die Entstehung der englischen Arbeiterklasse*, a. a. O.; E. J. Hobsbawm, »Les briseurs des machines«, in: *Revue d'histoire moderne et contemporaine*, Bd. 53-54, Ergänzungsheft, 2006, S. 13-28. Vgl. zu den Schriften der ludditischen Bewegung K. Binfield (Hg.), *Writings of the Luddites*, Baltimore, Md.: Johns Hopkins University Press, 2004.

25 Der Zusammenhalt der ludditischen Bewegung definierte sich in den unterschiedlichen Regionen zum Großteil über die gemeinsame Inanspruchnahme der Figur des »General Ludd« – der zuweilen auch als König oder Kapitän bezeichnet wird –, die wahrscheinlich auf eine regionale Redewendung zurückgeht, die in Anlehnung an jemanden namens Ned Ludd, der 1779 in Leicester bei seinem Arbeitgeber einen Webstuhl zerstört haben soll, einen Maschinenstürmer bezeichnet. Vgl. K. Navickas, »The Search for ›General Ludd‹: the Mythology of Luddism«, in:

Social History, Bd. 30 (3), 2005, S. 281-295; P. Minard, »Le retour de Ned Ludd. Le luddisme et ses interprétations«, in: *Revue d'histoire moderne et contemporaine*, Bd. 54 (1), Januar – März 2007, S. 242-257.

26 Vgl. M. Foucault, *Surveiller et Punir*, a. a. O., S. 170; dt.: *Überwachen und Strafen*, a. a. O., S. 217; ders., *»Il faut défendre la société«*, a. a. O., S. 16 und 41; dt.: *In Verteidigung der Gesellschaft*, Vorlesung vom 7. Januar 1976, a. a. O., S. 26, und Vorlesung vom 21. Januar 1976, S. 57.

27 Vgl. M. Foucault, »La vérité et les formes juridiques«, a. a. O., S. 590; dt.: »Die Wahrheit und die juristischen Formen«, a. a. O., S. 730.

28 Vgl. C. Beccaria, *Dei delitti e delle pene*, Livorno 1764; dt.: *Von Verbrechen und Strafen*, 2 Bde., Breslau: Korn, 1788. Vgl. [zu den französischen Übersetzungen von Abbé André Morellet (1766) und Maurice Chevallier (1991)] B. E. Harcourt, »Beccaria, *Dei delitti e delle pene*«, in: *Dictionnaire des grandes œuvres juridiques*, hg. v. O. Cayla u. J.-L. Halpérin, Paris: Dalloz, 2008, S. 39-46. Foucault fügt im Manuskript (S. 10) hinzu: »Beccaria: die Strafe muss sich nach dem bemessen, was für die Gesellschaft nützlich ist (nützlich was ihre Verteidigung angeht), //– damit ihr Feind nicht mehr von neuem anfängt, unter Kontrolle gebracht wird; //– damit keine weiteren Feinde geschaffen werden.« Vgl. C. Beccaria, *Von Verbrechen und Strafen*, »Einleitung«, S. 7 (Definition von gerecht und ungerecht in den Begriffen »eine[r] nützliche[n] und nothwendige[n] Strafe, um die Sicherheit und nothwendige Ordnung der Gesellschaft zu erhalten«; § II, S. 12f.: »Die Strafen, welche die Nothwendigkeit, (das Depositum) die Verwahrung des allgemeinen Wohls zu erhalten, überschreiten, sind ihrer Natur nach ungerecht. Und die Strafen sind um so gerechter, je heiliger und unverletzlicher die Sicherheit ist, und je größer die Freyheit, welche der Regent den Unterthanen erhält«; § XII, S. 47: »Worinnen besteht die politische Absicht der Strafen? Man sucht andere Menschen von Verbrechen abzuschrecken.«

29 W. Paley, »Of Crimes and Punishment«, 5. Buch, Kap. IX, in: *The Principle of Moral and Political Philosophy*, London: R. Faulder, 1785, S. 526: »What would it to be the magistrate that offences went altogether unpunished, if the impunity of the offenders were followed by no danger or prejudice to the commonwealth?« William Paley (1743-1805), ein britischer Theologe, war ein utilitaristischer Theoretiker des Strafvollzugs, der den Thesen Beccarias sehr nahe kam und Bentham in Sachen Strafe den Weg bereitete. Paley war vor allem bekannt als Autor von *A View of the Evidences of Christianity* (London, 1794); dt.: *Wilhelm Paley's des Brittischen Gottesgelehrten Uebersicht und Prüfung der Beweise und Zeugnisse für das Christenthum: Nach der dritten Englischen Ausgabe in zwey Bänden* (Leipzig, 1796-1797), und *Natural Theology* (London, 1802); dt.: *Natürliche Theologie* (Stuttgart 1837), wo er eine Analogie zwischen der Welt und einer Uhr herstellt, die notwendig durch einen Uhrmacher (*watchmaker*) gerichtet werden muss. Hinter den Namen

Paleys setzt Foucault im Manuskript (S. 11) »(›Rigorist‹)« hinzu; zweifellos eine Anspielung auf die strikte Notwendigkeit, die Strafe an ihrer Nützlichkeit für die Gesellschaft zu messen, eine Doktrin, die Leon Radzinowicz als »Doktrin maximaler Strenge« bezeichnet hat; vgl. L. Radzinowicz, *A History of English Criminal Law and its Administration from 1750*, Bd. 1: *The Movement for Reform*, London: Stevens & Sons, 1948, S. 231: »The Doctrine of Maximum Severity«.

30 Vgl. oben, S. 37, Anm. 17.

31 Vgl. J. R. Strayer, *On the Medieval Origins oft he Modern State*, a. a. O., S. 27-31; dt.: *Die mittelalterlichen Grundlagen des modernen Staates*, a. a. O., S. 25-29. Foucault fügt im Manuskript (S. 12) hinzu: »der Umstand, dass die Verhängung und der Vollzug der Strafe nicht mehr von der geschädigten Partei sichergestellt oder kontrolliert wird, sondern allein von der Staatsmacht.« Vgl. zum Begriff der Souveränität, der damals direkt mit der Verwirklichung von Gerechtigkeit in Verbindung gebracht wurde, J. R. Strayer, ebd., S. 36-44 u. 53-55; dt.: S. 33-42 u. 53-55.

32 Der Hinweis auf eine »sehr niedrige Schwelle des Unerträglichen« knüpft an die Umfragen »*Intolérable*« der Groupe d'informations sur les prisons an, zu deren Gründern Foucault 1971 gehörte. Vgl. P. Artières, L. Quéro, M. Zancarini-Fournel (Hg.), *Le Groupe d'informations sur les prisons. Archives d'une lutte, 1970-1972*, Paris: Institut Mémoires de l'édition contemporaine/IMEC, 2003; M. Foucault, »Je perçois l'intolérable«, a. a. O., DE II, S. 204; dt.: »Ich sehe das Unerträgliche«, a. a. O., DE II, S. 248.

Vorlesung 3
(Sitzung vom 17. Januar 1973)

Das Auftauchen des Kriminellen als Feind der Gesellschaft. Historische Ortung seiner ersten Anzeichen. (I) Die ökonomische Analyse der Delinquenz im 18. Jahrhundert durch die Physiokraten. Le Trosne, Mémoire sur les vagabonds *(1764): Die Landstreicherei ist weniger eine psychische Neigung wie der Müßiggang oder ein Gesellschaftsphänomen wie das Betteln denn eine Matrix des Verbrechens und eine Geißel der Ökonomie; sie erzeugt eine Verknappung der Arbeitskräfte, einen Anstieg der Löhne, ein Sinken der Produktion. – Ungeeignete Gesetze; die von Le Trosne empfohlenen Maßnahmen: 1/Versklavung; 2/Vogelfreierklärung; 3/Selbstverteidigung der Bauern; 4/Aufstand der Massen. – Ähnlichkeiten zwischen den Landstreichern und dem Adel. (II) Der Kriminelle-Gesellschaftsfeind als literarisches Thema.* Gil Blas *und der Anfang des 18. Jahrhunderts: die Durchgängigkeit und Omnipräsenz der Delinquenz. Die Schauerromane und das Ende des 18. Jahrhunderts: die eingegrenzte und außergesellschaftliche Delinquenz. Aufkommen des Dualismus Verbrechen – Unschuld, Gut – Böse.*

Ich wollte eine Art Loslösung des Kriminellen vom System der privaten Verpflichtungen oder Streitfälle, in das er in den mittelalterlichen Praktiken eingebunden war, und sein Auftauchen als Feind der Gesellschaft, als Individuum, das der gesamten Gesellschaft gegenübergestellt wird, aufzeigen. Als Symbol dieser Transformation kann man einen Text ansehen, der institutionell und politisch von sehr großer Bedeutung ist. Es handelt sich um eine Rede, die im Oktober 1789 in der verfassunggebenden Versammlung gehalten wird, als es um den Umbau des französischen Strafwesens geht, genauer gesagt um eine Änderung der Strafprozessordnung, ein Vorhaben, bei dem der Berichterstatter, Beaumetz,[1] schildert, worin aus seiner Sicht im Ancien Régime der Mechanismus und die Begründung eines Strafverfahrens bestehen. Dabei beschränkt er sich darauf, die Strafrechtspraktiken des Ancien Régime in das neue Vokabular zu übertragen, das schematisch gesprochen von Beccaria stammt, und schlägt ausgehend von dieser Übersetzung in die Terminologie des Gesellschaftsfeinds eine Reihe von Änderungen am

Strafverfahren vor: »Ein Verbrechen wird begangen: in einem ihrer Mitglieder wird die Gesellschaft insgesamt verletzt; der Hass des Verbrechens oder das private Interesse führen zu einer Anzeige oder begründen eine Klage, die Staatsanwaltschaft wird vom Verletzten unterrichtet oder vom allgemeinen Aufschrei aufgeschreckt, das Verbrechen wird festgestellt, man sammelt Indizien, man geht Spuren nach. Die öffentliche Ordnung muss wiederhergestellt werden [...]«.[2] Beaumetz greift so die Bestandteile der privaten und öffentlichen Verfolgung gemäß den früheren Regeln für ein Strafverfahren auf, das tatsächlich entweder durch die Klage eines Individuums in Reaktion auf ein privates Interesse oder durch eine Anzeige eingeleitet werden konnte, das heißt durch jemanden, der sich nicht in einem privaten Streit mit demjenigen befand, der das Vergehen begangen hat, sondern der im Namen des öffentlichen Interesses bei einem Staatsanwalt die Straftat zu Protokoll gegeben hat. Dann wendet sich der Anwalt des Allgemeininteresses an einen Richter und bittet um die Benennung seiner Zeugen und um die Aufnahme seiner Beweise. Der Staatsanwalt wird so als Sachwalter des Allgemeininteresses bezeichnet. Damit hat man hier eine Neuinterpretation der früheren Strafrechtspraxis in den Begriffen Beccarias.

Wie vollzog sich dieses »Auftauchen« des Kriminellen als Gesellschaftsfeind? Ich möchte mit einer Ortung der ersten Anzeichen dieses Themas beginnen und sodann schauen, welche politischen und ökonomischen Prozesse insgesamt letztlich dazu geführt haben, den Kriminellen auf einer bestimmten Ebene als Feind der Gesellschaft zu betrachten, und was sich hinter der Operation verbirgt, den Kriminellen auch als Feind der Gesellschaft zu beschreiben, zu verurteilen und auszuschließen.[a]

---

a Das Vorlesungsmanuskript (S. 1) beginnt folgendermaßen:
»Ein massives Phänomen:
– die Lösung des Verbrechens von der Verfehlung, der Sünde;
– die Lösung des Verbrechers vom Spiel der privaten Verpflichtungen und Streitigkeiten; sein Auftauchen als Feind der Gesellschaft, als Individuum, das der Gesellschaft insgesamt entgegengesetzt wird, dessen

*

Ich werde also mit der Analyse dieser Verschiebungen beginnen. Eines der interessantesten Anzeichen für dieses Auftauchen liefern die ersten ökonomischen Analysen der Delinquenz im 18. Jahrhundert. Freilich gab es bereits Beschreibungen des Volks der »Diebe« etc. und auch eine Untersuchung der Armut und des Bettelns sowie eine Kritik der seit dem Mittelalter praktizierten Hilfsmaßnahmen, um die Armut zu lindern und das Betteln zu verringern: private, kirchliche Hilfe oder gesetzgeberische Maßnahmen. Doch dies war nicht das, was man im engeren Sinne als eine Analyse in den Begriffen der *politischen Ökonomie* bezeichnen könnte. [In der zweiten Hälfte] des 18. Jahrhunderts sieht man indes, wie ich glaube, eine Analyse der Delinquenz aufkommen, die [in der Art und Weise] einer Untersuchung ökonomischer Prozesse erfolgt, und zwar bei den Physiokraten.[3] Das Besondere dieser Analyse ist, dass sie die Stellung, Rolle und Auswirkung der Delinquenz nicht in Bezug auf die Konsumtion, die Menge der verfügbaren Güter bestimmen, sondern in Bezug auf die Mechanismen und Prozesse der Produktion; zum anderen charakterisieren die Physiokraten den Delinquenten in dem Moment, in dem sie ihn [aus dem Blickwinkel] der Produktion definieren, durch diese Tatsache selbst als Gesellschaftsfeind: Die Stellung des Delinquenten in Bezug auf die Produktion definiert ihn als Feind der Gesellschaft.

Modellhaft für diese Art der Analyse ist ein Text von Le Trosne, der 1764 veröffentlicht wurde, *Mémoire sur les vagabonds et sur les mendiants*.[4] Die Landstreicherei wird hier als Grundkategorie der Delinquenz dargestellt, was bedeutet, dass sie nicht wie

---

Beziehung zur Gesellschaft insgesamt in Anfechtung, Feindschaft besteht.
Symbolisieren mit → Beaumetz
Untersuchen:
– einige Äußerungsformen dieses Auftauchens,
– die Art dieses ›Auftauchens‹.«

in früheren Untersuchungen gewissermaßen der psychologische Ausgangspunkt der Delinquenz ist – Le Trosne möchte nicht sagen, dass man anfängt umherzuziehen und dass dieses Vagabundentum allmählich zum Diebstahl führt und dann zum Verbrechen, sondern dass die Landstreicherei das Element ist, von dem aus sich die anderen Verbrechen ausdifferenzieren. Sie ist die allgemeine Matrix des Verbrechens, die all die anderen Formen der Delinquenz vollständig in sich enthält – nicht als Virtualität, sondern als sie konstituierende und kreierende Bestandteile. Diese These unterscheidet sich völlig von zwei anderen Formen der Analyse, die man in dieser Zeit gewöhnlich findet.

Erstens von der Analyse, die den Müßiggang als aller Laster und damit als aller Verbrechen Anfang sieht.[5] Der Müßiggang ist der psychische Grundzug oder der Fehler, aus dem alle anderen Formen der Abweichung oder des Verbrechens hervorgehen. Hier ist die Landstreicherei nun aber nicht so etwas wie ein Fehler oder eine psychische Neigung, sondern die tatsächliche Gesamtheit der Landstreicher, das heißt eine gemeinsame Lebensform, eine Gesellschaftsgruppe, die als eine Gegen-Gesellschaft auftritt, wohingegen der Müßiggang innerhalb der Individualpsychologie so etwas wie eine individuelle Sünde war.[a]

Indem er die Landstreicherei als allgemeine Matrix der Delinquenz darstellt, unterscheidet sich Le Trosne zweitens von jeder Analyse, die das Betteln zum wesentlichen Punkt macht, den es zu bestrafen gilt. In der französischen Gesetzgebung war die Landstreicherei als solche nicht strafbar; der Landstreicher wurde im Strafrechtssystem auf der Ebene der Geste erfasst, mit der er jemand anderen bat, für seinen Lebensunterhalt aufzukommen, ohne dafür zu arbeiten. Was für Le Trosne jedoch in erster Linie strafbar ist, ist die Landstreicherei; der Eintritt in die Welt der Delinquenz ist das Faktum des Umherwanderns, keinen festen Ort zu haben, nicht durch eine Arbeit bestimmt

---

a Manuskript (S. 3): »Es handelt sich nicht mehr um eine Sünde, die all die anderen nach sich zieht, sondern um eine Mikro-Gesellschaft.«

zu sein. Das Verbrechen beginnt, wenn man keinen Personenstand hat, das heißt keine geographische Ansiedlung innerhalb einer bestimmten Gemeinschaft,[a] wenn man – gemäß einem Ausdruck, den der Autor wiederaufgreift, dabei aber seine Bedeutung abwandelt – »*sans aveu*« ist, ohne festen Wohnsitz.[6] Zuvor, im alten Recht, bedeutete »*sans aveu*« zu sein nicht wie bei Le Trosne keinerlei Anbindung an eine feste und sesshafte Gemeinschaft zu haben, sondern bestand in der Tatsache, niemanden zu haben, der Ihnen vor Gericht als Bürge, als Garant dient. Inwiefern kann also der Umstand, dass man umherzieht, dass man keinen festen Wohnsitz hat, gegenüber der Ökonomie ein Verbrechen darstellen?

Le Trosnes Analyse gilt genau den ökonomischen Folgen dieses ewigen Ortswechsels. Zunächst verursacht man, wenn man umherzieht, in den ärmsten Regionen eine Verknappung der Arbeitskräfte, was dazu führt, dass dort die Löhne steigen, so dass eine Region, die ohnehin schon sehr wenig produziert, mit hohen Löhnen konfrontiert ist, die den Produzenten belasten; zu der Armut kommt [der Anstieg] der Preise und die Nicht-Konkurrenz hinzu, und in der Folge davon hat man eine noch größere Verarmung. [Dann] lassen die Landstreicher, indem sie den Orten, an denen sie waren, ihre potenzielle Arbeitskraft entziehen, die Produktion sinken und verhindern eine gewisse Produktivität. [Außerdem] entgehen sie in dem Moment, in dem sie umherziehen, sämtlichen persönlichen Steuern (der Leibeigenen, auf Fronarbeit), die sich daraufhin, insofern es eine fixe Summe zu erreichen gilt, auf eine weniger große Zahl verteilen; diese Erhöhung der persönlichen Steuern verringert auch den Teil des Einkommens, der normalerweise angespart werden könnte, um das Land fruchtbar zu machen. [Schließlich] handelt es sich um Leute, die, indem sie nicht heiraten, ihre unehelichen Kinder ihrem Schicksal überlassen und dort aufwachsen lassen, wo sie ein untätiges Volk abgeben – das von der Gesamt-

---

a Das Manuskript (S. 3) fügt den Ausdruck »geographische Anbindung« hinzu.

konsumtion seinen Teil abzweigt. Wenn man die drei ersten Folgen der Landstreicherei betrachtet, sieht man, dass der Landstreicher nicht mehr wie im Mittelalter jemand ist, der, ohne zu arbeiten, einen Teil der Gesamtkonsumtion abzwackt. Er ist jemand, der weniger die Gesamtmenge der zu konsumierenden Dinge antastet als die Mechanismen der Produktion, und dies auf mehreren Ebenen: der Zahl der Arbeiter, der Menge der gelieferten Arbeit und der Geldmenge, die in das Land zurückfließt, um es fruchtbar zu machen. Der Landstreicher ist also jemand, der die Produktion stört, und nicht einfach ein unproduktiver Konsument. Damit befindet er sich in Bezug auf die normalen Mechanismen der Produktion in der Position einer grundlegenden Feindschaft.
Wie kommt es, dass die Landstreicher ob dieser anti-produktiven Wirkung nicht einfach entfernt oder mit Gewalt in den Produktionsprozess zurückgeholt werden? Le Trosne weist hier die These zurück, wonach man dort, wo es keine Arbeit gibt, Arme hat, die betteln und den Ort wechseln müssen; für ihn wird man nicht aufgrund fehlender Arbeit zum Landstreicher, denn auch wenn es stimmt, dass es in manchen Fällen zu wenig zum Leben gibt, ist das, an was es niemals fehlt, die Möglichkeit zu arbeiten: Es gibt für jedermann immer genügend Arbeit, selbst wenn es nicht für alle genug zum Leben gibt. Die Freigebigkeit der Erde besteht für die Physiokraten in der Arbeit, die sie beschafft, denn nur wenn sie bearbeitet wird, wird sie genügend produzieren; das oberste Angebot der Erde ist die Arbeit. Der Landstreicher ist also weniger derjenige, der nicht genug zum Leben hat und sich von daher ausgestoßen sieht, als derjenige, der das Arbeitsangebot, das die Erde uns so großzügig macht, aus eigenem Willen ausschlägt. Er ist nicht der notgedrungen und unfreiwillig Arbeitslose, der allmählich bettelt und umherzieht, sondern derjenige, der sich weigert zu arbeiten. Somit gibt es eine ursprüngliche und grundlegende Identität zwischen dem Herumziehen und der Weigerung zu arbeiten: Genau darin beruht für die Physiokraten das Verbrechen des Landstreichers.

Doch wie kommt es, dass die Gesellschaft ihn nicht zwingt? Um dem nachzugehen, setzt sich Le Trosne von der Kritik ab, die im 17. und 18. Jahrhundert an den Reichen und an wohltätigen Leuten, [denjenigen], die spenden, geäußert wurde; die Zunahme der Landstreicher wurde damals auf eine Art ökonomischen Fehler zurückgeführt, der darin besteht, einen Teil des möglichen Verbrauchs zu spenden, ohne im Gegenzug einen Teil der erforderlichen Arbeit zu verlangen; wenn die Landstreicher ihr Auskommen haben und sich vermehren, dann ist der Grund dafür jetzt nicht mehr, dass man ihnen gibt, sondern dass sie sich nehmen. Sie errichten – außerhalb des Gesetzes – zu den Leuten der bürgerlichen Gesellschaft, in deren Mitte sie leben, eine Beziehung wilder Macht. So untersucht Le Trosne die Spielarten des Aufbaus dieser gewalttätigen Beziehungen, die bestimmten Formen des Verbrechens, der Delinquenz entsprechen. Wenn [die Landstreicher] in ein Dorf kommen, beginnen sie sich niederzulassen und sich die Ernten, die Tiere anzueignen, was sich in diejenige Form von Delinquenz übersetzen lässt, die der Diebstahl darstellt; sind diese frei zugänglichen Ressourcen erschöpft, dringen sie in die Häuser ein und lassen sich unter der Androhung, sie niederzubrennen, zu töten, geben; mit diesen Ressourcen können sie selbst Handel treiben, von Dorf zu Dorf gehen und das, was man ihnen gegeben hat, weiterverkaufen; mit diesem Überschuss feiern sie Feste; sie verschaffen sich auch Geld unter Hinweis auf die Frauen und Kinder und nötigenfalls mit Gewalt. So werden sie vom ersten räuberischen Diebstahl zur Brandstiftung oder zum Gewaltverbrechen gebracht.[a]

---

a Manuskript (S. 5-6):
»Analyse des Verhaltens der Landstreicher:
1. sich spontan aneignen
2. drohen, um sich geben zu lassen
3. sie lassen sich geben, um Handel zu treiben (eher Brot als Münzen), sie verkaufen in den Schenken weiter;
4. sie halten in den Wäldern Gelage und Feiern ab;
5. sie lassen sich unter Drohung Geld geben;
6. sie bestrafen mit Brandstiftung und Mord.«

Zur Charakterisierung der Stellung des Delinquenten in Bezug auf die Gesellschaft hat man hier mithin eine Art Koppelung von Verweigerung der Arbeit-Gewalt, die durch das Paar Arbeitslosigkeit – Bitte nicht länger verdeckt werden soll. In den Analysen des 17. Jahrhunderts setzte man bei der Arbeitslosigkeit an, um dem Betteln und der Delinquenz auf den Grund zu gehen; diese Paarung ist für die Physiokraten nicht mehr die treibende Kraft. Die Kriminellen erscheinen qua der gewalttätigen Macht, die sie über die Bevölkerung ausüben, und qua ihrer Stellung innerhalb des Produktionsprozesses als Arbeitsverweigerer als Feinde der Gesellschaft. Le Trosne schreibt: »Sie sind gefräßige Insekten, die [das Land] verpesten und verdrießen und tagtäglich den Lebensunterhalt der Bauern vernichten. Sie sind, ohne Umschweif gesagt, feindliche Truppen, die sich flächendeckend im Land ausbreiten, dort nach Belieben leben, wie in einem besetzten Land, und unter der Überschrift des Almosens regelrechte Abgaben eintreiben. Diese Abgaben sind ebenso hoch wie in den ärmsten Ländern oder sogar noch höher.«[7] »Sie leben inmitten der Gesellschaft, ohne deren Mitglieder zu sein; sie leben hier in einem Zustand, in dem sich die Menschen befinden würden, wenn es weder Gesetz noch Polizei, noch eine Obrigkeit gäbe, in einem Zustand, von dem man glaubt, dass er vor der Errichtung der Zivilgesellschaften bestanden hat, der sich, ohne jemals für ein ganzes Volk existiert zu haben, durch einen seltsamen Widerspruch inmitten einer zivilisierten Gesellschaft verwirklicht findet.«[8] Man sieht hier, wie das Modell des Krieges aller gegen alle als Prinzip dient, nach dem die Analyse der Delinquenz erfolgt.

Weshalb erweist sich die Zivilgesellschaft[a] gegenüber dieser feindlichen Bevölkerung als ohnmächtig? Wie kommt es, dass die Zivilgesellschaft nicht reagiert, obwohl es inmitten des Gesetzes Menschen außerhalb des Gesetzes gibt? Le Trosne legt dar, wenn die Menschen angesichts dieser Bevölkerung macht-

a Im Manuskript heißt es statt »Zivilgesellschaft«: »die Menschen, die arbeiten«.

los sind, dann genau deshalb, weil sie einer Zivilgesellschaft angehören; die Leute, die einen *aveu* haben, das heißt einen Wohnsitz, einen Personenstand, einen Arbeitgeber, haben aufgrund des Gesellschaftsvertrags auf den wilden, freien Gebrauch von Waffen verzichtet; in der Gesellschaft zu sein, heißt genau, sich mit dem Verzicht, selbst von den Waffen Gebrauch zu machen, um sich direkt zu verteidigen, einverstanden zu erklären, denn man hat das Recht, sich zu verteidigen, auf den Souverän übertragen. Doch dieser Souverän verteidigt die Leute mit ungeeigneten Gesetzen, und dies aus mehreren Gründen. Erstens bekämpft die Gesetzgebung des Königreichs durch eine grundlegende Widersinnigkeit nicht den Tatbestand der Landstreicherei, sondern den Tatbestand der Bettelei. Die Gesetze lassen die Leute umherziehen und erfassen sie nur, wenn sie die Hand aufhalten, obwohl es gar nicht schlimm ist, in seinem Dorf die Hand aufzuhalten. Was schlimm ist, ist es zu verlassen. Sodann greifen die Gesetze zu spät: Sie betreffen das Betteln und nicht die Landstreicherei; sie sind aber auch zu milde, denn die Hauptstrafe für Bettler ist die Verbannung, die darin besteht, die Leute, die man bei sich hat, in eine andere Provinz zu schicken – das heißt, man macht aus ihnen Landstreicher. So dass die Landstreicherei, weit davon entfernt, die Zielscheibe des Strafrechtssystems zu sein, dessen Folge ist. Schließlich geht die Gesetzgebung in die Irre, weil sie immer von der Voraussetzung ausgeht, dass es Landstreicher gibt, weil es keine Arbeit gibt, dass der Landstreicher jemand ist, der keine Gelegenheit zum Arbeiten hat; daher die Praxis der Einweisung in Zwangsarbeitshäuser, von denen man hoffte, er würde sich angewöhnen zu arbeiten. Doch in Wahrheit ist der Landstreicher jemand, der die Arbeit von Grund auf ablehnt.

Le Trosne schlägt auch vier Arten von Maßnahmen vor:

1/Die Versklavung. Man muss dem Landstreicher nicht die Gelegenheit zum Arbeiten geben, ihn bessern; man muss ihn nur so gewaltsam wie möglich zur Arbeit zwingen: »er ist ein wildes Tier, das man nicht zähmen kann [...]; es gelingt einem nur, es zu bändigen, indem man es an die Kette legt«,[9] das heißt, indem man ihn zu Arbeiten verdammt, die unter größter Bewachung ausgeführt werden: zum Beispiel zur Galeere, aber auf Lebenszeit, da seine Ablehnung der Arbeit grundsätzlich ist. »Man muss sie als einen durch ihre Verurteilung erworbenen Staatsbesitz betrachten, so wie die Sklaven einem Herrn gehören, gehören sie dem Staat. Gab es je einen legitimeren Grund für die Errichtung der Sklaverei? Der Staat kann sie so mit der Arbeit betrauen, die er für ratsam hält, und über sie verfügen wie über sein Eigentum.«[10] Und wenn die Galeeren voll sind, füllt man die Minen.[11] Und wenn es in Frankreich zu viele von ihnen gibt, »kann man sie auch in die Kolonien bringen«.[a]

2/Diese Versklavung kann in letzter Konsequenz nur erfolgen, wenn sie mit einer Vogelfreierklärung einhergeht. Als Landstreicher verurteilt worden zu sein bedeutet, aus jedem gesetzlichen Schutz herauszufallen, und so wird man dann zum Sklaven. Und da man der Sklaverei nicht entfliehen darf, kennzeichnet man den Landstreicher auf Stirn oder Wange mit dem Buchstaben G, so dass derjenige, der seinen Posten als Sklave verlässt, von jedermann gefangen genommen und exekutiert werden kann. Sobald die Landstreicher für den König beschlagnahmt sind, genießen sie nicht länger den Status eines Bürgers; sie haben keinen Personenstand mehr, die Gesetze haben hinsichtlich ihrer nichts mehr zu sagen, und die Strafen, die man über sie verhängen kann, um eine Flucht oder Revolte zu verhindern, entstammen nicht mehr der allgemeinen Rechtsordnung, sondern fallen unter die Militärgerichtsbarkeit.[12]

3/Die Selbstverteidigung der Gemeinschaft der Bauern. Diese Vorgangsweise muss man gewährleisten und dafür ausreichend bewaffnete Kräfte haben. Also muss man die unzureichenden Kräfte der Gendarmerie und der Staatspolizei durch den Gemeinwillen ersetzen: »Die Leute vom Land können [die Gesetzeshüter] ergänzen; sie werden von den Landstreichern dermaßen gedemütigt und drangsaliert, dass man der Regie-

---

a Im Manuskript (S. 6) heißt es nach Le Trosne: »Und wenn es in Frankreich zu viele von ihnen gibt, ›verkauft man sie in Nordafrika und kauft an ihrer Stelle christliche Sklaven‹.«

rung versichern kann, dass sie bereit sind, alles zu tun, um sich von ihnen zu befreien.«[13] Es reicht, ihnen zu erlauben, sich zu bewaffnen.

4/Die Treibjagd und der Aufstand der Massen.[14] Dieser Text sieht als Utopie folgende Vorgehensweise vor: eine ganz in die Arbeit vertiefte Gesellschaft, die das Recht hätte, jede Person in Sichtweite, die sich wegbewegt, niederzustrecken.[a] Das ist tatsächlich eine in der Art eines bösen Traums erzählte fiktive Antizipation dessen,[b] was mit anderen Mitteln und weit subtileren Listen die Macht, die in der kapitalistischen Gesellschaft am Werk ist, getan hat, um zu erreichen, dass all diejenigen, die die Neigung hatten, sich vom Fleck zu rühren, an ihre Arbeit gebunden werden. Von dieser großen Einsperrung am Ort der Arbeit hat Le Trosne geträumt, nur hat er sie in einer Art großem Massaker, in der feudalen, doch bereits kapitalistischen Jagdszene gesehen, bei der man jeden töten konnte, der die Sesshaftwerdung grundsätzlich ablehnte. Dieser Text erzählt uns in seiner Grausamkeit und Phantasie haarklein, was passieren wird, wenn es die kapitalistischen Zwangsanstalten und -maßnahmen geben wird. Der Übergang von der Jagd zum *Zwang*, der die Arbeitskraft in eine Produktivkraft verwandelt, ist die Voraussetzung für die Funktionsweise des Strafsystems unserer Gesellschaft.

Vielleicht ist dieser Text aber auch über Kreuz gedacht. Wenn man sich einige seiner Bestandteile noch einmal vornimmt – die Beschreibung der Landstreicher, die Stellung, die ihnen in Bezug auf die Produktion zugeschrieben wird, usw. – kann man etwas anderes erahnen. Denn letztlich sind diese Personen, die sich weigern zu arbeiten, die den Steuern entgehen und so die gesamte Steuerlast zunehmend einer immer kleineren Menge von Leuten zuschieben, die uneheliche Kinder zeugen, die Abgaben für ihren Lebensunterhalt verlangen, die bestrafen, die Feste feiern, ebenso gut die Wandermönche, der Adel, die Steu-

a Das Manuskript (S. 7) resümiert: »Alles töten, was sich bewegt.«

b Das Manuskript (S. 7) resümiert: »Utopie. Politische Fiktion.«

erbeamten. Soll heißen, dieser Text ist erstaunlich: Man hat hier gleichzeitig eine vollkommene historische Genauigkeit bezüglich der Sitten der Landstreicher wie anderer Personen; er ist ebensowohl eine Beschreibung dieser Gegen-Gesellschaft wie eine Beschreibung der Feudalgesellschaft, von der sich das Bürgertum befreien wollte. Liest man den Text so, wird er unglaublich gewalttätig: Was ist das Prinzip der bäuerlichen Selbstverteidigung, wenn nicht der Aufruf zum Aufstand? So sagt der Text einerseits, was tatsächlich im 19. Jahrhundert passieren wird, und formuliert andererseits in verschlüsselter Form eine reale Kritik an den Überbleibseln des Feudalismus in der Gesellschaft des 18. Jahrhunderts: Jeder muss dem Staat unterliegen.[a]

Dieser Text stellt in Bezug auf das Produktionssystem, das vom Boden, den Arbeitern, den Grundbesitzern gebildet wird, somit zwischen den Landstreichern auf der einen Seite und den Überbleibseln des Feudalismus auf der anderen Seite eine Symmetrie her. Es gibt also zwei Arten, gegen die Gesellschaft zu opponieren: eine gewisse Macht auszuüben, die die Produktion behindert, und nicht produzieren zu wollen und so, allerdings auf eine andere Weise, eine Gegenmacht auszuüben, die sich der Produktion widersetzt. Der Landstreicher und der Feudalherr stellen zwei Instanzen der Anti-Produktion, Feinde der Gesellschaft dar. Ab dem Moment, in dem sich die Gesellschaft als ein System von Beziehungen zwischen Individuen definiert, die die Produktion ermöglichen, indem sie diese zu maximieren erlauben, verfügt man nämlich über ein Kriterium, das es gestattet, den Feind der Gesellschaft zu benennen: jedermann, der dem Grundsatz der Maximierung der Produktion feindlich gesinnt oder abhold ist.[b]

---

a Manuskript (S. 8): »Muss man hierin ein chiffriertes Pamphlet sehen, dessen Verschlüsselung von der offenkundigen Bedeutung ablenkt?«

b Das Manuskript enthält mehrere Seiten (S. 10-14), die Foucault in der Vorlesung nicht aufgegriffen hat:
»Einige Anhaltspunkte für dieses Auftauchen in der Rechtstheorie: M[uyart] (*Institutes au droit criminel*, 1757)[15]

*

Man könnte in der Rechtstheorie, der Literatur etc. auch andere Zeichen für das Auftauchen des Kriminellen als Feind der Gesellschaft aufzeigen. Stellen wir zum Beispiel zwei literarische Texte neben den Text von Le Trosne: *Gil Blas*[17] und *Die Erschei-*

Traditionelle Definition des Verbrechens: ›Das Verbrechen ist eine Handlung, die per Gesetz verboten ist, durch die man einem Dritten durch seine Arglist oder ein Vergehen einen Schaden zufügt.‹

– ›Schaden‹, ›Nachteil‹: zentrale Begriffe (und nicht durch Zuwiderhandlung, Verletzung der Autorität);

– ›Dritter‹: spezifiziert als Privatmann oder Öffentlichkeit, aber die Öffentlichkeit geht in die Kategorie des Dritten über [S. 10] und wird in gewissen Fällen (Skandal, Unruhen) erreicht, die für sich selbst existieren oder sich als äußere Umstände zu einem anderen Schaden, der ein Individuum trifft, hinzugesellt haben.

Daher die Vorstellung, dass das Verbrechen eine Verpflichtung schafft:

– während es im Zivilrecht nur eine Verpflichtung aufgrund expliziter und ausdrücklich formulierter Zustimmung gibt,

– ist es im Strafrecht die Handlung, die eine Verpflichtung schafft.

[Am Rand:] Was erlaubt, das Vokabular der Sünde, des Freikaufs, der Bestrafung bis zu einem bestimmten Punkt zu übernehmen.

Eine für uns seltsame Vorstellung oder vielmehr eine Vorstellung, die man nur noch in moralischen Formulierungen findet: ›seine Schulden bezahlen‹; aber eine Vorstellung, gegen die die ganze Problematik des 18. Jahrhunderts angeht. Diese Praktik fragt

– nicht: welche Art und Form von Verpflichtung schafft das Verbrechen,

– sondern: in welchem System von Verpflichtungen bin ich gefangen, welchen Vertrag musste ich eingehen, damit man mich rechtmäßig bestrafen kann, wenn ich ein Gesetz verletzt habe. [S. 11]

Im klassischen Denken ist das Verbrechen ein Quasi-Vertrag; es hat auf jeden Fall Folgen, die zu denen eines Vertrages analog sind. Im modernen Denken beruht die Bestrafung auf einem idealen Vertrag.

Auf jeden Fall repräsentiert die Formulierung der *Institutes* den früheren Stand des juristischen Denkens. In den *Lois criminelles de France* (1780)[16] kann man hingegen ein anderes Diskursraster entdecken. Das Verbrechen wird hier nicht länger ausschließlich über den Schaden definiert, sondern über die Zuwiderhandlung. Beziehungsweise operiert das Gesetz nunmehr auf zwei Ebenen: zum einen untersagt oder ordnet es dieses oder jenes an, und zum anderen verbietet es, dass man es verletzt.

nungen im Schlosse der Pyrenäen.[18] Man findet zu Beginn des 18. Jahrhunderts tatsächlich eine ganze Reihe von Romanen zur Bewegung innerhalb der Gesellschaft. So ist *Gil Blas* eine Art Abbild der sozialen Mobilität, der Bewegung in der Gesellschaft und ihrer Zusammenhänge mit der Delinquenz. *Gil Blas*

Es ist als Gesetz immer Gegenstand eines Verbots: das, was nicht übertreten, verletzt, missachtet werden darf.
Es beinhaltet gleichzeitig eine Verpflichtung mit einem Außenbezug und eine selbstbezügliche Verpflichtung.
›So sieht man, dass es bestrebt ist, die seiner Autorität entgegengebrachte Missachtung nicht nur zu untersagen, sondern auch zu rächen, indem es die bestraft, die seine Verbote verletzt haben‹ (*Lois criminelles de France*, S. XXXIV). [S. 12]
Die Verpflichtung mit einem Außenbezug geht auf den Schaden zurück. (Da eine Handlung nicht schaden darf, ist sie verboten.)
Die selbstbezügliche Verpflichtung auf das Gesetz geht auf die Souveränität zurück. Wenn das Gesetz allein aufgrund der Tatsache, dass es verletzt wurde, bestrafen kann, herrscht der Fürst kraft des Rechts, ›sein Gesetz anwenden zu lassen‹.
Das Imperium, die Souveränität ist dem Gesetz inhärent.
Man hat hier die theoretische Formulierung der zivilrechtlichen Verfolgung, die die private Verfolgung abgelöst hat.

Doch in denselben *Lois criminelles* findet man eine dritte Formulierung, die sich Beccaria annähert:
Das Verbrechen bringt Unruhe in die Gesellschaft
- sei es, indem es nur die Gesellschaft angreift,
- sei es, indem es die Gesellschaft angreift und gleichzeitig eines ihrer Mitglieder
- sei es, indem es nur eines ihrer Mitglieder angreift, ohne die Gesellschaft insgesamt anzugreifen.

Selbst wenn die Gesellschaft nicht *angegriffen* wird, wird sie *beunruhigt*. [S. 13]
Mit der Konsequenz, dass die Bestrafung zwei Ziele hat:
- den Einzelnen so gut zu entschädigen wie möglich;
- den Kriminellen (aber auch die, die ihn nachahmen könnten) unschädlich zu machen.

Unter Bezug auf erstere Formulierung hat die Gesellschaft den Platz des geschädigten Dritten eingenommen (des Dritten, von dem gesagt wurde, dass er ein Individuum oder die Öffentlichkeit sein kann). Das Auftauchen des Kriminellen als Feind der Gesellschaft ist in diesen verschiedenen Texten zu erkennen, die sich überlagern und zu einem Werk verbinden« [S. 14].

ist ein geographischer Ortswechsel, aber auch [die Mobilität] quer durch die Gesellschaftsschichten.[19] Im Laufe dieser Bewegungen trifft Gil Blas ständig auf die Delinquenz, doch auf eine sehr spezielle Delinquenz. Sie ist immer gestaffelt, da sie in kleinen Schritten nach und nach kontinuierlich vom Ehebruch zum Diebstahl, zur Zechprellerei und zum Straßenraub führt: all das vermengt sich in den Landschaften, die Gil Bas durchquert.[a] Sie umgibt jeden Berufsstand, jede gesellschaftliche Stellung mit einer Art Schatten, nebulösen Möglichkeiten. Es gibt keine ehrenwerte Existenz, die keinen Spielraum zu möglicher Delinquenz bietet: Es gibt die Delinquenz in Zusammenhang mit dem Gastwirt, die des Arztes, die des Adels, die des Verwaltungsbeamten etc. Jeder hat seinen Spielraum für Delinquenz, in dem er gefangen ist, in dessen Falle er geraten ist oder der im Gegenteil eine Einnahmequelle, eine Gelegenheit für ihn ist. Jedermann ist so völlig umkehrbar: in der einen Hinsicht redlich, in der anderen unredlich, und in diesem Sinne ist die Person des Knechts oder des Sekretärs auf jeden Fall typisch für diese Umkehrbarkeit der Person des Delinquenten/Nicht-Delinquenten. Der Knecht, der seinen Herrn bestiehlt, ist in dem Maße ein lobenswerter Dieb, in dem er, auch wenn er in einer Hinsicht stiehlt, Leuten, die es brauchen, Geld gibt, dessen Verwendung schlecht gewesen wäre. Er ist ein Mann offener Spielräume, der Typ des Wechslers zwischen Delinquenz und Nicht-Delinquenz, und zwar sowohl in Bezug auf die finanzielle Redlichkeit wie in Bezug auf die Sexualität. So zieht sich die Delinquenz durch die ganze Gesellschaft, bildet in gewisser Weise ihre Adern, eine Linie von oben nach unten und ist ein Spiel dieser selbst.[b]

---

a Das Manuskript (S. 15) fügt hinzu: »Vom Schürzenjäger zum Galeerensträfling; Kontinuität, Schnelligkeit des Übergangs.«

b Das Manuskript (S. 16-17) fügt hinzu:
»Sie [die Delinquenz] belebt sie«
– bringt sie in Bewegung, denn so werden dahergelaufene Leute mächtig, und die Mächtigen gehen unter.
Aber gleichzeitig
– lässt sie sie gleich: die Akteure können wechseln, die Rollen bleiben; die Masken fallen, die Identitäten bleiben.

Lassen Sie uns ans Ende des 18. Jahrhunderts gehen, zu den Schauerromanen, wie denen von Ann Radcliffe.[20] Damals änderte die Kriminalität Form und Aussehen: Sie ist nichts Beständiges, Gestaffeltes, Doppeldeutiges mehr; sie ist keine Virtualität mehr, die jeder mit sich herumträgt; sie ist den sozialen Beziehungen nicht mehr inhärent: sie ist eingegrenzt und außergesellschaftlich. Man findet das Verbrechen nicht länger inmitten der Gesellschaft, sondern an Orten außerhalb der Gesellschaft: Klöstern, Schlössern, Kellern, einem ausgehöhlten Berg als Festung. Innerhalb dieser für das Verbrechen charakteristischen Geographie hat man so etwas wie eine völlig in sich abgeschlossene Gesellschaft mit ihren Initiationen, ihren Ritualen, ihren Werten, ihrer Hierarchie; in dieser Gesellschaft wird man niemanden finden, der doppeldeutig ist, da sich der Übergang in die Kriminalität mit einem Schlag vollzieht, *en bloc*, ein für alle Mal: Entweder man ist von Natur aus böse, weil man aufgrund seiner Herkunft negativ geprägt und die Inkarnation des Bösen ist, oder man ist in die Kriminalität abgerutscht, weil man in seinem Leben eine nicht wiedergutzumachende Verfehlung begangen hat (einen Wortbruch, ein Verbrechen), die einen ins Böse abgleiten ließ. Gegenüber dieser genau verorteten, isolierten Gegengesellschaft kann es nur eine Welt der Unschuldigen und Opfer geben; zwischen beiden kann es seitens der Kriminellen nur Hass, Krieg, grundsätzliche Feindseligkeit geben

---

Die Delinquenz ist eine Art feste gesellschaftliche Funktion.
Wenn sie deren Kehrseite ist, ist sie, wie man sagen könnte, die Kehrseite der Szenerie, die Rückseite eines Stücks Papier.
Eigentlich ist sie das Spiel der Gesellschaft:
- das Faktum, dass sie Spiel hat, Freiraum, inaktive Zonen, turbulente Regionen,
- sie ist sowohl Gefahr, Glück und Pech; der Gegensatz gefangen sein/nicht gefangen sein.

Der Diebstahl, die Aneignung, die Umverteilung stehen (weit mehr als der Mordversuch und der Mord) im Mittelpunkt der Erzählungen oder Fiktionen.
Aber vierzig Jahre später sieht man eine ganz andere Art von Erzählung auftauchen. *Die Erscheinungen im Schlosse der Pyrenäen.*

und auf der anderen Seite nur eine Verbindung in Form einer Festnahme und Inhaftierung.

Während in *Gil Bas* der Diebstahl und die Formen der Doppeldeutigkeit das zentrale Moment bilden, ist in diesen Romanen der Krieg, der Tod das zentrale Moment, dessen Metapher die Gegengesellschaft ist: in diese überzuwechseln bedeutet, auf die Seite des Todes überzuwechseln, und durch die Gegengesellschaft durchzugehen und ihr zu entrinnen, was manchen besonders glücklichen Helden gelingt, bedeutet wiederaufzuerstehen. All die starken Gegensätze Leben/Tod, Unschuld/Verbrechen, Gut/Böse kennzeichnen die Form von Delinquenz, die man in dieser Erzählgattung auftauchen sieht. Zwischen *Gil Bas* und *Den Erscheinungen im Schlosse der Pyrenäen* markiert der Text Le Trosnes den Umschlagpunkt der Gestalt der Delinquenz.[a]

---

a Das Manuskript enthält zwei weitere Seiten (S. 19 und 20), die Foucault in der Vorlesung vom 17. Januar 1973 nicht abgehandelt hat:

»Viele weitere Umstände könnten von diesem Auftauchen – oder dieser Herausbildung – des Kriminellen als Gesellschaftsfeind Zeugnis ablegen. Bei den Strafpraktiken zum Beispiel der Übergang zu einer Deportation (die im Wesentlichen eine Verbannung ist) in die Strafkolonie.

Amerika ≠ Botany Bay

Aber man muss weniger nach der Reihe von Elementen fragen, die dieses Auftauchen signalisieren, denn nach seinem Status. Und zwar insofern dieses Auftauchen als Ausgangspunkt dienen wird und das ist, was wir analysieren werden.

– Was passiert unterhalb der Soziologisierung des Verbrechens, unterhalb der Aufstellung des Kriminellen als Gesellschaftsfeind, hinter dieser Neuinterpretation der Strafformen in den Begriffen der Mechanik oder Reaktion der Gesellschaft, unterhalb des Auftauchens der Gesellschaft (und nicht mehr nur des Souveräns oder der politischen Macht) als Hauptperson auf der Bühne der Justiz?

– Unterhalb der Konstituierung eines Wissens über die Kriminalität, das nicht mehr auf der alten Frage der Untersuchung ›wer hat was gemacht?‹ beruht, sondern auf der neuen Frage: ›was muss man also sein, um kriminell zu sein?‹, ›wie muss also eine Gesellschaft aussehen, damit in ihr das Verbrechen möglich ist?‹

Fragen, die sich nicht mehr um das Faktum, sondern um die Wesensart

1 Bon-Albert Briois de Beaumetz (1759-1801) wurde 1789 vom Adel des Artois zum Abgeordneten bei den Generalständen gewählt. Er saß in der Mitte links und forderte die Abschaffung der dem Gerichtsverfahren vorausgehenden Folter. Er ist bekannt für den Versuch, die revolutionäre Gewalt einzudämmen; vgl. J. Tulard, J.-F. Fayard, A. Fierro, *Histoire et Dictionnaire de la Révolution française, 1789-1799*, Paris: Robert Laffont, 1987, S. 571. Beaumetz gehörte dem Komitee an, das von der konstituierenden Versammlung beauftragt wurde, »einen Entwurf zur Erklärung einiger vorläufiger Änderungen der Kriminalverordnung« zu unterbreiten, und legte der konstituierenden Versammlung am 29. September 1789 einen Bericht vor. Vgl. *Archives parlémentaires de 1787 à 1860. Recueil complet des débats législatifs et politiques des Chambres françaises*, Erste Abteilung (1789 bis 1799), Paris: Librairie administrative de Paul Dupont, 1877, Bd. IX (vom 16. September 1789 bis 11. November 1789), S. 213-217.

2 B.-A. Briois de Beaumetz, in: *Arch. parlem. 1787-1860*, Bd. IX, S. 214, Sp. 2.

3 Foucault hatte das Denken der Physiokraten analysiert in *Les Mots et les Choses*, Paris: Gallimard, 1966, S. 202-214 u. 268f.; dt.: *Die Ordnung der Dinge*, übers. v. U. Köppen, Frankfurt/M.: Suhrkamp 1974, S. 239-246 (Unterkapitel »Die Bildung des Werts«) u. S. 314f. (zum Begriff des Mangels). Außerdem hatte er untersucht, welche Rolle die Bevölkerung im physiokratischen Denken als Reichtumsfaktor spielt, in *Folie et Déraison. Histoire de la folie à l'âge classique*, a.a.O., S. 494-498; dt.: *Wahnsinn und Gesellschaft*, a.a.O., S. 423-427. In *Sécurité, Territoire, Population*, a.a.O., S. 35-50, 71-81, 349-365; dt.: Sicherheit, Territorium, Bevölkerung, a.a.O., S. 58-79, 107-120, 491-512, wird Foucault die Physiokraten erneut behandeln, deren Ideen sich hinsichtlich der Errichtung des Dispositivs der »Sicherheit« aufdrängen; vgl. ebd., S. 36; dt.: S. 58: »daß das, was sich da ereignet hat, vielleicht durch die und dank der Nachfolge, der Unterstützung der Physiokraten und ihrer Theorie, in Wirklichkeit eine völlige Veränderung oder vielmehr eine Phase großer

---

und die Norm anordnen. Fragen, die nicht mehr Teil der diskursiven Praktik der *Ermittlung*, sondern der diskursiven Praktik der *Prüfung* sind. Was passiert hinter alldem?

Worin besteht dieser Prozess oder dieses Ereignis, das als ›Auftauchen‹, ›Auftreten‹ bezeichnet wird? Was will die Behauptung besagen, dass der Kriminelle als ein Feind der Gesellschaft *aufgetaucht* ist, dass das Verbrechen als eine Durchtrennung des gesellschaftlichen Bandes definiert wird, funktioniert und benutzt wird?

– Handelt es sich um die Schaffung eines Systems, bei dem die Repräsentation tonangebend ist: Ist der Kriminelle als Feind *dargestellt worden*?

Veränderung in den Regierungstechniken und eines der Elemente der Einsetzung dessen ist, was ich Sicherheitsdispositive nenne«. Siehe auch die Analyse des Neoliberalismus in *Naissance de la biopolitique. Cours au Collège de France 1978-1979*, hg. v. M. Senellart, Gallimard-Seuil, 2004, S. 55-57, 62-67, 296-300; dt.: *Die Geburt der Biopolitik. Geschichte der Gouvernementalität II. Vorlesungen am Collège de France 1978-1979*, übers. v. J. Schröder, Frankfurt/M.: Suhrkamp, 2006, S. 84-87, 94-99, 400-406. Die Physiokraten, die auch als die ersten »*Ökonomisten*« angeprangert und bekannt wurden, bildeten eine Gruppe von Denkern, die sich zum Freihandel, zum freien Verkauf des Korns und allgemeiner zum ökonomischen Liberalismus bekannten. Ihr Name ist ein Neologismus, der – als Symbol ihrer ideologischen Grundlagen – die Idee einer Herrschaft (*-crat*) der Naturordnung (*physio*) ausdrückt. Er kommt von dem von Pierre-Samuel Du Pont de Nemours 1768 publizierten Sammelband *Physiocratie ou Constitution naturelle du gouvernement le plus avantageux au genre humain*, Leyde – Paris: Merlin, 1768. François Ouesnay (1694-1774), königlicher Chirurg und Leibarzt von Madame de Pompadour, rief die Bewegung 1756 mit seinen ersten ökonomischen Schriften ins Leben – zwei Einträgen in der *Enzyklopädie* (»Fermiers« 1756 und »Grains« 1757) – und schrieb bis 1767, dem Jahr, in dem er seinen *Despotisme de la Chine* veröffentlichte, über Fragen der politischen Ökonomie. Vgl. F. Quesnay, *Œuvres économiques complètes et autres textes*, hg. v. Christine Théré, Loïc Charles u. Jean-Claude Perrot, Paris: Institut national d'études démographiques/INED, 2005, 2 Bde. Zu dieser Gruppe gehörten weitere illustre Mitglieder, vor allem: Victor Riqueti, Graf von Mirabeau (1715-1789), Verfasser von *L'Ami des hommes, ou Traité de la population*, Avignon, 1756; Guillaume-François Le Trosne (1728-1780), Jurist und, wie wir sehen werden, Autor von *Mémoire sur les vagabonds et sur les mendiants*, Paris: P. G. Simon, 1764; Pierre-Paul Le Mercier de La Rivière (1719-1801), Gouverneur von Martinique und Verfasser von *L'Ordre naturel et essentiel des sociétés politiques*, Paris: Desaint, 1767; und Pierre-Samuel du Pont de Nemours (1739-1817), Geschäftsmann, Ökonom und später amerikanischer Diplomat, Herausgeber mehrerer Werke der Physiokraten sowie der Zeitschrift *Éphéméries du citoyen, ou Bibliothèque raisonnée des sciences morales et politiques*. Du Pont de Nemours legt eine klare Darstellung des physiokratischen Denkens vor in seiner Einleitung »Sur les Économistes«, in: *Œuvres de Mr. Turgot, Ministre d'État, Précédées et accompagnées de Mémoires et de Notes sur sa Vie, son Administration et ses Ouvrages*, hg. von P.-S. Du Pont de Nemours, Paris, impr. Delance, 1808, 3 Bde. Als Referenz zu den Physiokraten dienten die Arbeiten von G. Weuleresse, *Le Mouvement physiocratique en France de 1756 à 1770*, Paris: Félix Alcan, 1910, 2 Bde. Vgl. für eine neuere Analyse B. E. Harcourt, *The Illusion of Free Markets*, Cambridge: Harvard University Press, 2011, S. 78-102.

4 G.-F. Le Trosne, *Mémoire sur les vagabonds et sur les mendiants*, a. a. O. Le Trosne ließ sich 1763 als Anwalt der Krone am Landgericht Orléans nieder. Von 1763 bis 1767 verfasste er zahlreiche kleinere Abhandlungen über die Landwirtschaft und den Handel, vor allem in der bereits genannten Zeitschrift *Éphémérides du citoyen*. 1764 veröffentlichte er – parallel zum Erscheinen seiner *Mémoire* – seinen *Discours sur l'état actuel de la magistrature et sur les causes de sa décadence* [o. O. u. J.], wo er vor allem für den freien Außenhandel eintrat; im Jahr darauf schrieb er einen Text, der für *La Liberté du commerce des grains toujours utile & jamais nuisible*, Paris, 1765, plädierte. Foucault bezeichnet ihn in *Surveiller et Punir* (a. a. O., S. 90); dt.: *Überwachen und Strafen* (a. a. O., S. 112) als »de[n] Physiokrat[en], der Rat am Landgericht Orléans war«, und schreibt in demselben Werk, in dem er die *Mémoire* sowie eine frühere Publikation Le Trosnes, *Vues sur la justice criminelle* (Paris: Debure Frères, 1777), anführt (S. 79, 84, 87, 90f.; dt.: S. 98, 104, 107, 112): »Bei Le Trosne (wie bei vielen anderen jener Zeit) schließt der Kampf um die Eingrenzung der Strafgewalt unmittelbar an die Forderung an, die Gesetzeswidrigkeit des Volkes einer strengeren, stetigeren Kontrolle zu unterwerfen« (S. 112).

5 Dieses Thema war bereits Allgemeingut und wurde damals sogar in einem Sprichwort verankert. Vgl. *Dictionnaire de l'Académie françoise, L-Z*, Paris, 1765, Bd. II, S. 171 (»*L'oisiveté est la mère de tous les vices*«).

6 Vgl. G.-F. Le Trosne, *Mémoire sur les vagabonds et sur les mendiants*, a. a. O., S. 18 (»die von Landstreichern und Leuten ohne festen Wohnsitz begangenen Verbrechen«) u. S. 42, Fn. 1.

7 Ebd., S. 4 (Foucault greift diese Passage erneut auf in *Surveiller et Punir*, a. a. O., S. 79; dt.: *Überwachen und Strafen*, S. 98; die Übersetzung wurde leicht modifiziert).

8 Ebd., S. 8.

9 Ebd., S. 46f.

10 Ebd., S. 54.

11 Vgl. auch ebd., S. 56: »Dieses ebenso einfache wie legitime Mittel gewährleistet den Vollzug des Urteils aufs genaueste und erlaubt, Galeerensträflinge außerhalb der Marine überall einzusetzen, wo man will, ohne eine Flucht befürchten zu müssen. Man kann sich ihrer bedienen, um die Minen auszubeuten, Häfen auszuheben, Kanäle zu bauen, um bestimmte Provinzen an den Verkehr und das Leben anzuschließen.«

12 Ebd., S. 54: »Entscheidend ist zu verhindern, dass sie fliehen, und hierfür ist dies ein sicheres Mittel, das einen einer allzu teuren Überwachung enthebt. Man muss sie nur auf der Stirn oder Wange mit dem Buchstaben G kennzeichnen; anstatt sie an der Schulter zu zeichnen, die Todesstrafe gegen jeden verhängen, der außerhalb seines Postens angetroffen wird, insofern dies jedem erlaubt, sie festzunehmen, und das Verfahren vorschreibt, an das man sich halten muss, um die Flucht festzustellen

und die Strafe zu verhängen. Das Ermittlungsverfahren soll sehr kurz und sehr einfach sein, wie das bei der Todesstrafe für Deserteure.«

13 Ebd., S. 59.

14 Vgl. ebd, S. 63: »Man versammelt die Einwohner einer oder mehrerer Gemeinden, jede ist angehalten, einen Mann zu stellen, und umstellt die Wälder, um eine Treibjagd und eine sorgfältige Suche anzustellen. Es wäre für die Regierung ein Leichtes, das Land innerhalb weniger Tage von den Landstreichern zu säubern.« Vgl. ebd., S. 2: »Drittens führen wir das einzige Mittel zur Beseitigung der Landstreicher ein.« Die Formulierung »das einzige Mittel« wird zweimal wiederholt und ist im Manuskript unterstrichen (S. 7).

15 Vgl. hier, S. 109f., Anm. 2.

16 Vgl. [P.-F. Muyart de Vouglans], *Les Loix criminelles de France, dans leur ordre naturel. Dédiées au Roi, par M. Muyart de Vouglans, Conseiller au Grand-Conseil*, Paris: Merigot le Jeune, 1780.

17 A.-R. Lesage, *L'Histoire de Gil Blas de Santillane*, 1715-1735, 12 Bde. Der Roman von Lesage erzählt die unsteten Abenteuer eines jungen Studenten, der in allen Gesellschaftsschichten Knecht und Dienstbote war und gemäß Jules Romains »das letzte Meisterwerk des so genannten Schelmenromans« darstellt (J. Romains, »Lesage et le roman moderne«, in: *The French Review*, Bd. 21 (2), Dezember 1947, S. 97-99, hier S. 97). Die Figur des Gil Blas symbolisierte für Foucault eine frühere Form des Illegalismus und der Delinquenz, die verglichen mit der Professionalisierung und fachlichen Schulung, die den »Studiengang« der Delinquenz im Gefängnismilieu ab dem 19. Jahrhundert stärker kennzeichneten, abenteuerlicher war. In *Surveiller et Punir* (S. 307); dt.: *Überwachen und Strafen* (S. 387f.) wird Foucault diesen »Raum für die Abenteuer von Gil Blas, Sheppard oder Mandrin« beschreiben als einen »unbestimmte[n] Raum, der für das Verbrechen der Ort der Bildung und der Zuflucht war; [wo] sich in gewagtem Kommen und Gehen die Armut, der Bettel, die Arbeitslosigkeit, die verfolgte Unschuld, die List, der Kampf gegen die Mächtigen, die Ablehnung der Pflichten und Gesetze, das organisierte Verbrechen« trafen. Gil Blas repräsentiert »eine[n] Mann der alten Gesetzwidrigkeiten« (ebd., S. 288; dt.: S. 365). Vgl. zu den »Verbrechergeschichten« (»der zeitgenössischen Ästhetisierung des Verbrechens« und »der Kriminalberichterstattung«) ebd., S. 72 u. 292; dt.: S. 87 u. 375.

18 A. Radcliffe, *Die Erscheinungen im Schlosse der Pyrenäen*, 4 Bde., G.C.E. Meyer, 1818-1820. Ann Radcliffe (1764-1823), englische Schriftstellerin, wurde als eine der Vorreiterinnen des Schauerromans angesehen, einer Literaturgattung, die sich des Übernatürlichen und Makabren bedient. Ein späteres, berühmtes Beispiel hierfür ist *Frankenstein* (1818) von Mary Shelley. Die bekanntesten Werke von Ann Radcliffe sind *The Romance of the Forrest*, London: T. Hookham & Carpenter, 1791, 3 Bde.; *The Mysteries of Udolpho*, London: G & J. Robin-

son, 1794, 4 Bde.; und *The Italian, or the Confessional of the Black Penitents*, London: printed T. Cadell Jun. u. W. Davies (Successors to Mr. Cadell) in the Strand, 1797, 3 Bde. *Die Erscheinungen im Schlosse der Pyrenäen*, ein apokrypher Roman, symbolisiert gemäß Foucault eine gewisse Befürchtung, die »die zweite Hälfte des 18. Jahrhunderts gepeinigt [hat]: und das ist der dunkle Raum, der Schirm der Düsternis, der die vollständige Sichtbarkeit der Dinge, der Leute und der Wahrheiten verhindert« (M. Foucault, »L'œil du pouvoir«, a.a.O., DE III, S. 196; dt.: »Das Auge der Macht«, a.a.O., DE III, S. 258).

Der surrealistische Maler René Magritte teilte mit Foucault eine gewisse Begeisterung für das *Schloss der Pyrenäen*, das er 1959 in Öl auf Leinwand malte. Zu diesem Bild wird Magritte schreiben, dass »das *Schloss der Pyrenäen* [...] so aussehen wird, dass es, glaube ich, Ann Radcliffe gefallen hätte, sofern ihr Buch *Das Schloss der Pyrenäen* uns erlaubt zu wissen, was sie mochte« (Brief von Magritte an Torczyner, in: H. Torczyner, *L'Ami Magritte. Correspondance et souvenirs*, Anvers, fonds Mercador, 1992, S. 118). Foucault wird sich an Harry Torczyner, internationaler Anwalt und Agent Magrittes in den USA, wenden, um das Bild zu sehen, was 1975 während eines Aufenthalts in New York im Rahmen eines Besuchs Foucaults bei Torczyner dann auch erfolgte.

Interessant ist hier, dass eine der großen Magritte-Ausstellungen in New York, 1954 in der Galerie Sidney Janis, den Titel »*Les Mots et les Choses*« trug. Nach der Veröffentlichung von Foucaults Buch 1966 schickte ihm Magritte einige »Überlegungen [...] die ich bei der Lektüre Ihres Buches *Die Ordnung der Dinge* angestellt habe« (Brief vom 23. Mai 1966, in: M. Foucault, *Ceci n'est pas une pipe*, Montpelier: Fata Morgana, 1973, S. 83; dt.: *Dies ist keine Pfeife*. Mit zwei Briefen und vier Zeichnungen von René Magritte, übers. v. W. Seitter, München: Carl Hanser, 1974, S. 55).

19 Man findet hier Überlegungen wieder, die Louis Chevalier innerhalb seiner Analyse der Darstellung der Kriminalität im Werk Balzacs entwickelt hat: »wie bei allen Darstellungen der Kriminalität älterer Art ist die Gesellschaft der Kriminellen eine geschlossene Gesellschaft, die das Proletariat und die Aristokratie, die untere und obere Unterwelt umfasst« (L. Chevalier, *Classes laborieuses et Classes dangereuses à Paris pendant la première moitié du XIX*e *siècle*, Paris: Perrin, 2002 [Erstausgabe: Paris: Plon, 1958], S. 55). Allerdings wird, fügt er hinzu, in den späteren Romanen wie *La Cousine Bette* »die Kriminalität, wenn auch beiläufig und oft ungeachtet des restlichen Werks, beschrieben, als würde sie sich nicht mehr nur um die Giganten des Verbrechens ranken, denen die Hauptaufmerksamkeit Balzacs gilt, sondern von den Volksmassen insgesamt ausgehen, als sei sie nicht mehr die Ausnahme, sondern die Regel und ein wahres Gesellschaftsphänomen« (ebd., S. 70).

20 Foucault interessierte sich für die Schauerromane und kam ziemlich

häufig auf die Werke Ann Radcliffes zu sprechen. 1963, in »Le language à l'infini« (*Tel Quel*, Herbst 1963, Nr. 15, S. 44-53), DE, I, Nr. 14, S. 250-261; dt.: »Die Sprache, unendlich«, DE I, Nr. 14, S. 342-356, verortete er in den Schauerromanen sowie im Werk des Marquis de Sade den Ursprung der modernen Literatur: »Vielleicht hat das, was man in aller Strenge ›Literatur‹ nennen muss, seinen Anfang genau dort, am Ende des 18. Jahrhunderts, als eine Sprache erschien, die in ihrem Blitzschlag jede andere Sprache wiederaufnimmt und verzerrt, und so eine dunkle, aber beherrschende Figur entstehen lässt, in der der Tod, der Spiegel und das Doppel, die unendliche Wellenbewegung der Wörter regieren« (ebd., S. 260/dt.: S. 355); s.a. M. Foucault, »Un ›nouveau roman‹ de terreur« *France-Observateur*, 14. Jahr, Nr. 710, 12. Dezember 1963, S. 14), DE I, Nr. 18, S. 285-287; dt.: »Ein ›nouveau roman‹ des Schreckens«, DE I, Nr. 18, S. 387-390.
In »Qu'est-ce qu'un auteur?« (*Bulletin de la Société françaises de philosophie*, 1969, Nr. 3, S. 73-104), DE I, Nr. 69, S. 789-821; dt.: »Was ist ein Autor?«, DE I, Nr. 69, S. 1003-1041, betont Foucault, dass Ann Radcliffe »zu Beginn des 19. Jahrhunderts die Schauerromane möglich gemacht« hat: »Die Texte von Ann Radcliffe haben das Terrain für bestimmte Ähnlichkeiten und Analogien erschlossen, die ihr Modell oder Prinzip in ihrem Werk selbst haben. Dieses Werk enthält charakteristische Zeichen, Figuren, Beziehungen, Strukturen, die von anderen wiederverwendet werden konnten. Sagt man, dass Ann Radcliffe den Schauerroman begründet hat, so heißt dies letztlich: in den Schauerromanen des 19. Jahrhunderts wird man wie bei Ann Redcliffe eine Heldin finden, deren Unschuld ihr zum Verhängnis wird, das Bild des geheimen Schlosses, das als eine Gegen-Stadt fungiert, die Gestalt des schwarzen, verfemten Helden, der dazu verurteilt ist, der Welt das Übel heimzuzahlen, das man ihm angetan hat etc.« (ebd., S. 805/dt.: S. 1022f.). In einem 1977 geführten Gespräch, »L'œil du pouvoir« (a.a.O., DE III, S. 196; dt.: »Das Auge der Macht«, a.a.O., DE III, S. 257), suggeriert Foucault, dass die Romane Ann Radcliffes eine »Gegenfigur« zu der panoptischen Transparenz Benthams bildet: »Die Schauerromane aus der Revolutionszeit entwickeln eine ganze Phantastik des Mauerwerks, des Schattens, des Schlupfwinkels und des Verlieses, die in einer viel sagenden Komplizenschaft Räuber und Aristokraten, Mönche und Verräter beherbergen: Die Landschaften einer Ann Radcliffe, das sind die Gebirge, Wälder, Höhlen, zu Ruinen zerfallene Schlösser und Klöster, deren Düsternis und Schweigen Furcht verbreiten. Nun sind diese imaginären Räume gleichsam die ›Gegenfigur‹ zu den Transparenzen und zu den Sichtbarkeiten, die man zu errichten versucht« (ebd., S. 197/dt.: S. 259). Zu den Figuren des Monsters in den Romanen Ann Radcliffes vgl. *Les Anormaux*, a.a.O., S. 92-95; dt.: *Die Anormalen*, a.a.O., Vorlesung vom 29. Januar 1975, S. 136-139.
Vgl. für eine genauere Analyse und vergleichende Lektüre Foucaults

von Jeremy Bentham und Ann Radcliffe: C. Wrobel, »Gothique et Panoptique: lecture croisée des œuvres de Jeremy Bentham (1748-1832) et Ann Radcliffe (1764-1823)«, Dissertation, Université Paris X, 2009, ⟨http://www.theses.fr/2009PA100110⟩; ders., »Gotique, Réforme et Panoptique«, in: *Revue d'études benthamiennes*, Nr. 7, 2010, ⟨http://etudes-bentamiennes.revues.org/214⟩.

Vorlesung 4
(Sitzung vom 24. Januar 1973)

(III) Weitere Anzeichen für das Auftauchen des Kriminellen-Gesellschaftsfeinds. Die Diskussion über die Todesstrafe 1791. (IV) Der Zusammenhang zwischen den theoretisch-politischen Folgen eines Diskurses und den damaligen Straftaktiken. Das Hauptstrafsystem: in England, Einrichtung des Buß- und Besserungssystems 1790-1800; in Frankreich, Einrichtung 1791-1820. Die Heterogenität zwischen dem Kriminellen-Gesellschaftsfeind und dem Gefängnis: die Kluft zwischen Strafrecht und Strafvollzug. Gemäß der Strafrechtstheorie: Bestrafung zur Verteidigung der Gesellschaft; daher die Prinzipien: Relativität; Abstufung; öffentliche und perfekte Überwachung; und drei Modelle der Bestrafung: Ehrlosigkeit, Vergeltung, Sklaverei. – Im Gefängnis: die Zeit, einzige Variable der Abstufung. Die Gefängnis-Form und die Lohn-Form: zwei historisch verwandte Formen. Die Macht des Kapitals und das Strafrecht: die Vereinnahmung der Zeit durch die Macht.

Man könnte auch andere Anzeichen für das Auftauchen des Kriminellen als Feind der Gesellschaft anführen,[a] zum Beispiel die Diskussion über die Todesstrafe, die im Mai 1791 entbrannte, als Le Peletier de Saint-Fargeau seinen Entwurf des Strafgesetzbuchs vorlegte.[1] Die Argumentation ging nämlich von dem von allen als grundlegend erachteten Prinzip aus, dass das Verbrechen ein Angriff auf die Gesellschaft und der Kriminelle ein Gesellschaftsfeind ist.[2] Gegen die, die sich auf diesen von Rousseau im *Gesellschaftsvertrag* formulierten Grundsatz beriefen –

---

a Das Manuskript (S. 1) beginnt folgendermaßen:
»1. Der Kriminelle ›erscheint‹ als ›Feind‹ der Gesellschaft.
Die Gesellschaft ›erscheint‹ als durch das Verbrechen geschädigt, verletzt.
Die Bestrafung ›erscheint‹ als Schutz, Verteidigung der Gesellschaft.
Ein Phänomen, das sich gänzlich unterscheidet
– von der alten Auffassung vom Verbrechen als Schaden. Modalität des Streits;
– von der klassischen Auffassung vom Verbrechen als Untergrabung der Souveränität. Modalität des Staatsverbrechens.
Bei Muyart de Vouglans diese drei ineinandergehenden Auffassungen aufzeigen.
Die Diskussion von 1791 über die Todesstrafe aufzeigen.«

weil der Kriminelle ein Feind der Gesellschaft ist, muss man ihn verbannen oder töten[3] –, wandte Robespierre scheinbar antirousseauistisch, doch von dem gleichen theoretischen Fundament ausgehend ein, wenn der Kriminelle ein Feind der Gesellschaft ist, hat diese gerade nicht das Recht, ihn zu töten, denn ab dem Moment, in dem sie einen Kriminellen gefasst hat, steht sie – nach der geschlagenen Schlacht – einem gefangenen Feind gegenüber, und einen Feind zu töten, den sie bereits besiegt hat, wäre für sie ebenso barbarisch wie für einen Krieger, seinen Gefangenen zu töten, oder für einen Erwachsenen, ein Kind zu töten: Eine Gesellschaft, die einen Kriminellen tötet, den sie verurteilt hat, ist wie ein Erwachsener, der ein Kind töten würde.[4] Eine Debatte wie diese erlaubt zu untersuchen, welchen theoretisch-politischen Effekt das Prinzip des Kriminellen als Gesellschaftsfeind hatte. Sie bietet auch einen Anknüpfungspunkt für die Analyse einer theoretisch-politischen Diskussion. Diese Analyse müsste zum Beispiel berücksichtigen, was Marx zu der Diskussion über den Holzdiebstahl geschrieben hat[5] und was Blanqui fünfzehn Jahre später zu der über das Weingesetz dargelegt hat.[6] Vielleicht könnte man ausgehend von diesen Modellen sehen, wie politische Diskussionen, Gegensätze und Diskurskämpfe innerhalb einer bestimmten politischen Situation zu analysieren sind.

*

Kehren wir zu den Anfängen zurück, als der Kriminelle als Feind der Gesellschaft aufgetaucht ist. Zugegeben, der Begriff des »Auftauchens« ist unbefriedigend. Wo taucht er als solcher auf? Bei wem? Handelt es sich um die Herausbildung einer Ideologie, um den Aufbau eines Diskurstyps, um ein Verhaltensmuster? Dieser Begriff, den wir vorerst offenlassen, weist zumindest auf ein Problem hin, das zu stellen ist.[a] Ich möchte

a Manuskript (S. 2):
»2. Worin besteht der Prozess oder das Ereignis, das mit dem Wort ›auftauchen‹ bezeichnet oder verschleiert wird?

jetzt also das Ereignis analysieren, das damals eingetreten ist. Hierfür werde ich die Analyse verlagern, indem ihr Zielobjekt nicht mehr die Theorien und Praktiken des Strafvollzugs sein werden, sondern die Beziehung zwischen diesen und den tatsächlichen damaligen Taktiken der Bestrafung. Hier trifft man nun auf ein erstaunliches Phänomen: Zu derselben Zeit, als der Grundsatz des Kriminellen-Gesellschaftsfeinds formuliert und innerhalb der Institution des Strafrechts in die Praxis umgesetzt wurde, tauchte eine neue Straftaktik auf: die Gefängnisstrafe.

Tatsächlich eine neue Taktik; entgegen allem Anschein ist das Gefängnis keine uralte Strafe, die im Laufe der Jahrhunderte immer weiter ausgebaut worden wäre. Denn bis Ende des 18. Jahrhunderts gab es innerhalb des Strafrechtssystems nie wirklich ein Gefängnis. Die Einführung des Gefängnisses [in dieses System] datiert auf das Ende des 18. Jahrhunderts, wie der 1767 von Serpillon abgefasste *Code criminel* bezeugt: »Das Gefängnis wird nach unserem Zivilrecht nicht als eine Strafe betrachtet«,[7] das heißt nach weltlichem Recht, im Gegensatz zum kanonischen Recht, »obschon die Fürsten aus Gründen der Staatsräson mitunter darauf verfallen, diese Strafe zu verhängen, sind dies Autoritätsakte; die gewöhnliche Justiz bedient sich dieser Art von Strafe nicht«.[8] Doch sehen wir uns die fünfzig Jahre später [entstandenen] Texte an,[a] wie die innerhalb der großen Debatte von 1831 abgefassten,[9] die insofern ein Datum markiert, als

– Herausbildung einer Ideologie oder eines ideologischen Elements? Das Verbrechen ›dargestellt‹ als Feindschaft, der Kriminelle ›dargestellt‹ als Feind?
– Tatsächlich handelt es sich um etwas, was sich auf einer anderen Ebene abspielt. Und das anderen Mechanismen gehorcht.
Es handelt sich tatsächlich um die Schaffung eines Zustands der Feindschaft zwischen den Kriminellen und dem politischen Körper insgesamt; die Beschreibung einer Kriegsfront; ein ganzes Unternehmen der Segregation, durch das sich die Kriminellen auf der einen Seite und die Gesellschaft auf der anderen Seite gegenüberstehen.
Und genau hier begegnet man der Einsperrung.«

a Manuskript (S. 3): »Doch etwa sechzig Jahre später wird der Freiheits-

es sich nach dem *Code d'instruction criminelle* von 1808 und dem Strafgesetzbuch von 1810 um die erste große Neufassung des Strafrechtssystems handelt. Ein Teil des Strafgesetzbuchs wurde zu Beginn der Julimonarchie überarbeitet. Zum Beispiel erklärt Rémusat hier am 1. Dezember 1831: »Welches Strafsystem ist mit dem neuen Gesetz in Kraft getreten? Es ist die Inhaftierung in all ihren Formen. Vergleichen Sie doch die vier Hauptstrafen, die im Strafgesetzbuch verbleiben«[10] – zu denen die Todesstrafe seltsamerweise nicht gehört, als wäre sie eine Strafe gewesen, die sich am Rande des Strafsystems befunden hätte –: »Die lebenslängliche oder befristete Zwangsarbeit ist eine Form der Inhaftierung. Das Straflager ist ein Gefängnis im Freien. Das Gefängnis, das Zuchthaus, die Besserungsanstalt sind gewissermaßen nur verschiedene Namen für ein und dieselbe Strafe.«[11]

Zwischen diesen beiden Texten hat sich die Gefängnisstrafe somit als Strafsystem etabliert. Einige Orientierungspunkte: 1779 muss England infolge der amerikanischen Unabhängigkeitserklärung[a] seine Straftaktik revidieren.[12] Nach Howards Untersuchung der europäischen Haftanstalten[13] legten Howard und Blackstone einen Gesetzentwurf vor, in dem die Inhaftierung explizit als Strafe auftauchte: »viele derer, die eines Verbrechens überführt wurden und früher mit der Deportation bestraft worden wären, könnten, wenn man sie der Einzelhaft unterziehen würde, sehr wohl nicht nur denjenigen Entsetzen einflößen, die versucht wären, sie nachzuahmen, sondern auch selbst die Gewohnheit annehmen zu arbeiten und sich so bessern«.[14] Tatsächlich muss man jedoch bis in die Jahre von 1790 bis 1800 warten, bis dieses Strafsystem in England eingeführt wird.[15] 1793 fertigt Bentham seinen Plan des Panoptikums an, das zur architektonischen Matrix der europäischen Gefängnisse werden wird, einen Plan, zu dem ihn sein Bruder inspirierte, ein Schiff-

---

entzug und die Einsperrung als die selbstverständlichste und häufigste Strafe betrachtet.«

a Manuskript (S. 4): »1779: der Unabhängigkeitskrieg verhindert die Deportation.«

fahrtsingenieur, der für Katharina II. von Russland Häfen und Docks gebaut und zu diesem Zweck einen Plan zur Gesamtüberwachung des Hafens entworfen hatte.[16]
In Frankreich gibt es eine Zeitversetzung. Man muss bis 1791 warten, bis das Prinzip der Inhaftierung als allgemeines Muster der Bestrafung theoretisch formuliert wird. Der erste Text, der dies vielleicht am grundsätzlichsten tut, wäre der Duports vom 31. Mai 1791 im Rahmen der Diskussion über das Strafgesetzbuch.[17] Er erklärt nämlich: »Wenn Sie jetzt fragen, auf welchem universalen und beständigen Gefühl man ein Repressions- und Strafsystem errichten kann, werden Ihnen alle feinfühligen Wesen im Chor antworten: auf der Freiheitsliebe – die Freiheit ist das Gut, ohne welches das Leben zu einer wahren Strafe wird; die Freiheit ist Gegenstand eines brennenden Wunsches, der uns zu so vielen und so mutigen Kraftanstrengungen beflügelt hat; die Freiheit schließlich, deren Verlust, zu dem man den Entzug aller Freuden der Natur hinzurechnen kann, allein zu einer wahren, repressiven und nachhaltigen Strafe zu werden vermag, die die Sitten des Volkes nicht verdirbt, die die Bürger für den Preis eines gesetzestreuen Verhaltens stärker sensibilisiert; eine Strafe, die sich zudem dazu eignet, entsprechend den unterschiedlichen Verbrechen abgestuft zu werden, und erlaubt, zwischen ihnen die so wichtige Verhältnismäßigkeit zu wahren, die die unterschiedlichen Grade der Verderbtheit und Schädlichkeit erfordern.«[18] Dieser Text stellt somit die Theorie auf, dass der Verlust der Freiheit dem gesamten Strafsystem als gemeinsamer Nenner dienen soll; und das ist im Übrigen auch das, was der von Le Peletier präsentierte Entwurf für das Strafgesetzbuch vorschlägt.[19] Bis zum Strafgesetzbuch von 1810 wurde das gesamte System der Einkerkerung eingerichtet; ab 1791 sieht man sehr schnell die Untersuchungsgefängnisse für die Beschuldigten, die Gerichtshäuser (*maisons de justice*) für die Angeklagten, die Gefängnisse für die Verurteilen auftauchen. Unter dem Kaiserreich wird eine ganze Gefängnishierarchie aufgebaut: zuerst die Gerichtshäuser, die man in den Kantonen findet, dann die Untersuchungsgefängnisse in den Arrondissements, die

Vollzugsanstalten der Departements, die Zentralgefängnisse und die Militärstraflager von Brest, Rochefort und Toulon. Das macht statistisch gesehen: 1818, 44484 Häftlinge, darunter 10000 Beschuldigte und 9700 Sträflinge, das wäre bei 29,5 Millionen Einwohnern jeder 662.;[20] 1822, 41000 Häftlinge, davon 10400 Sträflinge, das wäre jeder 778. Einwohner;[21] [während man gegenwärtig] 30000 Häftlinge bei einer Bevölkerung von 50 Millionen [Einwohnern hat], was jeder 1500. wäre.[22]

Das Problem lautet also: Ende des 18. Jahrhunderts erlebt man zum einen die ganze Umstrukturierung des Strafsystems rund um die Inhaftierung, und zum anderen ist diese Umstrukturierung zeitgleich mit dem Auftauchen[23] des Kriminellen-Gesellschaftsfeinds. Doch auch wenn es stimmt, dass beide Phänomene wahrscheinlich miteinander zusammenhängen, kann man trotzdem nicht sagen, dass das System der Inhaftierung sich aus der Neuordnung der Theorien und Praktiken des Strafvollzugs rund um das Thema des Kriminellen-Gesellschaftsfeinds ableitet. Anders gesagt, ist die Einführung des Gefängnisses in das Strafsystem ein Phänomen, das sich mit dieser kreuzt, sie ist aber weder in logischer Konsequenz noch selbst in unmittelbarer historischer Konsequenz ursächlich für die quasi ausschließliche Nutzung des Gefängnisses als Instrument der Bestrafung. Zwischen diesen beiden Prozessen, einerseits dem der diskursiven Ableitung, der dazu führt, das Prinzip des Kriminellen als Feind der Gesellschaft zu formulieren, und andererseits dem der Bestrafung, besteht eine Heterogenität. So dass man zwischen dem Strafrecht, das auf dem Prinzip des Kriminellen aufbaut, und dem Strafvollzug,[a] der auf dem Gefängnis aufbaut, eine Kluft [feststellen kann], deren historisches Auftauchen es nun zu bestimmen gilt.[b]

Diese Kluft ist nicht einfach das Ergebnis eines inneren Widerspruchs des Systems oder einer ursprünglichen Heterogenität,

---

a Das Manuskript (S. 6) fügt hinzu: »zwischen der ›Strafe‹ und der Bestrafung«.

b Das Manuskript (S. 7) fügt hinzu: »und das bis heute Konsequenzen und Folgen hat«.

das heißt so etwas wie die Folge verschiedener historischer Sedimentationen, sondern lässt sich in den Begriffen einer Gesamttaktik analysieren. Sicher gibt es Reibungen, Widersprüche zwischen dem Strafrecht und dem Strafvollzug.[24] Man sieht beide Institutionen aufeinanderprallen, Diskurse hervorbringen, die sich nicht durchdringen, sondern kreuzen: den Diskurs des Strafrechts und das, was man seit 1820-1830 als Diskurs der »Gefängniskunde« bezeichnet, der als ein vom Diskurs des Rechts unabhängiger Diskurs auftritt und später, nach einigen Transformationen, zur Kriminologie führen wird.[25] Doch dieser Widerstreit auf der Ebene der Diskurse, der Wissenstypen, die sich auf der einen Seite auf die Rechtspraxis und auf der anderen Seite auf die Praxis der Einsperrung stützen, macht nichts anderes, als das Spiel wiederaufzugreifen, das man auf der Ebene der Institutionen findet: den fortwährenden Versuch des Vollzugssystems, sich dem Eindringen von Recht und Gesetz zu entziehen, und das Bemühen des Rechtssystems, das andersgeartete Vollzugssystem zu kontrollieren. Man kann hierzu auf einen Brief des Herzogs Decazes, 1818 Innenminister, verweisen, der an Ludwig XVIII. schreibt: »Das Übel ist, dass das Gesetz nicht bis in das Gefängnis vordringt.«[26, a]

So kann man die Gefängnisstrafe nicht aus der Strafrechtstheorie oder Strafrechtspraxis als eine gleichermaßen praktische wie diskursive Konsequenz ableiten. In der Rechtspraxis gab es zwar bereits so etwas wie Gefängnisse, doch das Strafgefängnis wurde de facto nicht benutzt, um zu strafen, sondern um über die Person eine Garantie einzubehalten. Es ging um die Einbehaltung einer physischen Bürgschaft; dies war der Status, den Kriegsgefangene, Untersuchungshäftlinge, Schutzhäftlinge erhielten.[b] Le Trosne sagte 1768: »Das Gefängnis ist an sich kei-

---

a Das Manuskript (S. 7) fügt hinzu: »Aber was es zu zeigen gilt, ist das, was bei oder durch diese Verschiebung passiert, das Machtspiel, das hier erfolgt.«

b Das Manuskript (S. 8) präzisiert:
»Zweifellos gab es Gefängnisse, und zwar seit dem M[ittel]A[lter]. Aber das war keine Bestrafung, das war eine Pfandnahme; eine Garantie über

ne Strafe. Die Inhaftierung des Angeklagten ist eine notwendige Vorkehrung, um sich seiner Person zu versichern und ihn zu seiner Verfügung zu haben.«[27] Wenn man jemanden ins Gefängnis wirft, bestraft man ihn so nicht; man versichert sich seiner.[a]

Ebenso kann man das System der Gefängnisstrafe nicht aus einer Art theoretischem Modell ableiten, das der Strafrechtstheorie des Kriminellen-Gesellschaftsfeinds entliehen wäre. Man kann hier auf die Texte von Beccaria, Brissot, *[Theorie] des lois criminelles* (1781), oder Le Peletier de Saint-Fargeau Bezug nehmen.[28] Wie leiten diese vom Prinzip des Kriminellen-Gesellschaftsfeinds ein System tatsächlicher Strafen ab? Wenn es, wie Brissot sagt, wahr ist, dass »das Verbrechen nichts anderes als ein *Anschlag auf die Ordnung, auf die Interessen der Gesellschaft* ist«,[29] wie muss dann die Bestrafung aussehen? Die Bestrafung ist dann nicht etwas, bei dem es um Entschädigung oder Rache geht. Sie hat auch nichts mit Sühne oder Buße zu tun. Sie dient allein der Verteidigung und dem Schutz der Gesellschaft.

Daher gelten für die Strafen vier Grundsätze. Erstens bedeutet dies, dass jede Gesellschaft die Skala der Strafen ihren Bedürfnissen anpassen kann, da sich die Strafe nicht mehr von der Schwere des Vergehens an sich ableitet, sondern einzig von der gesellschaftlichen Nützlichkeit. Je schwächer eine Gesellschaft ist, desto leichter wird sie durch ein Verbrechen gefährdet und desto härter ist das Strafwesen; eine geordnete Gesellschaft ist von einem Verbrechen nicht tief getroffen und kann sich mit einem relativ milden Strafsystem begnügen.[30] Als ersten Grundsatz hat man somit den der Relativität der Strafen, einer Relativität, die sich nicht am Individuum selbst ausrichtet, sondern

die Person; eine physische und körperliche Bürgschaft. Daher ihre drei Anwendungsbereiche: Krieg, Schulden, Prävention«.

a Manuskript (S. 8):
»Die Gefängnis-Strafe kommt nicht vom Gefängnis-Pfand. Im Gegenteil Bemühung, zwischen beiden zu trennen. Man hätte sogar daran gedacht, Arrest- und Justizgebäude zu errichten, die die Verurteilen nicht eingesperrt hätten.«

am Zustand der Gesellschaft. Unter diesen Umständen kann es kein universales Modell der Strafen geben. Andererseits gilt, wenn die Strafe eine Buße ist, ist es in dem Moment, in dem es um die Rettung der Seele oder Versöhnung eines Individuums geht, kaum von Bedeutung, wenn sie zu heftig ist; wenn die Strafe aber eine Reaktion und Verteidigung der Gesellschaft ist und die Verhältnismäßigkeit überschreitet, wird sie zum Machtmissbrauch. Es bedarf also, und das ist der zweite Grundsatz, einer feinen, den Angriffen auf die Gesellschaft entsprechenden Abstufung der Gegenangriffe. Ziel der Bestrafung ist die Entwaffnung des Feindes, was auf zweierlei Weise erfolgen kann: ihn unschädlich zu machen oder ihn wieder in den Gesellschaftsvertrag einzugliedern. Daher der dritte Grundsatz dieses Strafsystems: der Grundsatz der Überwachung des Individuums während seiner Strafe und seine Umerziehung.[a] Vierter Grundsatz: Wenn die Strafe ein Schutz für die Gesellschaft sein soll, muss sie zu verhindern suchen, dass neue Feinde aufkommen; sie muss daher exemplarisch sein und diejenigen, die als Feinde auftreten könnten, abschrecken. Sie muss sich somit öffentlich und untrüglich vollziehen.[b]

Diese allgemeinen Grundsätze führen nun zu drei Modellen der tatsächlichen Bestrafung, von denen keines das Gefängnis ist, die jedoch in allen Diskursen von Juristen auftauchen, die das Strafsystem reformieren wollen.

1/*Das Modell der Ehrlosigkeit*, das Idealmodell der Bestrafung.[31] Die Ehrlosigkeit, zu der der Schuldige verurteilt ist, ist zuallererst eine Reaktion der Gesellschaft insgesamt; außerdem muss die Gesellschaft hier ihr Recht zu urteilen nicht an irgendeine Instanz delegieren; sie urteilt direkt durch ihre eige-

---

a Manuskript (S. 10): »Also entweder der Grundsatz der Überwachung oder der Grundsatz der Resozialisierung.«

b Manuskript (S. 10f.):
»Sie muss daher sicher, furchteinflößend und öffentlich sein [...]. Welchen tatsächlichen und konkreten Strafen wendet sich dieses sichere, sichtbare, eher entwaffnende als bestrafende, abgestufte, quantitativ und qualitativ an die Notwendigkeit des Schutzes der Gesellschaft gebundene Strafwesen zu?«

ne Reaktion. Das ist eine Justiz, die nicht die Rechtsprechung durchlaufen muss. Man hat hier eine Strafutopie, bei der das Urteil im juristischen Sinne des Begriffs vollkommen im Urteil im psychologischen Sinne des Begriffs aufgeht; das Urteil ist nichts anderes als die Gesamtheit der individuell von den Staatsbürgern gefällten Urteile. Die Auflösung der Rechtsprechung im kollektiven Urteil der Individuen: das ist das ideale Urteil, ein Modell, das innerhalb der Thematik der Volksjustiz wiederaufleben wird.[32] Schließlich ist die Ehrlosigkeit insofern eine ideale Strafe, als sie je nach Gesellschaft variiert; jede Gesellschaft stellt die Intensität von Ehrlosigkeit her, mit der es jedes Verbrechen zu belegen gilt. So ist weder ein Gericht noch ein Gesetz erforderlich. Man muss nicht im Voraus sagen, welche Tat mit welcher Strafe belegt wird. Die Ehrlosigkeit beantwortet in jedem Moment Punkt für Punkt jedes Verbrechen. Schließlich ist sie widerruflich; sie lässt Platz für die Versöhnung, hinterlässt nur die Erinnerung und nicht wie die Körperstrafe Narben. Dies ist mithin die einzige Bestrafung, bei der das Strafsystem mit dem Prinzip des Kriminellen-Gesellschaftsfeinds genau übereinstimmt. Sie ist eine transparente Strafe: allein der Blick und das Gemurmel, das sofortige und vielleicht dauerhafte Urteil eines jeden und aller bilden dieses ständige Tribunal. [Brissot wird schreiben:] »Der Triumph einer guten Gesetzgebung besteht darin, dass die öffentliche Meinung allein stark genug ist, nur die Vergehen zu bestrafen, die entweder die öffentlichen Sitten oder das Nationalgefühl verletzen, oder auch diejenigen, die die öffentliche Sicherheit untergraben. […] Glücklich ist das Volk, bei dem das Ehrgefühl das einzige Gesetz sein kann! Es braucht fast keine Gesetzgebung: sein Strafgesetzbuch ist die Ehrlosigkeit.«[33]

2/*Das Modell der Vergeltung*:[34] Sein Wiederaufleben im 18. Jahrhundert lässt sich in gerader Linie von den Grundsätzen ableiten. Dies ist nämlich eine Strafe, die in ihrer Beschaffenheit und Stärke genau mit der Kränkung selbst korreliert; durch sie gelingt es der Gesellschaft, den gegen sie gerichteten Angriff umzukehren. So ist man sicher, dass die Strafe tatsächlich entsprechend der Tat abgestuft wird und dass es keinen Machtmissbrauch geben wird, da die Gesellschaft mit nichts anderem als dem antwortet, was man ihr tatsächlich angetan hat: also ein reiner Gegenangriff der Gesellschaft. »Angriffe gegen die Person«, sagt Beccaria, »müssen ohne allen Zweifel mit Leibesstrafen belegt werden«.[35] »Die persönlichen, die Ehre [...] kränkende[n] Schmähungen, müssen mit der Ehrlosigkeit bestraft werden.«[36] »Die Diebstähle, welche nicht mit Gewalt ausgeübt werden, sollen mit Geldstrafen gebüßet werden.«[37] Ebenso erklärt Brissot, dass es für jedes Verbrechen eine spezifische Strafe geben muss;[a] und Le Peletier stellt am 23. Mai 1791 den Grundsatz der Vergeltung auf: »Die physischen Schmerzen werden die Angriffe bestrafen, die auf dem Prinzip der Grausamkeit beruhten; die Schwerarbeit wird einem Täter auferlegt werden, bei dem die Faulheit die Quelle des Verbrechens war; die Ehrlosigkeit wird Taten bestrafen, die nur von einer niederträchtigen und verkommenen Seele ausgehen konnten.«[39] Doch als Le Peletier so den Grundsatz der Vergeltung formuliert, gründen sich die Strafen, die tatsächlich verhängt werden, nicht mehr auf dieses Prinzip, sondern werden um die Einkerkerung herum vereinheitlicht.

3/*Das Modell der Sklaverei*:[40] das heißt die staatliche Zwangsarbeit. Eine Strafe, die nicht so rein ist wie die Ehrlosigkeit und nicht so kontrolliert wie die Vergeltung, die der Gesellschaft aber erlauben wird, eine Entschädigung zu erhalten; dies ist der Pakt, mit dem das Individuum wieder zu einem Mitglied der Gesellschaft wird; dies ist eine erzwungene Neuauflage des Gesellschaftsvertrags zwischen dem Kriminellen und der Gesellschaft. Diese Strafe hat den Vorteil, abgestuft zu sein und

---

a Das Manuskript (S. 12) fügt zu der Bezugnahme auf Brissot hinzu:
»Öffentliche Delikte:
zivile, politische Verbrechen → zivile Strafen in pekuniärer, fiskalischer Form und in Form von Arbeit
religiöse Verbrechen → religiöse Strafen
Besondere Delikte
gegen das Leben → Körperstrafen
gegen das Eigentum → Geld- und Körperstrafen
gegen die Ehre → moralische Strafen.«[38]

Angst zu machen, sie ist mehr als gefürchtet. Wenn man an die Sklaverei denkt, stellt man sich »alle unglückliche Augenblicke der Knechtschaft zusammengerechnet« vor,[41] und indem man sie so in seiner Einbildungskraft zusammenfasst, kann man sich »die ganze Summe der unglücklichen Augenblicke«[42] im Leben eines Sklaven ausmalen, während Letzterer »wegen der Unseligkeit der gegenwärtigen Augenblicke an die zukünftigen nicht denken« kann.[a]

So sieht man, wie sich ausgehend von theoretischen Grundsätzen diverse Modelle der Bestrafung abzeichnen, von denen keines mit dem Gefängnis zusammenfällt. Doch setzt sich die Notwendigkeit des Gefängnisses mit einer solchen Macht durch, dass selbst diejenigen, die sich in ihren Entwürfen bemühten, ein Strafsystem in dem genannten Sinne zu errichten, stattdessen ein System der Gefängnisstrafe vorschlugen.[44] Was ist also passiert, damit in dem Moment, als der diskursive Hintergrund ganz selbstverständlich zu der Definition von Strafen nach dem Modell der Ehrlosigkeit, der Vergeltung oder der Sklaverei führte, dieser Diskurs plötzlich abgebrochen wird und sich ein ganz anderes Modell aus dem Abseits durchsetzt: das der Einsperrung? Das Gefängnis ist nämlich ein System, das nicht kollektiv ist wie die Ehrlosigkeit, nicht von Natur aus abgestuft wie die Vergeltung, nicht reformerisch wie die Zwangsarbeit. Was sich nicht nur faktisch, im Übergang zur Realisierung, sondern auch innerhalb des Diskurses selbst durchgesetzt hat, ist ein abstraktes, monotones, rigides Strafsystem.[b] Als diejenigen, die Konzepte erarbeiteten, ihre Strafrechtstheorie in tatsächlichen Ge-

---

a Foucault fügt im Manuskript auf den Seiten 13, 14 und 15 drei Bezugnahmen auf Beccaria, Brissot und Brillat-Savarin hinzu.[43]

b Manuskript (S. 15 f.):
»Verglichen mit dem unmittelbaren und kollektiven Charakter der Ehrlosigkeit, dem abgestuften und notwendig maßvollen Charakter der Vergeltung, dem auf den Nutzen ausgerichteten und reformatorischen Charakter der Regierungsarbeiten oder der Zwangsarbeit, weist das Gefängnis einen abstrakten, allgemeinen, monotonen, rigiden Charakter auf. ›Verlust der Freiheit‹ (als Verlust des Guts, an dem alle hängen und das alle besitzen).«

setzesentwürfen formulieren mussten, waren die Würfel gefallen: Dieses monotone System war an die Stelle der aus der Strafrechtstheorie ableitbaren Modelle getreten.

In einem derartigen Modell gibt es nun aber nur eine einzige Variable, welche die für die Theoretiker so wichtige Abstufung einzuführen vermag: die Zeit. Das Gefängnis ist das System, das all die von den anderen Systemen vorgesehenen Variablen durch die Variable der Zeit ersetzt. Man sieht hier eine Form auftauchen, die ganz anders ist als das, was die neue Strafrechtstheorie erwarten ließ, und eine Form, die überhaupt nicht dem Rechts- oder Strafwesen entstammt: die Lohn-Form. Genau wie der Lohn die Zeit vergütet, in der die Arbeitskraft an jemanden verkauft wurde, antwortet die Strafe auf das Vergehen nicht in den Begriffen der Entschädigung oder des genauen Ausgleichs, sondern in den Begriffen der Menge an Zeit in Freiheit. Das Strafsystem lässt als Sanktion des Verbrechens die *Gefängnis-Form* auftauchen, die kein Derivat der Theorie, sondern eine Verwandte der *Lohn-Form* ist: Genau wie man für die Arbeitszeit einen Lohn bezahlt, nimmt man umgekehrt die Zeit in Freiheit als Preis für ein Vergehen.[45] Indem die Zeit das einzige besessene Gut ist, kauft man sie für die Arbeit oder nimmt sie für ein Vergehen. Der Lohn dient dazu, für die Arbeitszeit zu bezahlen, die Zeit in Freiheit wird dazu dienen, für das Vergehen zu bezahlen.

Damit hat man etwas, was einen auf eine Reihe von Problemen bringt, aber keine Lösung des Problems. Ich möchte nicht sagen, dass der Lohn seine Form durchgesetzt hat und das sozioökonomische Modell war, das in der Strafpraxis aufgegriffen wurde. In der Geschichte der Institutionen, in den Texten erlaubt nichts zu sagen, dass genau dieses Modell auf das Strafsystem übertragen wurde. Ich möchte lediglich sagen, dass die Gefängnis-Form und die Lohn-Form zwei historisch verwandte Formen sind, ohne dass man sagen könnte, worin ihre Verbindungen genau bestehen.

Dieser Vergleich ist, wie bestimmte Punkte zeigen, aber auch keine bloße Metapher. Zunächst gibt es innerhalb der Strafsysteme des 19. Jahrhunderts eine Verbindung und Überlappung zwischen der Geldstrafe und der Gefängnisstrafe: Wenn man nicht in der Lage ist, eine Geldstrafe zu bezahlen, geht man ins Gefängnis. Die Geldstrafe gilt als Ersatz für den Arbeitstag, das Gefängnis stellt das Äquivalent zu einer bestimmten Geldmenge dar. [Sodann] sieht man eine ganze Ideologie der Strafe als Schuld auftauchen, die die alten Begriffe des germanischen Rechts, die das Christentum und das klassische Recht ausgelöscht hatten, wiederaufleben lässt. Doch liegt der Strafrechtstheorie nichts ferner als dieses Prinzip der Strafe als Schuld; alles deutet im Gegenteil darauf hin, dass sie eine Vorsichtsmaßnahme und Verteidigung der Gesellschaft ist.[a] Das Wiederaufleben der Bezahlung einer Schuld zur Wiedergutmachung des Verbrechens geht im Grunde auf die Verflechtung der Lohn-Form und der Gefängnis-Form zurück. [Schließlich] gibt es hier eine seltsame Nähe und gleichzeitig einen Gegensatz zwischen der Arbeit und dem Gefängnis:[b] Das Gefängnis kommt so etwas wie einem Lohn in gewisser Weise sehr nahe, ist zugleich aber das Gegenteil eines Lohns. Daher das Gefühl, dass das Gefängnis eine Gratisarbeit sein muss, die der Gefangene der Gesellschaft anstelle eines Lohns gibt und die somit eine tatsächliche Bezahlung ausschließt. Daher die Tendenz, das Gefängnis wie eine Fabrik zu organisieren, und gleichzeitig die ideologische und institutionelle Unmöglichkeit, zu erlauben, dass der Gefangene während seiner Zeit im Gefängnis einen Lohn erhalten könnte, da dies ja gleichsam der Lohn ist, den er an die Gesellschaft zurückfließen lässt.

So stellt die Einführung allgemeiner Prinzipien, die [außerhalb der Gefängnismauern] die Arbeitsökonomie und -politik leiten, in das Gefängnisinnere eine Antinomie zu allem dar, was bis dahin die Arbeitsweise des Strafsystems ausmachte. Was man über diese beiden Formen auftauchen sieht, ist die Einführung der

---

a Das Manuskript (S. 18) fügt hinzu: »aber die ›Wahrheit‹ liegt genau in diesen ›ideologischen‹ Diskursen«.

b Das Manuskript (S. 18) fügt hinzu: »Analogie und Irreduzibilität«.

Zeit in das kapitalistische Machtsystem und in das Strafsystem.[46] In das Strafsystem, insofern man zum ersten Mal in der Geschichte der Strafsysteme nicht mehr über den Körper und die Güter bestraft, sondern über die Lebenszeit. Die Zeit, die zum Leben bleibt, ist das, was sich die Gesellschaft aneignet, um das Individuum zu bestrafen. Die Zeit wird gegen die Macht getauscht. [Und] unter der Lohn-Form verfolgt die Machtform, die die kapitalistische Gesellschaft aufgebaut hat, in erster Linie das Ziel, sich auf die Zeit der Menschen zu erstrecken: Organisierung der Arbeitszeit im Betrieb, Aufteilung und Verrechnung dieser Zeit im Lohn, Kontrolle der Freizeit, des Arbeitslebens, des Sparens, der Abhebungen etc.[47] Diese Art und Weise, in der die Macht die Zeit eingerahmt hat, um sie von A bis Z zu kontrollieren, hat – historisch und [in den Begriffen] der Machtbeziehungen – die Existenz der Lohn-Form ermöglicht. Dazu bedurfte es dieses umfassenden Zugriffs der Macht auf die Zeit.[a] Was uns erlaubt, das Strafregime für Verbrechen und das Disziplinarregime für die Arbeit in einem Atemzug zu analysieren, ist so der Zusammenhang zwischen Lebenszeit und politischer Macht: die Repression der Zeit und durch die Zeit, die Stoppuhr am Band und das Kalendarium im Gefängnis.[b]

---

a Das Manuskript (S. 19) fügt hinzu:
»von der Werksuhr bis zur Pensionskasse klammert sich die kapitalistische Macht an die Zeit, bemächtigt sich der Zeit, macht sie käuflich und nutzbar«.

b Im Manuskript folgen vier Seiten, die mit 20-23 nummeriert sind (siehe ähnliche Themen in der darauffolgenden Vorlesung vom 31. Januar):
»*Einwände* – Das religiöse ›Modell‹, das das Gefängnis mit der Sünde verbindet
Unterscheiden:
(α) Die kirchliche Inhaftierung. Das Gefängnis als kanonische Strafe. Und die im Grunde letztlich verschwindet. (Zum Beispiel in Frankreich, Gesetz von 1629.)
Die kanonische Inhaftierung ist verschwunden, als sich die strafrechtliche Inhaftierung definitiv einbürgert.
(β) Die Organisation des Klosters. Sie wurde oft angeführt; [...] es handelt sich hier um die Umsetzung – im Klosterleben – von Lebensregeln und -formen einer bestimmten Einsperrung der Arbeit, die laizistischen Ursprungs ist. [S. 20]

Anmerkungen

1 Die Debatte in der verfassunggebenden Nationalversammlung »über den Komplex des Entwurfs des Strafgesetzbuchs und vor allem über die Frage, ob die Todesstrafe beibehalten wird oder nicht«, fand im Mai und Juni 1791 statt. Vgl. *Archives parlementaires de 1787 à 1860*, première série (1787 bis 1799), a. a. O., Bd. XXVI (vom 12. Mai bis 5. Juni 1791), S. 618, Sp. 2. Louis-Michel Le Peletier de Saint-Fargeau (1760-1793) war der Berichterstatter für den Entwurf des Strafgesetzbuchs und stellte diesen Entwurf im Namen des Ausschusses für die Verfassung und Strafgesetzgebung am 30. Mai 1791 vor; vgl. ebd., S. 617. Le Peletier de Saint-Fargeau wird in diesen Vorlesungen häufig genannt,

---

Man könnte im Gegenteil sagen, dass das klösterliche System in seine Strafpraktiken eine exogene Form transferiert hat.

– Die Zellenanordnung: die erlaubt hat, die Gefängnisarchitektur unverändert zu verwenden? Tatsächlich wurde viel eher das protestantische, quäkerische Modell implementiert, das sich um die Gewissensprüfung, die Rückbesinnung auf sich, das Zwiegespräch mit Gott anordnet. Die in die Gefängniszelle transformierte Klosterzelle hat dieser nicht ihre Lebensform, ihre Ethik, ihr Konzept der Buße auferlegt. Die zur Gefängniszelle gewordene Klosterzelle liegt am Schnittpunkt einer (im Wesentlichen protestantisch beeinflussten) Lebensmoral und eines neuen Raums der Einsperrung.

Die Büßerzelle ist der durch die Taktik der Internierung in eine gotische Architektur gemeißelte Ort des calvinistischen, quäkerischen Gewissens. [S. 21]

Es sind die Quäker, bei denen man die Theorie der Bestrafung durch Verhängung der Einsperrung findet.

Eine Geschichte, die auf W[illiam] Penn zurückgeht: seinen Versuch, ein Strafgesetzbuch ohne Todesstrafe auszuarbeiten. Das die Engländer verhinderten.

– Bei der Unabhängigkeit, Rückgang der Todesstrafe; und Aufbau eines Strafwesens, bei dem der Tod beschränkt wird (auf Mord, Brandstiftung, Landesverrat); und bei dem die Gefängnisstrafe neben den Regierungsarbeiten, der Peitsche und der Verstümmelung steht.

– [17]90 Abschaffung der Regierungsarbeiten aufgrund der Empörung. Einführung eines Systems, bei dem die Strafe in der Einsperrung besteht: Verlust der Freiheit, Abbruch des Kontakts zur Außenwelt; und Isolierung, zumindest für eine Zeit, in Zellen von acht auf sechs Fuß, Ernährung von Mais, keine Lektüre.

Gemäß L[a] R[ochefoucauld-]Liancourt geht es darum:[48]

– ›die Gefangenen dazu zu bringen, all ihre früheren Gewohnheiten zu vergessen‹;

ebenso in *Überwachen und Strafen*, a. a. O.; er wurde vom Adel von Paris in die Generalstände gewählt, dann in den Nationalkonvent; er arbeitete einen Entwurf für das staatliche Erziehungswesen aus, der nach seinem Tod vom Nationalkonvent verabschiedet wurde – er wurde am Tag vor der Hinrichtung Ludwigs XVI., am 20. Januar 1793, von einem Royalisten ermordet, der ihm vorwarf, für den Tod des Königs gestimmt zu haben. Vgl. J. Tulard, J.-F. Fayard, A. Fierro, *Histoire et Dictionnaire de la Révolution française*, a. a. O., S. 946f. Sämtliche Diskussionen von 1791 in der verfassunggebenden Nationalversammlung über die Todesstrafe sowie über den von Le Peletier präsentierten »Rapport sur le projet du Code pénal« sind *in extenso* auf der Website der Nationalversammlung wiedergegeben ⟨http://www.assemblee-nationale.fr/histoire/peinedemort/débat_1791.asp⟩.

2 Dieser neue Begriff des Kriminellen-Gesellschaftsfeindes wendet sich, wie das Manuskript (S. 1) darlegt, einerseits gegen »die alte Auffassung vom Verbrechen als Schaden« und die »Modalität des Streits« und andererseits gegen »die klassische Auffassung vom Verbrechen als Untergrabung der Souveränität« und die »Modalität des Staatsverbrechens« (hier S. 91, Fn. a). Man findet diesen Begriff bei Pierre-François Muyart de Vouglans (1713-1791), Anwalt beim Parlament von Paris, dann beim Grand Conseil; ebenso in seiner *Réfutation des principes hasardés dans le* Traité des délits et peines, *traduit de l'italien* (Paris: Desaint, 1767). Vouglans wirft Beccaria vor, »ein Plädoyer für diesen unglück-

---

> – eine ›Änderung [...] der Ernährung‹ zu befördern, die, ›indem sie sein Blut vollkommen erneuert, es auffrischt, seine Seele weich und empfänglich macht für die Süße, die die Reue mit sich bringt‹. [S. 22]
> ›Im Verzicht auf jegliches lebendiges Wesen ist er umso mehr veranlasst, über seine Verfehlung nachzudenken, deren Bestrafung er bitter zu spüren bekommt.‹

Und nach dieser Rückbesinnung auf sich, bei der er seinen Sündenfall entdeckt, kann er Worte der Ermahnung empfangen.

> ›Die Aufseher [...] sprechen mit den [Häftlingen], versuchen sie kennenzulernen, ermahnen sie, trösten sie, versöhnen sie mit sich selbst. Diese Gespräche sind nicht häufig, sie wären dann weniger wirkungsvoll; ihre Gesichter sind immer heiter, nie fröhlich.‹

Respekt, Kälte, Trostlosigkeit und Stille.
Wenn es ein religiöses Vorbild für das Gefängnis gibt, dann in der calvinistischen Theologie oder Moral und nicht in der Institution des Klosters.
Hierauf insistieren, da dies erlaubt, die historische Analyse strikt auf das Modell, seine Übertragung oder Wiederbelebung zu begrenzen.
Wenn dieses Modell mit einem Ursprung, der so fern ist, [ein Modell,] das von seiner Idee her einem Großteil von Europa so fremd ist, in der Gesellschaft des 19. Jahrhunderts so universal werden konnte, dann nicht aufgrund der ihm innewohnenden Stärke (S. 23).«

seligen Teil des Menschengeschlechts [geschrieben zu haben], der eine Plage ist, der es entehrt & zuweilen sogar sein Zerstörer ist«. Die Vorstellung vom Verbrechen als Schaden ist zudem in der Definition präsent, die Vouglans in seinen *Institutes au droit criminel, ou Principes généraux en ces matières* (Paris: Le Breton, 1757, S. 2) aufstellt: »es ist eine vom Gesetz verbotene Handlung, durch die man einem Dritten durch seine Arglist oder seine Schuld einen Schaden zufügt; *factum jure prohibitum, quo quis dolo vel culpa facientis læditur*«. Siehe auch seine Auffassung vom Verbrechen als einem direkten »Angriff auf die Souveränität des Königs« oder einem »außerordentliche[n] Angriff auf das Gemeinwesen« (ebd., S. 449). In der Zusammenfassung der Vorlesungen (hier S. 338f.) nimmt Foucault auf die *Institutes* von Vouglans als »eines der großen Monumente des klassischen Strafrechts« Bezug. Vouglans wird in *Surveiller et Punir*; dt.: *Überwachen und Strafen* häufig erwähnt (vgl. S. 40, 51f., 77, 306; dt.: S. 50, 64, 95, 386).

3 Vgl. J.-J. Rousseau, *Der Gesellschaftsvertrag*, übers. v. H. Denhardt u. W. Bahner, mit einer Einleitung v. W. Bahner, Leipzig: Philipp Reclam jun., 1981, Zweites Buch, 5. Kap.: »Recht über Leben und Tod«, S. 66: »Überdies wird jeder Übeltäter dadurch, dass er das Gesellschaftsrecht verletzt, infolge seiner Verbrechen zum Aufrührer und Verräter an seinem Vaterlande: durch Übertretung der Gesetze desselben hört er auf, als sein Glied zu gelten, und führt sogar offen Krieg gegen dasselbe. In diesem Fall ist die Erhaltung des Staates mit der seinigen unvereinbar; einer von beiden muß zugrunde gehen, und wenn man den Schuldigen den Tod erleiden läßt, so stirbt er nicht als Staatsbürger, sondern als Feind. Die Prozeßakten und das Urteil sind die Beweise und die Erklärung dafür, daß er den Gesellschaftsvertrag gebrochen hat und folglich kein Mitglied des Staates mehr ist. Da er sich nun als solches, und wenn auch nur durch seinen Aufenthalt daselbst, anerkannt hat, so muß er als Vertragsbrüchiger durch Verbannung oder als öffentlicher Feind durch den Tod ausgestoßen werden; denn ein solcher Feind ist keine moralische Person, er ist nichts als ein Mensch, und unter diesen Umständen ist Tötung des Besiegten Kriegsrecht.« Foucault greift diese Analyse der allgemeinen Theorie des Vertrags in *Surveiller et Punir* (S. 92f.); dt.: *Überwachen und Strafen* (S. 114) wieder auf.

4 Vgl. M. de Robespierre, »Discours à l'Assemblée nationale«, 30. Mai 1791, *Arch. parlem.* 1787-1860, première série, a. a. O., Bd. XXVI, S. 622, Sp. 1: »Ein Sieger, der seine gefangenen Feinde tötet, wird als Barbar bezeichnet! *(Ein Raunen.)* Ein gestandener Mann, der einem Kind, das er entwaffnen und bestrafen kann, die Kehle durchschneidet, erscheint als ein Monster! *(Ein Raunen.)* Ein Angeklagter, den die Gesellschaft verurteilt, ist für sie im Höchstfall nur ein besiegter und ohnmächtiger Feind, er ist ihr gegenüber schwächer als ein Kind gegenüber einem gestandenen Mann.«

5 Foucault bezieht sich auf eine Serie von fünf Artikeln, die am 25., 27.,

30. Oktober und am 1. und 3. November 1842 in der *Rheinischen Zeitung* erschienen sind, zu deren Redakteuren Marx gehörte. Diese Texte analysieren die Debatten des 6. Rheinischen Landtags über das »Holzdiebstahlsgesetz«. Foucault hatte Marx' Texte zu diesem Gesetz mit Anmerkungen versehen; vgl. K. Marx, *Œuvres philosophiques*, übers. v. J. Molitor, Paris: Alfred Costes, Bd. V, 1948 [1937]. Das Gesetz zum Holzdiebstahl sah vor, jegliches »Aneignen fremden Holzes« zu bestrafen, handle es sich um das Sammeln von Raffelholz, um gefälltes Holz oder den Diebstahl von grünem Holz; vgl. K. Marx u. F. Engels, Werke (MEW), Berlin: Dietz Verlag, 1978, Bd. 1, S. 111. Diese Artikel kritisieren das Gesetz, im Dienst der Interessen der Waldbesitzer zu stehen, und entwerfen so die Definition »einer bürgerlichen juristischen Ideologie« (P. Lascoumes u. H. Zander, *Marx: du ›vol de bois‹ à la critique du droit*, Paris: PUF, 1984, S. 241). Der Text von Marx enthält auch Appelle an »das Gewohnheitsrecht der Armut in allen Ländern« (MEW, Bd. 1, S. 115), die ausführlich kommentiert wurden; auch Edward P. Thompson analysiert diese Schriften von Marx im Rahmen seiner Arbeit an einer Theorie zu den »neuen Definitionen des Eigentums«; vgl. E. P. Thompson, »Modes des dominations et révolutions en Angleterre«, in: *Actes de la recherche en sciences sociales*, Bd. 2 (2-3), 1976, v. a. S. 139. Vgl. hierzu auch die Situierung der Vorlesung, S. 387-390.

6 Obwohl diesen Text nur sieben Jahre von Marx' Texten über den »Holzdiebstahl« trennen, handelt es sich wahrscheinlich um L.-A. Blanquis »Impôt des boissons«, in: *La Critique sociale*, Paris: Félix Alcan, 1885, 2 Bde., s. Bd. 2: »Fragments et notes«, S. 188-224. Dieser Text, der im Dezember 1849 geschrieben wurde, legt einen scharfen und ausführlichen Kommentar zu den parlamentarischen Debatten über die Einführung einer solchen »zum Vermögen umgekehrt proportinalen progressiven Steuer« (S. 189) vor. Blanqui prangert hier den »gierigen Egoismus der Finanzleute an und [...] die Servilität aller Regierungen gegenüber dieser Kaste, für die die Zinsen, die Forderungen und die Habgier das einzige Regulativ, der einzige Kompass all ihrer Machtinteressen sind« (ebd.). Louis-Auguste Blanqui (1805-1881) war ein französischer Theoretiker und Politiker, dessen unermüdliches Engagement für eine bewaffnete Revolution es ihm wert war, einen Großteil seines Lebens im Gefängnis zu verbringen. Im Dezember 1849 wurde er in Haft genommen, weil er am 15. Mai 1848 gegen die Nationalversammlung einen Volksaufstand für Polen organisiert hatte; vgl. M. Mourre, *Dictionnaire encyclopédique d'histoire*, Paris: Bordas, 1978, 7 Bde., Bd. 1, S. 576f.

7 F. Serpillon, *Code criminel, ou Commentaire sur l'ordonnance de 1670*, Lyon: Périsse, 1767, Bd. 2, Dritter Teil, Titel XXV: »Des sentences, jugements et arrêts«, Art. XIII, § 33, S. 1095. Diese Passage wird hier in der Zusammenfassung der Vorlesungen, S. 337f., sowie in *Surveiller et Punir*, S. 120; dt.: *Überwachen und Strafen*, S. 153, wiedergegeben. Der *Traité des matières criminelles* ist eine der letzten strafrechtlichen Ab-

handlungen des Ancien Régime. François Serpillon (1695-1772), Jurist, war Generalleutnant von Autun; vgl. H. Richard, »Un criminaliste bourgignon: François Serpillon, 1695-1772«, in: *Histoire et Criminalité de l'Antiquité au XXe siècle: nouvelles approches. Actes du colloque de Dijon-Chenove, 3-5 octobre 1991*, Dijon: Éditions universitaires de Dijon, 1992, S. 439-448. Serpillon taucht in *Überwachen und Strafen* erneut als Gallionsfigur einer harten Bestrafung auf: »Noch im 18. Jahrhundert bestehen Juristen wie Serpillon oder Blackstone darauf, daß das Versagen des Henkers für den Verurteilten nicht die Rettung des Lebens bedeutet« (S. 69; frz.: S. 56).

8 F. Serpillon, *Code criminel*, a.a.O., Bd. 2, S. 1096. Serpillon paraphrasiert hier die Argumentation von Jean Bouhier (1673-1746), Rechtsberater, Magistrat und Historiker, in [J. Bouhier], *Œuvres de jurisprudence de M. Bouhie*, Dijon: Louis-Nicolas Frantin, 1788, Bd. 2, Kap. LV, § LXIV: »Die Verurteilung zu einer lebenslangen Haft gewinnt doch über die Beschlagnahmung der Güter die Oberhand« (S. 451). Serpillon schreibt: »Präsident Bouhier, Kap. 65, Anm. 66, Bd. 2, S. 149, stellt die Frage, ob die Verurteilung zu einer lebenslangen Haftstrafe über die Beschlagnahme die Oberhand gewinnt: Er sagt, sie kann als außergewöhnlich erscheinen« (*Code criminel*, a.a.O.). Foucault präzisiert im Manuskript diese Bezugnahme auf Bouhier; vgl. auch *Surveiller et Punir*, S. 121; dt.: *Überwachen und Strafen*, S. 153: »Obwohl die Fürsten aus Gründen der Staatsräson diese Strafe gelegentlich verhängen, macht die ordentliche Justiz von derartigen Verurteilungen keinen Gebrauch.«

9 Vgl. »Discussion du projet de loi tendant à introduire des réformes dans le Code pénal«, *Arch. parlem. 1787-1860*, deuxième série, a.a.O., Bd. LXXI (vom 21. Oktober 1831 bis 22. November 1831), S. 759f.; und »Suite de la discussion du projet de loi relatif à des réformes à introduire dans les lois pénales«, *Arch. parlem. 1787-1860*, deuxième série, a.a.O., Bd. LXXII, S. 2f.

10 C. de Rémusat, »Discussion du projet de loi relatif à des réformes dans la législation pénale«, Abgeordnetenkammer, 1. Dezember 1831, *Arch. parlem. 1787-1860*, deuxième série, a.a.O., Bd. LXXII, S. 185, Sp. 2. Charles de Rémusat (1797-1875), Politiker, Schriftsteller und Philosoph, war ein Vertrauter von Adolphe Thiers und wurde im Oktober 1830 nach der Julirevolution in die Abgeordnetenkammer gewählt. Das Zitat wird in *Surveiller et Punir*, S. 117; dt.: *Überwachen und Strafen*, S. 148, übernommen; vgl. auch hier die Zusammenfassung der Vorlesungen, S. 339, wo diese Passage erweitert wird um die Rede, die Pierre-François Van Meenen (1772-1858), Anwalt, Philosoph und Professor an der Freien Universität Brüssel, 1847 bei der Eröffnung des internationalen Kongresses über das Strafwesen in Brüssel gehalten hat (vgl. auch *Surveiller et Punir*, S. 16; dt.: *Überwachen und Strafen*, S. 18).

11 C de Rémusat, »Discussion ...«, zit. in der vorangehenden Anmerkung.

12 Vgl. *Surveiller et Punir*, S. 125 f.; dt.: *Überwachen und Strafen*, S. 159.

13 Vgl. J. Howard, *L'État des prisons, des hôpitaux et des maisons de force en Europe au XVIIIe siècle*, übers. v. Chr. Cartier u. J.-G. Petit, Paris: Éditions de l'Atelier (Übers. der engl. Ausg. von 1777 u. 1784), 1994. John Howard (1726-1790) führte von 1773 bis 1790 Untersuchungen durch zu den Gefängnissen in England und auf dem Kontinent (Deutschland, Belgien, Dänemark, Spanien, Flandern, Frankreich, Holland, Italien, Polen, Portugal, Russland, Sibirien, Schweden, der Schweiz und anderen Ländern) und veröffentlichte von 1777 bis 1784 Texte über die Gefängnisse. Foucault rekurriert hier auf Julius, *Vorlesungen über die Gefängniß-Kunde*, a. a. O., S. 36, der auf die Ereignisse von 1779 in England eingeht, durch welche die »Absendung gehemmt war«, sowie auf die Arbeiten von Howard und auf die Abfassung der Gesetze zu den Strafvollzugsanstalten durch Sir William Blackstone (1723-1780) und John Howard; vgl. zu den Beschreibungen der Orte der Einsperrung *Surveiller et Punir*, S. 197-206; dt.: *Überwachen und Strafen*, S. 251-263. Vgl. für eine Untersuchung neuerer Zeit J.-G. Petit, »Obscurité des Lumières: les prisons d'Europe, d'après John Howard, autour de 1780«, in: *Criminologie*, Bd. 28 (1), 1995, S. 5-22.

14 Foucault zitiert hier eine Passage aus der Präambel eines Gesetzes, das 1779 erlassen und von Blackstone unter Mitarbeit von Howard verfasst wurde. Vgl. Great Britain, *The Statutes at large, from the Sixteenth Year of the Reign of King George the Third to the Twentieth Year of the Reign of King George the Third, inclusive*, London: Charles Eyre & William Strahan, 1780 [19 Geo. III, c. 74], Bd. 13, Abt. V, S. 487: »And whereas, if many Offenders, convicted of Crimes for which Transportation hath been usually inflicted, were ordered to solitary Imprisonment, accompanied by well-regulated Labour, and religious Instruction, it might be the Means, under Providence, not only of deterring others from the Commission of the like Crimes, but also of reforming the Individuals, and inuring them to Habits of Industry.« Diese Passage wird von Julius in den *Vorlesungen über die Gefängniß-Kunde* angeführt (S. 36, Fn. 2). Vgl. auch *Surveiller et Punir*, S. 125 f.; dt.: *Überwachen und Strafen*, S. 159, zu der »dreifachen Funktion« der Haft – »abschreckendes Beispiel«, »Konversionsinstrument« und »Handwerkslehre« – und über die Geburt der Strafvollzugsanstalt in England. Foucault wird zum Thema des Kriminellen als Feind der Gesellschaft noch den *Commentaire sur le Code criminel d'Angleterre* (übers. v. Abbé Goyer, Paris: Knapen, 1776/*Commentaries on the Laws of England*, Oxford: Clarendon Press, 1758) von William Blackstone nennen. Blackstone erscheint neben den großen Reformern als Herold des neuen Prinzips, dem zufolge das Verbrechen eine Verletzung der Souveränität des Königs darstellt; vgl. hier die Zusammenfassung der Vorlesungen, S. 343.

15 Vgl. *Surveiller et Punir*, S. 125 f.; dt.: *Überwachen und Strafen*, S. 159.

16 J. Bentham, *The Panopticon Writings*, hg. v. M. Božovič, London: Verso,

1995 (Neuausg. v. *Panopticon, or the Inspection-House*, in: *The Works of Jeremy Bentham*, hg. v. J. Bowring, Edinburgh: William Tait, 1791, Bd. IV, S. 37-173/Bentham, *Le Panoptique*, übers. v. M. Sissung, vorangestellt ist »L'œil du pouvoir. Entretien avec Michel Foucault«, Paris: Pierre Belfond, 1977; Übersetzung von 21 Briefen, die den ersten Teil des Werkes bilden). Jeremy Bentham (1748-1832) reiste 1786-1787 nach Russland, um sich zu seinem Bruder zu begeben, Samuel Bentham, der mit der Aufsicht der Häfen, Fabriken und Werkstätten Prinz Potemkins beauftragt war; vgl. A. Stanziani, »The Traveling Panopticon: Labor Institutions and Labor Practices in Russia and Britain in the Eighteenth and Nineteenth Centuries«, in: *Comparative Studies in Society and History*, Bd. 51 (4), Oktober 2009, S. 715-741. Jeremy Bentham skizzierte seine Überlegungen über das im Rahmen des Strafvollzugs einschließlich der Fabriken, Irrenanstalten, Hospitäler, Staatsgefängnisse und Schulen angewandte Prinzip des Panoptismus in einer Reihe von Briefen, die er 1787 aus Russland schickte und die 1791 auf Anordnung der Nationalversammlung auf Französisch veröffentlicht wurden. Der Begriff des gesellschaftlichen Panoptismus, der flächendeckenden Überwachung der ganzen Gesellschaft wird das Denken Foucaults in den Jahren 1973-1976 kennzeichnen, und diese Vorlesung erlaubt seine Entstehung zu verfolgen. Am Anfang dieses Interesses für das *Panopticon* stehen das Hospital und das Gefängnis; vgl. oben, S. 62f., Anm. 3. Die zentrale Stellung des gesellschaftlichen Panoptismus wird in der Vorlesung des folgenden Jahres entwickelt werden, *Le Pouvoir psychiatrique* (a. a. O.), dt.: *Die Macht der Psychiatrie* (a. a. O.), wo Foucault sehr schnell erklärt, dass das *Panopticon* von Bentham das Symbol für den »Zielpunkt« dieser Entwicklung darstellt, den »Moment, in dem diese disziplinarische Macht eine absolut verallgemeinerte soziale Form wird [...], das [das Panopticon] exakt [...] die allgemeinste politische und technische Formel der disziplinarischen Macht liefert« (S. 43; s. a. S. 75-81; dt.: S. 70; s. a. S. 113-120). Vgl. zu diesem Thema auch: »La vérité et les formes juridiques«, a. a. O., DE II, S. 606; dt.: »Die Wahrheit und die juristischen Formen«, a. a. O., DE II, S. 749f.: »Der Panoptismus ist ein charakteristisches Merkmal unserer Gesellschaft. [...] Wir leben heute in einer Gesellschaft, wie Bentham sie einst plante, in einer panoptischen, vom Panoptismus beherrschten Gesellschaft«; »À propos de l'enfermement pénitentiaire«, a. a. O., DE II, S. 437; dt.: »Zum geschlossenen Strafvollzug«, a. a. O., DE II, S. 544: »Noch grundlegender scheint mir die beginnende Überwachung der gesamten plebejischen Bevölkerung, der breiten Schichten der Arbeiter, der Bauern. Die allgemeine und fortdauernde Überwachung mittels neuer Formen politischer Macht. Das wahre Problem ist hier die Polizei. Wenn Sie so wollen, wurde Ende des 18. Jahrhunderts der Panoptismus erfunden«; vgl. auch *Surveiller et Punir*, S. 201-206; dt.: *Überwachen und Strafen*, S. 256-263.

17 A. Duport, »Discours à l'Assemblée nationale constituante«, 31. Mai

1791, *Arch. parlem. 1787-1860*, première série, a.a.O., Bd. XXVI, S. 646-650. Adrien Duport (1759-1798), Anwalt, vom Adel von Paris in die Generalstände gewählt, gründete mit Barnave und Alexandre de Lameth den *Club des Feuillants* und hatte großen Einfluss auf die Errichtung eines Rechtssystems während der Revolution; vgl. J. Tulard, J.-F. Fayard, A. Fierro, *Histoire et Dictionnaire de la Révolution française*, S. 782f.

18 A. Duport, *Arch. parlem. 1787-1860*, première série, a.a.O., Bd. XXVI, S. 648, Sp. 1; wiederaufgenommen in *Surveiller et Punir*, S. 234; dt.: *Überwachen und Strafen*, S. 296 (»universalen und beständigen«). Foucault fügt im Manuskript (S. 4f.) hinzu: »Chabroud kritisiert übrigens diese Vereinheitlichung der Strafe: ›Wenn ich mein Land verrate, sperrt man mich ein; wenn ich meinen Vater töte, sperrt man mich ein; alle denkbaren Vergehen werden auf die einförmigste Weise bestraft. Das erscheint mir wie ein Arzt, der für alle Übel ein und dasselbe Heilmittel hätte.‹« Dieser Auszug aus der Rede Chabrouds vom 30. Mai 1791, erschienen in *Arch. parlem. 1787-1860*, Bd. XXVI, S. 618, Sp. 1, wird in *Surveiller et Punir*, S. 119; dt.: *Überwachen und Strafen*, S. 150, erneut aufgegriffen. Charles Chabroud (1750-1816) war Abgeordneter der Dauphiné in der Nationalversammlung.

19 Vgl. L.-M. Le Peletier de Saint-Fargeau, Rede vor der Nationalversammlung »über das Gesamtprojekt des Strafgesetzbuches«, *Arch. parlem. 1787-1860*, Bd. XXVI, première série, a.a.O., S. 618, Sp. 2.

20 Foucault nennt im Manuskript (S. 5) folgende Referenz: »Villermé (die Gefängnisse, wie sie sind)«. Vgl. L.-R. Villermé, *Des prisons telles qu'elles sont et telles qu'elles devraient être*, Paris: Méquignon-Marvis, 1820, S. 137: »Am 1. Juli 1818, [...] 44484 [Häftlinge]. Das macht bei einer Bevölkerung von 29448408 Personen im Königsreich einen Häftling auf 662 Einwohner«; davon 9925 »in Strafkolonien«.

21 Foucault nennt im Manuskript (S. 5) folgende Referenz: »Julius. 1882«. Vgl. N.H. Julius, *Vorlesungen über die Gefängniß-Kunde*, a.a.O., S. XXX: »die Zahl sämtlicher Gefangenen [in französischen Gefängnissen im Jahre 1822] betrug 41307, also *einen auf Sieben hundert und Acht und Siebzig Einwohner*« (Herv. im Text).

22 Vgl. M.-D. Barré, »130 années de statistique pénitentiaire en France«, in: *Déviance et Société*, Bd. 10 (2), 1986, S. 107-128, spez. S. 115 (1973 wuchs die Gefangenenpopulation auf dem Festland auf 30306 Personen, Männer und Frauen, an).

23 Hier und an vielen Stellen benutzt das Manuskript die Begriffe »*apparition* (erscheinen, auftauchen)« oder »*apparaît* (erscheint, taucht auf)« und setzt sie in Anführungszeichen, während das Typoskript das Wort »*émergence* (Zutagetreten)« verwendet; vgl. oben, S. 93, Fn. a u. S. 94. Es scheint, dass Foucault, als er seine Vorlesungen hält, zum Begriff der »*apparition*« auf Distanz gegangen ist. Er scheint auf diesen Begriff nicht mehr zurückzukommen: »›*apparition*‹ des Kriminellen-Feinds«,

und er wird den Begriff »*apparaître*« in *Überwachen und Strafen* nicht mehr benutzen.

24 Vgl. *Surveiller et Punir*, S. 251-255; dt.: *Überwachen und Strafen*, S. 318-323.

25 Die »Gefängniskunde« entsteht Ende des 19. Jahrhunderts. Sie ist eng verbunden mit Charles Lucas (1803-1889), einem der Gründer der 1877 ins Leben gerufenen *Société générale des prisons*, zwei Jahre nach dem Gesetz zur Einzelhaft, dessen Umsetzung er überwachen soll. Die Gesellschaft, die sich vornehmlich aus Juristen zusammensetzt, verschreibt sich unter anderem der Mission, für die Strafwissenschaft in Europa zu werben, vor allem mit Hilfe einer Zeitschrift, die sie ab 1877 veröffentlicht. Charles Lucas, ein liberaler Verfechter der Restauration und möglicherweise Generalinspekteur der Gefängnisse, sprach sich sehr früh für eine Verbesserung der Haftbedingungen und die Abschaffung der Todesstrafe aus; vgl. C. Lucas, *Du système pénitentiaire en Europe et aux États-Unis*, 2 Bde., Bd. 1, Paris: Bossange, 1828; Bd. 2, Paris: Dehay, 1830; ders., *Conclusion générale de l'ouvrage sur le système pénitentiaire en Europe et aux États-Unis*, Paris: Béchet, 1834; ders., *De la réforme des prisons ou De la théorie de l'emprissonnement, de ses principes, de ses moyens et de ses conditions pratiques*, Paris: Legrand et Bergounioux, 1836-1838, 3 Bde. (zitiert in der Zusammenfassung der Vorlesungen, hier S. 341, Anm. 7). Lucas verfocht in seinen Schriften und seiner Praxis eine rationalistische Gefängniswissenschaft. Foucault wird ihn neben Julius als Vertreter des »alten Projekts« einordnen, eine »›Gefängniskunde‹ zu begründen, die in der Lage ist, die architektonischen, administrativen und pädagogischen Leitlinien einer Institution aufzustellen, die ›bessert‹« (ebd., S. 341). Lucas wird in *Surveiller et Punir*; dt.: *Überwachen und Strafen*, eine zentrale Rolle spielen, vor allem im vierten Teil, »Prison«, S. 239-256; dt.: »Gefängnis«, S. 300-324.

26 Élie Louis Decazes, Graf, dann Herzog von Decazes (1780-1860), war 1918 unter Ludwig XVIII. Staatsminister des Inneren und verfasste einen einflussreichen *Rapport au Roi sur les prisons et pièces à l'appui du rapport*, Paris, 21. Dezember 1819; vgl. R. Langeron, *Decazees, ministre du Roi*, Paris: Hachette, 1960. In diesem Bericht macht Decazes eine Aussage, die der ähnlich ist, die wir gerade gelesen haben: »es [das Gesetz] muss ihm [dem Schuldigen] ins Gefängnis folgen, wohin es ihn geführt hat« (Decazes, »Rapport au Roi«, in: *Le Moniteur universel*, Nr. 100, Paris, Mme Vve Agasse, samedi 10 avril, 1819, S. 424). Interessant ist hier eine Äußerung Vidocqs (vgl. *Surveiller et Punir*, S. 288 f.; dt.: *Überwachen und Strafen*, S. 365 f.) im *Supplément aux Mémoires de Vidocq*, 2. Aufl., Paris: Les Marchands de nouveautés, 1831), Bd. 2, S. 10: »das Gesetz dringt nicht bis in die Gefängnisse vor«. Decazes wird aufgrund seiner 1819 durchgeführten Untersuchung über die verschiedenen Orte der *Sûreté* mehrfach genannt in *Surveiller et Punir*, S. 118 u. 236; dt.: *Überwachen und Strafen*, S. 149 u. 299; vgl. zu seinem *Rapport*

ebd., S. 251; dt.: S. 318: »die Strafe dürfe nichts weiter sein als Freiheitsberaubung. Wie unsere gegenwärtigen Regierenden sagte es auch Decazes – aber mit einer anderen Sprachgewalt: ›Das Gesetz muß dem Schuldigen ins Gefängnis folgen, wohin es ihn geführt hat‹«. Ein Thema, das die GIP wiederaufgreift, was die Verbindung zwischen der GIP und den genealogischen Forschungen Foucaults in *Überwachen und Strafen* zeigt.

27 G.-F. Le Trosne, *Vues sur la justice criminelle*, a. a. O., S. 41, Fn. a. Foucault wird in *Überwachen und Strafen* diesen Text mit dem von 1764 über die Landstreicherei vergleichen, S. 91; dt.: S. 113: »Das Strafsystem ist ein Apparat zur differenzierten Behandlung der Gesetzeswidrigkeiten, nicht zu ihrer globalen Beseitigung« (Übers. leicht veränd.).

28 Vgl. C. Beccaria, *Von Verbrechen und Strafen*, a. a. O.; L.-M. Le Peletier de Saint-Fargeau, »Rapport sur le projet du Code pénal« à l'Assemblée nationale, 23 mai 1791, *Arch. parlem. 1787-1860*, première série, a. a. O., Bd. XXVI, S. 319-345.

29 J. P. Brissot de Warville, *Théorie des loix criminelles*, a. a. O., Bd. 1, S. 101 (Herv. im Original). Jacques Pierre Brissot de Warville (1754-1793), Vielschreiber, war eine Zeitlang in der Bastille gefangen, dann konventionell, Mitglied und Anführer der Girondisten, er starb am 31. Oktober 1793 unter der Guillotine. Seine *Théorie des loix criminelles* ist eine seiner ersten Veröffentlichungen, ein Werk, das man als Jugendwerk in der Tradition der *philosophes* bezeichnen könnte, geschrieben in einer Zeit, als er Schreiber bei einem Prokurator war und sich auf eine juristische Laufbahn vorbereitete. Brissot widmete sein Werk Voltaire: »Dir, erhabener Voltaire, Dir, der Du Deinem Jahrhundert das Licht Deines Genies eingehaucht, es erschaffen, es belebt hast; Dir verdankt die Welt das klare Licht, das sie erhellt« (ebd., S. 8). Foucault ordnet Brissot neben Beccaria unter die großen Reformer ein und zitiert ihn häufig in *Surveiller et Punir* (S. 98, 108-110, 114, 121); dt.: *Überwachen und Strafen* (S. 122, 136-139, 143, 154) zur Illustrierung der im 18. Jahrhundert ins Auge gefassten Reform des Strafwesens.

30 Vergleichen wir diese Passage mit der »Zweiten Abhandlung« der *Genealogie der Moral*, § 10, wo Nietzsche schreibt: »Wächst die Macht und das Selbstbewusstsein eines Gemeinwesens, so mildert sich immer auch das Strafrecht [...]. Es wäre ein *Machtbewusstsein* der Gesellschaft nicht denkbar, bei dem sie sich den vornehmsten Luxus gönnen dürfte, den es für sie giebt, – ihren Schädiger *straflos* zu lassen. ›Was gehen mich eigentlich meine Schmarotzer an? dürfte sie dann sprechen. Mögen sie leben und gedeihen: dazu bin ich noch stark genug!‹« (in: F. W. Nietzsche, *Werke. Kritische Gesamtausgabe*, hg. v. G. Colli u. M. Montinari, 6. Abt., 2. Bd., Berlin: Walter de Gruyter, 1968, S. 324f.).

31 Foucault bezieht sich hier vor allem auf Brissot, der mehrfach die Vorteile der Wirkungen der öffentlichen Meinung als Technik der Bestrafung herausarbeitet (*Théorie des loix criminelles*, Bd. 1, S. 187-190, 223,

242, 340); vgl. hier die Zusammenfassung der Vorlesungen, S. 343. Beccaria befasste sich ebenfalls mit der Frage der Ehrlosigkeit und widmete ihr ein ganzes Kapitel: »Ehrlosigkeit« (*Von Verbrechen und Strafen*, a. a. O., Kap. XVIII, S. 88-92).

32 Dieser Verweis auf die Volksjustiz geht auf eine größere Diskussion in Zusammenhang mit den Ereignissen 1970-1972 zurück, bei der Foucault gegen die Volksjustiz war; vgl. M. Foucault, »Sur la justice populaire. Débat avec les maos« (Gespräch mit [Benny Lévy] und [André Glucksmann], 5. Februar 1972, in: *Les Temps modernes*, Nr. 310, Juni 1972, S. 355-366), DE II, Nr. 108, S. 340-369; dt.: »Über die Volksjustiz. Eine Auseinandersetzung mit Maoisten«, DE II, S. 424-461; ders., »Les intellectuels et le pouvoir« (Gespräch mit Gilles Deleuze, 4. März 1972, in: *L'Arc*, Nr. 49: *Gilles Deleuze*, 2. Trimester 1972, S. 3-10), DE II, Nr. 106, S. 306-315; dt.: »Die Intellektuellen und die Macht« (Gespräch mit Gilles Deleuze), DE II, Nr. 106, S. 382-393.
Im Dezember 1970 hatte Jean-Paul Sartre in der Rolle des Staatsanwalts den Vorsitz bei einem Volkstribunal zur Verantwortung des Staates für den Tod mehrerer Bergarbeiter in Houillères de Fouquières-les-Lens, wonach Daniel Defert Foucault vorschlug, eine Untersuchungskommission zu den Gefängnissen anzuregen. Foucault sprach sich gegen das Volksmodell aus und rief stattdessen die Groupe d'information sur les prisons/GIP ins Leben, eine soziale Bewegung, die das Ziel hatte, den Gefangenen das Wort zu erteilen, den Diskurs und die Erfahrung des Häftlings wahr zu machen, ein Feld zu schaffen, auf dem eine gewisse Wahrheit über das Gefängnis zutage kommen kann. Foucault wandte sich daher vom Modell und der Personalisierung der Volksjustiz ab und erklärte seine Wahl folgendermaßen: »Bei der G. I. P. bedeutet das: keine Organisation, kein Chef, man macht wirklich alles, damit es eine anonyme Bewegung bleibt, die nur durch die drei Buchstaben ihres Namens existiert. Jeder kann sprechen. Wer immer auch spricht, spricht nicht, weil er einen Titel oder einen Namen hat, sondern weil er etwas zu sagen hat. Die G. I. P. kennt nur eine Losung: ›Das Wort den Häftlingen!‹« (»Le grand enfermement«, a. a. O., S. 304; dt.: »Die große Einsperrung«, a. a. O., S. 378f.). Vgl. für eine eingehendere Analyse dieser Ereignisse F. Brion u. B. E. Harcourt, Situation du cours, in: M. Foucault, *Mal faire, dire vrai*, a. a. O., S. 267-271.

33 J. P. Brissot de Warville, *Théorie des loix criminelles*, Bd. 1, S. 187f.

34 Foucault bezieht sich hier vor allem auf *Von Verbrechen und Strafen* von Beccaria und auf die Rede von Le Peletier de Saint-Fargeau, »Rapport sur le projet du Code pénal«, a. a. O.; vgl. hier die Zusammenfassung der Vorlesungen, S. 345.

35 C. Beccaria, *Von Verbrechen und Strafen*, Kap. XX, S. 120.

36 Ebd., Kap. XXVIII, S. 125-129.

37 Kap. XXX, S. 131.

38 Diese Auflistung findet sich in J. P. Brissot de Warville, *Théorie des loix*

criminelles, Bd. 1, S. 127: »Doppelte Stufenleiter mit einer Entsprechung von Verbrechen und Strafen, gegen das Allgemeininteresse«.

39 L.-M. Le Peletier de Saint-Fargeau, »Rapport sur le projet du Code pénal«, a. a. O., S. 322, Sp. 1.

40 Foucault bezieht sich hier hauptsächlich auf die Werke von Beccaria, *Von Verbrechen und Strafen*, Kap. XXX, S. 132, und Brissot, *Théorie des loix criminelles*, Bd. 1, S. 147.

41 C. Beccaria, *Von Verbrechen und Strafen*, Kap. XVI, S. 79.

42 Ebd., Kap. XVI, S. 79.

43 Foucault zitiert folgende Auszüge:
(α) – [S. 13] »Beccaria: stellt angelegentlich eines Sonderfalls (die Armen, die stehlen und nicht bezahlen können) den allgemeinen Grundsatz auf, dass ›die allerschlimmste Strafe die einzige Art der Sklaverey [ist] welche man rechtmäßig nennen kann, worinnen einer eine gewisse Zeitlang durch eigne dem Staate geleistete Arbeit die von ihm verübte Kränkung und Verletzung der gesellschaftlichen Verträge wieder vergütet.‹
Man kann sie abstufen.
Sie ist kategorisch, schrecklich (niemand auf der Welt kann sich freiwillig dafür entscheiden, seine Freiheit vollständig und für immer zu verlieren).
Sein Beispiel: durch das Spiel der von den anderen wahrgenommenen und selbst verspürten Dauer.« (*Von Verbrechen und Strafen*, Kap. XXX, S. 132)
(β) – [S. 14] »Brissot: ›Doch was soll an die Stelle der Todesstrafe treten [...]? Die Sklaverei, die den Schuldigen außerstande setzt, der Gesellschaft zu schaden, die Arbeit, die ihn für sie nützlich macht, das lange und ständige Leid, das die, die versucht sein könnten, ihn nachzuahmen, abschreckt. Man fordert nützliche Qualen! Haben Frankreich, England nicht ihre Kolonien? Schweden, Polen ihre Minen von Coperberg und Wieliska; Russland seine Wüsten von Sibirien; Spanien seine Minen von Potosi und Kalifornien, Italien seine Sümpfe, seine Galeeren, alle Länder Wüsten, die zu besiedeln sind, Heide, die urbar zu machen ist, Manufakturen, die auszubauen sind, öffentliche Bauten, Straßen, die zu bauen sind? Ersetzt die unglückseligen Neger, die keine andere Schuld tragen, als einen Lockenkopf zu haben [...], durch Schuldige, die Ihr für wert befunden habt, einer für das Menschengeschlecht verhängnisvollen Freiheit beraubt zu werden.‹«
(J. P. Brissot de Warville, *Théorie des loix criminelles*, Bd. 1, S. 147 f.)
»Für die Mörder lebenslängliche Sklaverei: ›er wird nicht einmal den grauenvollen Trost haben, sein Haupt auf das Schafott zu legen‹.« (Ebd., S. 149)
»Jugendliche und Erwachsene [in den Minen und bei den Arbeiten] Besuche abstatten lassen: ›Diese patriotischen Pilgerreisen wären sehr viel nützlicher als die, die die Türken nach Mekka machen‹.« (Ebd., S. 150)

»Keine Vergeltung: ›macht ihn in dem Land nützlich, dessen Gesetze er verletzt hat‹.« (Ebd., S. 154)
(γ) – [S. 15] »Brillat-Savarin (2. Juni 91 – Diskussion des Entwurfs zum Strafgesetzbuch): ›während die Häfen Arbeiten mit sich bringen, die eine Vielzahl von Händen erfordern, während riesige Heideflächen urbar zu machen bleiben, während Kanäle auszuheben und Sümpfe trockenzulegen sind‹.«
(J. A. Brillat-Savarin, »Suite de la discussion sur le Code pénal et adoption du principe de la peine des travaux forcés«, 2. Juni 1971, *Arch. parlem. 1787-1860*, première série, a. a. O., Bd. XXVI, S. 712, Sp. 1)

44 Foucault nennt im Manuskript (S. 15) folgende Referenz: »Vgl. zur Kritik des Entwurfs von Le Peletier den Text von Chabroud [oben zit. in Anm. 18]«. Vgl. *Arch. parlem. 1787-1860*, première série, a. a. O., Bd. XXVI, S. 618, Sp. 1.

45 Vgl. *Surveiller et Punir*, S. 234f.; dt.: *Überwachen und Strafen*, S. 297.

46 Die zentrale Rolle der Kontrolle der Zeit, des Lebens und des Körpers eines Individuums innerhalb der Analyse der Disziplinarmacht wird wiederaufgegriffen in »La vérité et les formes juridiques«, a. a. O., S. 616f.; dt.: »Die Wahrheit und die juristischen Formen«, a. a. O., S. 761 f., in *Le Pouvoir psychiatrique*, S. 48f.; dt.: *Die Macht der Psychiatrie*, S. 77; sodann in *Surveiller et Punir*, S. 137-171; dt.: *Überwachen und Strafen*, III. Teil, 1. Kapitel: »Die gelehrigen Körper«, S. 173-181. Das Konzept der Zeit wird in *Überwachen und Strafen* mit Reflexionen bezüglich der »Dauer« der Strafen verbunden werden, und Foucault wird in diesem Zusammenhang feststellen, dass diejenigen, die gegen die Todesstrafe waren – eine Strafe von kurzer Dauer –, sehr oft lebenslängliche Strafen vorsahen; vgl. ebd. S. 110, Fn. 1; dt.: S. 138, Fn. 14., wobei er verweist auf »J. P. Brissot, *Théories des lois criminelles*, 1781, S. 29f.; C. E. Dufriche de Valazé, *Des lois pénales*, 1784, S. 344« (Foucault merkt an: »lebenslange Haft für die, die für ›unverbesserlich böse‹ befunden wurden«).

47 Die Disziplin in der Werkstatt und die Analogie Werkstatt – Gefängnis ist nicht nur in dieser Vorlesung ein wichtiges Thema, vgl. hier die Vorlesung vom 21. März, sondern auch in der des darauffolgenden Jahres; vgl. *Le Pouvoir psychiatrique*, S. 53 f., 72-75 u. 95; dt.: *Die Macht der Psychiatrie*, Vorlesung vom 21. November 1973, S. 84, und Vorlesung vom 28. November, S. 113-117 (über die Disziplin in der Werkstatt und das Reglement der beruflichen Zeichen- und Gobelinschule), 137.

48 Vgl. hier die Vorlesung vom 31. Januar, S. 91 u. 101, Anm. 18-21; dt.: S. 128 u. 129, Anm. 18-21.

Vorlesung 5
(Sitzung vom 31. Januar 1973)

Gefängnis-Form und Lohn-Form (Fortsetzung). Der Zugriff der Macht auf die Zeit: Voraussetzung für die Ermöglichung des kapitalistischen Systems und der Gefängnisstrafe. – Von der Archäologie zur Genealogie. Einwände des religiösen Vorbilds und Antworten. (A) Die Klosterzelle: die Welt ausschließen und nicht strafen. (B) Die Quäker: Ablehnung des englischen Strafgesetzbuchs und der Todesstrafe. – Gegensatz zu Beccaria hinsichtlich Vergehen und Verfehlung; der Begriff der Sünde. (C) Aufbau des Gefängnisses von Philadelphia und der Walnut Street: erste Erwähnung der »Buß- und Besserungsanstalt«. (D) Konsequenzen: 1/Übertragung der christlichen Moral auf die Strafjustiz; 2/Kenntnis des Gefangenen: ein Wissen wird möglich; die Religion nimmt das Gefängnis in Beschlag. Allmähliche Rechristianisierung des Verbrechens.

Ausgehend von der Neuausrichtung der Theorie und Praxis des Strafens rund um das Prinzip des Kriminellen-Gesellschaftsfeinds lassen sich eine Reihe von Strafmodellen ableiten.[a] Doch diese Modelle, die sich perfekt aus der Theorie und Praxis ableiten lassen, sind eben nicht jene, die umgesetzt werden, als man vom Entwurf zur Rechtsetzung, von der Darlegung von Grundsätzen zur tatsächlichen Umsetzung übergeht. Es gibt einen Moment, in dem – im Diskurs und in der Praxis – etwas anderes an die Stelle dessen tritt, was ableitbar ist, wie man bei Le Peletier de Saint-Fargeau sieht.[b] Dieses andere ist die Gefängnis-Form. Ich hatte zu zeigen versucht, dass man die Gefängnis-Form mit

a Das Manuskript führt die bereits in der vorhergehenden Vorlesung genannte Aufstellung auf: »Ehrlosigkeit; Vergeltung; Versklavung«.

b Das Manuskript (S. 1 f.) präzisiert:
»Beispiel: Le Peletier [de] Saint-Fargeau stellt 1791 das Prinzip von Strafen auf, die um die Vergeltung zentriert sind (unter Zuhilfenahme der anderen Modelle). Tatsächlich schlägt er die Einsperrung vor.
Ein anderes Beispiel: Howard, Blackstone, Fothergill um 1779 – und was sich in England tatsächlich entwickelte.
Das Ableitbare wurde nicht ausgeführt. Eingriff von der Seite. Etwas anderes, das an dessen Stelle tritt.«[1]

der Lohn-Form in Verbindung bringen kann, als Einbringung einer bestimmten Menge von Zeit in ein System von Äquivalenzen: Lohn gegen soundso viel Arbeitszeit, Gefängnis gegen soundso viel Schuld. Ich hatte diese Verwandtschaft hervorgehoben, ohne jedoch zu sagen, dass das Modell des Lohns auf das Strafwesen übertragen wurde. Ich hatte lediglich gesagt, dass sich beim Lohn und beim Gefängnis dieselbe Form wiederfindet: Zum einen wird die Lebenszeit zu einer tauschbaren Ware; zum anderen erlaubt das Maß der Zeit die Quantifizierung des Tauschs, entweder durch den Zusammenhang, der zwischen einer Arbeitsmenge und einer Geldmenge oder zwischen einer Zeitmenge und der Schwere des Vergehens hergestellt wird. Diese Form spiegelt das Grundphänomen der Einführung der Menge an Zeit als Maß wider, und zwar nicht nur als ökonomisches Maß im kapitalistischen System, sondern auch als moralisches Maß. Damit die Zeitmenge zur Tauschware und zum Tauschmaß werden kann, bedarf es hinter dieser Einführung eines Zugriffs der Macht auf die Zeit – [nicht als] ideologische Abstraktion, sondern als tatsächliche Ausbeutung der Zeit bezogen auf das Leben der Menschen: als reale Bedingung der Möglichkeit des Funktionierens des Systems des Lohns und des Systems des Gefängnisses.
Hier gibt es einen realen Prozess, der ausgehend von den Machtbeziehungen, die die tatsächliche Ausbeutung der Zeit gewährleisten, zu analysieren sein muss. Das Gefängnis und der Lohn sind auf der Ebene der Macht miteinander verbunden. Nicht weil der Lohn dem Gefängnis als repräsentatives Modell gedient hätte, sondern weil das Gefängnis und der Lohn – jedes auf seiner Ebene und auf seine Weise – auf den Machtapparat zurückgehen, der die tatsächliche Ausbeutung der Zeit gewährleistet und Letztere in ein System des Tauschs und des Maßes einführt. Das Problem ist exakt, diesen Machapparat aufzuspüren und zu sehen, wie die Gefängnis-Form tatsächlich zu einem Teil und Instrument dieser Machtbeziehungen werden konnte. Bislang untersuchte man das Raster möglicher Ableitungen: zum Beispiel, wie sich innerhalb des theoretischen und praktischen

Strafsystems das eine an das andere anschließt, seien es die Ideen, seien es die Institutionen. Jetzt geht es darum, herauszufinden, welche Machtverhältnisse das historische Auftreten von so etwas wie dem Gefängnis möglich gemacht haben. Nach einer archäologischen Analyse geht es nun darum, eine dynastische, genealogische Analyse vorzunehmen, die die Frage der Herkunft von den Machtbeziehungen aus stellt.[2]

*

Das Gefängnis wurde also quer zum Raster der Ableitung der Theorien und Praktiken eingeführt, und zwar plötzlich, gewaltsam. Woher kommt mithin diese Form? Denn auch wenn sie quer zum Raster der Ableitung des Strafsystems liegt, bildet sie sich nicht im Moment dieser Interferenz selbst heraus.

Ich möchte mit dieser Analyse ausgehend von einem Einwand beginnen:[a] Ist es nicht gewagt zu sagen, dass das Gefängnis gegen Ende des 18. Jahrhunderts plötzlich innerhalb des Strafsystems aufkam, wenn man in einer Gesellschaft lebt, die die klösterliche Klausur kennt, die Kloster-Form, die es seit Jahrhunderten gibt? Wäre es nicht vernünftiger zu untersuchen, ob man die Genealogie der Gefängnis-Form nicht von einer bestimmten Form der klösterlichen Gemeinschaft aus nachzeichnen kann? Waren in Frankreich die Gefängnisse doch in Klöstern untergebracht: Die Einsperrung in Gefängniszellen fand im klösterlichen Raum ihren Anknüpfungspunkt.

Doch diese Verwandtschaft stößt auf einen grundlegenden Einwand: Man darf nicht vergessen, worin die Funktion der klösterlichen Klausur bestand. Von welcher Seite besteht nämlich Durchlässigkeit? Hier geht es nicht darum, jemanden daran zu hindern, in die Außenwelt zu gelangen, rauszukommen, sondern darum, die Orte, die Körper, die Seelen vor der Außenwelt zu schützen: Die Klausur schließt das Innere gegenüber allen

---

a Manuskript (S. 3): »Das Problem wird sich klären, wenn man zwei Einwänden nachgeht: der religiösen Einsperrung und der politischen Einsperrung.«

möglichen Angriffen von außen ab; sie gehört zu den heiligen Orten, in die man nicht beliebig eintreten kann. Die Klausur sperrt die Freiheit von jemandem somit nicht in einen Ort ein, aus dem er nicht herauskommt und bezüglich dessen das Außen unerreichbar wäre; sie definiert einen geschützten inneren Ort, der von außen unzugänglich sein soll. Die Welt wird draußen und nicht das Individuum drinnen gehalten. Die Welt draußen wird ausgesperrt. Somit besteht zwischen der strafenden Einsperrung und der klösterlichen Klausur ein grundlegender Unterschied.[3] Sicher, die Zurückgezogenheit ist mit der Sünde verbunden; doch auch wenn sie durch die Sünde begründet ist, ist sie *per se* keine Strafe. Sie wird als *Voraussetzung* für die Buße, Reue angesehen, als ein Ort, der aufgrund des sakralen Charakters seiner Einsamkeit dieser förderlich ist, der erlaubt, dass die Strafen (Fasten, Geißelung etc.) zu Akten der Buße werden und dass das Individuum sich mit Gott versöhnt. Die Zurückgezogenheit gewährleistet nicht die Buße selbst, sondern den Umstand, dass die Strafen, die man sich auferlegt, für die Erlösung der Seele und Versöhnung des Menschen tatsächlich als Buße zählen, so dass das Zeichen wahrer Reue in der Liebe zur Zurückgezogenheit liegt.

Wenn man ab einem bestimmten Moment hinsichtlich der Gefängnisse eine gewisse Wiederkehr der Thematik der christlichen Zurückgezogenheit findet, ist dies spät, im 19. Jahrhundert. Dabei stützt sich das Wiederauftauchen der christlichen Thematik auf die medizinische Thematik der therapeutischen Isolierung und die soziologische Thematik der Abkehr vom Verbrechermilieu und wird auch so verhandelt.[4] Das ist aber lediglich eine nachgeordnete Wiederaufnahme, die sich an die medizinische und soziologische Ausrichtung des Gefängnisses anschloss, denn ursprünglich erschien das Gefängnis nicht als Fortsetzung der Institution des Klosters, als deren Endpunkt.[a] Sicher hat die Kirche in einem gewissen Umfang die strafende

a Das Manuskript (S. 5) fügt hinzu: »Nicht von einem klösterlichen Vorbild des Gefängnisses sprechen.«

Einsperrung praktiziert – doch in welchem Umfang genau? Im Grunde genommen in drei ganz bestimmten Fällen. Erstens hat sie – wie alle damaligen Strafsysteme – die nicht-strafende Einsperrung praktiziert, das heißt als Garantie, zum Beispiel bevor jemand verurteilt wird, während der Untersuchungshaft oder vor der Überstellung an ein Kirchengericht.[5] Zweiter Fall: Man findet auch die strafende Einsperrung, allerdings dann, wenn es darum geht, die Geistlichen der Kirchengerichtsbarkeit zu entziehen; dann ist die Einsperrung auch eine kanonische Strafe, die man in den verschiedenen Fassungen des kanonischen Rechts findet, aber diese Strafe ist seit Ende des Mittelalters stark zurückgegangen, und in Frankreich wurde der Kirche die kirchenrechtliche Einsperrung 1629 untersagt.[6] Dritter Fall, man findet auch die religiöse und strafende Einsperrung, doch werden die Geistlichen oder Laien dann als Strafe an Orten wie Frauenklöstern eingesperrt.[7] Das ist zum Beispiel bei den *lettres de cachet* der Fall.[8] Auf jeden Fall sieht man aber, dass man die strafende Einsperrung nicht als eine allgemeine kirchliche Praktik betrachten kann; sie existierte lediglich für die Geistlichen im Mittelalter, und abgesehen von diesen wurden die Gefangenen von der weltlichen Macht eingesperrt. Ich denke von daher nicht, dass man sagen kann, dass die Einsperrung die Laizisierung einer katholischen Strafe ist. Das Gefängnis ist nicht das Kloster des Industriezeitalters.[9]

Trotzdem stimmt es, dass die strafende Einsperrung tatsächlich in religiösen Milieus geboren wurde, aber in Milieus, denen die Kloster-Form nicht nur fremd ist, sondern die ihr sogar vollkommen ablehnend gegenüberstehen. Man findet sie nämlich ab dem 17. bis Ende des 18. Jahrhunderts in ihrer anfänglichen Form in den nicht-katholischen Gemeinschaften wie den angelsächsischen protestantischen *Dissenters*.[10] Ich greife als Beispiel eine dieser Gemeinschaften heraus, die sicherlich die früheste und die beim Aufbau dieser neuen Strafform des Gefängnisses bemühteste war: die Gesellschaft der amerikanischen Quäker.[11] Historisch betrachtet, lehnten die dissidentischen Gemeinschaften das englische Strafsystem aus einer Reihe von Gründen ab, die hauptsächlich sachlicher Natur waren: Für sie ging es darum, Übergriffe der anglikanischen Macht auf ihr eigenes Moralsystem zu verhindern; folglich musste sich jede Gruppe ihr eigenes Gesetz geben sowie eine Sanktionierung ihres Gesetzes, also ein Strafsystem.

Um genauer zu sein, ist das englische Strafgesetz ab dem 17. [bis Ende des 18.] Jahrhunderts von einer außerordentlichen Härte – in Zusammenhang mit den revolutionären Bewegungen, die es in dieser Zeit gibt –, so dass etwa zweihundert Straffälle mit der Todesstrafe bestraft werden. Einige dieser Bewegungen lehnten die Todesstrafe jedoch ab. Auch die Quäker wollten, als sie sich in Amerika niederließen, aus dem englischen Strafsystem ausbrechen und ein neues Strafgesetzbuch ausarbeiten, in dem die Todesstrafe nicht vorkommt. Damit stießen sie bei den englischen Verwaltern auf Ablehnung, und es entspann sich bis zur Unabhängigkeit im Stillen ein Kampf mit der englischen Verwaltung. Bei der Unabhängigkeit Pennsylvanias erfolgt als erste Maßnahme die Einschränkung der Todesstrafe und die Einsetzung eines neuen Strafarsenals, zu dem neben der Verstümmelung, der Peitsche und den Regierungsarbeiten das Gefängnis gehört. 1790 wird die Todesstrafe nur in ein oder zwei Fällen angewendet, und das Gefängnis wird zur Hauptstrafe.[a]

So kann man sagen, wenn es wahr ist, dass die Gefängnis-Form als Institution und Praktik nicht aus den Strafrechtstheorien Beccarias, Brissots etc. abgeleitet werden kann, dann lässt sie sich aus der Vorstellung der Quäker von Religion, Moral und Macht ableiten. Für die Quäker sollte die politische Macht im Normalfall nämlich kein anderes Ziel und keinen anderen Zweck haben, als moralische Teilungen vorzunehmen: Die Macht entspricht ihrer wahren Bestimmung nur, wenn sie nichts anderes ist als eine Kraft des Zwangs und der Moral. Die Macht soll Moral sein, und jenseits dieser Moral der Macht ist jede Politik

a Das Manuskript (S. 7) fügt hinzu: »Dann, 90, Abschaffung der Regierungsarbeiten, die durch das Gefängnis ersetzt werden.«[12]

zu ächten. Wie Burroughs sagt, muss die Regierung »die Bösen bestrafen und ausmerzen«, sie muss »die, die Gutes tun«, rühmen und belohnen; sie muss »die Person und die Güter der Menschen gegen die Gewalt und Verbrechen der Bösen schützen«.[13] Der Grundbegriff, der die Macht rechtfertigt, ist das Böse:[a] Nur weil es das Böse und die Bösen gibt, rechtfertigt sich die Macht durch deren Beseitigung, und am Ende muss sie sich nach der Beseitigung der Bösen selbst abschaffen; dann bleibt allein die Gemeinschaft der Gerechten, die miteinander kommunizieren und aus eigenem Antrieb zusammen Gutes tun können. Der im Hinblick auf die politische Gestaltung zentrale Charakter des Bösen[b] ist eines der Fundamente des Politikbegriffs der Quäker. Damit hat man nun aber eine Definition des Verbrechens, des Vergehens, die sich vollkommen von der unterscheidet, die man bei Beccaria oder Brissot findet: Bei diesen Reformern bestand das Problem darin, das Vergehen [klar] von der Verfehlung zu unterscheiden und das Vergehen mit Blick auf die Gesellschaft zu definieren, unabhängig vom Gesetz der Religion oder vom Naturrecht, dem der Mensch unterliegt; folglich kann sich das Vergehen nicht mit der Verfehlung oder der Sünde decken, es ist kein moralisches Vergehen, sondern ein Verstoß gegen das Gesetz, das vom Souverän formuliert und von der gesellschaftlichen Nützlichkeit begründet wird.[14] Was für die Quäker hingegen strafbar ist, ist vor allem das Böse, das von der Moral und der Religion definiert wird.

Das Problem, das sich dann stellt, lautet: Wenn es stimmt, dass das Böse existiert und dass es einer Macht bedarf, um zu versuchen, es zu beseitigen, welches Recht kann dann die menschliche Macht für eine so gigantische Aufgabe wie die Beseitigung des Bösen in Anspruch nehmen? Ist nicht Gott selbst, der das Böse geschehen ließ, derjenige, der es beseitigen muss? Wenn es wahr ist, dass das Böse universal ist, dann ist es ebenso wahr,

---

a Manuskript (S. 7): »Moralischer Machtbegriff.« Randbemerkung: »Die Existenz des Bösen begründet die Macht.«

b Das Manuskript (S. 7) fügt hinzu: »der zentrale Charakter des Begriffs des *evil (evil men, evil doers)*«.

dass die Heilswege immer allen offenstehen, in jedem Augenblick. Niemand ist von vornherein verdammt. »Das Meer der Nacht und des Todes« ist, wie Fox sagt, überall, aber »das Meer des Lichts und der Liebe« ist ebenso überall und wird es hinwegschwemmen;[15] »jeder Mensch wird vom göttlichen Licht erleuchtet, [und] ich habe es in jedem Menschen durchscheinen sehen«.[16] So hat sich Gott von niemandem zurückgezogen, jeder kann ihn mithin wiederfinden; und wenn es in jemandem das Gute gibt, müssen alle es sich zur Aufgabe machen, dieses Licht zu entzünden und zum Leuchten zu bringen. Die Beziehung zu Gott muss also nicht mittels Gegenständen und Riten erfolgen. Frömmigkeit ist keine Sache von heiligen Stätten oder besonderen Momenten; jeder Mensch kann in jedem Moment und an jedem Ort, in tiefster Einsamkeit oder in der Gemeinschaft Gott begegnen. Um dieses Licht in sich zu erfassen, bedarf es zweier Voraussetzungen: eines geradlinigen Geistes, der nicht von Leidenschaften und Weltbildern beeinträchtigt wird, und mithin der Zurückgezogenheit. Dabei kann man jedem helfen, das Licht zu finden, das in ihm ist. Deshalb die Bedeutung der Einsamkeit, der Zurückgezogenheit, aber auch des Gesprächs, der Unterweisung, der gemeinsamen Suche.[a]

Daraus kann man nun den Aufbau des Gefängnisses von Philadelphia ableiten,[17] dessen Beschreibung sich in einem Text La Rochefoucauld-Liancourts findet: *Des prisons de Philadelphie* (1796). In der Tat übernimmt ab 1780-1790 eine Gesellschaft von Quäkern den Aufbau und die Verwaltung des Strafwesens von Pennsylvania. Was sind nach La Rochefoucauld die Leitlinien hierbei? Es geht darum, »die Gefangenen dazu zu bringen, all ihre alten Gewohnheiten zu vergessen«,[18] »in ihnen all ihre früheren Leidenschaften auszulöschen, die Bilder, die

---

a Das Manuskript (S. 9) fügt hinzu:
»Aber wenn Gott in jedem Menschen zugegen ist, wenn jeder Mensch irgendein Licht in sich trägt, kann man in ihm Gott begegnen (vorausgesetzt, er hat das Licht in sich nicht erstickt): Man kann ihm also auch helfen, das Licht zu finden. Daher die Bedeutung der Unterweisung, der Zeugenschaft, der gemeinsamen Suche nach dem Licht.«

sich in ihrem Geist festgesetzt haben«. Im Grunde muss der Geist wieder leer und rein werden, damit das göttliche Licht, das sich darin befindet, von neuem aufleuchtet. Außerdem muss man bei dem Häftling eine »vollkommene Änderung der Ernährung hinsichtlich Qualität und Art« herbeiführen, die, »indem sie sein Blut vollständig erneuert, besänftigt, abkühlt, seine Seele weich macht und sie für die Süße bereitmacht, die ihre Reue mit sich bringt«.[19] Dies ist die Phase der Einzelhaft; der Häftling wird isoliert, ohne Informationen, die die Außenwelt berühren, und ohne Kommunikation. »In dieser völligen Verlassenheit von jeglichem Lebewesen wird er [dann] dazu gebracht, in sich zu gehen, über seine Verfehlungen nachzudenken, deren Bestrafung er so bitter fühlt.«[20] Nach dieser Einkehr in sich darf er wieder Gesprochenes vernehmen: Die Häftlinge werden das Recht haben, niemand anderen als die Inspektoren zu hören, die kommen, um sich mit ihnen zu unterhalten, »versuchen sie kennenzulernen, sie ermahnen, sie trösten, ihnen Mut zusprechen, sie mit sich selbst versöhnen. Diese Gespräche sind nicht häufig, sie wären dann weniger wirkungsvoll. Ihre Gesichter sind immer heiter, nie fröhlich.«[21] Respekt, Kälte, Trostlosigkeit und Stille sollen in den Gefängnissen herrschen.[a]

Für diese Einrichtung wird der Begriff des *»penitentiary«* (frz.: *pénitentier*; dt.: Buß- und Besserungsanstalt) benutzt. Ein unglaubliches Wort. Wie kann man tatsächlich von Buße sprechen in einer Zeit, in der die Gesellschaftstheorie und das gesamte praktisch-theoretische Strafwesen voraussetzen, dass es ein Verbrechen nur dann gibt, wenn die Gesellschaft geschädigt wird, und Strafe nur, insofern die Gesellschaft sich zu verteidigen hat, und dass zwischen Sünde und Verbrechen, Strafe und Buße kein grundsätzlicher Zusammenhang besteht? Wie ist das Aufkommen des Begriffs der Buß- und Besserungsanstalt zur Bezeich-

a Das Manuskript (S. 10) fügt hinzu:
»Diesem System entspricht die Einrichtung des Walnut-Street-Gefängnisses. [Die Anordnung besteht hier in] Zellen, von denen jede auf einen kleinen Garten zeigt, einen Zentralhof, der die Überwachung erlaubt; und für jeden Gefangenen in individueller Arbeit.«

nung einer Institution zu erklären, die ein Strafsystem für seine Strafen verwenden wird? Hier besteht eine Heterogenität: Auf der einen Seite hat man ein juristisches Prinzip, nämlich das der Bestrafung infolge eines Vergehens und zum Schutz der Gesellschaft, und auf der anderen Seite ein moralisches Prinzip der Strafe, die ein Prozess der Buße im Anschluss an eine Verfehlung wäre. Dies zieht eine Reihe von Konsequenzen nach sich.

Erstens hätte man die erste echte Übertragung der christlichen Moral auf das Strafsystem, da die Strafjustiz in der christlichen Welt bis dahin nicht christianisiert war. Mir scheint, dass zwischen dem Christentum und dem Strafrechtsystem immer eine Undurchlässigkeit bestand. Als sich das Verbrechen durch den Streit definierte und das Problem folgerichtig in der Beseitigung des Streits und der Wiedergutmachung des Vergehens bestand, hatte man ein Strafsystem, das nicht *per se* mit dem christlichen System homogen war. Etwas später, Ende des Mittelalters, als man den Souverän als denjenigen in Erscheinung treten sieht, der immer zusammen mit dem Opfer des Streits geschädigt wird, hat man eine Strafrechtspraxis, die zum römischen Begriff des *crimen maiestatis* zurückkommt, und kein Eindringen des Christentums in das Recht.[22] Der Prozess, der in Wahrheit vom germanischen Recht der Wiedergutmachung der Streitfälle zum Recht des 17. Jahrhunderts geführt hat, ist nicht die Christianisierung: Es ist das Problem der Einziehung der Abgaben im Zuge des Strafverfahrens, das zu einer Reihe von Transformationen geführt hat, wie der Quasi-Verstaatlichung der Justiz in Frankreich, ohne dass das Christentum dabei ein Wort mitzureden gehabt hätte.[23] Das alte germanische Recht wurde fiskalisiert.[a]

Außerdem ist nicht zu sehen, weshalb die Kirche als solche versucht haben sollte, die weltliche Justiz in Beschlag zu nehmen, wo sie doch ihre eigenen Kontrollinstanzen, ihre eigenen Repressions- und Strafmechanismen, ihre eigenen Abgabeverfah-

a Manuskript (S. 11), am Rand: »Eher eine Fiskalisierung der Kriminaljustiz als eine Christianisierung des germanischen oder römischen Rechts«.

ren hatte. Ihr Interesse als Institution und ideologische Einheit schloss den Versuch einer Verschmelzung mit den weltlichen Mechanismen der Bestrafung, einer Vermischung der gerichtlichen Strafen mit den religiösen Bußübungen in ein und derselben Strafe aus. Doch zu dieser Vermischung kommt es im 18. Jahrhundert im Moment der so genannten Dechristianisierung. Und diese erste Verkettung von christlicher Moral und Rechtspraxis erfolgt nicht auf der Ebene der Grundsätze. Nicht dank eines ideologischen Einflusses bricht das christliche Gewissen in das Strafsystem ein, sondern von unten, dem letzten Stadium des Strafprozesses:[a] dem Gefängnis, der Strafe. Das christliche Gewissen wird durch den Strafvollzug in das gesamte Straf- und Justizwesen einfallen und dieses durchdringen. Die nie gemachte, sich aber immer im Begriff befindliche Vermischung von Verbrechen und Sünde hat den Ort ihrer Möglichkeit im Gefängnis.[b] So kam es zur Weckung von Schuldgefühlen gegenüber dem Verbrechen, deren Folgen sich in anderen Bereichen bemerkbar machen: der Psychiatrie, der Kriminologie.

Zweitens, wenn es stimmt, dass das Gefängnis nach dem pennsylvanischen Modell funktioniert, wird das Problem der Kenntnis des Gefangenen zu einem zentralen Problem. Bei diesem System besteht die Aufgabe des Gefängnisses nicht schlicht und einfach darin, zu gewährleisten, dass die Strafe erfolgt und bis zum Ende vollzogen wird, sondern gleichzeitig auch darin, den gesamten Verlauf der Strafe durch eine Überwachung zu verdoppeln, die sich nicht nur auf ihren Vollzug, sondern auch auf die innere Wandlung des Gefangenen innerhalb seiner Strafe erstreckt. Die Strafe ist nicht nur ein Akt, der sich vollzieht, sondern ein Prozess, der sich abspielt und dessen Auswirkungen auf denjenigen, der dessen Gegenstand ist, kontrolliert werden müssen. »Der *constable* [Polizist], der den Gefan-

a Das Manuskript (S. 11) fügt hinzu: »seine seltsame Lokalisierung«. Am Rand: »der Aufstieg der Bußanstalt von unten«.

b Manuskript (S: 11): »So erklärt sich der *Zellen*charakter des Gefängnisses.«

genen überstellt, händigt den Inspektoren einen knappen Bericht aus über sein Verbrechen, die erschwerenden oder mildernden Umstände, die Umstände seines Prozesses, die Delikte oder Verbrechen, deren er früher angeklagt werden konnte, schließlich den aus seinem bisherigen Leben bekannten Charakter des Mannes. Dieser Bericht, den das Gericht schickt, das das Urteil gesprochen hat, versetzt die Inspektoren in die Lage, sich eine erste Meinung zu bilden über den neuen Häftling und die mehr oder weniger überwachungsintensive Behandlung, deren er bedarf.«[24]

Bei diesem Programm zur Sammlung von Erkenntnissen, die man über den Gefangenen, den Kriminellen als Gegenstand des Wissens, gewinnen soll, sieht man einige Elemente auftauchen, die von großer historischer Bedeutung sein werden: die Notwendigkeit eines Registers, einer Gerichtsakte, einer biographischen Akte und einer über die Beobachtungen zum Charakter des Menschen, einer der Inspektoren, die der Überwachung dient, das heißt der Kontrolle der Strafe und der Überwachung der medizinischen und religiösen Transformation. Diese Institution eröffnet somit ein ganzes Feld für ein mögliches Wissen. Zu derselben Zeit kommt auch die Krankenhausstruktur auf, die zu einem institutionellen Raum führt, in dem der Mensch als Körper erkannt werden wird. So entstehen gleichzeitig die Grundlagen für das, was zur Wissenschaft der Anatomie und Physiologie des Menschen werden wird, und für so etwas wie die Psychopathologie, die Kriminologie und die Soziologie: Was das Krankenhaus für den Körper ist, ist das Gefängnis für die Seele.

Schließlich sieht man, drittens, wie es zu der herausragenden Präsenz des Religionsmenschen innerhalb des Gefängnisses kommt. Dass die Religion die Strafe in dieser Art begleitet, ist tatsächlich ein neues Phänomen. Die Strafe wird nämlich zur Buße, und das Strafsystem ist im Begriff, sich zu christianisieren. Neu ist dies, da es sich nicht mehr um den Priester im Kontext der Todesstrafe handelt; bis dahin war er da, um eine Doppelrolle zu spielen: die Seele des Verurteilten der Möglichkeit der Rettung zu versichern, indem er ihm den Beistand der Kirche gewährt, und demjenigen, der ihn verurteilt, die Gewissheit einer Todsünde zu ersparen, wenn er jemanden in den Tod schickte, den man nicht hätte retten können. Im neuen Strafsystem hat man nun aber einen Priester, der die Strafe die ganze Zeit hindurch begleiten wird, insofern sie Buße sein soll. Der Priester soll Zeuge, Garant und Instrument des Wandels sein, den die Strafe herbeiführen soll. So ist die [Gegenwart] des Priesters im Gefängnis für diesen Prozess absolut konstitutiv: Die Weckung von Schuldgefühlen bezüglich des Verbrechens hat als Ort das Gefängnis und als Instrument den Priester. Obwohl das Gefängnis der Kirche im Wesentlichen fremd war, sieht man es zu einem ihrer bevorzugten Gegenstände werden; innerhalb der Bewegung [der Christianisierung] wird es zusammen mit dem Asyl ein bevorzugter Ort sein. Das Gefängnis wird ein Raum sein, innerhalb dessen ein Wissen möglich wird und – gleichzeitig und aus denselben Gründen – ein von der Religion besetzter Ort.

So erklärt sich auch der Eindruck von der Althergebrachtheit des Gefängnisses, von dem man sich so schwer löst: Wenn es so tief in unserer Kultur verwurzelt zu sein scheint, dann genau deshalb, weil es mit dem Gewicht der christlichen Moral versehen geboren wurde. Sie verleiht ihm eine historische Tiefe, die es nicht hat. An der Schnittstelle von christlicher Moral mit ihrer jahrtausendealten Mächtigkeit und einem Wissen, das in Wirklichkeit erst aus ihm geboren wird, das aber dazu diente, es zu rechtfertigen und rational zu begründen, erscheint das Gefängnis als nicht wegzudenken, gefangen in einer Art »Evidenz«; so hält es sich endlos.

Man kann also nicht sagen, dass es ein altes religiöses Modell reproduziert, das des Klosters, sondern dass sich über dieses eine neue Form von juridisch-religiöser Verbindung aufbaut. Der Begriff der *Buß- und Besserungsanstalt (pénitentiaire)* war damals ganz erstaunlich, auch wenn er für uns diese Leuchtkraft verloren hat. Doch 1830 sagen diejenigen, die sich wie Julius damit befassen,[25] sehr wohl, dass das Element der Buße und Besserung die große Erfindung des modernen Strafwesens ist; und ihr Problem besteht genau darin, alle Einrichtungen, die der Bestrafung dienen, aus dem Blickwinkel einer Besserungswissenschaft zu kritisieren. Die Frage ist dann, wie dieses kleine Modell, das auf der anderen Seite des Atlantiks das Licht der Welt erblickte, sich fast zeitgleich in der europäischen Welt wiederfinden kann. Welcher ökonomische, politische und soziale Hintergrund hat das Auftauchen der Buß- und Besserungsanstalt, die zunehmende Rechristianisierung des Verbrechens möglich gemacht?[a]

Anmerkungen

1 Die Rede von Le Peletier de Saint-Fargeau, auf die sich Foucault bezieht, findet sich in seinem »Rapport sur le projet du Code pénal« an die Nationalversammlung, 23. Mai 1791, *Archives parlementaires de 1787 à 1860*, S. 319-345, s. S. 322, Sp. 1; diese Passage wird in der Zusammenfassung der Vorlesungen genannt, hier S. 345. Die Bezugnahme auf Blackstone, Howard und Fothergill verweist auf ihren Entwurf des 1779 erlassenen Gesetzes (vgl. oben, S. 113, Anm. 14).

2 Diese Zeilen bieten eine signifikante Gegenüberstellung der archäologischen Methode und der genealogischen Methode (Studie der Herkunft). Foucault benutzt hier auch die Begriffe »genealogisch« und »dynastisch« äquivalent; vgl. »Théorie et Institutions pénales«, 13. Vorlesung. Die Methode der Archäologie wurde einige Jahre zuvor ausgearbeitet in *L'Archéologie du savoir* (Paris: Gallimard, 1969; dt.: *Archäologie des Wis-*

---

a Das Manuskript (S. 13) enthält zwei weitere Absätze:
»Anmerkungen.
(α) Gegenwärtig findet man in den modernen Gefängnissen wenn auch nicht die architektonische Form, so doch zumindest das Strafmodell der Walnut Street wieder. Die Isolierung, das ethisch-psychologische Gespräch, der Bruch mit der Umwelt, die Verwendung von Beruhigungsmitteln, die relative Individualisierung der Strafe entsprechend dem Strafverhalten, all das kommt direkt aus diesem kleinen Kern.
(β) Die architektonische Form der Walnut Street bereitet den Weg für
– die Arbeitersiedlungen (Einzelwohnungen + kleiner Garten zur Individualisierung → Verhinderung von Gruppeneffekten)
– die großen Gefängnisse, deren erstes Modell Bentham liefert.
K [loster]-F[orm] + Arbeitersiedlung → Walnut Street.«

sens, übers. v. U. Köppen, Frankfurt/M.: Suhrkamp, 1981). Wir befinden uns hier an einer Scharnierstelle, an der Foucault die genealogische Methode entwickelt, die er bereits 1970 in seiner Inauguralvorlesung am Collège de France, *L'Ordre du discours*, a.a.O.; dt.: *Die Ordnung des Diskurses*, a.a.O., erwähnt und angekündigt hat und die er zwei Jahre nach dieser Vorlesung über die »Strafgesellschaft« in *Überwachen und Strafen*, a.a.O., anwenden wird. Die erste Methode gründet sich auf die Untersuchung der Ableitungen; hierzu folgendes Beispiel: der »Komplex des Strafrechts, der durch das Verbot und die Sanktion, das Gesetz gekennzeichnet ist [und der] [...] eine bestimmte Theorie des Vergehens als feindlichen Akt gegenüber der Gesellschaft mit sich [bringt,] [...] leitet sich archäologisch kohärent aus der staatlichen Institutionalisierung der Justiz ab, die dazu führt, dass man seit dem Mittelalter eine Justizpraxis hat, die der Ausübung einer souveränen politischen Macht unterliegt« (Vorlesung vom 7. Februar, hier S. 114f.). Die zweite gründet sich auf eine Analyse der produktiven Effekte der Machtbeziehungen. Hier wird die genealogische Frage klar formuliert (oben, S. 122f., s. S. 123): »welche Machtbeziehungen [haben] das historische Auftreten von so etwas wie dem Gefängnis möglich gemacht«?
Foucault nimmt diese Unterscheidung zwischen »Archäologie« und »Dynastik« in einem Gespräch mit S. Hasumi im September 1972 wieder auf, »De l'archéologie à la dynastique« (geführt in Paris am 27. September 1972, in: *Umi*, März 1973, S. 182-206), DE II, Nr. 119, S. 406; dt.: »Von der Archäologie zur Dynastik«, DE II, Nr. 119, S. 506: »[I]ch wechsle die Ebene: Nachdem ich die Diskurstypen analysiert habe, versuche ich zu verstehen, wie sich diese Diskurstypen historisch bilden konnten und auf welche historischen Realitäten sie sich beziehen. Was ich die ›Archäologie des Wissens‹ nenne, ist genau die Bestimmung und Beschreibung dieser Diskurstypen, und was ich die ›Dynastik des Wissens‹ nenne, ist das Verhältnis zwischen diesen großen Diskurstypen, die man in einer Kultur beobachten kann, und den historischen, wirtschaftlichen und politischen Bedingungen ihres Auftretens und ihrer Bildung. So wurde *Les Mots et les Choses* zu *L'Archéologie du savoir*, und das, woran ich gerade arbeite, liegt auf der Ebene der Dynastik des Wissens«; eine Analyse, die fortgesetzt wird in *Surveiller et Punir*, S. 27; dt.: *Überwachen und Strafen*, S. 33: »Thema dieses Buches ist [...] eine Genealogie des heutigen Wissenschaft/Justiz-Komplexes, in welchem die Strafgewalt ihre Stützen, ihre Rechtfertigungen und ihre Regeln findet, ihre Wirkungen ausweitet und ihre ungeheure Einzigartigkeit maskiert.«
Foucault wird diesen Gegensatz im darauffolgenden Jahr in seiner Vorlesung von 1973-1974, *Le Pouvoir psychiatrique*; dt.: *Die Macht der Psychiatrie*, weiterverfolgen. Indem er kritisch auf *Wahnsinn und Gesellschaft* zurückkommt, arbeitet er dort das aus, was man als Genealogie des Wissens oder des Diskurses bezeichnen könnte – eine Unter-

suchung, auf welche Weise Machtbeziehungen diskursive Praktiken hervorbringen: »die diskursive Analyse der Macht [wäre] im Verhältnis zu dem, was ich die Archäologie nenne, auf einem Niveau – das Wort ›fundamental‹ gefällt mir nicht besonders –, sagen wir, auf einem Niveau, das erlauben würde, die diskursive Praxis exakt an dem Punkt zu erfassen, an dem sie sich bildet« (*Le Pouvoir psychiatrique*, a. a. O., S. 14; dt.: *Die Macht der Psychiatrie*, a. a. O., Vorlesung vom 7. November 1973, S. 29). Vgl. auch M. Foucault, »La vérité et les formes juridiques«, a. a. O., DE II, S. 554 u. 643 f.; dt.: »Die Wahrheit und die juristischen Formen«, a. a. O., S. 703 u. 788 ff.; ders., »Dialogue sur le pouvoir« (Gespräch mit Studenten von Los Angeles, Aufnahme: Mai 1975, in: S. Wade (Hg.), *Chez Foucault*, Los Angeles: Circabook, 1978, S. 4-22; übers. v. F. Durand-Bogart), DE III, Nr. 221, S. 468 f.; dt.: »Gespräch über die Macht«, DE III, Nr. 221, S. 595; ders., *»Il faut défendre la société«*, a. a. O., S. 11; dt.: *In Verteidigung der Gesellschaft*, Vorlesung vom 7. Januar 1976, S. 19: »Die Genealogie wäre also im Hinblick auf das Projekt der Einschreibung der Wissen in die der Wissenschaft eigene Machthierarchie eine Art Unternehmen, um die historischen Wissen aus der Unterwerfung zu befreien«; ders., »Structuralisme et poststructuralisme« (Gespräch mit G. Raulet, in: *Telos*, Bd. XVI, Nr. 55, Frühjahr 1983, S. 195-211), DE IV, Nr. 330, S. 443; dt.: »Strukturalismus und Poststrukturalismus«, DE IV, S. 546 f.

Vgl. für eine neuere Diskussion A. Davidson, »On Epistemology and Archeology: From Canguilhem to Foucault«, in: ders., *The Emergence of Sexuality. Historical Epistemology and the Formation of Concepts*, Cambridge, Mass.: Harvard University Press, 2004, S. 192-206.

3 Diese Bemerkung könnte als eine Kritik an dem Werk Erving Goffmans über die so genannten »totalen« Institutionen (*total institutions*) gelesen werden, in die Goffman die Klöster, Frauen- wie Männerklöster, eingeschlossen hatte, alles in allem die religiösen Einrichtungen, die er als »Einrichtungen, die als Zufluchtsorte vor der Welt dienen« bezeichnete (*Asylums: Essays on the Social Situation of Mental Patients and Other Inmates*, New York: Doubleday, 1961; dt.: *Asyle. Über die soziale Situation psychiatrischer Patienten und anderer Insassen*, übers. v. N. Lindquist, Frankfurt/M.: Suhrkamp, 1973, S. 16). Gemäß Daniel Defert hatte die Praxis der GIP selbst innerhalb der Gruppe zu einer theoretischen Ablehnung der Analysen Goffmans geführt. Die Analyse Foucaults über die Art der Beziehungen zwischen drinnen und draußen scheint hier einen Dialog über diese Punkte anzudeuten; vgl. hier auch die Situierung der Vorlesungen, S. 371-375.

4 Hinsichtlich der medizinischen Thematik der therapeutischen Isolierung, in *Wahnsinn und Gesellschaft. Eine Geschichte des Wahns im Zeitalter der Vernunft*, a. a. O., Dritter Teil, 4. Kapitel: »Die Entstehung des Asysls«, verfolgt Foucault den Ursprung der psychiatrischen Internierung bis zur Theorie der »moralischen Behandlung« der Geistes-

kranken, die in Frankreich von Philippe Pinel (1745-1826) und sodann von Jean-Étienne Esquirol (1772-1840) entwickelt wurde, zurück und verbindet sie mit den Praktiken der Quäker. Der Quäker William Tuke (1732-1822) gründet auf der Basis vergleichbarer Prinzipien 1796 in England in der Nähe von York die *Retreat,* wo die Geisteskranken von der Außenwelt isoliert nach religiösen Prinzipien leben. Wie Foucault festhält, bemerkte Tuke: »Den Einfluß der religiösen Erregungen auf den Geist der Wahnsinnigen zu unterstützen, ist als Mittel der Heilung von großer Bedeutung« (Samuel Tuke [1784-1857], *Description of the Retreat, an Institution near York for insane persons*, York, 1813, S. 121, zit. von Foucault in *Folie et Déraison*, S. 580; dt.: *Wahnsinn und Gesellschaft*, S. 504). Foucault kommentiert die *Retreat*, eine »Komplementärfigur« zu den Praktiken Pinels (ebd., S. 590; dt.: S. 514), ausführlich (ebd. S. 559-590; dt.: S. 482-514).
Hinsichtlich der soziologischen Thematik der Abkehr vom Verbrechermilieu könnte man auf die Diskussionen über das *loi »cellulariste«* von 1875 Bezug nehmen, in denen man eine Synthese der soziologischen Theorie des sozialen Milieus (vgl. G. Tarde, *La Criminalité comparée* [1866]; *Les Lois de l'imitation* [1890]) und des christlichen Begriffs der Sühne durch den spirituellen Rückzug in der Zelle wiederfindet. Die Debatten zu dem Gesetz über die Einzelzelle von 1875 stellen – in einer Linie mit den soziologischen Theorien zur sozialen Degeneration – die Einzelzelle als ein Mittel zur Verhinderung der Ausbreitung des Verbrechens dar. In der Nationalversammlung verteidigt Vicomte d'Haussonville seinen Gesetzesvorschlag, indem er ihn mit der Aussicht auf eine Gesundung Frankreichs verbindet: »Unser Entwurf entspringt einem analogen Anliegen. Es hat die Kommission [die parlamentarische Untersuchungskommission zu den Strafanstalten, unter Vorsitz von Vicomte d'Haussonville] durch ein hochstehendes, moralisches und christliches Denken angeregt« (Sitzung vom 20. Mai 1875, *Annales de l'Assemblée nationale*, zit. n. R. Badinter, *La Prison républicaine (1871-1914)*, Paris: Fayard, 1992, S. 68). Foucault wird auf diese Parallele zu der moralischen Dimension der christlichen Zurückgezogenheit zurückkommen: »Allein in seiner Zelle ist der Gefangene sich selbst ausgeliefert; im Schweigen seiner Leidenschaften und der ihn umgebenden Welt steigt er in sein Gewissen hinunter, befragt es und spürt das moralische Gefühl in ihm erwachen, das im Herzen des Menschen niemals ganz abstirbt« (*Surveiller et Punir*, S. 241; dt.: *Überwachen und Strafen*, S. 305 f., Zitat aus dem *Journal des économistes*, II, 1842).

5 Die Praktik der Untersuchungshaft wurde von der Kirche sehr früh angewendet und entfaltet sich stark mit der Einsetzung der Inquisition im 12. Jahrhundert, die eng mit der säkularen Macht zusammenarbeitet. Dann wird sie – über eine Sicherheitsmaßnahme hinaus – zu einem bevorzugten Druckmittel zum Erhalt von Geständnissen. Vgl. zu diesem Thema: J. Giraud, *Histoire de l'Inquisition au Moyen Âge*, Paris: A. Pi-

card, 1935-1938, 2 Bde.; J.-G. Petit, N. Castan, C. Faugeron, M. Pierre, A. Zysberg, *Histoire de galères, bagnes et prisons. Introduction à l'histoire pénale de la France*. Mit einem Vorwort von Michèle Perrot, Toulouse: Privat, 1991, S. 26-28; J.B. Given, »Dans l'ombre de la prison. La prison de l'Inquisition dans la société languedocienne«, in: I. Heullant-Donat, J. Claustre, E. Lusset (Hg.), *Enfermements. Le cloître et la prison (VIe-XVIIIe siècle)*, Paris: Publications de la Sorbonne, 2011, S. 305-320. Da die Kirche es ablehnte, Blut zu vergießen, wurden die Verurteilten übrigens, wenn von einem Kirchentribunal die Höchstrafe verhängt wurde, dem säkularen Arm übergeben; vgl. J.-G. Petit u.a., *Histoire des galères*, a.a.O., S. 27.

6 Die Rolle der katholischen Rechtsprechung wird ab dem 16. Jahrhundert in dem Maße, wie die königliche Justiz Anspruch auf ihre Zuständigkeit erhob, unaufhörlich geringer; vgl. B. Garnot, *Justice et Société en France aux XVIe, XVIIe et XVIIIe siècles*, Paris: Éd. Orphys, 2000, S. 120. Am 20. Juli 1629 setzt Ludwig XIII. durch das Gnadenedikt von Nîmes, den so genannten »Frieden von Alès«, den protestantischen Revolten ein Ende, indem er die durch das Edikt von Nantes (1598) garantierte protestantische Religion anerkennt. Das Edikt stellt auch die freie Religionsausübung in den Regionen, in denen die Protestanten überwiegen, wieder her und regelt dort die Organisation der Kirche. Es scheint in den Klöstern vor allem die Anwesenheit – und *a fortiori* die Einsperrung – von Laien und Ordensbrüdern auszuschließen, die sich nicht an die Prinzipien halten, die ihr Leben innerhalb des Ordens regeln: »Wir verfügen dennoch, dass in alle Klöster dieser Städte, die wieder unserem Gehorsam unterstehen, keine anderen Ordensbrüder gebracht oder dort festgesetzt werden können als solche, die unter genauer Einhaltung ihrer Ordensregel leben, gemäß den Schreiben, die sie von uns erhalten werden« (C. Bergeal u. A. Durrleman, *Protestantisme et Libertés en France au XVIIe siècle. De l'édit de Nantes à sa revocation 1598-1685*, Carrières-sous-Poissy: La Cause, 2001, S. 71. Vgl. *Journal de la France et des Français. Chronologie politique, culturelle et religieuse de Clovis à 2000*, Paris: Gallimard, 2001; F.-O. Touati (Hg.), »Règle«, in: *Vocabulaire historique du Moyen Âge*, Paris: La Boutique de l'Histoire, 2000 [1995, 1997].

7 Belegt seit dem IV. Jahrhundert (vgl. E. Lusset, »Entre les murs. L'enfermement punitif des religieux criminels au sein du cloîture (XIIe-XVe siècle)«, in: I. Heullant-Donat, J. Claustre, E. Lusset (Hg.), *Enfermements ...*, a.a.O., S. 153-167), nimmt die strafende Einsperrung innerhalb klösterlicher Einrichtungen ab dem VI. Jahrhundert zu (vgl. J. Hillner, »L'enfermement monastique au VIe siècle«, ebd., S. 39-56, v.a. S. 40-42), sowohl für die Laien als auch für die Ordensbrüder, und wird im 12. Jahrhundert mit der Konstitution religiöser Orden allgemein angewendet. Diese Einsperrung, die zwischen einigen Tagen und lebenslänglich variiert, ist je nach Zeit und Region eine Sanktion

für unterschiedliche Versündigungen. Man kann hier die Unterlassung der Beichte der Verfehlungen anführen (vgl. J.-G. Petit, *Histoire de galères, bagnes et prisons*, a.a.O., S. 26), den Ungehorsam gegenüber der säkularen Macht (vgl. P. Hatlie, *The Monks and Monasteries of Constantinople, ca. 350-850*, Cambrige: Cambrige University Press, 2007, S. 165, zit.n.J. Hillner, »L'enfermement monastique ...«, a.a.O., S. 41) oder die Begehung »schwerer Verbrechen« (vgl. C. Vogel, »Les sanctions infligées aux laïques et au clercs par les conciles gallo-romains et métrovingiens«, in: *Revue de droit canonique*, Bd. 2, 1952, S. 186-188; A. Lefebvre-Teillard, »Les officialités à la veille du concile de Trente«, in: *Revue internationale de droit comparé*, Bd. 25 (4), 1973, S. 85, zit. n.V. Beaulande-Barraud, »Prison pénale, prison pénitentielle dans les sentences d'officialité«, in: I. Heullant-Donat u.a., *Enfermements ...*, S. 290).

8 Die Einsperrung von Laien in religiösen Gemeinschaften, die im Mittelalter die Ausnahme war, wurde ab dem 17. Jahrhundert von der königlichen Macht praktiziert, hauptsächlich weil im ganzen Königreich religiöse Einrichtungen vorhanden waren. Gemäß einem Historiker haben »zwischen 1778 und 1784 die [religiösen] Gemeinschaften 30,9% der mittels des *lettre de cachet* Verhafteten eingesperrt« (C. Quétel, *De Par le Roi. Essai sur les lettres de cachet*, Toulouse: Privat, 1981, S. 174f.; vgl. ders., »En maison de force au siècle des Lumières«, *Cahier des Annales de Normandie*, Nr. 13, 1981, S. 43-79). Im Rahmen einer Studie über die *lettres de cachet* erstellt Frantz Funck-Brentano so eine Liste der »Schlösser, Festungen, Stifte und speziellen Häuser in Paris, die die auf Befehl des Königs Gefangenen unterbringen«; vgl. F. Funck-Brentano, *Les Lettres de cachet à Paris. Étude suivie d'une liste des prisonniers de la Bastille (1659-1789)*, Paris: Imprimerie nationale, 1903, S. XXXVIIf. Unter den zahlreichen Klöstern, Stiften und christlichen Schulen verweilt der Autor bei dem Fall des Mathurinenklosters in der rue de la Poste: »Die Gefangenenordnung war vom Erzbischof von Paris festgelegt worden. Aus ihr gingen sämtliche Einzelheiten der internen Führung hervor. Die Gefangenen lebten zusammen, gingen in Begleitung einer Schwester des Klosters aus, und die Oberin erhielt ob der allzu großen Freiheit, die man ihren Gattinnen ließ, unaufhörlich Briefe ihrer irritierten Ehemänner« (ebd., S. XXXVII).

9 Zur Frage der Laizisierung der Einsperrung – des Übergangs von der kanonischen Einsperrung zur bestrafenden Einsperrung – vgl.: A. Porteau-Bitker, »L'emprisonnement dans le droit laïquw au Moyen Âge«, in: *Revie historique de droit français et étranger*, Nr. 46, 1968, S. 211-245 u. 389-428; J. Leclercq, »Le Cloître est-il une prison?«, in: *Revue d'ascétique et de mystique*, Bd. 47, Nr. 188, Oktober – Dezember 1971, S. 407-420.

10 *Dissenters* ist ein Oberbegriff für die Gläubigen, die sich von einer bestehenden Kirche abspalten. Er bezeichnet insbesondere die protestantischen Gemeinschaften, die sich gegen die Lehre und Macht der angli-

kanischen Kirche herausgebildet haben. Vgl.: B.R. White, *The English Separatist Tradition: From the Marian Martyrs to the Pilgrim Fathers*, Oxford University Press, 1971; M.R. Watts, *The Dissenters*, Oxford: Clarendon Press, 1978, 2 Bde.

11 Die *Society of Friends* ist in den 1640er Jahren vor allem unter dem Einfluss von George Fox (1624-1691) entstanden; ihre Anhänger, die Quäker, wurden in der zweiten Hälfte des 17. Jahrhunderts in England verfolgt, zumindest bis zum *Toleranzakt* von 1689. Viele von ihnen sind in dieser Zeit in die Provinz Pennsylvania immigriert, die 1681 von dem Quäker William Penn gegründet wurde. Vgl.: W.C. Braithwaite, *The Beginning of Quakerism*, London: Macmillan and Co., 1912; ders., *The Second Period of Quakerism*, London: Macmillan and Co., 1919; H.H. Brinton, *Friends for 300 years: The History and Beliefs of the Society of Friends since George Fox started the Quaker Movement*, New York: Harper, 1952; P. Brodin, *Les Quakers en Amérique du Nord: au XVIIe siècle et au début du XVIIIe siècle*, Paris: Dervy-Livres, 1985. Foucault hatte die Geschichte der Quäker, das Denken und die Schriften von Samuel Tuke, George Fox und der *Society of Friends* bereits in Zusammenhang mit der Geburt des Asyls studiert; vgl. *Folie et Déraison*, a.a.O., S. 557-590; dt. *Wahnsinn und Gesellschaft*, S. 482-513; das Thema wurde erneut aufgegriffen in »La vérité et les formes juridiques«, DE II, S. 596f.; dt.: »Die Wahrheit und die juristischen Formen«, DE II, S. 737f., und natürlich in *Surveiller et Punir*; dt.: *Überwachen und Strafen*.

12 Trotz Michel Le Peletier de Saint-Fargeaus Versuch, die Todesstrafe abzuschaffen, sah das von der konstituierenden Versammlung 1791 verabschiedete französische Strafgesetzbuch vor, dass sie zur Ahndung von »vierunddreißig Verbrechen politischer Natur sowie für Mord, Vergiftung, Vater- und Muttermord und Brandstiftung« ausgesprochen werden kann (J.-L. Halpérin, *Histoire des droits en Europe de 1750 à nos jours*, Paris: Flammarion, 2004, S. 62). Entgegen den Behauptungen Foucaults sah das Strafgesetzbuch von 1791 die »Fesselstrafe« vor, eine zentrale Einrichtung seines Strafarsenals, die in Artikel 6 definiert wird als: »Zwangsarbeit zugunsten des Staates, entweder in Zwangsanstalten oder in Häfen und Arsenalen, entweder im Bergbau oder zur Trockenlegung der Sümpfe oder schließlich für jede andere Schwerarbeit, die auf Anfrage der Departements vom Gesetzgeber festgesetzt und durch die Zwangsarbeit in den Zuchthäusern ersetzt werden kann« (zit. n. P. Lascoumes, P. Poncela u. P. Lenoël, *Au nom de l'ordre. Une histoire politique du code pénal*, Paris: Hachette, 1989, S. 357). Seit 1972 wird diese Fesselstrafe durch die Zwangsarbeiten in den Zuchthäusern ersetzt; vgl. P. Lascoumes u.a., *Au nom de l'ordre*, a.a.O., S. 67-69; J.-P. Halpérin, *Histoire des droits en Europe ...*, a.a.O.

13 Foucault macht im Manuskript folgende Literaturangabe: »Burroughs (*Works*, S. 247-248)«. Vgl. E. Burroughs, *The Memorable Works of a Son of Thunder and Consolation: Namely That True Prophet, and Faith-*

ful Servant of God, and Sufferer for the Testimony of Jesus, Edward Burroughs, Who Dyed a Prisoner for the Word of God in the City of London, the Fourteenth of the Twelfth Month, 1662, London: Ellis Hookes, 1672, Kap. X (»Concerning Governors, and Governments, and Subjection to them, this testimony I give to the World [1657], S. 247: »Governours, Rulers, and Magistrates [...] such as be a terrour to all evil in their Government, and that fears God and hates covetousness, and delights in Equity, in Justice, and true Judgment, and gives diligent heed to try the cause of the poor, and will judge justly, without respect of men, who justifies the good, and gives praise to the Well-doer; such Government and Governours we reverence, where Sin and Iniquity is kept under, Drunkenness, Swearing, Murther, Quarrelling, and all the ways and works of the flesh are terrified, and a Well-doer praised and justified; this Government of men reaches to the witness of God in every man, and that answers to the justice and righteousness of all such Governours and Government, and these witness that they are of God.« Edward Burroughs (1634-1663) war einer der Gründer der Bewegung der Quäker; vgl. P. Brodin, *Les Quakers en Amérique du Nord*, a. a. O.

14 M. Foucault, »La vérité et les formes juridiques«, DE II, S. 589f.; dt.: »Die Wahrheit und die juristischen Formen«, DE II, S. 729f.: »Das Strafrecht darf allein dasjenige zum Ausdruck bringen, was für die Gesellschaft von Nutzen ist.«

15 George Fox [1624-1691, Gründer der *Society of Friends*], *An Autobiography*, hg. v. R.M. Jones, Philadelphia, Pa.: Ferris and Leach, 1904, S. 87: »I saw, also, that there was an ocean of darkness and death; but an infinite ocean of light and love, which flowed over the ocean of darkness. In that also I saw the infinite love of God, and I had great openings«; und S. 88: »For I had been brought through the very ocean of darkness and death, and through and over the power of Satan, by the eternal, glorious power of Christ.«

16 Ebd., S. 101: »Now the Lord God opened to me by His invisible power that every man was enlightened by the divine Light of Christ, and I saw it shine through all.« Foucault zitiert diese Passage auch in *Überwachen und Strafen* und verbindet sie direkt mit dem Auftauchen des Gefängnisses in Neuengland: »Auf der Linie der Quäker und von Walnut Street wurden nach 1820 die Gefängnisse von Pennsylvania, Pittsburgh, Cherry Hill organisiert« (*Surveiller et Punir*, S. 241, Fn. 4; dt.: *Überwachen und Strafen*, S. 305, Fn. 21.).

17 Foucault wird diese Analyse des Gefängnisses und des Modells von Philadelphia in *Surveiller et Punir*, S. 126f.; dt.: *Überwachen und Strafen*, S. 160f., entfalten. Sein Ansatz stützt sich auf mehrere Texte: *Visite à la prison de Philadelphie, ou Énoncé exact de la sage administration qui a lieu dans les divers départements de cette maison. Ouvrage où l'on trouve l'histoire successive de la réformation des loix pénales de la Pen[n]sylvanie, avec des observations sur l'impolitique et l'injustice des peines*

capitales, en forme de lettre à un ami, par Robert J. Turnbull. Traduit de l'anglais et augmenté d'un plan qui en offre les différentes parties, par le D. Petit-Radel, Paris, Gabon, 1799 (Jahr VIII); N. K. Teeters, *The Cradle of the Penitentiary: The Walnut Street Jail at Philadelphia, 1773-1835*, gefördert von der Pennsylvania Prison Society, 1955, [o. O.]; J. T. Sellin, *Pioneering in Penology: The Amsterdam Houses of Correction in the Sixteenth and Seventeenth Centuries*, Philadelphia, University of Pennsylvania Press, 1944.

18 F.-A.-F. de La Rochefoucauld-Liancourt, *Des prisons de Philadelphie, par un Européen*, Paris: Du Pont, 1796 (»An IV de la République«), S. 11. François-Alexandre-Frédéric, Herzog von La Rochefoucauld-Liancourt (1747-1827), Erzieher und Sozialreformer, gründete die École nationale supérieure des arts et métiers in Châlons. La Rochefoucauld-Liancourt, ein Royalist, immigriert 1792 zunächst nach England und dann in die Vereinigten Staaten, wo er dieses Buch über die Gefängnisse schreibt. Wieder zurück in Frankreich, engagiert er sich in der Politik, wird Mitglied der *Société de la morale chrétienne*, Verfechter der Abschaffung der Sklaverei und beteiligt sich an einer Kommission zur Untersuchung der Gefängnisse.

19 Ebd., S. 14. Vgl. auch oben S. 108 (Fortsetzung von Fußnote 6, S. 107).

20 Ebd.

21 Ebd., S. 27.

22 Vgl. *Surveiller et Punir*, S. 51 f.; dt.: *Überwachen und Strafen*, S. 63 f. Das Majestätsverbrechen, das zur Majestätsbeleidigung werden wird, bezeichnet in der römischen Republik jede Missachtung der Magistrate des römischen Volkes; im Kaiserreich und vor allem mit der Entwicklung des Kaiserkults unter Tiberius ahndet der Begriff dann auch die Kaiserlästerung. Nachdem der Begriff des *crimen maiestatis* zu Beginn des Mittelalters außer Gebrauch gekommen war, nimmt ihn mit der Wiederentdeckung des römischen Rechts die königliche Macht in Beschlag, dabei bewahrt er aber eine gewisse Unschärfe. Ende des Mittelalters erfährt er eine bedeutende Ausweitung, die durch seine Entpersonalisierung gekennzeichnet ist: »die Stellung des Königs und nicht die Person des Souveräns selbst soll mit einer erweiterten Definition der Majestätsbeleidigung geschützt werden« (J. Hoareau-Dodineau, *Dieu et le Roi. La répression du blasphème et de l'injure au roi à la fin du Moyen Âge*, Limoges: Presses Universitaires de Limoges, 2002, S. 169-211, hier S. 205). Vgl. Y. Thomas, »L'institution de la Majesté«, in: *Revue de synthèse*, 1991, Nr. 3-4, S. 331-386; J. Chiffoleau, »Sur le crime de majesté médiéval«, in: *Genèse de l'État moderne en Méditerranée. Approches historique et anthropologique des pratiques et des représentations*, Rom, 1993, S. 183-213.

23 Vgl. J. R. Strayer, *On the Medieval Origins of the Modern State*, a. a. O., S. 29 f. *Die mittelalterlichen Grundlagen des modernen Staates*, a. a. O., S. 26 f.

24 F.-A. F. de La Rochfoucauld-Liancourt, *Des prisons de Philadelphie, par un Européen*, a. a. O., S. 15 f.

25 Vgl. N. H. Julius, *Vorlesungen über die Gefängniß-Kunde*, a. a. O. Im Manuskript bezieht sich Foucault nicht nur auf Julius, sondern auch auf »Charles Lucas«, vgl. oben, S. 116, Anm. 25.

Vorlesung 6
(Sitzung vom 7. Februar 1973)

Die Buß- und Besserungsanstalt, Richtgröße der gesamten gegenwärtigen sozialen Kontrollen. (I) Die Generalisierung der Gefängnis-Form und die Voraussetzungen ihrer Akzeptanz. (A) England. Freiwilligengruppen zur Sicherstellung der Ordnung: 1/Quäker und Methodisten; 2/Gesellschaften zur Beseitigung des Lasters; 3/Gruppen zur Selbstverteidigung; 4/Privatpolizei. – Ein neues Kontrollsystem: Verhaltensweisen beibringen, die lower classes *moralisieren und unter Kontrolle bringen. Colquhoun,* Ueber Londons Polizey *(1797). Drei Prinzipien: 1/die Moralität als Grundlage des Strafsystems; 2/die Notwendigkeit des Polizeistaats; 3/die Polizei nimmt die unteren Klassen ins Visier. – Schlussfolgerungen: 1/der Staat als Vertreter der Moralität; 2/die Verbindungen zur Entwicklung des Kapitalismus; 3/Zwang als Voraussetzung für die Akzeptanz des Gefängnisses. – Aktuelle Bewegungen moralischer Dissidenz: Auflösung der Verbindung Strafwesen – Moralität.*

[a]Ich habe die Tatsache betont, dass das Gefängnis im Element der Buß- und Besserungsanstalt geboren wurde, da bestimmte Historiker dazu neigen zu sagen, das Gefängnis habe seit langem als leere Form existiert, in der man Individuen zusammengepfercht fand, ohne dass es eine andere Funktion gehabt habe, als die Bevölkerungsgruppen aufzunehmen, von denen man sich befreien wollte, und dass man nach einigen negativen Erfahrungen und Untersuchungen das Gefängnis zur Buß- und Besserungsanstalt [ausgebaut] habe, um seine Wirkungen zu korrigieren, um es zu reformieren und so an die später aufgetretenen gesellschaftlichen Erfordernisse anzupassen. Womit die Buß- und Besserungsanstalt ein Korrektiv des Gefängnisses wäre. Hinter dieser Lesart verbergen sich nun zwei Operationen: erstens glauben zu ma-

a Das Manuskript (S. 1) trägt den Titel: »Verallgemeinerung des Gefängnisses«. Der erste Satz lautet: »Verallgemeinerung ist nicht das richtige Wort.«
Dann: »Die quäkerische Haft ist keine Praktik, die weithin nachgeahmt worden wäre […]. Die Walnut Street ist mehr – mehr noch als erstere – ein Zeitgenosse einer Reihe von Ereignissen gleicher Art.«

chen, dass die Ausarbeitung eines Buß- und Besserungssystems und von etwas, das man sich nicht scheute Besserungswissenschaft zu nennen, das Gefängnis korrigiert; dass das Besserungswissen einen Erfahrungsbereich bildet, der von diesem unabhängig genug ist, um auf es Einfluss zu nehmen und es zu verbessern. Doch insofern die Buß- und Besserungsanstalt kein Element ist, das zum Gefängnis hinzugefügt wird, sondern ein Element, innerhalb dessen es geboren wird, kann jede Ausarbeitung eines Wissens, das aus diesem Bereich hervorgeht, dieses nur konsolidieren. Alles, was innerhalb der Ordnung des Erfahrungswissens und der Besserungstheorien formuliert wird, gehört bereits dem Element an, das zum Gefängnis führte. Zweitens die Tatsache zu verschleiern, dass die Buß- und Besserungsanstalt ein Phänomen ist, das in Wirklichkeit sehr viel breiter angelegt ist als die bloße Inhaftierung, dass es sich um eine allgemeine Dimension aller gesellschaftlichen Kontrollen handelt, die Gesellschaften wie die unseren kennzeichnen. Die Gesellschaft weist insgesamt das Element der Buß- und Besserungsanstalt auf, von der das Gefängnis nur ein Ausdruck ist. Die Buß- und Besserungsanstalt ist so das Feld, das mit dem Gefängnis assoziiert wird.

Ich möchte zeigen, wie sich die Gefängnis-Form verallgemeinert hat. Offen gesagt, ist der Ausdruck Verallgemeinerung nicht sehr glücklich, denn ich denke nicht, dass das Gefängnis eine Form war, die auf der anderen Seite des Atlantiks geboren und allgemein nachgeahmt wurde, wobei sie dann die Merkmale ihrer ursprünglichen lokalen und religiösen Herkunft verloren hätte. Ich glaube vielmehr, dass das quäkerische Gefängnis zeitgleich ist mit einer Reihe von Ereignissen gleicher Art, dass man sich das ganze Netz des Austauschs, das sich zwischen Amerika und Europa hinsichtlich der Gefängnisse schon sehr früh entsponnen hat, in Erinnerung rufen muss.[a] Man müsste sich auch

---

a Das Manuskript (S. 1) fügt hinzu:
»– zwischen England und Amerika waren Sekten und Religionsgemeinschaften Agenten der Diffusion;
– zwischen Frankreich und Amerika, ein eher reger politischer Aus-

ansehen, wann – zweifellos um [1780] – der Gefängnisbesuch in den Reiseberichten (zum Beispiel von John Howard[2]), den ökonomischen, gesellschaftlichen, demographischen Untersuchungen, die damals gemacht wurden und die eines der Hauptinstrumente zur Bildung des Wissens über die Gesellschaft waren, aufgetaucht ist. Hier hat man das Netz, das dazu gedient hat, die Verallgemeinerung des Modells zu befördern.

In einem Bereich wie dem der Ideengeschichte muss man nämlich zur Kenntnis nehmen, dass der Einfluss nie als eine Ursache betrachtet werden kann.[b] Er ist nur ein bestimmtes Phänomen; das heißt eine Übertragung von einem Bereich in einen anderen, von einer Zeit in eine andere gibt es nur, insofern – natürlich – ein Kommunikationsnetz vorhanden ist, aber auch insofern die Möglichkeit der *Entnahme* besteht, und dort, wo das Modell aufgegriffen wird, etwas, das man als *Akzeptanz* bezeichnen könnte.[c]

Wie kommt es, dass etwas tatsächlich in ein Feld eingeführt und akzeptiert werden kann? Das heißt, alle Probleme des Einflusses werden im Grunde von dem grundlegenderen Problem der Akzeptanz beherrscht. Was also hat [die Gefängnis-Form] in Ländern wie Frankreich, England akzeptierbar gemacht, ja sogar in Ländern, die dem Denken der Quäker so fern sind wie Österreich, wo Joseph II. 1787 ein Strafgesetzbuch veröffentlicht, in dem das Gefängnis die allgemeine Form der Bestrafung

---

tausch vor und während der Revolution. //L[a] R[ochefoucauld-]Linacourt (1796): *Prisons de Philadelphie*.«[1]

b Manuskript (S. 2): »Man muss vielmehr untersuchen, unter welchen Voraussetzungen diese Übertragungen und dieser Austausch möglich waren.«

c Das Manuskript (S. 2) fügt hinzu:
»Das Faktum des Einflusses verlangt, dass zuvor als Bedingung definiert werden:
- das Vehikel und der Verlauf der Übertragung;
- die konstanten Elemente, die das Modell begründen;
- die Voraussetzungen, die einerseits die Erprobung des Modells ermöglichen, und am Ende seine Einführung und Akzeptanz.

Einflüsse: Dies sind lokale und punktuelle Wirkungen der globalen Voraussetzungen der *Entnahme* und *Akzeptanz*.«

ist?[3] Wie konnte diese Übertragung des Gefängnisses auf den gesamten ihm so fremden juristischen, religiösen, gesellschaftlichen und politischen Bereich erfolgen? Ich werde zwei Bezugspunkte nehmen, England und Frankreich, um die Voraussetzungen der Akzeptanz zu untersuchen, die im 18. Jahrhundert die Verallgemeinerung der Gefängnis-Form und der Domäne der Buße und Besserung möglich gemacht haben.[a]

*

[Ich werde mit England beginnen.] Seit Ende des 18. Jahrhunderts gab es neben den quäkerischen Gruppen weitere Gruppen, die sich die Überwachung, Kontrolle und Bestrafung explizit zum Ziel setzten. Dies waren Gruppen,[b] die nicht von oben organisiert waren und die sich die Aufrechterhaltung der *Ordnung* zur Aufgabe machten oder jedenfalls die Definition eines neuen Typus von Ordnung und die Suche nach passenden Instrumenten zur Gewährleistung dieser Ordnung. Dabei kann man vier Hauptarten unterscheiden. Erstens die dissidentischen

---

a Manuskript (S. 2f.):
»Im Fall des Gefängnisses und des Vollzugswesens, wie ein Strafprototyp, der sich in Amerika im Umfeld der Quäker herausgebildet hat, einige Jahre später akzeptiert werden konnte:
- in England, trotz des recht großen Misstrauens gegenüber den Quäkern;
- in Frankreich, dem diese religiösen Formen fremd waren;
- und schließlich in ganz Europa. Das Gesetzbuch von 1787 in Österreich.

Zwei Beispiele, die die Akzeptanz der ›Buß-Besserungsanstalt‹ in der europäischen Gesellschaft gewährleistet haben; ihre Übertragung auf den gesamten zu ihr heterogenen juristischen und religiösen Bereich; und die Neuorganisation des gesamten Strafwesens.
Die Invasion und ganze Neuaufteilung der Strafe durch die Buß- und Besserungsanstalt.
Wie diese kleinen Männer in Schwarz, die ihren Hut nicht abnehmen, in der Genealogie unserer Moral als deren Stammväter angesehen werden können.«

b Manuskript (S. 4): »Freiwilligengruppen (jedenfalls nicht von oben organisiert)«.

Religionsgemeinschaften. Darunter an erster Stelle die Quäker und die Methodisten.[4] Diese Gruppen hatten eine doppelte Ordnungsfunktion: Zum einen sollten sie innerhalb der Gruppe eine Reihe von Aufgaben der Repression und moralischen Sanktion gewährleisten. So erhielten die methodistischen Gruppen auf Anregung von Wesley[5] in der zweiten Hälfte des 18. Jahrhunderts regelmäßig Besuch von Moralinspektoren, die alle Fälle von Unordnung – Ehebruch, Arbeitsverweigerung, Trunksucht – untersuchten und bestimmte Sanktionen ergriffen. Dies war eine kollektive endogene Kontrolle der Moralität der Individuen. Zum anderen sollten sie eine äußere Kontrolle gewährleisten, insofern es darum ging, all die zwielichtigen, nicht sesshaften Gestalten zu versorgen, die am Rande dieser Gruppen umgehen mochten: Arbeitslose, Notleidende, Invaliden, Irre (erinnern wir uns, dass die erste Klinik in England in der Nähe von York von der *Society of Friends* eröffnet wurde[6]).
Zweitens Gesellschaften, die eher indirekt mit den Religionsgemeinschaften verbunden waren. So die *Society for the Reformation of Manners*, die, bevor sie 1737 verschwand, mehr als hundert Filialen hatte; 1760 nahm sie unter dem Einfluss Wesleys und der Methodisten ihre Aktivitäten wieder auf.[a] Sie setzte sich bestimmte Ziele: dafür zu sorgen, dass der Sonntag respektiert wird, das heißt zu verhindern, dass sich die Leute zerstreuen, in Wirtshäuser gehen, sich dort treffen und Geld ausgeben; das Spiel und den Rausch als Quellen der Geldverschwendung und Behinderung der Arbeit zu unterbinden; die Prostitution und alles, was die Familie bedrohen kann, zu beseitigen; sprachliche Entgleisungen abzustellen. Wesley sagte 1763 vor einer ihrer Filialen, die Hauptaufgabe der Vereinigung sei zu verhindern, dass »die niederste und schändlichste Klasse der Gesellschaft sich junge unerfahrene Leute greift und ihnen ihr Geld abpresst«.[8] Diese Gesellschaften vervielfachen sich Ende des

a Das Manuskript erwähnt die *Society for the Reformation of Manners* (1692-1737). Es fügt hinzu, dass sie »beim Tod Wilhelms III. mehr als 100 Filialen hatte, davon zehn in Dublin«, und dass die Gesellschaft »um 1755 wiederbelebt wurde«.[7]

18. Jahrhunderts. 1787 bringt William Wilberforce[9] den König zu der berühmten »Proklamation zur Förderung der Frömmigkeit und Tugend und zur Verhinderung und Bestrafung des Lasters, der Gottlosigkeit und der Immoralität«. Anschließend gründet Wilberforce die *Proclamation Society*, die 1802 in die *Society for the Suppression of Vice* umgewandelt wird, die bis 1820 bestand.[a] Sie verfolgte das Ziel, die Respektierung des Sonntags durchzusetzen, die Veröffentlichung anstößiger Bücher zu verhindern, Spielhallen und Bordelle schließen zu lassen. Diese Gesellschaften unterscheiden sich von den ersten darin, dass es für sie, insofern sie keine Religionsgemeinschaften sind, nicht darum geht, für innere Disziplin zu sorgen. Ihre Mitglieder sind per Definition, gemäß Satzung tugendhaft. Die Kontrollen erstrecken sich ausschließlich auf äußere Elemente, und zwar auf zweierlei Weise: zum einen durch bestimmte Interventionen, Druck, Drohungen; zum anderen geht man, wenn diese scheitern, zu einer zweiten Art von Intervention bei den Gerichten über: Anzeige, Verfolgung. Man hat hier eine Intervention, die sich vornehmlich auf die Moralität bezieht; ihre erste Form ist der moralische Rat, die Ermahnung, ihre zweite Form ist jedoch rein juristisch, als hätten diese Gesellschaften das Ziel, auf die Justiz Druck auszuüben, um sicherzustellen, dass der Bereich der Moralität und der Legalität miteinander verbunden sind.[10]

Drittens Selbstverteidigungsgruppen mit paramilitärischem Charakter, die spät, gegen 1779, auftauchen, als England von einer Reihe von Volksbewegungen erschüttert wird.[b] So organisieren sich die Einwohner der Londoner Stadtviertel um 1780 in Patrouillen und stellen die Überwachung und moralische Ordnung sicher; ihre Rekrutierung erfolgt hauptsächlich unter den

a Das Manuskript (S. 5) gibt an, dass diese »bis zu 600 Mitglieder« hatte.

b Das Manuskript (S. 6) fügt hinzu:
»– nach den großen ökonomischen, religiösen, politischen Aufständen (*Gordon Riots*) Ende des Jahrhunderts
– und um den jakobinischen Einfluss zu bekämpfen.«[11]

Notabeln und dem Großbürgertum.[a] Parallel gibt es eine ganze Flut von Literatur, die diese Gesellschaften befördert. Dazu muss man anmerken, dass diese Notabeln zwanzig Jahre später eine ganz andere Formel finden werden: Gerade die Ärmsten zur Gewährleistung dieser Aufgaben zu benutzen; sie werden dann die Polizei erfunden haben.

Schließlich viertens Gruppierungen, die hauptsächlich ökonomischer Natur sind: eine Art Privatpolizei, die damit beauftragt ist, das bürgerliche Vermögen in den neuen Formen, in denen es sich inmitten einer Zeit wirtschaftlicher Entwicklung präsentiert (Geschäfte, Docks, Straßen), zu bewachen. So schaffen die Schifffahrtsgesellschaften Ende des 18. Jahrhunderts in London eine Art Polizei zur Überwachung des Hafens.

Worauf antwortet diese starke Vermehrung von Moralgesellschaften? Dies ist eine Zeit wirtschaftlicher Entwicklung, das heißt zunächst der Bevölkerungsbewegung. Die ökonomische Entwicklung erschüttert die alten territorialen Strukturen – Marktflecken, Friedensgerichte, Pfarrbezirk –, indem sie sie entvölkert. Und im Gegenzug scharen sich in einigen großen Städten unorganisierte Gruppierungen um einen Stadtkern, der ihnen innerhalb seiner eigenen Struktur weder einen Rahmen bieten noch sie assimilieren kann. Doch nicht nur die Menschen deplatzieren sich, sondern es gibt gleichzeitig auch eine andere Anlage des Vermögens: Das Kapital wird zunehmend in Maschinen, Lager investiert. Die Arbeitsteilung bewirkt, dass der massenhafte Verkehr von in aufeinanderfolgenden Herstellungs- und Verarbeitungsschritten erzeugten Waren dazu führt, dass sie zunehmend an bestimmten Punkten – Lagern, Docks – kon-

---

a Das Manuskript (S. 6) nennt dafür mehrere Beispiele:

»– Nach den *Gordon Riots* (1780) organisieren sich die Einwohner [›*principals*‹] von St. Leonard in Patrouillen von 10 bis 14 Mann. Sie baten, sich bewaffnen zu dürfen. Die Regierung ermunterte hierzu alle ›*persons of note*‹;«

– City Association, Horse and Men. Light Horse Volunt[eer]s, London Military Foot Association, London Artillery Company;

– Hanway schlägt (in einem Buch von 1775, das 1780 neu aufgelegt wird) Milizen von 23 Personen vor, ›*opulent and of the community*‹.«[12]

zentriert werden, so sieht man, dass das Kapital in dem Moment, in dem sich die kapitalistische Produktionsweise entwickelt, einer Reihe von Gefahren ausgesetzt ist, die früher sehr viel besser zu kontrollieren waren. Das Kapital ist nicht nur wie früher dem Raub und der Plünderung ausgesetzt, sondern auch der Veruntreuung durch Leute, die von ihm, neben ihm leben.[a] Die Veruntreuung durch denjenigen, der mit diesem aufgrund der Arbeitsteilung und aufgrund des Umfangs der Märkte und Lager einer neuen Art von Gefahr ausgesetzten Vermögen umgeht, ist einer der Gründe, aus denen eine andere Ordnung, eine andere Art der Bevölkerungskontrolle und der Verhinderung der Praxis der Umverteilung von Eigentum eingeführt werden muss. Das Problem ist, der Bevölkerung einen moralischen Rahmen zu geben: Es bedarf einer Reform ihrer Sitten, damit die Gefahren, denen das bürgerliche Vermögen unterliegt, verringert werden.

Doch das englische System bietet keine solchen Sicherheiten. Aufgrund der Schwäche der Zentralmacht hat man einerseits eine Mikroterritorialität von Justizorganen und Strafinstrumenten, die sich nicht deplatzieren und den Bewegungen des Vermögens nicht folgen kann, und andererseits ein Strafgesetzbuch von außerordentlicher Härte,[b] das im 17. Jahrhundert erlassen wurde, als das Königtum seine Macht wieder zu festigen versuchte, indem es die Härte der Gesetze steigerte, und das, da es nach dem Alles-oder-nichts-Prinzip funktioniert, völlig ungeeignet ist und denen, die sich seiner bedienen wollen, entgleitet.[13] So verzichten die Gerichte oft darauf, eine Strafe zu verhängen, indem sie das Verbrechen gemäß der Technik des *pious perjury* [frz.: *pieux parjure*] herunterspielen.[14] Auch bedarf es in dem Moment, in dem das Vermögen neue Risiken eingeht, in-

---

a Das Manuskript (S. 7) fügt hinzu:
»Der Aufbau von Kreisläufen mit wichtigen Punkten der Lagerung und Verarbeitung großer Mengen impliziert die Schaffung eines neuen Kontrollapparats.«

b Das Manuskript (S. 8) fügt hinzu: »(ein ›blutiges Chaos‹)«.

dem es sich kapitalisiert, einer ganzen Reihe von zusätzlichen Organen, die genau diese Gesellschaften sind.

In dieser Zeit wird somit ein neues System der Kontrolle gesucht und eingerichtet, das folgende allgemeine Merkmale hat. Erstens ist dies ein System, das sich an der Grenze zwischen Moral und Strafwesen befindet. Die oberste Aufgabe dieser Gesellschaften war weniger, das Verbrechen aufzudecken, es zu bestrafen, sondern vielmehr, sich zunächst mit den moralischen Verfehlungen zu befassen und darüber hinaus mit den psychologischen Veranlagungen, den Gewohnheiten, Sitten, Verhaltensweisen wie der Faulheit, dem Spiel, der Ausschweifung. Es geht [auch] darum, die Voraussetzungen, die Mittel zu bekämpfen, die die Verfehlung erleichtern, wie die Wirtshäuser, die Spiele, die Lotterie, die Freudenhäuser. Schließlich geht es darum, nicht nur so etwas wie eine strafrechtliche Sanktion zu schaffen, sondern etwas sehr viel Positiveres und Dauerhafteres. Es geht darum, wie Burke Ende des 18. Jahrhunderts sagt, Verhaltensweisen zu lehren, beizubringen: »Geduld, Arbeit, Nüchternheit, Bescheidenheit und Religion sollten ihnen anempfohlen werden.«[15] Desgleichen schreibt Boadman in einem Essay von 1804: »Wie kann man ein Volk, das an ein Leben des Müßiggangs, der Extravaganz und Verschwendung gewöhnt ist, dazu bringen, sich dauerhaft für ein Leben der Enthaltsamkeit, des Maßhaltens und der Tugend zu ereifern, das ist zweifellos schwer, doch absolut notwendig.«[16]

Was nun aber interessant ist, wenn man die Ziele dieser Gesellschaften und die Art und Weise, wie sie eingesetzt wurden, betrachtet, ist eine Art »Remoralisierung«, die man »von unten«, in Gruppen aus dem Kleinbürgertum, aufkommen sieht.[a] Und dieses Unternehmen gerät in der zweiten Hälfte des 18. Jahrhunderts erheblich in Bewegung und nimmt an Geschwindigkeit zu. Zunächst durch die Rekrutierung dieser Gesellschaften, al-

a Typoskript (S. 89): »in Gruppen wie den Quäkern, Methodisten«. In Anbetracht des Kontexts, der sich in England auf Vereinigungen zur Sicherheit bezieht und nicht nur auf religiöse Vorgängergruppen, zitieren wir das Manuskript (S. 9).

so auf der Ebene ihrer sozialen Integration. Zu Beginn des Jahrhunderts waren dies vor allem Kleinbürger; am Ende, wie in der *Proclamation Society* oder der »zur Beseitigung des Lasters«, sind es die angesehenen Notabeln, die Lords und die Repräsentanten der anglikanischen Kirche. So als näherten sich diese Gesellschaften – über die Aristokratie – immer mehr der Macht selbst, dem Staatsapparat, so als würden sie allmählich von denen übernommen, die im Besitz der Staatsmacht sind. Wenn zu Beginn die quäkerischen oder methodistischen Gruppen eine Art moralische Kontrolle über sich selbst oder ihre unmittelbare Umgebung ausüben, dann weil es für sie zunächst und vor allem darum geht, der Anwendung dieser so harten Strafen zu entgehen. Die Selbstverteidigung dieser Gruppen ist bei genauerer Betrachtung recht doppeldeutig: Es geht darum, die Verfehlungen abzustellen, damit die Macht die Gruppe nicht antastet. Die Quäker versuchen also nicht nur eine religiöse Dissidenz einzuleiten, sondern quasi auch eine strafrechtliche, juristische Dissidenz. Doch Ende des 18. Jahrhunderts ändert sich mit einer anderen gesellschaftlichen Rekrutierung das Ziel dieser Gesellschaften: Sie kämpfen für die Erlassung neuer Verordnungen, neuer Gesetze, um die Judikative als solche zum Eingreifen zu bringen.[a] Sie intervenieren als Interessengruppen bei der Macht und nicht als Selbstverteidigungsgruppen gegenüber der Macht. Schließlich auf der Ebene ihres Gegenstands: Zu Beginn des Jahrhunderts geht es für sie im Wesentlichen darum, marginale, zwielichtige, unruhige, vagabundierende etc. Elemente unter Kontrolle zu bringen; am Ende sind diejenigen, die Gegenstand der moralischen Kontrolle sein sollen, die »unteren Klassen« als solche. Vervollständigen wir den Satz Burkes: »Geduld, Arbeit, Mäßigung, Genügsamkeit, Religion ist das, was man lehren muss«, das, was »den Armen, die arbeiten, empfohlen werden muss«.[17] Anfang des Jahrhunderts hätte man nur von den Armen gesprochen, von denen, die nicht arbeiten (Müßiggängern, Ar-

a Das Manuskript (S. 10) fügt zwei Beispiele hinzu: »ein Gesetz zum Sonntag zu erhalten« und »den Aufbau einer Polizei für die Docks zu erreichen«.

beitslosen); jetzt geht es um die im Entstehen begriffene Arbeiterklasse. Und 1804 sagte Bischof Watson in einer Predigt vor der *Society for the Suppression of Vice*: »Die Gesetze sind gut, aber sie werden von den *lower classes* immer umgangen; und die *higher classes* halten sie für nichtig (*for nought*).«[18] Zwischen diesen Klassen besteht nun aber ein Unterschied, insofern Wilson wünscht, dass auch die höheren Klassen die Gesetze einhalten, aber nicht, weil die Gesetze für alle gelten, sondern weil die Einhaltung der Gesetze, die sich hauptsächlich auf die unteren Klassen erstrecken müssen, durch die oberen Klassen über den Weg des Beispiels das Instrument darstellt, dank dem man erreichen kann, dass die untersten Klassen sie ebenfalls einhalten.[19] Die Befolgung der Gesetze seitens der Oberen ist selbst kein Ziel;[a] ihre Immoralität ist kein Problem an sich – sie riskiert aber, es in dem Maße zu werden, wie ihr Beispiel für die *lower classes* zu einem Vorwand zu werden droht, die Gesetze nicht zu befolgen.[20] Und in einem öffentlichen Appell der *Society for the Suppression of Vice* von 1802 werden die Dinge noch deutlicher: Es geht nicht nur darum, die unteren und arbeitenden Klassen moralisch, sondern im Hinblick auf die Gefahr eines Aufstands auch politisch unter Kontrolle zu haben.[b]

Mithin hat man eine Doppelbewegung: zum einen – über diese Kontroll- und Überwachungsgruppen – eine Verbindung von Moral und Strafwesen. In der Strafrechtstheorie, die Ende des 18. Jahrhunderts mit Beccaria und Bentham aufkommt, hat man jedoch einen Schnitt zwischen Verfehlung und Vergehen. Alle Strafrechtstheoretiker trennen zwischen beidem: Die Gesetze haben *per se* nicht das Moralverhalten der Leute zu be-

a Das Manuskript (S. 10) fügt hinzu: »es ist ein Instrument, damit die Niederen sie befolgen«.

b Das Manuskript (S. 10f.) präsentiert diese Passage in Form eines Zitats: »In einem öffentlichen Appell der Gesellschaft zur Beseitigung des Lasters (1802): ›Alle Fälle von Aufruhr beziehungsweise alle politischen Angelegenheiten müssten durch die Wachsamkeit der Gesellschaft in Erfahrung gebracht werden; sie wird den Magistrat oder die Vertreter der Regierung, deren Aufgabe es ist, Angriffe auf den Staat zu erkennen, informieren‹.«[21]

strafen, ihr Bezugspunkt ist allein die Nützlichkeit für die Gesellschaft und nicht die Moralität von Einzelpersonen. Zur gleichen Zeit gibt es aber diese ganze von Freiwilligengruppen organisierte Überwachungspraxis und schließlich eine breite Überwachung einer Klasse durch eine andere, die versucht, das Strafwesen zu remoralisieren, und es in eine Art moralische Atmosphäre taucht, kurz, die versucht, eine Kontinuität zwischen Kontrolle und moralischer Repression einerseits und strafrechtlicher Sanktion andererseits herzustellen. Man erlebt somit entgegen seiner Praxis und seinem Diskurs eine Moralisierung des Strafrechtssystems. Diese ganze Entwicklung erlaubt dem Strafwesen, sich weithin im Alltagsleben auszubreiten. Andererseits hat man gleichzeitig eine andere, sehr wichtige Bewegung, durch die die Forderung nach einer Moralisierung sich in Richtung Staat verlagert: eine Bewegung der Verstaatlichung. Träger dieser Forderung sind, insofern sie die Macht kontrollieren, die oberen Klassen, während die arbeitenden und unteren Klassen zum Anwendungspunkt der Moralisierung des Strafwesens werden. Der Staat sieht sich in der Pflicht, zu einem Instrument der Moralisierung dieser Klassen zu werden.[a]

Kurz, man hat eine Moralisierung des Strafwesens; eine beidseitige Aufteilung der strafrechtlichen Moralität in Klassen; und eine Verstaatlichung der Instrumente Letzterer. Ein Beispiel für diese Entwicklung ist die Person Colquhouns,[22] über dessen Werk man das in Erscheinung treten sieht, was die abendländische Moralität bestimmen wird – wenn man Moral lehrt, wenn man sich mit der Geschichte der Moral befasst, setzt man sich bedauerlicherweise immer mit der *Grundlegung zur Metaphysik der Sitten*[23] auseinander und liest nicht diese für unsere Moralität so bedeutende Persönlichkeit, den Erfinder der englischen Polizei. Dieser Kaufmann aus Glasgow kehrt nach einem Aufenthalt in Virginia dorthin zurück und wird Präsident der Handelskammer; dann lässt er sich in London nieder,

a Das Manuskript (S. 12) fügt hinzu: »(durch die Gesetze, die er erlässt, oder die Polizei, die er einführt)«.

wo ihn die Schifffahrtsgesellschaften 1792 bitten, das Problem der Überwachung der Docks und des Schutzes des bürgerlichen Vermögens zu lösen. Dies ist, wie man bei dem Bruder Benthams sieht,[24] ein sehr wichtiges Problem; um das System der Moralität einer Gesellschaft zu verstehen, muss man die Frage stellen: Wo ist das Vermögen? Die Geschichte der Moral muss sich vollständig der Frage der Lokalisierung und Deplatzierung des Vermögens unterordnen.

Colquhoun verfasst 1795 *Ueber Londons Polizey*,[25] wo man die Grundsätze, die diese Gesellschaften leiten, theoretisiert und systematisiert findet.[a] Der erste Grundsatz lautet, dass die Moralität die Grundlage des Strafsystems bilden muss. In einer Zeit, in der Beccaria, Brissot usw.[b] sagen, dass zwischen Moral und Gesetz kein Zusammenhang besteht, schreibt Colquhoun: »Nichts verschlimmert vielleicht die Gemüther des Volks mehr, als die wenige Rücksicht, welche von Gesetzen auf Moralität genommen wird; wenn man Verbrechen, die man politische nennen könnte, oder solche, die das Eigenthum antasten, härter straft als die, wodurch Tugend und Religion verletzt wird.«[26] Und im gleichen Moment, in dem Colquhoun der Strafrechtstheorie widerspricht, kehrt er ihre Lehrsätze um, denn er fügt hinzu, dass das Gesetz in dem Maße für die Gesellschaft nützlich sein wird,[c] in dem es die Moralität einbezieht.[27] Wo Beccaria sagt, dass das Gesetz nichts mit Moral zu tun hat, insofern es nur den Nutzen für die Gesellschaft betrifft, sagt Colquhoun, dass das Gesetz mit dem gesellschaftlichen Nutzen zu tun hat, insofern es die Moralität sanktioniert: »Die Abtrünnigen der Tugend lassen sich gern von dem Scheine der Gerechtigkeit solcher Unternehmungen verführen«;[28] »[d]ie Gesetze sind gegen die

a Das Manuskript (S. 12) präzisiert, dass Colquhoun »mit religiösen Sekten in Verbindung steht« und »semi-privat mit der Hafenpolizei betraut ist, die er völlig neu organisiert«.

b Das Manuskript (S. 13) fügt hier den Namen Benthams hinzu: »Unmittelbarer Gegensatz zu Beccaria, Bentham«.

c Im Manuskript (S. 13 f.) heißt es: »der Grundsatz, dass die Kontrolle der Moralität auch der bestmögliche Schutz für den Staat ist«.

Gewalt der Rebellionen gewappnet, statt gegen ihr Prinzip zu kämpfen«.[29]
Zweiter Grundsatz: Wenn sich das Gesetz vor allem mit der Moralität befassen muss und wenn diese für das Wohl des Staates und die Ausübung seiner Souveränität grundlegend ist, bedarf es einer Instanz, die nicht die Anwendung der Gesetze überwacht, sondern, weit davor, die Moralität der Individuen. Die Gesetze sind dann nicht mehr als das, was solchen Überwachungsorganen die Möglichkeit gibt, auf der Ebene der Moralität zu intervenieren und zu agieren:[a] »Überall, wo es eine gute Polizei geben wird, wird man eine gute Ordnung und Sicherheit herrschen sehen; ohne sie ist nichts als Unruhe, Unordnung Gewalt und Verbrechen zu erwarten.«[30] Man braucht ein »*thätige[s] Prinzip, um alle Theile der Polizey*[b] *der Hauptstadt, und der ganzen Nation in einen Mittelpunkt zu vereinigen und unter einander zu verketten; und überhaupt ihre Verwaltung durch die Anstellung eines dirigirenden obersten Departements, systematisch und methodisch zu machen. Dieses müßte aber aus fähigen, unterrichteten und unermüdeten Männern bestehen*«.[31]
Dritter Grundsatz: Die Zielgruppe dieses Departements sind die *lower classes*: »Immer wenn eine große Menge von Arbeitern an einem Ort versammelt sein wird, werden sich darunter gezwungenermaßen viele üble Subjekte befinden, die aufgrund ihrer Zusammenballung auf engem Raum dazu neigen, Komplotte zu schmieden und auszuführen [...], und durch ihr aufsässiges Verhalten vor allem dem Gemeinwesen schaden können.«[32]
Politische Verschwörungen, die Konzentration der Arbeiter in den Fabriken, in den Arbeitersiedlungen, hier hat man alle Themen der Polizei des 19. Jahrhunderts. Wie Colquhoun hinzufügt, ist die Polizei »eine vollkommen neue Wissenschaft«.[33]

---

a Manuskript (S. 14): »Es bedarf eines Staatsorgans, um die Moralität zu kontrollieren. Und das ist die Polizei.«

b Gemäß dem Typoskript (S. 94) sagt Foucault: »Überwachung« anstatt »Polizey«, wie es im Manuskript (S. 14) und in der zitierten Übersetzung heißt.

Hieraus kann man eine Reihe von [Schlüssen] ziehen. Erstens hat man hier einen Prozess der ethisch-strafrechtlichen Überkodifizierung, der im Laufe des 18. Jahrhunderts stattfindet. Seine Agenten sind mehr oder weniger freiwillige Gruppen, die aber, indem sie sich nach und nach weiterentwickeln und sich den oberen Klassen nähern und damit der Macht, die Aufgabe, eine ganze Reihe von Kontrollen des Alltagslebens auszuüben, schließlich dem Staat selbst und einem speziellen Organ – der Polizei – übergeben. Der Staat wird so zum Hauptvertreter der Moralität, der Überwachung und der ethisch-juristischen Kontrolle. Zweitens kann man die Zusammenhänge zwischen diesen Bewegungen und der Entwicklung des Kapitalismus erahnen:[a] die zunehmende Anwendung der Kontrollen allein auf die unteren Klassen und schließlich die Arbeiter; die Zusammenhänge zwischen diesem Prozess und dem Kampf gegen die neuen Formen der Plünderung, die mit den neuen Risiken verbunden sind, denen das sich kapitalisierende Vermögen ausgesetzt ist.[b] Drittens muss man festhalten, dass man auch sieht, wie sich hinter den im eigentlichen Sinne rechtlichen Verboten ein ganzes Spiel von alltäglichen Zwängen herausbildet, die sich auf die Verhaltensweisen, die Sitten, die Gebräuche erstrecken und die nicht so etwas wie ein Vergehen ahnden, sondern positiv auf die Individuen einwirken, sie moralisch umformen, eine Korrektur erwirken. Was sich so entfaltet, ist nicht nur eine ethisch-juristische Kontrolle, eine verstaatlichte Kontrolle zu Gunsten einer Klasse, sondern so etwas wie ein Element des *Zwangs*. Man hat es mit einem Zwang zu tun, der sich von der strafrechtlichen Bestrafung unterscheidet, der tagtäglich erfolgt, sich auf die Lebensweise erstreckt und versucht, eine bestimmte Korrektur der Individuen zu erreichen. Der Zwang ist das, was zwischen der Moral und dem Strafwesen eine Verbindung herstellt. Seine Zielscheibe sind nicht allein die Vergehen

---

a Das Manuskript (S. 16) fügt hinzu: »genauer gesagt, der Schaffung der politischen Instrumente des Kapitalismus«.

b Das Manuskript (S: 16) fügt hinzu: »all das würde reichen, dies zu beweisen. Doch man muss es genauer analysieren«.

der Individuen, sondern ihre Natur, ihr Charakter. Er bedarf als Instrument einer ständigen und grundlegenden Überwachung.[a] Der Zwang ist dem, was ich als Buß- und Besserungsanstalt bezeichnet habe, sehr nahe und von der gleichen Art. Die Buß- und Besserungsanstalt, die in den Gefängnissen steckt, ist im Grunde seine Fortsetzung, die »natürliche« Strafe [durch den] Zwang. Wenn dieser an seine Grenze stößt und von der Pädagogik zur Bestrafung übergehen muss, zeitigt er die Buß- und Besserungsanstalt, die die Funktionen des Zwangs aufgreift, diese aber in einem Strafsystem, dem Gefängnis, zum Tragen bringt.[b] Das Gefängnis ist der Ort, an dem die allgemeinen Prinzipien des Zwangs, seine Formen, seine Lehren und seine Voraussetzungen konzentriert auf diejenigen angewendet werden, die versucht haben, dem Zwang zu entkommen. Es ist eine Reduplizierung des Systems des Zwangs in Form der Buß- und Besserungsanstalt.

So kann man mit der Beantwortung der Frage beginnen: Wie konnte sich das Gefängnis mit seinem Klima Buße, das in einer so eigenwilligen und so begrenzten Religionsgemeinschaft geboren wurde, [derart] verbreiten und die institutionelle Dimension annehmen, die man von ihm kennt? Die Voraussetzung für die Akzeptanz des Gefängnisses[c] ist genau der *Zwang*. Wenn sich das Gefängnis mit seinen geographischen und religiösen Besonderheiten in das Strafsystem integrieren konnte, dann weil der Kapitalismus sich bei der Entwicklung der für ihn charakteristischen Formen politischer Macht des Zwangs bediente. Man hat somit zwei Komplexe: den Komplex des Strafrechts, der durch das Verbot und die Sanktion, das Gesetz gekennzeichnet ist; und den Komplex der Strafe, der durch das System des Zwangs der Buß- und Besserungsanstalt gekennzeichnet ist. Der erste Komplex bringt eine bestimmte Theorie des Ver-

---

a Manuskript (S. 16): »permanenten und totalen«.

b Manuskript (S. 17): »Der Übergang des Zwangs zu seinem Strafregime ergibt die Buß- und Besserungsanstalt«.

c Das Manuskript (S. 17) fügt hinzu: »(und des mit ihm verknüpften Buß- und Besserungssystems)«.

gehens als feindlichen Akt gegen die Gesellschaft mit sich; der zweite bringt die Praktik der Einsperrung mit sich. Der erste leitet sich archäologisch kohärent von der staatlichen Institutionalisierung der Justiz ab, die dazu führt, dass man seit dem Mittelalter eine Justizpraxis hat, die der Ausübung einer souveränen politischen Macht unterliegt: Dies ergibt die Untersuchungsverfahren, die Intervention einer Person wie des Staatsanwalts etc. Aus diesem ganzen praktischen Komplex leitet sich eine Theorie des Vergehens als feindlicher Akt gegen den Souverän ab. Der andere Komplex bildet sich nicht im Zuge der Entwicklung des Staats heraus, sondern im Zuge der Entwicklung der kapitalistischen Produktionsweise; bei diesem zweiten System sieht man, wie sich diese Produktionsweise die Instrumente einer politischen,[a] aber auch moralischen Macht verschafft. Das – nun genealogische – Problem ist, herauszufinden, wie diese beiden Komplexe unterschiedlichen Ursprungs zusammengekommen sind, um innerhalb einer einzigen Taktik zu funktionieren.[34]
Viertens gab es Gruppen, in denen sich die Verbindung des Strafrechtlichen mit dem Strafenden vollzog.[b] Diese nonkonformistischen und religiösen Gruppen[c] zwangen dem Staat diese Verbindung von außen auf, verlangten, dass der Staat sie gewährleistet. Sie nahmen sich vor, die Gesellschaft zu moralisieren – am Staat[d] vorbei oder, wenn er sich darauf einließ, auf jeden Fall mit seiner Hilfe; und sie haben in dem Moment, in dem sie die Gesellschaft moralisieren wollten, die Moral tatsächlich verstaatlicht und den Staat zum Hauptagenten der Moralisierung gemacht.

*

a Das Manuskript (S. 17) fügt hinzu: »neuen«.

b Manuskript (S. 18): »Bedeutung der Gruppen, durch die sich die Verbindung von Bestrafung und Strafrecht, von Zwang und Verbot, von Buße/Besserung und Sanktion vollzog.«

c Das Manuskript (S. 18) fügt hinzu: »(zumindest in England)«.

d Das Manuskript (S. 18) fügt hinzu: »oder zumindest des Souveräns«.

Zwischen dieser Dissidenz des 18. Jahrhunderts und der aktuellen »moralischen Dissidenz« in Europa und den Vereinigten Staaten besteht eine Art historische Symmetrie. So leisten die [Bewegungen], die für das Recht auf Abtreibung, auf Bildung nicht-familiärer sexueller Gruppen, auf Faulheit[a] kämpfen – das heißt all die, die für eine Beseitigung der Schuldgefühle bei strafrechtlichen Vergehen und gegen die gegenwärtige Funktionsweise des Strafrechtssystems kämpfen –, in gewissem Sinne eine Arbeit, die umgekehrt symmetrisch zu der ist, die im 18. Jahrhundert die Vertreter religiöser Dissidenz leisteten, als sie es sich zur Aufgabe machten, die Moral, die kapitalistische Produktion und den Staatsapparat miteinander zu verbinden.[35] Die gegenwärtigen Gruppen haben die Funktion, dies zu entflechten. Darin unterscheiden sie sich von den »Nonkonformisten«, von denen, die im Namen der Überschreitung das Gesetz missachten oder es als gegenstandslos betrachten. Erstere setzen bei einer Verschränkung von Moral, bestimmten für die kapitalistische Gesellschaft charakteristischen Machtbeziehungen und vom Staat gewährleisteten Kontrollinstrumenten an.[b] Gegen den Zwang zu kämpfen ist nicht dasselbe wie sich über ein Verbot hinwegzusetzen, dieses kann jenes nicht ersetzen. Die Überschreitung zu praktizieren bedeutet, für einen Moment, an einem Ort, für eine Person das Gesetz gegenstandslos und ohnmächtig zu machen;[36] in die Dissidenz einzutreten bedeutet,[c] diese Verbindung, diesen Zwang zu bekämpfen.

---

a Das Manuskript (S. 18) fügt hinzu: »das Recht auf Homosexualität« und das »Recht auf Drogen«.

b Das Manuskript (S. 19) fügt hinzu:
»Es geht darum, das, was die ›Dissidenten‹ des 18. Jahrhunderts verknüpft hatten (Moral, Verteidigung der kapitalistischen Produktion, staatliche Kontrolle) aufzuknüpfen. Das, wodurch sich die kapitalistische Produktionsweise in einem Machsystem organisiert hat, aufzulösen.«

c Manuskript (S. 19):
»›In die moralische Dissidenz einzutreten‹ heißt also keineswegs, ›die Überschreitung zu praktizieren‹: dieses kann jenes nicht ersetzen. Ebenso heißt ›gegen den Zwang zu kämpfen‹ keineswegs ›ein Verbot zu übertreten‹. In dem einen Fall handelt es sich darum, das Gesetz für

Denken wir an das Manifest der Abtreibungsärzte und an die Reaktion des Ministers Foyer, der gleichwohl etwas Außergewöhnliches sagt: Es ist äußerst bedauerlich, dass das Manifest der Ärzte im Wahlkampf herauskam, denn das Problem der Abtreibung ist ein Problem der Gesetzgebung und muss daher in Ruhe und wohlüberlegt angegangen werden; da es ein Problem der Gesetzgebung ist, kann man es nicht vor Wahlen aufwerfen.[37] Wir haben also Folgendes: einen Minister, der in einer Staatsform, bei der die Abgeordneten nicht mehr als gewählte Gesetzgeber sind, nicht möchte, dass das Problem von denen, die die Gesetzgeber wählen, behandelt wird. Die Abgeordneten sollen gewählt werden, ohne dass ihre Wähler sie mit diesem Problem konfrontieren. Bei der Abtreibung tut sich just eine moralische Kluft auf: Indem die Macht sagt, dass sich allein die gewählten Abgeordneten, nicht aber die, die sie wählen, darum kümmern können, möchte sie sagen, dass die Abtreibung – als ethisch-juristisches Problem – sich außerhalb der expliziten Wahl der Individuen, ja selbst außerhalb des Willens der Nation befinden soll. Denn das Gesetz, das sie verbietet, ist ein Grundgesetz, an das der Wähler nicht rühren soll, während die Verfassung zumindest auf dem Wege des Referendums geändert werden kann; es ist also eine Art Naturgesetz, da der Wähler nicht daran rühren kann, was es aber nicht ist, weil man es ändern kann, aber ohne dass die Wähler dies von den Abgeordneten verlangen könnten. Zu sagen, dass die Abgeordneten es ändern können, ohne dass die Wähler eine Kontrolle darüber hätten, bedeutet zu sagen, dass die Änderung nur eine Angelegenheit der Macht und der Gewählten ist, aber nicht als Repräsentanten des tatsächlichen Willens der Nation, sondern als Vertreter einer Macht, die ihr Mandat überschreitet, da dies nicht an einem Wählermandat festgemacht werden kann. Also kann so etwas wie die Ab-

einen Moment gegenstandslos und ohnmächtig zu machen. In dem anderen Fall (in die Dissidenz einzutreten) handelt es sich darum, die Verbindung Moral – kapitalistische Macht – Staat zu bekämpfen und aufzulösen. Die Illegalität soll ein Instrument des Antizwangskampfs sein.«

treibungsgesetzgebung allein auf der Ebene der Machtausübung modifiziert werden.

Das zeigt, wie seit dem 19. Jahrhundert das Moralsystem in der tatsächlichen Machtausübung verankert ist. Daraus muss man den Schluss ziehen, dass sich die Moral nicht in den Köpfen der Menschen befindet: Sie ist in die Machtbeziehungen eingeschrieben, und einzig eine Veränderung der Machtbeziehungen kann zu einer Veränderung der Moralität führen.[a]

Anhang

Das Manuskript der sechsten Vorlesung endet mit fünf nicht nummerierten Seiten, die lauten:

»– Verstaatlichung der Strafjustiz.

– Aufbau einer Disziplinargesellschaft, die wiederum auch zu bestimmten Arten von Wissen führt.

Diese Entwicklung ist durch zwei offensichtlich widersprüchliche Umstände charakterisiert. Oder vielmehr einen Umstand: die Reformierung des Strafsystems, die zwei sich stark widersprechende Seiten hat.

A. Eine neue Strafrechtstheorie

Beccaria, Bentham, Brissot, Le Peletier [de] Saint-Fargeau

1. Keine Verbindungen zwischen Verbrechen und Verfehlung
   - es gibt die Verfehlung in Bezug auf ein moralisches, natürliches, religiöses Gesetz;
   - es gibt das Verbrechen nur in Bezug auf ein Zivilgesetz, das einmal formulierte Gesetz. Und dieses Zivilrecht beschreibt das, was für die Gesellschaft nützlich ist.

Das Verbrechen, gesellschaftliche Beeinträchtigung; Störung, Unbehagen.

Der Verbrecher ist ein Gesellschaftsfeind. Bruch des Gesellschaftsvertrags.

2. Das Gesetz, das bestraft, darf auf keinen Fall begründen:
   - Rache

---

a Die letzte Seite des Manuskripts (S. 21) fügt hinzu:
»Insgesamt betrachtet: ein ganzes Zwangs-Buß-Besserungs-System, das für unsere Gesellschaft sehr charakteristisch ist und bei dem das Gefängnis ein wichtiges Element darstellt (gleichzeitig Instrument und historisches Modell). Ein akzeptiertes Modell. Der Zwang, Voraussetzung für die Akzeptanz der Buß-und Besserungsanstalt.«

- Vergebung

3. Die Bestrafung muss also so berechnet sein, dass das der Gesellschaft zugefügte Unrecht wiedergutgemacht wird oder dass niemand ein Interesse hat, ihr etwas Ähnliches anzutun.
Daher vier Arten der Bestrafung:
   - Deportation
   - Zwangsarbeit
   - Vergeltung
   - Ehrlosigkeit.

B. Doch tatsächlich sieht man etwas ganz anderes aufkommen.
Ein Gefängnissystem, das weder
   – einem Ausschluss
   – noch einer Entschädigung der Gesellschaft
   – noch der Vergeltung
   entspricht.
Eine Strafgesetzgebung, in deren Mittelpunkt
   – nicht die gesellschaftliche Nützlichkeit,
   – sondern das Individuum
   steht.
Ein Strafwesen, das sich in zunehmendem Maße gleichzeitig
   – die Kontrolle der Individuen
   – und ihre Reformierung
   zum Ziel setzt.
Und das dadurch, anstatt nur die Vergehen zu bestrafen, Individuen, Virtualitäten, Eigenschaften bestraft.
   Gefährliche Individuen.
Und dadurch, anstatt eine autonome juristische Gewalt aufzubauen, das Strafwesen einem ganzen Netzwerk von Institutionen übergibt
   – der Überwachungs-Polizei;
   – der Korrektur: pädagogisch, psychologisch, psychiatrisch, medizinisch.
Soziale Orthopädie.
Soziale Kontrollen.

Der Panoptismus: die verschiedenen Verwendungen des Panopticons
   – universale Überwachung
   – konstante Korrektur.
Das Panopticon als Utopie.
Der Panoptismus als Machtform, aber auch als
      Wissenstyp
      Prüfung

Untersuchung: die Ereignisse kennen – anhand von Zeugen, gemäß den Kriterien der Beobachtung.
Prüfung: die Individuen kennen anhand von Beobachtungen der Machthaber und den Kriterien der Normalität.

Gründe für den Anstieg und die Verstaatlichung der Kontrollen:
- eine neue demographische Beschaffenheit, aber vor allem
- eine neue Form der Materialität des Vermögens
  - industriell
  - grundbesitzerlich.

Die Illegalismen.«

Anmerkungen

1 Vgl. F.-A.-F. de La Rochefoucauld-Liancourt, *Des prisons de Philadelphie, par un Européen*, a. a. O.; siehe auch J.-G. Petit u. a., *Histoire des galères, bagnes et prisons*, a. a. O., S. 134.

2 Der englische Philanthrop John Howard wird 1773 *high sheriff* des Grafen von Bedford und deckt in dieser Eigenschaft die Zustände in den Lokalgefängnissen auf; vgl. oben S. 113, Anm. 13 u. Anm. 14. Howard stellt hier vor allem fest, dass zahlreiche Häftlinge, die von ihren Richtern für unschuldig erklärt wurden, sich immer noch in Haft befinden, da sie das Geld, das sie ihren Kerkermeistern schulden, nicht aufbringen können. Also versucht er die Friedensrichter der Grafschaft von der Notwendigkeit zu überzeugen, eine Abgabe zu erheben, um die Kerkermeister zu bezahlen, ein Ersuchen, das aufgrund der Abwesenheit des Vorsitzenden abgelehnt wurde. Von 1773 bis zu seinem Tod 1790 unternimmt Howard zahlreiche Reisen zu den Britischen Inseln und in das übrige Europa, um dort die Gefängnisse zu besuchen; vgl. J. Howard, *State of the Prisons in England and Wales*, 1777, erw. Aufl. 1784. Sein Werk genoss im Vereinigten Königreich und in Europa großen Einfluss, vor allem indem es zur Einführung mehrerer Reformen durch das britische Parlament führte, darunter die Bezahlung der Gefängniswärter aus Steuermitteln. Vgl.: C. Carlier u. J.-G. Petit, »Avant-propos« à J. Howard, *L'État des prisons, des hôpitaux et des maisons de force en Europe au XVIIIe siècle*, Neuübers. u. krit. Ausg. v. Ch. Carlier u. J.-G. Petit, Paris: Les Éditions de l'Atelier/Éditions ouvrières, 1994, S. 9-66; J. Aikin, *A View of the Life, Travels and Philanthropic Labours of the Late John Howard, Esq., L. L. D., F. R. S.*, Boston: Maning & Moring, 1794; F. Gaëtan de La Rochefoucauld-Liancourt, *Vie de John Howard*, Paris: Dondey-Dupré, 1840; A. Rivière, »Howard. Sa vie, son œuvre«, in: *Revue pénitentiaire*, 1891, S. 651-680; L. Baumgartner, *John Howard (1726- 1790), Hospital and Prison Reformer: A Bibliography*, Baltimore, Md.: The Johns Hopkins Press, 1939.
In England reiht sich die Praxis der Reiseberichte allgemeiner in die »Reisewut ein, die die Engländer ergriff«, vor allem mit der Praktik der *Grand-Tour*, einer Bildungsreise junger vermögender Aristokraten im 17. und 18. Jahrhundert durch Europa – vor allem Frankreich und Italien: vgl. G. Macaulay Trevelyan, *Histoire sociale de l'Angleterre. Six siè-*

cles d'histoire de Chaucer à la reine Victoria, akt. mit Anm. v. J. P. Poussou, Paris: Robert Laffont, 1993, S. 485-486. Daniel Defoe veröffentlicht zwischen 1724 und 1726 *A tour thro' the whole island of Great Britain*, einen Bericht über seine Reisen auf den Britischen Inseln, in dessen Mittelpunkt die Ökonomie steht, der nebenbei aber auch die Gefängnisse Londons beschreibt, in denen sich der Autor kurz aufgehalten hat. Die Schriften von John Howard siedeln sich am Rande dieser Tradition an, insofern sie thematisch auf Dinge des Strafvollzugs beschränkt sind.

3 Beeinflusst von Beccarias *Von Verbrechen und Strafen* (1764), ist das von Joseph II. 1787 erlassene österreichische Strafgesetzbuch von einer Milderung des Strafarsenals gekennzeichnet. Hier finden sich die Grundsätze der Rechtmäßigkeit und Verhältnismäßigkeit der Strafen betont. Das kaiserliche Gesetzbuch führt eine strikte Unterscheidung zwischen kriminellen Delikten und politischen Delikten ein, und die Todesstrafe ist allein begrenzt auf »das durch ein Kriegsgericht abgeurteilte Verbrechen des Aufruhrs« (J.-L. Halpérin, *Histoire des droits en Europe de 1750 à nos jours*, a. a. O., S. 62); vgl. M. Foucault, *Surveiller et Punir*, a. a. O., S. 119; dt.: *Überwachen und Strafen*, a. a. O., S. 151. Der Aufruhr – alleine, mit Kette oder Regierungsarbeiten – bildet einen der Grundpfeiler der Sanktion krimineller Delikte; vgl. Y. Cartuyvels, *D'où vient le code pénal? Une approche généalogique des premiers codes pénaux absolutistes au XVIIIe siècle*, Paris–Bruxelles: De Boeck, 1996, S. 264-300.

4 Gestützt auf den Einfluss John Wesleys (1703-1791), bilden die Methodisten-Gesellschaften im 18. Jahrhundert die wichtigste nonkonformistische Bewegung. Beim Tode Wesleys 1791 zählen diese Gesellschaften 72000 Mitglieder, 1850 erreicht ihre Zahl eineinhalb Millionen; vgl. J. Cannon (Hg.), *The Oxford Companion to British History*, Oxford: Oxford University Press, 1997, S. 339. Theologisch ist die Methodistenbewegung durch ihr Beharren auf der persönlichen Umkehr und die Erlösung durch den Glauben sowie durch eine gewisse doktrinäre Flexibilität gekennzeichnet; vgl. E. P. Thompson, *Die Entstehung der englischen Arbeiterklasse*, a. a. O., S. 41 f. Als eine Bewegung des weitgehend einfachen Volkes haben die verschiedenen methodistischen Kirchen eine wichtige – zuweilen trotzdem überschätzte (vgl. ebd. S. 45-51) – gesellschaftliche Rolle bei der Entstehung der Arbeiterbewegung im 18. Jahrhundert gespielt, vor allen durch die Erziehung der Armen und ihre Integration in die Organisation der Kirche; vgl. *Life of Wesley and the Rise and Progress of Methodism*, London: Harper and Brothers, 1890 [1846], 3 Bde.; W. E. H. Lecky, *History of the English People in the 18th Century*, New York: D. Appleton & Co., 1891, Bd. III; J. Kent, *The Age of Disunity*, London: Epworth Press, 1966.

5 John Wesley (1703-1791) war der Begründer des Methodismus. In der anglikanischen Kirche zum Priester geweiht, versammelt er ab 1729 in Oxford eine Gruppe von Christen um sich, denen die strikte Einhal-

tung der von der Kirche festgelegten Lebensregeln und Lehre den Spitznamen »Methodisten« einträgt. 1738 nimmt Wesley nach einer kurzen Missionstätigkeit in Georgia die Bekehrung Englands in Angriff, indem er nicht nur in den Kirchen, sondern auch unter freiem Himmel und bei lokalen religiösen Gesellschaften predigt. Er wendet sich immer gegen die Unabhängigkeit des Methodismus von der anglikanischen Kirche; der Bruch tritt 1791 kurz nach seinem Tod ein. Vgl. R. Southey, *Life of Wesley and the Rise of Methodism*, a. a. O.; M. Lelièvre, *John Wesley: sa vie, son œuvre*, Paris: Chapelle Malesherbes, 1922; M. L. Edwards, *John Wesley and the Eighteenth Century*, New York: Abingdon Press, 1933; J. H. Whiteley, *Wesley's England: A Survey of XVIIIth Century Social and Cultural Conditions*, London: Epworth Press, 1938; J. Kent, *Wesley and the Wesleyans*, Cambridge: Cambridge University Press, 2002.

6 Die *Society of Friends* ist die offizielle Bezeichnung für die Bewegung der Quäker; vgl. oben S. 140, Anm. 11.

7 John Pollock weist darauf hin, dass Wilberforce' Vorhaben, die *Proclamation Society* zu gründen, sich an den *Societies for the Reformation of Manners* orientiert, die in Reaktion auf die Proklamation von William und Mary »*for the Encouragement of Piety and Virtue; and for the preventing of Vice, Profaneness and Immorality*« von 1692 ins Leben gerufen wurden (die Öffentlichmachung wurde mit Blick auf den Beginn der Regentschaft um drei Jahre verzögert) – ein Akt, der traditionell die Thronbesteigung eines neuen Souveräns kennzeichnet; vgl. J. Pollock, *Wilberforce*, London: Constable, 1977, S. 59 (der Autor gibt an, dass die Proklamationen in der *Handlist of Proclamations 1714-1810*, Bibliotheca Lindesiana, 1913 verfügbar sind). Diese Gesellschaften siedeln sich ab 1693 in Irland an, wo sie vor allem dazu benutzt werden, die Macht der Anglikaner gegenüber den Katholiken zu konsolidieren. Vgl.: D. W. R. Bahlman, *The Moral Revolution of 1688*, New Haven, Conn.: Yale University Press, 1957; J. Innes, »Politics and Morals: The Reformation of Manners Movement in Later Eighteenth-Century England«, in: E. Hellmuth (Hg.), *The Transformation of Political Culture: England and Germany in the Late Eighteenth Century*, Oxford: Oxford University Press, 1990; T. C. Barnard, »Reforming Irish Manners: The Religious Societies in Dublin during the 1690s«, in: *The Historical Journal*, Bd. 35 (4), Dezember 1992, S. 805-838; A. Hunt, *Governing Morals: A Social History of Moral Regulation*, Cambridge: Cambridge University Press, 1999. Zu Wilberforce, vgl. hier Anm. 9.

8 [J. Wesley,] *The Works of the Reverend John Wesley, A. M., Sometime Fellow of Lincoln College, Oxford,* New York: J. Emory and B. Waugh, 1831, 7 Bde.: Bd. 1, Sermon LII (preached before the Society for Reformation of Manners, on Sunday, January 30, 1763, at the Chapel in West Street, Seven Dials), S. 460: »Some of these were of the lowest and vilest class commonly called gamblers; who make a trade of seizing on young

and inexperienced men, and tricking them out of all their money: and after they have beggared them, they frequently teach them the same mystery of iniquity.« Foucault wird einige Monate später, im Mai 1973, auf diese Passage zurückkommen in »La vérité et les formes juridiques«, a. a. O., DE II, S. 596f.; dt.: »Die Wahrheit und die juristischen Formen«, a. a. O., DE II, S. 737f.

9 Der protestantische Evangelist und englische Politiker William Wilberforce (1759-1833) ist mehr für sein Engagement für die Abschaffung der Sklaverei bekannt, die er vor allem in seiner Eigenschaft als Abgeordneter des Parlaments verfochten hat. Sehr konservativ bei seinem innenpolitischen Engagement, beteiligte er sich an der Gründung mehrerer evangelikaler Gesellschaften, darunter der *Proclamation Society to Prosecute Blasphemy and Vice* (1787) und der *Society for Bettering the Condition of the Poor* (1796). Vgl.: R. I. Wilberforce u. S. Wilberforce, *The Life of William Wilberforce, by his sons Robert Isaac Wilberforce and Samuel Wilberforce*, Cambridge: Cambridge University Press, 2011 [1838]; R. Coupland, *Wilberforce: A Narrative*, Oxford: Clarendon Press, 1923; in neuerer Zeit: W. Hague, *William Wilberforce: The Life of the Great Anti-slave Trade Campaigner*, London, New York u. Toronto: Harper Perennial, 2008.

10 Siehe besonders: Society for the Suppression of Vice, *The Constable's Assistant: Being a Compendium of the Duties and Powers of Constables and Other Police Officers*, 1808 (erw. Ausg.: 3. Aufl. 1818, 4. Aufl. 1831); vgl. M. Foucault, »La vérité et les formes juridiques«, a. a. O., S. 597; dt.: »Die Wahrheit und die juristischen Formen«, a. a. O., S. 738.

11 Die Aufstände von Gordon (*Gordon Riots*) brachen in London aus, nachdem das Unterhaus eine Petition gegen die den Katholiken gewährten Zugeständnisse und vor allem gegen ihre Zulassung zum Parlament zurückgewiesen hatte. In den darauffolgenden Tagen kam es zu zahlreichen Gewalttätigkeiten, die sich hauptsächlich gegen reiche Katholiken und Repräsentanten der Macht richteten. Wilkes' Londoner Stadtverwaltung, die mit der königlichen Macht in Konflikt stand, intervenierte erst spät, als die Aufständischen die Bank von England angriffen. Der Name der Aufstände kommt von Lord George Gordon, dem Präsidenten der protestantischen Vereinigung, die die Petition beim Unterhaus eingereicht hatte, dessen Reden man zu einem Gutteil für den Gewaltausbruch verantwortlich machte. Vgl. E. P. Thompson, *Die Entstehung der englischen Arbeiterklasse*, a. a. O., S. 77; G. Rudé, »The Gordon Riots: A Study of the Rioters and their Victims«, in: *Transactions of the Royal Historical Society*, 5. Jg., Nr. 6, 1956, S. 3-114; C. Hibbert, *King Mob: The Story of Lord George Gordon and the Riots of 1780*, Stroud: Sutton Publishing, 2004 [1958]. Foucault wird die *Gordon Riots* erneut erwähnen in *Surveiller et Punir*, S. 18; dt.: *Überwachen und Strafen*, S. 20; vgl. auch »La vérité et les formes juridiques«, a. a. O., S. 597f.; dt.: »Die Wahrheit und die juristischen Formen«, a. a. O., S. 738f.

12 Vgl. J. Hanway, *The Defects of Police. The Cause of Immorality and the Continual Robberies Committed: Particularly in and about the Metropolis*, London: J. Dodsley, 1775 (zit. in *Surveiller et Punir*, S. 125 u. 130; dt.: *Überwachen und Strafen*, S. 159 u. 165).

13 Vgl. zur Strenge des Gesetzes im England des 17. Jahrhunderts und zu den sich daraus ergebenden Problemen: D. Hay, »Property, Authority and the Criminal Law«, in: D. Hay, P. Linebaugh, E. P. Thompson, *Albion's Fatal Tree: Crime and Society in Eighteenth Century England*, New York: Pantheon Books, 1975; J. H. Langbein, »Albion's Fatal Flaws«, in: *Past and Present*, Nr. 98 (1), 1983, S. 96-120, erneut in: D. Sugarman (Hg.), *Law in History: Histories of Law and Society*, New York: New York University Press, 1996, Bd. 1.

14 Der Ausdruck »*pious perjury*« (frz.: *pieux parjure*) scheint von William Blackstone zu stammen, der ihn benutzt, um eine Praxis der englischen Geschworenen zu beschreiben, die darin besteht, unter Eid den Geldwert eines Diebstahls unterzubewerten, um keine zu schwere Strafe verhängen zu müssen; vgl. W. Blackstone, *Commentaries on the Laws of England (1765-1769)*, London: A. Strahan, 1825, 4 Bde.: Bd. 4, S. 237. Bentham berichtet ebenfalls, dass die Geschworenen, da das Gesetz vorsah, Diebstähle, die einen Wert von neununddreißig Schillingen überstiegen, mit der Todesstrafe zu ahnden, unter Eid behaupteten, dass zwei Goldstücke weniger wert sind als diese Summe: »Take two pieces of gold coins, two guineas, each of full weight, and, under the eye of an approving judge, to change the prisoner's doom from death to transportation, the two-and-forty-shillings'-worth of gold coin be valued by twelve jurymen, speaking upon their oaths, at nine-and-thirty shillings, and no more« (J. Bentham, *Rationale of Judicial Evidence, Specially Applied to English Practice from the manuscripts of Jeremy Bentham*, in: ders., *Works*, hg. v. John Stuart Mill, London: Hunt and Clarke, 1827, 5 Bde.: Bd. 5, S. 418).

15 E. Burke, »Thoughts and Details on Scarcity, Originally Presented to the Right Hon. William Pitt, in the Month of November, 1795«, in: *The Works of Edmund Burke*, Boston: Charles C. Little and James Brown, 1839, 9 Bde.: Bd. 4, S. 250-280, siehe S. 253: »Patience, labor, sobriety, frugality and religion, should be recommended to them [the laborers]; all the rest is downright *fraud*. It is horrible to call them ›The *once happy* laborer‹« (Herv. im Text).

16 A. Boadman, »On Population«, »Essay XXV«, in: *Georgical Essays*, hg. v. A. Hunter u. a., 1804, Bd. V, S. 394-404, siehe S. 398: »The difficulty is, how to prevail upon a people, who have been long accustomed to a life of idleness, extravagance, and dissipation, to overcome its allurements, and to lead with steadiness and perseverance a life of temperance, moderation, and virtue: This, indeed, is difficult, but absolutely necessary.«

17 E. Burke, »Thoughts and Details on Scarcity«, a. a. O., S. 253. Foucault spielt mit den Worten Burkes, der diese Passage präzise *gegen* die Rede

von den »Armen, die arbeiten«, geschrieben hat. Burke war damals, 1795, in eine Debatte mit William Pitt über die Rolle der Regierung und der Intellektuellen verwickelt – genauer gesagt, über die Sprache der Intellektuellen und Politiker – gegenüber den Arbeitern. Burkes Absatz über die Geduld, Arbeit und Genügsamkeit beginnt genau mit einer Ablehnung der Rede von den »Armen, die arbeiten«: »Nothing can be so base and so wicked as the political canting language, ›The laboring *poor*‹. Let compassion be shewn in action, the more the better, according to every man's ability, but let there be no lamentation of their condition. It is no relief to their miserable circumstances; it is only an insult to their miserable understandings« (ebd., S. 252; im Text herv.). Der marxistische englische Historiker E. P. Thompson hat 1963 die Bemerkungen von Burke mit den Arbeiten von Patrick Colquhoun in Verbindung gebracht, vor allem hinsichtlich seiner Analyse der Frage der Delinquenz und der Gesellschaften zur Beseitigung des Lasters; vgl. E. P. Thompson, »Satan's Strongholds«, in: ders., *The Making of the English Working Class*, op. cit., S. 56f.; dt.: »Satans Festungen«, in ders.: *Die Enstehung der englischen Arbeiterklasse*, a. a. O., Bd. I, S. 61f.

18 R. Watson, »Sermon VII. Let Us Not Be Weary in Well-doing«, in: *Miscellaneous Tracts on Religious, Political, and Agricultural Subjects*, London: T. Cadell u. W. Davies, 1815, 2 Bde., siehe Bd. 1, S. 537: »The laws are good: but they are eluded by the lower classes, and set at nought by the higher.« Richard Watson (1737-1816), Bischof von Llandaff, hielt diese Predigt vor der *Society for the Suppression of Vice* in der Pfarrkirche; vgl. ders., »A sermon preached before the Society for the Suppression of Vice, in the Parish Church of St. George, Hanover Square, on Thursday the 3d of May 1804; to which are added the Plan of the society, a summary of its proceedings, and a list of its members«, London: T. Woodfall, 1804; vgl. auch M. Foucault, »La vérité et les formes juridiques«, a. a. O., S. 599; dt.: »Die Wahrheit und die juristischen Formen«, a. a. O., S. 741.

19 Vgl. R. Watson, »Sermon VII«, a. a. O., S. 537f.: »I would be ashamed to recommend from this place the Suppression of Vice amongst some, if I did not recommend it's suppression amongst all; being sensible that the good example of their superiors would be of more efficacy in suppressing the Vices of the lower orders, than the very best execution of the very best laws even can be.«

20 Vgl. ebd, S. 539f.: »The suppression of Vice, though it may through your perseverance, when assisted by others who shall concur with you, be very extensive; yet it is not the only good which will be derived from your Association. The very circumstance of near a thousand persons becoming, »in the midst of a crooked and perverse generation, shining lights«, to conduct men […] – to conduct such unhappy, comfortless, benighted travellers into the narrow path which leads to Heaven; this is of itself a proof that Religion has not yet left the land […].«

21 Society for the Suppression of Vice, »Part the first, of an address to the public, from the Society for the Suppression of Vice, instituted, in London, 1802: setting forth, with a list of the members, the utility and necessity of such an institution, and its claim to public support«, London, gedruckt für die Society, 1803, S. 58 Fn.*: »All cases of sedition, or others of a political nature, should such occasionally be disclosed by their vigilance, they will transmit to the Magistrates, or to the officers of government, whose peculiar duty it is, to take cognizance of offences committed against the state.«

22 Patrick Colquhoun begründete zusammen mit Jeremy Bentham die erste reguläre Polizei in England, die *Thames River Police*, die damit beauftragt war, die Handelswaren des Londoner Hafens zu schützen. So wird er als einer der Erfinder der modernen Polizei in England angesehen, der die Grundlagen für das gelegt hat, was auf Betreiben von Robert Peel dreißig Jahre später zur neuen Polizei Londons werden sollte. Colquhoun ist der Autor des Texts, auf den sich Foucault hier stützt, *A Treatise on the Police of the Metropolis*, London: H. Fry, 1797.

23 I. Kant, *Grundlegung zur Metaphysik der Sitten* (1785).

24 Vgl. oben S. 113 f., Anm. 16.

25 P. Colquhoun, *Ueber Londons Polizey*, besonders in Bezug auf Verbesserungen und Verhütungsmittel der Verbrechen. Nebst einem Anhange ähnlichen Inhalts, im Auszuge aus Briefen. Aus dem Englischen übersetzt und mit erläuternden Anmerkungen versehen von Johann Wilhelm Volkmann, Leipzig: Baumgärtner, Bd. I, 1800; Bd. II, 1805. Foucault scheint in *Surveiller et Punir* auf den moralischen Aspekt von Colquhouns Werk nicht mehr zurückzukommen, obwohl er es mehrfach zitiert (vgl. S. 88, 119, 291); dt.: *Überwachen und Strafen*, S. 109, [S. 119, Fn. 3 der frz. Ausg. wird in der dt. Ausgabe weggelassen, Anm. d. Übers.], 368.

26 P. Colquhoun, *Ueber Londons Polizey*, a. a. O., Bd. 1, S. 266 f.

27 Vgl. ebd., S. 267: »Die einzigen Mittel also, den Frieden der Gesellschaft zu sichern, und größern Verbrechen zuvor zu kommen, bestehen in Einschärfung religiöser und moralischer Pflichten durch schwächere Strafen. Außerdem sind Gesetze nur ohnmächtige Wächter des Staats, oder des Eigenthums und der Person der Unterthanen.«

28 Ebd., S. 268. Foucault nennt im Manuskript (S. 13) ein anderes Zitat, das er in der Vorlesung nicht aufgreift: »Der tugendhafte Mensch ist allezeit der beste Unterthan; und wenige werden wohl als öffentliche Verbrecher bestraft werden, die nicht schon längst unbestrafte Privatverbrecher waren« (ebd., S. 267).

29 Ebd., S. 268.

30 P. Colquhoun, *Traité sur la police de Londres, contenant le détail des crimes et délits qui se commettent dans cette capitale, et indiquant les moyens de les prévenir*, übersetzt nach der 6. Auflage von L. C. D. B., Paris: Léopold Collin, 1807, Bd. II, S. 300, Fn. [Da diese Fußnote in der deutschen

Übersetzung, die auf der 5. Auflage basiert, fehlt und da beide Auflagen sehr stark voneinander abweichen, wurde hier und bei weiteren Zitaten aus diesem Werk die Übersetzung von A. H. angefertigt und dementsprechend die französische Ausgabe als Referenz genannt].

31 P. Colquhoun, *Ueber Londons Polizey*, a. a. O., Bd. 1, S. 30.

32 P. Colquhoun, *Traité sur la police de Londres*, Fortsetzung der Fn. 1 von S. 298.

33 Ebd., Fortsetzung der Fn. 1 von S. 298.

34 Vgl. zu dieser Gegenüberstellung von Archäologie und Genealogie oben S. 134-136, Anm. 2.

35 Als Mitglied der *Groupe d'information sur la santé* wird sich Foucault in die Frage auf das Recht auf Abtreibung einschalten; vgl. »Convoqués à la P. J.« (Text unterzeichnet von M. Foucault, A. Landau u. J.-Y. Petit, in: *Le Nouvel Observateur*, Nr. 468, 29. Okt. – 4. Nov. 1973, S. 53), DE II, Nr. 128, S. 445-447; dt.: »Vorladung bei der Kripo«, DE II, Nr. 128, S. 554-557.

36 Zum Begriff der Überschreitung vgl. oben, S. 18, Fn. b.

37 Foucault reagiert hier auf Äußerungen des Gesundheitsministers, Jean Foyer – ein frommer Katholik und entschlossener Gegner jeglicher Liberalisierung der Abtreibung –, vom Vortag, dem 6. Februar 1973. Foyer hatte als Antwort auf ein Manifest von 330 Ärzten, das im *Nouvel Observateur* vom 5. Februar erschien, in *Le Monde* vom 6. Februar erneut abgedruckt wurde und in dem erklärt wurde, »Abtreibungen zu praktizieren oder entsprechend ihren Mitteln dazu beizutragen, dass sie durchgeführt werden, ohne dass dabei Geld fließt«, tatsächlich gesagt: »Es ist bedauerlich, dass ein politischer Vorgang zu einem sehr ernsten Problem in einer Zeit des Wahlkampfs in Gang gesetzt werden soll« (zit. von *L'Express*, 12. Februar 1973). Georges Pompidou hatte bereits am 9. Januar 1973 eine ähnliche Position gegenüber den Debatten über die Entkriminalisierung der Abtreibung eingenommen (ebd.). Das Manifest der »330« war eine Reaktion auf das im April 1971 von 343 Frauen unterzeichnete, die bekannten, abgetrieben zu haben. Siehe J.-Y. Le Naour u. C. Valenti, *Histoire de l'avortement, XIXe-XXe siècle*, Paris: Seuil, 2003, S. 240-242; vgl. auch »Convoqués à la P. J.«, a. a. O., ebd.; dt.: »Vorladung bei der Kripo«, a. a. O., ebd.

Vorlesung 7
(Sitzung vom 14. Februar 1973)

(A) England (Fortsetzung). Der große Aufstieg der Tugenden. (B) Frankreich. Das Auftauchen neuer Techniken der Einziehung und Einsperrung und eines neuen Polizeiapparats. Zwei Mechanismen, um die Repression tolerabel zu machen. In Frankreich, Vereinnahmung des Staatsapparats durch das laterale gesellschaftliche Interesse: der lettres de cachet, *ein Mittel sozialer Kontrolle, das im 19. Jahrhundert zur Moralisierung und Psychologisierung der Strafe führt. Die kapillare Gegenbewegung der Vereinigungen, Familien und Korporationen. – Feld des Wissens, biographische Archive: Einfluss auf das psychiatrische, soziologische, kriminologische Wissen im 19. Jahrhundert. Ersetzung des* lettre de cachet *durch zentralisierte staatliche Organe: die großen Besserungsanstalten.*

[a]Wir haben [in England] die Einleitung eines Kontrollprozesses gesehen, der gleichzeitig durch die Wanderungsbewegung der Individuen und durch das neue System der Lokalisierung des Vermögens notwendig wurde. Wir haben festgestellt, dass diese Kontrolle mit dem herannahenden 19. Jahrhundert nicht mehr bei den vornehmlich aus dem Kleinbürgertum stammenden religiösen Gruppen liegt, sondern bei Leuten, die mit der Macht in Verbindung stehen: Kaufleute, Aristokraten. Ebenso ändert sich das Ziel: dieses sind nicht mehr so sehr Individuen, die am Rande stehen oder wider die Ordnung leben, sondern die Arbeiterklasse, so dass man Ende des 18. Jahrhunderts Verhältnisse hat, die dafür sorgen, dass sich die Kontrolle global von einer sozialen Klasse auf die andere erstrecken wird.[b]

---

a Das Manuskript (S. 1) trägt den Titel: »Der große Aufstieg der Tugenden in England«, der eine Verbindung zu der vorhergehenden Vorlesung herstellt.

b Das Manuskript (S. 1 f.) fährt fort:
»Diese Kontrollen wurden:
– zunächst ›von unten‹ gewährleistet: durch Gruppen, die, indem sie sich selbst kontrollierten, dem Strafsystem entgingen;
– allmählich den Klassen übertragen, die die Macht ausüben; und das unter dem Druck
 • der politischen Volksbewegungen

*

In Frankreich läuft der Prozess anders ab. Die große Wirtschaftskrise des 17. Jahrhunderts und die sozialen Krisen, die sie begleiteten, haben in Frankreich anders als in England nicht zu einer bürgerlichen Revolution geführt, sondern zu einer Monarchie,[a] die sich vor allem mit Problemen der Kontrolle konfrontiert sah. Gegenüber den breiten Volksbewegungen Ende des 17. Jahrhunderts standen der Macht nur zwei Kontroll- und Repressionsinstrumente zur Verfügung: die Armee und die Justiz. Doch vom Ende des Mittelalters bis zum 17. Jahrhundert war der Justizapparat ein Gegenstand privater Aneignung, da die Richterämter zu kaufen waren und weitervererbt wurden. Damit hatten diejenigen, die das Recht anwenden sollten, mit den Grundbesitzern eine Reihe gemeinsamer Interessen, so dass bei der wachsenden königlichen Steuerlast und der Wirtschaftskrise die Gruppe, die mit der Rechtsprechung beauftragt war, gegenüber der königlichen Macht ebenso widerspenstig war wie die Mehrheit der Bevölkerung. So musste die königliche Macht erleben, dass sich die Justiz ihren Forderungen nach Repression entzog. Was die Armee anbelangt, so ist sie zwar mehrfach eingeschritten; doch ist dies ein beklemmendes und nicht nur für den Staat, sondern auch für die Bevölkerungen, [bei denen] sie sich einquartierte, teures Instrument, so dass diejenigen,

---

• und der Herausbildung des Proletariats
Der Staat als Vertreter oder Hauptstütze der Moralisierung der armen Klassen.
Damit kommt man zu Folgendem:
– man hat das Sanktionssystem untersucht und die Heterogenität von Strafwesen und Strafrecht an den Tag gebracht;
– das Strafwesen, das seinerseits anhand seines amerikanischen Prototyps untersucht wurde, offenbarte einen ganzen Mechanismus, der weniger der Sanktion als der Buße galt;
– und dieses seinerseits untersuchte Element der Buße erwies sich nur als ein Teil in einem Spiel von Zwang und positiven Anforderungen: der Pflicht zum Guten.«

a Manuskript (S. 4): »eine absolute Monarchie«.

die sie riefen, unter ihr mindestens ebenso sehr litten wie die Bewegungen, gegen die sie sich schützen wollten.[a]

Daher die Notwendigkeit, einen anderen Apparat hinzuzuziehen: eine Erfindung, die darin bestand, die Repression durch die Technik der Einziehung der Bevölkerung zu ersetzen.[1] Anstatt eine Armee zu schicken, war es ökonomisch weniger teuer und politisch klüger, im Voraus der Bevölkerung die Teile zu entziehen, die gefährlich sein konnten; so wurde die Technik der Bevölkerungskontrolle von der Justiz und Armee durch die Einsperrung ersetzt. Die Macht verschafft sich gleichzeitig zwei Apparate, die als Instrumente der Rasterung und Kontrolle dienen sollen;[2] erstens einen Apparat, der zugleich administrativ und parajuristisch ist: den der Intendanten der Polizei, der Justiz und der Finanzen; zweitens einen Polizeiapparat, der direkt dem König unterstellt und Polizeileutnants übertragen ist.[b] Diese beiden Apparate haben nun aber die Besonderheit, dass sie zwischen Justiz und Nicht-Justiz angesiedelt sind; einerseits haben die Polizeileutnants und Intendanten – zumindest in einigen Angelegenheiten – das Recht, anstelle des gewöhnlichen Justizapparats zu intervenieren und anstelle des Justizsystems eine Reihe von genuin juristischen Entscheidungen zu treffen: So genießen der Befehlshaber der Feldgendarmerie, der Polizeiintendant das Recht, bei Landstreicherei rechtskräftige Urteile zu fällen. Andererseits verfügen die Leut-

---

a Das Manuskript (S. 5) enthält folgende Aufstellung, die sich auf die »Sachlage im 18. Jahrhundert« bezieht:
»α. Feudalisierung und private Aneignung der Justiz durch die Käuflichkeit der Ämter;
β. Allianz zwischen feudalisierter Justiz und den anderen Volksschichten gegen das staatliche Steuerwesen;
γ. Volksbewegungen, denen gegenüber die Justiz ohnmächtig ist, wenn sie nicht halb Komplizin ist;
δ. Generelle Intoleranz der Bevölkerung; Intervention der Armee, nachhallende Konsequenzen dieser »bewaffneten Justiz«;
ε. Entwicklung der Technik: Einziehung/Einsperrung.

b Das Manuskript (S. 4) fügt hinzu: »Mit dem Generalleutnant der Polizei. Gesetzeshüter. Befehlshaber der Feldgendarmerie«. Am Rand: »generelle Überwachung; Interventionismus«.

nants, die Intendanten über parajuristische Befugnisse, da sie das Recht haben, administrative Maßnahmen zu ergreifen, ohne dabei irgendwelche Formen der Justiz einzuhalten und ohne genuin juristische Beschlüsse zu fassen: Auslieferung, Verbannung, Freiheitsentzug.[a] Dieses System hatte relativ lange Bestand und einen gewissen Erfolg, daher wollten bestimmte Leute, wie Colquhoun, dass England es aufgreift. Zudem wurde das System trotz seiner Zerschlagung während der Revolution, im Großen und Ganzen sehr schnell, ab dem Thermidor, wieder eingesetzt. Dieses System, das billiger und diskreter ist als ein militärisches Eingreifen, ist erdrückend. Es ist tatsächlich für alle Gesellschaftsklassen ein Instrument zur Steuerabgabe. Schließlich ist es ein Apparat, der eine Vielzahl von Leuten ihrer juristischen und damit politischen Macht beraubt, vor allem die Teile, die vom Feudalismus überleben, und die Parlamentarier.[b]

Weshalb wurde dieses System also geduldet? Seine Stärke und Subtilität kamen daher, dass es, entgegen allem Anschein, ein System mit einem doppelten Zugang war. Ein repressiver Staatsapparat bedarf, um effektiv funktionieren zu können, wie mir scheint, tatsächlich der Duldung. Diese Duldung machen nun zwei Grundmechanismen möglich. Zunächst das Grundmus-

---

a Das Manuskript (S. 4f.) fügt hinzu:
»ohne irgendeine Form von Polizei zu durchlaufen. Und das in zwei ganz bestimmten Arten von Fällen:
– entweder wenn das unerwünschte Verhalten nicht aus den Gesetzen hervorgeht
– oder wenn ein Vergehen vorliegt, man aber dem Gesetzesbrecher die Möglichkeit gibt, so der Justiz zu entkommen.«

b Das Manuskript (S. 5) fügt hinzu:
»Tatsächlich hat sich das System sehr lange gehalten. Es wurde sogar in England stark gewünscht. Und es wurde trotz der Revolution letztlich eingeführt (oder vielmehr in das neue System eingeführt) und nicht abgeschafft.«
[Einfügung zwischen den Zeilen] → Voraussetzung für die Tolerierung eines Repressionsapparats
Wenn er sich halten konnte, dann, weil er ein System mit einem doppelten Zugang war.«

ter des Zweiten Kaiserreichs oder des Faschismus.[a] Dabei kommt es zu einer Übertragung des repressiven Staatsapparats auf marginalisierte Bevölkerungsschichten. Der Polizeiapparat Napoleons III. stützt sich auf gewisse Zivilpersonen, der des deutschen Faschismus auf die Schwarz- oder Braunhemden, die SA,[b] das heißt auf Gesellschaftsgruppen, die das Lumpenproletariat[c] bilden, arbeitslose Proletarier oder Teile des bankrotten Kleinbürgertums. Diesen ökonomisch oder politisch marginalen Elementen vertraut man die Aufgaben der Kontrolle und Repression an. Der Vorteil dieses Systems der Übertragung ist, jenem Apparat den Anstrich der Spontaneität und Ursprünglichkeit zu geben. Diese Polizei wird tatsächlich von einer großen Zahl von Leuten gewährleistet. Sie hat die Möglichkeit zur außerinstitutionellen[d] Intervention und eine Art Freiheit, die nach innen durch eine ganz bestimmte Ideologie kontrolliert wird: den Nationalismus, den Rassismus etc. So vollzieht sich die soziale Kontrolle gleichzeitig von außen, weil es eine marginalisierte Schicht ist, die per Übertragung eine Reihe von Funktionen erhält, die der Staatsapparat an sie delegiert, und von innen, insofern diese Kontrolle über eine gemeinsame Ideologie erfolgt.[e]

Das andere Grundmuster besteht in Folgendem: Anstatt den Staatsapparat zu übertragen, legt man ihn[f] in die Hände einer begrenzten Anzahl von Leuten, die der Zentralmacht unterstehen, sorgt aber dafür, dass dieser Apparat, der ganz dem Interesse der herrschenden Klasse dient, lateral eine Reihe von lokalen

---

a Manuskript (S. 6): »Sei es das Beispiel des Faschismus oder des Nazismus.«

b Das Manuskript (S. 6) fügt hinzu: »SS, beauftragt mit der außergerichtlichen, direkten, gewaltsamen Repression«.

c Im Original auf Deutsch, Anm. d. Übers.

d Manuskript (S. 6) am Rand: »und außergesetzlichen«.

e Das Manuskript (S. 6) fügt hinzu: »Koppelung von: Übertragung der Polizeigewalt und Einimpfung, Vertiefung einer Ideologie, die die Anwendung dieser Gewalt gewährleistet, leitet.«

f Das Manuskript (S. 6) fügt hinzu: »(teilweise und allein hinsichtlich seines technischen Funktionierens)«.

und partikularen Interessen bedienen kann. Es geht darum, quasi Schleichwege zu schaffen, die dafür sorgen, dass gewisse Individuen, die nicht notwendig zur führenden Klasse gehören und nicht dieselben Interessen haben, an verschiedenen Punkten des Staatsapparats lokal ein Auseinanderbrechen der Macht verhindern und sie für ihre eigenen Zwecke nutzen können. Diese Gruppen festigen so letztlich die Macht, weil sie eine Macht ausüben, die ihnen von der herrschenden Klasse zugespielt wird und mit dem Staatsapparat konform ist – was somit erlaubt, gewisse Individuen, die kein unmittelbares Interesse daran haben, die Macht zu stützen, dazu zu bringen, dieser anzuhängen.[a] So verflechten sich in der Gesamtfunktionsweise eines solchen Staatsapparats einerseits das Interesse der herrschenden Klasse und Inhaberin der Macht und andererseits die laterale gesellschaftliche »Nutzung«, die erlaubt, diesen Apparat zu bemänteln und tolerierbar zu machen.[b] Man hat hier das Phänomen der »Vereinnahmung und Gegen-Vereinnahmung« des Staatsapparats durch das herrschende »Klasseninteresse« und die Lateralinteressen[c] und nicht mehr das Phänomen der Spaltung und Übertragung des Apparats.

Was kennzeichnet nun aber den höchst wissbegierigen Staats-

---

a Das Manuskript (S. 6f.) fügt hinzu:
»Es geht darum, eine marginale Nutzung, *eher* eine Mikro-Nutzung, eine kapillare Nutzung, auf der winzigsten Ebene, *von unten*, eines Apparats zu erlauben, der ansonsten von einem Klasseninteresse regiert wird.«
Am Rand (S. 7):
»Laterale Nützlichkeit«, dann »synaptischer Kreis, Schleichwege, die es Individuen, Gruppen, Interessen (die sich von denen der herrschenden Klasse unterscheiden) ermöglichen, für sich etwas von der Macht abzuzweigen. Der sich an der Macht befindenden Klasse nicht aufgrund des Klasseninteresses anhängen – sondern aufgrund der Homogenität der Macht.«

b Manuskript (S. 7): »dieses Klasseninteresse zu bemänteln«. Über dem Ausdruck »gesellschaftliche ›Nutzung‹« Hinzufügung des Wortes »kapillare«.

c Anstatt des Gegensatzes: Klasseninteresse/Lateralinteressen heißt es im Manuskript (S. 7): »›Klasseninteresse – laterale Nutzung in der Gesellschaft‹«.

apparat, den die Monarchie im 17. und 18. Jahrhundert aufgebaut hat? Wenn dieser *parajuristische, paramilitärische* Apparat so lange toleriert wurde, dann weil er dem zweiten Grundmuster gehorchte. Was gewährleistet mithin die Gegen-Vereinnahmung dieses Apparats? Was erlaubt, ihn sozial auf der kapillaren Ebene zu nutzen?[a] Das sind die *lettres de cachet*, ein bewegliches Element, das diesem Apparat gestattet, auf das Interesse der Globalklasse einzugehen und für eine Menge von Individuen, die sicher nicht dieselben politischen und ökonomischen Interessen haben wie die Klasse, die sich an der Macht befindet, lateral nutzbar zu sein.[3]

*

In der Geschichtsschreibung des 19. Jahrhunderts gilt der *lettre de cachet* als Symbol einer autokratischen, willkürlichen Macht:[4] Er steht für die Präsenz des Königs und seiner Macht bis ins Alltagsleben der Individuen hinein; durch ihn dringen die Zeichen der Monarchie in das Alltagsleben der Menschen vor. Doch mir scheint, dass er eine ganz andere Funktion hat und dass er nicht von oben nach unten zirkuliert. Worin besteht nämlich der verwaltungstechnische Mechanismus[b] des *lettre de cachet*? Es handelt sich um einen Beschluss des Königs, der sich auf einen individuellen Fall bezieht und somit keine allgemeine Geltung haben kann. Und sieht man einmal von einer begrenzten Zahl der *lettres* ab, die vom König selbst aus eigenen Beweggründen ergingen, um für gefährlich befundene Personen zu entfernen, wurden die meisten von Individuen, Familien, Religionsgruppen, Notabeln, Leuten des Gesetzes (Notaren etc.), Korporationen eingeholt. Eine Reihe von *lettres* geht also von

a Manuskript (S. 8):
»Wie wurde in diesem ›Polizei-‹ oder vielmehr *parajuristischen und parastaatlichen* System des Ancien Régime diese Nutzung, die das Ganze akzeptierbar macht, gewährleistet?«

b Manuskript (S. 8): »ihr, wenn schon nicht ›juristischer‹, so doch zumindest verwaltungstechnischer Mechanismus«.

einer Ebene aus, die in der gesellschaftlichen Rangordnung oft unten angesiedelt ist: Rechtsverdrehern, Dorfbewohnern, Kaufleuten, Handwerkern. Wenn man in der Provinz wohnt, beantragt man den Haftbefehl beim Intendanten, wenn man in Paris ist, beim Polizeileutnant. Er wird von nachgeordnet Bevollmächtigten bis zu ihnen weitergeleitet. Leutnant und Intendant veranlassen, ohne das Königshaus in Kenntnis zu setzen, im Allgemeinen innerhalb des Umfelds des Antragstellers eine Untersuchung.[a] Der Entscheid wird mithin auf der Ebene einer bestimmten Volksmeinung ausgeheckt; ist die Untersuchung gemacht und bestätigt sie die Rechtmäßigkeit des Antrags, dann wenden sich diese an das Königshaus, das seine Unterschrift gewährt.[b]

So ist der *lettre de cachet*, verwaltungstechnisch gesprochen, ein Prozess, der von unten kommt und von unten authentifiziert wird. Das Einzige, worum man ersucht,[c] ist ein Akt der Macht, der in einer so zentralistischen Monarchie nur von oben kommen und das Zeichen des Königs tragen kann. Man bittet um die Intervention einer souveränen Macht, um sie sich übergangsweise anzueignen, um zu erreichen, dass die Macht zu einem selbst gelangt, um über diesen Umweg im Namen des Königs eine Art souveräne Macht auszuüben, dank der man für seinen Nachbarn, seine Eltern etc. das Exil, den Freiheitsentzug veranlassen kann. Dies ist gewissermaßen auf der Ebene der lokalen Mächte, Gruppen, Individuen eine temporäre Aneignung der königlichen Macht mit ihren Signa und Markenzeichen. Und ein Indiz dafür, dass der *lettre de cachet* nicht so etwas wie ein ins Auge stechender Ausdruck der die Gesellschaft durchziehenden und über ein Individuum herfallenden könig-

a Das Manuskript (S. 9) fügt hinzu: »durch den nachgeordnet Bevollmächtigten, der bei Leuten, die den Antragsteller umgeben (seinen Nachbarn, seinem Pfarrer, den Notabeln des Orts, der Korporation), Auskünfte einholt«.

b Das Manuskript (S. 9) fügt hinzu: »und der *lettre de cachet* (der in Wirklichkeit nie vom König selbst unterzeichnet ist) wird zugestellt«.

c Manuskript (S. 10): »man bittet um das *Signet* des Königs als Signet einer Macht, einer Souveränität, die ganz beim König liegt«.

lichen Macht ist, sondern ein kreisförmiger Prozess, der vom Volk zum Volk geht, ist, dass derjenige, der um den Haftbefehl ersucht, im Allgemeinen derjenige ist, der den Unterhalt für den bezahlt, der eingesperrt wird, und nicht der König; desgleichen wird ein *lettre de cachet* selten auf Initiative des Königs widerrufen, sondern auf Intervention des Intendanten, des Leutnants, der für die Befragung des Antragstellers Sorge trägt. Es gibt also keine Willkürentscheidung des Königs, freizulassen oder einzusperren.

In Bezug worauf ersucht man nun aber um einen *lettre de cachet*, wenn er der Bestrafung dient? In erster Linie bezüglich parapönaler Sanktionen, die sich auf bestimmte Verhaltensweisen erstrecken, die das Strafgesetzbuch nicht als Vergehen definiert, die Privatpersonen, lokale Mikromächte (Kirchengemeinden, Korporationen etc.) aber nicht durchgehen lassen können: eheliche Untreue, Ausschweifung, Verschwendung von Vermögen, ein unstetes Leben, Agitation, das heißt die zwei Großkategorien der Unordnung und der Gewalt.[5] Auch geht es darum, auf parajuristischen Wegen Fälle zu bestrafen, die dem Gesetz unterstehen, an dessen Anwendung man sich hier aber nicht hält: zum Beispiel die Hexerei, die die Rechtsprechung vor so viele Probleme stellt, dass die meisten Hexer[a] Gegenstand der *lettres de cachet* sind und eingesperrt werden. Schließlich hat man Fälle, die unter die *lettres* fallen, weil es noch keine Gerichtsbarkeit und Rechtsprechung gibt, die sie regeln. So werden die ersten Arbeitskonflikte mit *lettres* geregelt. Sie tauchen gegen 1724-1725 mit der ökonomischen Entwicklung auf, wie der Streik der Drucker in Paris: Die Druckereibesitzer hatten es sich um 1723 zur Gewohnheit gemacht, aus Deutschland Arbeiter kommen zu lassen, die schlechter bezahlt wurden als die französischen Arbeiter, daher ein Streik, der vor allem von einem jungen Drucker, Thouinet,[6] angezettelt wurde. Die Druckereibesitzer wenden sich daraufhin jenseits der Regeln der berufsständischen Ge-

---

a Das Manuskript (S. 10) präzisiert, dass die Zähigkeit des Gesetzes neben »Hexern« auch für »Sodomiten« gilt.

richtsbarkeit an den Polizeileutnant, um Thouinet 1724 einsperren zu lassen. Nachdem dieser sehr schnell freigelassen und mit einem Bannkreis von vierzig Meilen um Paris belegt wird, bittet er den Leutnant, nach Paris zurückkommen zu dürfen, um seinen Beruf auszuüben. Der Polizeileutnant ersucht die Druckereibesitzer um ihre Meinung, die es ablehnen, den Haftbefehl aufzuheben. Ebenso verhaftet man einige im Ausland beschäftigte Uhrmacher mit *lettres de cachet*, um ihre Auswanderung zu unterbinden.

Von unten kommend, dient der *lettre de cachet* so dazu, all das unter Kontrolle zu bringen, was dem traditionellen Strafsystem entgeht. Er führt praktisch zur Einsperrung:[a] acht von zehn verlangen diese Strafe. Doch diese Einsperrung vollzieht sich nicht in Gefängnissen, sondern zur Hälfte in religiösen Häusern, die zum Großteil diesem Zweck dienen, und in säkularen Häusern, von denen einige allgemeine Krankenhäuser, einige private Pensionen oder Zwangshäuser sind.[7] Hier liegt die historische Herkunft der psychiatrischen Klinik. Tatsächlich sind die ersten Kliniken für Nervenkranke, die man Ende des 18. Jahrhunderts in Erscheinung treten sieht, geographisch und institutionell mit diesen verbunden. Außerdem funktioniert diese Einsperrung nicht wie eine Strafe: Sie bestraft keine Verfehlung, und ihre Dauer steht nicht im Voraus fest; sie soll so lange währen, bis sich bei der Person ein gewisser Wandel vollzieht, bis sie Reue zeigt und ihre Neigungen ändert. Dies ist übrigens auch die Begründung, die der Antragsteller des *lettre* angibt und ebenso der Internierte, wenn er um die Aufhebung des *lettre* bittet und die Besserung, die sich bei ihm vollzogen hat, geltend macht.[b]

---

a Das Manuskript (S. 11) fügt hinzu: »(manchmal auch zur Ausweisung oder zu dem Verbot, an einen bestimmen Ort zu gehen)«.

b Manuskript (S. 11 f.):
»Das ist generell die vom Antragsteller gegebene Rechtfertigung. Er verweist auf das, was er als eine Zeit der Umkehr betrachtet:
– wenn der Eingesperrte seine Freiheit reklamiert, macht er geltend, dass er sich gebessert hat;
– die Freiheit wird nach einer absolvierten Untersuchung oder abgegebenen Meinung hinsichtlich dieser Besserung gewährt.«

Hier ist das vorgezeichnet, was einen kapitalen Wandel darstellen wird. In der klassischen Ökonomie des Strafsystems hat die Strafe nämlich das Ziel, etwas zu verändern, aber wo und in welcher Form? Zum Beispiel etwas in den Neigungen der anderen zu verändern. Im klassischen System soll die Strafe bei denen, die noch kein Verbrechen begangen haben, Wirkung entfalten. Die Präventivfunktion der Strafe erstreckt sich über das Beispiel vornehmlich auf die anderen. Hier wird hingegen die Idee von einer Einsperrung geboren, die so lange währt, bis nicht die Neigungen der anderen, sondern die Neigungen desjenigen, der die Verfehlung begangen hat, sich geändert haben. Diese neue Ausrichtung des Strafsystems weicht vom Mechanismus des Strafrechtssystems ab. Durch sie wird es im 19. Jahrhundert zu der ganzen Moralisierung und Psychologisierung der Strafe kommen.

Was so über die *lettres de cachet* zum Ausdruck kommt, ist nicht so sehr die Intervention einer absoluten Macht, sondern ein bestimmter *moralischer Konsens*, dessen Sitz die Familien, die Orte sind. Daher der polymorphe, widersprüchliche Charakter dessen, was vom jeweiligen Regionalkonsens abgelehnt, verurteilt wird und was dazu führt, dass diese *lettres* in einer sehr großen Unübersichtlichkeit und Fülle eine ganze Gruppe von Personen namhaft machen und verstoßen: Verrückte, Kranke, diejenigen, die Vergehen begangen haben. Nehmen wir zum Beispiel den *lettre* eines Polizeileutnants, der Ende des 18. Jahrhunderts an den Minister des Königs geschickt wurde: »Gestern brachte man die Frau eines Prokurators der Gerichtsbarkeit der Konsuln namens Bertaud nach Châtelet. Diese Frau beging, nachdem sie sich in den Kopf gesetzt hatte, heilig zu sein, seit mehr als sechs Monaten jeden Tag das Abendmahl, ohne jegliche Vorbereitung und sogar nachdem sie gegessen hatte. Dieses Verhalten könnte gemäß der Bestimmung des Gesetzes die schlimmste Folter verdienen, doch weil es sich eher um Wahnsinn als um eine böse Absicht handelt und weil man zudem die Bestrafung von Verbrechen dieser Art nicht öffentlich machen könnte, ohne die Religion zu beleidigen und ohne Anlass zu üblem Gerede der Freigeister und schlecht bekehrten Protestanten zu geben, scheint mir der angemessenste Schachzug, den Ehemann zu verpflichten, für den Unterhalt seiner Frau aufzukommen [...].«[8] Hier suggeriert der Polizeileutnant, dass der Ehemann einen *lettre de cachet* beantragt, weil das Strafrechtssystem zu hart ist, um sich seiner bedienen zu können, und aus Gründen der Schicklichkeit (der Skandal) und der Zeit (die Protestanten und Freigeister). Es geht darum, die Frau in einem Frauenkloster unterzubringen, weil, sagt er, »ich nicht daran zweifle, dass die guten Beispiele einer geordneten Gemeinschaft, verbunden mit einer wohlmeinenden Aufmerksamkeit in nur wenigen Monaten ihren Geist und ihre Gesundheit wiederherstellen«.[9] Damit wird hier auf die Umkehr verwiesen, die sowohl Reue im moralischen Sinn als auch die Rückkehr zur Gesundheit ist; und auch auf das Instrument eines geregelten Lebens, eine Regularität, die sowohl die des sozialen Lebens wie auch die einer Klosterregel ist, die in einer Gemeinschaft eingehalten wird.[a] Das erlaubt zu sehen, dass der *lettre de cachet*, indem er sich ganz in diese Pyramide einreiht, die bis zum König reicht,[b] in einem zu königlicher Willkür entgegensetzten Sinn funktioniert. Durch den Haftbefehl, der das Instrument einer Art kapillaren und marginalen Gegen-Besetzung ist, wird der »parajuristische« Staatsapparat gestärkt. Man muss festhalten, dass die Punkte, an denen diese Gegen-Besetzung des *lettre de cachet* erfolgen, Orte sind, die gewissermaßen gesellschaftlich wichtig sind, insofern hier die Relais und Anzapfungen der Macht erfolgen: Diese *lettres* werden auf der Ebene der Gemeinden wie der Pfarrgemeinde – eine zugleich administrative, fiskale und religiöse Einheit und Ort der Herausbildung einer Art Konsens,

---

a Das Manuskript (S. 12) fügt hinzu:
»Das andere wesentliche Element, das ist nicht arbiträr, ist die *Besserung*. Mit all dem, was dieses Wort an Vieldeutigkeit beinhalten [kann], das eine Pädagogik, eine Heilung, religiöse Reue, moralische Umkehr bezeichnet.«[10]

b Manuskript (S. 13): »indem sie einen wesentlichen Bestandteil des ›parajuristischen‹ Polizeiapparats ausmacht«.

der von der Macht verlangt, dass man seine Moral, seine Ordnung, seine Regeln respektiert –, der Familie, der Korporation beantragt und authentifiziert. Diese Orte sind Wechsler (*échangeurs*) zwischen der Macht, die von oben kommt, und der Macht, die von unten kommt.

Man muss auch die Tatsache hervorheben, dass sich über dieses ganze System des Austauschs zwischen Gesuch, Untersuchung, Antwort, zwischen Denunzierung und Überwachung in Umrissen ein ganzes Feld des Wissens herausbildet. Es gibt ein ganzes biographisches Archiv, das hier entsteht. Vor den *lettres de cachet* werden die Leute nur vermerkt und gelangen nur in die schriftlichen Archive über ihr Vermögen, wenn sie Steuern bezahlen, über ihre Heldentaten, über ihre ruhmreiche Genealogie oder die Niedertracht ihres Verbrechens; der Reichtum, die Großtat, der Name, das Verbrechen sind Faktoren, durch die Personen in das System der Schrift eintreten. Nunmehr sieht man aber – durch die *lettres de cachet* –, dass auf der Ebene des Alltäglichen und des Lebens Serien von biographischen Banalitäten beschrieben werden, die anfangen, zu einem Gegenstand des Wissens zu werden, das damals noch unterhalb des Epistemologischen war, aber genau der Grundstein sein wird, auf dem sich die ganze große psychiatrische, soziologische Klinik des 19. Jahrhunderts errichten kann. Und gleichzeitig[a] wird diese Banalität des Alltags, das, was nicht die Strahlkraft der Großtat, des Namens, des Verbrechens, des Vermögens hat, die kaum von Irregularität geprägte Eintönigkeit gemäß einem bestimmten Code beschrieben. In den *lettres de cachet* findet man die gesellschaftlich akzeptierten und anerkannten Zeichen für die Regelwidrigkeit von Personen; so gibt es hier eine ganze Reihe von Kategorien, deren Einteilung und Entwicklung man untersuchen muss: Unzucht, Vergnügungssucht, Gewalt, Verausgabung, Wahnvorstellungen haben, Komplotte schmieden etc. Doch diese Elemente stellen nicht wirklich psychologische Charakteristika

a Manuskript (S. 14): »Und gleichzeitig eine kodierte Beschreibung normabweichenden Verhaltens.«

der Personen dar, die erlauben würden, sie zu klassifizieren; sie sind auch keine Symptome wie bei einer Krankheit; sie sind keine Zeichen. Sie sind in Wahrheit *Markierungen*, das heißt Merkmale, durch die eine Macht, die über eine Person ausgeübt wird, diese dazu bringt, sich zu unterwerfen, was eine Reihe von Maßnahmen nach sich ziehen kann: Ausschluss, Einsperrung usw. Schließlich findet man bei den *lettres* über die Funktionsweise der Markierung hinaus Berichtsverfahren, da das Leben mit Verschweigungen, Kausalverkettungen etc. erzählt wird. All das ergibt eine Art fortlaufende Biographie der Infamie, eine Art Anti-Plutarch: das Leben der infamen Menschen.[a] Da ist zum Beispiel ein *lettre* von Argenson an Pontchartrain vom 4. März 1709: »Die genannte Drouet, der man zu Recht das unstete und unregelmäßige Leben der Demoiselle de Cavaus anlastet, ist unbestreitbar eine sehr gefährliche Abenteurerin, die die Provinzen des Königreichs und sodann die Armeen durchstreifte; sich den Generälen als Spionin anbot; ihnen gewöhnlich falsche Auskünfte erteilte und – vielleicht – beide Seiten hinters Licht führte. Ich weiß, dass Monsieur de Vendôme sich dadurch mehr als einmal in einer misslichen Lage befand und dass sie, nachdem sie auf seinen Befehl aus der Armee von Flandern verjagt wurde, nach Paris zurückkehrte, wo sich die Demoiselle de Cavaus völlig ihrer Führung überließ. Sie waren zusammen in Béarn und im Languedoc, wo sie sich, ohne bei der Wahl ihrer Mittel zurückhaltend zu sein, Tölpel suchten, die sie gemeinsam ausnehmen konnten. Zurück in Paris, führten sie eine üble Herberge oder Spelunke, die ein Treffpunkt für die Lakaien des Viertels war. Was aber darüber hinaus befremdlich war, ist, dass diese Lakaien dort häufig die Nächte verbrachten, mit schändlichen Unterhaltungen, und dass diese beiden Personen diese Abscheulichkeiten durch die öffentliche Bezeugung einer monströsen Leidenschaft, die weiterhin zu bestehen scheint, noch steigerten. Ich denke also, dass diese unglückselige Frau in einem allgemeinen Krankenhaus verwahrt werden soll, während Demoiselle de

a Das Manuskript (S. 15) fügt hinzu: »gegen La Bruyère«.[11]

Cavaus, in Ausführung einer Order des Königs, die Sie mir freundlicherweise zukommen ließen, gleichzeitig in ein Refugium gebracht wird, und dass die Besserung von einer der beiden wenig Wirkung zeigen würde, wenn die andere frei bliebe.«[12] Diese schleichende Integration der Biographie in das Wissen – über den Umweg der Regelwidrigkeit – ist vermutlich eines der Grundphänomene unseres Wissens und wird eine ungeheure Bedeutung erlangen – nicht nur bei der Neuorganisation des Strafrechtssystems, sondern auch bei der Entstehung des psychiatrischen, soziologischen, kriminologischen Wissens. Dieses wird sich ausgehend von jener allmählichen und undurchsichtigen Anhäufung eines Polizeiwissens herausbilden, das die Leute über politische Markierungen erfasst, mit denen sie belegt wurden und durch die auf ihre Regelwidrigkeit hingewiesen wurde. Man könnte eine ganze Geschichte der Sexualität schreiben und zeigen, wie sich auf der Grundlage dieser ständigen, säkularen Untersuchung der Störung der Leute ein Wissen ausgebildet hat, das zu Beginn des 19. Jahrhunderts, als die famöse Ausschweifung gewissermaßen zum natürlichen Kontext der Entstehung der Geisteskrankheit wird, von der Psychiatrie übernommen wird und das auch die organische Medizin aufgreift, als die Generalparalyse – mit ihrem syphilitischen, somit von Ausschweifung zeugenden Ursprung – um 1824 im Wissen auftaucht. Denselben Boden, der aber anders codiert wird, hat die Hysterie, die 1840 Eingang findet. Das Wissen über die Störung bringt auch, aber zweifellos als eine seiner Episoden, die Psychoanalyse und die gegenwärtige Theorie des Wunsches hervor, die nur eine vorübergehende Erscheinung davon ist. Dieses gewaltige Wissen über die Störung hat nach und nach diese verschiedenen Gestalten des Wissens ergeben.

*

Was nun die Verbindungen zwischen dem englischen und dem französischen System anbelangt, kann man sagen, dass sich in England, ausgehend von einem religiösen Irredentismus im Staat, allmählich eine Bewegung der sozialen Kontrolle durchgesetzt hat, während man in Frankreich das umgekehrte Bild hat, da sich diese Bewegung auf einen stark zentralisierten Staat gründet. Daher hat man in England eine soziale Kontrolle, deren Hauptinstrument Maßnahmen und Sanktionen wie die Ermahnung, der Ausschluss aus der Gruppe sind,[a] während in Frankreich die Einsperrung das Schlüsselinstrument ist.[b] Aber abgesehen von diesen Unterschieden kann man eine grundlegende Analogie feststellen: Bei einer vollkommen unterschiedlichen Basis handelt es sich im Grunde genommen um dieselbe Bewegung des Zwangs und um dieselben zu kontrollierenden Elemente. Es sind hier wie dort dieselben Denunziationen.[c] Die Kontrolle hat letztlich dieselben Initiatoren und Relais: die Familie, religiöse oder arbeitsbedingte Gemeinschaften. Zudem kann man in beiden Fällen dieselbe Bewegung der Verlagerung zum Staat beobachten.[d] Tatsächlich kommt der *lettre de cachet* im 18. Jahrhundert in gewisser Weise außer Gebrauch; doch dies bedeutet keineswegs, wie man glauben könnte, eine Art Zerschlagung der königlichen Macht. So reglementiert Breteuil ihn 1784 so,[13] dass er nicht mehr sehr brauchbar ist;[e] und man

---

a Das Manuskript (S. 15) führt bezüglich Englands auch »die Einzelhaft« und »das Exil« an.

b Im Manuskript (S. 15) heißt es für den Fall Frankreichs: »die Kontrollinstrumente sind weniger moralisch und mehr ›physisch‹: die Einsperrung«.

c Das Manuskript (S. 16) präzisiert, dass »das, was beim Polizeileutnant angezeigt wird, und das, was Wesley im Laufe seiner Inspektion rügen möchte, dasselbe ist«.

d Manuskript (S. 16):
»In England Verlagerung der Kontrolle, die immer deutlicher sozial wird, zum Staat und zu den oberen Klassen. In Frankreich die Tendenz, immer weniger *lettres de cachet* zu benutzen; allgemeine Feindlichkeit gegenüber der Einsperrung.«

e Das Manuskript (S. 16) fügt hinzu:
»– beibehalten ›diejenigen, deren Geist gestört ist‹
– nur einen von zwei beibehalten, die bei Exzessen zugestellt werden: ›Die Familien übertreiben zuweilen das Unrecht der Menschen, um deren Inhaftierung sie ersuchen.‹ Wenn man sie machen ließe, ›wäre das keine Besserung mehr, sondern eine echte Strafe‹.«[14]

sieht Organe in Erscheinung treten, die wirklich staatlich, zentralisiert sind: die großen Besserungsanstalten, deren Ziel die Einsperrung und Besserung der Bettler, der Landstreicher, der Armen, die nicht arbeiten können, ist. Anstelle des *lettre de cachet* hat man somit einen stark zentralisierten Apparat mit einerseits der Klasse, die an der Macht ist, und andererseits der Klasse, auf die sich jene erstreckt.[a] Und diese Integration der Moralordnung, der öffentlichen Ordnung in den Staatsapparat signalisiert ein Text aus dem Jahr 1790 von Duport, dem großen Rechtstheoretiker der konstituierenden Versammlung: »Es ist falsch, dass die öffentliche Ordnung und das Recht auseinanderklaffen; das ist ein Markenzeichen des Despotismus.«[b] Er glaubt, dass die öffentliche Ordnung vom König tatsächlich willkürlich ge-

---

a Das Manuskript (S. 17) fügt hinzu:
»Dieser Widerstand gegen die *lettres de cachet*, der auf ihre nahezu einmütige Abschaffung hinauslaufen wird, ist von der Einsetzung eines Systems begleitet, das tatsächlich zentralistischer ist und die Gesellschaft mehr polarisiert als die *lettres de cachet*:
– die Einrichtung von Besserungsanstalten am Ende des Ancien Régime → Gefängnis;
– und die Beschlüsse der konstituierenden Versammlung zur Verstaatlichung des Krankenhausvermögens und aller Hilfsfonds;
– Erteilung der Aufgabe der Verteilung der Hilfen und zugleich der moralischen Kontrolle an die Gewählten.
Im *Troisième rapport du Comité de mendicité* (15. Januar 1791) sollte ein Komitee geschaffen werden, ›um die Besserungsanstalten, die Armenhäuser von oben zu lenken, um Kenntnis der Verfehlungen oder des Wohlverhaltens derer zu haben, die dort gefangen gehalten werden; Strafen oder Gnadenerweise [...] die sie verdienen können, zu verfügen‹.
– Die zentrale Bedeutung der Arbeit. Die Hauptkontrolle wird dadurch erzielt, dass alle eine Arbeit aufnehmen. Die Regierung muss nicht die Hilfe fördern, sondern die Arbeitsmöglichkeiten: ›Bringt Arbeitsplätze, Werkstätten auf den Weg, fördert für Arbeitskräfte die Berufsaussichten im Verkauf [...]‹ Man muss diejenigen, ›die die große Mehrheit der Arbeiter auf eigene Kosten arbeiten lassen, unterstützen: denn das nützt dem Vaterland tatsächlich [...] am meisten‹ (*Troisième rapport du Comité de mendicité*).«[15]

b »1. Die öffentliche Ordnung unterscheidet sich der Sache nach nicht vom Recht.
2. Die Polizei darf nichts anderes sein als die Unvermeidlichkeit des Rechts.«[16]

währleistet wurde, am Recht vorbei; im Grunde prangert er in dem Moment, in dem er den Despotismus anprangert, die Dualität an, die zwischen beiden bestand – und indem er die Integration der öffentlichen Ordnung in das Recht verlangt, legt er die Verantwortung für die Aufrechterhaltung der öffentlichen Ordnung, die vormals durch diese Mechanismen von unten gewährleistet wurde,[a] in die Hände des Staatsapparats und damit der herrschenden Klasse.

---

a Das Manuskript (S. 18-20) endet folgendermaßen:
»Die Abschaffung des Polizeileutnants, der königlichen Haftbefehle, der Praktiken der Einsperrung korrespondieren mit der Zerschlagung der Macht des Monarchen; doch im Grunde genommen handelte es sich – mit einem anderen Ausgangspunkt und auf anderen Wegen – um einen Prozess, der (in Frankreich wie in England) zur Integration der Mechanismen der Buße und der Besserung in den Justizapparat und das Strafrechtssystem führte.
Noch einen Unterschied hinzufügen:
– In England: Die Veruntreuung von Finanz- und Wirtschaftskapital (mit der Entwicklung der Industrie, der Arbeitsteilung) war einer der Faktoren, die diesen Prozess beschleunigt haben.
– In Frankreich: Hier haben eher der ländliche Grundbesitz, die Neuaufteilung von Rechten im Rahmen des individuellen Grundbesitzes zu einer Veruntreuung geführt. [S. 18]
Schlussfolgerung. Der Vergleich des englischen und des französischen Prozesses erlaubt zu sehen, wie die Institution des Gefängnisses (mit dem Element der Buße, der Besserung, das mit ihr einhergeht) in eine Theorie und Praxis der Strafe integriert werden kann, die sie bis dahin nicht kannten und die ihnen sogar fremd war.
Man kann sogleich einige Folgen dieser Verbindung nennen:
1. Die Erzeugung von Schuldgefühlen bei einem strafrechtlichen Vergehen, wobei es äußerst wichtig ist zu betonen, dass dies keine Nachwirkung des Christentums ist.
Eine laizistische Erzeugung von Schuldgefühlen bei einem Vergehen, die in der Folge, im 19. Jahrhundert, eine Besetzung des Strafwesens und des Gefängnisses durch das Christentum gestattet hat:
– christliche Philanthropie;
– der Priester als Gefängnisbeamter;
– die »christliche Moral« als normative Ideologie;
– die Codierung dieser Moral im Vokabular der Psychoanalyse. [S. 19]
2. Eine Neudefinition der Rolle der Strafe.
Zweifellos weigerte man sich lange Zeit, in der Strafe schlicht und einfach eine Sanktionierung des Vergehens zu sehen. Die Strafe sollte vor al-

1 M. Foucault, »Théories et Institutions pénales«, a.a.O., 6. Vorlesung, S. 18f. (im 17. Jahrhundert wurde »die Entnahme der gefährlichen Bevölkerung« eingeführt: »Einen Teil der Bevölkerung zu entnehmen oder zu entnehmen anzudrohen, hat nicht die negativen ökonomischen Auswirkungen einer Invasion«); 7. Vorlesung, S. 2.

---

lem neue Verbrechen verhindern. In diesem Sinne sah man sie als präventiv an, doch ging es dabei vor allem darum, die anderen abzuhalten.
Jetzt besteht die Rolle der Strafe darin, eine innere Veränderung bei der Person, die die Verfehlung begangen hat, zu bewerkstelligen.

3. Der Einsatz des Gefängnisses und diese neue Rolle der Strafe sind mit ›moralischen‹ Kontrollmechanismen verbunden: kein Bußsystem ohne allgemeine Überwachung; keine strafrechtliche Einsperrung ohne Kontrolle der Bevölkerung. Kein Gefängnis ohne Polizei. Gefängnis und Polizei sind chronologisch betrachtet Zwillinge. Tatsächlich findet sich die Institution des Gerichts und Strafrechts von diesen beiden anderen Institutionen, die nicht direkt miteinander in Verbindung zu stehen scheinen, eingerahmt. [S. 20]
Man kann sogar sagen, dass dies das große Anliegen des Gesetzgebers war → 1808, dass es keine Haftstrafe ohne Hinzuziehung eines Gerichts geben kann.
Historisch sind sie jedoch miteinander verbunden; und weit davon entfernt, nur ein Instrument der Justiz zu sein, wurden sie völlig überlagert, und man versah sie mit einer ganz anderen Funktionsweise.

4. Die Herausbildung eines doppelten Wissensfeldes.
   (α) Das Wissen der permanenten Überwachung.
   Die Überwachungsdossiers.
   Die Statistiken.
   (β) Das individuelle, klinische Wissen über die Veränderung
   Man muss die Individuen kennen.

Man hat hier eine Kopplung – statistisches Wissen – Wissen über die Einzelperson –, die man zur selben Zeit bei der medizinischen Erkenntnis wiederfindet (im Moment der Geburt der Klinik) und etwas später im Moment der Geburt des Evolutionismus (mit *Lyell* und Darwin). [21]
Man muss nun aber feststellen:
(1) dass die Sprache, die erlauben wird, die globalen Beobachtungen in die Begriffe der individuellen Analyse zu übertragen, und umgekehrt, den ›Polizisten ins Theoretische‹, das Ethisch-Religiöse ins Wissenschaftliche zu übertragen, die Sprache der Medizin ist. Die medizinische Sprache ist der Generaltranskriptor;
(2) dass man hier, wenn man sich in die Justizpraxis begibt, einen Wissenstypus hat, der sich von der *Untersuchung* radikal unterscheidet.
Und der die *Prüfung* ist.« (S. 22).

2 Vgl. M. Foucault, »La vérité et les formes juridiques«, a. a. O., DE II, S. 600f.; dt.: »Die Wahrheit und die juristischen Formen«, a. a. O., DE II, S. 742.

3 Foucault interessierte sich sehr früh für die *lettres de cachet* und allgemeiner für die Akten über die Einsperrung in allgemeinen Krankenhäusern und in der Bastille – ab den 1950er Jahren, wie er in *Folie et Déraison*, a. a. O., S. 156-158 und 508; dt.: *Wahnsinn und Gesellschaft*, a. a. O., S. 120-122 und 435 f. schrieb. Die in dieser Vorlesung wiederaufgegriffenen Themen gehen auf diese Zeit zurück: der *lettre de cachet* als eine »Praktik des Volkes«, »der von unten beantragt wird« und somit »einen Prozess [widerspiegelt], der von oben nach unten verläuft«, und nicht die Ausübung einer willkürlichen monarchischen Macht; neun Jahre später beschreibt er die »außerordentliche Schönheit dieser Texte« (Auszug einer Aufnahme von »Lundis de l'histoire« über die *lettres de cachet* mit Arlette Farge, Michelle Perrot, André Béjin und Michel Foucault, 1982 ⟨http://michel-foucault-archives.org/La-vie-des-hommes-infames⟩). Vgl. *Familiäre Konflikte. Die »Lettres de cachet« aus den Archiven der Bastille im 18. Jahrhundert*, hg. u. komm. v. A. Farge, übers. v. A. Gier, Frankfurt/M: Suhrkamp, 1989), wo dieselben Themen entwickelt und dokumentiert werden; s. S. 10: »Die Durchsicht dieser Dossiers hat uns nun aber weniger auf die Fährte des königlichen Grolls als auf die Leidenschaften des einfachen Volkes gebracht, in deren Mittelpunkt familiäre Beziehungen stehen – Männer und Frauen, Eltern und Kinder.« Dieser Interessensmittelpunkt reiht sich in den Rahmen breiterer Archiv-Arbeiten ein: die Dokumentation zu Pierre Rivière 1973; das Projekt einer »Anthologie der Existenz« über »La vie des hommes infâmes« von 1977 (*Les Cahiers du chemin*, Nr. 29, 15. Januar 1977, S. 12-29), DE III, Nr. 198, S. 237-253; dt: »Das Leben der infamen Menschen«, DE III, Nr. 198, S. 309-332, in dem die Memoiren von Herculine Barbin erscheinen werden, einer Person, die damals unter den »männlichen Hermaphrodismus« fiel (*Herculine Barbin, dite Alexina B*; dt: *Herculine Barbin, genannt Alexina B*); sowie 1979 die kryptographischen Manuskripte (BnF) von Henry Legrand, *Le Cercle amoureux*, übers. u. eingel. v. J.-P. Dumont u. P.- U. Dumont.

4 Foucault wird diese Analyse wiederaufgreifen in *Surveiller et punir*, a. a. O., S. 216; dt.: *Überwachen und Strafen*, a. a. O., S. 275.

5 Vgl. *Folie et Déraison*, S. 157; dt.: *Wahnsinn und Gesellschaft*, S. 120 (die Familie, der Nachbar, die Umgebung, der Gemeindepfarrer stellen aufgrund von Beschwerden oder der Angst vor Unordnung, Skandal, Wahnsinn, Verbrechen den Antrag); »La vie des hommes infâmes«, a. a. O., DE III, S. 246; dt.: »Das Leben der infamen Menschen«, DE III, S. 323 (die *lettres de cachet* betreffen obskure Geschichten von Gewalt und familiären Konflikten): »verhöhnte oder geschlagene Ehemänner, verschwendetes Vermögen, Interessenkonflikte, unbelehrbare junge Leute, Spitzbübereien oder Trinkgelage, und all die kleinen Unordent-

lichkeiten des Verhaltens«; und die Untersuchung, die folgte, »sollte darlegen, ob diese Prasserei oder jenes Trinkgelage oder diese Gewalttätigkeit und jene Ausschweifung wirklich eine Inhaftnahme verdienten, und unter welchen Bedingungen und für wie lange: eine Aufgabe für die Polizei, die dazu Zeugnisse, Spitzelberichte und dieses ganze zweifelhafte Geraune einsammelte, das jeden mit Nebel umhüllt«; A. Farge u. M. Foucault, *Familiäre Konflikte*, a. a. O., S. 9: »Weiterhin hatte uns erstaunt, dass diese Anträge in vielen Fällen aufgrund von Familienangelegenheiten ganz privaten Charakters gestellt wurden: wegen unbedeutender Konflikte zwischen Eltern und Kindern, Unstimmigkeiten in der Ehe, der Verfehlung eines Partners, der Liederlichkeit eines Sohnes oder einer Tochter.«

6 Germain Martin legt in seiner Studie *La Grande Industrie en France sous le règne de Louis XV*, Paris: Albert Fontemoing, 1900, S. 323 f., dar: »Die *lettres de cachet* werden helfen, die Ordnung aufrechtzuerhalten. Einige Jahre später [nach ähnlichen Gesuchen] müssen sie gegen Thouinet, einen Druckergesellen, herhalten. Hat dieser es nicht gewagt, all die anderen Arbeiter des Metiers aufzustacheln und sie zu veranlassen, ihre Herren lieber zu verlassen, als ihren Lohn kürzen zu lassen? Die Arbeitgeber wenden sich an den Justizminister, der verlangt, ›dass dieser Druckergeselle als Exempel inhaftiert wird‹. Er wird am 16. November in Haft genommen und am 4. Februar 1725 für sechs Monate mit einem Bannkreis von vierzig Meilen um Paris belegt. Doch der Syndikus der Buchhandlung verlangte, dass ihm jeglicher Aufenthalt in der Hauptstadt verboten wird. Dieser Zeitgenosse ›intrigierte‹ und brachte zudem ›sehr schlechte Bücher unter die Leute‹.« Martin zitiert: »*Arch. de la Bastille*, 10858« und Franz Funck-Brentano, *La Question ouvrière sous l'Ancien Régime d'après les dossiers provenant des prisonniers par lettres de cachet*, Paris, 1802, S. 2 f. (Der Name »Thouinet« erscheint jedoch nicht bei F. Funck-Brentano, *Les Lettres de cachet à Paris. Étude suivie d'une liste des prisonniers de la Bastille (1659-1789)*, Paris: Imprimerie nationale, 1903.)

7 Vgl. oben, S. 139, Anm. 8.

8 Foucault fügt (S. 12) mit Bleistift am Rand folgende Angabe hinzu: »S. 452, Fotokopie«. Siehe die Sammlung von *lettres* und Polizeiberichten von Pierre Clément, *La Police sous Louis XIV* (Paris: Didier et Cie, 1866), wo sich genau dieses Zitat in einem Brief des Staatsministers und Generalleutnants der Polizei, Marc-René d'Argenson, an Comte de Pontchartrain, Staatssekretär der Krone, geschrieben am 20. Juni 1699 in Paris, findet (S. 452 f.; Dokument Nr. 33, das damals in der Bibliothèque impériale unter folgender Signatur aufbewahrt wurde: »Ms. Fr. 8, 122, fol. 437«, ebd., S. 453).

9 Ebd.

10 Foucault fügt (S. 12) mit Bleistift am Rand folgende Referenz hinzu: »S. 460-61«. Auch hier scheint Foucault die Sammlung von Pierre Clé-

ment zu Rate gezogen zu haben, wo man, auf S. 460f., vor allem einige der Thematiken wiederfindet, auf die hier bezüglich einer gewissen Demoiselle Leviston eingegangen wird, die sich erhängen wollte. Fräulein Leviston wurde vom Magdalenenkloster in das allgemeine Krankenhaus überstellt und bat darum, wieder ins Kloster zurückkehren zu dürfen. Das Thema der Umkehr ist in einem Schreiben von d'Argenson an Pontchartrain präsent (Nr. 39): Es wird notiert, dass dieses Fräulein »dort sittsamer und zurückhaltender zu sein verspricht« (ebd., S. 461). Der über die Schwestern vermittelte moralische Konsens erscheint als sehr wichtig (ebd.: »Die Krankenschwestern, die Einsicht in das Verhalten haben, scheinen damit recht zufrieden zu sein«), ebenso der Begriff der Heilung, da die Gesundheit der Demoiselle weiter zentral ist (ebd.: »ihre Gesundheit ist sehr schwach, und ich bezweifle, dass die Krankenhausnahrung ihrer Konstitution bekommt«).

11 Ganz offensichtlich handelt es sich um ein Wortspiel mit den Titeln der wohlbekannten *Lebensbeschreibungen* Plutarchs [Titel der frz. Ausg.: *Les Vies des hommes illustres*] [ca. 100-110] und von *Les Caractères, ou les Mœurs de ce siècle* von Jean de La Bruyère, in: *Œuvres complètes*, Paris: Gallimard, 1935 [1688]. Vier Jahre später, 1977, wird Foucault einen Text schreiben, der genau diese Formulierung benutzt: »La vie des hommes infâmes«, a. a. O., DE III, Nr. 198, S. 237-253; dt.: »Das Leben der infamen Menschen«, DE III, Nr. 198, S. 309-332. Foucault präsentiert diesen Text als Vorwort zu einem Buch, das in Kürze erscheinen soll und eine »Anthologie von Existenzen« sei, die Aufzeichnungen im Rahmen der Einsperrung im Hôpital général und der Bastille versammelt: »Ich habe, kurz gesagt, einige Ansätze zu einer Legende versammeln wollen, ausgehend von Diskursen, die sie im Unglück oder im Zorn mit der Macht austauschen« (ebd., S. 241; dt.: S. 316). In dem Projekt einer Sammlung der »Parallelleben« könnte man dieselbe Absicht wiederfinden wie in dieser Sammlung.

12 Brief von d'Argenson an Pontchartrain, Nr. 41, 4. März 1709, in: P. Clément, *La Police sous Louis XIV*, a. a. O., S. 462f.

13 Vgl. »Lettre circulaire adressée par Mr. le Baron de Breteuil, Ministre d'État, à MM. les Intendants des Provinces de son Département au sujet des Lettres de Cachet & Ordres de détention«, Versailles, 25 octobre 1784 ⟨http://psychiatrie. histoire.free.fr/psyhist/1780/breteuil.htm⟩.

14 Ebd.

15 Vgl. F.-A.-F. de La Rochefoucauld-Liancourt, *Troisième rapport du Comité de Mendicité. Bases constitutionnelles du Système général de la Législation et de l'administration de Secours*, Paris: Imprimerie nationale, 15. Januar 1791, S. 28 u. 34.

16 Foucault wird auf die Wichtigkeit dieses Themas im Denken Duports zurückkommen. Zu der Verwandtschaft, die Duport zwischen dem Kriminellen und dem Tyrannen sieht, vgl. *Les Anormaux*, a. a. O., S. 86; dt.: *Die Anormalen*, a. a. O., Vorlesung vom 29. Januar 1975, S. 125: »Du-

port (und er vertrat, wie Sie wissen, alles andere als eine Extremposition) sagt 1790, zum Zeitpunkt der Diskussionen über das Strafgesetzbuch: ›Der Despot und der Übeltäter stören einer wie der andere die öffentliche Ordnung. Eine Willkürherrschaft und ein Mord sind in unseren Augen das gleiche schwerwiegende Verbrechen.‹«

Vorlesung 8
(Sitzung vom 21. Februar 1973)

(B) Frankreich (Fortsetzung). Zusammenfassung und Endpunkt: die Strafgesellschaft. Mechanismus: den Illegalismus des Volkes unter Kontrolle bringen. 1. Der Illegalismus des Volkes im 18. Jahrhundert. Der Fall der Weber von Maine. Die Händler und die Weber unterlaufen die Verordnungen. Die positive Funktionsweise der Illegalismen. 2. Kehrtwende Ende des 18. Jahrhunderts. Das Bürgertum bemächtigt sich des Justizapparats, um mit den Illegalismen des Volkes aufzuräumen, die zur »Veruntreuung« wurden. Die Veruntreuung der Arbeiter; der Raub der Londoner Hafenarbeiter. 3. Die Einführung des Strafrechts- und Buß- und Besserungssystems. Instrumente: der Begriff des Gesellschaftsfeinds; Moralisierung der Arbeiterklasse; Gefängnis, Kolonie, Armee, Polizei. – Im 19. Jahrhundert, die Illegalismen der Arbeiter als Zielscheibe des ganzen bürgerlichen Repressionssystems.

Ich habe die wachsende Bedeutung eines Zwangssystems zu zeigen versucht, das sich in seiner Beschaffenheit und Funktionsweise vom Strafrechtssystem des 18. Jahrhunderts unterschied. Es handelt sich dabei um das System, das man in den verschiedenen Gesellschaften zur Moralisierung und beim Spiel der *lettres de cachet* am Werk sieht. Dieses Zwangssystem wurde in seinen Anwendungspunkten und seinen Instrumenten sukzessive verlagert und Ende des 18. Jahrhunderts vom Staatsapparat übernommen; man kann sagen, dass Ende der ersten zwanzig Jahre des 19. Jahrhunderts das Zwangssystem im Wesentlichen beim Staatsapparat liegt, das seinerseits wiederum in das Strafrechtssystem transplantiert wird, so dass man ein Strafrechtssystem hat, das erstmals ein Besserungssystem ist. Kurz, man hat es mit etwas zu tun, was ich Strafgesellschaft nenne, das heißt mit einer Gesellschaft, in der der Justizapparat des Staates zusätzlich Korrektur- und Besserungsfunktionen wahrnimmt. Dies ist der Endpunkt.[a]

---

a Das Manuskript (S. 1) fügt hinzu:
»Aber das ist keine Erklärung. Oder vielmehr bleibt völlig offen:
– das Problem, weshalb dieser allmähliche Prozess der Übertragung. Weshalb kein binäres System?

Die Frage, die dann zu stellen ist, lautet: Weshalb hat dieser allmähliche Prozess der Verlagerung hin zum Staatsapparat an Tempo zugenommen, und weshalb hat er letztlich zu diesem Einheitssystem geführt? Dieses Problem, das scheinbar sehr leicht zu lösen ist, ist in Wirklichkeit etwas komplizierter. Leicht, weil ich eine Zeitlang dachte, dass man es in zwei Worten lösen kann: Ende des 18. Jahrhunderts, als die Entwicklung und Einführung der kapitalistischen Produktionsweise eine Reihe von politischen Krisen heraufbeschwört, erfordert die politische Überwachung des Mobs, den man proletarisieren möchte, die Schaffung eines neuen Unterdrückungsapparats.[1] Kurz, das Wachstum des Kapitalismus würde eine ganze Reihe von Bewegungen des Volksaufstands nach sich ziehen, auf die die Macht des Bürgertums mit einem neuen Justiz- und Besserungssystem reagiert hätte. Doch ich bin nicht sicher, ob es richtig war, den Begriff »aufrührerischer Mob« zu verwenden.[2] Mir scheint, dass der Mechanismus, der zur Herausbildung dieses Strafsystems geführt hat, in gewissem Sinne tiefgreifender und breiter ist als der einer bloßen Kontrolle des aufrührerischen Mobs. Was es zu meistern galt, wessen Kontrolle das Bürgertum vom Staatsapparat mittels des Besserungssystems verlangte,[a] ist etwas, wovon der Aufstand nur ein Sonderfall ist, ein tiefgreifenderes und dauerhafteres Phänomen: der *Illegalismus des Volkes*.[3] Mir scheint, dass bis Ende des 18. Jahrhunderts ein gewisser Illegalismus des Volkes mit der Entwicklung der bürgerlichen Ökonomie nicht nur *vereinbar*, sondern dieser sogar *förderlich* war; dann [aber] kam der Moment, in dem der mit der wirtschaftlichen Entwicklung verzahnte Illegalismus mit dieser unvereinbar wurde.[b]

– das Problem zu wissen, weshalb es plötzlich zustande kam. Weshalb hat die Justiz sich der Besserung verschrieben? Weshalb wurde der Staat selbst zu einer großen ›Besserungsanstalt‹?«

Am Rand: »Die Gesellschaft als Trägerin der gesamten moralischen sozialen Werte«.

a Manuskript (S. 2): »mittels des Polizei- und Strafrechtssystems, mittels dieser Art von Überwachung, Moralisierung, Zwang«.

b Manuskript (S. 2): »dieser Illegalismus des Volkes war ein Hindernis; mehr eine Gefahr«.

*

Was kann man unter dem Illegalismus des Volkes verstehen? Nehmen wir ein Beispiel aus dem Buch von [Paul] Bois über die *Paysans de l'Ouest*, das der Weber von Maine.[4] Ein interessantes Beispiel, da es sich um einen Beruf handelt, der sehr schnell in das kapitalistische System Eingang findet, noch Ende des 18. Jahrhunderts an der Grenze von Stadt und Land ausgeübt wird und für uns vor allem den Vorteil hat, einer der freisten Berufe zu sein: Es gab weder eine Zunft noch einen Berufsverband, sondern lediglich Verordnungen, die auf den Generalkontrolleur der Finanzen zurückgingen, der den Beruf im 17. Jahrhundert eingerichtet hatte, was zu der Grundverordnung von 1748 führte.[5] Die Weber sind demnach Handwerker, die bei sich zu Hause ein paar Webstühle besitzen, Tuch herstellen, das auf einer anderen Ebene von Händlern vermarktet wird, die es in Umlauf bringen und exportieren können. Die Kontrolle erfolgt mittels Verordnungen, darunter die von 1748; diese war, obwohl sie relativ gesehen weniger streng war als die Regeln der Berufsverbände, trotz allem bindend: Sie definierte die Qualität der verschiedenen Tücher, die erforderliche Länge der Stücke, ein eigenes Markenzeichen des Handwerkers, das in einer Amtsstube hinterlegt wurde, etc.[a] All das vollzog sich unter der Aufsicht einer Reihe von Leuten: den vereidigten Sachverständigen, die dem Land unterstanden und dafür eine Bezahlung erhielten sowie ungefähr die Hälfte der verhängten Bußgelder kassierten. Überdies beinhalteten all diese Operationen – Maß, Marke, Markt – die Abtretung einer Reihe von Rechten.[b] Um sich diesen Auflagen, die für die Handwerker[c] nicht alle von Nachteil waren, die gegen die Konkurrenz der Händler schützten, zu entziehen, bür-

---

a Das Manuskript präzisiert, dass die Verordnung von 1748 auch den »Markt, seinen Ablauf [und] die Preise« betraf.

b Das Manuskript (S. 3) fügt hinzu: »wenn es zu einer Beschwerde kommt und wenn eine der beiden Parteien eine Überprüfung verlangt«.

c Das Manuskript (S. 3) fügt hinzu: »die oft nicht lesen konnten und keine Messinstrumente hatten«.

gerte sich eine doppelte Illegalität ein: Sowohl der Händler, der verkaufen sollte, als auch der Weber, der hergestellt hatte, verständigten sich jenseits der Verordnungen direkt, um zu versuchen, sie zu umgehen. Sie schlossen vorab Verträge, außerhalb des offiziellen Marktes; dank dieser direkten Absprache standen beide Parteien in direktem Kontakt und bauten unter sich Geschäftsbeziehungen auf, die gewissermaßen die Gesetze des Marktes darstellten;[a] schließlich konnte der Händler dem Weber Vorauszahlungen zukommen lassen, der so neue Produktionsmittel anschaffen konnte. So geht dank der Praxis der doppelten Illegalität die kapitalistische Produktionsweise nach und nach in ein an und für sich handwerkliches System ein.

Diese Form der Illegalität ist nun aus verschiedenen Gründen wichtig. Erstens handelt es sich um einen »funktionellen« Illegalismus: Weit davon entfernt, ein Hindernis zu sein und den Profit des sich industrialisierenden Kapitals zu schmälern, erlaubt er, dass sich eine Profitbeziehung Bahn bricht, die des Kapitalismus selbst. Dieser Illegalismus richtet sich keineswegs gegen den Profit des Händlers, sondern gegen die feudalistische Abgabe, sei es die direkte Abgabe an den Feudalherrn, sei es die indirekte an die staatliche Verwaltung. Er richtet sich gegen die ganzen Abgaben mittels eines Spiels von Rechten und Bußgeldern. Dies ist mithin kein Angriff auf den materiellen Besitz, sondern ein Angriff auf die Rechte. Es ist kein Diebstahl, sondern ein antifeudalistischer *Betrug*, der dem Bürgertum nutzt. Es ist eine Art Frontlinie im Kampf des Bürgertums für eine neue Legalität.

Zweitens handelt es sich um einen systematischen Illegalismus, insofern er praktisch eine Funktionsweise der gesamten Gesellschaft ist. Man hat im Grunde eine Kopplung des Illegalismus des Volkes mit dem der Händler, dem Illegalismus der Geschäfte. Auf der anderen Seite hat man auch den Illegalismus der Privilegierten, die dem Gesetz per Stand, per Duldung, per Aus-

---

a Das Manuskript (S. 3) fügt hinzu: »sie vermieden die Kennzeichnung, beurteilten unter sich die Qualität, die Menge und den Preis«.

nahme entgehen. Zwischen diesem Illegalismus der Privilegierten und dem Illegalismus des Volkes besteht eine Reihe von Beziehungen, von denen einige antagonistisch sind. Der Illegalismus des Volkes schmälert nämlich die feudalistische Rente beziehungsweise, indirekt, die Abgaben an den Staat entsprechend. Andererseits ist dieser Illegalismus aber nicht radikal und findet eine Reihe von Arrangements. So haben während eines Großteils des 17. Jahrhunderts weder der Adel noch die Großgrundbesitzer allzu sehr darauf gedrungen, dass ihre Rechte tatsächlich respektiert werden. Sie zogen es vor, direkt vom Hof bestimmte Privilegien zu erhalten: Steuerbefreiung, Pensionen, materielle Vorteile etc. So passte ihr eigener Illegalismus mit dem Illegalismus derer, deren Herren sie waren, zusammen und wog ihn auf. Das rief auf einer anderen Ebene wiederum neue Widersprüche hervor, denn damit der Staat diese Renten bezahlen und diese Vorteile gewähren konnte, war es notwendig, dass die Rechte auf der Ebene der Staatseinnahmen nicht zu sehr umgangen wurden.

Man hat also im 18. Jahrhundert drei Arten von Illegalismus, die gegeneinander antraten: den des Volkes, den der Geschäftsleute, den der Privilegierten. Wozu man noch einen vierten hinzufügen muss, der das System am Laufen hielt: den der Macht.[a] Die unmittelbaren Repräsentanten der Macht – Intendanten, nachgeordnet Bevollmächtigte, Polizeileutnants – wurden oft als Vertreter einer willkürlichen Macht angesehen, doch mehr als Agenten der Willkür oder strikten Legalität waren sie Schiedsrichter des Illegalismus. So kam es bei den sehr zahlreichen Verurteilungen von Handwerkern häufig vor, dass die Repräsentanten der königlichen Macht intervenierten, um die Geldbußen zu verringern.[b] Bois nennt Bußgelder von 100 Livres, die auf einen Livre oder einige Sols reduziert wurden.[6]

---

a Das Manuskript (S. 5) fügt hinzu: »wenn dieser Begriff in einer absoluten Monarchie ohne im eigentlichen Sinne legislative Instanz einen Sinn hat«.

b Das Manuskript (S. 5) fügt hinzu: »entsprechend den Interessen, des Drucks, der Gefahr von Unruhen«.

Die Macht intervenierte somit als Regulativ dieser Illegalismen, bei denen die einen gegen die anderen antraten.[a]
Drittens ist dieser Illegalismus zugleich ökonomisch und politisch.[b] Wenn ein Gesetz umgangen wird, wenn man eine marktgesteuerte Beziehung aufbaut, die dem Regelsystem entschlüpft, könnte man sicherlich sagen, dass dies nichts Politisches hat, dass es sich lediglich um ein Spiel ökonomischer Interessen handelt. Nichtsdestotrotz werden jedes Mal, wenn man ein Gesetz umgeht und wenn man eine Regel verletzt, weniger die Dinge attackiert als die Abgaben auf sie, der Eingriff der Macht, dem sie unterliegen, die reglementierende Instanz. So hat man zwischen dem an sich ökonomischen Illegalismus und der quasi politischen Verletzung der Autorität der Macht ein Kontinuum, und es ist schwierig, beim Volksillegalismus des 18. Jahrhunderts zwischen beidem zu unterscheiden.[c] Außerdem kann man sich seine beiden Enden ansehen. Es gibt nämlich einen Moment, in dem dieser Illegalismus in das umschlägt, was nach allgemeinem Recht Delinquenz im eigentlichen Sinne ist: die Einkerkerung anstelle einer Geldbuße, die zu Schmuggel, Landstreicherei, Bettelei etc. führt. Am anderen Ende tendiert dieser Illegalismus zu einem eher politischen Kampf im eigentlichen Sinne, wenn er kollektive Formen annimmt, die sich gegen neue Maßnahmen richten, mit denen eine

a Das Manuskript (S. 5) fügt hinzu: »Diese Macht, die später als eine Willkür, die die Legalität beiseiteschiebt, aufgegeben werden wird, war eher eine Schiedsrichterin zwischen den Illegalismen. Illegalismen, die bei der Entwicklung der Gesellschaft und Wirtschaft eine positive Rolle spielten.«

b Manuskript (S. 6): »Dieser Illegalismus ist, wie man sieht, weder ganz und gar allgemeinrechtlich noch ganz und gar politisch.«

c Das Manuskript (S. 6) fügt hinzu:
»Es ist wahr, dass es bei seinen individuellen oder selbst kollektiven Äußerungsformen (wenn man sich generell weigerte, eine Vorschrift anzuwenden, einem Recht nachzukommen, eine Steuer zu bezahlen) keine politische Auseinandersetzungen gab (mit dem Regime, mit dem König). Nichtsdestotrotz bleibt die Tatsache, dass sich all diese Attacken nicht gegen Dinge, sondern gegen Mächte richteten, gegen die reglementierenden Instanzen.«

ökonomische Verschlechterung verbunden ist: das ist der Steuerstreik, die Plünderung der Steuereinnahmen, der Aufstand.[7] Hinter alldem hat man das Bürgertum, das eine zwiespältige Position einnimmt: Es unterstützt diese anti-legalen Kämpfe, sofern sie ihm dienen, es versagt sich ihnen, wenn sie nach allgemeinem Recht in die Kriminalität abgleiten oder die Form politischer Kämpfe annehmen. Es ist mit dem Schleichhandel einverstanden und lehnt den Raub ab; es ist mit der Steuerverweigerung einverstanden, lehnt aber die Plünderung der Steuereinnahmen ab.[a]

Viertens ist [dieser Illegalismus] oszillierend. Es handelt sich nicht um den ein für alle Mal gefassten Entschluss, auf die andere Seite des Gesetzes überzuwechseln und die Illegalität zu praktizieren. Zwischen dem Illegalismus des Volkes und dem Gesetz herrscht im Grunde ein ganzes Spiel. Man könnte beinahe sagen, dass die Wahrung der Legalität nur eine Strategie in diesem Spiel des Illegalismus ist.[b] Wenn es innerhalb dieses doppelten Illegalismus zum Konflikt kommt und die unteren Schichten sich klarmachen, dass das Bürgertum sie ausbeutet, verlassen sie das Terrain des Illegalismus und verlangen von denen, die die Garanten der Legalität sind, Schutz: von den Vertretern der königlichen Macht.[c] Wenn das Bürgertum sich auf die Legalität zurückzieht, weil es ihrer bedarf, wenn das Spiel des Illegalismus es dazu führt, zu verlangen, dass die Legalität interveniert, gebricht es dem Bürgertum oder den Privilegierten nicht an Legalität, während der Justizapparat, da er nicht von

---

a Das Manuskript (S. 6f.) bezieht sich hier auf:
»Mandrin. Dieser Illegalismus hält die beiden Enden der Kette fest zusammen: vom Raub bis zum Aufstand. Er begleitet den Kampf des Bürgertums, indem er ihn an beiden Enden übersteigt.«[8]

b Manuskript (S. 7): »[Der Illegalismus des Volkes] begründet vor allem ein komplexes Spiel mit den anderen Illegalismen. In erster Linie mit demjenigen, mit dem er zusammenhängt: dem Illegalismus des Bürgertums oder der Geschäfte.«

c Das Manuskript (S. 7) fügt hinzu: »damit machen sie nichts anderes als die anderen gesellschaftlichen Klassen, die sich ihrerseits ebenfalls an die Justiz wenden und den Prokurator oder die Befreiung erwirken.«

den unteren Schichten kontrolliert wird, für deren Anliegen meist taub ist; daher besteht für sie die Notwendigkeit, diese Formen der Legalität mit ihren eigenen Mitteln zu reaktivieren. So sieht man im 18. Jahrhundert Phänomene wie die Marktaufstände.[9] Als die alten Vorschriften für den Markt seit Jahren nicht mehr angewendet werden, verhindert der Preisanstieg, dass die Kleinstabnehmer kaufen, woraufhin diese ihre Wiedereinsetzung verlangen; sie bauen in einer Art Mischung aus Theater und Gewalt den Justizapparat, der ihnen nicht zur Verfügung stand, als sie ihn brauchten, wieder auf. Sie stellen die Gesetze für den Markt, die Festsetzungen wieder her. Der Extremfall dieser Reaktivierung ist das Volkstribunal[10] als Weg, innerhalb des Illegalismus die Legalität wiederaufleben zu lassen, derer man strategisch bedarf.[a]

Insgesamt gibt es bei den unteren Schichten eine massive Praxis des Illegalismus, die mit den anderen Illegalismen korrespondiert; und man kann die Funktionsweise des Strafrechtssystems, des Gesetzes- und Verbotssystems, nicht verstehen, wenn man sich nicht fragt, wie diese Illegalismen positiv funktionieren. Zu denken, dass es zuerst Verbote gibt und dann Überschreitungen, [oder] zu denken, dass es den Inzestwunsch gibt und dann das Inzestverbot, ist ein Vorurteil des Intellektuellen; wenn ein Verbot in Bezug auf das, was es verbietet, verstanden und analysiert werden muss, muss man es auch in Abhängigkeit von denen analysieren, die verbieten, und in Abhängigkeit von denen, auf die sich das Verbot erstreckt. Ich denke aber auch, dass man so etwas wie ein Gesetz und Verbot nicht analysieren kann, ohne sie in dem tatsächlichen Feld des Illegalismus zu betrachten, innerhalb dessen sie funktionieren. Ein Gesetz funk-

---

a Das Manuskript (S. 7f.) fügt hinzu:
»Diese Reaktivierung der Justiz durch die Volksmassen ist nicht Ausdruck einer angeborenen Neigung, eines tiefen Sinns der Massen für das korrekte Funktionieren der juristischen Institutionen. Die Massen sehnen sich nicht nach dem Tribunal; sie mögen die Richter nach einer zu lange enttäuschten Liebe nicht. Der Rekurs auf die Legalität ist Teil des Spiels des Illegalismus, das sie in ihrer Allianz und ihrem Konflikt mit den anderen gesellschaftlichen Klassen spielen.«

tioniert und gilt nur innerhalb eines Feldes des Illegalismus,[a] der tatsächlich praktiziert wird und der es gewissermaßen trägt. Nehmen Sie zum Beispiel den Fall der Abtreibung: Es ist evident, dass das Gesetz nur in dem Maße funktionieren kann, wie es ein Feld illegaler Praktiken gibt, das ihm erlaubt, zur Anwendung zu kommen. Die positive Funktionsweise des Illegalismus mit der Existenz des Gesetzes zu verknüpfen, ist eine der – leider zu oft vergessenen – Voraussetzungen, um zu verstehen, wie es funktioniert.[11]

Indem sich das Bürgertum mal auf den Illegalismus der Privilegierten stützte, durch den es Privilegien zu erhalten versuchte, mal auf den Illegalismus des Volkes, der quasi seine Vorhut im Kampf bildete, gelang es ihm schließlich, die juristischen Formen von Grund auf zu verändern.[b] Um die Dinge von ganz oben zu betrachten, könnte man sagen: Um ab dem Mittelalter den Justizapparat des Staates zu kontrollieren, hat das Bürgertum drei Mittel erfunden. Erstens, sich den Justizapparat anzueignen: das war die Käuflichkeit der Ämter.[12] Zweitens, in den Staatsapparat einzudringen und ihn zu lenken. Drittens, den Illegalismus praktizieren zu lassen: ihn andere Gesellschaftsschichten praktizieren zu lassen, um ihn selbst innerhalb eines funktionellen Systems der konzertierten Illegalismen praktizieren zu können und hierdurch die Legalität, die ihm zu dienen vermocht hatte, ihm aber zu erdrückend wurde, umzuwälzen. Die Revolution von 1789 ist der Endpunkt dieses langen Prozes-

---

a Manuskript (S. 8):
»– einerseits hat dieser Illegalismus Breschen geschlagen, Kanäle eröffnet, Türen aufgestoßen, durch die sich die neuen Produktionszusammenhänge etablieren konnten;
– andererseits wurde er von diesem ganzen parajuristischen Apparat (Intendanten, Polizeileutnants), der ein Korrekturapparat ist, kontrolliert«.
Am Rand: »Methode: positive Funktionen des Illegalismus«.

b Das Manuskript (S. 9) fügt hinzu:
»die es ehemals schützen konnten (und von denen es lebte, indem es sich die Ämter aneignete). Die individuelle Aneignung zur Kontrolle des Gesetzes schlug fehl: der konzertierte Illegalismus hat reüssiert → Revolution«.

ses der konzertierten Illegalismen, dank deren sich die bürgerliche Ökonomie ihren Weg bahnen konnte.

Man kann das Problem nun besser einkreisen: Ende des 18. Jahrhunderts wird der Apparat der Verwaltung, der Polizei, der außergerichtlichen Überwachung, bezüglich dessen wir festgestellt haben, dass er weniger als Repräsentant der Legalität fungiert, sondern mehr als Schiedsstelle der Illegalismen, vom Bürgertum in einen Justizapparat umgewandelt, der exakt den Auftrag hat, es vom Illegalismus des Volkes zu befreien. Diesen Apparat, der mit dem allgemeinen System des Illegalismus vermengt war, wird das Bürgertum bei seiner Machtergreifung in die Hand nehmen und damit beauftragen, für die Anwendung seiner Legalität zu sorgen. So wird das Element der Buß- und Besserungsanstalt, das, wie ich glaube, im Netzwerk des Nicht-Gesetzlichen funktioniert, genau in dem Moment übernommen und in das Justizsystem integriert, als das Bürgertum den Illegalismus des Volkes nicht mehr tolerieren konnte.[a]

Daher die Frage: Weshalb kam innerhalb dieser Komplizenschaft der Illegalismen der Moment, in dem der Illegalismus des Bürgertums das Funktionieren des Illegalismus des Volkes nicht

---

a Im Manuskript (S. 9f.) heißt es hier:
»Aber es reicht nicht zu sagen: nachdem das Bürgertum seine eigene Legalität errichtet hat, hat es Wert darauf gelegt, dafür zu sorgen, dass sie eingehalten wird.
Die Veruntreuung der Arbeiter
All diese Maßnahmen seit Turgot zu Beginn der Revolution zerstören:
– die gesamten Rechte, die die Produktion belasten;
– die gesamten Vorschriften, die die Formen, die Entwicklung der Produktion einschränken.
Der Illegalismus des Volkes wird nicht mehr unterstützt.
Doch gleichzeitig etabliert sich:
– zum einen eine juristisch vereinfachte Form des Eigentums;
– zum anderen eine Produktionsweise, bei der alle Produktionsmittel in den Händen einer Gesellschaftsklasse liegen.
Daher haben es die Volksmassen nicht mehr mit der Feindseligkeit der Gesetze, Vorschriften, Rechte, die auf ihnen lasten (und gegen die sie mit Hilfe der anderen kämpfen können), zu tun: sie haben es mit Dingen zu tun, mit Dingen, die ihnen nicht gehören, die anderen gehören.«

mehr hinnehmen konnte? Greifen wir erneut den Fall des Webers auf, der Mitte des 18. Jahrhunderts sein Handwerk besaß, sein Arbeitsgerät, sein Rohmaterial, seine Unterkunft.[a] Vergleichen wir damit den Arbeiter des Londoner Hafens in der zweiten Hälfte des 18. Jahrhunderts: Ihm gehört nichts, dafür hat er [aber] auf den Schiffen, in den Docks, einen Reichtum vor sich, den Colquhoun auf 70 Millionen Pfund pro Jahr schätzt.[b] Dieses Vermögen ist da, vor seiner Vermarktung, seiner Verarbeitung, in direktem Kontakt mit den Hafenarbeitern. Unter diesen Bedingungen kommt es zwangsläufig zur Veruntreuung dieses so ausgebreiteten Vermögens: all das »ist der Veruntreuung ausgesetzt, und zwar nicht nur der Veruntreuung der Arbeiter aller Art, die auf dem Wasser beschäftigt sind, sondern auch den Versuchungen, die das unvermeidbare Durcheinander in einem Hafen, in dem es vor Leuten nur so wimmelt, und die Leichtigkeit, die gestohlenen Sachen loszuwerden, bietet«.[14]

Zu der Funktionsweise dieser Veruntreuung muss man nun aber anmerken, dass sie nicht von außen kommt, das heißt, es sind nicht die Arbeitslosen, die Landstreicher, die hier anrücken und sich bedienen; diese Veruntreuung läuft über den Kanal des Personals selbst, das mit der Handhabung dieses Reichtums beauftragt ist. Es ist ein System interner Komplizenschaften und kein externer Angriff. Von den neun Kategorien von Raub am Hafen, die Colquhoun unterscheidet, setzen sieben die Mittäterschaft der Hafenarbeiter voraus.[15] Man hat hier ein System, das dem des klassischen Schmuggels des 17. und 18. Jahrhunderts, das die Komplizenschaft der Zollbeamten erforderte, sehr nahekommt. Auch dieses System hat seine Kreisläufe der Hehlerei, der Kommerzialisierung.[16] Das mit dem Vorhandensein

a Das Manuskript (S. 10) fügt hinzu: »Alles, was er anfasste, gehörte ihm.«

b Das Manuskript (S. 11) präzisiert:
»Colquhoun schätzte 70 000 000. 13 500 be- oder entladene Schiffe; 31 Millionen Einfuhr, 29 Millionen Ausfuhr; 9 Millionen Tau. Wozu man noch die Veruntreuungen in den Magazinen der königlichen Marine hinzurechnen muss.«[13]

von Gütern verbundene System des Diebstahls ist mit dem des Schmuggels vergleichbar. Mehr als die Quantität der gestohlenen Güter ist vielleicht die Form bemerkenswert und beunruhigend: Man hat hier im Grunde eine kohärente, im Untergrund ablaufende, parasitäre Wirtschaftstätigkeit. Und man hat den Eindruck, dass der alte, vom Bürgertum tolerierte Illegalismus des Volkes anstatt wie früher die Rechte und die Macht anzugreifen, nun das bürgerliche Vermögen in seiner Materialität selbst angreift. Und er ist sogar gezwungen, hier anzusetzen: Indem er das Handwerk verlässt, ist der Arbeiter nicht mehr in Kontakt mit dem Recht, sondern mit den Dingen, die nur durch folgendes Prinzip gesetzlich geregelt sind: »Das gehört dir nicht.« Während im System des Handwerks der Arbeiter mit Dingen in Kontakt war, von denen ihm ein Großteil gehörte, und über diese mit einer durch Verordnungen geregelten Welt der Macht zu tun hatte, der er zu entkommen versuchen konnte, indem er eben den Illegalismus praktizierte, ist ab dem Moment, in dem der Arbeiter nur noch den Reichtum vor sich hat, die einzige Möglichkeit, den Illegalismus zu praktizieren, die Veruntreuung.

Durch die Macht des Faktischen, durch die Installierung des Grundpfeilers der kapitalistischen Ökonomie sind die unteren Schichten, indem sie vom Handwerker in den Arbeitnehmer übergehen, gleichzeitig gezwungen, vom Betrug zum Diebstahl überzugehen. Zur selben Zeit finden sich durch denselben Mechanismus nun aber auch die Privilegierten systematisch vom (steuerlichen, gerichtlichen, herrschaftlichen) Übergriff in Richtung Betrug verschoben. Sie beanspruchen jetzt das alleinige Vorrecht, das Gesetz unterlaufen zu können, den Vorschriften zu entgehen, und dieses Recht lassen sie sich zweifach geben: Erstens indem sie sich die Möglichkeit verschaffen, dank einer Reihe von gesellschaftlichen Privilegien nicht unter das Strafgesetz zu fallen; zweitens indem sie sich die Macht verschaffen, das Gesetz zu schnüren und wieder aufzuschnüren. Den Betrug zu praktizieren, dem Gesetz zu entgehen hat damit zwei neue Formen: das Gesetz zu machen und dem Gesetz per Status zu entgehen. Die Gesetzgebung ist so – beim Bürgertum – eng mit der Praktik des Illegalismus verbunden.[a]

Man hat hier einen Prozess, der von weitem den ganzen Aufbau und die ganze Funktionsweise des Strafrechts- und Strafvollzugssystems leiten und zwischen diesen beiden Formen der Justiz zu einer Spaltung führen wird. Auf dieser Grundlage wird sich eine Reihe von Phänomenen zutragen, die für die Einführung dieses Strafrechtssystems wichtig sind. Man kann sagen, dass der Pöbel, indem er sich proletarisiert, die Techniken und Formen des Illegalismus, den er – in Komplizenschaft mit dem Bürgertum – während des 18. Jahrhunderts entwickelt hatte, auf das bürgerliche Eigentum übertragen hat. Als das Bürgertum die Übertragung dieses Illegalismus auf sein Eigentum feststellt und seine Folgen fürchtet, muss es folglich gegen ihn vorgehen.[b]

Das hat bestimmte Konsequenzen. Erstens die Anzeige aller vergesellschafteten Formen des Illegalismus [und die Anzeige] desjenigen, der die Illegalität als Feind der Gesellschaft praktiziert. Während der Delinquent des 18. Jahrhunderts, der den Betrug, den Schmuggel praktizierte, kein Feind der Gesellschaft war, insofern er gestattete, das System am Laufen zu halten, wird der Delinquent am Ende des Jahrhunderts als Staatsfeind definiert. Man sieht so, wie der theoretische Begriff des Kriminellen als derjenige, der den Gesellschaftsvertrag bricht, in die Taktik des Bürgertums eingespannt wird. Zweitens – zu Beginn des

a Das Manuskript (S. 15) fügt hinzu:
»Man sieht, wie sich zwei Hauptarten von Delinquenz abzeichnen, die einen sehr unterschiedlichen juristischen Status haben: der Diebstahl als Illegalismus desjenigen, der auf der Grundlage einer Materialität produziert, die ihm nicht gehört; und der Betrug als Illegalismus desjenigen, für den der Reichtum mit dem Gesetz verbunden ist. Nicht dass er dem Gesetz unterworfen wäre, sondern er gewährt Zugang zu der Möglichkeit, das Gesetz zu schnüren und aufzuschnüren, es durchzusetzen und zu umgehen. Politik ⟷ Betrügerei.«

b Das Manuskript (S. 15) fügt hinzu: »Das Bürgertum war der feudalistischen Aussaugung noch nicht entkommen, als es auf die Unterschlagung traf.«

19. Jahrhunderts – die systematische Anwendung von Mitteln wie der Unterwanderung, des Polizeispitzels, des Spions, um eine illegale Gruppe zu zerschlagen.[a] Gewiss gab es im 17. Jahrhundert den Spion, er diente hauptsächlich der Überwachung; nunmehr schleust das Bürgertum jedoch seine eigenen Agenten in die Delinquentengruppen ein.[b] Drittens schließlich wollte das Bürgertum erreichen, dass zwischen dem Arbeiter und dem Produktionsapparat, den er in Händen hat, etwas steht, was nicht nur das negative Gesetz »das gehört dir nicht« ist. Es bedarf eines Zusatzes zum Gesetzbuch, der dieses Gesetz ergänzt und dafür sorgt, dass es funktioniert: Der Arbeiter selbst muss moralisiert werden. In dem Moment, in dem man ihm sagt: »Du hast nichts als deine Arbeitskraft, und ich kaufe sie zum Marktpreis«,[c] und in dem man derartige Reichtümer in seine Hände legt, muss man in die Beziehung zwischen dem Arbeiter und dem, womit er arbeitet, eine ganze Reihe von Pflichten, Zwängen einimpfen, die das Gesetz des Lohns, das augenscheinlich schlicht das Gesetz des Marktes ist,[d] unterfüttern. Der Arbeitsvertrag muss von einem Zwang begleitet sein, der quasi seine Gültigkeitsklausel ist: Man muss die Arbeiterklasse »erneuern«, »moralisieren«. So kommt es zu einem Transfer der Besserungsanstalt, bei dem die eine Gesellschaftsklasse sie auf eine andere anwenden wird: Das verdichtete und umgestaltete Strafvollzugssystem wird innerhalb des Klassenverhältnisses zwischen dem Bürgertum und dem Proletariat sein Spiel aufnehmen; es

---

a Das Manuskript (S. 16) fügt hinzu: »(der nicht mehr die ›Fliege‹ des 18. Jahrhunderts ist)«.[17]

b Das Manuskript (S. 16) fügt hinzu:
»eine Einrichtung, die sehr genau den ›Schmuggel‹-Formen der Veruntreuung entspricht [...]. Ganz wie sich die Veruntreuung auf Elemente innerhalb des Produktionsapparats stützt, wird sich die Repression auf Elemente innerhalb des Veruntreuungsapparats stützen. Die Kollusion Polizei–Dieb setzt die Kollusion Beamte–Betrüger in anderer Form fort«.

c Das Manuskript (S. 16) fügt hinzu: »selbst wenn du vor Hunger stirbst«.

d Das Manuskript (S. 17) fügt hinzu: »dessen unerlässliches Gegenstück es ist«.

wird ein politisches Instrument zur Kontrolle und Aufrechterhaltung der Produktionsverhältnisse sein. Viertens bedarf es, damit dieser Zusatz zum Gesetzbuch tatsächlich funktionieren kann, damit der Delinquent als ein Feind der Gesellschaft erscheint, noch einer weiteren Sache: der zuverlässigen Trennung – innerhalb der unteren Klassen, die den Illegalismus praktizieren – zwischen Delinquenten und Nicht-Delinquenten. Die große durchgehende Masse des ökonomisch-politischen Illegalismus, die vom Verbrechen nach allgemeinem Recht bis zum politischen Aufstand reicht, muss zerschlagen werden, und es muss auf der einen Seite diejenigen geben, die reine Delinquenten sind, und auf der anderen, delinquenzfreien Seite diejenigen, die man als Nicht-Delinquenten bezeichnen kann.

Was das Bürgertum so machen möchte, ist nicht so sehr, die Delinquenz auszumerzen.[18] Das Hauptziel des Strafsystems ist die Unterbrechung dieses durchgehenden Volksillegalismus und des Netzes einer Welt der Delinquenz. Hierzu gibt es zwei Instrumente: zum einen ein ideologisches Instrument: die Theorie vom Delinquenten als Feind der Gesellschaft. Er ist nicht mehr der, der gegen das Gesetz kämpft, der der Macht entkommen möchte, sondern der, der sich mit jedem Mitglied der Gesellschaft im Krieg befindet. Und das plötzlich monströse Gesicht, das der Kriminelle Ende des 18. Jahrhunderts in der Literatur und bei den Strafrechtstheoretikern annimmt, korrespondiert mit diesem Bedürfnis, den Illegalismus des Volkes zweizuteilen. Zum anderen praktische Instrumente. Wie substantiiert, isoliert das Bürgertum die Delinquenz?

Das erste Mittel ist das Gefängnis. Seine Einrichtung war kaum beschlossen, die ersten Anstalten waren kaum eröffnet, da wusste man bereits, dass es die Eigenschaft hatte, diejenigen, die aus dem Gefängnis kamen, wieder dorthin zurückzubringen. Der Kreislauf der Rückfälligkeit wurde sofort bemerkt und eingestanden; es musste ein geschlossener Kreislauf der Delinquenz aufgebaut werden, damit diese sich vom großen Fundus des Volksillegalismus absetzt. Die Abriegelung des Gefängnisses muss so in einem doppelten Sinn verstanden werden: Das Gefängnis ist das, worin man die Delinquenten einschließt, aber es ist auch das System, durch das die Delinquenz als ein eigenständiges gesellschaftliches Phänomen eingeschlossen, für sich genommen wird. Das andere Mittel besteht darin, die einen Delinquenten mit den anderen und mit denen, die keine Delinquenten sind, in Konkurrenz treten zu lassen. So wurde die Arbeit in den Gefängnissen als etwas präsentiert, das der Arbeit der Arbeiter Konkurrenz macht. In den Gefängnissen des 19. Jahrhunderts waren die materiellen Bedingungen, unter denen die Gefangenen lebten, nicht schlechter als die Wohn- und Lebensverhältnisse der Arbeiter: Diese Art von Konkurrenz im Elend war ebenfalls einer der Faktoren dieses Bruchs. Schließlich das Hauptmittel, das darin besteht, zwischen Delinquenten und Nicht-Delinquenten eine Beziehung wirklicher Feindschaft herrschen zu lassen. Daher der Umstand, dass man die Polizei vornehmlich unter den Delinquenten rekrutierte und dass die Armee seit Napoleon ein Mittel war, um die Delinquenz in der Gesellschaft abzuschöpfen und sich gegen die Arbeiter bei Streiks, politischen Revolten derer zu bedienen, die sich der Arbeitsethik, die man den Arbeitern beizubringen versuchte, verweigerten.

Gefängnis, Kolonie, Armee, Polizei:[a] all das waren lauter Mittel, um den Illegalismus des Volkes zu durchbrechen und zu verhindern, dass seine Techniken auf den bürgerlichen Besitz angewendet werden. Freilich beseitigten diese Mittel den ökonomischen (Maschinensturm), gesellschaftlichen (Bildung von Vereinigungen), zivilrechtlichen (Ablehnung der Ehe),[b] politischen (Aufstände) Illegalismus nicht vollständig. Das Problem des Illegalismus bleibt in der Geschichte der Arbeiterklasse im 19. Jahrhundert so nach wie vor auf der Tagesordnung, doch diese Geschichte unterscheidet sich von der des 18. Jahrhunderts. Im 18. Jahrhundert geht der Illegalismus mit dem bürgerlichen Illegalismus eine komplexe Beziehung ein; im 19. Jahr-

---

a Manuskript (S. 17): »Gefängnis, Kolonien, Armee, Polizei: Verweigerung der Arbeitsethik«.

b Das Manuskript (S. 18) fügt hinzu: »moralischer Illegalismus«.

hundert ist der Illegalismus der Arbeiter hingegen die Hauptzielscheibe des gesamten Repressionssystems des Bürgertums. Und man kann sagen, dass die Stärke der anarchistischen Ideologie mit der Nachhaltigkeit und Unerbittlichkeit dieses illegalistischen Bewusstseins und dieser illegalistischen Praxis in der Arbeiterklasse verbunden ist – einer Nachhaltigkeit und Unerbittlichkeit, die weder die parlamentarische Legalität noch die gewerkschaftliche Legalität auffangen können.

Anmerkungen

1 Vgl. M. Foucault, »Théories et Institutions pénales«, a.a.O., dt.: »Theorien und Institutionen des Strafvollzugs«, a.a.O., 7. Vorlesung, S. 2: »alle wichtigen Phasen bei der Herausbildung des Strafrechtssystems, des Unterdrückungssystems sind Reaktionen auf Kampfformen des Volkes«; S. 3: »Das Paar Strafrechtssystem – Delinquenz ist eine Folge des Paars repressives System – aufrührerische Systeme. Eine Folge in dem Sinne, dass es ein Produkt, eine Bedingung des Fortbestands, eine Verschiebung und eine Überdeckung ist.«

2 Foucault wird eine genauere Analyse der Illegalismen bieten (siehe die folgende Anmerkung und die Situierung der Vorlesungen, hier S. 383-386) als den Verweis auf den Begriff des »aufrührerischen Mobs«, den damals die englischen Historiker verwendeten und heftig diskutierten. Vgl. E. P. Thompson, *The Making of the English Working Class*, a.a.O., S. 62; dt.: *Die Entstehung der englischen Arbeiterklasse*, a.a.O., S. 68: »Allzu oft haben Historiker diesen Ausdruck [Mob] bedenkenlos verwendet, entweder um sich weitere Untersuchungen zu ersparen oder um ihr Vorurteil zu verstärken.« Das Strafrechtssystem ist für Foucault kein Resultat der Angst, die vom »aufrührerischen Mob«, sondern die vielmehr von der Industrialisierung des bürgerlichen Vermögens ausgelöst wird, das seinen Reichtum vor den Volksklassen ausbreitet und ihn damit für sie verfügbar macht; vgl. Situierung der Vorlesungen, hier S. 378f. In einem Gespräch, das er einige Monate später führte, nimmt Foucault an seinem eigenen Gebrauch des Begriffs des »aufrührerischen Mobs« eine »Richtigstellung« vor: »In der Tat glaube ich nicht, dass das Problem vor allem bei diesem aufrührerischen Mob liegt; es liegt vielmehr darin, dass der bürgerliche Wohlstand aus den Notwendigkeiten der wirtschaftlichen Entwicklung selbst heraus so angelegt wurde, dass er sich in den Händen ebenjener befand, die zu produzieren haben. Jeder Arbeiter war ein möglicher Räuber. Und jede Schöpfung von Mehrwert war zugleich eine Gelegenheit oder zumin-

dest eine Möglichkeit, von diesen Vermögenswerten etwas abzuzweigen« (M. Foucault, »À propos de l'enfermement pénitentiaire«, a.a.O., DE II, S. 438; dt.: »Zum geschlossenen Strafvollzug«, a.a.O., DE II, S. 545; die Übersetzung wurde leicht modifiziert).

3 Diese Analyse des Illegalismus des Volkes – und des Illegalismus im Allgemeinen – wird zu einem der Grundthemen in Foucaults Überlegungen zum Strafrechtssystem werden; sie wird in den kommenden Monaten im Laufe dieser Vorlesung und in *Überwachen und Strafen* entwickelt. Foucault behandelt dieses Thema gleichzeitig in mehreren Gesprächen. Vgl. »À propos de l'enfermement pénitentiaire«, a.a.O., DE II, S. 435f.; dt.: »Zum geschlossenen Strafvollzug«, a.a.O., DE II, S. 542f.: »Unter jeder Herrschaftsform haben die verschiedenen sozialen Gruppen, die verschiedenen Klassen und Kasten ihre je eigene Illegalität. Im *Ancien Régime* haben diese Illegalismen einen Zustand relativen Ausgleichs erreicht. [...] Alle diese Gesetzwidrigkeiten arbeiteten offensichtlich gegeneinander. [...] In gewissem Sinn war die Bourgeoisie auf das gesetzwidrige Verhalten des Volkes angewiesen. Es kam also zu einer Art *Modus Vivendi*. Was sich hier abgespielt hat, ist meiner Ansicht nach Folgendes: Als die Bourgeoisie die politische Macht übernahm und die Strukturen der Machtausübung ihren wirtschaftlichen Interessen anpasste, konnte sie das gesetzwidrige Verhalten des Volkes, das sie zuvor toleriert hatte und das unter dem *Ancien Régime* eine Art Lebensraum gefunden hatte, nicht länger hinnehmen, musste ihm aber unbedingt den Mund stopfen. Und ich glaube, das Strafvollzugssystem und vor allem das System der allgemeinen Überwachung, wie es seit Ende des 18. Jahrhunderts und dann Anfang des 19. Jahrhunderts in allen Ländern Europas entwickelt wurde, ist die Sanktionierung dieser neuen Tatsache, der Tatsache nämlich, dass das alte gesetzwidrige Verhalten des Volkes, das in bestimmten Formen unter dem *Ancien Régime* toleriert worden war, buchstäblich unmöglich wurde. Man musste alle Schichten der breiten Bevölkerung effektiv einer allgemeinen Überwachung unterziehen.« Vgl. auch *Surveiller et Punir*, a.a.O., S. 84-91 u. 277-282; dt.: *Überwachen und Strafen*, a.a.O., S. 104-113 u. 351-357.

4 Das besagte Buch ist die Dissertation von Paul Bois, *Paysans de l'Ouest. Des structures économiques et sociales aux options politiques depuis l'époque révolutionnaire dans la Sarthe*, a.a.O. Foucault stützt sich auf die Analyse im XI. Kapitel des zweiten Buchs: »Les tisserands. Étude sociale«, S. 515-543.

5 Die allgemeine Verordnung von 1748 formuliert vor allem die Herstellungsverfahren. Vgl. R. Musset, *Le Bas-Maine. Étude géographique*, Paris: Armand Colin, 1917; H. E. Sée, *Les Origines du capitalisme moderne*, Paris: A. Colin, 1926, S. 102-114; F. Dornic, *L'Industrie textile dans le Maine et ses débouchés internationaux (1650-1815)*, Le Mans: Pierre-Belon, 1955 P. Bois, *Paysans de l'Ouest*, S. 518f. Vgl. für eine neue-

re Publikation R. Plessix, »Les tisserands du Haut-Maine à la fin du XVIIIe siècle«, in: *Annales de Bretagne et des pays de l'Ouest*, Bd. 97 (3), 1990, S. 193-205: »Les industries textiles dans l'Ouest, XVIIe-XXe siècles«.

6 Vgl. P. Bois, *Paysans de l'Ouest*, S. 528f.

7 Vgl. E. P. Thompson, »The Moral Economy of the English Crowd«, a.a.O.

8 Dieser Verweis auf den großen Räuber in der Tradition Robin Hoods wird in *Surveiller et Punir*, S. 86; dt.: *Überwachen und Strafen*, S. 106, wiederaufgenommen.

9 Vgl. E. P. Thompson, »The Moral Economy of the English Crowd«.

10 Vgl. zur Frage der Volkstribunale oben, S. 118, Anm. 32.

11 Das Thema wird in *Surveiller et Punir*, S. 23; dt.: *Überwachen und Strafen*, S. 26, wiederaufgenommen.

12 Vgl. ebd., S. 82f. u. 220f.; dt.: S. 102f. u. 280f.

13 Vgl. P. Colquhoun, *Ueber Londons Polizey*, a.a.O., Bd. 1, S. 64: »Der Werth aller Einfuhre Pf. 30 957,421«; »Werth alle Ausfuhre: a) Britischer Waaren 11,396,539, b) ausländischer Waaren 14,208,915, [zusammen] 25,605,455«; »Werth von Gütern, die in mehr als 9000 Küsten-Fahrzeugen eingebracht werden, jedes zu 500 Pf. = 4,500,000«; »Werth von Güter, die in etwa 7000 Küstenfahrern ausgeführt werden, jedes zu 1000 Pf. = 7,000,000, [zusammen] 11,500,000«; »Totalsumme der auf der Themse jährlich gefahrnen Güter 66,811,932«; [d]ann die Tackelage, Geräthe, Provisionen und Vorräthe von mehr als *dreyzehntausend fünfhundert* Fahrzeugen«; P. Colquhoun, *Traité sur la police de Londres*, a.a.O., Bd. II, S. 401: »im Laufe eines Jahres laufen in den Hafen von London 13 000 Handelsschiffe ein oder von dort aus [...] und der Wert der so ein- oder ausgeführten Waren beläuft sich auf über *siebzig Millionen Pfund Sterling*« (Herv. im Text).

14 Vgl. P. Colquhoun, *Traité sur la police de Londres*, a.a.O., Bd. I, S. 298; Foucault fügt im Manuskript (S. 11f.) zwei weitere Zitate Colquhouns hinzu: »Wie, sagt Colquhoun, wird nun aber ein Arbeiter auf diese Situation reagieren: ›Die Analogie, welche die Arbeiter zwischen der Plünderung und dem Schleichhandel finden, und die Gewohnheit, mit der sie Erstere zu lange praktiziert haben, ohne ihr Widerstand zu leisten, haben Tausende dazu gebracht, sich dieser Sorte von Raub hinzugeben‹« (ebd., Bd. II, S. 19; und »›ihre Analogie zum Schmuggel‹ (zumindest im Geiste derer, die sie [die Plünderung] praktizierten) hat sie an diese Art von Verbrechen, für deren Ungeheuerlichkeit sie keinerlei Empfinden hatten, gewöhnt« (ebd., Bd. I, S. 289). Foucault fährt fort: »Folglich kein Unterschied zwischen der Schädigung der Ordnung und der Schädigung des Eigentums; zwischen der Verletzung des Gesetzes und dem Diebstahl der Dinge. Doch dies ist nicht einfach eine Konfusion auf der Ebene der Wahrnehmung. Dies ist eine Umwälzung des ganzen Verhaltenssystems« (S. 12).

15 Im Manuskript nennt Foucault zwei Beispiele für diese Formen des Raubs, die die Komplizenschaft der Seeleute und der Beschäftigten des Hafen voraussetzen oder deren direktes Werk sind. Das erste Beispiel ist das der »Gassenjungen, die sich unter dem Vorwand, nach Schrott zu suchen, Produkte zuwerfen lassen« (S. 13). Colquhoun beschreibt diese Art von Raub als Ergebnis eines lukrativen Arrangements unter den Hafenbeschäftigten, vor allem den Böttchern, die sich von diesen Gassenjungen (*mudlaks*), die vorgeben, auf der Suche nach alten Seilen und Eisen zu sein, »gegen einen Teil, den man ihnen von der Beute abgibt«, »kleine Säcke mit Zucker, Kaffee, Piment, Ingwer« zuwerfen lassen (*Traité sur la police de Londres*, a.a.O., Bd. I, S. 315f.).
Das zweite Beispiel ist das der »Pferdkärner, [die] unter dem Vorwand, ein Produkt (Zucker) nach dem Strandgutrecht weiterzuverkaufen, sich große Mengen geben lassen« (S. 13). Die Beschreibung, die Colquhoun vom Raub der Pferdkärner (*light horsemen*) gibt, zeigt die Komplizenschaft beider Teile bei der Begehung dieses Illegalismus, dessen Quelle »in einem Arrangement zwischen den Vorarbeitern auf den westindischen Schiffen und den Hehlern am Flusse [liegt], die die Gewohnheit hatten, sie unter dem Vorwand zu bedrängen, etwas zu kaufen, was man als *Strandgut* bezeichnet, oder die Reste und Krümel des Zuckers, die sich im Laderaum oder im Zwischendeck befinden, nachdem die Ladung gelöscht ist. Ein Teil der Vorarbeiter verlangte dieses Strandgut als ihnen gehörend, obwohl diese Forderung den ausdrücklichen und vom Komitee der Händler wiederholt aufgestellten Regeln widersprach« (S. 306).

16 Foucault erklärt hinsichtlich der Kreisläufe der Kommerzialisierung der Schleichhandelsware im Manuskript, dass diese auf zwei Ebenen operieren: »– Klein-Hehler. Sie kaufen direkt verschiedene Gegenstände. Ein Drittel des Preises. //– Groß-Hehler (spezialisiert), die weiterverkaufen, entweder an Einzelhändler oder an Unternehmer oder an den Staat. //– Karren, die rund um London sammeln. //3 000 Hehler in London« (S. 13) Colquhoun beschreibt diese »Klasse« der Schwarzhändler (*Traité sur la police de Londres*, Bd. I, S. 104f.) im 3. Kapitel seines Werks (ebd., S. 104f.). Sie teilt sich in »zwei Klassen, die im Ganzen – und die im Einzelnen handeln« (ebd., S. 106), und gibt an, dass die »Anzahl dieser Plagen der Gesellschaft unglaublich gestiegen ist, in London allein von dreihundert auf dreitausend« (ebd., S. 16).
Foucault fügt hinzu: »Dieser Schleichhandel hat seine Sprache, aber vor allem sein Geld. Falschgeld //40 bis 50 Fabriken in England //Eine der Fabriken hat in sieben Jahren 200 000 Livres hergestellt. //Kreisläufe, die sich mit denen der Hehler überschneiden (›die Juden‹). //Colquhoun schätzt den Wert der Veruntreuungen auf 0,75 % des Werts der ausliegenden Güter. Das wäre, wenn der Gewinn 10 % beträgt, ein Schaden von 7,5 %« (S. 13f.). Colquhoun beschreibt die Details dieser »schrecklichen Plage« und die Herstellung des Falschgelds in Kapi-

tel VII des ersten Bandes (*Traité sur la police de Londres*, Bd. I, S. 234f.), nachdem er im ersten Kapitel eine allgemeinere Beschreibung davon gegeben hat (ebd., S. 20-26). Colquhoun assoziiert die »Juden« (ebenso wie die »Iren«) mit dem Falschgeld: »Die Iren der unteren Klassen und die deutschen Juden sind die Hauptagenten, deren man sich bedient, um das Falschgeld in London zu verteilen« (ebd., S. 261). Was den Wert der Veruntreuungen anbelangt, schreibt Colquhoun: »wenn man zudem bedenkt, dass, wie groß auch immer der vom Schleichhandel verursachte Schaden sein mag, er nicht viel mehr als *drei Viertel Prozent* des Gesamtwerts der so ausliegenden Güter ausmacht, wird man sich schwerlich weigern können, eine Schätzung zu akzeptieren, die – nach den in diesem Kapitel enthaltenen Erläuterungen – keineswegs übertrieben erscheinen wird« (ebd., S. 295, im Text herv.).

17 Foucault wird auf die Rolle der Delinquenten als Spitzel und Provokateure bei der polizeilichen Überwachung im 18. und 19. Jahrhundert zurückkommen in *Surveiller et Punir*, S. 285, Fn. 2; dt.: *Überwachen und Strafen*, S. 360, Fn. 43.

18 Vgl. M. Foucault, *Il faut défendre la société*, a. a. O., S. 28-30, s. S. 30; dt.: *In Verteidigung der Gesellschaft*, Vorlesung vom 14. Januar 1976, S. 43: »Das Bürgertum schert sich nicht um die Verbrecher, ihre Bestrafung und ihre Wiedereingliederung, die ökonomisch nicht von Bedeutung sind. Dafür sind die gesamten Mechanismen, mit deren Hilfe der Delinquent kontrolliert, verfolgt, bestraft und reformiert wird, für das Bürgertum innerhalb des allgemeinen politisch-ökonomischen Systems von Interesse.«

Vorlesung 9
(Sitzung vom 28. Februar 1973)

(B) Frankreich (Fortsetzung). Anheftung der Moral an das Strafwesen. 4. Die Veruntreuung der Bauern: im 18. Jahrhundert, der Illegalismus als Grundbestandteil des Landlebens; Ende des 18. Jahrhunderts Abschaffung der Feudalrechte; im 19. Jahrhundert engere Bewirtschaftung. Der Fall der wirtschaftlichen Nutzung der Wälder. Ein neuer Illegalismus gegen den Vertrag; Anfechtung und Zivilrechtsstreit. 5. Konsequenzen: 1/die Armee als Herd und Wechsler der Illegalismen; 2/der Illegalismus als Herausforderung der Revolution; 3/eine massive und geplante Reaktion des Bürgertums: die »Unterklasse« als »degenerierte Rasse«. Die neue Persönlichkeit des Delinquenten: wild, unmoralisch, doch durch Überwachung regenerierbar. – Reflexionen: die Intelligenz des Bürgertums; die Dummheit der Intellektuellen; der Ernst des Kampfs.

Ich habe die Frage nach der Übertragung des Elements der Besserung auf den Strafrechtsapparat zu beantworten versucht, indem ich gezeigt habe, dass der Begriff des »aufrührerischen Mobs« nicht reichte, um die Probleme zu lösen. Ich habe stattdessen einen Begriff eingeführt, der operativer ist – den des Illegalismus des Volkes. Mir scheint nun, dass dieser Illegalismus unter dem Ancien Régime mit den Illegalismen der anderen Gesellschaftsklassen ein System bildete und dass er genauer gesagt und näher betrachtet, in Verbindung mit dem Illegalismus des Bürgertums die Entwicklung der kapitalistischen Gesellschaft gefördert hat. Schließlich hat dieser Illegalismus ab einem bestimmten Moment aufgehört, für die Klasse, die gerade die Macht übernommen hat, tolerierbar zu sein, denn der Reichtum findet sich – in seiner Materialität – in neuen räumlichen Formen angeordnet[1] und läuft Gefahr, von einem Illegalismus des Volkes frontal angegriffen zu werden, der jetzt nicht mehr das System der Gesetze und Vorschriften, sondern die Güter in ihrer Materialität selbst angeht.[a]

---

a Das Manuskript (S. 2) fügt hinzu:
»und weil die Arbeiter auf diesen so im Raum angeordneten Reichtum Formen des Illegalismus angewendet haben, die dem alten Illegalismus

Die unteren Schichten übertragen die Techniken des alten Illegalismus auf die Substanz des Reichtums, und sie können dem Bürgertum entgegnen: Haben wir nicht zusammen das Gesetz gebrochen, die Reichtümer geplündert? Worauf das Bürgertum einwendet, dass man unter dem Ancien Régime die Vorschriften, die Gesetze, den durch nichts zu rechtfertigenden Missbrauch angriff und dass es damals um die Macht ging, also um Politik; während man jetzt die Dinge angreift, die Besitztümer, folglich das gemeine Recht, das Naturrecht. Früher kämpfte man gegen den Machtmissbrauch, jetzt offenbart man beim Rechtsbruch einen Mangel an Moral.[a] Dies ist der Punkt, an dem sich das System der moralischen Besserung an das Strafrechtssystem anheftet. So sagt Colquhoun: »Gleichwohl kann man sich rühmen, dass die Zeit naht [...], in der die Einführung von Ideen [...], die sich natürlich *auf ein System der Buße* beziehen, dazu beitragen kann, die Regeneration dieser elenden und in die Irre geführten Klasse, die man als Abschaum der Gesellschaft betrachten kann, zu beschleunigen.«[2]

Dieser Analyse kann man vorhalten, dass das gewählte Beispiel begrenzt ist und dass die einzige Verbindung, die die Stadtbevölkerung mit dem bürgerlichen Vermögen hat, das Gesetz des Eigentums ist: »Das gehört dir nicht.« In Wahrheit ist diese Bevölkerungsschicht verglichen mit der Gesamtdemographie des 18. Jahrhunderts sehr klein. Kann man nun aber ein so allgemeines Phänomen wie die Einführung eines neuen Strafrechtswesens allein vom Beispiel dieser Keimzelle der Arbeiterklasse aus erklären? Schreibt man nicht einer »großen Angst«, die eigentlich die des 19. Jahrhunderts sein wird, einen Prozess zu, der sich tatsächlich im 18. Jahrhundert zugetragen hat?

Ich werde folglich auf ein Beispiel des ländlichen Illegalismus

---

entstammten. Londoner Hafen: die Techniken des Schmuggels, die die Rechte, die Gebühren, die Steuern, kurz, die *Abgaben der Macht* angriffen, greifen nun die Materialität des bürgerlichen Vermögens an. Colquhoun, Texte über den Schmuggel.«

a Im Manuskript (S. 2) endet diese Passage, die in Form einer Replik auf das Bürgertum präsentiert wird, mit: »Gehet hin und tut Buße.«

rekurrieren und dieser Analyse einen Textauszug voranstellen, der sich in einer anonym erschienenen Broschüre befindet: »Der Bauer ist ein gefährliches, listiges Tier, eine wilde, halbzivilisierte Bestie; er hat weder Herz noch Rechtschaffenheit, noch Ehre; er hätte sich häufig zur Grausamkeit verleiten lassen, wenn die beiden anderen Stände sich nicht gnadenlos auf ihn stürzen und ihn kleinhalten würden, um das Verbrechen, das er gerne verüben würde, nicht ausführen zu können.«[3]

*

[a]In seiner ländlichen Form unterliegt der Illegalismus derselben Transformation wie der städtische Illegalismus. Er war im 18. Jahrhundert ein funktionales Element des Landlebens. Eine ganze Reihe von Freiräumen gestattete den Ärmsten der Armen zu überleben: Brachland, Heide, Gemeingüter bildeten innerhalb des bäuerlichen Raums Nischen der Illegalität. Ebenso hatte der Schmuggel von Produkten unter Regie (Salz, Tabak) Stützpunkte innerhalb der ländlichen Gesellschaft. Überdies war der ländliche Illegalismus mit dem der Grundbesitzer verbunden und stützte sich auf diesen. Doch in der zweiten Hälfte des 18. Jahrhunderts sieht man, dass sich so etwas wie eine Änderung der Frontlinie abzeichnet, die im Grunde ein schleichender Prozess ist, der zunächst in einer Zunahme der Bevölkerungsdichte besteht; sodann, ab 1730, in einem Anwachsen der Einkünfte aus Grundbesitz, was das Land zu einem ökonomisch interessanten Gut macht; [und] schließlich in einer großen Nachfrage nach Land als Kapitalanlage. So kommt man – mit der Revolution – zur Abschaffung der Feudalrechte, zu großen Eigentümerwechseln. Ende des 18. Jahrhunderts fällt der Landbesitz unter das System des einfachen Vertrags. Nun wird aber in dem Moment, in dem durch diesen Sieg des Vertrags das ganze alte Gerüst der Feudalrechte verschwindet und der Grund und Boden in das rein vertragliche System

a Manuskript (S. 5), Zwischenüberschrift: *»Die bäuerliche Veruntreuung«*.

des Eigentums eingeht, dieser für die Masse der Bauern umso weniger erreichbar, als er Gegenstand eines mehr oder weniger massiven Aufkaufs ist und dieses neue System der juristischen Aneignung die Tagelöhner und Kleineigentümer, die bis dahin dank der Nischen der Illegalität ihr Leben fristen konnten, noch mehr verarmen lässt. De facto bringt das neue Eigentumssystem die Gemeinschaftsrechte, die Heide, zum Verschwinden und strebt eine engere Bewirtschaftung des Bodens an.

Das bemerkenswerteste Beispiel[a] ist hier die Ausbeutung der Wälder, die seither in rascherem Tempo erfolgt. Der Wald, der ein Ort der Zuflucht und des Überlebens war, wird zu einem wirtschaftlich nutzbaren und folglich bewachten Eigentum.[b] Zwar wechselt das Grundvermögen im Unterschied zum industriellen Reichtum nicht den Ort; doch verändert sich der ländliche Raum trotzdem, denn in dem Maße, wie das Eigentum in das System des Vertrags eintritt, vervielfachen sich all die Instrumente, die seinen Schutz gewährleisten: Durchgangsverbot, Zäune etc. Kurz, der ganze Raum des Transits, des prekären Überlebens, den der ländliche Raum darstellte, befindet sich in einem Umbruch, wodurch all die ländlichen Illegalismen unmöglich und inakzeptabel werden. So versteht man, weshalb der Eintritt des bürgerlichen Vermögens in das juristische System des Vertrags eine sprunghafte Zunahme des Illegalismus auslöst. Dies sind die großen Wellen der Landstreicherei Ende

---

a Das Manuskript (S. 6) nennt an erster Stelle das Beispiel des »Verschwindens des Brachlands«.

b Das Manuskript (S. 6f.) führt aus:
»Die neue Art der wirtschaftlichen Nutzung der Wälder: intensiver aufgrund neuer Bedürfnisse; Einrichtung von Glashütten, Hüttenwerken am Rand oder im Inneren der Wälder. Der alte Wald (im Rhythmus der jahrhundertealten Bewirtschaftung), ein Ort der Zuflucht, der Toleranz, des Überlebens nicht nur der Außenseiter, sondern auch der Ärmsten (die dort weiden ließen, Holz sammelten, wilderten), wird letztlich zu einem wirtschaftlich nutzbaren und bewachten Eigentum. Hierzu bleiben die Phänomene, die direkter mit der Revolution verbunden sind, hinzuzufügen: der Anstieg der Preise für Agrarprodukte (die nur den Bauern nutzten, die wohlhabend genug waren, um zu verkaufen); das Misstrauen aufgrund des Falschgelds (das zum Hamstern führte).«

des 18. Jahrhunderts, der Intensivierung der alten bäuerlichen Illegalismen, die Getreideunruhen, die Selbstveranlagung zu Gunsten der Bauern und der Ärmsten der Armen etc. So werden in den Jahren, die der Revolution vorausgehen, die uralten Praktiken des Volksillegalismus wiederbelebt. Sie sind auch Versuche, trotz der neuen Gesetzgebung die alten Gewohnheitsrechte weiter zu nutzen, die alten Freiräume. So wurde die Revolution von diesen Mikro-Geschichten angetrieben. Die Explosion dieses Illegalismus[a] war nichts anderes als eine spontane Reaktion auf die neuen juristischen Formen, die die altgedienten Illegalismen unmöglich machten und auch hier den Grundbesitz gewissermaßen in direkten Kontakt mit denen brachte, die davon ausgeschlossen waren und nicht einmal mehr ein toleriertes Recht auf ein gemeinschaftliches Leben oder den geduldeten Illegalismus hatten. Die Praktik des ländlichen Illegalismus hat die Revolution befeuert (wie die Ereignisse in der Vendée, im Süden zeigen)[5] und ausgelöst, insofern sie zu einem Gutteil unternommen wurde, um diese Bewegung unter Kontrolle zu bringen.

Nehmen wir einige Beispiele für dieses Gären des ländlichen Illegalismus. Der Intendant der Provence schreibt im Frühjahr 1789 an Necker: »Ich könnte Ihnen einige Gemeinden nennen, wo der Bauer alles verwüstet und geplündert hat; er greift ohne Unterschied den Bürger, den Handwerker und den Adeligen an.

---

a Das Manuskript nennt weitere Beispiele für diese »ungeheure Explosion des ländlichen Illegalismus«, darunter einige »gewaltsamere« wie die Aufstände, die »Selbstveranlagung« und »die Ausraubung der Aufkäufer«; weitere in Form von »Versuchen, die Gewohnheitsrechte oder alten Freiräume in Form von vorsätzlichen Veruntreuungen (Wege- oder Mautrechte; der Nachlese) weiter aufrechtzuerhalten«; »direkte Angriffe auf die neuen Aufkäufer von Land oder auf ihre Ernten«; und »extreme Formen beim Raub und dem ökonomisch-politischen Aufstand im Westen und Süden (zwischen [17]93 und [17]99)«.[4] Das Manuskript (S. 8) fügt hinzu:
»Aber er [der bäuerliche Illegalismus] hat die Revolution flankiert, befeuert und überstiegen. Und wenn er die Revolution bis zu einem gewissen Punkt hervorgerufen hat, dann weil sie, diese bürgerliche, städtische, juristische Revolution, dazu bestimmt war, ihn einzudämmen.«

Er ist der, der herrscht, und die Banditen geben den Ton vor und stehen an der Spitze des Mobs.«[6] Im Jahr III, als man erkennt, dass der *Code rural* von 1791 den Illegalismus de facto nicht in den Griff bekommt, plant man, ihn zu ändern; der Autor eines dieser Entwürfe sagt so: »Es ist unglaublich, sage ich, wie viele Dorfbewohner das Eigentum derart wenig respektieren: die strengsten Verbote halten sie nicht auf [...], man wird beraubt, zugrunde gerichtet, ruiniert, meist ohne zu wissen, wen man haftbar machen soll.«[7] Und im Jahr IV, in Band I der *Annales d'agriculture*, findet man Folgendes: »In früheren Zeiten machte zu große Gier gewisse Landwirte der wenig wohlhabenden Klasse sicher verhasst, heute sieht man, wie Menschen aus dieser wenig wohlhabenden Klasse sich anzueignen versuchen, was den Ackerbauern gehört. Das einstige Unrecht rechtfertigt nicht das heutige.«[8]

Man sieht mithin, wie der Vertrag – gleich dem Lohn – das Spiel von Gesetz, Illegalismus, Individuum und Substanz des Reichtums neu aufteilt. Ich denke, dass die Analyse der Strafgerichtsbarkeit, wenn man sie richtig macht, das heißt, wenn man sie auf den Illegalismus bezieht, immer den vier Elementen Rechnung tragen muss, die bei jenem Spiel des Kampfs für den Illegalismus tatsächlich mit von der Partie sind: dem Gesetz, der illegalen Praktik, dem Individuum, der Substanz des Reichtums. Der Vertrag teilt das Spiel zwischen diesen Elementen neu auf, doch auf eine zweideutigere Weise als der Lohn. Der städtische Pöbel ist de facto letztlich zur Arbeitnehmerschaft verdammt worden; die Individuen sind bei diesem neuen Spiel, das sich zwischen ihnen und der Substanz des Reichtums aufbaut, gezwungen worden; der Vertrag als juristische Form des Landbesitzes löst dementgegen zwar auch bestimmte Zwänge aus, doch ist er zugleich wünschenswert; insofern er eine Befreiung von den einstigen Rechten und Pflichten darstellt, das Eigentum aller feudalen Zwänge entkleidet, wünschen sich die Bauern den Vertrag als Zugang zu Eigentum. Doch er trägt der ländlichen Welt auch Schwierigkeiten, Risiken, Abwehrreaktionen, Kalküle ein, die einen neuen ländlichen Illegalismus nach sich ziehen, der sich in der neuen Welt des Vertrags entfalten wird. Dies in zwei Formen: einem Illegalismus gegen den Vertrag, das heißt gegen das Eigentum, der schlicht und einfach die Veruntreuung der Güter, der Ernten praktizieren wird; [und] einem Illegalismus, der den Vertrag von innen in Beschlag nehmen und versuchen wird, ihn zu verdrehen: Man tritt dann in die Welt der Anfechtung und des Rechtsstreits ein.

Dies sorgt dafür, dass der städtische Illegalismus notwendig unter das Strafrecht fallen wird, während der ländliche Illegalismus sich zum Großteil im Zivilrecht abspielen wird, nicht ohne dabei Probleme und Leid heraufzubeschwören. Balzac hat das von den Ehe-, den Handelsverträgen hervorgerufene Leid beschrieben.[9] Zu beschreiben wäre auch das Leid, das auf das Konto des Vertrags geht, der den bäuerlichen Besitz betrifft und in Beschlag nimmt. Dies wurde auch tatsächlich gemacht, zum Beispiel von Pierre Rivière, der ausgehend von seiner Erfahrung als kleiner normannischer Bauer von dem Leid erzählt hat, das mit diesem Vertrag verbunden war:[10] Um sich der Konskription zu entziehen, hat sein Vater geheiratet und einen Ehevertrag geschlossen, und dieser Vertrag, der an sich ein Illegalismus war, weil damit das Gesetz umgangen werden sollte, hat sich dann als eine Falle entpuppt.[a]

*

Man kann somit bestimmte Punkte herausarbeiten. Erstens, das bürgerliche Vermögen, das sich gerade sowohl in seiner industriellen und Handel treibenden Form als auch in seiner landwirtschaftlichen Form aufbaut, war dank der Revolution kaum der feudalen Ausplünderung entkommen, als es bereits mit der

a Das Manuskript (S. 13) fügt hinzu:
»Pierre Rivière: Vertrag-Illegalität (um der Armee zu entgehen); ein Vertrag, der von innen durch eine Menge von Illegalismen verletzt wird; ein Vertrag, von dem man sich nicht befreien kann oder den man nicht durch einen Mord loswerden kann. In den größten Verbrechen schlagen sich kleine vertragliche Illegalismen nieder.«

Veruntreuung des Volkes Bekanntschaft macht, dem ländlichen und städtischen Illegalismus. Diese stehen über einen weiteren Illegalismus miteinander in Verbindung, den der Armee. Ende des 18. Jahrhunderts sind die großen Armeen eine permanente Heimstätte der Fortführung und Verbindung der Illegalismen, dienen außerdem aber auch als Bremse, indem sie all diejenigen aufnehmen, die sich in die Illegalität begeben haben, oder indem sie die Extremformen des Illegalismus niederschlagen.[11] Mehr noch haben sie aber eine beschleunigende Funktion, insofern sie denjenigen, die Soldaten werden, Straffreiheit garantieren, insofern sie denjenigen, die sich in ihren Reihen befinden, die Gewohnheit der Plünderung und des Vagabundentums verleihen und schließlich insofern sie eine Vielzahl von Illegalismen wie die Wehrdienstverweigerung auslösen, die sich ab dem Jahr II häuft. Sie fungieren nachgerade als Wechsler zwischen dem ländlichen und dem städtischen Illegalismus, da sie mit ihrer Verlagerung der Bevölkerung über das System der Desertionen die Bauern auf die Städte und den städtischen Pöbel auf das Land verteilt. Das ist, wie Colquhoun in *Ueber Londons Polizey* sagt, auch das Problem Englands: »Wenn es wahr ist, dass während der ersten drei Jahre des gegenwärtigen Krieges viele Kriminelle, Faulenzer und Leute, die in unordentlichen Verhältnissen leben, zum Dienst zu Lande oder zu Waser verpflichtet wurden […], wie viele Vorsichtsmaßnahmen müssen dann vor der Rückkehr des Friedens getroffen werden.«[12]

Zweitens möchte ich einen Punkt betonen, von dem aus man versuchen kann, das Problem zu lösen, das ich gestellt habe. Allgemein leitet man aus dem vorrevolutionären Illegalismus eine Reihe von Krisen der Macht, der Institutionen, der Legalität ab: Die alten Legalitäten sind aufgrund des ökonomischen Aufschwungs veraltet, und bevor sie einer neuen Legalität Platz machen, gibt es diese große Explosion des Illegalismus. Ich möchte zeigen, dass die Geburt der Industriegesellschaft nicht nur die Ordnung der Legalitäten ins Wanken gebracht hat, sondern auch das ganze traditionelle und stabile System der Illegalismen, dank dem beachtliche Bevölkerungsmengen überleben konnten. Ende des 18. Jahrhunderts sind die von den neuen Gesellschaftsformen bedrohten Illegalismen so zur Revolte übergegangen. Der Illegalismus ist mithin nicht nur eine extreme, vom Volk ausgehende Form des revolutionären Drucks, sondern auch das, worum es bei diesem geht. Alle großen Bewegungen sind bestrebt, den Illegalismus als eine Praktik, auf die man ein Recht hat, aufrechtzuerhalten. Schauen Sie sich an, was in der Vendée mit der Ablehnung der neuen Legalität passiert ist.[13] Dies war der Kampf gegen ein System der Aneignung, das mit dem alten Spiel der Illegalismen unvereinbar war; und wenn die Leute aus der Vendée sich auf das Ancien Régime beriefen, geschah dies sicherlich nicht aufgrund einer positiven Liebe zum Gesetz, zu dem ganzen System von Verordnungen und dem Spiel des Missbrauchs, das mit diesem Regime verbunden war, sondern sie wollten zu einem System zurückkehren, das das Funktionieren bestimmter Illegalismen erlaubt, die für die Existenz der bäuerlichen Gemeinschaft notwendig sind.[a] In den Städten sind die Selbstveranlagungen, die Ausplünderung der Ankäufer, die Volkstribunale und all das eine Art und Weise, die alten, populären Praktiken des Volksillegalismus innerhalb der Formen einer neuen Legitimität zur Geltung zu bringen.

Dritte Konsequenz: Auf diesen nicht nur in seiner Form, sondern vor allem in seiner Zielsetzung illegalistischen Druck – da er die Aufrechterhaltung eines Illegalismus anstrebt, der nicht mehr die alten Feudalstrukturen bedroht, sondern die Substanz des gesellschaftlichen Reichtums – reagiert das Bürgertum mit einer gigantischen Operation, die eine generelle Einkreisung des Volksillegalismus durch das Strafrecht und den Strafvollzug vornimmt.[b] Diese Einkreisung war perfekt geplant. Die Grundformeln dafür findet man in den Texten aus der Zeit Ende des 18. und Anfang des 19. Jahrhunderts. So hat man ein Gerüst von

---

a Das Manuskript (S. 17) fügt hinzu: »Das umgekehrte Beispiel:«.

b Das Manuskript (S. 17) gibt durch eine Hinzufügung zwischen den Zeilen an, dass diese breitangelegte Operation des Bürgertums, die »zu untersuchen sein wird«, »in eine bestehende ideologische Operation eingelassen ist«.

Theorien und Praktiken des Strafrechts, die den Rechtsbrecher generell als Feind der Gesellschaft bezeichnen, und eine ganze Praktik des Strafvollzugs, die den Rechtsbrecher weniger als Feind denn als jemanden betrachtet, auf den man einwirken kann, den man moralisch umformen, bessern kann. Die Verbindung zwischen der juristisch-strafrechtlichen Definition des Rechtsbrechers als Feind der Gesellschaft und der Definition des Insassen einer Strafanstalt als eines Individuums, das es zu verändern gilt, wird in einer Reihe von Diskursen vorgenommen, die die Einrichtung des Systems der Besserungsanstalt im 19. Jahrhundert theoretisch und diskursiv akzeptierbar machen. Diese Verbindung besteht zunächst darin, zu behaupten, dass jeglicher Illegalismus vornehmlich, wenn nicht ausschließlich von einer einzigen Gesellschaftsklasse ausgeht – der der Arbeiter; sodann darin, zu erklären, dass der Illegalismus die Tat dieser Klasse ist, insofern sie nicht wirklich in die Gesellschaft integriert ist; schließlich darin, zu sagen, dass die für die unterste Klasse typische Ablehnung des Gesellschaftsvertrags eine Art primäre, wilde Delinquenz ist, die eine Bevölkerungsschicht kennzeichnet, die dem Instinkt und dem Leben der Natur noch nahe ist: Dies sind die Feinde der Substanz des Reichtums.[a]

Die Bezeichnung der Klasse der Arbeiter als primären Gegenstand der Transformation durch die Besserungsanstalt, um sie in einen gesellschaftlichen Pakt zu integrieren, stellt das ideologische, vorinstitutionelle Scharnier dar, das den ganzen Aufbau des Strafrechts- und Strafvollzugssystems akzeptierbar macht. Man kann dabei auf mehrere Texte verweisen. Der erste [stammt von] 1772: ein Text, in dem Beamte der *Ferme générale* an den Intendanten der Auvergne schreiben, um sich über die Nachsicht der Richter von Clermont gegenüber den Schleichhändlern zu beschweren: »sie [die Richter von Clermont] sollen die illegalen Salzsieder und Schleichhändler weniger als Ein-

a Das Manuskript (S. 18) fügt hinzu: »Wir haben noch Wilde unter uns. Den Illegalismus in Delinquenz verkehren, den gesellschaftlichen Freiraum in eine Gefahr für die Gesellschaft.«

dringlinge betrachten, die versucht haben, einen Teil der Pfründe der *Ferme* zu teilen, denn als Störer der öffentlichen Ruhe«.[14] Das heißt, die Richter sehen in ihnen Eindringlinge, die sich – im System der feudalistischen Prädation – ihren Teil von dem genommen haben, was an Abgaben auf den Reichtum anfällt, kurz als außerplanmäßige Agenten der *Ferme*, die insofern nicht als Kriminelle zu behandeln sind: Sie sind lediglich illegale Steuereintreiber. Doch sollten sie als Störer der öffentlichen Ruhe behandelt werden, das heißt als Delinquenten, die die gesamte Gesellschaft gefährden. So lautet das Programm: den Eindringling in das System der feudalistischen Prädation in einen Feind der Gesellschaft umzuwandeln. 1768 beabsichtigt die *Ferme* der Auvergne, um den Schmuggler Montagne von seinen Unterstützern im Volk abzuschneiden, ein nicht der Wahrheit entsprechendes Flugblatt zu drucken, in dem von angeblich von ihm verübten Schandtaten die Rede ist, um das positive Bild der Bauern vom Schmuggler in das negative Bild des Kriminellen umzuwandeln: »Man hat diese Nachrichten veröffentlicht, man hat ihm einige Diebstähle zugeschrieben, über die man in Wahrheit, offen gestanden, nichts wirklich weiß; man hat Montagne als ein wildes Tier dargestellt, auf das man Jagd machen müsste. Da die Auvergnaten von Natur aus Hitzköpfe sind, verfing diese Idee und einige antworteten, sie würden Montagne töten wie ein wildes Tier, einen Schädling, wenn er durch ihr Land käme.«[a] Man hat auch hier wieder die Transformation einer tolerierten Persönlichkeit des Illegalismus in eine Person, die bereits der monströse Delinquent ist, mit dem die Strafgerichtsbarkeit, die Kriminologie, die Psychiatrie des 19. Jahrhunderts zu tun haben werden. Diese Umwandlung ist das Ergebnis einer perfekt abgestimmten Strategie.

Dreißig Jahre später, 1798, zeigen sich die Folgen dieser Operation in einem Bericht über das Räuberunwesen im Süden: »Bedenkt man die Morde und Untaten, denen noch jede Nacht ihren Schatten geliehen hat, die Schandtaten, deren Erzählung alle

---

a Manuskript (S. 18): »1768: Bulletin de propagande contre Montagne.«[15]

Länder zu allen Zeiten in Angst und Schrecken versetzen werden, bedenkt man die Kannibalen, deren Unterbringung in der Klasse der Menschen die Natur erröten lässt […].«[16] [Sie werden auch deutlich in] einem Text von Target, einem Juristen des Ancien Régime, der von 1802 bis 1804 mit der Ausarbeitung des ersten Entwurfs zum Strafgesetzbuch befasst war, der 1808 wiederaufgegriffen wurde.[17] In seiner Vorlage finden sich deutlicherweise die meisten der Operationen vorformuliert, die die Strafgesetzgebung in der Folgezeit vornehmen wird: »[S]tellen Sie sich ein großes Land vor, dessen riesige Bevölkerung gleichsam verschiedene Völker bilden, die nichts gemein haben als die zentrale Ordnungsmacht, und die sich in unzählige Klassen unterteilt, wovon die einen durch die Aufklärung erhellt, durch Erziehung weiterentwickelt, durch Geselligkeit geschliffen, durch moralische Gefühle mit Würde ausgestattet sind; die anderen vom Elend entwürdigt, von Geringschätzung erniedrigt und durch lange Gewohnheiten oder Verbrechen oder Verfehlungen verhärtet sind; jeden Tag sieht man hier den traurigen Gegensatz zwischen den Tugenden der Ehrhaftesten und den Lastern der Niedrigsten. Dort, nahe der Erhebung von Mut, Edelmut, Heldenmut, sieht man mit Abscheu Egoismus, Abstumpfung, Niedertracht. Dort gehorchen harte, schroffe, grimmige Seelen bar von Moralvorstellungen nur ihren plumpen Gefühlen; Faulheit, Ausschweifung, Gier, Wollust zeigen sich als unversöhnliche Feinde der Weisheit und Arbeit, der Ökonomie und des Eigentums. Dort wimmelt es von jeglicher Art von Verbrechen, weniger in der Masse der Nation denn im Bodensatz dieses dem allgemeinen Charakter fremden Stammes, der sich abseits des wahren Volkes kraft der Umstände und der in Jahrhunderten angesammelten Gewohnheiten herausgebildet hat. Für eine solche Gesellschaft müssen sich die Strafen an der Natur dieser degenerierten Rasse ausrichten, die der Herd der Verbrechen ist und deren Regeneration sich kaum voraussagen läßt, nach vielen Jahren einer sehr weisen Regierung […].«[18]

In diesem Text sieht man erstens die Gleichsetzung des Illegalisten mit der neuen Figur des Delinquenten, der – er und sein

Umfeld – ein fremdes Volk darstellt. Zweitens ein Volk, das fremd ist, weil es wild ist: verdorben und primitiv in einem, degeneriert und der Natur und den Instinkten ganz nah. Der Charakter der Wildheit wird hervorgerufen durch die Immoralität: Der Wilde, der in seiner Primitivität Träger der Moral im Naturzustand ist, ist verschwunden, die Wildheit kommt nun in der Immoralität zum Ausdruck. Mit Blick auf diese sich gegenüberstehenden Klassen wird die politische Macht als Schiedsrichter definiert. Die Funktion der Macht wird in Bezug auf die Auseinandersetzung zwischen den Klassen und als Schutz einer Klasse vor einer anderen definiert. Und schließlich erlaubt die Vorstellung von der Regeneration dieser primitiven und verdorbenen Klasse durch das Eingreifen der politischen Macht und die ständige Überwachung, die Theorie vom Delinquenten als Feind der Gesellschaft mit der Praktik der Besserung zu artikulieren.[a]

Wenn ich näher auf diesen Text eingegangen bin, auf die vorausgehende ideologische Operation als Voraussetzung für die Akzeptanz einer Reihe von Operationen, so geschah dies aus mehreren Gründen.[b] Zunächst zeugt dieser Text von einer ungeheuren Scharfsinnigkeit. Man spricht immer von der »Dummheit« des Bürgertums. Ich frage mich, ob das Thema der bürgerlichen Dummheit nicht ein Thema der Intellektuellen ist:[c] Sie stellen sich vor, dass Kaufleute beschränkt sind, dass Leute mit Geld engstirnig sind, dass Leute mit Macht blind sind. Jenseits dieses Glaubens ist das Bürgertum indes von einer bemerkenswerten Intelligenz. Die Scharfsinnigkeit und Intelligenz dieser Klasse, die die Macht unter Bedingungen, die bekannt sind, er-

a Manuskript (S. 18), am Rand: »Die Verbindung Gesellschaftsfeind – Korrektur«.

b Das Manuskript enthält nach der letzten nummerierten Seite (S. 18) drei nicht nummerierte Seiten. Auf der ersten steht: »Anh. V[orl.] Nr. 9«. Die erste Linie lautet: »N. B. Ein Text wie der Targets verdient, dass man bei ihm verweilt: [...].«

c Steht so im Typoskript, ohne Hinweis auf eine Anpassung; im Manuskript heißt es: »der Künstler, der Intellektuellen, der Philosophen« (Anh. 9. Vorlesung, erste Seite).

langt und behalten hat, erzeugen durchaus Effekte der Dummheit und Blindheit, doch wo? – wenn nicht gerade bei der Schicht der Intellektuellen? Man kann die Intellektuellen als diejenigen bezeichnen, bei denen die Intelligenz des Bürgertums einen Erblindungs- und Verdummungseffekt hervorruft.[a] So wurde alles, was bei der Einrichtung dieses Strafrechtssystems passiert, gesagt: Ist das Analyseprinzip, das Nicht-Gesagte zu untersuchen, nicht ein Markenzeichen derjenigen, die nicht in der Lage sind, den tatsächlichen Zynismus der sich an der Macht befindenden Klasse dort zu sehen, wo er ist? Keinerlei Notwendigkeit für das Schweigen des Nicht-Gesagten, um hier die Intelligenz, den Tiefsinn des Interpreten zu Hilfe zu holen, der das finden würde, was die anderen nicht sagen konnten. Die anderen haben tatsächlich immer [alles] gesagt. Das Problem besteht folglich nicht darin, in den Lücken eines Textes die Macht oder die Wirkung des Nicht-Gesagten zu suchen.[19] Das bedeutet, dass das Gesagte, der Zynismus, die Intelligenz letztlich niemals in den Texten eines Autors oder in einem Werk zu suchen sein werden.[b] Wenn das Bürgertum als dumm erscheint, dann weil

---

a Das Manuskript fügt hinzu:
»– Da es [das Bürgertum] die Macht innehat, kann es zynisch sein.
– Die Entwicklung der kom[merziellen] Ausbeutung und der Machtausübung begründet Wissen. Diejenigen, die dies leugnen, sind Gaukler. Sie verkennen den Ernst des Kampfs.« (Anh. 9. Vorlesung, erste Seite).

b Manuskript:
»Es geht hier nicht um einen Autor, ein Werk, einen Text. Dem ›Künstlerthema‹, dass das Bürgertum dumm ist, antwortet das Professorenthema, dass es nur eine Sache gibt, die zählt (nämlich der Autor, der Schriftsteller, das Werk, der Text), dass sie uns beherrschen und unser Gesetz machen; dass sie uns in die Pflicht nehmen. Kant hat uns gebunden, und Kierkegaard wird uns befreien. Diese Begriffe sind das Produkt einer ›Verwissenschaftlichung‹ des Diskurses; der Erzeugung von Gegenständen, die einer Erklärung durch Gelehrte bedürfen. Dabei spielt es keine Rolle, ob man sich an das eine oder andere Ende der Serie begibt, auf die Seite des Textes oder auf die Seite des Autors, auf die Seite des Ausdrucks oder auf die Seite des Gelehrten, auf die Seite der [Psychologie] oder auf die Seite der Rhetorik, die Serie ist insgesamt auf jeden Fall ein Produkt der Verwissenschaftlichung des Diskurses. Einer Verwissenschaftlichung, die einerseits erlaubt, all den Diskursen, die sich außer-

man die Zeichen für seine Intelligenz oder Dummheit in der Kategorie jener besonders gelehrten Diskurse sucht, die man als die Werke von Autoren, als Texte bezeichnet. All diese Kategorien – Autoren, Schriftsteller, Werke, Texte – haben die Gelehrtengesellschaft von der aktiven, strategischen Masse der Diskurse abgeschnitten. Ein Text ist ein Diskurs, der seinen Kontext und seine strategische Schlagkraft verloren hat. Ein Werk ist ein Diskurs, den man einerseits mit einem Autor und andererseits mit impliziten Bedeutungen des Nicht-Gesagten in Verbindung gebracht hat.

»Das Bürgertum ist dumm«, »die Dinge werden nicht gesagt«, »das Wichtige sind die Werke« – diese drei Sätze leiten eine Textanalyse,[a] die es aufzugeben gilt. Zu sagen, dass die Dinge gesagt sind, bedeutet, sich auf das Prinzip des bürgerlichen Zynismus einzulassen und die Dimension der Macht zu ermessen, gegen die man kämpft. Zuzugeben, dass die Diskurse das Wichtige sind, bedeutet, den Diskurs wieder an einen Platz zu rücken, an dem man ihn tatsächlich angreifen kann: nicht in seinem Sinn, nicht mit dem, was er nicht sagt, sondern auf der Ebene der Aktion, die sich über ihn vollzieht, das heißt in seiner strategischen Funktion, um das zunichtezumachen, was der Diskurs gemacht hat. Vernachlässigen wir mithin die Werke, die Texte und studieren lieber die Diskurse innerhalb der Funktionen oder strategischen Felder, in denen sie ihre Wirkungen entfaltet haben.[b]

---

halb des Texts abspielen, auszuweichen, und vor allem die Rolle, die Stellung, die Funktion der Diskurse innerhalb von Strategien und Kämpfen auszublenden.« (Anh. 9. Vorlesung, erste von zwei Seiten.)

a Manuskript:
»Die drei Sätze hängen zusammen:
– das Bürgertum ist nicht dumm: Prinzip des Kampfs;
– die Dinge sind zur Gänze gesagt: Prinzip des Zynismus;
– das Wichtige sind nicht die Werke« (Anh. 9. Vorlesung, zweite Seite).

b Das Manuskript endet folgendermaßen:
»Denn vom Standpunkt der Werke aus betrachtet, wo es fehlt, zumindest als Bürgertum und auf den ersten Blick, ist es tatsächlich dumm, stumm und starrköpfig. Doch wenn wir es am Werk sehen wollen, bei seinen Entscheidungen, in seiner strategischen Wendigkeit, bei der un-

1 Vgl. M. Foucault, »À propos de l'enfermement pénitentiaire«, a. a. O., DE II, S. 436; dt.: »Zum geschlossenen Strafvollzug«, a. a. O., DE II, S. 543: »Unter dem *Ancien Régime* war der Wohlstand vor allem an Land und Geld gebunden [...]. Als das Vermögen der Bourgeoisie dann zu großen Teilen in der industriellen Wirtschaftsform investiert war, das heißt in Werkstätten, Werkzeuge, Maschinen, Rohstoffe, Lagerbestände, und als all dies in die Hände der Arbeiterklasse gelegt wurde, hatte die Bourgeoisie ihr Vermögen buchstäblich in die Hände des Volkes gelegt.«

2 P. Colquhoun, *Traité sur la police de Londres*, a. a. O., Bd. II, S. 165 (Herv. im Original).

3 Foucault bezieht sich in seinem Manuskript auf eine »Brochure anonyme, 2e moitié du XVIIIe siècle, midi de la France« (S. 4), die, wie das Typoskript angibt (S. 132), »nach Agulhon, *La Vie sociale en Provence*, 1970, zitiert wird«. Maurice Agulhon zitiert in *La Vie sociale en Provence intérieure au lendemain de la Révolution* (a. a. O., S. 180) diese Passage; er schreibt sie einem »Anonymus aus Arles [...] 1752« zu und gibt die genaue Quelle an: »In einem Manuskript der Bibliothek von Arles, das zitiert wird von G. Valran, *Misère et Charité en Provence*

---

unterbrochenen Bildung seines Wissens, muss man auf das Außerhalb-des-Texts zurückgreifen. Im Außerhalb-des-Texts wird gespielt, gesagt und gesehen. Im Text wird geschlummert, versteckt, nicht gesagt. Es ist normal, dass die Erforschung des Nicht-Gesagten schließlich zur Hauptform der Textanalyse wird. Schließlich interpretativ wird. Die Analyse des Außerhalb-des-Texts hat hingegen die Aufgabe, die Funktion und strategische Rolle der Diskurse an den Kämpfen festzumachen. Womit sie mit Operationen verbunden sind, die sie gestatten oder von denen sie ein Teil oder eine Folge sind.

Der Serie Text-Nicht-Gesagtes-Interpretation die Serie Außerhalb-des-Texts- diskursiver Akt-Strategie gegenüberstellen. Dies erlaubt, die Positionen, die Allianzen, die Hemmschwellen, die Stärken und Schwachpunkte ausfindig zu machen. Kurz, eine Kritik zu üben, die unmittelbar Teil der Kämpfe ist. So eine Geschichte der Moral ›außerhalb des Texts‹ schreiben:[20]

- Akte des Prozesses
- [Akte] der medizinisch-rechtlichen Begutachtung
- Gewissensentscheidung
- Polizeiberichte
- das Tun der ganzen Gesellschaften zur Moralisierung
- Protokolle der ganzen [leitenden] Instanzen.

Dies wäre weder eine Architektonik der Moralsysteme noch eine Doxologie der Meinungen zur Moral. Dies wäre eine Geschichte der Moral als Strategie.« (Anh. 9. Vorlesung, zweite und dritte Seite).

au XVIIIe siècle, S. 29.« In diesem Werk, *Misère et Charité en Provence au XVIIIe siècle. Essai d'histoire sociale*, Paris: Arthur Rousseau, 1899, schreibt Gaston Valran diese Passage »einem anonymen Augenzeugen zu, einem Bürger (davon ist auszugehen), denn er ist von einem heftigen Ressentiment gegen den Adel und die Bauern beseelt« (S. 28).

4 Vgl. zum Schmuggel im Allgemeinen M. Agulhon, *La Vie sociale en Provence intérieure*, S. 367-404.

5 Es ist möglich, dass sich Foucault hier auf die von Agulhon geschilderte (ebd.) militärische Verfolgung des Räuberunwesens bezieht, doch die gleichzeitige Nennung der Vendée deutet eher auf den föderalistischen Aufstand hin. Nach dem jakobinischen Gewaltstreich gegen die Girondisten im Nationalkonvent vom 2. Juni 1793 stellten sich zahlreiche Verwaltungen der Departements, in denen die Girondisten gut Fuß gefasst hatten, gegen Paris. Vor allem im Süden; Lyon, Marseille, Bordeaux und Toulon wurden zu Zentren des Versuchs, die Macht zurückzuerobern. Die Jakobiner und die Repräsentanten des Nationalkonvents werden vertrieben, zuweilen exekutiert. Lyon, Marseille und dann Toulon werden von den Revolutionsarmeen wieder eingenommen, es kommt zu blutigen Repressionen. Ein Erlass vom 12. Oktober 1793 erklärt so in Artikel 3: »Die Stadt Lyon wird zerstört werden. Alles, was von einem Reichen bewohnt war, wird zerstört werden.« In Toulon zeigt sich erstmals das militärische Genie Napoleon Bonapartes, der damals ein junger Artillerieoffizier war. Vgl. H. Wallon, *La Révolution du 31 mai et le fédéralisme en 1793*, Paris: Hachette & Cie, 1886, 2 Bde.; C. Riffaterre, *Le Mouvement antijacobin et antiparisien à Lyon et dans le Rhône-et-Loire en 1793*, Lyon: A. Rey, 2 Bde., 1912 und 1928.

6 Diese Passage wird zitiert nach *La Vie sociale en Provence intérieure*, S. 182. Maurice Agulhon stellt sie in folgenden Zusammenhang: »Im Frühjahr 1789 wird in den Briefen des Intendanten an Villedeuil und Necker – 27. und 30. März – mehrfach auf den Kampf zwischen den ›Ständen‹ hingewiesen.« Agulhon nennt als Quelle die Archives départementales des Bouches-du-Rhône, 4110. Vgl. M. Cubells, *Les Horizons de la liberté. Naissance de la Révolution en Provence (1787-1789)*, Aix: Édisud, 1987, S. 92-109.

7 Foucault bezieht sich in seinem Manuskript (S. 9) auf eine »Anonyme Broschüre. Jahr III (kurz vor der Abstimmung über die Verordnung des 20. Messidor, die den *Code rural* von [17]91) ergänzt«. Dieser Text entstammt einer zwölfseitigen Broschüre von F. L. Lamartine, *Mémoire sur une question d'agriculture et d'économie politique, relative à la cotisation des prairies artificielles et aux moyens de pourvoir à leur conservation* (Dijon: Desay, März 1793), in: *L'Esprit des journaux français et étrangers*, Paris: Valade, 1795, Bd. V, Sept.-Okt. 1795, S. 119f.

8 Vgl. H.-A. Tessier, *Annales de l'agriculture française, contenant des observations et des mémoires sur l'agriculture en général*, Paris: Huzard, 1797 (Jahr VI), 4 Bde.: Bd. I, S. 371.

9 Vgl. H. de Balzac, *Der Ehevertrag* (frz. 1835), *Eugénie Grandet* (frz. 1834) und die anderen in den »Szenen aus dem Landleben« der *Menschlichen Komödie* versammelten Texte. In der Vorlesung vom 7. März (vgl. hier S. 249, Anm. 3) wird sich Foucault mit dem Thema der gefährlichen und arbeitenden Klassen befassen – dem zentralen Thema des Historikers Louis Chevalier, dem Autor der *Classes laborieuses et Classes dangereuses à Paris, pendant la première moitié du XIXe siècle*, Paris: Plon, 1958. Interessant ist zu sehen, wie Chevalier das Werk von Balzac behandelt, und dies mit der Analyse von Foucault zu vergleichen; s. L. Chevalier, a. a. O., Paris: Hachette, 1984, S. 133-150.

10 Vgl. *Moi, Pierre Rivière, ayant égorgé ma mère, ma sœur et mon frère. Un cas de parricide au XIXe siècle*, hg. v. M. Foucault, Paris: Gallimard, 1973, S. 73-148; dt.: *Der Fall Rivière, herausgegeben von Michel Foucault. Materialien zum Verhältnis von Psychiatrie und Strafjustiz*, Frankfurt/M.: Suhrkamp, 1975, S. 63-126 (»Das Memoire Pierre Rivières«).

11 Das Manuskript nennt: »Vendée, Midi«. Vgl. oben, S. 222 u. Anm. 5.

12 P. Colquhoun, *Traité sur la police de Londres*, Bd. I, S. 138f.

13 Es gibt eine reiche und widersprüchliche Geschichtsschreibung zu den Gründen dieser Revolte, die auf die enttäuschten Hoffnungen der armen Gegenden zurückzuführen scheint, wo die Bauern, die die Steuerlast kaum tragen können, nicht über die notwendigen Mittel verfügen, um vom Verkauf staatlicher Güter profitieren zu können; die Aushebung Freiwilliger für die Armee; sowie die Ablösung einer widerspenstigen Geistlichkeit in einer streng katholischen Gegend. Vgl.: E. Gabory, *Les Guerres de Vendée*, Paris: Robert Laffont, 2009 [1912-1931]; L. Dubreuil, *Histoire des insurrections de l'Ouest*, Paris: Rieder, 2 Bde., 1929-1930; G. Walter, *La Guerre de Vendée*, Paris: Plon, 1953; C. Tilly, *La Vendée. Révolution et contre-révolution*, Paris: Fayard, 1970.

14 *Inventaire sommaire des Archives départementales antérieures à 1790, Puy-de-Dôme: C 1516 à C 2817*, archivistes Michel Cohendy et Gilbert Joseph Rouchon, Bd. II, Clermont-Ferrand: Imprimerie et lithographie G. Mont-Louis, 1898, série C (Intendance d'Auvergne), C 1660 (Liasse), 769-779 (»Contrebandiers«).

15 Foucault wird diese Episode in *Surveiller et Punir*, a. a. O., S. 70; dt.: *Überwachen und Strafen*, a. a. O., S. 86, erwähnen, wo er folgende Referenz nennt: »Archive von Puy-de-Dôme, zit. n. M. Juillard, *Le Brigandage et la Contrebande en Haute-Auvergne au XVIIIe siècle*, Aurillac: Imprimerie moderne, 1937, S. 24«.

16 Archives départementales, Arrêté du 26 vendémiaire an VIII, série L, f°s 49-51 f., zit n. Abbé Maurel, *Le Brigandage dans les Basses-Alpes*, Marseille: P. Ruat, 1899, Teil II, Kap. II.

17 Foucault reiht Target in die Kategorie der großen »Reformer« ein, neben Persönlichkeiten wie Beccaria, Servan und Duport. Im Manuskript der Vorlesung vom 7. März (hier S. 236f.) beschreibt er Target als »einen

Rechtsgelehrten des Ancien Régime, der im Kaiserreich zum Gesetzgeber geworden ist« (S. 1). Vgl. *Surveiller et Punir*, S. 77; dt.: *Überwachen und Strafen*, S. 95; vgl. auch ebd., S. 82, 84, 95, 280; dt.: S. 102, 104, 117, 355.

18 Foucault wird in *Surveiller et Punir*, S. 280; dt.: *Überwachen und Strafen*, S. 355, auf einige in dieser Passage genannte Formulierungen zurückkommen, vor allem auf die der »degenerierten Rasse (*race abatardie*)«, und als Referenz angeben (ebd., S. 95; dt. S. 117): »G. Target, *Observations sur le projet du Code pénal*, in: Locré, *La Législation de la France*, Bd. XXIX, S. 7f.«. Vgl. M. Target, »Observations sur le Projet de Code criminel«, in: J.-G. Locré, *Législation civile, commerciale et criminelle, ou Commentaire et complément des Codes français*, Brüssel: Société typographique belge, 1837, Bd. XV, S. 2-16, hier S. 5.

19 Möglicherweise spielt Foucault mit seinen Verweisen auf das »Nicht-Gesagte« auf die Analyse an, die Louis Althusser in »Du ›Capital‹ à la philosophie de Marx« von Marx' Lektüre des Werks von Adam Smith vorschlägt (in: L. Althusser, E. Balibar, R. Establet, P. Macherey, J. Rancière, *Lire Le Capital*, Paris: Maspero, 1968 [1965], 2 Bde.; dt.: »Einführung. Vom ›Kapital‹ zur Philosophie von Marx«, in: L. Althusser, E. Balibar, R. Establet, P. Macherey, J. Rancière, *Das Kapital lesen*, übers. v. K.-D. Thieme, Reinbek bei Hamburg: Rowohlt, 1972, 2 Bde., Bd. I): die von der Psychoanalyse beeinflusste »›symptomatische‹ Lektüre«, die »das Verborgene in dem gelesenen Text enthüllt und es auf einen anderen Text bezieht, der – in einer notwendigen Abwesenheit – in dem ersten Text präsent ist« (ebd., Bd. 1, S. 32). »Erst seit Freud beginnen wir zu ahnen, was Zuhören, Sprechen (und Schweigen) eigentlich *sagen* wollen und dass dieses ›Sagen-Wollen‹ hinter der vordergründigen Selbstverständlichkeit des Sprechens und Hörens die bestimmbare Tiefe einer ganz anderen Sprache enthält: der Sprache des Unbewußten« (ebd., S. 15, Herv. im Text).

20 Diese Analyse Foucaults in dem Begriff des »Außerhalb-des-Texts« geht ganz offensichtlich auf das Werk von Jacques Derrida zurück, *De la grammatologie*, Paris, Éditions de Minuit, 1967, S. 227; dt.: *Grammatologie*, übers. v. H.-J. Rheinberger u. H. Zischler, Frankfurt/M.: Suhrkamp, 1974, S. 274; vgl. auch von demselben Autor: *Limited Inc*, Paris, Galilée, 1990, S. 273; dt.: *Limited Inc*, übers. v. W. Rappl unter Mitarb. v. D. Travner, Wien: Passagen Verlag, 2001, S. 211.

Vorlesung 10
(Sitzung vom 7. März 1973)

Analogien zwischen Target und den Quäkern. (I) Die Angst zu Beginn des 19. Jahrhunderts: 1/in Verbindung mit den neuen Produktionsformen; eine Angst vor dem Arbeiter, seinem Begehren, seinem Körper; 2/tatsächlich begründete; 3/die Angst vor der arbeitenden Klasse; 4/vor dem Umstand, dass »sie« nicht genug arbeiten. Bedrohung des kapitalistischen Apparats. Das Strafrechtssystem nimmt den Körper, das Begehren, das Bedürfnis des Arbeiters ins Visier. Das Arbeitsbuch. (II) Der Strafrechtsdualismus: die doppelte Front der Strafgerichtsbarkeit. 1. Neufassung der Delikte und Strafen: einheitlich, positiv, zwingend, repräsentativ, wirkungsvoll. 2. Einbeziehung der moralischen Konditionierung: strafmildernde und strafverschärfende Umstände; Überwachung; Besserungsanstalten; Umerziehung. – Dualismus Recht – Besserung. Die Kriminologie: ein Diskurs, der die Transkription dieser Dualität gewährleistet. Die Monomanie. – Symbiose von Kriminologie und Strafrechtssystem.

Der Text von Target[1] definierte den Platz der politischen Macht zwischen zwei Klassen: Die eine war im Besitz von Tugenden, Werten des Guten, und die andere kennzeichneten Laster, von denen sie geleitet war, Immoralität, der Umstand, dass sie als gesellschaftlicher Fremdkörper angesehen wurde, als eine Art Volk, das von außen an die eigentliche Nation angeschlossen war. In dem Bild von der Macht als Schiedsrichter hat man eine Art Echo dessen, was man in der politischen Theorie der Quäker fand, die den Staat als eine Art unbedingt notwendige Instanz darstellten, um in der Gesellschaft das Übel zu beseitigen, in den Griff zu bekommen und sie in die Ordnung des Guten zu bringen. In diesem Text sieht man, wie sich eine Aufteilung der Gesellschaft in zwei Klassen abzeichnet; die Beschuldigung gesellschaftlicher Abtrünnigkeit bei der einen dieser Klassen, der Vorwurf mangelnder Moral bei der dissidenten Klasse; und eine soziale Angst, gegen die der Autor nach der Autorität des Staats ruft, der diese Immoralität unter Kontrolle bringen und korrigieren soll.

*

Ich möchte auf diese Angst eingehen, die, wie mir scheint, beim Aufbau des Strafrechtssystems des 19. Jahrhunderts eine entscheidende Rolle gespielt hat. Gewöhnlich beschreibt man diese soziale Angst zunächst, indem man sie hauptsächlich mit dem Prozess der Urbanisierung in Verbindung bringt, das heißt mit dem Eintreffen einer herumstreunenden, von der Armut und dem neuen Eigentumsregime vertriebenen, bereits arbeitslosen Bevölkerung in den Städten – einer gefährlichen, marginalen Bevölkerung, die sich von der arbeitenden Bevölkerung vollkommen unterscheidet. In den Lumpensammlern von Paris, die sich 1832 auflehnen,[2] hat man ein Bild von ihr. In Frégiers Buch über die gefährlichen Klassen von 1840[3] und bei Sue, wo ständig mit dem tugendhaften Arbeiter und den gefährlichen Klassen gespielt wird ([zum Beispiel in seinem Roman] *Der wandernde Jude*),[4] hat man ein theoretisches Bild von ihr. Sodann wird diese Angst eher als eine phantasmatische, halb physische, halb politische Angst[a] beschrieben denn als eine von einer klaren Wahrnehmung der gesellschaftlichen Prozesse bestimmte Angst. Auch hierfür findet man natürlich Zeugnisse, zum Beispiel 1840 in den Predigten von Abbé Le Dreuille: Die Reichen haben mehr zu fürchten, als sie denken; »Dort [unter den Arbeitern] gibt es unzählige Bedürfnisse und noch mehr Pläne als Bedürfnisse; hier diskutiert man aufgeregt Träume von der Organisierung, hier werden im Dunklen Rachepläne geschmiedet [...]. Sie sollen also wissen: Man fängt an, des Wartens müde zu sein, und wenn man nicht aufpasst, wird das gewaltige Volk nächstes Jahr, morgen vielleicht, nachdem es dem emporgekletterten Abgrund entstiegen ist und am Rande des überwundenen Abgrunds Furcht und Schrecken verbreitet,

---

a Manuskript (S. 3):
»Als eine Mischung aus physischer und politischer Angst. Einfall des widerspenstigen Proletariats, das die Bürger terrorisieren konnte. Ein Spiel, eine Abwandlung des Schauerromans: auf den Geist des Schlosses von Otranto, auf den Verdammten von Lewis folgt der Proletarier.«

die Resignation wie schmutzigen Staub abschüttelt [...], erbarmungslose Rache verströmt, inmitten eurer prächtigen Stadthäuser, eurer luxuriösen Wohnsitze als Todesengel erscheinen.«[5]

Doch auch wenn man diese Analyse auf die Jahre von 1840 bis 1845 anwenden kann, scheint sie mir für den Anfang des Jahrhunderts unzutreffend. Die Angst, die man selbst bei denjenigen findet, die das Gesetz machen, und die sich dicht an dem Diskurs, der entscheidet, zeigt, ist von einer anderen Art. Erstens ist dies eine Angst, die weniger mit dem Prozess der Urbanisierung verbunden ist als mit der neuen Produktionsweise – das heißt mit der Akkumulation des Kapitals, die sich jetzt offen, in Form einer greifbaren und frei zugänglichen Materialität in den Lagern, den Maschinen, den Rohstoffen, den Waren ausbreitet – [und] mit dem Arbeitnehmerstatus, der den jeglichen Eigentums beraubten Arbeiter mit dem Reichtum in Berührung bringt. Die Angst erstreckt sich auf die physische Präsenz des Körpers des Arbeiters, sein Begehren, auf die Substanz des Reichtums. Und zweitens ist diese Angst nicht phantasmatisch, sie ist absolut begründet: Der so ausgestellte bürgerliche Reichtum unterliegt neuen Risiken, von der täglichen Erosion durch Diebstahl bis zum kollektiven Maschinensturm. Die Gefahr, die die sich am Rande des Elends befindende Arbeiterklasse darstellt, ist nicht phantasmatisch. Drittens gilt diese Angst anfänglich nicht den marginalen Gruppen, am Rande der Stadt und des Gesetzes; wovor man sich Anfang des 19. Jahrhunderts fürchtet, sind nicht mehr so sehr die Müßiggänger und Bettler, sondern diejenigen, die arbeiten und mit dem Reichtum in Berührung kommen. Diese Klasse ist gefährlich, insofern sie arbeitet,[6] erst infolge eines Selektionsprozesses, dessen Herzstück das Strafrechtssystem sein wird, sieht man um 1840 eine Reihe von Diskursen auftauchen, die eine Folge der Teilung sind und gleichzeitig die Funktion haben, sie in Gang zu halten. So begründet die Text-Fiktion Frégiers die Kategorie der gefährlichen Klasse.[7] Vor dieser Aufteilung ist die arbeitende Klasse die gefährliche Klasse.[8] [Davon zeugt zum Beispiel] der Text eines Arztes, der 1830 die Gesellschaftsklassen von Brest beschreibt: diejenige, die über »die Feinheit des Denkens und die Erhabenheit der Seele verfügt«; diejenige »der intelligenten und geschickten Arbeiter, die ruhig, friedfertig, entgegenkommend sind«, diejenige der Proletarier, »die verhältnismäßig groß ist und neben einigen rühmlichen Ausnahmen insgesamt ein großes Unwissen, Aberglauben, schändliche Gewohnheiten, die Verderbtheit der Sitten von Kindern des Waldes aufweist. Ihre Gewöhnlichkeit, Grobschlächtigkeit, Sorglosigkeit und Verschwendungssucht inmitten burlesker Wonnen und Orgien sind unaussprechlich. Ihre Unterkünfte bestehen aus alten Bruchbuden und Speichern, die zugig, schmutzig, verfallen und eng sind. Dort schwirrt sie, zusammengepfercht, in den Tag hinein lebend, zuhauf in schändlicher Nacktheit herum, beleidigt dabei mit ihrem Zynismus das Schamgefühl und überlässt Tausende von Opfern ihrer Ausschweifung oder Verdorbenheit entweder dem allgemeinen Mitleid oder staatlichen Waisenhäusern.«[9] Viertens erstreckt sich diese Angst nicht nur auf die großen Schandtaten, die politische Agitation, vielmehr liegt der Kern der Angst außerhalb des Illegalismus: Es geht um etwas, was selbst noch kein Vergehen ist. Was gefährlich ist, ist der Arbeiter, der nicht hart genug arbeitet, der faul ist, neidisch ist, das heißt alles, womit der Arbeiter den Illegalismus praktiziert – dieses Mal nicht gegenüber der Substanz des Reichtums des Arbeitgebers, sondern gegenüber seinem eigenen Körper, gegenüber der Arbeitskraft, als deren Eigentümer sich der Arbeitgeber betrachtet, da er sie mit dem Lohn gekauft hat und der Arbeiter verpflichtet ist, seine Arbeitskraft auf dem freien Markt anzubieten.

Folglich wird nicht nur alles, was das akkumulierte Kapital des bürgerlichen Vermögens, sondern auch alles, was den Körper des Arbeiters als Arbeitskraft betrifft, alles, was sie ihrer Nutzung durch das Kapital entziehen kann, als sublegaler Illegalismus, als große Immoralität, als das angesehen werden, worauf der Kapitalismus Einfluss zu nehmen versuchen wird: als ein Illegalismus, der keinen Gesetzesbruch darstellt, sondern eine Art und Weise ist, dem Profit die Grundlage zu entziehen.

Und man sieht Ende des 18. und Anfang des 19. Jahrhunderts seltsame Formulierungen auftauchen, die von einem faulen Arbeiter sagen, dass »er stiehlt«.[a] Er stiehlt das, was er dem Arbeitgeber schuldet, das, was er für seine Familie verdienen könnte. Die Immoralität des Arbeiters besteht aus all dem, womit er das Gesetz des Arbeitsmarkts, das der Kapitalismus aufstellen möchte, unterläuft.

Die soziale und alltägliche Angst des Bürgertums erstreckt sich zu Beginn des 19. Jahrhunderts – als die Strafrechtssysteme aufgebaut wurden – weniger auf die marginalen und gefährlichen Klassen als auf die Arbeiterklasse als permanenter und tagtäglicher Herd der Immoralität. In Form der Beziehung, die zwischen dem Körper des Arbeiters und dem Reichtum hergestellt wird, oder in Form der Art und Weise, in der die Arbeitskraft maximal nutzbar wird, bildet der Körper des Arbeiters in seiner Verbindung mit dem Reichtum, dem Profit, dem Gesetz letztlich immer das Hauptspielfeld, um das sich das Strafrechtssystem aufbauen wird. Daher die Notwendigkeit, einen Apparat zu entwickeln, der fein genug ist und tief genug ansetzt, um den Herd des Illegalismus zu erreichen: den Körper, das Begehren, das Bedürfnis des Arbeiters.

In dem Moment, in dem das Bürgertum das Bürgerliche Gesetzbuch einführt, das den Vertrag zwischen Eigentümern regeln soll, definiert es ein Strafgesetzbuch, dem, oberflächlich betrachtet, die Aufgabe zukommt, die Vertragsverletzung zu sank-

---

a Manuskript (S. 5 f.):

»Was nun aber mit dem Arbeitnehmertum und dem Verschwinden jeglicher ordnungspolitischer Rahmenbedingungen, die die handwerkliche Tätigkeit umgaben, Furcht auslöst, ist nicht das Vergehen nach dem Gesetz, sondern die Flucht vor dem, was man ihm als Pflicht präsentiert, was aber lediglich ein Anspruch, ein Bedürfnis des Arbeitgebers ist. Faulheit, Ungenauigkeit, Aussetzung der Arbeit sind die höchst furchteinflößenden Formen des Illegalismus der Arbeiter. Eines Illegalismus, der kein Bruch des Gesetzes ist, oder eine Weise, es zu umgehen. Ein Illegalismus, der unterhalb des Gesetzes ansetzt, vor ihm. Eine Verweigerung der Teilnahme auf einer paralegalen Ebene. Kurz, Immoralität, Faulheit, Ungenauigkeit, Gewissenlosigkeit.«

tionieren, doch genauer betrachtet, soll es den Herd des Immoralismus, der den Körper des Arbeiters und seine Verbindung mit dem Reichtum, dem Profit und dem Gesetz angreift, so gut wie möglich auffangen und nicht mehr einen Vertrag begründen, sondern eine Lebensweise: Dem Vertrag des Eigentümers soll die gute Lebensweise des Arbeiters entsprechen.[a]

In dem Moment, in dem sich dieses Projekt derart klar abzeichnet, sieht man jedoch auch die Schwierigkeit: Man hat auf der einen Seite einen Produktionsapparat, der [aufgrund][b] derer, die mit ihm in Berührung kommen, einer Reihe von Risiken unterliegt, und auf der anderen Seite hat man – mit dem Körper des Arbeiters – Produktivkräfte, die [aufgrund][c] des Arbeiters einer Reihe von Gefahren ausgesetzt sind. Um den Produktionsapparat zu schützen, seinen Ausbau zu gestatten, verschafft sich das Bürgertum einen starken Staat. In dem Moment, in dem die Notwendigkeit auftaucht, den Produktionsapparat zu schützen, bedarf die Bourgeoisie für sein Funktionieren, seinen Ausbau und die Steigerung des Profits aber auch der Konkurrenz der Arbeiter, des freien Arbeitsmarkts, der Möglichkeit, nach eigenem Belieben aus dem Reservoir an freien Arbeitskräften zu schöpfen. Für sie ist es notwendig, dass der Kauf der Arbeitskraft und der Gebrauch, den sie von ihr macht und den sie

---

a Manuskript (S. 6f.):
»Man hat somit insgesamt einen komplexen Prozess:
– die Anerkenntnis von zwei Klassen und ihrer Konfrontation rund um und auf beiden Seiten des Produktionsapparats;
– die Unmöglichkeit, beim proletarischen Illegalismus die Spielräume zu dulden, die dem Volksillegalismus zugestanden wurden;
– die Angst vor diesem Illegalismus, eine Angst, die anfänglich die Form einer generellen Bezichtigung der moralischen Unfähigkeit annimmt;
– schließlich die Notwendigkeit, einen Apparat aufzubauen, der in seinen Anwendungspunkten zwangsläufig sehr komplex, vielfältig ist und Folgendes gewährleisten muss:
  • den Schutz des Produktionsapparats
  • die strafrechtliche Verfolgung des Illegalismus
  • die moralische Ausstaffierung des Proletariats.«

b Typoskript (S. 149): »seitens«.

c Typoskript (S. 149): »seitens«.

gleichwohl schützen möchte, dem Gesetz des freien Wettbewerbs unterstellt werden. Einerseits bedarf es so hinsichtlich der Arbeiter einer gesetzgeberischen Deregulierung,[a] der Arbeiter muss am Rande der Bedürftigkeit leben, damit die Löhne so niedrig wie möglich sind; andererseits ist es unabdingbar, dass das Eigentum in dem Moment, in dem er arbeitet, nicht seinen Bedürfnissen ausgeliefert ist. Das ist genau das Problem, vor dem das Strafrechtssystem steht: Es bedarf einer Lösung, bei der die Bedingungen für die Nutzung der Arbeitskraft keinerlei Beschränkung unterliegen und bei der der Produktionsapparat in seiner Materialität und die Leistungskraft der Produktionskräfte geschützt werden.

Von Regnaud de Saint-Jean-d'Angély, einem Gesetzgeber des Konsulats und Kaiserreichs, gibt es einen Text, der verschiedene Mittel ins Auge fasst, um die Arbeiter wieder in den Griff zu bekommen.[10] Auf der einen Seite gibt es die militärische Lösung,[b] doch diese ist nicht gut; auf der anderen Seite die Rückkehr zu Korporationen, um das Leben des Arbeiters bis in seinen Alltag hinein zu codieren, aber das wäre eine Rückkehr zum Gesetz Le Chapelier,[11] und man liefe Gefahr, den Arbeitsmarkt zu beeinträchtigen. Die empfohlene Lösung ist dann das Arbeitsbuch.[12] So definiert dieser Text 1803 die beiden großen Grenzen der Strafgerichtsbarkeit des kapitalistischen Systems, diese sind: die Einsetzung militärischer Gewalt, die den Vorteil hat, den Produktionsapparat unmittelbar zu schützen, und der Korporatismus. (Die faschistische Lösung gebraucht beides.) Zwischen diesen beiden Grenzen hat das 19. Jahrhundert ein

---

a Manuskript (S. 7):
»Die gesetzgeberische Deregulierung in Bezug auf die Arbeiter ist in dem Moment für die Ökonomie des Marktes und für die Bildung des Profits im Kapitalismus notwendig, in dem sein Produktionsapparat dem Illegalismus, der Immoralität der Arbeiter ausgesetzt ist.«

b Das Manuskript (S. 8) fügt hinzu:
»: den Produktionsapparat schützen, indem man die Arbeitslosigkeit ansteigen lässt; indem man die Bedingungen für die Nutzung der Arbeitskraft für die Arbeitgeber so vorteilhaft wie möglich sein lässt.«

Paket von Lösungen geschnürt, das man anhand mehrerer Dinge beschreiben kann.[a]

*

Die Doppelfront der Strafgerichtsbarkeit:[b] Hier geht es nicht um die Ambiguität, die alle Strafrechtssysteme kennzeichnet und mittels deren diejenigen, die das Recht setzen, es so betätigen, dass sie ihm praktisch entgehen können, indem sie eine Art Lücke für einen satzungsgemäßen Illegalismus lassen. So sind im Strafgesetzbuch von 1810 die Strafen für die Bildung einer Koalition für die Arbeitnehmer und für die Arbeitgeber nicht gleich;[13] ebenso gibt es zwischen dem Gefängnis und der Geldbuße einen großen Spielraum.[14] Der Begriff [der Doppelfront] möchte hier besagen, dass es bei der Abfassung des Strafgesetzbuchs selbst, unabhängig von der Unterscheidung zwischen Theorie und Praxis, eine taktische Doppelfront gibt. Einerseits eine [Art] generelle Neufassung des Systems von Verbrechen und Strafen, die die Aufgabe hat, alle Gebiete, in denen sich der Illegalismus des Volkes ausbreitete, aufzunehmen. Sie weist folgende Merkmale auf: Sie ist eine Gesamtheit homogener Gesetze, die jede Bezugnahme auf ein Religionsgesetz, ein Naturrecht, ein Moralgesetz ausdrücklich ablehnt. Es geht nicht darum, eine Verfehlung zu bestrafen. Artikel 1 definiert das Vergehen als das, was vom Gesetz bestraft wird; und der Unterschied zwischen einem Verstoß, einem Delikt und einem Verbrechen verweist nicht auf ein Naturrecht zurück: Ein Verstoß wird mit einer einfachen Polizeistrafe geahndet; ein Delikt mit einer Besserungsstrafe; und ein Verbrechen mit einer Ehrenstrafe. Also definiert die Strafe, die Anwendung des Strafrechts, die Art des Vergehens. Dies ist ein Gesetzbuch, bei dem die Willkür, der Entscheidungsspielraum des Richters auf ein Minimum re-

a Das Manuskript (S. 8) fügt hinzu: »Der gesamte Strafrechtsapparat war dazu gemacht, auf diese Doppelanforderung eine Antwort zu geben.«

b Manuskript (S. 9), Zwischenüberschrift: *»Der Strafrechtsdualismus«*.

duziert wird. 1791 konnte ein Richter nur eines machen: Nachdem er den Tatbestand und die Zurechenbarkeit des Vergehens festgestellt hatte, wandte er die für das Vergehen vorgesehene Strafe an. Dies ist ein Gesetzbuch, bei dem man an die Partizipation des Staatsbürgers als »Repräsentant der Gesellschaft« appelliert,[15] da man gerade nicht möchte, dass dic Justiz neben der gesetzgeberischen und der exekutiven Gewalt eine weitere Gewalt ist, sondern das Recht der Gesellschaft, über jedes ihrer Mitglieder zu urteilen, ausführt. Schließlich soll die Schlagkraft dieses Gesetzbuchs nicht auf der Härte des Gesetzes beruhen, sondern auf der Unausweichlichkeit der Bestrafung, die auf ein Verbrechen folgt; zum Gesetzbuch muss das Amt der Kriminalpolizei hinzukommen. Hierin unterscheidet sich die Gesetzgebung von 1810 in ihren allgemeinen Grundsätzen nicht von dem, was die Theoretiker des 18. Jahrhunderts forderten, die ein Strafgesetz[a] wollten, das sich nicht auf das Naturrecht, sondern auf den Willen der Gesellschaft gründen sollte.

Doch wenn es stimmt, dass nicht der Illegalismus, den das Gesetz direkt erreicht, sondern die Immoralität, die den Körper, das Bedürfnis, das Begehren, die Gewohnheit, den Willen betrifft, das Gefährlichere ist, muss man [andererseits] versuchen, die gesamte moralische Konditionierung in die Strafgerichtsbarkeit zu integrieren. Während das Gesetzbuch, in seinem Text, nur vom positiven Gesetz zu sprechen scheint, sieht man so eine Reihe von Maßnahmen auftauchen, die die Kontrolle, den moralischen Zwang gestatten werden. Was so auf den Weg gebracht wird, sind nicht zwei verschiedene Apparate, sondern ein einziger; dies sind zum Beispiel die Artikel des Strafgesetzbuchs zur Landstreicherei,[b] ein Delikt, das durch die Tatsache definiert ist, keinen festen Wohnsitz zu haben und ohne Papiere un-

---

a Manuskript (S. 11):
»[ein] Gesetz, das der Gesellschaft eigen ist; unweigerlich angewendet wird mit einem minimalen Handlungsspielraum des Richters; das Gesetz stellt kein Naturrecht, Religions- oder Moralgesetz dar, sondern repräsentiert einzig die gesellschaftliche Nützlichkeit«.

b Das Manuskript (S. 12) fügt hinzu: »[zur] Trunksucht«.

terwegs zu sein, ohne dass jemand für Sie garantieren könnte. Man hat auch Elemente, die die Schaffung einer moralischen Kontrolle zeigen, eine ganze Reihe von Maßnahmen, die der Moralität des Individuums Rechnung tragen.

Auch wenn es sich das Strafgesetzbuch verbietet, im Namen des Moralgesetzes zu strafen, verleiht es sich so doch die Möglichkeit, entsprechend der Moralität zu strafen, die so eine legale Modulation des Gesetzes ist: Die Wiederholung ist ein erschwerender Umstand; die Einführung mildernder Umstände wird als *moralisierende Modulation* des Strafrechtssystems fungieren.[16] Und wenn man sich ansieht, wie die Strafen – außerhalb des Strafgesetzbuchs selbst – funktionieren sollen, stellt man fest, dass sie ein ganz anderes Ziel verfolgen, als die Strafen des 18. Jahrhunderts verfolgten oder nach dem Willen der Theoretiker des 18. Jahrhunderts verfolgen sollten. Beccaria zum Beispiel sagt, dass ihr einziges Ziel die Verhinderung von Verbrechen ist, das heißt, die Strafe muss so sein, dass sie die anderen daran hindert, ein Verbrechen zu begehen: Der Nutzen der Strafe soll sich an ihrem Nutzen als Exempel, an ihrem Abschreckungseffekt bemessen.[17] Im 19. Jahrhundert hat man [hingegen] eine Strafe, die auf das Individuum einwirken, es bessern will, ihr Wert als Abschreckung ist dabei nur sekundär. Schließlich sieht der *Code d'instruction criminelle* die Einrichtung parapönaler Institutionen mit einer moralisierenden Funktion vor: all die Systeme, die der Sanktion, der Überwachung nachkommen, die mit einer ganzen Reihe von Strafen, den Besserungs- und Umerziehungsanstalten einhergehen muss.

Es gibt mithin eine Art Dualität, die dem Strafrechtssystem insgesamt innewohnt: Einerseits die Entwicklung der Theorie Beccarias, eines Diskurses der reinen Strafgerichtsbarkeit, die nur die Positivität des Gesetzes und nicht die Immoralität des Verbrechens kennt, nur die Universalität des Gesetzes und nicht die Moralisierung der Individuen, nur die Unumgänglichkeit des Gesetzes und nicht die Besserung der Individuen; und andererseits, untergemischt in Texten, Institutionen, eine Art Bestreben, das den Anspruch erhebt, das Individuum zu bessern, zu regenerieren.[a] Dies sind die beiden Komponenten, die für das Strafrechtssystem grundlegend sind; und wo beide zusammenkommen, ist der Ort, an dem der Diskurs der Transkription des einen in das andere erfolgen wird, eine Art psycho-juristischer Diskurs,[b] der die Aufgabe hat, juristische Elemente der Strafgerichtsbarkeit in Begriffe der Besserung, Regenerierung, Heilung zu übertragen und umgekehrt die moralischen Begriffe in strafrechtliche Kategorien zu übersetzen.

Dieser seltsame Diskurs, der den Code jener Transkription in sich trägt, ist der der Kriminologie: Er gewährleistet die juristisch-medizinische Transkription,[c] die – dank des Codes des kriminologischen Diskurses – darin besteht, das, was die Strafrechtstheorie als Feind der Gesellschaft definiert hat, als jemanden zu beschreiben, der unmündig, unangepasst, primitiv ist. Dieser Diskurs erlaubt auch, den Rechtsbrecher als aggressiv zu definieren und die Bestrafung als einen Prozess der Resozialisierung, der gesellschaftlichen Wiedereingliederung zu charakterisieren. Außerdem hat die Kriminologie auch die umgekehrte Funktion der medizinisch-juristischen Kodifizierung,[d] die darin besteht, ein Individuum als Gefahr für die Gesellschaft darzustellen, das folglich, wenn nicht bestraft, so doch zumindest eingesperrt werden muss und das, ohne einen Rechtsbruch begangen zu haben, aufgrund psychologisch oder medizinisch definierter Merkmale eine Reihe von Gefahren birgt.[18] Die Neigung zur Delinquenz, das, was man als »Gefährlichkeit für die Gesellschaft« bezeichnet, ist eine Weise, in strafrechtlichen Begriffen die Recodierung einer psychologischen Kategorie vorzunehmen, die nicht in den Bereich der Gerichte fällt. Derselbe Diskurs wird auch verlangen, dass sich die Bestrafung nicht mehr am Delikt bemisst und auch nicht an dem, was das Indi-

---

a Das Manuskript (S. 13) fügt hinzu: »ein schleichender Quäkerismus (der Versuch, der Anspruch, zu verändern, zu bessern, zu regenerieren, zu individualisieren)«.

b Manuskript (S. 13): »psycho-soziologischer«.

c Manuskript (S. 14) am Rand: »juristisch-psychologische«.

d Manuskript (S. 14), am Rand: »psychologisch-juristischen«.

viduum zum Zeitpunkt des Verbrechens war[19] – denn stimmt es, dass die Bestrafung eine Heilung ist, dann kann man diese nur mit der Versicherung beenden, dass die Heilung erfolgt ist, daher die Idee, die Strafen entsprechend dem »Fortschritt« der gesellschaftlichen Integration abzustufen.[a]

*

Zwei Schlussbemerkungen. Erstens, es ist interessant, sich die historische Herausbildung des kriminologischen Diskurses anzusehen, der keine andere Daseinsfunktion hat als den Code. Er taucht auf mit dem Begriff der Monomanie,[20] der um 1815-1850 Diskussionsgegenstand von Ärzten und Juristen ist. Ein seltsamer Begriff, da die Ärzte eine Krankheit, die kein anderes Symptom aufweist, als jemanden zu töten, als mörderische Monomanie definieren. Die Symptomatologie reduziert sich auf das, was strafrechtlich als Tötung codiert ist. Man hat hier die einfachste Stufe der Transkription. Das Verbrechen ist nichts anderes als die Krankheit. Und umgekehrt beginnt – unter der Voraussetzung, dass das Verbrechen durch keinen zuordenbaren Grund hervorgerufen wird – mit dem Begriff der Monomanie[b] die Transkription des Juristischen ins Medizinische Gestalt anzunehmen, die zu der ungeheuren Ausbreitung des kriminologischen Diskurses führen wird.

Zweitens und abschließend, zwischen der Kriminologie und dem Strafrechtssystem besteht keine Antinomie. Traditionell wird die Kriminologie als eine Art Wissenschaft präsentiert, die sich außerhalb des Strafrechtssystems herausgebildet hat und sich so, beladen mit dem ganzen medizinischen oder sozio-

---

a Das Manuskript (S. 15) präzisiert hinsichtlich der »Funktion der Transkription […] die der kriminologische Diskurs gewährleistet: Sie macht seine Existenz nachvollziehbar«.

b Manuskript (S. 15):
»eine Krankheit, die darin besteht, dass man ein Verbrechen begeht; eine Krankheit, die durch Einsperrung geheilt wird. Dies ist exakt die Matrix des Codes der kriminologischen Transkription.«

logischen Wissen, mit dem Strafgesetzbuch auseinandergesetzt und dessen Transformation erlaubt hat. Doch wenn die Analyse stimmt, die ich gemacht habe, dann ist es nicht möglich, den Strafrechtstext, so wie er vorliegt, ohne die Gesamtheit all der Moralisierungsprozeduren abzufassen, die er mit sich bringt, und ohne dass zumindest die Virtualität und somit die Notwendigkeit eines Diskurses wie dessen der Kriminologie gegeben wäre. Dieser Diskurs ist ein Bestandteil des Gesamtkomplexes des 1811 [geltenden] Strafrechtssystems. Er kann die Funktionsweise des Strafrechtssystems mithin nur fortschreiben. [Das Rechtliche und das Medizinische] passen sich also einander an, und man hat in den verschiedenen Epochen entweder die Tendenz, zu der rein gesetzgeberischen Arbeitsweise des Strafgesetzbuchs zurückzukehren oder eine mehr kriminologische Arbeitsweise anzunehmen. Auf alle Fälle handelt es sich um dasselbe System, das mit einer unterschiedlichen Akzentsetzung arbeitet. Ausgehend vom kriminologischen Diskurs ist mithin keine Erneuerung des Strafrechtssystems zu erwarten. Ganz im Gegenteil bringt man die wahre Dysfunktionalität dieses Systems zum Vorschein, was das *Syndicat de la magistrature* zu tun versucht,[21] wenn man die kriminologische Codierung beseitigt und das Gesetz in seiner Universalität, seiner Unvermeidlichkeit anwendet, das heißt, indem man das Strafrechtssystem in der Art Beccarias betätigt, ohne diese Art von Korrelat-Korrektiv, das die Moralisierung und die Kriminologie darstellen.[a]

Anmerkungen

1 Vgl. die Vorlesung vom 28. Februar, hier S. 228 und S. 234, Anm. 17.

2 Im Rahmen der Bekämpfung der Choleraepidemie, die seit April 1832 in Paris wütete (vgl. J. Tulard, *La Préfecture de police sous la monarchie de Juillet*, Paris: Imprimerie municipale, 1964, S. 102f. u. 132), änderten die Behörden die Modalitäten der Müllsammlung drastisch, womit sie die

a Das Manuskript (S. 15) fügt hinzu: »Die strikte Anwendung des Gesetzbuchs ist subversiver als die Korrektur durch die Kriminologie, so paradox dies auch sein mag.«

Lebensgrundlage der Pariser Lumpensammler zerstörten, die sich im Laufe dieses Aprils auflehnten. Vgl. L. Chevalier (Hg.), *Le Choléra: la première épidémie du XIXe siècle. Étude collective*, La Roche-sur-Yon: Imprimerie de l'Ouest, 1958; P. Delaunay, »Le corps médical et le choléra de 1832«, in: *Médecine internationale illustrée*, Oktober 1931-Oktober 1933, S. 43.

3 Vgl. H.-A. Frégier, *Des classes dangereuses de la population dans les grandes villes, et des moyens de les rendre meilleures*, Paris: J.-B. Baillière, 1840, 2 Bde.; dt.: *Über die gefährlichen Klassen der Bevölkerung in den großen Städten und die Mittel, sie zu bessern*, Coblenz: Hergt, 1840, 2 Bde. Foucault wird auf diesen Text in *Überwachen und Strafen*, a. a. O., S. 338 u. 362 (frz.: *Surveiller et Punir*, a. a. O., S. 267 u. 286), zurückkommen. Das Werk Frégiers, das 1838 von der Académie des sciences morales et politiques ausgezeichnet wurde, legt eine quantitative und qualitative Untersuchung des »Theil[s] der Bevölkerung, der durch seine Laster, seine Unwissenheit und sein Elend als gefährlich verrufen ist«, vor (*Über die gefährlichen Klassen*, a. a. O., S. 3). Als er feststellt, dass »sich das Laster in allen Rangordnungen der Gesellschaft [zeigt]« (ebd., S. 9), präzisiert dieser Vorsteher der Präfektur der Seine, »der lasterhafte Reiche oder Wohlhabende [...] flößt Mitleiden oder Ekel, aber keine Furcht ein« (ebd., S. 13). Hingegen sind »die armen und lasterhaften Klassen [...] immer die produktivsten Pflanzschulen aller Arten von Verbrechen gewesen und werden es stets sein; es sind diejenigen, die wir besonders unter dem Titel der gefährlichen Klassen bezeichnen werden; denn selbst wenn das Laster nicht von der Verderbtheit begleitet ist, dadurch, dass es sich in demselben Individuum zur Armuth gesellt, ist es ein gerechter Gegenstand der Furcht für die Gesellschaft, es ist gefährlich« (ebd.).

Louis Chevalier sieht in seiner Studie *Classes laborieuses et Classes dangereuses à Paris pendant la première moitié du XIXe siècle* (a. a. O., S. 158), in dem Werk Frégiers sowie in der Untersuchung Eugène Burets, *De la misère des classes laborieuses en Angleterre et en France de la nature de la misère, de son existence, de ses effets, de ses causes*, ebenfalls 1840 erschienen (Paris: Paulin, 2 Bde.), die Vollendung »dieses schwierigen Übergangs zwischen den gefährlichen Klassen und den arbeitenden Klassen«. Im Grunde unterstreicht Chevalier, »dass es Frégier nicht möglich ist, die Vermischung der arbeitenden Klassen mit den gefährlichen Klassen zu durchbrechen: trotz seines Gegenstands, der gefährlichen Klassen« (*Classes laborieuses et Classes dangereuses*, S. 159).

4 Foucault bezieht sich hier auf die Fortsetzungsromane Eugène Sues (1804-1857), wie *Les Mystères de Paris*, Paris: Gosselin, 1843-1844, 4 Bde. [dt.: *Die Geheimnisse von Paris*, übers. v. A. Diezmann, 8 Bde., mit Illustr. v. T. Hosemann, Berlin: Meyer & Hofmann, 1843]; *Le Juif errant*, Paris: Paulin, 1844-1845, 10 Bde. [dt.: *Der ewige Jude*, übers. v. L. Eichler, ill. v. C. Richard, 10 Bde., Leipzig: Weber, 1844-1845]; *Les Mystères*

du peuple, ou Histoire d'une famille de prolétaires à travers les âges, Paris, 1849-1857, [s.n.] 16 Bde. [*Die Geheimnisse des Volks oder Geschichte einer Proletarier-Familie durch die Zeitalter*, Stuttgart: Franckh]. Über Eugène Sue und sein Werk *Die Geheimnisse des Volks* wird Foucault 1978 schreiben, dass die Leser »vieles nach Art von Alexandre Dumas oder Ponson du Terrail finden: neben den hellen Bildern und Gemälden im vollen Licht gibt es auch untergründige Verbindungen, dunkle Episoden, Tod und Wiederfinden, Abenteuer« (M. Foucault, »Eugène Sue que j'aime« (*Les Nouvelles littéraires*, 56. Jahr, Nr. 2618, 12. bis 19. Januar 1978, S. 3), DE III, Nr. 224, S. 500-502, hier S. 500; dt.: »Eugène Sue, wie ich ihn liebe«, DE III, Nr. 224, S. 633-637, hier S. 634; vgl. auch *Surveiller et Punir*, S. 292; dt.: *Überwachen und Strafen*, S. 370); Foucault wird zu demselben Werk Sues anmerken, dass die durch diesen Text transportierten Ideen »bei der Behandlung sozialistischer Themen Mitte des 19. Jahrhunderts zentrale Bedeutung besaßen« (DE III, S. 502; dt.: S. 637).

Hier sowie in der vorhergehenden Vorlesung (Vorlesung vom 28. Februar, S. 223 u. S. 234, Anm. 9) hinsichtlich Balzacs finden wir wieder eine mögliche Verbindung mit dem Werk Louis Chevaliers, *Classes laborieuses et Classes dangereuses*, wo Chevalier in den Werken von Balzac, Sue, Hugo anhand der Literatur die Transformationen und Metamorphosen des Problems des Verbrechens in ein gesellschaftliches Problem verfolgt. Die Analyse der *Geheimnisse von Paris* von Eugène Sue ist in der Arbeit Chevaliers dabei zentral: Im Gegensatz zu den Beschreibungen Balzacs oder Hugos »widerstehen die Werke Sues einer ökonomiegeschichtlichen Betrachtung weniger« (*Classes laborieuses et Classes dangereuses*, Paris: Perrin, 2000 [Faksimilie der Ausgabe von Plon, 1958], S. 11). Chevalier schreibt: »*Die Geheimnisse von Paris* können als eines der wichtigsten Dokumente betrachtet werden, die wir zur Mentalität des Volkes besitzen, an die wir auf keine andere Weise und mit keinem anderen Mittel herankommen können. [... Und das] durch den Erfolg des Werks, durch das Verwachsen des Volks mit einer Beschreibung, die sich weniger auf es bezog, sondern in der es sich eher wiedererkennen wollte und die es immer mehr beeinflusst hat, bis sie aus ihm aufgrund eines wahrhaften Kollektivzwangs sein getreustes Porträt gemacht hat, bis es das Buch von den gefährlichen Klassen in ein Buch von den arbeitenden Klassen transformiert hat« (ebd., S. 510).

5 Die hier genannte Predigt ist erschienen in [F.-A. Le Dreuille,] »Discours prononcés aux réunions des ouvriers de la Société de saint François-Xavier, à Paris et en province, par M. l'abbé François-Auguste Le Dreuille, recueillis et publiés par M. l'abbé Faudet«, Paris: Presbytère de Saint-Roch, 1861; erneut abgedruckt in J.-B. Duroselle, *Les Débuts du catholicisme social en France (1822-1870)*, Paris: PUF, 1951, S. 269. Gemäß einem Zitat, das auf einen Artikel in der *Gazette de France* von 1848 Bezug nimmt, wurde diese Predigt, der so genannte »Discours de Saint-

Roch«, am 25. Mai 1845 gehalten. Abbé Le Dreuille zählt zu den Hauptsprechern der Société de saint François-Xavier, einer 1837 gegründeten katholischen Arbeiterorganisation. Er setzt sich für die Verbesserung der Lebensbedingungen der Arbeiter ein. Nachdem er sich zunächst als Laie geäußert hat, wird Le Dreuille 1845 Priester. Als Chefredakteur, Gründer von Heimen und Arbeitsvermittlungszentren gehört er zu den Pionieren des Sozialkatholizismus. Sein Werk und seine Reden sind Diskussionsgegenstand in Medien und Regierung; vgl. J.-B. Duroselle, *Les Débuts du catholicisme social*, a. a. O., S. 262-277.
Foucault nimmt im Manuskript (S. 3) auch Bezug auf den Fortsetzungsroman von Pierre Alexis de Ponson du Terrail, *Rocambole*. Dieser Roman, der aus den Jahren 1857 bis 1871 stammt, erzählt die Abenteuer Rocamboles, von seiner Jugend als Delinquent bis zum reifen Alter als Verfechter der Gerechtigkeit. Foucault wird Ponson du Terrail mit Eugène Sue und Alexandre Dumas vergleichen; vgl. »Eugène Sue que j'aime«, a. a. O., DE III, S. 500; dt.: »Eugène Sue, wie ich ihn liebe«, a. a. O., DE III, S. 634.

6 Nach diesem Satz fügt Foucault im Manuskript (S. 4) folgende Angabe hinzu: »(Text von Taxil)«. Léo Taxil (1854-1907) war ein antiklerikaler und antifreimaurerischer Freigeist. Nachdem er mehrere Pamphlete veröffentlicht hatte, die eine Mischung aus Freidenkertum und pornographischer Libertinage waren, erlangte er 1885 Berühmtheit durch seine vorgebliche Bekehrung zum Katholizismus, die bis Papst Leo XIII. alle täuschte. Sein ganzes Werk dreht sich um die Verurteilung des Klerus und der Freimaurer.

7 H.-A. Frégier, *Über die gefährlichen Klassen der Bevölkerung in den großen Städten*, a. a. O. Foucaults Bezeichnung dieses Texts als »Text-Fiktion« scheint den deskriptiven Wert des Memoire abzuqualifizieren, das sich als »Werk der Administration und der Moral« präsentiert (ebd., S. 5) und für sich einen großen empirischen Ehrgeiz reklamiert (siehe die Präsentation der Quellen, ebd., S. 5-7). Chevalier unterstreicht ebenfalls die Schwächen der quantitativen Dokumentation, rechnet das Werk aber zu den »Sozialstudien« (*Classes laborieuses et Classes dangereuses*, S. 151).

8 Es scheint, dass sich Foucault mit dieser Gleichsetzung von der These absetzen will, die sein Kollege am Collège de France, Louis Chevalier (1911-2001), Historiker und Demograph, in den *Classes laborieuses et Classes dangereuses* vertritt. Tatsächlich kritisierte Chevalier das von den Soziologen gezeichnete Bild »einer Stadt und Gesellschaft, bei der alle Probleme – selbst das der Erholung – auf ein einziges Problem zurückgeführt wird – das der Arbeit« (ebd., S. XXVIII). Diesem Ansatz setzt Chevalier das entgegen, was er als die »biologischen Grundlagen der Sozialgeschichte« bezeichnet, das heißt »den Einfluss der physischen Merkmale der Bevölkerungen auf die verschiedenen Aspekte der individuellen und kollektiven Existenz, ohne deren Kenntnis es kei-

ne Beschreibung von Gesellschaften geben könnte« (ebd., S. 559). Indem er die Untersuchung von Romanen gemeinsam mit statistischen Daten einsetzt, stellt Chevalier die Veränderungen der Realität und der Vorstellungen vom Verbrechen und von der Armut in Paris zu Jahrhundertbeginn als Folge des »Umfangs und Tempos des Wachstums der Bevölkerung in den großen städtischen Ballungsräumen« dar (ebd., S. 183). Man findet bei Chevalier ähnliche Thematiken und Quellen wie bei Foucault, doch betrachtet er sie aus einem ganz anderen theoretischen Blickwinkel und mit ganz anderen methodologischen Werkzeugen. Die Verschiedenheit der intellektuellen Herangehensweise der beiden Männer geht zudem mit einer ganz anderen Positionierung im Feld der Politik einher. Als konservativer Historiker im Umkreis der Macht, die er berät – vor allem als Berater des Präfekten der Seine – und unterrichtet – vor allem als Professor am *Institut politique de Paris* und an der *École nationale d'administration* –, hat Chevalier lange Zeit eine Politik verfochten, die von seiner Vision einer notwendigen Einheit von Territorium und Bevölkerung getragen war, indem er zum Beispiel eher Bestandspolitiken unterstützte denn die Öffnung für Einwanderung, um das Problem der Arbeitskraft zu lösen.

9 Es war nicht möglich, diesen Text aus der Feder eines Arztes aus Brest von 1830 wiederzufinden. Allerdings kann man sich das Werk der Doktoren Ange Guépin und Eugène Bonamy, *Nantes au XIX*[e] *siècle. Statistique topographique, industrielle et morale* (Neuausgabe von *De l'observation de la ville comme corps social* von P. Le Pichon und A. Supiot, Nantes: Université de Nantes, 1981 ⟨http://archive.org/details/nantesauxixesiooguuoft⟩), ansehen, das insbesondere die Bevölkerung von Nantes in acht Klassen beschreibt, darunter die der »wohlhabenden Arbeiter« und die der »armen Arbeiter« (S. 455-492), wobei viele Details zu ihrer Bleibe und ihrer »physischen und moralischen Hygiene« geliefert werden.

10 Michel-Louis-Étienne Regnaud de Saint-Jean-d'Angély (1761-1819) war einer der engsten Berater Napoleons, der bei dem Feldzug gegen Ägypten auffiel und Napoleon beim Staatsstreich des 18. Brumaire unterstützte. Der Abgeordnete des dritten Standes wurde 1799 Staatsrat und übte während des Kaiserreichs zahlreiche politische und, in geringerem Maße, militärische Funktionen aus, die ihm den Ruf eintrugen, »die graue Eminenz Napoleons« zu sein (O. Blanc, *L'Éminence grise de Napoléon, Regnaud de Saint-Jean d'Angély*, Paris: Pygmalion, 2003). Er war 1803 Berichterstatter des Gesetzes, das das Arbeitsbuch wieder einführte (vgl. hier Anm. 12), das er mit der Notwendigkeit rechtfertigte, »die Werkstätten gegen Abwanderung abzusichern und die Verträge gegen ihre Verletzung« (E. Dolléans u. G. Dehove, *Histoire du travail en France. Mouvement ouvrier et législation sociale*, Paris: Domat-Montchrestien, 1953-1955, 2 Bde.: Bd. I, S. 156). Nachdem er 1803 in die Académie française gewählt worden war, arbeitete Regnaud de

Saint-Jean-d'Angély mit André Chénier beim *Journal de Paris* zusammen, dann während des Feldzugs gegen Italien mit Bonaparte bei der Herausgabe von *La France vue de l'armée d'Italie: 16 thermidor – 16 brumaire an V. Journal de politique, d'administration et de littérature françoise et étrangère* (18 Nummern sind erschienen), Nr. 1, 16. Thermidor Jahr V (3. August 1797). Als Minister Napoleons während der Hundert Tage wurde er von Ludwig XVIII. ins Exil geschickt und erhielt erst 1819, seinem Todesjahr, die Erlaubnis, wieder nach Frankreich zurückzukehren; vgl. A. Fierro-Domenech, »Regnaud de Saint-Jean-d'Angély«, in: J. Tulard (Hg.), *Dictionnaire Napoléon*, Paris: Fayard, 1987, S. 1449.

11 Das am 14. Juni 1791 verabschiedete Gesetz Le Chapelier, das auf die drei Monate zurückliegende Abschaffung der Korporationen folgte, erklärt alle Arbeiter- und Arbeitgebervereinigungen für illegal. Der erste Artikel lautet: »Da die Zerschlagung jeglicher Art von Korporation eine der tragenden Säulen der französischen Verfassung bildet, ist es verboten, sie wiederherzustellen, unter welchem Vorwand und in welcher Form auch immer« (zit. n. A. Soboul, »Le choc révolutionnaire, 1789-1797«, in: F. Braudel u. E. Labrousse (Hg.), *Histoire économique et sociale de la France*, Paris: PUF, Bd. III, Teil. 1, 1976, S. 12). Ab dem 20. Juli 1791 gelten diese Bestimmungen auch für das Land. Gemäß Albert Soboul »konstituierte das Verbot der Koalition und des Arbeiterstreiks [...] einen der Eckpfeiler des Kapitalismus des freien Wettbewerbs: der Liberalismus, der auf der Abstraktion eines auf soziale Gleichheit ausgerichteten Individualismus aufbaut, profitierte am meisten« (ebd.). Vgl. auch E. Soreau, »La loi Le Chapelier«, in: *Annales historiques de la Révolution française*, 8e année, 1931, S. 287-314.

12 Gemäß Jacques Lagrange (*Le Pouvoir psychiatrique*, a. a. O., S. 92, Anm. 14; dt.: *Die Macht der Psychiatrie*, a. a. O., S. 137, Anm. 14) muss der Arbeiter ab 1781 mit einem »Arbeitsbuch« oder »Arbeitsheft« ausgestattet sein, das er den Verwaltungsbehörden zeigen können muss, wenn er den Ort wechselt. Diese Praktik, deren Spuren bis ins 12. Jahrhundert zurückreichen, verschwindet mit der Revolution, bevor sie teilweise wieder eingeführt wird – für die Papierarbeiter, deren Know-how mit der Entwicklung des Papiergelds besonders kritisch scheint; vgl. E. Dolléans u. G. Dehove, *Histoire du travail en France*, a. a. O., Bd. I, S. 155. Nachdem das Arbeitsbuch per Gesetz vom April 1803 (22. Germinal, Jahr XI) für alle Arbeiter eingeführt worden war, wurde es durch einen Erlass vom 1. Dezember 1803 (9. Frimaire, Jahr XII) reglementiert. »Den Arbeitgebern war es de facto untersagt, einen Arbeiter einzustellen, der kein Arbeitsbuch mit einem von seinem ehemaligen Arbeitgeber ausgestellten Zeugnis bei sich hatte [...]. Nun ist klar, dass dieser dem Arbeiter jenes erst gab, wenn dieser die Vorschüsse, die er ihm möglicherweise gewährt hatte, zurückbezahlt hat« (ebd., S. 156). Das Arbeitsbuch wurde 1890 endgültig abgeschafft. Vgl.: M. Sauzet, *Le Livret*

obligatoire des ouvriers, Paris: F. Pichon, 1890; A. Plantier, *Le Livret des ouvriers*, thèse de droit, Paris: Jouve et Boyer imprimeurs, 1900; G. Bourgin, »Contribution à l'histoire du placement et du livret en France«, in: *Revue politique et parlementaire*, Bd. LXXI, Januar – März 1912, S. 117f.; S. Kaplan, »Réflexions sur la police du monde du travail (1700-1815)«, in: *Revue historique*, 103. Jahr, Nr. 529, Januar – März 1979, S. 17-77. Für neuere Untersuchungen der Praktiken bezüglich des Arbeitsbuchs im 19. Jahrhundert siehe auch: A. Cottereau, »Droit et bon droit. Un droit des ouvriers instauré, puis évincé par le droit du travail (France, XIXe siècle)«, in: *Annales. Histoire, Sciences sociales*, 57. Jahr 2002/6, S. 1521 - 1557; J.-P. Le Crom, »Le livret ouvrier au XIXe siècle entre assujettissement et reconnaissance de soi«, in: Y. Le Gall, D. Gaurier, P.-Y. Legal (Hg.), *Du droit du travail aux droits de l'humanité. Études offertes à Philippe-Jean Hesse*, Rennes: Presses universitaires de Rennes, 2003. Die Darstellung Foucaults kommt der von Édouard Dolléans und Gérard Dehove in ihrer *Histoire du travail en France* sehr nahe.

13 »Was die Koalitionen anbelangt, so bestätigen die Artikel 6, 7 und 8 des Gesetzes vom Germinal des Jahres XI ihr generelles Verbot, das mit dem Gesetz Le Chapelier erlassen wurde, führen dabei aber eine subtile Unterscheidung ein, die die Arbeiterkoalitionen härter zu behandeln gestattet als die der Arbeitgeber« (E. Dolléans u. G. Dehove, *Histoire du travail en France*, Bd. 1, S. 162). Artikel 6 sieht eine Geldstrafe und gegebenenfalls eine Gefängnisstrafe von höchstens einem Monat für den Willen vor, die Löhne »übermäßig« und in »nicht gerechtfertigter Weise« zu drücken, während Artikel 7 »jede Koalition seitens der Arbeiter« zur »Aussetzung, Verhinderung, Verteuerung der Arbeiten« (zit. ebd., S. 162f.) sanktioniert und Strafen vorsieht, die bis zu drei Monaten Haft gehen können. Das Strafgesetzbuch von 1810, Art. 414-416, verstärkt diese Ungleichheit: »Die Arbeitgeber wurden mit einer Gefängnisstrafe von sechs Tagen bis einem Monat und einer Geldbuße von 200 bis 3000 Francs belegt, während für die Arbeiter eine Mindeststrafe von einem Monat Gefängnis festgelegt wurde« (ebd., S. 163). Das Strafgesetzbuch von 1810 enthält auch strengere Bestimmungen für die Anführer der Arbeiterbewegungen. Vgl. J. Godechot, *Les Institutions de la France sous la Révolution et l'Empire*, Paris: PUF, 1951, S. 634-636; P. Lascoumes, P. Poncela, P. Lenoël, *Au nom de l'ordre,* a. a. O.; A. Damien, »Code pénal«, in: J. Tulard (Hg.), *Dictionnaire Napoléon*, a. a. O., [2]1989 [1987], S. 454f.; J.-M. Carbasse, »État autoritaire et justice répressive. L'évolution de la législation pénale de 1789 au Code pénal de 1810«, in: *All'ombra dell'aquila imperiale. Trasformazioni e continuità istituzionali nei territori sabaudi in età napoleonica*, Rom: Ministerio per i beni culturali e ambientali, Ufficio centrale per i beni archivistici, 1994, S. 313-333; ders., »Code pénal«, in: *Dictionnaire de la culture juridique*, Paris: PUF, 2003, S. 210-216.

14 Im Strafgesetzbuch von 1810, Art. 52, heißt es tatsächlich: »Die Vollstreckung einer Verurteilung zu einer Geldbuße, Restitutionen, Schadenersatz und Gebühren kann auf dem Wege der Körperstrafe erfolgen.« Artikel 53 sieht außerdem vor, dass ein verurteilter Gefangener »zur Erfüllung dieser pekuniären Strafen« nach einem Jahr bei Verbrechen und sechs Monaten bei Vergehen seine vorläufige Freiheit erlangen kann, wenn er seine Zahlungsunfähigkeit nachweisen kann und solange diese besteht.

15 Die Formulierung »Repräsentant der Gesellschaft«, die im Strafgesetzbuch nicht vorkommt, verweist zweifellos auf einen Fachausdruck, der damals (und noch heute) in Abhandlungen zum Strafrecht zur Bezeichnung des Staatsanwalts verwendet wurde.

16 Foucault wird noch oft auf die Funktionsweise der mildernden Umstände, die 1832 in das Strafgesetzbuch von 1810 eingeführt wurden, zurückkommen; vgl.: *Les Anormaux*, a.a.O., S. 9f.; dt.: *Die Anormalen*, a.a.O., Vorlesung vom 8. Januar 1975, S. 24f. (das wirkliche Ziel war nicht die Milderung der Strafe, sondern die Verhinderung der Freisprüche, »wie sie allzu oft von den Geschworenen ausgesprochen wurden, wenn diese das Gesetz nicht in all seiner Strenge zur Anwendung bringen wollten«; *Surveiller et Punir*, S. 23; dt.: *Überwachen und Strafen*, S. 27 (über die mildernden Umstände begründen die Rechtsreformen ein ganzes Spiel des Wissens über den Kriminellen, das das Verbrechen als Gegenstand der Beurteilung unterfüttern wird).

17 Vgl. C. Beccaria, *Über Verbrechen und Strafen*, a.a.O., Kap. XII, S. 47.

18 Foucault wird dieses Thema 1978 in einem Vortrag weiter ausführen, »L'évolution de la notion d' ›individu dangereux‹ dans la psychiatrie légale du XIXe siècle« (*Déviance et Société*, Bd. 5 (4), 1981, S. 403-422), DE III, Nr. 220, S. 443-464, dt.: »Die Entwicklung des Begriffs des ›gefährlichen Menschen‹ in der forensischen Psychiatrie des 19. Jahrhunderts«, DE III, S. 568-594, sowie in *Mal faire, dire vrai*, a.a.O., Vorlesung vom 20. Mai 1981, S. 199f.

19 Foucault erwähnt im Manuskript (S. 14): »Jackson«. Gemeint ist George Jackson (1941-1971), Mitglied der Black Panther Party, der in San Quentin (in Kalifornien) inhaftiert war und am 21. August während einer Revolte von Kugeln getötet wurde, die von einem Scharfschützen-Wärter in der geschlossenen Abteilung abgegeben wurden. Jackson, der von seinem achtzehnten Lebensjahr bis zu seinem Tode elf Jahre später inhaftiert war, politisierte sich im Gefängnis und gründete eine marxistisch-maoistische Gruppe, die Black Guerilla Family. Siehe seine politischen Briefe in *Soledad brother, the prison letters of George Jackson*, Lawrence Hill Books, 1970; dt.: *In die Herzen ein Feuer*, übers. v. E. Schönfeld, Bern, München u.a.: Scherz, 1971; siehe auch seine gesammelten Gespräche in Faszikel 3: *L'Assassinat de George Jackson* der Broschüre der GIP: *Intolérable: les prisons*, Vorwort von Jean Genet, Paris: Gallimard, 1971. In dieser Broschüre, die am 10. November 1971

unter Federführung von Catherine von Bülow, Daniel Defert, Gilles Deleuze, Jean Genet und Michel Foucault herauskam, schrieb die GIP: »Der Tod von George Jackson war kein Versehen des Gefängnisses. Er war ein politisches Attentat. In Amerika war und ist der Mordanschlag bis heute eine Form politischen Handelns« (viertes Titelblatt); siehe auch P. Artières, L. Quéro, M. Zancarini-Fournel (Hg.), *Le Groupe d'information sur les prisons. Archives d'une lutte, 1970-1972*, a. a. O., S. 105 f.

20 Foucault führt hier den Begriff der Monomanie ein, ein Thema, das er in vielen seiner Schriften wiederaufnehmen wird, vor allem im darauffolgenden Jahr, in *Le Pouvoir psychiatrique*, S. 177 u. 249; dt.: *Die Macht der Psychiatrie*, Vorlesung vom 9. Januar 1974, S. 259, und vom 23. Januar, S. 360; in *Les Anormaux*, S. 94-97, 102-125, 131-145; dt.: *Die Anormalen*, Vorlesung vom 29. Januar 1975, S. 360, Vorlesungen vom 5. Februar 1975, S. 156-160, und vom 12. Februar, S. 184-210; und in *Moi, Pierre Rivière*, a. a. O.; dt.: *Der Fall Rivière*, a. a. O. Der Begriff der Monomanie wird in der sechsten Sitzung vom 20. Mai 1981 der in Löwen gehaltenen Vorlesung eine große Rolle spielen, in *Mal faire, dire vrai*, S. 215-219 (siehe S. 232, Anm. 14), sowie in dem Vortrag über »L'évolution de la notion d'›individu dangereux‹ dans la psychiatrie légale du XIXe siècle«, a. a. O.; dt.: »Die Entwicklung des Begriffs des ›gefährlichen Menschen‹ in der forensischen Psychiatrie des 19. Jahrhunderts«. Robert Castel wird diesen Begriff untersuchen in »Les médecins et les juges«, in: *Moi, Pierre Rivière*, S. 315-331; dt.: »Die Ärzte und die Richter«, in: *Der Fall Rivière*, S. 279-296. Vgl. auch das Kapitel »Monomania«, in: J. Goldstein, *Console and Classify: The French Psychiatric Profession in the Nineteenth Century*, Cambridge: Cambridge University Press, 1987, S. 152-196, sowie die von Jacques Lagrange genannten Referenzen in *Le Pouvoir psychiatrique*, S. 264-265, Anm. 45; dt.: *Die Macht der Psychiatrie*, S. 383: R. Fontanille, *Aliénation mentale et Criminalité (Historique, expertise médico-légale, internement)*, Grenoble: Allier Frères, 1902; P. Dubuisson u. A. Vigouroux, *Responsabilité pénale et Folie. Étude médico-légale*, Paris: Alcan, 1911; A. Fontana, »Die Intermittenz der Vernunft«, in: *Der Fall Rivière*, S. 297-316.

21 Das 1968 gegründete Syndicat de la magistrature war – ohne jedoch eine direkte Folge des Mai 68 zu sein (da der Entschluss, es zu gründen, vom Januar stammt) – eine berufsständische und zugleich militante Organisation, die dem Problem der White-Collar-Kriminalität große Aufmerksamkeit schenkte und bestimmte Ziele der GIP und Foucaults unterstützte. Die »roten Richter« des Syndicat de la magistrature, wie sich *Paris Match* 1975 ausdrückte, verbanden die »Sorge um die Aufwertung und den Schutz des Berufsstands mit militanteren und weniger unmittelbaren berufsständischen Ambitionen der Öffnung und Unterstützung der gewerkschaftlichen Mobilisierung, vor allem in der Arbeitswelt«. Vgl. L. Israël, »Un droit de gauche? Rénovation des pratiques

professionnelles et nouvelles formes de militantisme des juristes engagés dans les années 1970«, in: *Sociétés contemporaines*, Nr. 73, 2009, S. 59; vgl. auch L. Joinet, »Critiques du jugement. Propos recueillis par Olivier Doubre et Stany Grelet«, in: *Vacarme*, Nr. 29, 2004, ⟨http://www.vacarme. org/article1370.html⟩. Louis Joinet, einer der Pioniere des Syndicat de la magistrature, berichtet, an der Seite Foucaults bei der Gründung der GIP dabei gewesen zu sein. Er lud ihn 1973 und dann 1977 ein, bei einem Seminar des Syndicat in Goutelas vorzutragen; vgl. M. Foucault, »La redéfinition du judiciable. Intervention au séminaire du Syndicat de la Magistrature, 1977«, *Vacarme*, gen. Nummer. 1977 setzt sich das Syndicat vor allem dafür ein, dass Klaus Croissant, der ehemalige Anwalt der »Baader-Bande«, nicht ausgeliefert wird – ein Kampf, bei dem auch Foucault eine führende Rolle spielt; vgl. M. Foucault, »Va-t-on extrader Klaus Croissant?« (*Le Nouvel Observateur*, Nr. 679, 14. bis 20. November 1977), DE III, Nr. 210, S. 62 f.; dt.: »Wird Claus Croissant ausgeliefert?«, DE III, Nr. 210, S. 468 f.; vgl. auch L. Israël, »Défendre le défenseur de l'ennemi public. L'affaire Croissant«, in: *Le Mouvement social*, Nr. 240, 2012/3, S. 67-84.

Vorlesung 11
(Sitzung vom 14. März 1973)

*(1) Ein neuer Illegalismus: von der Veruntreuung zur Disziplinlosigkeit (*dissipation*). Seine Arbeitskraft verweigern. Der Körper des Arbeiters als beherrschender Faktor: Müßiggang; Arbeitsverweigerung; Unregelmäßigkeit; Nomadentum; Feiern; Ablehnung der Familie; Ausschweifung. (A) Geschichte der Faulheit. Der klassische Müßiggang des 17.-18. Jahrhunderts; die kollektive und organisierte Verweigerung im 19. Jahrhundert. (B) Kennzeichen dieser Disziplinlosigkeit: wechselseitige Verstärkung der Illegalismen; kollektiv und leicht zu verbreiten; sublegal; profitabel für das Bürgertum; Gegenstand der Missbilligung. Die drei Formen der Disziplinlosigkeit: Maßlosigkeit, Sorglosigkeit, Unordnung (*désordre*). Die drei Institutionen der Disziplinlosigkeit: Feiern, Lotterie, Konkubinat. (II) Der Disziplinlosigkeit Herr werden. Parapönale Mechanismen: Sparbuch; Arbeitsbuch. Ein stufenförmiges, fortlaufendes, kumulatives System. (III) Fortsetzung und Kapillarisierung des Rechts im alltäglichen Leben. Generelle Überwachung. Die Form der Prüfung (*examen*). Das Paar Überwachen–Strafen. Die Disziplinargesellschaft.*

[a]Als ich vom Illegalismus der Veruntreuung gesprochen habe, habe ich vom akkumulierten Reichtum so gesprochen, als bestünde er aus Konsumgütern, aus in Umlauf zu bringenden Bestandteilen des Reichtums, die man einbehalten kann, um sie entweder selbst zu verwenden oder zu vertreiben. Aber das ist nur eine Abstraktion. Dieser Reichtum besteht vor allem im Produktionsapparat, in Bezug auf den der Körper des Arbeiters – jetzt in direkter Berührung mit dem Reichtum, der ihm nicht gehört – nicht mehr einfach Bedürfnis, sondern Arbeitskraft ist, die zur Produktionskraft werden muss. Genau an dem Punkt, an dem die Körperkraft in Arbeitskraft transformiert

a Manuskript (S. 1), Zwischenüberschrift: »*Kleine Geschichte der Faulheit*«. In seiner Vorlesung greift Foucault den ersten Abschnitt des Manuskripts (S. 1), das mit »*Kleine Geschichte des Diebstahls*« betitelt ist, nicht auf:
»– nicht am Verhalten des Delinquenten festgemacht, sondern an kollektiven Praktiken, am Illegalismus der Veruntreuung.
Illegalismus der Veruntreuung
– der im 19. Jahrhundert keineswegs neu ist, aber neue Formen hat«.

und diese Kraft in ein Produktionssystem integriert wird, das aus ihr eine Produktivkraft macht, bildet sich ein neuer Illegalismus heraus, der – wie der der Veruntreuung – die Verbindung des Körpers des Arbeiters mit dem Körper des Reichtums betrifft, dessen Ansatzpunkt aber nicht mehr der Körper des Reichtums als Gegenstand einer möglichen Aneignung ist, sondern der Körper des Arbeiters als Produktionskraft.

Dieser Illegalismus besteht vornehmlich in der Weigerung, diesen Körper, diese Kraft in den Produktionsapparat einzubringen. Er kann mehrere Formen annehmen: 1/die Entscheidung für die Faulheit: die Weigerung, diese Arme, diesen Körper, diese Kraft auf dem Arbeitsmarkt anzubieten; sie dem Gesetz des freien Wettbewerbs um Arbeit, auf dem Markt, zu »*rauben*«; 2/die Regellosigkeit des Arbeiters:[a] die Weigerung, seine Kraft dort einzusetzen, wo man sie einsetzen soll, oder in dem Moment, in dem man sie einsetzen soll, das heißt, seine Kräfte zu *zersplittern*, selbst über die Zeit zu entscheiden, in der man sie einsetzen wird; 3/die Feier: die Kraft nicht für all das aufzubewahren, was sie tatsächlich verwertbar machen könnte, sie zu *vergeuden*, indem man auf seinen Körper nicht achtet, indem man der Unordnung verfällt;[b] 4/die Ablehnung der Familie: seinen Körper nicht für die Reproduktion der Arbeitskräfte in Form einer Familie zu nutzen, die ihre Kinder selbst aufzieht und durch die Sorgfalt, die sie hierbei walten lässt, neue Arbeitskräfte garantiert; das heißt die Ablehnung der Familie im Konkubinat, der Ausschweifung.

Diese ganzen Praktiken wurden von einer Reihe von Autoren, die ihren Diskurs als ein Unternehmen der Moralisierung der Arbeiterklasse darstellen, aufgezeigt und angeprangert. So nennt Grün als Hauptfehler der Arbeiterklasse:[1] 1/Maßlosigkeit; 2/Sorglosigkeit und verfrühte Ehen: man soll nur heiraten, wenn man über die Mittel verfügt, eine Familie zu unterhalten; die Sittenreinheit muss vermittelt werden, indem man die Erzie-

---

a Das Manuskript (S. 2) fügt hinzu: »das Nomadentum«.

b Manuskript (S. 2): »(Trunkenheit, Unordnung, schlechte Gesundheit)«.

hung »der religiösen Unterweisung, der Fürsorge der Väter und Mütter, der Aufmerksamkeit des Arbeitgebers« anvertraut;[2] 3/Wildheit, anarchische Leidenschaften, die Weigerung, sich den Gesetzen zu unterwerfen, sich zu binden; 4/das Fehlen einer Ökonomie; 5/die Weigerung, sich zu bilden und seine eigene Arbeitskraft zu verbessern; 6/der Mangel an Hygiene: »Die arbeitenden Klassen kennen oft nicht die Regeln einer guten Hygiene, überlassen ihre Person und ihre Behausungen dem Schmutz und geraten in einen Zustand physischen Verfalls, bei dem sie sowohl ihre Gesundheit als auch ihre Würde einbüßen«;[3] 7/der Missbrauch der Freizeit; weshalb sich die Arbeitgeber und die Administration um deren Organisation kümmern müssen. Das Ganze wird präsentiert als ein Plädoyer für die Förderung dessen, was die arbeitenden Klassen von ihrem Elend erlösen und glücklicher machen wird. Doch diese Literatur sagt auch explizit, dass es im Interesse des Arbeitgebers ist, dass die Arbeitskraft der Arbeiter im Produktionsapparat effektiv eingesetzt wird. So schreibt Thouvenin 1847, in »La santé des populations dans les grandes centres manufacturiers«, veröffentlicht in den *Annales d'hygiène publique*, dass der Arbeiter sich nicht dem Alkoholismus hingeben, eine Familie haben und für sie aufkommen soll, denn »der Arbeiter müsste auch an das Unrecht denken, das er den Fabrikanten zufügt, die, indem sie ein beachtliches Kapital auf die Konstruktion von Gebäuden, den Kauf von Maschinen und Rohstoffen verwendet haben, infolge einer nicht einkalkulierten Einstellung der Arbeit ihrer Arbeiter mit einem großen Verlust rechnen müssen; denn in dieser Zeit sind die Fabrikbesitzer verpflichtet, weiterhin ihren Verbindlichkeiten nachzukommen, während sie die Zinsen des Geldes, das sie in ihre Fabriken gesteckt haben, verlieren«.[4]

So tritt ein Illegalismus in Erscheinung, der sich nicht mehr um die *Veruntreuung*, sondern um die *Disziplinlosigkeit* dreht: Das, worum es geht, ist nicht mehr das *Begehren* des Arbeiters, das sich auf die Materialität des Reichtums erstreckt, sondern die *Bindung* an den Produktionsapparat. Dieser Illegalismus hat die Form des Absentismus, der Verspätung, der Faulheit, des Feierns, der Ausschweifung, des Nomadentums, kurz all dessen, was irregulär,[a] mobil im Raum ist. In einem Text von 1840 erklärt Michel Chevalier: »Von einer irregulären Existenz zu einem deregulierten Leben ist es nur ein kleiner Schritt.«[5] Gegenwärtig hat die industrielle Armee dieselbe Lebensform, dieselben Praktiken »wie die unkultivierte, undisziplinierte, zerlumpte Menge, aus der sich vor zwölfhundert Jahren die Armeen zusammensetzten«.[6] Die industrielle Armee muss, indem dieses frühere Modell der Lumpenarmee aufgegeben wird, eines Tages dem ähneln, was die Armee heute ist, den »geordneten, gut ausgerüsteten, höchst disziplinierten, mit allem ausgestatteten Korps [...]. Dort begleitet vom Tag seines Eintritts unter der Fahne bis zum Augenblick seines Austritts, seines Todes einen jeden eine unermüdliche Vorsorge; eine unschätzbare Wohltat, nach der sich unsere Proletarier, erschlagen wie sie von ihrer absoluten Unabhängigkeit sind, heute sehnen.«[7]

Gewiss hat das 19. Jahrhundert den Müßiggang nicht erfunden, doch gäbe es hier eine ganze Geschichte der Faulheit zu schreiben, das heißt nicht der Freizeitaktivitäten – die eine Weise sind, den Müßiggang zu codieren, zu institutionalisieren, eine bestimmte Weise, die Nicht-Arbeit in den Produktionszyklus einzubauen, die Faulheit in die Ökonomie zu integrieren, indem sie aufgenommen und innerhalb des Konsumsystems kontrolliert wird –, sondern der Art und Weise, in der man sich der Pflicht zu arbeiten entzieht, in der man die Arbeitskraft stiehlt, in der man es vermeidet, sich vom Produktionsapparat schlucken und bestimmen zu lassen. Wenn es hier nun eine Geschichte der Faulheit geben kann, dann weil sie nicht Gegenstand derselben Kämpfe ist, innerhalb deren sie gemäß den unterschiedlichen Produktionszusammenhängen als störende Kraft auftrat. Es gibt im 17.-18. Jahrhundert eine Form von klassischer Faulheit, die über den Begriff des Müßiggangs definiert wird. Sie wird auf zwei Ebenen ausfindig gemacht und kontrol-

a Manuskript (S. 3): »Irregularität in der Zeit, Mobilität im Raum, Leidenschaft des Körpers«.

liert: [Zum einen] unterliegt sie einem lokalen, quasi individuellen Druck: dem des Handwerksmeisters, der seinen Gesellen so viel wie möglich arbeiten lässt. [Zum anderen], auf staatlicher Ebene, in einer Wirtschaftsform, die lange von merkantilistischen Themen beherrscht war, besteht die Verpflichtung, jedermann zum Arbeiten zu bringen, um die Produktion so weit wie möglich zu steigern – die Polizei, die Intendanten sind die Instrumente hierzu. Zwischen diesem zweifachen Druck der Handwerks- und der Polizeizelle hat der Müßiggang ein weites Feld, um sich zu zeigen. Im 19. Jahrhundert hat die Faulheit eine andere Form; erstens weil man konjunkturelle Müßiggänger braucht: die Arbeitslosen. Daher sieht man den Vorwurf des Müßiggangs, den man der arbeitenden Klasse gemacht hat, sehr schnell verschwinden. Dafür sind zum Zeitpunkt der Entstehung der Industriezentren, der Fabriken all die Arbeitsverweigerungen, die bis hin zum Streik eine mehr oder weniger kollektive und organisierte Form annehmen, Gegenstand der Kontrolle und des Drucks.

Der Illegalismus[a] der Disziplinlosigkeit hat somit eine Spezifität, die es nun genauer zu fassen gilt. Erstens die Verbindungen zwischen dem Illegalismus der Disziplinlosigkeit und dem Illegalismus der Veruntreuung: Eines der großen Probleme der Moral, der Polizei, all der Kontrollinstrumente des 19. Jahrhunderts wird sein, diese Illegalismen auseinanderzuhalten und aus der Veruntreuung etwas zu machen, das unter strenger Strafe steht, wie ein Vergehen, und davon den maßvollen, alltäglichen, ständigen Illegalismus der Disziplinlosigkeit zu trennen. Doch gleichzeitig zeigt derselbe Apparat, der den Dieb und den Faulenzer einander entgegenzusetzen versucht, wie man vom einen

a Manuskript (S. 5):
»All die Illegalismen, die sich auf die Ökonomie der Arbeitskräfte erstrecken und die man nicht mehr mit dem Etikett des *Müßiggangs*, sondern mit dem der *Disziplinlosigkeit* versehen kann, sind somit neu
- in ihren Formen
- in ihrer Verbreitung
- in ihren Auswirkungen
- in dem Kampf, der im Hinblick auf sie entbrennt«.

zum anderen wird. Hinter dem Bemühen um Trennung und Verbindung gibt es in der Tat eine komplexe, andere Realität. Einerseits eine wechselseitige Verstärkung der Illegalismen: Je disziplinloser, mobiler die Massen sind, desto weniger sind sie an bestimmten Punkten des Produktionsapparats angesiedelt und desto mehr sind sie versucht, zur Veruntreuung überzugehen. Je mehr sie hingegen zur Veruntreuung neigen, desto mehr werden sie, um Sanktionen zu entgehen, ein ungeregeltes Leben zu führen suchen, dem Nomadentum verfallen.[a] Andererseits verstärkt man aber, sobald man versucht, den einen dieser Illegalismen zu bezwingen, den anderen; im Grunde genommen ziehen all die höchst lästigen Kontrollen, mittels deren man versucht, die Bevölkerungen zu überwachen, die Veruntreuung zu stoppen, eine Beschleunigung des Mobilitätsprozesses nach sich.[8] Umgekehrt führen die Mittel, die eingesetzt werden, um den Illegalismus der Disziplinlosigkeit zu kontrollieren, zu einer Verstärkung der Veruntreuung, vor allem das Mittel, das angewendet wird, um die Arbeiter an den Ort ihrer Arbeit zu binden, um zu erreichen, dass sie dort und dann, wenn man es möchte, arbeiten – ein Lohnsatz, der so niedrig wie möglich ist, und eine wöchentliche Auszahlung, die dafür sorgt, dass der Arbeiter möglichst wenig Geld hat. Indem man den Arbeiter an den Rand der Bedürftigkeit bringt, bindet man ihn an seine Arbeit, verweist ihn aber gleichzeitig auf die Möglichkeit der Veruntreuung als Ausweg aus dem Elend. So verstärken sich diese beiden Illegalismen wechselseitig, bis man gegen Mitte des 19. Jahrhunderts ein anderes Mittel zur Kontrolle des Illegalismus der Disziplinlosigkeit finden wird.[b]

Zweitens, was den Illegalismus der Disziplinlosigkeit gefähr-

---

a Das Manuskript (S. 6) fügt hinzu: »vgl. die Kriminalität in der Bevölkerungsgruppe der Migranten«.

b Das Manuskript (S. 7) fügt hinzu:
»Und diese beiden sich verstärkenden Illegalismen haben ihren Verbindungspunkt im Maschinensturm, der Zerstörung des akkumulierten Reichtums; doch als Produktionsapparat; insofern er zum Elend verdammt; insofern er einer Produktionsform unterwirft.«

licher macht als ersteren, ist, dass er leichter als jener kollektive Formen annehmen kann: Zunächst ist dies ein Illegalismus, der sich leicht verbreitet. Während die Veruntreuung, um einen gewissen Umfang zu erlangen, die Organisation der Hehlerei, des Weiterverkaufs, der Kreisläufe voraussetzt, erfordert die Disziplinlosigkeit kein geschlossenes System. Sie besteht nicht notwendig in der Organisation, sie ist eine Lebensweise, die eine Wahl, die Ablehnung der Industriearbeit, widerspiegeln kann. Es gab eine massive und zuweilen kollektive Verweigerung der Sonntagsarbeit, Nomadenzüge, die den Arbeitsmärkten entsprechend organisiert waren, Kneipengesellschaften,[a] Formen spontaner Organisation der Arbeiterklasse. Während der Illegalismus der Veruntreuung in der Form des »Schmuggels« feststeckte, die ihn zu einem geschlossenen System zwang, aus dem er nur explosionsartig, in Form von Plünderungen, ausbrach, mündet der Illegalismus der Disziplinlosigkeit in die Möglichkeit konzertierter Aktionen gegen die Arbeitgeber, die den Arbeitsmarkt belasten werden.[9] Er wird weitreichende ökonomische und politische Auswirkungen haben; ausgehend von ihm werden sich vollkommen geregelte Kampfstrategien gegen die Arbeitgeberschaft entwickeln.[b]

Drittens, während der erste [Illegalismus] im Laufe des 19. Jahrhunderts zurückgeht, wird der zweite, der maßvoller, alltäglicher erschien, politisch Erfolg haben und den bürgerlichen Reichtum den größten Gefahren aussetzen. Und die Schwierigkeit, diesen Illegalismus zu kontrollieren, ist noch größer als im ersten Fall: All diese Irregularitäten sind keine Vergehen, und in Anbetracht des für die bürgerliche Ökonomie notwendigen frei-

a Manuskript (S. 8): »Kaffeehausgesellschaften« und »schließlich kollektive Arbeitsverweigerungen, um Lohnsteigerungen zu erhalten oder Lohnsenkungen zu bekämpfen«.

b Das Manuskript (S. 9) fügt hinzu:
»Und darum wird er sich von sich selbst multiplizieren können. Einen politischen Kampf auslösen. Anti-illegalistische Gesetzgebung, antikonzessionistischer, anti-neuer Illegalismus. Wenn die Arbeitgeber sagen: Die Streikenden sind faul, nehmen sie eine historische Verkürzung vor.«

en Arbeitsmarkts[a] ist es unmöglich, ihr rechtliches System so zu gestalten, dass all das ein Vergehen darstellen kann; somit breitet sich dieser Illegalismus auf einer sublegalen Ebene aus. Überdies hat das Bürgertum im Grunde bis zu einem gewissen Grad ein Interesse an diesem Illegalismus: Eine mobile Arbeiterschaft, die weder physischen Widerstand leistet noch Vorschüsse hat und sich den Luxus eines Streiks nicht erlauben kann, all das dient in gewissem Sinn ihren Interessen. Letztlich findet sie in diesem Illegalismus einen Unterschlupf für ihren eigenen Illegalismus: Wenn ein Arbeiter bei dem Arbeitgeber, den er verlässt, kein ordentliches Arbeitsverhältnis hat, kann er ihn in einer Zeit, in der es Arbeitsbücher gibt, nicht bitten, ihm sein Arbeitsbuch zurückzugeben; er kann dieses seinem neuen Arbeitgeber nicht vorzeigen und kann, insofern er nicht den Vorschriften genügt, nicht dieselben Lohnansprüche haben. So war die Nichteinhaltung der Vorschriften zu den Arbeitsbüchern im 19. Jahrhundert eine gängige Praxis der Arbeitgeber.[10]

Viertens war dieser Illegalismus zudem ein Gegenstand weniger der »Angst« denn der Missbilligung, denn er griff nicht die Substanz des Reichtums selbst an, sondern stellte nur einen Gewinnausfall dar. So sagte Villeneuve-Bargemont, in *Économie politique chrétienne*, mit Blick auf die Arbeiter im Norden: »[W]enn der notleidende Teil der flämischen Bevölkerung Laster hat, die dazu beitragen, sie in den grauenhaften Zustand der Entwürdigung und Not zu stürzen und darin zu halten, bewahrt die Weichheit oder, wenn man so will, der charakterbedingte Mangel an Energie die Bedürftigen gewöhnlich vor Exzessen, die der Gesellschaft schaden. Sie leben im vollkommensten Elend und machen sich trotzdem selten schwerer Anschläge auf Personen und Arbeitgeber schuldig; sie leiden ohne aufzubegehren und praktisch ohne Murren und wären so sehr viel eher ein Gegenstand des Mitleids als dass sie Anlass zu Beunruhigung und Misstrauen geben [...]«.[11] Man könnte den

a Das Manuskript (S. 10) fügt hinzu: »und um dem Arbeitgeber freie Hand zu lassen, gibt man ihm die (illusorische) Form des freien Vertrags«.

Gegenständen, den Mechanismen dieses Missfallens nachgehen; es würde zum Beispiel reichen, einen Begriff wie den der *Disziplinlosigkeit* zu untersuchen.[12] Man findet ihn immer dann, wenn es die Immoralität der Arbeiter zu bezeichnen gilt. Man findet ihn im 17. Jahrhundert in den Internierungsregistern oder in den *lettres de cachet*: Der Disziplinlose war im Wesentlichen derjenige, der sich widersetzte oder unbelehrbar war, sein Hab und Gut vernünftig zu bewirtschaften. Ab dem 19. Jahrhundert ist der Disziplinlose derjenige, der nicht das Kapital, das Vermögen angreift, sondern seine eigene Arbeitskraft: Dies ist keine Art und Weise mehr, mit seinem Kapital, sondern mit seinem Leben, seiner Zeit, seinem Körper schlecht umzugehen.

Deshalb hat die Disziplinlosigkeit in diesen Analysen drei Hauptformen: die Maßlosigkeit als Verschwendung des Körpers; die Sorglosigkeit als Zersplitterung der Zeit; und die Unordnung als Mobilität des Individuums in Bezug auf die Familie und die Arbeit.[13] Die drei großen Institutionen, in denen die Disziplinlosigkeit zum Ausdruck kam, sind: das Feiern, die Lotterie – die genau das ist, womit das Individuum versucht, ein Leben ohne Arbeit zu gewinnen; bei der Lotterie stehen die punktuelle Zeit, die Zufälle dem gegenüber, was im System einer rationalen Ökonomie das Geldverdienen ist, das heißt die kontinuierliche Arbeit, die mit einer im Voraus festgelegten Summe entlohnt wird –, das Konkubinat,[14] als Modalität der sexuellen Befriedigung außerhalb der familiären Bindung. All das könnte man als moralisches Nomadentum bezeichnen, das über diese Begriffe anvisiert wird. Im klassischen Zeitalter fürchtete man sich vor allem vor dem physischen Nomadentum, das mit der Veruntreuung verbunden war. Jetzt flößt der Verkehr der Individuen mit dem Reichtum noch immer Angst ein, doch ebenso sehr ängstigt man sich vor dem ersten [Nomadentum]: Auch wenn die Industrieproduktion kaum noch der technischen »Qualifikation« des Arbeiters bedarf, bedarf sie dafür kräftiger, intensiver, kontinuierlicher Arbeit – kurz, der moralischen Qualitäten des Arbeiters.

Fünftens ist das Problem, zu wissen, wie man diese Irregularität unter Kontrolle bringen kann. Eine solche Kontrolle setzt zuallererst die Moralisierung der Strafgerichtsbarkeit voraus;[15] aber sie setzt auch eine Maschine voraus, die sehr viel feiner ist und sehr viel weiter geht als die eigentliche strafrechtliche Maschine: einen Mechanismus der *Pönalisierung des Lebens.* Er soll das Leben unterhalb des Justizapparats mit einer Art diffusen, alltäglichen Strafbarkeit umgeben, in den Gesellschaftskörper parapönale Fortsätze einführen. Dies ist ein ganzes Spiel von Belohnungen und Bestrafungen, mit dem man versucht hat, das Leben des Volkes einzurahmen; zum Beispiel die auf der rein reglementierenden oder faktischen Ebene beschlossenen Maßnahmen zur Kontrolle der Trunkenheit. In Sedan etabliert man so ein Strafsystem:[16] Ein Arbeiter, der betrunken auf der Straße angetroffen wurde, wurde aus seiner Werkstatt geworfen und nur mit dem Schwur, sich nicht mehr zu betrinken, wieder eingestellt. Ab 1818 gibt es auch die Kontrolle durch das Sparen:[17] Das Sparbuch fungiert als ein moralischer Rahmen, als ein Spiel ständiger Belohnungen und Bestrafungen im Leben der Individuen. Ab 1803 wurden die Arbeiter, die kein Arbeitsbuch hatten, in dem nacheinander die Namen ihrer Arbeitgeber vermerkt waren, wegen Landstreicherei verhaftet; doch ab 1810 sorgte eine Vereinbarung mit der Polizei faktisch dafür, dass sie einen Arbeiter, der ein Sparbuch besaß, wegen eines fehlenden Arbeitsbuchs nicht verhaftete. Das Sparbuch, eine Garantie für Moralität, erlaubte dem Arbeiter, den verschiedenen Polizeikontrollen zu entkommen; ebenso war die bevorzugte Einstellung von Arbeitern, die ein Sparbuch hatten, eine gängige Praxis der Arbeitgeber. Man sieht mithin, dass sich selbst in die ökonomischen Mechanismen eine ganze Reihe von Spielen der Belohnungen und Bestrafungen einschleichen, ein Strafspiel, das subjuristisch ist.

Das Hauptmerkmal dieses außergerichtlichen Strafspiels ist, nicht Teil der schwerfälligen Strafrechtsmaschine mit ihrem binären System zu sein; denn dieses ganze Strafspiel sorgt nicht dafür, dass jemand tatsächlich verurteilt wird, es lässt jemanden nicht auf die andere Seite des Gesetzes geraten, in die Delinquenz. Es ist ein Spiel, das mahnt, droht, eine Art konstanten Druck [ausübt]. Es ist ein abgestuftes, durchgehendes, kumulatives System: All die kleinen Warnungen, all die kleinen Bestrafungen addieren sich schließlich und werden aufgezeichnet, sei es im Gedächtnis der Arbeitgeber, sei es in den Arbeitsbüchern, und so bewegt sich all das, indem es sich akkumuliert, auf eine Schwelle zu und übt auf das Individuum einen immer größeren Druck aus, bis es, da es immer mehr Schwierigkeiten hat, eine Arbeit zu finden, der Delinquenz verfällt. Die Delinquenz wird für diese ganze Reihe kleiner Druckmittel, die das gesamte individuelle Dasein begleiten, zu einer im Voraus feststehenden, gleichsam natürlichen Schwelle. Zum Beispiel funktioniert dieser extrapönale Strafmechanismus im Falle des Arbeitsbuchs folgendermaßen: Seit der Durchführungsbestimmung des Vendémiaire im Jahr XI muss ein Arbeiter seinen Arbeitgeber mit einem Arbeitsbuch verlassen, in dem dieser die Arbeit, den Lohn, das Ein- und Austrittsdatum festhält.[18] Nun haben die Arbeitgeber sich aber sehr bald angewöhnt, in die Arbeitsbücher eine Beurteilung des Arbeiters einzutragen. 1809 erinnert der Innenminister, Montalivet, in einem Rundschreiben die Präfekten daran, dass die Arbeitgeber nicht das Recht haben, negative Bemerkungen einzutragen, sondern lediglich die Umstände der Beschäftigung, und er fügt hinzu: Und da es immer erlaubt ist, lobende Bemerkungen zu machen, wird jeder verstehen, dass das Fehlen einer lobenden Bemerkung einer abschätzigen gleichkommt.[19] So sind die Beschäftigungsvoraussetzungen an das Vorhandensein oder Fehlen solcher Bemerkungen gebunden; außerdem zwingt den Arbeiter seine Verschuldung, bei der Einstellung um einen Vorschuss zu bitten, der immer im Arbeitsbuch aufgeführt wird. Ein Arbeiter hatte nicht das Recht, seinen Arbeitgeber zu verlassen, ohne den Vorschuss zurückerstattet zu haben, entweder in Geld oder in Arbeit; wenn er vorher ging, konnte er sein Arbeitsbuch nicht zurückbekommen, wurde wegen Landstreicherei verhaftet und dann der Justiz übergeben. Man sieht somit, wie das System der Mikro-Strafen das Individuum schließlich dem Justizapparat überantwortet.

*

Ich glaube, dass man in den Mechanismen des Strafens im engeren Sinne, die den gesamten Gesellschaftskörper durchdrungen haben, eine historisch wichtige Erscheinung hat. Sie bringt zunächst, und zwar erstmals in der abendländischen Geschichte, eine vollkommene Kontinuität zwischen dem Strafen und dem Strafrechtlichen mit sich. Man hat nunmehr eine durchgängige Rasterung, die die Justiz bis ins Alltagsleben hinein verlängert – als Kapillarisierung der Rechtsinstanz, des ewigen Hin und Her zwischen Strafen und Strafrechtlichem. Im klassischen Zeitalter gab es zwar einen ganzen Bereich des Strafens, den einerseits die Kirche und ihr System von Beichte-Buße und andererseits ein Polizeisystem gewährleisteten, das erlaubte, außerhalb des Gesetzes zu bestrafen. Doch dieser Bereich des Strafens war ein spezielles Gebiet. Zwar hatte er gewisse Verbindungen mit dem strafrechtlichen Bereich, doch war er, sei es infolge eines Privilegs – wenn es sich zum Beispiel um Adlige oder Geistliche handelte –, sei es infolge einer übergeordneten Kontrolle – wie im Fall der *lettres de cachet* –, vom Strafrechtssystem relativ unabhängig. Nun [im 19. Jahrhundert] hat man ein sehr subtiles System, das vom Strafen zum Strafrechtlichen eine Kontinuität beinhaltet, die auf einer Reihe von Gesetzen, Maßnahmen, Institutionen basiert. So ist das Arbeitsbuch ein vertraglicher Akt zwischen Arbeitgeber und Arbeiter und gleichzeitig eine polizeiliche Maßnahme: Man muss über den Arbeiter eine ökonomische und moralische Kontrolle haben. Das Arbeitsbuch ist eine dieser Institutionen, die nicht wirklich zum Strafrecht gehören, aber erlauben, die Kontinuität von Strafen und Strafrechtlichem zu gewährleisten. Die Arbeitsgerichte haben dieselbe Rolle: Sie sind im Prinzip dazu bestimmt, Streitigkeiten zwischen Patron und Arbeiter zu regeln, können aber eine Reihe von Maßnahmen ergreifen, [zum Beispiel] Hausdurchsuchungen, und haben so die Funktion von Strafinstanzen, die ab einem bestimmten Moment die bestraften Individuen marginalisieren und in die Delinquenz abgleiten lassen werden. All die Überwachungsinstitutionen – das Armenhaus, das Haus der Notleidenden etc. – haben die Aufgabe der tagtäglichen und marginalisierenden Kontrolle.

Sodann ist die Kontinuität, die die Strafgesellschaft kennzeichnet, nur unter der Voraussetzung einer Art generellen Überwachung möglich, nicht nur des Aufbaus einer Kontrolle, einer Perzeption, sondern auch eines Wissens über die Individuen, so dass sie einer permanenten Probe unterzogen werden, bis zu dem Augenblick, in dem sie der anderen Seite zugeschlagen und tatsächlich einer gerichtlichen Instanz unterworfen werden müssen. Nun hat diese ständige Beurteilung, diese Institution der Belohnungen und Bestrafungen, die ein Individuum sein Leben lang verfolgt, aber nicht die Form der Probe (*épreuve*), die man im griechischen oder mittelalterlichen Strafrechtssystem findet;[20] bei diesem Prüfungssystem fällt die Entscheidung über Schuld oder Unschuld im Laufe von so etwas wie einer Auseinandersetzung, einem Wettstreit und ermittelt ein für alle Mal, ob das Individuum schuldig ist oder nicht – ein einmaliger Akt, ein Wettstreit von Individuum zu Individuum, von Kraft zu Kraft. Sie hat auch nicht die Form der Untersuchung (*enquête*), die sich Ende des Mittelalters herausbildet und bis zum 18. Jahrhundert Bestand hat;[21] eine Form des Wissens, die, nachdem eine Tat begangen, ein Vergehen entdeckt wurde, erlaubt zu ermitteln, wer was unter welchen Umständen getan hat; liegt ein Verbrechen vor, lautet das Problem zu wissen, wo man die Schuldigen suchen muss. Man hatte also eine inquisitorische Form des Wissens und der Kontrolle.

Das System der permanenten Kontrolle der Individuen ist jedoch weder eine Probe noch eine Untersuchung. Oder vielmehr ist es eine ständige Probe, ohne Schlusspunkt. Es ist eine Untersuchung, aber vor jeglichem Vergehen, außerhalb jeglichen Verbrechens. Es ist eine Untersuchung, bei der das Individuum *a priori* unter Generalverdacht steht. Man kann diese ununterbrochene, stufenförmige, akkumulierte Untersuchung als eine *Prüfung* (*examen*) bezeichnen,[22] die eine fortwährende Kontrolle und einen ständigen Druck gestattet, die erlaubt, dem Individuum in all seinen Bemühungen zu folgen, zu sehen, ob es geregelt oder ungeregelt, solide oder disziplinlos, normal oder anormal ist. Indem sie diese fortwährende Teilung vornimmt, erlaubt diese Prüfung eine stufenförmige Aufteilung der Individuen bis zur Grenze der Justiziablen.[a] So sieht man genau am Verbindungspunkt zwischen dem Arbeiterkörper und der Produktionskraft eine Form von Wissen entstehen, die in der Prüfung besteht. Die Gesellschaft, die das Problem der Handhabung und der Kontrolle der neuartigen Illegalismen zu lösen hat, wird zu einer Gesellschaft, die nicht vom Juristischen beherrscht ist – denn zweifellos hatte das Juristische nie weniger Macht als in dieser Gesellschaft –, sondern die das Juristische auf ein tagtägliches, komplexes, tief verankertes Strafsystem überträgt, das moralisiert, was das Juristische nie gemacht hat. Kurz, dies ist eine Gesellschaft, die die permanente Betätigung des Strafens mit einer damit in Verbindung stehenden Betätigung des Wissens, der Registrierung verknüpft.[b]

Das Paar Überwachen–Strafen begründet eine für die Bindung der Individuen an den Produktionsapparat und für die Konstituierung der Produktivkräfte unerlässliche Machtbeziehung und kennzeichnet eine Gesellschaft, die man als *Disziplinargesellschaft* bezeichnen kann.[23] Man hat hier ein ethisches und politisches Zwangsmittel, das notwendig ist, um den Körper, die Zeit, das Leben, die Menschen in Form der Arbeit in das Spiel der Produktivkräfte zu integrieren. Es bliebe noch ein Schritt zu machen: Wie ist diese Überwachung–Bestrafung möglich? Mittels welcher Instrumente konnte das sich etablierende Disziplinarsystem tatsächlich gewährleistet werden?[c]

---

a Das Manuskript (S. 15) fügt hinzu: »(mit einer Untersuchung in Form der Beweisaufnahme und einer Probe in Form des Gerichtstermins)«.

b Manuskript (S. 15): »diese neue Form des Wissens beiseitelassen. Behalten, dass wir in einer Straf- und Prüfungs-, *Disziplinar*gesellschaft leben«.

c Das Manuskript (S. 16) fügt hinzu:
»– Viele Mittel: Unterweisung; Vereinigung; Konsum (nach der Armut); Wohnung; aber
– eine allgemeine Form: die Einsperrung.«

1 A. Grün, *De la moralisation des classes laborieuses*, Paris: Guillaumin, 1851. Grüns Buch, das nicht mehr als 91 Seiten hat, widmet 70 davon (S. 17-91) den sieben moralischen Fehlern der arbeitenden Klassen, die Foucault in seiner Vorlesung beschreibt.
2 Ebd., S. 23.
3 Ebd., S. 76.
4 J.-P. Thouvenin, »De l'influence que l'industrie exerce sur la santé des populations dans les grands centres manufacturiers«, in: *Annales d'hygiène publique et de médecine légale*, 1. Reihe, Nr. 36, S. 16-46, und Nr. 37, S. 83-111, hier S. 84-85, Paris: Jean-Baptiste Baillière, 1847.
5 Michel Chevalier, *De l'industrie manufacturière en France*, Paris: Jules Renouard et Cie, 1841, S. 38. Louis Reybaud widmet Michel Chevalier in seinem Buch *Économistes modernes* (Paris: Lévy Frères, 1862) (S. 172-243) ein Kapitel.
6 Ebd., S. 39.
7 Ebd., S. 39f. (»vollkommene Unabhängigkeit« im Original in Anführungszeichen).
8 Am Rande der Erklärung des Zusammenhangs zwischen Kontrolle und Mobilität: »Umzüge, um sich dem Gerichtsvollzieher, Gläubiger oder Arbeitgeber, bei dem man die Arbeit nicht beendet hat, zu entziehen«, fügt Foucault hinzu: »Hausdurchsuchungen durch die Arbeitsgerichte« (S. 7); vgl. hier, S. 269. Diese Gerichte, die sich »je zur Hälfte aus Arbeitgebern und Arbeitern zusammensetzen, die von Ihresgleichen gewählt wurden«, waren dazu bestimmt, »im gewerblichen Bereich Streitigkeiten zwischen den Arbeitern und ihren Arbeitgebern zu schlichten« (Émile Littré, *Dictionnaire de la langue française*, Bd. 5, S. 5074), Streitfälle rund um das Arbeitsrecht. Das erste Arbeitsgericht wurde in Lyon eingerichtet (Gesetz vom 18. März 1806), das zweite in Paris (Gesetz vom 27. Dezember 1844). Nach mehreren Reformen haben die Gesetze vom 18. Januar 1979 und 6. Mai 1982 diese Gerichtsbarkeit auf das gesamte Territorium und auf sämtliche beruflichen Bereiche ausgedehnt.
9 Foucault vermerkt am Rand des Manuskripts: »Weitling« (S. 9). Wilhelm Weitling (1808-1871) wird als einer der Vorläufer von Marx angesehen, obwohl er von diesem zu den »utopischen Sozialisten« gerechnet wurde. Weitling entstammte der Unterklasse, war Autodidakt und vertrat »einen primitiven evangelischen Kommunismus« (vgl. L. Kolakowski, *Die Hauptströmungen des Marxismus. Entstehung, Entwicklung, Zerfall*, übers. v. E. Kozlowski, R. Piper & Co.: München 1977, 2 Bde., Bd. I, S. 242), indem er zum gewaltsamen und kollektiven Aufstand gegen die Besitzenden aufrief. Weitling verfasste Broschüren, die in Europa zahlreiche Verbreitung fanden, und beteiligte sich an mehreren illegalen kommunistischen Organisationen, darunter der »Liga der

Gerechten«; 1846 half er kurzeitig Marx bei seinem Versuch, zwischen den verschiedenen kommunistischen Ligen in Europa Verbindungen aufzubauen.

10 Zu dem Nutzen, den das Bürgertum aus dem Illegalismus der Disziplinlosigkeit zieht, fügt Foucault in seinem Manuskript hinzu: »Wirtshaus als Beispiel: finanzielles Interesse, moralisches und politisches Interesse, Spielraum für Kredit« (S. 10), in Bezug auf die Vereinnahmung der Ersparnisse der Arbeiter durch die Inhaber von Schankwirtschaften, die sich infolge des Gesetzes vom 17. Juli 1880 unter der Dritten Republik vervielfacht haben.

11 A. de Villeneuve-Bargemont, *Économie politique chrétienne, ou Recherches sur la nature et les causes du paupérisme, en France et en Europe, et sur les moyens de le soulager et de le prévenir*, Paris: Paulin, 1834 [Neuaufl. Paris: Hachette, 1971], 3 Bde.: Bd. 2, S. 64.

12 Foucault schreibt im Manuskript: »ein Beispiel: Madre, *Des ouvriers* (1863)« (S. 11). Vgl. A. de Madre, *Des ouvriers et des moyens d'améliorer leur condition dans les villes*, Paris: Hachette, 1863.

13 Foucault fügt im Manuskript folgende Referenz hinzu: »Grün (*Moralisation des classes laborieuses*, 1851): der *wahre* und der *falsche Sozialismus*« (S. 11). Vgl. A. Grün, *De la moralisation des classes laborieuses*, a. a. O.

14 Foucault fügt im Manuskript den Begriff »Primitivismus« hinzu und verweist auf »V. Bargemont« (S. 11). Vgl. A. de Villeneuve-Bargemont, *Économie politique chrétienne*, a. a. O.

15 Foucault nennt im Manuskript (S. 12) das »Gesetz zur Trunkenheit« (Gesetz vom 23. Januar 1873, das Trunkenheit in der Öffentlichkeit unter Strafe stellt) und »die Strafbarkeit des Nomadentums« (Art. 270 des Strafgesetzbuchs von 1810).

16 Von dieser Praxis berichtet Louis-René Villermé in seinem Werk *Tableau de l'état physique et moral des ouvriers employés dans les manufactures de coton, de laine et de soie*, Paris: Études et documentations internationales, 1989 [Originalausg.: Paris: Jules Renouard et Cie Librairies, 1840], S. 391. Über die Mittel, die angewendet wurden, um die Trunksucht der Arbeiter zu bekämpfen, schreibt Villermé: »Aber ich habe in Sedan Besseres gesehen. Ich habe in dieser Stadt nicht ohne Überraschung und Befriedigung vernommen, dass die Chefs der ersten Häuser und die meisten der anderen sich untereinander zusammengeschlossen und verständigt haben, um die Trunksucht abzustellen [...], und dass sie genügend Geschick und Glück hatten, um damit Erfolg zu haben. Ihr Mittel besteht darin, Arbeitslosigkeit so gut sie können zu verhindern, den Arbeitern, die krank werden, ihre Stelle zu erhalten, mit einem Wort, diejenigen, mit denen sie zufrieden sind, gut zu behandeln, sie zu binden, zu ihren Werkstätten aber auch niemals einem Trunkenbold Zutritt zu gewähren, jeden, der betrunken gesehen wurde, zu entlassen und nicht wieder einzustellen und das Fernbleiben von den Werk-

stätten am Sonntag auf dieselbe Weise zu bestrafen. [...] Die Arbeiter wissen sehr gut, was sie ihren Meistern für einen solchen Dienst schulden, und sie zeigen sich dankbar dafür. Letztlich wurde ich dank ihnen in die guten Taten ihrer Fabrikbesitzer eingeweiht und konnte mich von deren positivem Einfluss auf die Verhinderung schlechter Angewohnheiten überzeugen« (ebd.). Paul Leroy-Beaulieu nennt – in *État moral et intellectuel des populations ouvrières* (Paris: Guillaumin et Cie, 1868) – Sedan ebenfalls mehrfach als ein Beispiel für Städte, in denen Maßnahmen ergriffen wurden, die sich dazu eigneten, die moralische Verfassung der Arbeiter zu verbessern: »überall, wo wir solide Arbeiter sehen, in Sedan, in Guebwiller, finden wir intelligente Initiativen der Industriellen« (S. 74). (Jacqueline Lalouette vermerkt Ende des 20. Jahrhunderts, dass noch keine Statistik erlaubt hat, den Alkoholkonsum nach sozialen Klassen zu erfassen; vgl. J. Lalouette, »Alcoolisme et classe ouvrière en France aux alentours de 1900«, in: *Cahiers d'histoire*, Bd. 42 (1), 1997, ⟨http://ch.revues.org/index11.html⟩.)

17 Nach »Sparen« fügt Foucault im Manuskript »Bruno« hinzu (S. 13), womit er sicherlich auf eine von Pierre Édouard Lemontey erfundene Person Bezug nimmt in *Moyen sûr et agréable de s'enrichir, ou, les Trois Visites de M. Bruno*, Paris: Hacquart, 1818, erneut abgedruckt in *Suite à la brochure de M. P.-E. Lemontey, intitulée Moyen sûr et agréable de s'enrichir, ou Quatre Nouvelles Visites de M. Bruno. Conseils aux hommes de tous les rangs et de toutes les classes, et surtout aux pères de famille, aux capitalistes, aux propriétaires, aux rentiers, aux artistes, aux salariés, etc.*, Paris: Renard, 1825. Herr Bruno, ein Möbelschreiner, der sich aus dem Geschäftsleben zurückgezogen hat, versucht hier den Arbeitern die Vorzüge des Sparens beizubringen. Pierre Édouard Lemontey war 1791 Präsident der gesetzgebenden Versammlung, beteiligte sich dann nach seiner Rückkehr nach Lyon an dem Aufstand für die Girondisten und ging nach dem Sieg der Republikaner ins Exil in die Schweiz. Nachdem er unter dem Kaiserreich und dann der Restauration rehabilitiert worden war, wurde er 1819 in die Académie française gwählt und starb 1826; vgl. Dr Robinet, A. Robert, J. Le Chaplain, *Dictionnaire historique et biographique de la Révolution et de l'Empire 1789-1815*, Évreux: Charles Hérissey, 1898.

18 Vgl. oben, S. 253 f., Anm. 12.

19 Vgl. [Jean-Pierre Bachasson (1766-1823), Comte de Montalivet], »Circulaire du Ministre de l'intérieur (Comte de Montalivet) aux Préfets, Paris, Novembre 1809, sur les »Livrets des Ouvriers««, in: *Circulaires, Instructions et autres actes émanés du Ministère de l'intérieur, ou, relatifs à ce département: de 1797 à 1821 inclusivement*, 2. Aufl., Paris: Ministère de l'Intérieur, 1822, Bd. II (1807 bis 1815 einschließlich), S. 162: »Auch wenn es nicht erlaubt ist, in das Arbeitsbuch ungünstige Beurteilungen zu schreiben, steht der Abgabe günstiger Abschlussbemerkungen nichts im Wege. Das Schweigen, das der Fabrikbesitzer im ersten Fall bewahrt,

beweist indirekt wenn nicht ein fehlerhaftes Verhalten, so doch zumindest wenig Zufriedenheit mit den Diensten des Arbeiters.« In *Surveiller et Punir*, a.a.O., S. 239; dt.: *Überwachen und Strafen*, a.a.O., S. 299f., taucht Marthe-Camille Bachasson, Comte de Montalivet (1801-1880), mit Blick auf die Fragenbögen auf, die er den Direktoren der Zentralgefängnisse zur Frage der Einzelhaft der Gefangenen zugesandt hat.

20 Der Begriff der »Probe« als Form der Machtausübung und Wahrheitsproduktion – im Gegensatz zu anderen Formen wie der Untersuchung oder der Prüfung – wurde 1970-1971 in der ersten Vorlesung am Collège de France eingeführt; vgl. *Leçons sur la volonté de savoir*, a.a.O.; dt.: *Über den Willen zum* Wissen, a.a.O., zum griechischen System (S. 82f.; dt.: Vorlesung vom 3. Februar 1971, S. 115f.) und im Folgejahr, »Théories et Institutions pénales« (9. Vorlesung, S. 3-9, und 13. Vorlesung [Zusatz], S. 1-6) zum Schwur, den Gottesurteilen und dem Zweikampf im Mittelalter, zwischen dem 10. und 13. Jahrhundert. Foucault wird den Begriff der Probe weiter ausführen in »La vérité et les formes juridiques«, a.a.O., DE II, S. 555f. u. S. 572-577; dt.: »Die Wahrheit und die juristischen Formen«, a.a.O., DE II, S. 689f. (im archaisch-griechischen Recht) u. S. 711-714 (im alten germanischen Recht und im Feudalrecht). Vgl. auch: *Le Pouvoir psychiatrique*, a.a.O., S. 237-239; dt.: *Die Macht der Psychiatrie*, Vorlesung vom 23. Januar 1974, S. 346-348; *Surveiller et Punir*, S. 45f.; dt.: *Überwachen und Strafen*, S. 55f.; *Mal faire, dire vrai*, a.a.O., Vorlesung vom 22. April 1981, S. 20f.

21 Der Begriff der »Untersuchung« stand im Mittelpunkt der Vorlesungen der vorausgehenden Jahre. Vgl. »Théories et Institutions pénales«, Résumé du cours, in: DE II, Nr. 115, S. 390; dt.: S. 486f.: »Im vorangehenden Jahr war das *Maß* [*mésure*] als die an die Konstitution des griechischen Staates gebundene Form des ›Macht-Wissens‹ analysiert worden. In diesem Jahr wurde in gleicher Weise die *Untersuchung* [*enquête*] in ihrem Verhältnis zur Ausbildung des mittelalterlichen Staates erforscht; im nächsten Jahr wird man sich die *Prüfung* [*examen*] als die mit den für die industriellen Gesellschaften typischen Kontroll-, Ausschluss- und Strafsystemen verbundene Macht-Wissen-Form vornehmen«; *Leçons sur la volonté de savoir*, S. 84-89; dt.: *Über den Willen zum Wissen*, Vorlesung vom 3. Februar 1971, S. 118-123. »Théories et Institutions pénales«, 9. Vorlesung, S. 4-10. Er wird auch in den Folgejahren wiederaufgenommen und entfaltet werden. Vgl.: »La vérité et les formes juridiques«, a.a.O., DE II, S. 557-570; dt.: »Die Wahrheit und die juristischen Formen«, a.a.O., DE II, S. 690-705 (in *König Ödipus* von Sophokles), S. 577-588; dt.: S. 714-728 (in der zweiten Hälfte des Mittelalters); *Surveiller et Punir*, S. 24f. und 226-229; dt.: *Überwachen und Strafen*, S. 28f. und S. 289-292; *Mal faire, dire vrai*, Vorlesung vom 28. April 1981, S. 47f. Vgl. für eine sehr ähnliche Analyse der Rolle der Untersuchung im mittelalterlichen Recht J. R. Strayer, *On the Medieval Origins of the Modern State*, a.a.O., S. 39f.; dt.: *Die mittelalterlichen*

Grundlagen des modernen Staates, a. a. O., S. 36f. (Beschreibung des Aufkommens des Geschworenen als Methode der Quasi-Untersuchung – einer Untersuchung, die sich nicht auf die Zeugenaussage gründet, sondern auf die Kenntnisse der Nachbarn als »gesetzestreue Bürger«).

22 Der Begriff der »Prüfung« spielt im Denken Foucaults eine wichtige Rolle. Dieser Begriff wird erörtert werden in »La vérité et les formes juridiques«, a. a. O., S. 594f.; dt.: »Die Wahrheit und die juristischen Formen«, a. a. O., S. 735f. (in Zusammenhang mit dem Panoptismus); in *Le Pouvoir psychiatrique*, S. 54; dt.: *Die Macht der Psychiatrie*, a. a. O., Vorlesung vom 21. November 1973, S. 82f.; und in *Surveiller et Punir*, S. 186-196 (»L'examen«) u. S. 227f.; dt.: *Überwachen und Strafen*, S. 238-250 (»Die Prüfung«) u. S. 289f.

23 Der Begriff der Disziplinarmacht, der sich sowohl von der Souveränitätsmacht als auch von der Biomacht (die mit *La Volonté de savoir*, Paris: Gallimard, 1976, dt.: *Sexualität und Wahrheit: Der Wille zum Wissen*, Frankfurt/M.: Suhrkamp, 1983, und *Il faut défendre la société*, a. a. O.; dt.: *In Verteidigung der Gesellschaft*, a. a. O., Vorlesung vom 17. März 1976) und den Dispositiven der Sicherheit (die 1978 und 1979 mit *Sécurité, Territoire, Population*, a. a. O.; dt.: *Sicherheit, Territorium, Bevölkerung*, a. a. O., und *Naissance de la biopolitique*, a. a. O.; dt.: *Die Geburt der Biopolitik*, a. a. O., wichtig werden) unterscheidet, wird in den Jahren 1973-1980 eine der wichtigsten Achsen im Denken Foucaults darstellen.

Die Hypothese einer Disziplinarmacht, die eng mit den gesamten Praktiken der Kontrolle, der Überwachung, der Bestrafung verbunden ist, wird nicht nur in der letzten Sitzung der Vorlesung vom 28. März 1973 entwickelt werden, sondern auch in den Vorträgen und Vorlesungen des kommenden Jahres; vgl. »La vérité et les formes juridiques«, a. a. O., S. 588f.; dt.: »Die Wahrheit und die juristischen Formen«, a. a. O., S. 734f. (Darstellung der Disziplinargesellschaft); *Le Pouvoir psychiatrique*, S. 42-59, s. S. 42; dt.: *Die Macht der Psychiatrie*, Vorlesung vom 21. November 1973, S. 67-98, s. S. 68: »Die Hypothese, die ich vorbringen möchte, lautet, dass in unserer Gesellschaft etwas wie eine Disziplinargesellschaft existiert. Ich verstehe darunter nichts anderes als eine bestimmte, gewissermaßen kapillare Endgestalt der Macht, ein letztes Relais, eine bestimmte Modalität, durch welche die politische Macht, die Mächte im allgemeinen, auf oberster Ebene die Körper berühren, sie angreifen, die Gesten, die Verhaltensweisen, die Gewohnheiten, die Redeweisen berücksichtigen«; vgl. auch: *Les Anormaux*, S. 40-45; dt.: *Die Anormalen*, Vorlesung vom 15. Januar 1975, S. 63-69 (Darlegung des Modells der Rasterung der von der Pest befallenen Stadt gegenüber dem Modell des Ausschlusses der Leprakranken; in Fn. 10, S. 63, wird darauf hingewiesen, dass Foucault seine Analysen der Straftaktiken, die er am 3. Januar 1973 entwickelte, in Frage stellt, doch scheint es eher so zu sein, dass Foucault, wie er in der Vorlesung vom 3. Januar 1973 auf den Seiten 14-19 selbst angibt, seinen früheren Gebrauch des Begriffs des Ausschlusses im Nachhinein kritisiert; *»Il faut défendre la société«*, S. 161-166 u. 219-226; dt.: *In Verteidigung der Gesellschaft*, Vorlesung vom 25. Februar 1976, S. 211-217 (Rekapitulierung der Disziplinarmacht) und 286-293 (Vergleich von Disziplin und Sicherheit); *Sécurité, Territoire, Population*, S. 6-25; dt.: *Sicherheit, Territorium, Bevölkerung*, Vorlesung vom 11. Januar 1978, S. 17-44 (ausführlicher Vergleich der juristischen, der disziplinarischen und der Sicherheitsmacht). Der Begriff der Souveränitätsmacht wird ausführlich dargelegt in *Le Pouvoir psychiatrique*, a. a. O., S. 44-48; dt.: *Die* Macht *der Psychiatrie*, a. a. O., S. 71-76; die Dispositive der Sicherheit in *Sécurité, Territoire, Population*, S. 46-50 u. 111-113; dt.: *Sicherheit, Territorium,* Bevölkerung, Vorlesung vom 18. Januar 1978, S. 73-79, und Vorlesung vom 1. Februar 1978, S. 161-165.

Vorlesung 12
(Sitzung vom 21. März 1973)

Das Fabrik-Kasernen-Kloster in Jujurieux. Minutiöse Ordnungen, das arbeitgeberische Ikarien. (I) Die pädagogischen, bessernden, therapeutischen Institutionen der Einsperrung. Untersuchungen zur Architektur und Mikrosoziologie. (II) Analyse dieser Institutionen. (A) Die neue Form der Einsperrungs-Beschlagnahme. Drei Unterschiede zum klassischen Zeitalter. 1. Die Form der Über-Macht. 2. Die Normalisierung. 3. Das innerstaatliche System. (B) Die Funktionen der Beschlagnahme. 1. Die Beschlagnahme der Zeit. Die Lebenszeit der Produktionzeit unterwerfen. 2. Direkte oder indirekte Kontrolle des gesamten Lebens. Die Fabrikation des Sozialen. 3. Permanente und ununterbrochene Beurteilung. 4. Produktion eines neuen Diskursivitätstyps: die tagtägliche moralische Buchführung über das gesamte Leben; geordnet nach normal und anormal.

Stellen wir uns eine Gesellschaft von drei- bis vierhundert unverheirateten Personen vor, deren Zeitablauf folgendermaßen aussieht: Aufstehen um 5 Uhr, fünfzehn Minuten für die Morgentoilette, das Frühstück; Werkstatt von 6.10 bis 20.15 Uhr am Abend, mit einer Unterbrechung von einer Stunde für die Mahlzeiten; Abendessen, Beten und Schlafen um 21 Uhr.[1] Artikel 5 der Ordnung erklärt hinsichtlich des Sonntags: »Der Sonntag ist ein ganz besonderer Tag; wir wollen ihm den Charakter bewahren, den er stets haben soll, das heißt, ihn der Erfüllung der religiösen Pflichten und dem Ausruhen widmen. Da die Langeweile den Sonntag jedoch bald ermüdender machen würde als einen Wochentag, soll dieser Tag christlich und fröhlich mit verschiedenen Übungen verbracht werden.«[2] Am Morgen religiöse Übungen, gefolgt von Lesen und Schreiben, dann Pause; am Nachmittag Katechismus und Vespergottesdienst und um vier Uhr ein Spaziergang, wenn es das Wetter erlaubt, oder ansonsten gemeinsame Lektüre; zu Abend essen, beten, schlafen. Die religiösen Übungen finden nicht in der Kirche statt, sondern in einer Kapelle innerhalb der eigenen Räumlichkeiten.[3] Die Spaziergänge erfolgen unter der ständigen Aufsicht des Ordenspersonals, das auch mit der Führung des Hauses und der Kontrolle in den Werkstätten beauftragt ist.[4] Das verdiente Geld wird bis zum Austritt einbehalten.[5] Für den Fall, dass jemand, der einem anderen Geschlecht angehört als die Insassen, gerufen wird, um innerhalb der Einrichtung einen Dienst zu verrichten, würde er, sagt die Ordnung, »mit der größten Sorgfalt [ausgesucht], und [diese Personen] halten sich dort nur ganz kurz auf; ihnen wird unter Androhung eines Rauswurfs Schweigen auferlegt«.[6] Die Grundprinzipien der Organisation lauten, dass kein Insasse jemals allein sein und jegliche Berührung mit der Außenwelt vermeiden soll, damit stets derselbe Geist herrsche.[7]

Hierbei handelt es sich nicht um die idealtypische Ordnung eines Internierungshauses im 17. Jahrhundert, sondern um die von 1840 stammende Fabrikordnung einer Seidenweberei in Jujurieux in Ain.[a] In gewisser Weise ist dies eine Utopie, die Institutionalisierung des Fabrik-Kasernen-Klosters:[b] eine Fabrik ohne Lohn, in der sich der Arbeitgeber die Zeit des Arbeiters restlos aneignet, in der der Arbeiter buchstäblich an den Produktionsapparat gekettet ist. Das arbeitgeberische Ikarien. Doch diese Utopien waren recht zahlreich, und auch wenn es stimmt, dass sie relativ früh verschwunden sind, gegen 1860-1870, gab es sie doch in sehr großer Zahl: Um 1860 arbeiten im Süden vierzigtausend Arbeiter unter diesen Bedingungen.[8] Reybaud beschreibt eine Wollwarenfabrik von Villeneuvette, die vor allem Armeekleidung herstellte, in gleicher Weise: »[D]ie ganze Gemeinde befindet sich in der Fabrik. Das private Leben und das industrielle Leben gehen hier ineinander über. Die Kirche und das Rathaus sind wie die Werkstätten und die Häuser der Arbeiter Privatbesitz, der einem nahezu militärischen Regiment un-

---

a Manuskript (S. 3-4):
»Für welche Einrichtung ist diese Ordnung bestimmt? Für irgendeine. Mann oder Frau; Gefängnis; Pensionat; Schule; Besserungsanstalt; psychiatrisches Krankenhaus; Waisenhaus; Werkstatt für reuige Mädchen. Geschlossenes Haus. Kaserne. Und dennoch ist dies weder eine Rekonstruktion noch ein Idealtyp. Es handelt sich um eine Einrichtung, die tatsächlich existiert hat – die Seidenfabrik von Jujurieux. Warum wurde dieses Beispiel, das begrenzt ist, angeführt?«

b Manuskript (S. 4): »das Fabrik-Kloster, das Fabrik-Gefängnis«.

tersteht. Gezackte Mauern dienen als Einfriedung; Trommelwirbel am Morgen, und am Abend geht die Zugbrücke hoch.«[9] Es herrscht eine strenge Ordnung: Man hält alle Nichtsesshaften fern; die Rückkehr muss zu bestimmten Zeiten erfolgen; jegliches Spiel und jegliche Trunkenheit sind verboten. Das einzige Wirtshaus der Stadt schließt um 21 Uhr; für eine Verführung, die nicht durch eine Heirat in Ordnung gebracht wird, wird der Arbeiter sofort als Delinquent und Deklassierter betrachtet, und man zwingt ihn zu gehen, wenn er sich weigert, eine Ehe zu schließen.[10] Das Ende des Berichts lautet: »Wie sind die arbeitenden Klassen, die sich derart gegen das Joch wehrten, so weit gekommen? [...] Der Grund dafür liegt bei der Regierung, die, ohne dass die Arbeiter dies bemerkten, auf sie einwirkte, ihrer Eitelkeit schmeichelte und ihre Begierde dämpfte.«[11]

Es handelt sich also um ein weitverbreitetes Phänomen. In der ersten Hälfte des 19. Jahrhunderts gab es ein gezieltes Unternehmen der Einsperrung, Kasernierung der Arbeiterklasse, und zwar über den Produktionsapparat hinaus auch in einer ganzen Reihe von nicht-produzierenden Institutionen, zum Beispiel in pädagogischen Einrichtungen: Krippen, Collèges, Waisenhäusern; in Besserungseinrichtungen: Landwirtschaftskolonien, Erziehungsanstalten, Gefängnissen; in therapeutischen Einrichtungen: Armenhäusern, Asylen. Man könnte all diese Institutionen vorläufig unter das Vorzeichen der Einsperrung subsummieren. Man könnte zu diesen tatsächlichen Institutionen auch all das hinzunehmen, was es an Projekten, Träumen zur Einsperrung gab:[a] Zum Beispiel dachte sich Marquet-Vasselot,[12] der Direktor des Gefängnisses von Loos, eine Stadt aus, die den Delinquenten und Bedürftigen von ganz Frankreich als Refugium dienen sollte;[b] oder es wäre der Traum von Villeneuve-Barge-

a Das Manuskript (S. 5) präsentiert diese Beispiele als »eine ganze Reihe von gemischten Institutionen, die gleichzeitig produktiv und repressiv sind: ›Landwirtschaftskolonien‹; produktive und pädagogische: Werkstätten, Kinderheime«.

b Das Manuskript (S. 6) fügt zu dieser Reihe von Träumen und Utopien hinzu, dass sie dadurch gekennzeichnet sind, dass sie

mont zu nennen, der zu dem Problem von Ehe und Geburt in der Arbeiterklasse sagte: »Zweifellos wird der Tag kommen [...], an dem die Regierungen zwangsläufig und aufgrund eines stärkeren Fortschreitens von Aufklärung und Freiheit dazu gebracht werden, – nach dem Vorbild der Mönche und Priester – die Bildung neuer zölibatärer Arbeits- und Wohltätigkeitsvereine zu erlauben, die nicht mehr nach Opulenz, sondern nach Nützlichkeit streben werden und deren Ziel sich – gemessen am aktuellen Stand der Kultur – den neuen Bedürfnissen der Gesellschaft anpassen wird.«[13]

Und geht man diese ganze Produktion von Utopien durch, tut sich eine umfangreiche Forschungstätigkeit auf. Untersuchungen zur Architektur: Um das Problem zu lösen, wie man einen Bau so konstruieren kann, dass man ein Höchstmaß an Überwachung gewährleisten kann; eine umgekehrte Theaterarchitektur,[14] bei der es darum geht, dafür zu sorgen, dass möglichst viele Leute dem Blick und der Überwachung von möglichst wenig Leuten ausgesetzt sind (vgl. die Untersuchungen von Baltard, dem Vater).[15] »Mikrosoziologische« Untersuchungen:[a] bevor es den Begriff überhaupt gab, zu den Abhängigkeits-, Autoritäts-, Überwachungsmustern in einer begrenzten Gruppe. So ist die Landwirtschaftskolonie von Mettray,[16] die 1841 gegründet wurde, für diese Forschung modellhaft: Man teilt die Gruppe der Kolonisten in Kleinfamilien, mit einer doppelten Autorität, einer externen des Aufsehers und einer, die von der eigenen Gruppe ausgeht und bei einem der Kinder liegt, das als der ältere Bruder angesehen wird.

1/Anlehnungen an die bestehende Gesellschaft darstellen; diese Utopien sollen in der gegenwärtigen Gesellschaft existierende Funktionen absichern;

2/Herrschaftssysteme darstellen. Bestimmte Kategorien einprägen. Utopien von Dienst und Dienstbarkeit. Man träumt von der Sklaverei – von Enklaven von Sklaven«.

a Manuskript (S. 6): »›mikrosoziologische‹ Untersuchungen: höchste Autorität. Studie zur Zirkulation der Ordnungen; zu den Formen der Gruppenbildung und der Isolierung der Individuen.«

*

[a]Das Problem ist zu wissen, welchen Status diese seltsamen Institutionen haben, von denen die einen verschwunden sind, wie die Fabrik-Klöster, und die anderen sich gehalten und stark vermehrt haben, wie die Gefängnisse. Man kann sich tatsächlich fragen, inwiefern die Einsperrung als Erbe der Einsperrung des 17.-18. Jahrhunderts betrachtet werden kann, das heißt der mehr oder weniger diffusen, vom Staat organisierten Kontrollen und der großen klassischen Einsperrung.[17] Eines ist sicher: Die starke Vermehrung dieser Institutionen ist jedem bewusst. So schreibt Muller in den 1855 veröffentlichten *Habitations ouvrières et agricoles*: »Folgen wir dem Arbeiter vom ersten Tag seiner Kindheit bis zu den entsetzlichen Jahren im Alter, wenn die Natur seine Arme bis zur Ohnmacht schwächt. Für jedes seiner Bedürfnisse wurde eine Institution geschaffen, um dafür aufzukommen […]. In der Kindheit sind dies die Krippen und Kindergärten, die der Mutter erlauben, die Werkstätten aufzusuchen […]. Was das reife Alter anbelangt, […] wird die Fürsorge des Staates von den Hospitälern mit den althergebrachten Mitteln der klösterlichen Mildtätigkeit übernommen […]. [Und unlängst] hat man die Organisierung von Hilfsdiensten für zuhause erfunden […]. Der Arbeiter konnte versucht sein, sein mit Mühe und großer Anstrengung sauer zusammengespartes Geld zu verschwenden, indem er sich zur Spekulation verleiten ließ. Um ihn vor dieser Gefahr zu schützen, hat man die Sparkassen erfunden. Leiden und Elend bedrohen seine alten Tage; unsere Väter hatten, mit den Altersheimen, nur daran gedacht, der Sorglosigkeit zu begegnen: Wir machen mehr, wir ermöglichen eine Vorsorge durch spezielle Rentenkassen. Schließlich musste die Unterkunft der Arbeiter verbessert werden«[18] – und so hat man die Arbeitersiedlungen geschaffen. Man hat also ein Bewusstsein von der ständigen Rahmung

a Manuskript (S. 7), Zwischenüberschriften: »*Analyse dieser Einrichtungen*«. »A: *Einsperrungs-Beschlagnahme*«.

des Individuums durch diese Institutionen von der Geburt bis zum Tod.

In diesem Text kann man die kapitalen Unterschiede zwischen der Einsperrung des klassischen Zeitalters und dem sehen, was wir im 19. Jahrhundert erleben. Im klassischen Zeitalter wurde die Kontrolle und Bindung der Individuen vornehmlich durch ihre Zugehörigkeit zu einer Kaste, zu Gemeinschaften, zu Gruppen wie den Jurandes, den Korporationen, den Gesellenvereinen, den Zünften erreicht. Das Individuum fand Halt, indem es einer bestimmten sozialen Körperschaft angehörte; zum einen in einem Komplex von Regeln, die es leiteten und gegebenenfalls sein Verhalten sanktionierten; und zum anderen befand es sich – durch die Gruppe selbst – innerhalb einer Überwachungsinstanz, die in nichts anderem bestand als in der betreffenden Gruppe. Anders gesagt, war die Gruppe mit ihren Regeln, mit der Überwachung, die sie ausübte, eine Art endogene Kontrollinstanz. Ab dem 19. Jahrhundert sind die Individuen hingegen gewissermaßen von außen an und durch Apparate gebunden, mit denen sie keine Einheit bilden. Sie kommen nach ihrer Geburt in eine Krippe; in ihrer Kindheit werden sie in die Schule geschickt; sie gehen in eine Werkstatt; während ihres späteren Lebens sind sie von einer Wohlfahrtseinrichtung abhängig; sie können ihr Geld bei einer Sparkasse in Verwahrung geben; sie enden im Altersheim. Kurz, die Leute unterhalten während ihres ganzen Lebens Beziehungen zu einer Vielzahl von Institutionen, von denen keine sie wirklich repräsentiert, von denen keine sie als Gruppe konstituiert – indem man sein Geld zu einer Sparkasse trägt, indem man eine Schule durchläuft, bildet man keine Gruppe; im klassischen Zeitalter wurden die Kontrolle und Überwachung hingegen innerhalb der Gruppe und durch die Tatsache, dass man einer Gruppe wie einer Korporation etc. angehörte, verrichtet. So sind die Individuen quasi von außen an Apparate gebunden, die in Bezug auf diejenigen, für die sie gemacht sind, eine institutionelle Spezifität, eine räumliche Lokalisierung etc. haben.

Kurz, man sieht in dieser Zeit »Körper« auftauchen, die im sozialen Raum vollkommen neu sind, Körper, die sich von dem unterscheiden, was man meinte, wenn man ehedem von Körperschaften sprach, den Jurandes. Was mit Institutionen wie den Krippen, den Spar- oder Vorsorgekassen, den Gefängnissen auftaucht, sind keine sozialen Körper, das heißt Körper der Zugehörigkeit. Es sind auch keine maschinenartigen Körper, das heißt Produktionskörper, auch wenn es zwischen dem zunehmenden Einsatz von Maschinen und diesen neuen Körpern Verbindungen gibt. Es sind Körper, deren Funktion darin besteht, Multiplikatoren der Macht zu sein, Zonen, in denen die Macht sehr konzentriert, sehr intensiv ist. Auf einer bestimmten Ebene sind diese Institutionen nicht mehr als einfache Relais der Macht, die eine Klasse über eine andere ausübt; sieht man sich aber etwas genauer an, wie sie funktionieren, bemerkt man, dass sie einen echten Schnitt bilden, dass in dem Raum und Einflussbereich dieser Institutionen eine Form von Machtkonzentration herrscht, die in ihrer Stärke neu ist: die Macht des Arbeitgebers in der Fabrik, die Macht des Vorarbeiters in der Werkstatt. Diese Macht leitet sich nicht einfach in direkter Linie von den Machthierarchien ab, die von oben nach unten gehen. Vielmehr gibt es eine Machtinstanz, die quasi kontrolliert ist, da der Vorarbeiter oder Arbeitgeber aufgrund gewisser Maßnahmen – es reichen einige Entlassungen, schlechte Noten – dafür sorgen kann, dass der Arbeiter der Strafgerichtsbarkeit unterworfen wird.

Das eklatanteste Beispiel für diese Diskontinuität, diese Konzentration, diese Intensivierung der Macht innerhalb jener Zonen ist das Gefängnis. Es sollte im Prinzip lediglich ein Ort sein, an dem das ausgeführt wird, was es in den Institutionen an Allerlegalstem gibt, das heißt die Entscheidungen der Justiz. Doch de facto ist das Gefängnis alles andere als ein Ort, an dem man die anderswo, von den Tribunalen, gefällten Entscheidungen der Justiz ausführt. Es wird betrieben, als wäre es für sich selbst nicht nur seine eigene Macht, sondern auch seine eigene Justiz. So konnte 1819 Decazes ausrufen, dass »in den Gefängnissen das Gesetz regieren muss«,[19] und Béranger definierte 1836 die Rolle des Gefängnisdirektors wie folgt: »Der Gefängnisdirektor ist wahrlich ein hoher Verwaltungsbeamter, der dazu aufgerufen ist, in seinem Haus souverän zu herrschen.«[20] Diese Instanzen der Über-Macht sind somit weder ein Körper der Zugehörigkeit noch ein mechanischer Körper, sondern ein dynastischer Körper. Die Wahrnehmung, die man damals von ihnen hatte, ging übrigens in dieselbe Richtung. Die Reaktion der Arbeiter, die man der Arbeiterpresse entnehmen kann, lautet zu sagen, dass man wieder zum Feudalismus zurückgekehrt ist: Die Fabrik wird als Burg bezeichnet, der Arbeiter sieht sich als der Leibeigene eines Arbeitgeber-Herrn, die Besserungsanstalten sind neue Bastilles.[a] Und diese Wahrnehmung der Gesellschaft ist keine bloße Übertragung eines alten Schemas, das dem Volk in Erinnerung geblieben wäre; es ist die Wahrnehmung von etwas Speziellem: In der sich etablierenden kapitalistischen Gesellschaft gibt es – exakt wie in der Feudalgesellschaft – Machtbereiche, die nicht wirklich in den Staatsapparat integriert sind, von diesem nicht wirklich kontrolliert werden, in deren Territorialität eine sehr lasche Kontrolle, aber eine Macht herrscht, die verglichen mit einer lediglich hierarchisch geführten Gesellschaft einen Machtüberschuss darstellt. Die Wahrnehmung der kapitalistischen Macht als ein Wiederaufkeimen des feudalistischen Samens in der Gesellschaft war in der Arbeiterklasse so stark, dass selbst Reybaud in einem Bericht von 1865 über die Lage der Wollarbeiter mit Blick auf eine von Patrol gegründete Fabrik schreibt: »Es ist eine Art Feudalismus, der sich in der ganzen Willkür gezeigt hat.«[21]

---

a Manuskript (S. 9):
»Festhalten, wie sie analysiert oder wahrgenommen wurden:
– ›institutionelle‹ Analyse, die versucht, sie nicht als Über-Macht zu sehen und auf eine Funktion zu reduzieren, sie in eine Gesamtheit von Gesetzen oder Regeln einzuordnen;
– doch demgegenüber: eine sehr starke Wahrnehmung der Bereiche der Über-Macht. Eine quasi mythische Wahrnehmung, die in ein halb politisches, halb historisches Vokabular übertragen wird. Man sieht sie als eine Wiederauferstehung des Mittelalters oder des Ancien Régime: Fabrik-Burg; die neuen Bastilles; Gymnasium-Kloster.«

So lautet der erste Unterschied: Die Kontrollinstanzen werden, anstatt dem sozialen Körper immanent zu sein, gewissermaßen nach außen verlagert und von einer Reihe von Bereichen, Institutionen der Über-Macht gewährleistet.[22] Die zweite Transformation in Bezug auf das frühere System ist gewissermaßen die Umkehrung des ersten. Im 18. Jahrhundert hat man neben der endogenen Überwachung in der Gruppe das große System der Einsperrung, das zum einen in Bezug auf den sozialen Körper an sich marginal und zum anderen für diejenigen bestimmt ist, die sich ins Abseits begeben haben, sei es auf der individuellen Ebene in Bezug auf die Verhaltensweisen, die ethischen Regeln ihres Umfelds, sei es – mehr noch – auf der Ebene der Massen, die durch Elend, Arbeitslosigkeit, Landstreicherei marginalisiert wurden. Man sperrt die ein, die gruppenlos sind, und indem man dies tut, macht man sie für eine bestimmte Zeit gesetzlos. Diese Einrichtungen sind also vor allem Instrumente, um jemanden aus dem Verkehr zu ziehen. Mit den Apparaten, die im 19. Jahrhundert aufkommen, präsentiert sich die Einsperrung hingegen nicht mehr als eine Art und Weise, die Individuen zu marginalisieren oder bereits marginalisierte Individuen aus dem Verkehr zu ziehen. Wenn man ein Kind in eine Landwirtschaftskolonie bringt, wenn man eine junge Arbeiterin in ein Fabrik-Kloster steckt, wenn man ein Individuum in eine Strafvollzugsanstalt schickt, in der es Werkstätten gibt, bindet man sie in Wirklichkeit an einen Produktionsapparat. Man bindet das Kind, das in die Schule geschickt wird, an einen Apparat, der Wissen vermittelt, der normalisiert.[a]

In all diesen Fällen besteht die Funktion des Apparats in Bezug auf die Marginalität in einem ganz anderen System als in dem monotonen System der klassischen Einsperrung: Es geht überhaupt nicht darum, zu marginalisieren, sondern darum, innerhalb eines bestimmten Systems der Wissensvermittlung, der Normalisierung, der Produktion einzubinden. Sicher haben diese Apparate auch eine marginalisierende Funktion; doch sie

---

a Das Manuskript (S. 10) fügt hinzu: »oder der bessert, heilt, korrigiert«.

marginalisieren die, die sich ihnen widersetzen.[a] Das Collège, in das man die Kinder sperrt, ist so beschaffen, dass die Mehrheit an einen bestimmten Apparat der Vermittlung von Wissen angeschlossen werden soll und dass nur die marginalisiert werden, die sich dieser Vermittlung widersetzen. Die Maschine arbeitet, um zu demarginalisieren; die Marginalisierung ist nur ein Nebeneffekt. Das schlagendste Beispiel sind sicher die Heime für Findelkinder. Das von Lille funktioniert um 1840-1845 folgendermaßen: Bereits in den ersten Wochen wird das Kind zu einer Amme aufs Land geschickt; mit zwölf Jahren kommt es in das Heim zurück, wo es eine Uniform erhält und entweder außerhalb des Heims mit anderen Kindern zum Unterricht oder in die Werkstatt geschickt wird. Ausgehend vom Außenseitertum des Findelkinds – das heißt der illegitimen Frucht einer Verbindung, die die vom Bürgertum errichteten Kontrollsysteme bekämpfen –, einem Außenseitertum, dessen Zeichen die Uniform ist, die man ihm anzieht, daher die Bezeichnung Gelbröcke, besteht die Aufgabe des Heims darin, dafür zu sorgen, dass die Individuen die Marginalisierung überwinden, indem sie sich entweder in den Produktionsapparat oder den Schulapparat integrieren, indem sie sich an bestimmte gesellschaftliche Apparate anschließen.

Es handelt sich mithin um eine Einsperrung der Bindung,[b] der Aufteilung entlang der und auf die gesellschaftlichen Apparate. Die Institutionen der Einsperrung funktionieren sozusagen angrenzend an die Produktions-, Wissensvermittlungs-, Repressionsapparate und gewährleisten eine Art Machtsupplement, das jene für ihr Funktionieren brauchen. Diese Institutionen entsprechen nicht mehr der klassischen Einsperrung, sondern vielmehr dem, was man als *Beschlagnahme* bezeichnen kann, in Anlehnung an eine Art schiedsgerichtliche Autorität, die sich einer Sache bemächtigt, sie der freien Zirkulation entzieht, um sie für eine bestimmte Zeit, bis zu einer Gerichtsentscheidung, an

a Das Manuskript (S. 11) fügt hinzu: »zum Beispiel diejenigen, die sich nicht der Schule, der Werkstatt anpassen«.

b Das Manuskript (S. 16) fügt hinzu: »der Sortierung, der Aufteilung«.

einem bestimmten Punkt zu fixieren und zurückzuhalten. Interessant ist dabei die Stellung und das Spiel dieser Instrumente der Beschlagnahme in Bezug auf das, was man gewöhnlich als Staatsapparat bezeichnet. Ich hatte festgestellt, dass Ende des 18. Jahrhunderts in der Gesellschaft eine gewisse Tendenz zur Zentralisierung, Verstaatlichung der Kontrollmittel herrschte. Wenn man diese ganzen Instrumente der Beschlagnahme aufblühen und um sich greifen sieht, hat man nun jedoch den Eindruck, dass es im Gegenteil eine Streuung gibt und dass sie dem Staat in gewisser Weise entgleiten. Sie verdanken sich oft einer Privatinitiative; und der Staat im engeren Sinne hat bei manchen nicht mehr gemacht, als Initiativen weiterzuverfolgen, die nicht von ihm ausgingen. Doch muss man hinzufügen, dass die Mehrzahl dieser Einrichtungen die staatliche Struktur als Vorbild genommen hat: Es sind kleine Staaten, die innerhalb des Staates in Betrieb genommen werden. Sie stützen sich über ein System des Verweises und der Reziprozität stets auf die staatlichen Apparate: Die Werkstatt hätte nicht in dieser Kloster- oder Kasernenstruktur funktionieren können, wenn es daneben nicht die Polizei oder Armee gegeben hätte. All diese Einrichtungen, mögen sie direkt auf den Staat zurückgehen oder nicht, verweisen trotz allem auf die staatlichen Apparate, auch wenn sie selbst keine staatlichen Apparate sind, sondern eher Multiplikatoren-Relais der Macht innerhalb einer Gesellschaft, in der die staatlichen Strukturen die Voraussetzung für das Funktionieren dieser Institutionen bleiben.[a]

*

[b]Es wäre zu klären, wozu diese Beschlagnahme genau gedient hat, weshalb man dieser Machtsupplemente bedurfte, um die Individuen an die gesellschaftlichen, pädagogischen, produzieren-

a Manuskript (S. 12): »Dies ist kein Staatsapparat, sondern ein Apparat, der in das Staatsgeflecht eingebunden ist. Ein innerstaatliches System.«

b Manuskript (S. 13), Zwischenüberschrift: »B. *Die Funktionen der Beschlagnahme*«.

den etc. Apparate zu binden. Das Erste, was es zu bemerken gilt, ist Folgendes: Es ist wahr, dass innerhalb dieser Apparate der Beschlagnahme der, der am meisten ins Auge sprang – das Fabrik-Kloster –, recht früh verschwand, um 1870;[a] doch als er verschwand und eigentlich auch während seines ganzen Bestehens, von 1830 bis 1870, gingen diesem Apparat weiche, diffuse Formen der Beschlagnahme voraus, die ihn stützten. Ich glaube nicht, dass man sich bei einer Analyse der Funktion der Beschlagnahme in der kapitalistischen Gesellschaft mit den einzelnen räumlichen Formen der Beschlagnahme begnügen sollte; die Sparkassen, die Vorsorgekassen, um das Beispiel von Muller aufzugreifen, sind ebenso Kontrollinstanzen wie die Krippen, die Altersheime.[23] Man muss die Funktion der Beschlagnahme also nicht nur in einzelnen geographischen und architektonischen Einrichtungen ausmachen, sondern auch in all den diffusen Instanzen, die rund um sie oder anstelle von ihnen eine Kontrolle gewährleisten. In der kapitalistischen Gesellschaft gab es nun drei Hauptfunktionen der Beschlagnahme.

[b]Die erste Funktion wird in der Ordnung von Jujurieux sehr deutlich: die vollständige Aneignung der Zeit durch den Arbeitgeber. Dieser eignet sich de facto nicht nur Individuen, sondern eine Zeitmenge an, die er von Anfang bis Ende kontrolliert. Für die Politik des Kapitalismus zu Beginn des 19. Jahrhunderts ist Folgendes charakteristisch: Er bedarf einer Menge von Arbeitslosen, um die Löhne zu drücken; er bedarf nicht der Vollbeschäftigung der Individuen; hingegen bedarf er der Vollzeitbeschäftigung; um zu erreichen, dass tatsächlich eine gewisse Zahl von Individuen nicht beschäftigt sind, ist eine Arbeitszeit von zwölf bis fünfzehn Stunden nicht selten. Heutzutage stellt

---

a Das Manuskript (S. 13) fügt hinzu:
»aus ökonomischen (zu rigide) [und] politischen Gründen. Doch faktisch wurden viele seiner Funktionen übernommen und zudem von einer ganzen Reihe von weniger stark abgegrenzten, aber auch flexibleren und besser angepassten Einrichtungen antizipiert: dem Arbeitsbuch, der Sparkasse, den Vorsorgekassen, den Arbeiterstädten«.

b Manuskript (S. 14), Zwischenüberschrift: »*Die Beschlagnahme der Zeit*«.

man nicht mehr auf die Wichtigkeit der Vollzeitbeschäftigung, sondern auf die Vollbeschäftigung der Individuen ab; die volle Kontrolle über die Zeit wird über die Freizeitbeschäftigungen, die Spektakel, den Konsum gewährleistet, was darauf hinausläuft, die Vollzeitbeschäftigung, die im 19. Jahrhundert eines der Hauptanliegen des Kapitalismus war, wiederherzustellen. All diese Institutionen der Beschlagnahme sind durch den Umstand gekennzeichnet, dass die Individuen hier die ganze Zeit beschäftigt sind, sei es mit produktiven Tätigkeiten, sei es mit rein disziplinarischen, sei es mit Freizeitaktivitäten. Die Kontrolle über die Zeit ist einer der Hauptpunkte der Über-Macht, die der Kapitalismus durch das staatliche System aufbaut.[a] Außerhalb dieser Institutionen einer konzentrierten Beschlagnahme, Collège, Fabrik-Gefängnis, Besserungsanstalt – wo die Zeiteinteilung ein Kernstück ist [...] –, stellen die Kontrolle, die Verwaltung, die Organisierung des Lebens der Individuen eines der wesentlichen Dinge dar, die Anfang des 19. Jahrhunderts eingeführt wurden. Der Rhythmus, in dem die Menschen arbeiten wollten, musste kontrolliert werden. Wenn die Individuen als Tagelöhner arbeiteten, musste man dafür sorgen, dass sie nicht Urlaub nahmen, wann sie wollten. Man musste das Feiern bekämpfen, den Absentismus, das Spiel, vor allem die Lotterie, als falsches Verhältnis zur Zeit, insofern man sich nicht von der Kontinuität der Arbeit, sondern von der Diskontinuität des Zufalls Geld erhoffte. Man musste den Arbeiter dazu bringen, die Wechselfälle seines Lebens zu meistern: Krankheit, Arbeitslosigkeit.[b] Man musste ihm eine Eigenschaft beibringen, die man Vorsorge nannte, ihn für sich selbst bis zum Tod verantwortlich machen, indem man ihm Sparkassen anbot. Doch alles, was in der damaligen Literatur als Ausbildung moralischer Eigenschaften dargestellt wird, bedeutet im Grunde, dass das Leben des Arbeiters zum einen in die Zeit der Produktion und zum anderen in die Zeit des Sparens eingebunden wird. Die Le-

a Das Manuskript (S. 15) fügt hinzu: »aber ohne sie im Staatsapparat zu lokalisieren«.

b Das Manuskript (S. 15) fügt am Rand hinzu: »Vorsorgekasse«.

benszeit, die von Muße, Vergnügen, Glück, Feiern begleitet sein konnte, musste homogenisiert werden, indem sie in eine Zeit eingegliedert wurde, die nicht mehr die des Lebens der Individuen, ihrer Vergnügungen, ihrer Wünsche und ihrer Körper war, sondern die der Kontinuität der Produktion, des Profits.[a] Die Lebenszeit der Menschen musste dem Zeitsystem des Produktionszyklus angepasst und unterworfen werden.[b]
So lautet die erste Funktion der Beschlagnahme: die Lebenszeit der Produktionszeit zu unterwerfen. Wenn die Feudalgesellschaft das Problem der Sesshaftmachung der Individuen hatte, ihrer Bindung an ein Land, über das man seine Souveränität ausüben und eine Rente einbehalten konnte, hat die kapitalistische Gesellschaft weniger das Problem, die Individuen örtlich zu binden, als das, sie in ein zeitliches Räderwerk einzuspannen, das dafür sorgt, dass ihr Leben tatsächlich der Zeit der Produktion und des Profits unterworfen wird. Man geht von der örtlichen Bindung[c] zur zeitlichen Beschlagnahme über.
[d]Die zweite Funktion ist an den Paradoxa auszumachen, die die Institutionen der Beschlagnahme darstellen, erfolge diese nun in konzentrierter Form oder diffus und abgeschwächt innerhalb der Gesellschaft. Dem Anschein nach sind diese Institutionen dazu bestimmt, monofunktional zu sein: Das Collège unter-

a Das Manuskript (S. 16) fügt hinzu: »Was Bouvel in Jujurieux in einfältiger Weise gemacht hat, erfolgt in Mulhouse in geschickter Weise.«[24]

b Manuskript (S. 16):
»Insgesamt geht es um die Integration der Zeit der Individuen in die Zeit der Kapitalisierung, des Profits, der Produktion. Eine Integration, die sich auf drei Weisen vollzieht:
α – mittels eines Modells, das homogenisiert: Du unterliegst denselben Gesetzen und denselben Vorteilen, da auch du sparst;
β – mittels eines Moralschemas: Du sollst und es muss. Du schuldest. Du bist in einem System von Verpflichtungen gefangen;
γ – mittels einer Operation der Unterwerfung. Weil die volle Zeiteinteilung der Zeit der Produktion und der Zeit des Profits erlaubt, ihre Normen zu etablieren.«

c Manuskript (S. 16): »von einer örtlichen Einsperrung«.

d Manuskript (S. 17), Zwischenüberschrift: *»Ein weiteres Charakteristikum der Institutionen der Beschlagnahme«.*

richtet, die Fabrik produziert, das Gefängnis vollzieht eine Strafe, das Krankenhaus pflegt; und im Prinzip sieht man nicht, weshalb das Collège von einem Kind etwas anderes verlangen sollte, als zu lernen, das Krankenhaus etwas anderes, als zu pflegen, etc. Doch es gibt ein Supplement des Zwangs, das für die Existenz dieser Einrichtungen unverzichtbar ist. Der Diskurs, der eine Werkstattordnung durchzieht, lautet nicht: »Arbeitet und macht außerhalb davon, was ihr wollt«; der Diskurs, der in der Schule gehalten wird, besteht nie darin zu sagen: »Lernt Lesen, Schreiben, Rechnen und wascht euch anschließend nicht, wenn es euch keinen Spaß macht.«[a] Tatsächlich übernehmen diese Institutionen die direkte oder indirekte Kontrolle über das Leben. Sie greifen sich aus dem Leben gewisse Punkte heraus, nämlich im Allgemeinen den Körper, die Sexualität und die zwischenmenschlichen Beziehungen.[25] In diesen drei Punkten üben sie eine zusätzliche Kontrolle aus, die auf den ersten Blick keineswegs in die hauptsächliche, offensichtliche, institutionelle Funktion der Einrichtung inbegriffen ist. Diese Institutionen der Beschlagnahme sind, wie man sagen könnte, »in-diskret«, insofern sie sich mit etwas beschäftigen, was sie nicht direkt [betrifft]. Es gehört zu ihrer Funktion, indiskret, synkretistisch zu sein, das heißt, in die Kontrolle, die sich auf das Lernen, die Produktion oder die Gesundheit erstreckt, Kontrollen zu mischen, die sich auf etwas anderes beziehen, vor allem auf die drei genannten Punkte. Das ist in dem Beispiel[b] von Jujurieux evident, wo man von den Mädchen verlangt, von 6 Uhr bis 20 Uhr zu arbeiten, um Seidenstoffe herzustellen, und darüber hinaus, am Sonntag nicht auszugehen, nicht mit den Männern zu sprechen, die Zutritt zu der Einrichtung haben, usw.

Was man so nun aber in konzentrierter Form in den Institutionen der Beschlagnahme im engeren Sinne findet, findet man in diffuser Form in einer ganzen Reihe von Beschlagnahmemaß-

---

a Das Manuskript (S. 17) fügt hinzu: »ich umsorge euch, und ihr macht Liebe, wie ihr wollt«.

b Manuskript (S. 17): »das Paradebeispiel von Jujurieux. Es ist auch in den festen Einrichtungen evident«.

nahmen, mittels deren die arbeitgeberische Macht nahezu immer versucht hat, außerhalb der Fabrik, im Alltagsleben bestimmte Teile der Lebensführung zu kontrollieren, die im Grunde nichts mit der Produktionstätigkeit selbst zu tun hatten.[a] So wurde vom Bürgermeister von Amiens eine Verordnung erlassen, die Villermé zitiert und die, wie er sagt, »unordentlichen Verhältnissen, die zu skandalös geworden sind«, begegnen möchte:[26] »Bedenkt man, dass man festgestellt hat, dass die Mädchen [in den Werkstätten] oft Jungen als Hilfsspinner nehmen und dass die Jungen im Gegenzug für denselben Zweck Mädchen wählen; und dass es so sehr wichtig und im Interesse der guten Sitten ist, unangenehmen Folgen vorzubeugen, die aus der Annäherung der beiden Geschlechter erwachsen, vor allem für die jungen Burschen, gilt: *Wehret den Anfängen* ... Männer wie Frauen sind ganz ausdrücklich angewiesen, nur junge Leute ihres eigenen Geschlechts als Hilfen zu haben.«[27]

Die Frage ist, wozu diese Art von zusätzlicher Kontrolle dient, die ausgehend von der Institution der Beschlagnahme und unabhängig von ihrer hauptsächlichen und offenbaren Funktion erfolgt. Im Grunde isoliert eine Beschlagnahmeinstitution die Individuen vom Rest der Bevölkerung. Aufgrund dessen birgt sie zwei Risiken: zum einen eine Bevölkerung heranzubilden, die den anderen fremd ist, die nicht auf sie reduzierbar ist, die gegenüber den anderen bevorteilt oder benachteiligt ist;

---

a Das Manuskript (S. 17) nennt hier zwei Beispiele: »die Trunkenheit der Arbeiter [und] die Familie«. Die beiden folgenden Seiten (S. 18 und 19) fehlen. Seite 20 beginnt mit: »Verhindern, dass sich ein wirkliches Kollektiv bildet; und zwar indem man mit Gewalt eine ›allgemeinverbindliche Moral‹ an seine Stelle setzt. Eine ›Normalität‹, etwas wie einen gesellschaftlichen *habitus* und *consensus*. Einen Apparat zur Herstellung der Gesellschaft als Fiktion, als Norm, als Realität.« Der Rest von Seite 20 und der folgenden (nicht nummerierten Seite zwischen Seite 20 und 21) ist komplett durchgestrichen. Sie behandeln die Familie und Sexualität in der Arbeiterklasse, vor allem die Bildung »monosexueller Gruppen, indem man ihnen die Norm der Heterosexualität auferlegt«, die »Haltung der Arbeiterklasse hinsichtlich Familie und Homosexualität« und »die Verbreitung der bürgerlichen Ideologie der Familie« in der Arbeiterklasse.

zum anderen innerhalb der Beschlagnahme selbst eine Gruppe von Individuen zu schaffen, die zu einer [Art] kollektiven Kraft wird, die sich auf die speziellen Existenzformen stützt, die man ihnen verleiht. Folglich muss man ein Mittel finden, das so beschaffen ist, dass einerseits die so in Beschlag genommene Bevölkerung auf die eine oder andere Weise in die kollektiven Lebensformen der Gesellschaft eingegliedert wird und dass man andererseits über ein Überwachungsmittel verfügt, das zu verhindern erlaubt, dass sich innerhalb der Beschlagnahme eine Art Gegen-Kraft, Gegen-Kollektivität bildet, die diese Institution selbst bedrohen könnte.

Nehmen wir das Beispiel der Sexualität am Collège. Man ist am Collège, um Lesen, Schreiben und gute Umgangsformen zu lernen. Wie kommt es dann, dass die sexuelle »Repression« im 19. Jahrhundert eine der wichtigsten Säulen einer jeden Verordnung der Collèges darstellt? Im Grunde erscheint mir der Begriff der »Repression« eher problematisch als treffend, denn bei der Restriktion der Sexualität am Collège gibt es zweierlei: zunächst die strikte Verhinderung der Heterosexualität: die Monosexualität der Einrichtung sorgt dafür, dass es faktisch unmöglich ist, eine heterosexuelle Beziehung zu haben; sodann gibt es etwas, was hierzu noch hinzukommt und ganz anderer Art ist: das Verbot der Homosexualität, ein Verbot, das keine Verhinderung mehr ist, da das Verbot im Gegenteil voraussetzt und nur insofern wirklich greifen kann, dass eine latente Homosexualität bis zu einem gewissen Grad tatsächlich praktiziert wird, und zwar so praktiziert wird, dass sie in jedem Moment Gelegenheit zum Eingreifen der Macht, zur Verurteilung, zur Sanktion bietet, eine Gelegenheit, die so beschaffen sein soll, dass dadurch eine Über-Kontrolle über die Individuen ausgeübt wird und dass diese bis in ihr körperliches, emotionales, privates Leben hinein so etwas wie einer Kontrolle, einer ständigen Überwachung unterworfen werden können.

Ausgehend von diesem Doppelsystem der Verhinderung der Heterosexualität und des Verbots der Homosexualität, das die Collèges kennzeichnet, verbreitet sich ein bestimmtes Gesellschaftsbild, bei dem die Heterosexualität als Belohnung erlaubt wäre und die Homosexualität als nicht existent oder als ein marginales, derart anormales Phänomen angesehen wird, dass es nur eine geringe Zahl von Individuen betreffen kann. Insgesamt dient das Verbot der Sexualität am Collège einerseits dazu, eine interne Norm aufzustellen und damit eine Macht zu verankern, und andererseits dazu, eine externe Norm zu verbreiten: Es zeigt ein fiktives Bild von der Gesellschaft, dessen Funktion darin besteht, den Individuen eine bestimmte Vorstellung von der Gesellschaft, in der sie leben, und gleichzeitig [den Kollegiaten][a] ein bestimmtes Verhaltensmodell, das ihres sein wird [in der Gesellschaft, in der sie leben werden], zu vermitteln.[b] So hat man ausgehend von diesem Doppelsystem die Schaffung einer bestimmten gesellschaftlichen Fiktion, die als Norm dient und innerhalb der Institution die Ausübung von Macht und letztlich die Projektion von etwas erlaubt, was zu einer gesellschaftlichen Realität werden soll, bei der die Heterosexualität erlaubt ist und die Homosexualität nicht mehr existent sein wird.

Die Beschlagnahmeinstitution hat in einem Fall wie diesem die Funktion, das Soziale herzustellen.[c] Zwischen den Klassen, bei denen die Systeme der Beschlagnahme greifen, und dem Staat, auf den sie sich stützen, haben diese Systeme – unter anderen – die Aufgabe, ein Gesellschaftsbild, eine gesellschaftliche Norm zu erzeugen. Die Beschlagnahmeinstitutionen stellen etwas her, was gleichzeitig Verbot und Norm ist und Wirklichkeit werden soll: Sie sind Institutionen der Normalisierung.[28]

Damit es hier tatsächlich diese Fabrikation des Sozialen und diese Schaffung einer Lebenszeit, die sich mit der Produktionszeit in Einklang befindet, geben kann, bedarf es innerhalb der

a Typoskript (S. 189): »ihnen«.

b Typoskript (S. 189): »wenn sie in der Gesellschaft sein werden«.

c Der vorletzte Satz der nicht nummerierten Seite (zwischen Seite 20 und 21) ist durchgestrichen. Man kann dort lesen: »Zusammenfassend: Die Apparate der Beschlagnahme stellen die gesellschaftliche Normativität her.«

Einrichtungen der Beschlagnahme: erstens einer Instanz der Beurteilung,[a] einer Art ununterbrochenen Judikatur, die dafür sorgt, dass die Individuen immer so etwas wie einer richtenden Instanz unterliegen, die urteilt, Strafen verhängt oder Belohnungen gewährt. Sei es das Collège, die Fabrik, die psychiatrische Klinik oder das Gefängnis, seien es die kompakten Formen der Beschlagnahme oder breitere Formen wie das System des Arbeitsbuchs, die Arbeiterstädte, überall sieht man im Stillen und zusätzlich eine richtende Instanz am Werk.

[Zweitens bedarf es] einer Diskursivität, denn wer Beurteilung sagt, sagt Überwachung, Benotung, Buchführung etc. Und darum findet das Verhalten der Individuen Eingang in einen völlig neuen Diskursivitätstyp. Freilich ist dies nicht das erste Mal, dass das individuelle Verhalten in den Diskurs eingeht, und man musste nicht bis zu diesen Institutionen der Beschlagnahme warten, damit das Alltägliche, das Intime des Lebens tatsächlich in ein Diskursivitätssystem aufgenommen wird. Schließlich ist die katholische Beichte[b] eine der Formen, jenes in eine Diskursivität eingehen zu lassen.[29] Doch ist diese durch den Umstand charakterisiert, dass das Subjekt selbst spricht; sie hinterlässt nie ein Archiv; und die Diskursivität, zu der die Beichte führt, ist in so etwas wie eine Kasuistik eingerahmt.[c] Was man nun aber im 19. Jahrhundert auftauchen sieht, unterscheidet sich davon völlig: Dies ist eine Diskursivität, die das Alltägliche, Individuelle, Intime, Körperliche, Sexuelle in einem bestimmten Raum aufnimmt, den die Instanzen der Beschlagnahme definieren. Das Leben der Individuen wird hier immer unter dem Gesichtspunkt der gesamten Zeit durchgegangen und beherrscht. Wäh-

a Manuskript (S. 21):
»Diese Einrichtungen haben immer eine dritte oder vielmehr eine dritte und eine vierte Funktion. Diese beiden aneinandergekoppelten Funktionen sind: 1/die Funktion der permanenten Beurteilung.«

b Das Manuskript (S. 22) charakterisiert die katholische Beichte als »die bekannteste oder vielmehr am meisten verkannte und wichtigste« der »Diskursivitäten, die das Verhalten der Individuen aufnehmen sollen«.

c Das Manuskript (S. 23) fügt hinzu: »Danach die Polizeiberichte: Kategorisierung; Anekdoten.«

rend sich die Beichte immer auf einen Fall erstreckt – was unter den und den Umständen gemacht wurde –, folgt die Diskursivität, die innerhalb der allgemeinen Techniken der Beschlagnahme geboren wird, dem Individuum hingegen von der Geburt bis zum Tod und ist eine Diskursivität seines ganzen Lebens. So kommen die jungen Männer mit einem Dossier in die Strafkolonie von Mettray, das ihr Leben schildern soll, die Gründe für ihre Verhaftung, das Urteil, ihre Haltung während des Ermittlungsverfahrens und des Prozesses; von da an sind sie in einer Art tagtäglichen moralischen Buchführung gefangen. So wird ihre gesamte Zeit in eine Diskursivität aufgenommen.

[Drittens] erfasst dieser Diskurs die Individuen nicht nur von Anfang bis Ende ihres Lebens, sondern er wird auch nicht vom Individuum selbst gehalten, sondern von einer Autorität innerhalb der Hierarchie der Beschlagnahmesysteme. Dieser Diskurs ist von einer bestimmten Machtsituation und einer bestimmten Verzahnung der Individuen mit den Apparaten der Produktion, der Wissensvermittlung untrennbar. Schließlich ordnet diese Diskursivität den Diskurs und bindet ihn an die Normativität.[a] Das Individuum wird immer mit Blick auf seine mögliche oder wirkliche Abweichung von etwas beschrieben, was nicht mehr als das Gute, als Vollkommenheit, als Tugend definiert wird, sondern als das Normale. Diese Norm, von der man damals wusste, dass sie nicht zwangsläufig ein Mittelweg ist, ist sozusagen keine Vorstellung, sondern eine Voraussetzung für die Ausübung jener Diskursivität, in der die Individuen, die der Beschlagnahme unterliegen, gefangen sind. Der Beschlagnahme zu unterliegen bedeutet, in einer Diskursivität gefangen

a Manuskript (S. 23):
»sie richtet sich an einer bestimmten Normativität aus, die eine zweifache Rolle hat
– sich als eine kollektive gesellschaftliche Tatsache zu präsentieren, gegen die man nicht ankommt, und
– als eine Regel zu fungieren, in deren Namen man bestraft und belohnt, wonach diese de facto, wenn auch nicht vollständig von der unaufhörlichen Beschlagnahmetätigkeit erzeugt, so doch zumindest durch diese unablässig immer wieder angekurbelt und aktiviert wird«.

zu sein, die in der Zeit ununterbrochen ist, von außen von einer Autorität gehalten wird und notwendig nach dem geordnet ist, was normal und was anormal ist.[a]

Anhang

Das Manuskript dieser zwölften Vorlesung enthält anschließend sechs nicht nummerierte Seiten, gefolgt von drei ebenfalls nicht nummerierten Seiten, die mit »Schlussfolgerung« betitelt sind und die eine aus dieser Vorlesung hervorgegangene Skizze des zweiten Teils des fünften Vortrags darstellen, den Foucault einige Monate später in Rio gehalten hat (vgl. »La vérité et les formes juridiques«, a. a. O., DE II, S. 612-623; dt.: »Die Wahrheit und die juristischen Formen«, a. a. O. DE II, S. 756-767). Diese neun Seiten werden hier wiedergegeben:

In einem gewissen Sinne ist dies
- das Erbe der »französischen« Internierungstechniken;
- das Erbe der »englischen« Verfahren der moralischen Kontrolle.

Doch im Grunde tiefgreifende Transformationen.

1. Bei der englischen Kontrolle wurde das Individuum von einer Gruppe überwacht, insofern es zu dieser religiösen, gesellschaftlichen, arbeitsbedingten Gruppe gehörte.
Hier befindet sich das Individuum außerhalb der Institution, die es überwacht: die Werkstatt, in der es arbeitet; die Schule, in der es lernt; das Krankenhaus, in das es geht.

---

a Das Manuskript (S. 23-24) endet folgendermaßen:
»• Ersetzung der religiösen Zeit (der Übung, der Feier, der Ewigkeit) durch eine Zeit, die mit der Zeit der Produktion verzahnt ist.
• Verfassung, um das Verhältnis [›Kampf‹ ist durchgestrichen] von Klassen und Staat mit einem Gerüst normativer Sozialität (gleichzeitig Studienobjekt und Verhaltensvorschrift) zu überdecken.
• Bildung einer Instanz oder vielmehr eines ganzen Netzes von kognitiv-strafenden epistemologisch-richterlichen Instanzen, deren allgemeine Form der Intervention die ständige Prüfung ist und deren verschiedene Gebiete die Psychologie, die Soziologie, die Kriminologie, die Psychiatrie etc. sein werden.
• Aufbau, an der Grenze zu den Staatsapparaten, aber in Bezug auf diese oft weit vorauseilend, eines ganzen Korps von ›Beauftragten der gesellschaftlichen Beschlagnahme‹ – Sozialarbeitern.
Dies sind vier Elemente, die korrelativ sind und gleichzeitig allesamt die Beschlagnahme als gemeinsames Instrument haben.«

Eher »Überwachung« als »Kontrolle«.[30]

2. Bei der französischen Einsperrung handelte es sich um einen Ausschluss; entweder temporär, als Strafe; oder um einen Ausschluss, der sich an einen anderen anschloss, der ein bereits vorliegendes Außenseitertum sanktionierte (Arbeitslose, Landstreicher, Bettler).
Doch nun handelt es sich um eine Internierung, die an den Produktionsprozess bindet; oder an einen Prozess der Heranbildung, der Normalisierung von Produzenten.
Dies ist mehr ein Einschluss denn ein Ausschluss.
Daher das Wort ›Beschlagnahme‹.
Entgegensetzen Beschlagnahme/Einsperrung
Einschluss/Außenseiter
Normalisierung/Ausschluss

3. Situation in Bezug auf den Staat
- in England, die Kontrolle war hier außerstaatlich;
- in Frankreich, hier war sie klar [staatlich]. Hier wird dies ein innerstaatliches Netz sein.

Wozu dienen diese Einrichtungen:

1. Die Kontrolle der Zeit
Im Feudalsystem war die Kontrolle der Individuen mit ihrer Lokalisierung verbunden
- ausgehend von diesem Ort
von diesem Grundeigentümer
von diesem Souverän.

In der Industriegesellschaft wird die Zeit der Individuen kontrolliert:
- die Zeit muss auf den Markt gebracht werden;
- sie muss in Arbeitszeit verwandelt werden.

Daher wird – in den »kompakten« Formen – die Zeit ein für alle Mal erworben:
- die Gruppe
- das Modell des Klosters

In den diffusen Formen:
- das Feiern
- das Sparen (dafür sorgen, dass jemand nach der Arbeitslosigkeit arbeiten kann; dass er nicht an Hunger stirbt. Dass er aber seine Ersparnisse nicht dazu benutzt, nicht zu arbeiten).

Kurz, es geht darum, die Zeit in einen Gegenstand des Lohns zu transformieren. Sie in den Lohntausch eintreten zu lassen.

2. Funktion

Die Beschlagnahme kontrolliert nicht nur die Zeit der Individuen, sondern erfordert daneben auch eine ganze Reihe weiterer Kontrollen:

- Sauberkeit
- Trunkenheit
- Sexualität.

Dies sind die Kontrollen des Körpers. Eine ganze Geschichte der Kontrollen der Körpers ausarbeiten:

– der Körper als Oberfläche der Einschreibung der Foltern;
– der Körper als Bestandteil der Abrichtung.

Es geht darum, den Körper in Arbeitskraft zu transformieren, so wie es darum ging, das Leben in Arbeitskraft zu transformieren.

3. Kennzeichen: einen bestimmten Machttyp einzuführen

– die ökonomische Macht: Lohn zu bezahlen oder zu fordern
– die ›politische‹ Macht, Weisungen zu erteilen, Vorschriften zu machen;
– die richtende Macht, zu belohnen, zu bestrafen, vor Gericht zu laden;
– die Macht, Wissen zu extrahieren: entweder ausgehend von der Praxis oder ausgehend von den Individuen;

zu wissen, welche Macht, indem sie die anderen Formen der Macht durchzieht, erlaubt, sie zu rationalisieren: die ökonomische; politische; richtende.

Multiplizierte Macht, kumulierte Macht: ›Über-Macht‹.

Aber gleichzeitig: ›Sub-Macht‹,
unterhalb der großen staatlichen Strukturen.

Ihre Gesamtfunktion besteht darin, die Zeit, den Körper, das Leben der Menschen mit dem Produktionsprozess und den Mechanismen des Sur-Profits zu verbinden. Eine Sub-Macht, die zum Sur-Profit führt; doch mit Spielräumen der Unsicherheit, Verschiebung.

Schlussfolgerung

1. Das Gefängnis: konzentrierte Form dieser mit dem ganzen gesellschaftlichen Panoptismus isomorphen Sub-Macht.
2. Das konkrete Wesen des Menschen ist die Arbeit: Tatsächlich ist der Mensch – auf der Ebene seines Lebens und seines Körpers – mit der Arbeit nur über ein Machtverhältnis verbunden.
3. Die Macht ist nicht eine Weise, die Produktionsverhältnisse fortzuschreiben, sondern [eine Weise,] sie zu konstituieren.
4. Normalisierendes Wissen, in Form der Prüfung; es funktioniert
   – nicht nur auf der Ebene, Ausdruck der Produktionsverhältnisse zu sein,
   – nicht nur auf der Ebene der Produktivkräfte,
   sondern auch auf der Ebene der Gestaltung der Produktionsverhältnisse.

Man hat ein Wissen gesehen, das aus der Verlagerung der Formen der feudalistischen Entnahme geboren wurde.
Man hat ein Wissen gesehen, das aus Machtverhältnissen geboren wird, die der Konstitution der Produktionsverhältnisse innewohnen.

Dieser Panoptismus war einigen [Zeitgenossen bewusst].

Julius
- Anblick
- die soziale Gemeinschaft
- das Opfer
- die Überwachung
- die Individuen
- der Staat.

Seine unterschiedlichen Ausdrucksformen.
Geschichte der ganzen Institution der Justiz.
Treilhard. Präsentation des Strafgesetzbuchs.
Es eher von unten analysieren und in dumpfen, schleichenden, alltäglichen Formen.

Anmerkungen

1 Es handelt sich um die Fabrikordnung der Seidenweberei von Jujurieux in Ain, die von 1840 stammt (vgl. hier S. 279). Vermutlich stützte sich Foucault auf das Modell des »Régime et règlement d'un tissage de soies«, das dargelegt wird in L. Reybaud, *Étude sur le régime des manufactures. Condition des ouvriers en soie* (Paris: Michel Lévy Frères, 1859, »Anmerkung F« der Belege, S. 334f.), sowie auf die Beschreibung von Jujurieux, die Louis Reybaud in dem Werk vorlegt, ebd., S. 198f.). Reybaud legt dar, dass »sich in Jujurieux eine Regel [etabliert hat], die der religiöser Kongregationen nahekommt« (S. 199). Zum Regime und zu den Vorschriften von Jujurieux vgl. auch: J. Simon, *L'Ouvrière*, Paris: Librairie de L. Hachette & Cie, 91891 [1861], S. 56f.; M. Cristal, »De l'éducation professionnelle des filles«, in: *Revue contemporaine*, Bd. 83, XIV. Jahr, 2. Reihe, Bd. 48, 15. November 1865, Paris: Librairie Dentu, 1865, S. 32-62, bes. S. 42f. Foucault wird dieses Beispiel einige Monate später in seinen Vorträgen in Rio erneut aufgreifen, »La vérité et les formes juridiques«, a.a.O., DE II, S. 609-611; dt.: »Die Wahrheit und die juristischen Formen«, a.a.O., DE II, S. 752-754, und zwar in dieser Form: »Ich werde Ihnen die Hausordnung einer Institution vorstellen, die in den Jahren von 1840 bis 1845, also in der hier analysierten Zeit, tatsächlich in Frankreich existiert hat. Ich werde Ihnen nicht sagen, ob es die Hausordnung einer Fabrik, eines Gefängnisses, einer psychiatrischen Anstalt, eines Klosters, einer Schule oder einer Kaserne ist, und Sie sollen raten, um was für eine Institution es sich handelt« (S. 609; dt.: S. 752); sowie in *Surveiller et Punir* (a.a.O.); dt.: *Überwachen und*

Strafen (a. a. O.), wo er es als eine Ausweitung des »große[n] Kerkernetz[es]« bezeichnet, das sich vom Gefängnis auf die Waisenhäuser, die Lehrlingsheime bis zu den »KlosterFabriken [ausdehnt] (z. B. La Sauvagère, Tarare, Jujurieux), wo die Arbeiterinnen mit etwa 13 Jahren eintreten, Jahre hindurch eingeschlossen leben und nur unter Aufsicht ausgehen; sie erhalten einen Dienstmädchenlohn, der durch Fleiß- und Betragensprämien aufgebessert werden kann und erst beim Ausscheiden ausbezahlt wird« (S. 305; dt.: S. 385). Für eine Beschreibung der Arbeiterwohnungen zitiert Foucault (ebd., Fn. 2; dt.: Fn. 8) eine »Houzé de l'Aulnay, *Des logements ouvriers à Lille*, 1863, S. 13-15 entnommene Passage«. Die Begriffe der Regulierung und Zeitplanung, die in dieser Vorlesung entwickelt werden, werden in der Einleitung und in den Ausführungen von *Surveiller et Punir*, S. 12f. u. 151-153; dt.: *Überwachen und Strafen*, S. 12-14 u. 192-195, als Hauptthemen auftauchen.

2 Kapitel V der Ordnung von Jujurieux, zit. in J. Simon, *L'Ouvrière*, a. a. O., S. 56f., und in *Revue contemporaine*, gen. Nr., S. 43. Diese Passage ist auch in dem nicht namentlich gekennzeichneten Modell des »Régime et règlement d'un tissage de soies« zu finden, in: L. Reybaud, *Étude sur le régime des manufactures*, a. a. O., S. 344.

3 Foucault schreibt im Manuskript (S. 2) eine Passage aus der *Étude sur le régime des manufactures*, S. 201, ab: »›Die Pfarrkirche könnte ein Berührungspunkt mit der Welt sein; deshalb gibt es innerhalb der Einrichtung eine Kapelle, zu der die Gläubigen von außerhalb keinen Zutritt haben.‹«

4 Ebd.: »Wenn die Arbeiterinnen ausgehen, was nur zu bestimmten Anlässen geschieht, begleitet sie eine Schwester; sie gehen nur unter Führung der Schwestern spazieren.«

5 Foucault notiert im Manuskript (S. 2): »Kein Lohn. Nur Dienstbotenvergütung (40 bis 80 Francs pro Jahr), die bis zum Austritt einbehalten wird; mit einem Prämiensystem, wenn die Arbeit gut ist.« Vgl. L. Reybaud, *Étude*, S. 203: »Anstatt eines Lohns erhalten sie eine Dienstbotenvergütung, die zwischen 80 und 150 Francs pro Jahr variiert, je nach Art der Arbeit und Ausbildungsgrad. Außerdem wurden einige Prämien für gute Arbeitsleistungen ausgelobt und nach einer monatlich stattfindenden Klassifizierung zugeteilt«; und S. 204 (hier heißt es bezüglich der Einrichtung von Tarare, dass sich die Vergütungen zwischen 40 und 100 Francs pro Jahr bewegten, die Prämien zwischen 1 Francs und 50 Centimes pro Monat).

6 Ebd., S. 201.

7 Vgl. ebd.: »Die Beschlagnahme ist mithin so vollständig wie möglich, und die Zeit teilt sich in Arbeit und fromme Übungen, begleitet von ein wenig Zerstreuung.«

8 Foucault nennt im Manuskript folgende Beispiele: »Tarare, Séauve, Bourg-Argental und La Sauvagère« (S. 4) und fügt (S. 4f.) hinzu: »Weberei – In der Schweiz ›Die Arbeiterin ist eine echte Pensionärin:

Ihr werden Wohnung, Nahrung, Kleidung gestellt; sie tritt in eine Großfamilie ein, selbst an Pflege mangelt es ihr nicht‹; ›Die Arbeiterinnen haben das Recht auszugehen, um ihre in der Nachbarschaft wohnenden Eltern zu besuchen. Verdienste von 50 bis 100 Francs.‹ //Die Geschichte von der Frau mit dem kühnen Blick (Aufzeichnung Reybaud). //Es gibt analoge Fabriken für Männer. //In Frankreich, Villeneuvette. In Amerika, Lowell«. Die Tarare betreffenden Angaben sowie die vier anderen genannten Orte und die Schweiz stammen von L. Reybaud, *Étude sur le régime des manufactures*, S. 197f. Louis Reybaud (1799-1879), Mitglied des Institut de France, hatte »drei Einrichtungen: Jujurieux in Ain, Tarare im Rhonetal, La Séauve in der Haut-Loire«, persönlich besucht und andere studiert: Bourg-Argental, La Sauvagère etc.

9 L. Reybaud, *La Laine. Nouvelle série des études sur le régime des manufactures*, Paris: Michel Lévy Frères, 1867, S. 111.

10 Ebd., S. 127.

11 Ebd., S. 127f.

12 Foucault bezieht sich im Manuskript (S. 6) auf das Werk von A. Marquet-Vasselot, *La Ville du refuge. Rêve philanthropique*, Paris: Ladvocat, 1832. Marquet-Vasselot war Direktor des Zentralgefängnisses von Loos in Lille. Foucault wird in *Surveiller et Punir* (S. 248); dt.: *Überwachen und Strafen* (S. 315) auf dieses Werk zurückkommen, ebenso auf die Funktion eines Gefängnisdirektors seines Autors (S. 237, 244, 256f.; dt.: S. 300, 309, 325f.)

13 A. de Villeneuve-Bargemont, *Économie politique chrétienne, ou Recherches sur la nature et les causes du paupérisme, en France ou en Europe, et sur les moyens de le soulager et de le prévenir*, a. a. O., Bd. I, S. 236.

14 Hier handelt es sich ganz offensichtlich um eine Anspielung auf das Prinzip der universellen Überwachung, das in den *Vorlesungen über die Gefängniß-Kunde* von Julius ausgearbeitet wurde (vgl. oben, Vorlesung vom 10. Januar, S. 41f. und S. 62, Anm. 3), und auf das Panopticon von Bentham (vgl. oben, Vorlesung vom 24. Januar, S. 97 und 113f., Anm. 16). Interessant ist, dass der amerikanische Soziologe Philip Smith in seiner Kritik an Foucault (*Punishment and Culture*, Chicago: University of Chicago Press, 2008, S. 106f.) suggeriert, dass Bentham vielleicht eher vom Modell des Theaters als vom Landsitz inspiriert wurde; wir finden hier, 35 Jahre früher, wieder eine mögliche Verbindung mit dem Theater. Vgl. auch hier S. 335, Anm. 26.

15 L.-P. Baltard, *Architectonographie des prisons, ou Parallèle des divers systèmes de distribution dont les prisons sont susceptibles, selon le nombre et la nature de leur population, l'étendue et la forme des terrains*, Paris, [der Autor] 1829. Baltard wird zitiert werden in *Surveiller et Punir*, S. 238; dt.: *Überwachen und Strafen*, S. 301.

16 Foucault wird seine Analyse von Mettray in *Le Pouvoir psychiatrique*, a.a.O., S. 86; dt.: *Die Macht der Psychiatrie*, a.a.O., Vorlesung vom

28. November 1973, S. 128, und in *Surveiller et Punir*, S. 300-304; dt.: *Überwachen und Strafen*, S. 379-383, entfalten. Die Kolonie von Mettray wurde von dem Richter Frédéric-Auguste Demetz (1796-1873) in der Nähe von Tours gegründet. Vgl. für zeitgenössische Referenzen: F.-A. Demetz, *Fondation d'une colonie agricole de jeunes détenus à Mettray*, Paris: B. Duprat, 1839; [E. Ducpetiaux,] *Colonies agricoles, écoles rurales et écoles de réforme pour les indigents, les mendiants et les vagabonds et spécialement pour les enfants … en Suisse, en Allemagne, en France, en Angleterre, dans les Pays-Bas et en Belgique. Rapport adressé à M. Tesch, Ministre de la Justice, par Ed. Ducpetiaux*, Bruxelles: Impr. T. Lesigne, 1851, S. 50-65; F.-A. Demetz, *La Colonie de Mettray*, Batignolles: De Hennuyer, 1856; ders., *Notice sur la colonie agricole de Mettray*, Tours: Ladevèze, 1861. Jean Genet wird die Erfahrungen, die er zwischen 1926 und 1929 in Mettray gemacht hat, beschreiben in *Miracle de la Rose*, Paris: Marc Barbezat – L'Arbalète, 1946; dt.: *Wunder der Rose*, übers. v. M. Unruh, Reinbek bei Hamburg: Rowohlt, 1966. Vgl. für eine neuere Studie L. Forlivesi, G.-F. Pottier, S. Chassat, *Éduquer et Punir. La colonie agricole et pénitentiaire de Mettray (1839-1937)*, Rennes: Presses universitaires de Rennes, 2005.

17 Vgl. M. Foucault, *Folie et Déraison. Histoire de la folie l'âge classique*, a.a.O., S. 54-96: »Le grand renfermement«; dt.: *Wahnsinn und Gesellschaft. Eine Geschichte des Wahns im Zeitalter der Vernunft*, S. 68-98: »Die große Gefangenschaft«.

18 E. Muller, *Habitations ouvrières et agricoles. Cités, bains et lavoirs, sociétés alimentaires*, Paris: Librairie scientifique-industrielle et agricole de Lacroix-Comon, 1856, S. 6f.

19 Vgl. hier, S. 116f., Anm. 26.

20 Pierre Jean de Béranger (1780-1857), ein zu seiner Zeit sehr populärer Sänger und Dichter, spielte während der Restauration eine gewisse politische Rolle in der liberalen Opposition, indem er sich auch mit den Bonapartisten verbündete. Seine Schriften trugen ihm mehrere Verurteilungen zu Gefängnisstrafen ein, vor allem 1821 im Gefängnis von Sainte-Pélagie und 1829 in La Force. Obwohl er zum Umfeld von Adolphe Thiers gehörte, wahrte Béranger nach der Revolution von 1830 zur politischen Macht Distanz. In seinem umfangreichen Briefwechsel mit zahlreichen Persönlichkeiten aus Politik, Literatur und Kunst aus der ersten Hälfte des 19. Jahrhunderts (*Correspondance de Béranger*, recueillie par Paul Boiteau, Paris: Perrotin éditeur, 1860, 4 Bde.) zeigt Béranger vor allem Mitgefühl für das Schicksal der politischen Gefangenen. Besonders 1836 schreibt er mehrfach an Adolphe Thiers über den Zustand eines politischen Gefangenen, Ulysse Trélat, und seine Haftbedingungen; vgl. D. Halévy, »Lettres inédites de Béranger et de Lamartine à Thiers«, in: *Revue d'histoire littéraire de la France*, 24. Jahrgang, Nr. 1, 1917, S. 133-143. Der von Foucault zitierte Satz findet sich dennoch nicht in dieser Korrespondenz. (Eine Suche über Schlagwörter

quasi im gesamten Werk Bérangers hat nicht erlaubt, die Quelle dieses Zitats zu identifizieren.)

21 L. Reybaud, *La Laine*, a. a. O., S. 183.

22 Foucault wird den Begriff der »Über-Macht« in *Le Pouvoir psychiatrique*; dt.: *Die Macht der Psychiatrie*, wiederaufgreifen, indem er die Macht der Psychiatrie als eine »Über-Macht der Realität« definiert (Vorlesung vom 19. Dezember 1973, S. 143; dt.: S. 209).

23 E. Muller, *Habitations ouvrières et agricoles*, a. a. O.

24 Mit Blick auf die in Mulhouse erbauten Arbeitersiedlungen wird Foucault auf diese Frage in *Le Pouvoir psychiatrique* (S. 85; dt.: *Die Macht der Psychiatrie*, Vorlesung vom 28. November 1973, S. 127) zurückkommen, ebenso in »L'oeil du pouvoir« (in: J. Bentham, *Le Panoptique*, a. a. O., S. 12). Vgl. auch A. Penot, *Les Cités ouvrières de Mulhouse et du département du Haut-Rhin*, Paris: Eugène Lacroix, 1867.

25 Vgl. »La vérité et les formes juridiques«, a. a. O., S. 617 f.; dt.: »Die Wahrheit und die juristischen Formen«, S. 761 f.

26 L.-R. Villermé, *Tableau de l'état physique et moral des ouvriers employés dans les manufactures de coton, de laine et de soi*, a. a. O., Ausg. 1840, Bd. I, S. 292. Da diese Darstellung eine interessante Parallele zwischen Leben und Werk suggeriert, wird sie einige Jahre später in einem Buch von Édouard Ducpetiaux wiederaufgegriffen, das ähnliche Themen behandelt: *De la condition physique et morale des jeunes ouvriers et des moyens de l'améliorer*, Bruxelles: Meline, Cans et Compagnie, 1843, Bd. I, S. 326.

27 Auszug aus einer Verordnung des Rathauses von Amiens vom 27. August 1821, die abgedruckt ist in L.-R. Villermé, *Tableau de l'état physique et moral des ouvriers*, S. 292 f., Fn. 1 (die Hinzufügung in Klammern stammt von Foucault).

28 Der Begriff der Normalisierung, der mit der Disziplinarmacht verbunden und bereits in M. Foucault, *Naissance de la clinique*, präsent ist (a. a. O., S. 56-62 und 76); dt.: *Die Geburt der Klinik*, a. a. O., S. 72-78, wird in den Vorlesungen der nächsten Jahre weiterentwickelt werden. Vgl.: *Le Pouvoir psychiatrique*, S. 56; dt.: *Die Macht der Psychiatrie*, Vorlesung vom 21. November 1973, S. 88 f.: »Kurz, die disziplinarische Macht hat diese [...] Eigenschaft, anormalisierend zu sein, das heißt, immer eine gewisse Anzahl von Individuen abseits zu stellen, Anomie, Irreduzibles zutage treten zu lassen, und stets normalisierend zu sein, stets neue Vereinnahmungssysteme zu erfinden, die Regel stets wiederherzustellen. Es ist die fortwährende Arbeit der Norm in der Anomie, welche die disziplinarischen Systeme kennzeichnet«; *Les Anormaux*, a. a. O., S. 24 u. 45-48; dt.: *Die Anormalen*, a. a. O., Vorlesungen vom 8. Januar 1975, S. 45 f., und vom 15. Januar, S. 70-75; *Surveiller et Punir*, S. 180-186: »La sanction normalisatrice«; dt.: *Überwachen und Strafen*, S. 229-238: »Die normierende Sanktion«; *»Il faut défendre la société«*, a. a. O., S. 35 f. u. 225 f.; dt.: *In Verteidigung der Gesellschaft*, a. a. O., Vor-

lesung vom 14. Januar 1976, S. 48-51, und Vorlesung vom 17. März 1976, S. 290-293. Foucault präsentiert die dem »delinquenten Individuum« zugefügte Behandlung als von einer »Technik der Normalisierung« bestimmt, dabei hat das »Auftauchen dieser Normalisierungsmacht, die Art und Weise, wie sie sich formiert und installiert [...] ihre Souveränität in unserer Gesellschaft vermehrt« (*Les Anormaux*, S. 24; dt.: *Die Anormalen*, S. 45 f.); und er wird analysieren, welche Verbindungen zwischen dem Begriff der Normalisierung und den Überlegungen Georges Canguilhems in der zweiten Auflage seiner Arbeiten über *Das Normale und das Pathologische* bestehen (übers. v. M. Noll u. R. Schubert, Frankfurt/M., Berlin, Wien: Ullstein, 1977, frz. Originalausg.: *Le Normal et le Pathologique*, Paris: PUF, 1966); und er wird das Thema der produktiven Macht des Systems »Disziplin mit Normalisierungseffekt« ausarbeiten (ebd., S. 48; dt.: S. 74; vgl. auch *Surveiller et Punir*, S. 186 u. 196; dt.: *Überwachen und Strafen*, S. 237 u. 250).

29 Das Thema des Geständnisses und der Beichte als ein Diskursivitätsmodus, der beim Subjekt liegt, kommt bereits in der Vorlesung des Vorjahrs, »Théories et institutions pénales«, 13. Vorlesung, [Teil 2], S. 1-6, vor und wird von Foucault in *La Volonté de savoir*, a. a. O., S. 79f.; dt.: *Sexualität und Wahrheit. Der Wille zum Wissen*, a. a. O., S. 79ff., weiter ausgeführt. Vgl. auch *Du gouvernement des vivants. Cours au Collège de France, 1979-1980*, hg. v. M. Senellart, Paris, Gallimard-Seuil, 2012, S. 80 et passim; dt.: *Die Regierung der Lebenden*, hg. v. M. Senellart, übers. v. A. Hemminger, Berlin: Suhrkamp, 2013, S. 119f. et passim; *Surveiller et Punir*, S. 47f., 72, 99; dt.: *Überwachen und Strafen*, S. 58f., 89f., 123, sowie seine Studie über die Funktion des Geständnisses in der Justiz, *Mal faire, dire vrai*, a. a. O.

30 Gilles Deleuze wollte der »Überwachung« im Foucault'schen Sinn später die Idee der »Kontrollgesellschaft« entgegensetzen, die für uns charakteristisch sei; vgl. G. Deleuze, »Post-scriptum sur les sociétés de contrôle«, in: ders., *Pourparlers 1972-1990*, Paris: Éditions de Minuit, 1990, 2003, S. 240-247; dt.: »Postskriptum über die Kontrollgesellschaften«, in: ders., *Unterhandlungen: 1972-1990*, übers. v. G. Roßler, Frankfurt/M.: Suhrkamp, 1993, S. 254-260; ders. »Qu'est-ce qu'un dispositif?«, in: ders., *Deux Régimes de fous*, Paris: Éditions de Minuit, 2003, S. 316-325, v. a. S. 323.

Vorlesung 13
(Sitzung vom 28. März 1973)

Thematik der Vorlesung: die Gefängnis-Form als Gesellschaftsform; eine Wissen-Macht. (I) Allgemeine Analyse der Macht. Vier zu verwerfende Schemata. 1. Die Aneignung: Macht wird nicht besessen, sondern ausgeübt. Der Fall des Arbeitersparens. 2. Die Lokalisierung der Macht: Die Macht ist streng genommen nicht in den Staatsapparaten lokalisiert, sondern sehr viel tiefer verankert. Der Fall der Polizei im 18. Jahrhundert und des Strafrechtswesens im 19. Jahrhundert. 3. Die Unterordnung: Die Macht sichert die Produktionsformen nicht ab, sondern begründet sie. Der Fall der Beschlagnahme. 4. Die Ideologie: Die Ausübung von Macht ist kein Ort der Ausbildung einer Ideologie, sondern der des Wissens; jedes Wissen erlaubt die Ausübung von Macht. Der Fall der administrativen Überwachung. (II) Analyse der Disziplinarmacht: Normalisierung, Gewohnheit, Disziplin. – Vergleich des Gebrauchs des Begriffs »Gewohnheit« in der Philosophie des 18. und des 19. Jahrhunderts. Vergleich der Souveränitätsmacht des 18. Jahrhunderts mit der Normalisierungsmacht des 19. Jahrhunderts. – Die Beschlagnahme fabriziert die Norm und produziert die Normalen. Ein neuer Diskurstyp: die Humanwissenschaften.

Um zum Abschluss zu bringen, was ich in diesem Jahr gesagt habe, werde ich versuchen, das in den Vordergrund meines Diskurses zu rücken, was ich beim Sprechen im Hinterkopf hatte. Im Grunde war der Ausgangspunkt die Frage: Weshalb diese seltsame Institution des Gefängnisses? Diese Frage ist in mehrerlei Hinsicht gerechtfertigt. Zunächst, historisch, durch die Tatsache, dass das Gefängnis als Instrument der Bestrafung Anfang des 19. Jahrhunderts auf alle Fälle eine radikale Neuerung war. Plötzlich verschwanden die ganzen Formen der früheren Strafen, das ganze fabelhafte und schillernde Theater der klassischen Strafen – Pranger, Vierteilung, Erhängen, Scheiterhaufen etc. – zugunsten der monotonen Betätigung der Einsperrung. Historisch betrachtet, ist dies also ein neues Stück. Zudem kann man, theoretisch, wie ich denke, die Notwendigkeit der Einsperrung nicht aus den in der zweiten Hälfte des 18. Jahrhunderts formulierten Strafrechtstheorien als ein Strafsystem ableiten, das in Bezug auf diese neuen Theorien kohärent ist. Theoretisch ist dies ein seltsames Stück. Schließlich aus einem funktionalen Grund:[a] Das Gefängnis war von Anfang an dysfunktional. Man hat zunächst festgestellt, dass dieses neue System des Strafvollzugs keineswegs dafür sorgte, dass die Zahl der Kriminellen sinkt, und sodann, dass es zum Rückfall führte; dass es die Gruppe der Delinquenten ganz deutlich stärkte.

Das Problem, das ich aufgeworfen hatte, lautete somit: Weshalb gibt es das Gefängnis seit 150 Jahren und 150 Jahre lang? Um darauf zu antworten, hatte ich mich an einen Text von Julius gehalten, in dem er von den architektonischen Besonderheiten des Gefängnisses spricht und sagt, dass diese nicht nur das Gefängnis kennzeichnen, sondern jegliche mit der Entwicklung des Staates verknüpfte Gesellschaftsform.[1] Mir scheint dieser Ausgangspunkt in der Tat wichtig zu sein. Es gibt eine bestimmte räumliche Form des Gefängnisses: den Stern,[b] mit einem Zentrum als Ort der konstanten und universalen Überwachung, in alle Richtungen und in jedem Augenblick; rund um dieses Zentrum Seitenarme, in denen sich das Leben, die Arbeit der Gefangenen abspielt; und im Mittelpunkt ist ein Turm errichtet, der das Herzstück des Gebäudes bildet und wo die Autorität sitzt, Befehle gegeben werden und die Informationen zusammenlaufen, die sich aus dem Ganzen ergeben. Man hat hier eine Figur, die exakt aus der Figur des *ordre* als Befehl und Regularität kreiert wurde; die architektonischen Probleme des Theaters, doch umgekehrt: alle einem einzigen Individuum zeigen; der Festung, aber umgekehrt: denn diese definiert einen Ort, der Sie beschützt, der Ihnen erlaubt, alles zu sehen, was draußen vor sich geht, während es beim Gefängnis darum geht, alles zu sehen, was drinnen vor sich geht, ohne dass man dies von außen sehen könnte, und dass gleichzeitig derjenige, der innerhalb des Gefängnisses die Macht hat, vor denen geschützt ist, die er sieht.

Doch die Gefängnis-Form ist weit mehr eine Gesellschaftsform

a Manuskript (S. 1): »ökonomisch oder politisch/funktional«. Das Manuskript dieser dreizehnten Vorlesung ist nicht nummeriert und besteht aus 26 Seiten.

b Das Manuskript (S. 2) fügt hinzu: »Bentham → Petite Roquette«.[2]

denn eine Architekturform.[3] Unter dem Strich und sehr spekulativ könnte man sagen, wenn die griechische Stadt einen bestimmten sozialen Raum erfunden hat, die *agora*, die die Voraussetzung für die institutionelle Ermöglichung des *logos* war, führt die Form des Sterns, die Fähigkeit zur Überwachung, zu einer neuen Form des Wissens. Der Punkt, um den es mir ging, ist: das Gefängnis als Gesellschaftsform, das heißt als eine Form, in der innerhalb einer Gesellschaft Macht ausgeübt wird – eine Weise, in der sie das Wissen, das sie zu ihrer Ausübung braucht, erhebt, und eine Weise, in der sie auf der Grundlage dieses Wissens Befehle, Vorschriften erteilt.[a] Man könnte aufzuzeigen versuchen, mit welchen Bildern Machtformen symbolisiert werden; man hätte das mittelalterliche Bild des Throns, dieses Ortes, wo man zuhört und urteilt: Dies ist die magistrale Form der Macht. Sodann hat man das absolutistische Bild des Kopfes, der Herr über den Körper, der höchste Punkt ist: Dies ist die kapitale Form der Macht, so wie sie auf dem Frontispiz des *Leviathan* dargestellt ist.[4] Schließlich hätte man das moderne Bild des Zentrums mit dem strahlenförmigen Blick, der überwacht und kontrolliert, in den eine ganze Flut von Wissen eingeht und von dem eine ganze Flut von Entscheidungen ausgeht: Dies ist die zentrale Form der Macht.[b] Will man die Institution des Gefängnisses verstehen, muss man sie, wie mir schien, vor diesem Hintergrund studieren, das heißt nicht so sehr von den Strafrechtstheorien oder den Begriffen des Rechts ausgehend und auch nicht ausgehend von einer historischen Soziologie der Delinquenz, sondern indem man die Frage stellt: Innerhalb von welchem Machtsystem funktioniert das Gefängnis?

---

a Das Manuskript (S. 3) fügt hinzu: »Die Sternform ist eine Form des Macht-Wissens.«

b Das Manuskript (S. 4) fügt hinzu:
»Doch diese Form war, noch immer gemäß Julius, mit der Geburt der Industriegesellschaft und mit der Entwicklung des Staates verbunden. Die Notwendigkeit der Überwachung ist in der Tat mit der Bedrohung durch eine Klasse verknüpft, die sofort als zahlreich; fremd; an der Grenze zur Armut; gefährlich wahrgenommen wird.«

*

Dies ist der Moment, über Macht zu sprechen.[5] Um das Problem einzuordnen, möchte ich vier theoretische Schemata nennen, die mir [...] die Analysen, die zur Macht gemacht wurden, zu leiten scheinen – und von denen ich mich abgrenzen möchte. Erstens das theoretische Schema der Aneignung der Macht, das heißt die Vorstellung, dass die Macht etwas ist, das man besitzt, etwas, das in einer Gesellschaft gewisse Leute besitzen und andere nicht besitzen. Sicher ist die Formel »diese Klasse hat die Macht« eine Formel, die politisch wichtig ist, sie taugt aber nicht für eine historische Analyse. Tatsächlich besitzt man die Macht nicht, und zwar aus mehreren Gründen. Zunächst wird die Macht in der ganzen Breite, auf der gesamten Fläche des Gesellschaftsfeldes gemäß einem ganzen System von Relais, Verbindungen, Stützpfeilern, von so umsorgten Dingen wie der Familie, dem Geschlechtsverkehr, dem Wohnen etc. ausgeübt. Je mehr man sich in das feinmaschige soziale Netz begibt, desto mehr erlebt man die Macht nicht als etwas, das jemand besitzt, sondern als etwas, das sich ereignet, das erfolgt, sich ausbildet. Sodann gelingt die Ausübung von Macht, oder sie gelingt nicht: Sie ist somit immer eine gewisse Form von momentanen und sich kontinuierlich ändernden strategischen Konfrontationen zwischen einer gewissen Anzahl von Individuen. Sie wird nicht besessen, weil sie sich abspielt, sich aufs Spiel setzt. Im Herzen der Macht herrscht mithin ein kriegerisches Verhältnis und keines der Aneignung. Schließlich befindet sich die Macht niemals ganz auf einer Seite. Es gibt nicht die, die die Macht haben und sie unbarmherzig auf die anwenden, die überhaupt keine haben. Das Machtverhältnis gehorcht nicht dem monotonen und ein für alle Mal gegebenen Schema der Unterdrückung. Natürlich gibt es in dieser Art allgemeinem Krieg, über den die Macht ausgeübt wird, eine Gesellschaftsklasse, die einen privilegierten Platz einnimmt und dadurch ihre Strategie durchsetzen, eine Reihe von Siegen erringen, auf sich vereinen und zu ihren Gunsten einen Über-Macht-Effekt erzielen kann, doch dieser Effekt ist kein

Über-Besitz. Die Macht ist nicht monolithisch. Sie wird niemals ganz unter einem bestimmten Gesichtspunkt von einer bestimmten Anzahl von Leuten kontrolliert. Sie spielt sich in jedem Moment in einzelnen kleinen Partien ab, mit lokalen Umstürzen, regionalen Niederlagen und Siegen, vorübergehenden Revanchen.

Um einige Beispiele zu nennen, werde ich auf das Problem des Arbeitersparens eingehen: Wie läuft es ab? Im Laufe des 19. Jahrhunderts ist es der Ort eines Machtkampfs mit einer ganzen Reihe gegensätzlicher Strategien, mit Siegen und Niederlagen, die aufeinander aufbauen. Das Sparen ging aus dem Bedürfnis der Arbeitgeberschaft hervor, die Arbeiterklasse an den Produktionsapparat zu binden, das Nomadentum der Arbeiter zu verhindern; es band sie im Raum, indem es sie in der Zeit band: indem an einem bestimmten Ort etwas deponiert wird, was die Zukunft absichert. Doch diese Spartätigkeit, die durch eine Arbeitgeberstrategie erzwungen wurde, hat gleichzeitig den Rückeffekt, dass der Arbeiter über gewisse Mittel verfügt, die ihm einige Freiheiten erlauben, unter anderem die zu streiken. So dass der Streik als Repressionsinstrument gegen die Arbeitgeberschaft mit genau der Maßnahme in Zusammenhang steht, mit der die Arbeitgeber die Arbeiterklasse kontrollieren wollten. Daher, im Gegenzug, eine neue arbeitgeberische Maßnahme: die Ersparnisse zu kontrollieren und zu verlangen, dass es bei den Vorsorgekassen Repräsentanten der Arbeitgeber gibt. Daher ab der zweiten Hälfte des 19. Jahrhunderts die Kämpfe um die Führung und Kontrolle der Kassen. So sieht man, wie sich innerhalb einer allgemeinen Strategie der Beschlagnahme der Arbeiter durch die Arbeitgeber eine ganze Reihe von Kämpfen abspielen, wie die einen über die anderen nacheinander eine ganze Reihe von Siegen und Niederlagen davontragen.

Das Machtverhältnis ist somit nie stabil, ein für alle Mal bekannt, sondern befindet sich immer irgendwie in Bewegung. Man kann die Macht und den Profit also nicht in einem Atemzug nennen, so als seien sie das Gleiche. Die Macht darf nicht mit dem Reichtum, den einige besitzen, gleichgesetzt werden;

sie ist eine permanente Strategie, die man auf der Grundlage des Bürgerkriegs denken muss. Ebenso muss man das Schema aufgeben, dem zufolge einigen die Macht durch den Willen aller – über einen geschäftlichen Vertrag – verliehen wird – einen Vertrag, der dafür sorgen würde, dass die, die ihn brechen, aus der Gesellschaft herausfallen und den Krieg aller gegen alle wiederaufnehmen. Die Macht, die Legalität, der sie sich bedient, die Illegalismen, die sie verschont, oder die, die sie bekämpft, all das muss als eine bestimmte Art von Bürgerkrieg gedacht werden.

Zweitens das Schema der Lokalisierung der Macht: Die politische Macht wird innerhalb einer Gesellschaft immer in einigen Elementen lokalisiert, vor allem in den Staatsapparaten.[6] Es besteht mithin eine Gleichsetzung von Machtformen und politischen Strukturen. Ich glaube jedoch nicht, dass die Macht angemessen als etwas beschrieben werden kann, das in den Staatsapparaten lokalisiert wäre. Es reicht vielleicht nicht einmal zu sagen, dass die Staatsapparate Gegenstand eines inneren oder äußeren Kampfs sind. Der Staatsapparat scheint mir eher die konzentrierte Form beziehungsweise stützende Struktur eines Machtsystems zu sein, das darüber hinausreicht und sehr viel tiefer geht. Das führt dazu, dass praktisch weder die Kontrolle noch die Zerschlagung des Staatsapparats ausreichen können, um einen bestimmten Machttyp zu transformieren oder verschwinden zu lassen – den, in dem er funktioniert hat.

Ich habe versucht für die Beziehung zwischen den Staatsapparaten und dem Machtsystem, innerhalb dessen sie funktionieren, einige Beispiele zu nennen. Nehmen wir den höchst neuartigen Staatsapparat, den Polizeiapparat der französischen Monarchie im 18. Jahrhundert. Dieser Apparat wird nicht von außen auf die Leute, die ihn über sich ergehen lassen würden, angewendet; er ist eng mit einem Machtsystem verschränkt, das den gesamten Gesellschaftskörper durchzieht. Er konnte nur funktionieren, weil er mit den auf die Familien (väterliche Autorität), Religionsgemeinschaften, Berufsgruppen etc. verteilten Mächten ineinandergriff und verbunden war. Weil es in der Gesellschaft diese Mikroinstanzen der Macht gab, konnte so etwas wie dieser neue Staatsapparat tatsächlich funktionieren. Ebenso bildet der Strafrechtsapparat im 19. Jahrhundert nicht eine Art großes abgeschlossenes Gebäude. Er funktioniert in einer ständigen Verbindung[a] mit etwas, das nicht nur an sein Feld angrenzt, sondern Voraussetzung seiner Möglichkeit ist: Das ganze Strafsystem, dessen Vertreter die Arbeitgeber, die Vermieter, die Versorger sind, all das bildet ebenso Machtinstanzen, die das Funktionieren des Strafrechtsapparats erlauben werden, denn die Individuen werden nach und nach, durch eine Häufung der Strafmechanismen, die nicht auf den Staatsapparat zurückgehen, schließlich innerlich vom Strafrechtssystem angetrieben und tatsächlich zu dessen Objekten.

Folglich muss man nicht nur zwischen den Machtsystemen und den Staatsapparaten unterscheiden, sondern auch, allgemeiner, zwischen den Machtsystemen und den politischen Strukturen. Die Art und Weise, in der die Macht ausgeübt wird, wird mittels politischer Strukturen wie des Verfassungssystems[b] oder der Vertretung ökonomischer Interessen im Staatsapparat tatsächlich nicht adäquat beschrieben. Es gibt sehr viel breitere Machtsysteme als die politische Macht im engeren Sinne: eine ganze Menge von Heimstätten der Macht, die in sexuellen Beziehungen, der Familie, der Arbeit, der Wohnung bestehen können. Und das Problem ist nicht so sehr, zu wissen, ob diese anderen Machtinstanzen die Strukturen des Staates wiederholen. Im Grunde ist es nicht so wichtig, ob die Familie den Staat reproduziert oder ob es sich umgekehrt verhält. Die Familie und der Staat funktionieren in einer gegenseitigen Bezogenheit – indem sie sich aufeinander stützen, indem sie gegebenenfalls miteinander in Konflikt geraten – in einem Machtsystem, das in einer Gesellschaft wie der unseren einheitlich als disziplinarisch bezeichnet werden kann, das heißt, das Disziplinarsystem

a Manuskript (S. 8): »in Verbindung mit einem Disziplinarsystem, einem Strafsystem, bei dem der Arbeitgeber, der Vorarbeiter, der Vermieter, der Versorger Machtinstanzen bilden«.

b Das Manuskript (S. 9) fügt hinzu: », die Rekrutierung der politischen Klasse«.

ist die allgemeine Form, in der die Macht sich abspielt, sei sie nun im Staatsapparat lokalisiert oder diffus in einem allgemeinen System.
Drittens das Schema der Unterordnung, wonach die Macht eine gewisse Form der Aufrechterhaltung oder Reproduktion einer Produktionsweise ist: Die Macht ist dann immer einer Produktionsweise untergeordnet, die ihr, wenn auch nicht historisch, so doch analytisch vorausgeht. Wenn man die Macht so erweitert, wie ich gerade gesagt habe, muss man ihre Funktionsweise auf einer sehr viel tieferen Ebene ausfindig machen. Die Macht kann somit nicht mehr bloß als Garant einer Produktionsweise verstanden werden, als das, was erlaubt, eine Produktionsweise zu errichten. Die Macht gehört in Wirklichkeit zu den Faktoren, die für die Produktionsweise konstitutiv sind, und sie arbeitet inmitten dieser. Genau das wollte ich zeigen, als ich von all den Beschlagnahmeapparaten gesprochen habe, die weit davon entfernt sind, allesamt mit einem Staatsapparat verbunden zu sein, die aber allesamt, seien es die Vorsorgekassen, die Fabrik-Gefängnisse, die Besserungsanstalten, auf einer bestimmten Ebene zum Tragen kommen, die nicht die einer Garantie ist, die einer Produktionsweise gegeben wird, sondern die ihrer Konstituierung.
Wozu dient die Beschlagnahme de facto? Ihr vorrangiges Ziel ist die Unterwerfung der individuellen Zeit unter das Produktionssystem, um ganz genau zu sein, unter drei Komponenten davon: Die Lebenszeit muss den Mechanismen, den Zeitprozessen der Produktion unterworfen werden. Die Individuen müssen gemäß einer bestimmten Zeiteinteilung mit dem Produktionsapparat verknüpft werden, die von Stunde zu Stunde geht und das Individuum an den chronologischen Zeitablauf des Produktionsmechanismus bindet, so dass alle Unregelmäßigkeiten in Form von Fernbleiben, Ausschweifung, Feiern etc. ausgeschlossen werden. Die Individuen müssen aber nicht nur dem Zeitablauf der Produktion unterworfen werden, sondern auch den Zyklen der Produktionstätigkeit. Sie müssen, auch wenn sie keine Produktionsmittel besitzen, in der Lage sein, Zeiten der Ar-

beitslosigkeit, Krisen, nachlassende Aktivität zu überstehen. Dies impliziert, dass man ihnen das Sparen zwangsweise vorschreibt; zu sparen wird mithin ein Mittel sein, sich den großen Zyklen der Produktionstätigkeit anzuschließen und sich ihnen zu unterwerfen. Sparen bedeutet, unnütze Ausgaben, das Spiel, die Verschwendung auszuschließen. Die Zeit der Individuen muss der Zeit des Profits untergeordnet werden, das heißt, die Arbeitskraft soll mindestens so lange angewendet werden, wie man braucht, um eine Investition rentabel zu machen. Hierfür müssen die Individuen für eine bestimmte Zeit an einen bestimmten Produktionsapparat gebunden werden, was all die Kontrollen zur lokalen Bindung der Arbeiter impliziert, zum Beispiel das Schuldensystem.[a]

Ein Machtsystem wie das der *Beschlagnahme* geht weit über die Garantierung einer Produktionsweise hinaus; es ist für sie konstitutiv. Man könnte sagen: Das Problem der Feudalgesellschaft war der Einzug der Rente mittels Ausübung einer Souveränität, die vor allem territorial war; das Problem der Industriegesellschaft ist, dafür zu sorgen, dass die Zeit, der Individuen, die man mit dem Lohn kauft, in Gestalt der Arbeitskraft in den Produktionsapparat eingespeist werden kann. Man muss gewissermaßen dafür sorgen, dass das, was der Arbeitgeber kauft, keine leere Zeit ist, sondern Arbeitskraft. Anders gesagt, geht es darum, die Lebenszeit der Individuen zur Arbeitskraft zu machen.[7] Das würde zu folgendem Schluss führen: Wenn es wahr ist, dass die ökonomische Struktur, die durch die Akkumulation von Kapital gekennzeichnet ist, die Eigenheit hat, die Arbeitskraft der Individuen in Produktivkraft zu verwandeln, hat die Machtstruktur, die die Form der Beschlagnahme annimmt, das Ziel, die Lebenszeit – vor diesem Stadium – in Arbeitskraft zu verwandeln. Die Leute müssen etwas auf den Markt bringen, was die Arbeitskraft wäre, was über das Machtsystem der Beschlagnahme erreicht wird, das in den Begriffen der Macht korrelativ zu dem ist, was in den Begriffen der Ökonomie die Ak-

---

a Manuskript (S. 11): »den Druck der Armut und ein Schuldensystem«.

kumulation des Kapitals ist. Der Kapitalismus findet die Arbeitskraft tatsächlich nicht als solche vor.[a]

Es ist falsch, mit einigen berühmten Nachhegelianern zu sagen, dass das konkrete Wesen des Menschen die Arbeit ist.[8] Die Zeit und das Leben des Menschen sind nicht von Natur aus *Arbeit*,[b] sie sind Vergnügen, Diskontinuität, Feiern, Ausruhen, Bedürfnis, Momente, Zufall, Gewalt etc. Diese ganze explosive Energie muss man nun in eine dauernd und dauerhaft zu Markte getragene Arbeitskraft transformieren. Man muss das Leben in Arbeitskraft synthetisieren, was den Zwang des Beschlagnahmesystems erfordert. Um diesen die Lebenszeit in Arbeitskraft synthetisierenden Zwang ausüben zu können, war der Trick[c] der Industriegesellschaft, die alte Technik[d] der Einsperrung der Armen wiederaufzunehmen, die im klassischen Zeitalter eine Weise der Bindung war und gleichzeitig diejenigen aus dem Verkehr zog, die sämtlichen geographischen Bindungen, in denen sich die Ausübung der Souveränität vollzog, durch Müßiggang, Landstreicherei, Auflehnung entglitten waren. Diese Institution sollte verallgemeinert und nunmehr dazu benutzt werden, die Individuen in die gesellschaftlichen Apparate einzugliedern; sie differenziert sich in eine ganze Reihe von Apparaten aus, die vom Fabrik-Gefängnis über die Heime, die Schulen, die Besserungsanstalten bis zum Gefängnis reichen. Das ganze zu diesem Zweck wiederverwendete alte System der Einsperrung wird die Beschlagnahme ermöglichen, die für die Produktionsweisen faktisch konstitutiv ist.[e]

Viertens das Schema der Ideologie,[f] dem zufolge die Macht innerhalb der Ordnung der Erkenntnis nur ideologische Effekte

a Manuskript (S. 13): »als unmittelbare und konkrete Form menschlicher Existenz«.

b Manuskript (S. 14): »dauernde *Arbeit*«.

c Manuskript (S. 14): »Der Geniestreich«.

d Das Manuskript (S. 14) fügt hinzu: »offensichtlich sehr abgewertete«.

e Das Manuskript (S. 15) fügt hinzu: »Einen Machttyp zu zerstören oder nicht zu zerstören ist somit für eine Produktionsweise essenziell.«

f Das Manuskript (S. 15) fügt hinzu: »der Erzeugung einer Ideologie«.

erzeugen kann, das heißt, dass die Macht entweder stumm als Gewalt oder diskursiv und geschwätzig als Ideologie funktioniert.[a] Doch die Macht ist nicht in der Alternative gefangen, sich entweder schlicht und einfach mit Gewalt durchzusetzen[b] oder sich zu verstecken,[c] für ihre Akzeptanz zu sorgen, indem sie den geschwätzigen Diskurs der Ideologie hält.[9] Tatsächlich ist jede Machtausübung zugleich auch ein Ort der Ausbildung nicht einer Ideologie, sondern des Wissens; und umgekehrt erlaubt und gewährleistet jedes allgemeingültige Wissen die Ausübung von Macht. Anders gesagt, gilt es nicht, eine Opposition aufzumachen zwischen dem, was getan wird, und dem, was gesagt wird, dem Schweigen der Gewalt und der Geschwätzigkeit[d] der Ideologie. Man muss zeigen, wie Macht und Wissen tatsächlich miteinander verbunden sind, und zwar ganz und gar nicht in Form einer Identität – Wissen ist Macht oder umgekehrt –, sondern in einer vollkommen spezifischen Weise und gemäß einem komplexen Spiel.

Nehmen wir das Beispiel der administrativen Überwachung der Bevölkerungen, die zu den Notwendigkeiten einer jeden Macht gehört. Vom 17. bis 18. Jahrhundert stellt die administrative Überwachung eine der Funktionen der Macht dar, die eine Reihe von Leuten gewährleisten: Intendanten, der Polizeiapparat etc. Diese Macht führt nun mit ihren eigenen Instrumenten zu einem bestimmten Wissen:

1/Einem *Verwaltungswissen*: Diejenigen, die den Staatsapparat verwalten, sei es direkt im Auftrag der politischen Macht, sei es indirekt in Form eines Pachtsystems, bilden dabei ein bestimmtes Wissen aus, das sie sammeln und benutzen. So wissen sie laut einer Untersuchung, wie man besteuern muss, die Steuern berechnen muss, wer sie bezahlen kann, bei wem man besonders

a Das Manuskript (S. 15) fügt hinzu: »Sie bedarf einer Ideologie. Und sie erzeugt eine Ideologie.«

b Manuskript (S. 15): »mit Drohung, Gewalt, Terror«.

c Das Manuskript (S. 15) fügt hinzu: »sich zu rechtfertigen«.

d Manuskript (S. 15): »und der Geschwätzigkeit (ja Überredung) des ideologischen Diskurses«.

aufpassen muss, dass er seine Steuern bezahlt, welche Produkte man mit Zöllen belegen muss.[a]

2/Neben diesem Verwaltungswissen sieht man ein *Untersuchungswissen* aufkommen: Es gibt Leute, die im Allgemeinen weder direkt mit dem Staatsapparat verbunden noch damit beauftragt sind, ihn zu verwalten, sondern die Untersuchungen zum Vermögen einer Nation machen, zur demographischen Bewegung einer Region, zu den Handwerkstechniken, die in dieser Gegend angewendet werden, zum Gesundheitszustand der Bevölkerungen. Diese Untersuchungen, die zumindest ursprünglich auf private Initiative erfolgten, werden während der zweiten Hälfte des 18. Jahrhunderts allmählich vom Staat übernommen. So wird die 1776 gegründete Königliche Gesellschaft der Medizin die Untersuchungen zum Gesundheitszustand kodifizieren und an sich ziehen;[10] ebenso werden die Untersuchungen zu den Handwerkstechniken im 19. Jahrhundert unter staatlicher Kontrolle und in Form eines Staatsapparats wiederaufgenommen werden.[11]

3/Einem Wissen der *polizeilichen Nachforschung*: Die Überstellung eines Individuums an eine Hafteinrichtung geht so mit einem Bericht über sein Verhalten, seine Motive einher. Ab dem 19. Jahrhundert werden diese ganzen Formen und Techniken des Überwachungswissens weitergeführt und gleichzeitig auf eine neue Grundlage gestellt, und zwar nach zwei Grundprinzipien, die in der Geschichte des Wissens wichtig sind.

Erstens das Prinzip, das man während der Revolution auftauchen sieht und das, vor allem von Chaptal,[12] während des Konsulats[13] systematisiert wird: Jeder Vertreter der Macht wird von nun an gleichzeitig ein Vertreter der Wissensbildung sein. Jeder Staatsdiener[b] muss über die Auswirkungen einer von

a Das Manuskript (S. 16) fügt hinzu: »in welchen Bevölkerungsteilen man Soldaten rekrutieren muss«.

b Manuskript (S. 16): »Jeder Vertreter der Macht muss ein mit der Macht, die er ausübt, verbundenes Wissen wiedergeben (das erlaubt, ihre Voraussetzungen und Wirkungen zu bestimmen: mögliche Korrekturen): Präfekten, Generalprokuratoren«.

der Macht erteilten Anordnung informieren und somit über Korrekturen, die an dieser Handlung vorzunehmen sind. Die Präfekten, die Generalprokuratoren, die Polizeibeamten etc. unterliegen seit Ende des 18. Jahrhunderts der grundlegenden Berichtspflicht. Man tritt ein in die Ära des Berichts als Verbindungsform zwischen Wissen und Macht. Freilich war dies keine Erfindung des 18. Jahrhunderts, doch das entscheidende Phänomen ist die Systematisierung dessen, was im 17. Jahrhundert zum Beispiel innerhalb der Beziehungen zwischen Intendanten und Ministern nur punktuelle Handlungen waren: die Institutionalisierung der Rückmeldung eines bestimmten Wissens seitens eines jeden Vertreters der Macht an seinen Vorgesetzten.

In Verbindung mit der Einführung der Rückmeldung des Wissens an den Sitz der Macht wird eine ganze Reihe von spezifischen Instrumenten geschaffen – Instrumente der Abstraktion, der Verallgemeinerung, der quantitativen Schätzung. Das kann man sehen, wenn man mehrere Schichten von Dokumenten vergleicht. Die von Sartine,[14] einem der letzten Leutnants der Polizei des Ancien Régime, angefertigten Berichte: die Art, wie er die Bevölkerung überwacht, die Art von Informationen, die er seinem Minister gibt, die punktuell sind, sich auf den Einzelfall beziehen. Die Berichte von Fouché,[15] die bereits eine Art Synthese sind und nicht nur gewisse punktuelle Ereignisse aufnehmen, sondern auch das, was für den Zustand der politischen Opposition, der Delinquenz als repräsentativ angesehen wird. Die Jahresberichte des Justizministers, die seit 1826 veröffentlicht werden,[16] in denen man dieselbe Art von Auskünften hat wie zu Beginn, doch bearbeitet, gefiltert von einer Wissensmaschine und gewissen Techniken der Abstraktion und der statistischen Quantifizierung. Es wäre die Geschichte dieses staatlichen Wissens zu schreiben, das heißt die Geschichte der behördlichen Wissensgewinnung.[17]

Am Rand: »Man tritt in die Ära des Berichts ein. Dieser ist in der [Industrie]gesellschaft ebenso wichtig wie das Feedback in der modernen Technologie, wie die doppelte Buchführung in der Ökonomie.«

Das zweite, zu dem vorhergehenden inverse Phänomen ist die Öffnung der Machtapparate für autonome Stätten des Wissens.[a] Gewiss hat man nicht bis zum 19. Jahrhundert gewartet, damit die Macht sich von Ratschlägen und Kenntnissen gewisser Leute, die als kompetent gelten, aufklären lässt; doch ab dem 19. Jahrhundert ist das Wissen als solches statuarisch mit einer gewissen Macht ausgestattet. Das 19. Jahrhundert hat etwas Neues gebracht, nämlich dass das Wissen in seiner gesellschaftlichen Funktion mit einer gewissen Menge von Macht ausgestattet sein soll. Die Schule, die Grade, die Art und Weise, wie von den ganzen Bildungsapparaten die Wissensgrade tatsächlich berechnet, gemessen und beglaubigt werden, all das ist zugleich ein Faktor und ein Ausdruck des Grundphänomens, dass das Wissen das Recht hat, Macht auszuüben. So verschwindet die Person des Gelehrten, der in der Gesellschaft keine andere Macht ausübt als die, die Wahrheit zu sagen, Ratschläge zu geben, zugunsten einer Person, eines Laborleiters, Professors, dessen Wissen unmittelbar durch die Macht, die er ausübt, beglaubigt wird. Das gilt zum Beispiel für den Ökonomen: Wer war im 18. Jahrhundert Ökonom? Vauban, der in Ungnade gefallen ist, betreibt, nachdem er die Macht verloren hatte, Ökonomie.[18] Quesnay, der die Macht will, sie aber nicht hat.[19] In dieser Zeit haben die, die an der Macht sind, nur ein Verwaltungswissen. Die ökonomische Theorie entsteht nicht innerhalb des Machtapparats. Der offensichtlichste Fall ist der des Arztes, der seit dem 19. Jahrhundert, insofern er Herr über das Normale und das Pathologische ist, nicht nur über seinen Patienten, sondern auch über Gruppen, die Gesellschaft eine gewisse Macht ausübt. Ebenso hat der Psychiater eine institutionalisierte Macht durch das Gesetz von 1838, das, indem es aus ihm einen Experten macht, der bei jeder Internierungsmaßnahme konsultiert werden muss, dem Psychiater und dem psychiatrischen Wissen als Wissen eine bestimmte Macht gibt.[20]

---

a Das Manuskript (S. 17) fügt hinzu: »Bis zum 18. Jahrhundert erfolgte dies in Form des Ratschlags oder der Erziehung der Könige, indem sie den Philosophen, Gelehrten und Weisen Gehör schenkten.«

Hier muss man auf einen Einwand eingehen: Bedeutet von Strategie, Kalkül, Niederlage, Sieg zu sprechen nicht, jegliche Undurchschaubarkeit des sozialen Feldes zum Verschwinden zu bringen? In gewissem Sinne ja. Ich glaube tatsächlich, dass man dem sozialen Feld leicht eine Undurchschaubarkeit verleiht, indem man dort nur die Produktion und das Begehren, die Ökonomie und das Unbewusste sieht; es gibt in der Tat einen Bereich, der für die Analyse durchschaubar ist und den man erforschen kann, wenn man die Strategien der Macht studiert. Wo die Soziologen nur das stumme oder unbewusste System der Regeln sehen, wo die Epistemologen nur schlecht kontrollierte ideologische Wirkungen sehen, glaube ich, dass man Strategien der Macht sehen kann, die vollkommen kalkuliert, beherrscht sind. Das Strafrechtssystem ist hierfür ein besonders gutes Beispiel. Stellt man das Problem des Strafrechtssystems in den Begriffen der Ökonomie, dann ist klar, dass es undurchschaubar und sogar obskur erscheint, denn keine Analyse der ökonomischen Rolle des Gefängnisses, der durch dieses Strafrechtssystem ausgegrenzten Bevölkerung kann von seiner Existenz Rechenschaft ablegen.[21] In den Begriffen der Ideologie ist dieses System nicht nur undurchsichtig, sondern vollkommen verstellt, insofern es mit verschiedenen ideologischen Themen überdeckt wurde.[a] Stellt man das Problem hingegen in den Begriffen der Macht und der Art und Weise, in der in einer Gesellschaft Macht tatsächlich ausgeübt wurde, scheint sich das Strafrechtssystem aus meiner Sicht weitgehend aufzuklären. Das soll nicht heißen, dass das soziale Feld insgesamt durchschaubar ist, sondern, dass man sich nicht einfachen Undurchschaubarkeiten hingeben darf.

---

a Das Manuskript (S. 19) fügt hinzu:
»Es versammelt alle, vom Gesellschaftsfeind über den Wüstling, den Primitiven, den Geistesgestörten, den Perversen bis zum bekennenden Neurotiker. Wenn man das Problem in ökonomischen Begriffen stellt, verliert das Strafrechtssystem jede Nützlichkeit. Es ergibt Sinn, wenn man es in der Machtform untersucht, in der es sich abspielt.«

*

Worauf wollte ich hinaus? Ich wollte ein bestimmtes Machtsystem analysieren: die Disziplinarmacht.[a] Ich habe in der Tat den Eindruck, dass wir in einer Gesellschaft mit einer Disziplinarmacht leben, das heißt mit Apparaten, deren Form die Beschlagnahme, deren Ziel die Konstituierung von Arbeitskraft und deren Instrument der Erwerb von Disziplin oder Gewohnheiten ist. Mir scheint, dass sich seit dem 18. Jahrhundert die Apparate zur Herstellung von Disziplin, zur Auferlegung von Zwängen, zur Annahme von Gewohnheiten immer stärker vermehrt, verfeinert, spezialisiert haben. Ich wollte in diesem Jahr die ganze frühe Geschichte der Gewohnheiten aufzeigen, die Archäologie der Machtapparate, auf denen der Erwerb von Gewohnheiten als gesellschaftlichen Normen fußt.

Betrachten wir den Begriff der *Gewohnheit* genauer. Gewohnheit wird, wenn man die Philosophie des 18. Jahrhunderts nimmt, in erster Linie kritisch gebraucht. Dieser Begriff erlaubt eine Analyse des Gesetzes, der Institutionen, der Autorität vorzunehmen. Man bedient sich des Begriffs der Gewohnheit, um zu wissen, bis zu welchem Punkt etwas begründet werden kann, das sich als Institution, Autorität darstellt. Allem, was sich so als begründet darstellt, stellt man die Frage: Du gibst vor, auf das Wort Gottes oder auf die Autorität des Souveräns gegründet zu sein, aber bist du nicht ganz einfach eine Gewohnheit? So funktioniert die Hume'sche Kritik, die sich des Begriffs der Gewohnheit als eines kritischen, reduzierenden Instruments bedient, weil die Gewohnheit einerseits immer nur ein Ergebnis und nie etwas ursprünglich Gegebenes ist – sie hat etwas irreduzibel Künstliches –, und andererseits ist sie, indem sie keinen Anspruch auf Ursprünglichkeit erheben kann, nicht auf so etwas wie Transzendenz gegründet: Die Gewohnheit kommt immer von der Natur, denn in der menschlichen Natur gibt es die

a Manuskript (S. 20): »eine Machtform analysieren, die ich als strafend bezeichnet hatte, die aber besser disziplinarisch genannt werden sollte«.

Gewohnheit, Gewohnheiten anzunehmen. Die Gewohnheit ist gleichzeitig natürlich und künstlich.[22] Und wenn man sich im 18. Jahrhundert in der politischen Philosophie und Moral dieses Begriffs bedient, dann um alles zu verwerfen, was es an traditionellen, auf Transzendenz gegründeten Pflichten geben könnte, und sie schlicht und einfach durch die Vertragspflicht zu ersetzen; um die traditionellen Pflichten, bei denen man zeigt, dass sie nur Gewohnheitseffekte sind, durch ein Spiel von Pflichten zu ersetzen, bei dem sich der Wille von jedermann freiwillig an den Vertrag gebunden und in diesem verwirklicht sieht. Die Tradition mit der Gewohnheit zu kritisieren, um die sozialen Bindungen vertraglich zu fassen, das ist im Kern der Gebrauch des Begriffs der Gewohnheit.

Im 19. Jahrhundert scheint mir der Gebrauch des Begriffs der Gewohnheit jedoch anders zu sein. In der politischen Literatur hört er auf, regelmäßig kritisch verwendet zu werden. Vielmehr wird er präskriptiv benutzt: Die Gewohnheit ist das, dem sich die Leute unterwerfen müssen. Es gibt eine ganze Ethik, die sich auf die Gewohnheit gründet. Weit davon entfernt, mit der Gewohnheit so etwas wie die Moral, die Ethik zu zermalmen, bildet sich eine ganze Politik der Gewohnheit heraus, die sich über sehr unterschiedliche Schriften verbreitet – Schriften zur Moralisierung des Volkes oder Abhandlungen über die Ökonomie der Gesellschaft.[23] Die Gewohnheit ist hier immer etwas Positives, das es sich anzueignen gilt. In dieser Position hat sie nun aber zum Vertrag ganz und gar nicht dasselbe Verhältnis wie im 18. Jahrhundert: Im 18. Jahrhundert löst man sich von der Tradition mittels einer Kritik der Gewohnheit, um so dem *Vertrag* Platz zu machen, der an die Stelle der Gewohnheit tritt. Im 19. Jahrhundert wird die Gewohnheit hingegen als komplementär zum Vertrag angesehen. Der Vertrag ist, im politischen Denken des 18. Jahrhunderts, die juristische Form, mittels deren die Besitzenden sich aneinander binden. Er ist die juristische Form, die das Eigentum eines jeden garantiert. Er ist das, was dem Tausch eine juristische Form gibt. Schließlich ist er das, wodurch die Individuen ausgehend von ihrem Eigentum Allianzen schmieden. Anders gesagt, ist er die Bindung der Individuen an ihr Eigentum oder die Bindung der Individuen aneinander über ihr Eigentum. Die Gewohnheit ist hingegen das, wodurch die Individuen nicht an ihr Eigentum gebunden werden, denn das ist die Aufgabe des Vertrags, sondern an den Produktionsapparat. Sie ist das, wodurch die, die nichts besitzen, an einen Apparat gebunden werden, den sie nicht besitzen; das, wodurch sie aneinander gebunden werden in einer Zugehörigkeit, die keine Zugehörigkeit zu einer Klasse sein soll, sondern die Zugehörigkeit zur Gesamtgesellschaft. Die Gewohnheit ist also nicht das, wodurch man auf der Ebene des Eigentums an einen Partner gebunden wird, sondern das, wodurch man an eine Ordnung der Dinge, an eine Ordnung der Zeit und an eine politische Ordnung gebunden wird. Die Gewohnheit ist für die, die nicht durch das Eigentum gebunden sind, das Gegenstück zum Vertrag.

Man ist nun also in der Lage zu sagen, wie der Beschlagnahmeapparat die Individuen tatsächlich an den Produktionsapparat binden kann: Er bindet sie, indem er mittels eines Spiels von Zwängen und Bestrafungen, Lehren und Strafen Gewohnheiten ausbildet. Er erzeugt ein Gefüge von Gewohnheiten, über das sich die soziale Zugehörigkeit eines Individuums zu einer Gesellschaft definiert. Er erzeugt so etwas wie die Norm; die Norm ist das Instrument, mit dem die Individuen an den Produktionsapparat gebunden werden. Die klassische Internierung katapultierte die Individuen aus der Norm heraus, indem sie Arme, Landstreicher, Verrückte einsperrte, erzeugte sie Monster, die sie versteckte und zuweilen zeigte; die moderne Beschlagnahme erzeugt hingegen die *Norm*,[a] und ihre Funktion ist, Normale zu produzieren.[24] Man hat mithin folgende Serie, die die moderne Gesellschaft kennzeichnet: Konstituierung der Arbeitskraft – Beschlagnahmeapparat – Funktion der ständigen Normalisierung.[b]

---

a Das Manuskript (S. 24) fügt hinzu: »Ihr Medium ist die Normalisierung«.

b Das Manuskript (S. 24) präsentiert diese Serie folgendermaßen: »Be-

Um zum Schluss zu kommen; wenn man das Machtsystem charakterisieren möchte, in dem das Gefängnis funktioniert und dessen Symbol und Konzentrat, aber auch funktioneller strategischer Bestandteil das Gefängnis ist, könnte man Folgendes sagen: Bis zum 18. Jahrhundert hatte man eine Gesellschaft, in der die Macht die sichtbare, feierliche, rituelle Form der Hierarchie und Souveränität hatte. Diese Macht vollzog ihre Operationen über einen Komplex von Insignien und Zeremonien, die sie als souverän kennzeichneten. Zu dieser so im Ritual der Zeremonie sichtbar gemachten Souveränität gehörte eine bestimmte Art von historischer Erzählung, die der Heldengeschichte und damit der mythischen Wirkungskraft sehr nahekam; eine Geschichtsschreibung, die die Funktion hatte, von der Vergangenheit des Souveräns zu erzählen und die Vergangenheit der Souveränität wiederaufleben zu lassen, um die Macht zu festigen. Die Geschichtsschreibung, die als Diskursform ein Anhängsel der Machtform der Souveränität war, bildete eine Nebenfunktion der Macht; und auch wenn man im 18. Jahrhundert mit Voltaire, Saint-Simon, Dupin etc. seine kritische Umkehr erlebt, entfaltet sich dieser Diskurs doch noch immer im Bereich der Macht, um sie zu festigen oder zu unterminieren.[25]

Im 19. Jahrhundert vollzieht sich die Macht nicht mehr über die feierliche, sichtbare, rituelle Form der Souveränität, sondern über die Gewohnheit, die einigen oder allen auferlegt wird, doch damit vor allem einige sich hier von Grund auf unterworfen sehen. Unter diesen Umständen kann die Macht auf die ganze Pracht der sichtbaren Rituale, auf all ihre Draperien und Insignien vollständig verzichten. Sie nimmt die heimtückische, alltägliche, gewohnheitsmäßige Form der Norm an und versteckt sich so als Macht, um sich als Gesellschaft auszugeben. Die Rolle der Machtzeremonie des 17. Jahrhunderts übernimmt nun das, was man das soziale Gewissen nennt.[26] Genau hier wird Durkheim den Gegenstand der Soziologie finden. Man muss noch einmal

---

schlagnahmeapparat. Konstituierung der Arbeitskraft. Disziplinargesellschaft. Funktion der ständigen Normalisierung/Normativität«.

lesen, was er in *Der Selbstmord* zur Anomie sagt: Was das Soziale an sich ist – im Gegensatz zur Politik, die die Ebene der Entscheidungen ist, und zur Ökonomie, die die Ebene der Determinationen ist –, ist nichts anderes als das System der Disziplin, der Zwänge.[27] Dieses System der Disziplin als Medium der Macht ist das, womit die Macht ausgeübt wird, doch so, dass sie sich versteckt und sich als die Realität darstellt, die nun zu beschreiben, zu erkennen ist und die man als Gesellschaft, Gegenstand der Soziologie bezeichnet. Die Gesellschaft, hat Durkheim gesagt, ist das System der Disziplin; was er aber nicht gesagt hat, ist, dass dieses System innerhalb der für ein Machtsystem charakteristischen Strategien zu analysieren sein muss.[a]

Wenn sich die Macht jetzt tatsächlich nicht mehr in der Gewalt der Zeremonie manifestiert, sondern über die Normalisierung, die Gewohnheit, die Disziplin ausgeübt wird, wird man die Herausbildung eines neuartigen Diskurses erleben. Der Diskurs, der nun mit der Disziplinarmacht einhergehen wird, kann nicht länger der mythische oder heroische Diskurs sein, der von der Entstehung der Macht erzählte und die Funktion hatte, diese zu festigen. Dies ist ein Diskurs, der die Norm beschreiben, analysieren, begründen[b] und sie präskriptiv und persuasiv machen wird. Der Diskurs, der vom König spricht und sein Königtum begründet, kann abtreten und dem Diskurs des Meisters Platz machen, das heißt dem Diskurs dessen, der überwacht, die Norm vorgibt, die Teilung zwischen normal und anormal vornimmt,[28] einschätzt, beurteilt, entscheidet: dem Diskurs des Schulmeisters, des Richters, des Arztes, des Psychiaters. In Verbindung mit der Ausübung von Macht sieht man somit einen Diskurs in Erscheinung treten, der den mythischen Diskurs über die Ursprünge der Macht – der regelmäßig die Genealogie des Königs und seiner Vorfahren erzählte – ablöst: den normalisierenden Diskurs der Humanwissenschaften[29].[c]

---

a Manuskript (S. 26): »Durkheim wird in unseren Gewohnheiten ein Zeichen des Sozialen selbst sehen.«

b Manuskript (S. 26): »auf die Vernunft gründen«.

c Das Manuskript endet folgendermaßen (S. 26): »Im assyrischen Reich

1 N. H. Julius, *Vorlesungen über die Gefängniß-Kunde*, a. a. O., S. 108 f.
2 Die Anspielung auf die »Petite Roquette« im Manuskript (S. 2) bezieht sich auf das ursprünglich für junge Gefangene im 11. Arrondissement von Paris 1827 nach Plänen, die vom *Panopticon* Benthams beeinflusst waren, erbaute Gefängnis; zu Zeiten der GIP war die »Petite Roquette« ein Frauengefängnis. Sie wurde Ende der 1970er Jahre abgerissen. Wie Jacques Lagrange in *Le Pouvoir psychiatrique* (a. a. O., S. 92, Anm. 18) zeigt, sollte der Plan dieses Modellgefängnisses gemäß dem Wortlaut eines Rundschreibens vom 24. Februar 1825 so angelegt sein, »dass mit Hilfe eines zentralen Punktes oder einer innenliegenden Galerie die Überwachung sämtlicher Teile des Gefängnisses von einer Person oder allerhöchstens zwei bewerkstelligt werden kann«. Vgl. auch: C. Lucas, *Du système pénitentiaire en Europe et aux États-Unis*, a. a. O., Bd. I, S. CXIII; M. Foucault, *Surveiller et Punir*, a. a. O., S. 276; dt.: *Überwachen und Strafen*, a. a. O., S. 350.
3 Foucault fügt in seinem Manuskript (S. 2) folgenden Satz hinzu: »Doch diese Architekturform ist gleichzeitig eine allgemeine Gesellschaftsform, die weit über das Gefängnis hinausgeht. Muss man sagen: *agora-logos* // Gefängnis-Überwachung?« Das Thema der gesellschaftlichen Überwachung und der Strafgesellschaft, das in dieser Vorlesung zentral ist und auch in *Surveiller et Punir* verhandelt wird (s. zum Beispiel S. 196, 209, 211; dt.: *Überwachen und Strafen*, S. 250, 266, 268 f.), hat dennoch bei der Rezeption dieses Werks bei der Leserschaft sehr wenig Aufmerksamkeit erlangt. Ihr Interesse galt dem Panoptismus als Beschreibung einer Strafform und weniger einer Gesellschaftsform, anders gesagt, mehr dem Thema des Gefängnisses als dem allgemeineren der Strafgesellschaft. Doch in der Vorstellung Foucaults ist, wie Daniel Defert bestätigt, dieses Buch, *Überwachen und Strafen*, eine Weiterführung dieser Vorlesung über ein gesellschaftliches Problem.
4 Eine Anspielung auf das berühmte Fontispiz des *Leviathan* von Hobbes, a. a. O.
5 Eine Analyse, die entwickelt werden wird in *Surveiller et Punir*, S. 31-33; dt.: *Überwachen und Strafen*, S. 38-40, sowie in *Il faut défendre*

---

gab es einen mythischen Diskurs, der eng mit der Machtausübung verbunden war.[30] Einen Diskurs über die Ursprünge. Gegenwärtig gibt es in Verbindung mit der Machtausübung einen anderen Diskurs, der von ihr nicht zu trennen ist; der mit ihr jedoch auf eine ganz andere Weise verbunden ist; der an einem ganz anderen Ort gehalten wird und von ganz anderen Leuten. Der aber, indem er auf Abstand ging, diese Diskurse der Macht gewissermaßen ablöste. Diese ›normalisierenden‹ Diskurse sind die Humanwissenschaften.«

la société, a.a.O., S. 15-19; dt.: *In Verteidigung der Gesellschaft*, a.a.O., Vorlesung vom 7. Januar 1976, S. 23-29.

6 Wie Jacques Lagrange in *Le pouvoir psychiatrique* (S. 20, Anm. 21) darlegt, könnte sich diese Kritik gegen Louis Althusser richten, der den Begriff des »Staatsapparats« in seinem Artikel »Idéologie et appareils idéologiques d'État. (Note pour une recherche)« abhandelt, in: *La Pensée. Revue du rationalisme moderne*, Nr. 151, Juni 1970, S. 3-38 (erneut in: L. Althusser, *Positions*, Paris: Éditions Sociales, 1976, S. 79-137); dt.: »Ideologie und ideologische Staatsapparate (Anmerkungen für eine Untersuchung)«, in: ders., *Ideologie und ideologische Staatsapparate. Aufsätze zur marxistischen Theorie*, übers. v. R. Löper, K. Riepe u. P. Schöttler, Hamburg u. Westberlin: VSA, 1977, S. 108-153; vgl. zur Argumentation Foucaults hier, Situation du cours, S. 281-282 u. 300-302; dt.: Situierung der Vorlesungen, S. 367-369 u. 394-396. In *Le Pouvoir psychiatrique* wird Foucault folgende Analyse vorlegen: »was ich, statt über das Familienmodell oder den ›Staatsapparat‹ zu sprechen, versuchen möchte zu erkennen, ist die Strategie dieser Machtbeziehungen und dieser Konfrontationen, die in der psychiatrischen Praxis ablaufen« (S. 18; dt.: Vorlesung vom 7. November 1973, S. 34); »[w]as methodologisch impliziert, daß man das Problem des Staates, der Staatsapparate beiseite läßt und daß man sich des sozialpsychologischen Begriffs der Autorität entledigt« (ebd., S. 42 Fn.*; dt.: ebd., S. 69, Fn.*). Anzumerken ist, dass im Manuskript in dieser Passage wie auch danach (S. 8 u. 9) »Staatsapparat« im Singular steht, obwohl Foucault, wie es scheint, beim Sprechen den Plural verwendet hat (Typoskript, S. 197-199).

7 Vgl. zu diesem Thema *Les Anormaux*, a.a.O., S. 80f.; dt.: *Die Anormalen*, a.a.O., Vorlesung vom 29. Januar 1975, S. 115f. (schematische Zusammenfassung), und in *Surveiller et Punir*, S. 30; dt.: *Überwachen und Strafen*, S. 37: »Diese politische Besetzung des Körpers ist mittels komplexer und wechselseitiger Beziehungen an seine ökonomische Nutzung gebunden; zu einem Gutteil ist der Körper als Produktionskraft von Macht- und Herrschaftsbeziehungen besetzt; auf der anderen Seite ist seine Konstituierung als Arbeitskraft nur innerhalb eines Unterwerfungssystems möglich (in welchem das Bedürfnis auch ein sorgfältig gepflegtes, kalkuliertes und ausgenutztes politisches Instrument ist); zu einer ausnutzbaren Kraft wird der Körper nur, wenn er sowohl produktiver wie unterworfener Körper ist«; vgl. auch ebd., S. 147 u. 222f.; dt.: S. 186f. u. 283f.

8 Dieser Punkt wird im Mai 1973 wiederaufgegriffen in »La vérité et les formes juridiques«, a.a.O., DE II, S. 621-622; dt.: »Die Wahrheit und die juristischen Formen«, a.a.O., DE II, S. 766: »Ich möchte nur zeigen, dass die Arbeit keineswegs das Wesen des Menschen oder das konkrete Dasein des Menschen ist. [...] Damit die Arbeit als das Wesen des Menschen erscheint, bedarf es der Einwirkung einer politischen Macht, die diese Synthese herstellt.«

9 Mit dieser Gegenüberstellung von Zwang und Ideologie wendet sich Foucault mit Blick auf dessen Artikel von 1970 offensichtlich gegen Althusser (vgl. oben, Anm. 6 u. Situation du cours, S. 296-298; dt.: Situierung der Vorlesungen, S. 388-390).

10 Turgot schuf 1776 eine medizinische Kommission, die mit der Erforschung von Epidemien beauftragt war; sie nahm unter Necker den Namen Königliche Gesellschaft der Medizin an. Ihre Mitglieder, die weitgehend der Akademie der Wissenschaften entstammten, hatten die Aufgabe: »a) Untersuchungen zu den Epidemien durchzuführen; b) sie zu diskutieren und zu interpretieren; c) die geeignetsten Heilmethoden festzulegen« (J.-P. Peter, »Une enquête de la Société royale de médecine: malades et maladies à la fin du XVIIIe siècle«, in: *Annales. Économies, Sociétés, Civilisations*, 22. Jg., Nr. 4, 1967, S. 713). Insofern die Königliche Gesellschaft der Medizin dem Finanzminister unterstand, wird sie allgemein als das erste staatliche Gesundheitsorgan betrachtet. Vgl.: *Histoire et mémoires de la Société Royale de Médecine et de Physique, tirés des registres de cette société*, Paris: Didot, 1776-1779; C. Hannaway, »The Société Royale de médecine and Epidemics in the Ancien Régime«, in: *Bulletin of the History of Medicine*, 46, 1972, S. 257; J.-P. Desaive u.a., *Médecins, climat et épidémies à la fin du XVIIIIe siècle*, Paris: Éditions de l'EHESS, 1972. Vgl. für eine neuere Analyse des Stellenwerts der Königlichen Gesellschaft der Medizin bei der Entstehung einer Wissenschaft der Gesundheitsverwaltung: V. Tournay, »›Le concept de police médicale‹. D'une aspiration militante à la production d'une objectivité administrative«, in: *Politix*, 2007/1, Nr. 77, S. 173-199; vgl. auch M. Foucault, *Naissance de la clinique*, a.a.O., Kap. II, v.a. S. 49-56; dt.: *Die Geburt der Klinik*, a.a.O., II. Kapitel, v.a. S. 43-48.

11 Hier könnte es sich um die Handelsräte (*chambres de commerce*) handeln sowie, ab dem Konsulat, um die Gewerbe- und Fabrikräte (*chambres consultatives des Arts et des Manufactures*), die »Versammlung der wichtigsten Manufakturisten, die die Regierung über die Bedürfnisse der Industrie aufklären soll« (A. Chéruel, *Dictionnaire historique des institutions, mœurs et coutumes de la France*, première partie, Paris: Librairie Hachette et Cie, 1899, S. 123). Das würde insbesondere die Verwendung des Verbs »wiederaufnehmen« rechtfertigen, da diese Institutionen, die 1701 offiziell begründet wurden, von der Revolution 1791 abgeschafft und dann 1802 wiedererrichtet wurden mit der Aufgabe, »Vorstellungen bezüglich der Mittel zur Steigerung der Prosperität des Handels zu unterbreiten, der Regierung die Ursachen für ein Aussetzen seines Wachstums zur Kenntnis zu bringen, zu erklären, welche Gelder man beschaffen kann [...]« (Erlass vom 3. Nivôse, Jahr XI/24. Dezember 1802, zit.n.B. Magliulo, *Les Chambres de commerce et d'industrie*, Paris: PUF, 1980, S. 31). Chaptal, Innenminister, legte die Gründe für die Wiedereinrichtung folgendermaßen dar: »Die Regierung

kann in ihrem Handeln gegenüber dem Handel nur über einen die tatsächlichen Verhältnisse wiedergebenden Überblick über den Zustand und die Bedürfnisse des Handels an jedem Punkt der Republik Klarheit gewinnen [...]« (zit. n. ebd., S. 32). Dennoch taucht der Begriff der Untersuchung, *a fortiori* der Untersuchung der Handwerkstechniken, unter diesen Kompetenzen nicht direkt auf. Vgl. für eine ausführliche Bibliographie zu diesem Thema E. Pendleton Herring, »Chambres de Commerce: Their Legal Status and Political Significance«, in: *The American Political Science Review*, Bd. 25 (3), August 1931, S. 691 f.; vgl. auch A. Conquet, *Napoléon [III] et les chambres de commerce*, APCCI, 1978.

12 Foucault bezieht sich auf die Untersuchung von Chaptal auch in *Surveiller et Punir*, S. 236; dt.: *Überwachen und Strafen*, S. 299: »die von Chaptal bereits 1801 (als es darum ging, das Brauchbare für die Schaffung eines Gefängnisapparates in Frankreich zu ermitteln)«.

13 Foucault erstellt im Manuskript eine Aufstellung, die vermerkt: »Revolution; Konsulat; Kaiserreich« (S. 16). Siehe die Aufstellung der Untersuchungen in *Surveiller et Punir*, S. 236 f.; dt.: *Überwachen und Strafen*, S. 299 f.: »die von Decazes 1819; das 1820 veröffentlichte Buch von Villermé; der Bericht von Martignac über die Hauptgefängnisse im Jahr 1829; die Untersuchungen, die 1831 von Beaumont und Tocqueville, 1835 von Demetz und Blouet in den Vereinigten Staaten von Amerika durchgeführt wurden; die Fragebögen, die Montalivet an die Gefängnisdirektoren und die Generalräte versandte, als die Diskussion über die Isolierung der Gefangenen in vollem Gang war.«

14 Vgl. A. de Sartine, *Journal des inspecteurs de M. de Sartines, 1re partie, 1761-1764*, Brüssel: Ernest Parent, 1863. Antoine de Sartine, Comte d'Alby (1729-1801), Politiker, war Kriminalleutnat in Châtelet in Paris, Generalleutnant der Polizei (1759-1774) und unter Ludwig XVI. Marineminister.

15 Vgl. J. Fouché, *Rapport fait aux consuls par le ministre de la Police sur l'infâme complot tendant à assassiner les consuls, leurs familles, les ministres et les principaux membres du gouvernement*, Paris: Impr. Cornu, [o.J.]; *Rapport du ministre de la Police générale concernant l'attentat commis contre le 1er consul Bonaparte, le 3 nivôse* [14 nivôse an IX]. *Arrêté des consuls, qui ordonne la déportation de 131 individus. Arrêté du Sénat conservateur, qui approuve cette mesure*, Paris: Impr. Marchant, [o.J.]. Joseph Fouché (1759-1820) war unter dem Direktorium und dem Kaiserreich Polizeiminister.

16 Foucault bezieht sich hier auf den *Compte général de l'administration de la justice criminelle*, der erstmals 1827 erschienen ist, auf der Zahlenbasis von 1825. »Der *Compte criminel* erscheint jährlich (abgesehen von den Kriegsjahren) mit zusammenfassenden Bänden von 1850, 1880 und 1900. Er wird mit Hilfe von statistischen Tabellen erstellt, die an die Tribunale geschickt werden [...]. Das Zahlenmaterial, von dem es im 19. Jahrhundert eine Fülle gibt, nimmt ab den 1920er-1930er Jahren all-

mählich ab. Die meisten Tabellen betreffen die Angeklagten; Daten zum Personenstand, Beruf und Wohnsitz wurden erst mit Beginn des 20. Jahrhunderts berücksichtigt« (J.-C. Farcy, *Guide des archives judiciaires et pénitentiaires 1800-1948*, Paris: CNRS Éditions, 1992, S. 228). Nach diesem Modell wurden sukzessive der *Compte général de l'administration de la justice civile et commerciale* (1831), der *Compte général de l'administration de la justice militaire* (1832) und der *Compte général de l'administration de la justice dans les colonies* (1834) erstellt. Sie umfassen alle »eine Reihe von statistischen Tabellen, denen eine mehr oder weniger lange Einleitung des für das statistische Jahrbuch verantwortlichen Ministers vorausgeht, eine Einleitung, die das Zahlenmaterial aus offizieller Sicht kommentiert« (ebd.). Vgl.: M. Perrot, »Premières mesures des faits sociaux: les débuts de la statistique criminelle en France 1780-1830«, in: [collectif,] *Pour une histoire de la statistique*, Bd. 1: *Contributions/Journées d'études sur l'histoire de la statistique (Vaucresson, 1976)*, Paris, INSEE, 1977, S. 125-177; Ministère de la Justice, *Compte général de l'administration de la justice criminelle en France pendant l'année 1880 et Rapport relatif aux années 1826 à 1880*, veröffentlicht und kommentiert von Michelle Perrot und Philippe Robert, Genf u. Paris: Slatkine Reprints, 1989.

17 Foucault fügt im Manuskript (S. 17) hinzu: »Die Statistik als Staatswissenschaft«, sodann schreibt er (S. 17): »Man hat die Abstraktion, die Entwicklung der experimentellen Methode, tausendfach der philosophischen Kritik unterzogen, aber nie die Geschichte des Staatswissens, der Wissensgewinnung durch die Verwaltung.« In *Il faut défendre la société*, S. 120; dt.: *In Verteidigung der Gesellschaft*, [Vorlesung] vom 11. Februar 1976, S. 162, wird er schreiben: »Zwischen das Wissen des Prinzen und die Kenntnisse seiner Verwaltung hat man ein Geschichtsministerium geschoben, welches zwischen dem König und seiner Verwaltung die ungebrochene Tradition der Monarchie in kontrollierter Weise bekräftigen sollte.« Dies ist in Zusammenhang zu sehen mit dem Thema von Daniel Deferts Dissertation über die im 18. Jahrhundert an deutschen Universitäten erfolgte Entwicklung der Statistik als Verwaltungswissen des Staates, mit dem Titel »Le Savoir du Prince et les ci-devant secrets« (unter Leitung von Raymond Aron).

18 Sébastien Le Prestre de Vauban (1633-1707), der bekannter war in seiner Funktion als Generalkommissar der Festungen, richtete ab 1695 mehrere Gesuche an den König, in denen er die Idee darlegte, »die zahlreichen Steuern, die es damals gab, zu reduzieren und durch eine Kopfsteuer zu ersetzen. Ziel dieser Kopfsteuer war, eine Abgabe von fünfzehn Silberlingen vom Klerus sowie auf die Bezüge, Löhne und Pensionen aller zivilen und militärischen Beamten des Königreichs, des Königshauses, der Truppen zu Land und zu Wasser zu erheben, ›ohne davon irgendjemanden von denjenigen, die sie aufbringen können, auszunehmen‹« (G. Michel u. A. Liesse, *Vauban économiste*, Paris: E. Plon, Nourrit et

Cie, 1891, S. 17). Krankheitsbedingt zum Rückzug von seinen militärischen Ämtern gezwungen, verlor Vauban, der 1703 zum Marschall ernannt worden war, nach und nach die Gunst des Königs. Das Werk, in dem er sein Projekt darlegte, *La Dîme royale*, wurde 1707 ohne Genehmigung veröffentlicht und schnell verboten. Vauban verstarb einige Wochen später. Das Werk beginnt mit einer Begründung der Intentionen des Autors: »Ich sage also mit allerbestem Gewissen, daß es weder das Verlangen war, mich damit aufzuspielen, noch mir neues Ansehen zu verschaffen, was mich veranlaßte, dieses Werk zu schreiben. Ich bin weder gebildet noch ein Mann der Finanzen, und es wäre abgeschmackt, Ruhm und Überlegenheit bei Dingen anzustreben, die nicht mein Geschäft sind« (S. le Prestre de Vauban, *La Dîme royale*, présenté par Emmanuel Le Roy Ladurie, Paris: Imprimerie nationale, 1992 [1897], S. 57; dt.: *Projekt eines königlichen Zehnten*, übers. u. erl. v. A. Toepel, Berlin: Akademie Verlag, 1994, S. 11). Siehe auch A. Rebelliau, *Vauban*, [veröff. v. Jacques Lovie], Paris: Club des libraires de France, 1962.

19 François Quesnay (vgl. oben, S. 87, Anm. 3) übte aufgrund seiner Stellung als Chirurg des Königs und Arzt von Madame de Pompadour sowie aufgrund seines Willens, im Zwischengeschoss des Schlosses von Versailles zu logieren, um den Besuch einflussreicher Personen zu befördern, am Hof selbst einen gewissen Einfluss aus. Viele sagten ihm politische Ambitionen nach; vgl. G. Weulersse, *Le Mouvement physiocratique en France de 1756 à 1770*, a.a.O., Bd. 2, S. 626-682.

20 Foucault beschreibt und analysiert das Gesetz von 1838 in: *Le Pouvoir psychiatrique*, S. 97-99; dt.: *Die Macht der Psychiatrie*, Vorlesung vom 5. Dezember 1973, S. 142-147; *Les Anormaux*, S. 130-141; dt.: *Die Anormalen*, Vorlesung vom 12. Februar 1975, S. 181-192. Es sieht aus, als hätte Foucault an den Rand des Manuskripts »Castel« geschrieben (S. 17), zweifellos eine Bezugnahme auf die Arbeiten von Robert Castel zur Geschichte der Psychiatrie; vgl. R. Castel, »Le traitement moral. Thérapeutique mentale et contrôle social au XIXe siècle«, in: *Topique*, Nr. 2, 1970, S. 109-129. In *Le Pouvoir psychiatrique*, S. 88 Fn. *; dt.: *Die Macht der Psychiatrie*, S. 131, Fn. * (Fußnote im Manuskript zu derselben Vorlesung), bezieht sich Foucault explizit auf das 1973 erschienene Werk Castels *Le Psychanalysme* (Paris: Maspero; dt.: *Psychoanalyse und gesellschaftliche Macht*, übers. v. L. Birk, Vorwort zur deutschen Ausgabe von E. Wulff, Kronberg: Athenäum, 1976), über das er sagt: »Es ist ein radikales Buch, weil die Psychoanalyse zum ersten Mal nur innerhalb der psychiatrischen Praxis und der psychiatrischen Macht dargestellt wird« (ebd., S. 198, Anm. 41; dt.: S. 290 Anm. 41). Und im Jahr darauf, in *Surveiller et Punir*, S. 29, Fn. 1; dt.: *Überwachen und Strafen*, S. 35: »Ebenso verpflichtet bin ich R. Castel (*Psychanalysme*, Paris, 1973)«. Siehe von demselben Autor auch das 1976 erschienene Werk *L'Ordre psychiatrique. L'âge d'or de l'aliénisme*, Paris: Éditions de Minuit; dt.:

Die psychiatrische Ordnung. Das goldene Zeitalter des Irrenwesens, übers. v. U. Raulff, Frankfurt/M: Suhrkamp, 1979.

21 Vgl. zu diesem Thema G. Rusche u. O. Kirchheimer, *Punishment and Social Structure*, New York: Columbia University Press, 1939; dt.: *Sozialstruktur und Strafvollzug*, Frankfurt/M. u. Köln: Europäische Verlagsanstalt, 1974. In *Überwachen und Strafen* wird Foucault notieren: »Aus dem großen Buch von Rusche und Kirchheimer lassen sich einige wesentliche Richtlinien gewinnen« (frz.: S. 29; dt.: S. 35), und er entleiht ihren Begriff der politischen Ökonomie der Strafe, um seine Idee einer »›politischen Ökonomie‹ des Körpers« zu entwickeln (frz. S. 30/dt.: S. 36).

22 Vgl. D. Hume, *A Treatise of Human Nature*, hg. v. L. A. Selby-Bigge, Oxford: Clarendon Press, [2]1978 [1739], Erstes Buch, Dritter Teil, 16. Abschnitt, S. 179: »Nature may certainly produce whatever can arise from habit: Nay, habit is nothing but one of the principles of nature, and derives all its force from that origin«; dt.: *Ein Traktat über die menschliche Natur*, Bd. 1: *Über den Verstand*, übersetzt, mit Anmerkungen und Register versehen von Theodor Lipps, mit neuer Einführung herausgegeben von Reinhard Brandt, Hamburg: Felix Meiner, 1989, S. 240: »Was die Gewohnheit kann, das kann sicherlich auch die Natur. Die Gewohnheit ist ja eben gar nichts, als einer der wirkenden Faktoren der Natur; sie schöpft ihre ganze Macht aus dieser Quelle.« Hume stellt den Brauch oder die Gewohnheit nicht nur in den Mittelpunkt der Erklärung einer möglichen Schlussfolgerung, sondern charakterisiert sie auch als natürlich *und* künstlich: Es ist die Gewohnheit, »die uns bestimm[t], die Vergangenheit zum Maßstab der Zukunft zu machen« *»determine[s] us to make the past a standard for the future«*, und »die Annahme, *die Zukunft gleiche der Vergangenheit*, [kann] nicht durch Argumente irgend welcher Art bewiesen werden, sondern entstammt einzig und allein der Gewohnheit« /»the supposition *that the future will resemble the past* is not founded on arguments of any kind, but is derived entirely from habit« (*Traktat*, Erstes Buch, Dritter Teil, 12. Abschnitt, S. 183 f. / *Treatise*, S. 133 f.; Herv. im Text). Wenn die Gewohnheit das Produkt einer vergangenen konstanten Erfahrung ist, ist sie »vollkommen und konstant«/»full and perfect«, und wir vollziehen »den Übergang ohne Nachdenken; wir lassen zwischen der Wahrnehmung eines Gegenstandes und dem Glauben an denjenigen, den wir häufig in seiner Begleitung antrafen, keinen Moment der Verzögerung«/»we make the transition without any reflection, and interpose not a moments delay betwixt the view of one object and the belief of that which is often found to attend it« (ebd., S. 182 f. / 133 f.). Anders gesagt, gewährleistet die Gewohnheit, ohne jegliches Nachdenken und ohne Bezugnahme auf die Annahme, die Zukunft gleiche der Vergangenheit, den Übergang zwischen der Erfahrung und der Wahrnehmung eines Gegenstands und dem Glauben an das, was gewöhnlich mit ihm assoziiert wird. Es handelt sich mithin um eine natürliche Produktion des Glaubens, die sich

aber nur bei Vorhandensein einer vollkommenen und perfekten Gewohnheit herstellt, die selbst die Folge einer vergangenen konstanten Erfahrung ist. Hingegen beruhen in dem üblicheren Fall, bei dem die vergangene Erfahrung gemischt ist, »die Schlüsse dieser Art nicht *direkt* auf der Gewohnheit [...], sondern in einer *mittelbaren* Weise«/»reasonings of this kind arise not *directly*, but in an *oblique* manner« (ebd., S. 183/S. 133 f., im Text hervorgehoben). An einer anderen Stelle des Textes spricht Hume ebenfalls von einer »mittelbaren und künstlichen Weise«/»oblique and artificial manner« (S. 143/S. 104). In solchen Fällen bedenken wir bewusst die Annahme, dass die Zukunft der Vergangenheit gleichen wird, und diese Annahme bringt den Glauben hervor. Dieser wird somit hergestellt wie ein menschliches Kunstwerk, aus dem Blickwinkel der Bezugnahme auf die Annahme, dass die Zukunft der Vergangenheit gleicht, die »sich durch die Gewohnheit genügend festgesetzt hat«/»has establish'd itself by a sufficient custom« (S. 144/S. 105). Vgl. für Genaueres D. Owen, *Hume's Reason*, Oxford: Oxford University Press, 1999, Kap. 7, S. 147-174.

23 Foucault nennt im Manuskript zwei Beispiele: »Entretien de [M.] Bruno; *Traité d'économie sociale*« (S. 22). Zu M. Bruno vgl. hier S. 274, Anm. 17. Außerdem bezieht sich Foucault hier auf das Werk von Doktor Ange Guépin (1805-1873), *Traité d'économie sociale*, Paris: De Lacombe, 1833. Ange Guépin, ein Arzt, Philanthrop und Vertreter eines von Saint-Simon und Fourier beeinflussten Sozialismus, spielte im 19. Jahrhundert im politischen Leben von Nantes eine zentrale Rolle. Er bemühte sich vor allem darum, das Ausmaß des Elends der Nanter Arbeiter vor Augen zu führen und Lösungen zu seiner Bekämpfung zu unterbreiten; vgl. A. Guépin u. E. Bonamy, *Nantes au XIXe siècle*, a.a.O. In seinem *Traité d'économie sociale* (S. 82 f.) entwickelt Doktor Guépin ausgehend vom Beispiel der Drucker die Idee von Industrievereinigungen, die vor allem die mit einem Unfall oder mit Beschäftigungslosigkeit verbundenen Risiken sowie die Kosten für den Ruhestand zu vergesellschaften erlauben und deren schlussendliches Ziel die Übernahme der Druckereien durch die Arbeiter wäre; vgl. J. Maitron (Hg.), *Dictionnaire biographique du mouvement ouvrier français. Première partie: 1789-1864. De la Révolution française à la fondation de la Première Internationale*, Paris: Les Éditions ouvrières, 1965, 3 Bde.: Bd. II, S. 309-311.

24 Vgl. *Surveiller et Punir*, S. 104 f.; dt.: *Überwachen und Strafen*, S. 129-132.

25 Foucault notiert im Manuskript: »ihre kritische Umkehrung (Saint-Simon oder Voltaire) entfernte sich nur augenscheinlich von dieser Grundfunktion« (S. 25). Louis de Rouvroy, duc de Saint-Simon (1675-1755), rückt in seinen *Mémoires* von der von der offiziellen Geschichte seiner Zeit praktizierten Vergöttlichung Ludwigs XIV. ab und beschreibt in einer Reihe von Porträts und historischen Episoden die Kehrseite der Monarchie; vgl. M. Stefanovska, *Saint-Simon, un historien dans les marges*, Paris: Honoré Champion, 1998, S. 29. In den

»Considérations préliminaires [Vorbemerkungen]« zu seinem Werk schreibt Saint-Simon: »Die Erzählung der Ereignisse muss ihre Entstehung, ihre Ursachen, ihre Folgen und ihre Verbindungen untereinander aufzeigen, was nur zu machen ist, wenn man die Handlungen der Personen, die an diesen Dingen beteiligt waren, [...], was sie zu der Rolle veranlasst hat, die sie bei den Ereignissen hatten, die man erzählt, und die Zusammenschlüsse oder Gegnerschaften, die unter ihnen bestanden, darlegt.« Trotzdem nimmt Ludwig XIV. bei der Darlegung der Ereignisse symbolisch noch immer eine zentrale Stellung ein. Zur Bedeutung der Zeremonie innerhalb der saint-simonistischen Geschichte vgl. M. Stefanovska, a.a.O., S. 59-65.

Claude Dupin de Chenonceaux (1686-1769), Finanzmann und Steuerpächter, war ein Vorreiter des physiokratischen Denkens. In *Œconomiques* (Paris: Marcel Rivière et Cie, 1913 [1745]) legt Dupont den ökonomischen Aufbau Frankreichs dar und unterbreitet verschiedene Verbesserungsvorschläge. Der dritte Band des Werks unternimmt eine Geschichte der Steuer, in der der Autor die Entwicklung der königlichen Steuerpolitik beschreibt. Dennoch ist Claude Dupin bekannter dafür, in zwei aufeinanderfolgenden Werken Position gegen Montesquieus *Vom Geist der Gesetze* und dessen Infragestellung des Systems der *Ferme* bezogen zu haben (*Observations sur un ouvrage intitulé »l'Esprit des lois«* wurde von der Zensur verboten). Von 1745 bis 1751 war Jean-Jacques Rousseau Privatsekretär der Gattin von Claude Dupin, Louise-Marie-Madeleine Fontaine.

Voltaire wird weitgehend als einer der Väter der modernen Geschichtsschreibung betrachtet. Er widmete der Geschichte und der Geschichtsphilosophie mehrere Werke, darunter die *Nouvelles Considérations sur l'histoire* (1744; Auszüge dt. in: *Geschichte und Geschichtsschreibung: Möglichkeiten, Aufgaben, Methoden; Texte von Voltaire bis zur Gegenwart*, hg. u. eingel. v. F. Stern, übers. v. S. Stahlmann, München: Piper, 1966) und *Le Siècle de Louis XIV* (1751; dt.: *Das Zeitalter Ludwigs XIV.*, München: Lothar Borowsky, 1982), wo er schreibt: »Es ist nicht meine Absicht, bloß das Leben Ludwigs XIV. zu beschreiben – ich habe einen größeren Gegenstand im Auge: Ich will versuchen, der Nachwelt nicht die Taten eines einzelnen Mannes, sondern das Wesen der Menschen im aufgeklärtesten aller bisherigen Zeitalter zu schildern« (ebd., »Einleitung«, S. 250).

26 Foucault hält im April 1972 an der Universität von Minnesota in Minneapolis zu diesem Thema einen mit »Cérémonie, théatre et politique au XVIIe siècle« betitelten Vortrag, als Beitrag zu der *Fourth Annual Conference on 17th Century French Literature* (Zusammenfassung in Englisch von Stephen Davidson, in: A. Renaud (Hg.), *Proceedings of the Fourth Annual Conference of XVIIth-Century French Literature, with programs and brief account of the first, second, third conference*, Minneapolis, Minn., 1972, S. 22f.).

27 Vgl. E. Durkheim, *Le Suicide. Étude de sociologie,* Paris: Félix Alcan, 1897; dt.: *Der Selbstmord*, übers. v. S. u. H. Herkommer, Frankfurt/M.: Suhrkamp, 1983. Zu der durch wirtschaftliche Krisen ausgelösten Deklassierung bestimmter Individuen schreibt Durkheim wörtlich: »Alles ist verloren, was die Gesellschaft ihnen als Frucht ihres sozialen Handelns zukommen ließ, ihre ganze moralische Erziehung muß erneut vollzogen werden. Die Gesellschaft bringt es natürlich nicht von einem Augenblick zum anderen fertig, den Betroffenen an dieses neue Leben anzupassen und ihnen beizubringen, wie man sich an dieses Übermaß von Bescheidung gewöhnt, das ihnen noch fremd ist. [...] Der Zustand der gestörten Ordnung oder *Anomie* wird also dadurch noch verschärft, daß die Leidenschaften zu einem Zeitpunkt, wo sie einer stärkeren Disziplin bedürfen, weniger diszipliniert sind« (S. 280f.; dt.: S. 288f.). Doch bei Durkheim gründet sich der Begriff der Disziplin notwendig auf Gerechtigkeit und kann sich nicht auf den Zwang oder die Gewohnheit beschränken: »Aber auch diese Art von Disziplin könnte nur dann gelten, wenn sie von den Menschen, die ihr unterworfen sind, als gerecht anerkannt wird. Wenn sie nur noch aus Gewohnheit oder unter Zwangsmaßnahmen beachtet wird, können Friede und Eintracht nur dem äußeren Anschein nach weiterbestehen. [...] Die Begierden, die nur oberflächlich im Zaum gehalten sind, brechen durch« (S. 279; dt.: S. 286, die Übers. wurde leicht modifiziert).

28 Das Thema wird in *Les Anormaux*, passim; dt.: *Die Anormalen*, passim, wiederaufgegriffen. In seinem Manuskript fügt Foucault zum Anormalen den »Verhaltensauffälligen« und den »Kranken« hinzu.

29 Die Kritik der Humanwissenschaften, deren erste Formulierungen man seit der *Introduction à l'Anthropologie de* Kant; dt.: *Einführung in Kants Anthropologie*, in *Folie et Déraison. Histoire de la folie*; dt.: *Wahnsinn und Gesellschaft. Eine Geschichte des Wahns im Zeitalter der Vernunft* und in *Les Mots et les* Choses; dt.: *Die Ordnung der Dinge* formuliert findet, wird später weiter ausgeführt. Vgl. »La vérité et les formes juridiques«, a. a. O., S. 622f.; dt.: »Die Wahrheit und die juristischen Formen«, a. a. O., S. 767; *Le Pouvoir psychiatrique*, S. 58-60; dt.: *Die Macht der Psychiatrie*, Vorlesung vom 21. November 1973, S. 92-94; *Surveiller et Punir*, S. 28f. u. 315; dt.: *Überwachen und Strafen*, S. 33f. u. 397.

30 Vgl. zu der Bezugnahme auf das assyrische Reich als Ort eines mit der Machtausübung verbundenen mythischen Diskurses *Leçons sur la volonté de savoir*, S. 106f.; dt.: *Über den Willen zum Wissen*, Vorlesung vom 10. Februar 1971, S. 148.

Zusammenfassung der Vorlesungen*

Im Strafrechtsregime des klassischen Zeitalters finden sich vier miteinander verflochtene Grundformen der Straftaktik – vier Formen, die unterschiedliche historische Ursprünge haben und von denen jede, je nach Gesellschaft und Epoche, zwar keine exklusive, so doch zumindest privilegierte Rolle spielte.
1/Exilieren, verjagen, verbannen, bestimmte Orte verbieten, Haus und Hof zerstören, den Geburtsort auslöschen, Hab und Gut konfiszieren.
2/Eine Entschädigung anordnen, einen Freikauf verlangen, ein Delikt in eine finanzielle Verpflichtung konvertieren.
3/Ausstellen, brandmarken, verletzen, amputieren, Narben zufügen, ein Mal auf dem Gesicht oder der Schulter hinterlassen, eine gewollte und sichtbare Verstümmelung aufbürden, foltern; kurz, sich des Körpers bemächtigen und in ihn die Markenzeichen der Macht einschreiben.
4/Einsperren.
Kann man, als Hypothese, je nach dem vorherrschenden Straftypus verbannende Gesellschaften (die griechische Gesellschaft), freikaufende Gesellschaften (die germanischen Gesellschaften), brandmarkende Gesellschaften (die abendländischen Gesellschaften Ende des Mittelalters) und einsperrende Gesellschaften, unsere, unterscheiden?
Unsere Gesellschaft tut dies erst seit Ende des 18. Jahrhunderts. Denn eines ist sicher: Die Haft, die Gefängnisstrafe war vor den großen Reformen von 1780 bis 1820 nicht Bestandteil des europäischen Strafrechtssystems. Die Juristen des 18. Jahrhunderts sind sich in diesem Punkt einig: »Das Gefängnis wird nach un-

* Veröffentlicht im *Annuaire du Collège de France, 73. Jg., Histoire des systèmes de pensée, année 1972-1973*, 1973, S. 255-267. Erneut abgedruckt in *Dits et Écrits, 1954-1988*, hg. v. D. Defert u. F. Ewald, unter Mitarbeit v. J. Lagrange, Paris: Gallimard, 1994, 4 Bde.: Bd. II, Nr. 131, S. 456-470; dt.: *Dits et Ecrits. Schriften in vier Bänden. 1954-1988*, Bd. II, Nr. 131, S. 568-585.

serem Zivilrecht nicht als Strafe betrachtet [...] obschon die Fürsten aus Gründen der Staatsräson mitunter darauf verfallen, diese Strafe zu verhängen, sind dies Autoritätsakte; die gewöhnliche Justiz bedient sich dieser Art von Strafe nicht« (Serpillon, *Code criminel*, 1767).[1] Man kann jedoch bereits sagen, dass der Nachdruck, mit dem der Inhaftierung jeglicher Strafcharakter *abgesprochen* wird, eine wachsende Unsicherheit zeigt. In jedem Fall fallen die im 17. und 18. Jahrhundert praktizierten Einsperrungen aus dem Strafrechtssystem heraus, selbst wenn sie ihm benachbart sind und sich ihm immer weiter annähern:
– die Einsperrung als Pfand, die die Justiz während der Voruntersuchung zu einer Strafsache, der Gläubiger bis zur Rückzahlung der Schuld oder die königliche Gewalt praktiziert, wenn sie einen Feind fürchtet. Dabei geht es weniger darum, ein Vergehen zu bestrafen, als darum, sich einer Person zu versichern;
– die Einsperrung als Ersatz, die man jemandem auferlegt, der nicht der Strafjustiz unterliegt (sei es aufgrund der Art seiner Vergehen, die lediglich die Moral- oder Verhaltensordnung betreffen; sei es aufgrund eines Standesprivilegs: die Kirchengerichte, die seit 1629 nicht mehr das Recht haben, Haftstrafen im engeren Sinne zu verhängen, können dem Schuldigen befehlen, sich in ein Kloster zurückzuziehen; der *lettre de cachet* ist für den Privilegierten oft ein Mittel, der Strafjustiz zu entgehen; die Frauen werden für Vergehen, für die die Männer mit der Galeere bezahlen, in Zuchthäuser geschickt).

Man muss festhalten, dass (mit Ausnahme des letzten Falles) die Einsperrung als Ersatz allgemein durch die Tatsache gekennzeichnet ist, dass sie nicht von der Judikative verhängt wird; dass ihre Dauer nicht ein für alle Mal festgelegt ist und dass sie einem hypothetischen Zweck dient: der Besserung. Sie ist eher eine Bestrafung als eine Strafe.

Doch fünfzig Jahre nach den großen Monumenten des klassi-

---

1 F. Serpillon, *Code criminel, ou Commentaire sur l'ordonnance de 1670*, Lyon: Périsse, 1767, Bd. 2, Dritter Teil, Titel XXV: »Des sentences, jugements et arrêts«, Art. XIII, § 33, S. 1095.

schen Strafrechts (Serpillon, Jousse,[2] Muyart de Vouglans[3]) ist das Gefängnis zur allgemeinen Form der Strafe geworden. 1831 erklärte Rémusat in einem Redebeitrag im Abgeordnetenhaus: »Welches Strafsystem ist mit dem neuen Gesetz in Kraft getreten? Es ist die Inhaftierung in all ihren Formen. Vergleichen Sie doch die vier Hauptstrafen, die im Strafgesetzbuch verbleiben. Die [...] Zwangsarbeit ist eine Form der Inhaftierung. Das Straflager ist ein Gefängnis im Freien. Das Gefängnis, das Zuchthaus, die Besserungsanstalt sind gewissermaßen nur verschiedene Namen für ein und dieselbe Strafe.«[4] Und Van Meenen erinnerte in seiner Eröffnungsrede zum II. Strafvollzugskongress in Brüssel an die Zeit seiner Jugend, als die Welt noch voll war von »Rädern, Galgen und Prangern« und »abscheulichen zur Schau gestellten Skeletten«.[5] All das erweckt den Eindruck, dass das Gefängnis – als parapönale Bestrafung – Ende des 18. Jahrhunderts in das Strafwesen Einzug gehalten und dort sehr schnell den gesamten Raum eingenommen hatte. Das unter Joseph II. abgefasste österreichische Strafgesetzbuch liefert für diese rasch siegreiche Invasion den offensichtlichsten Beweis.

Der Aufbau eines auf der Einschließung beruhenden Strafsystems ist nicht nur neu, sondern auch rätselhaft.

Schon in dem Moment, in dem es auf den Plan tritt, ist es Gegenstand heftigster Kritik. Diese Kritik wurde ausgehend von Grundprinzipien formuliert, aber auch ausgehend von den Dys-

2 D. Jousse, *Traité de la justice criminelle de France*, Paris: Debure, 1771, 4 Bde.

3 P.-F. Muyart de Vouglans, *Institutes au droit criminel, ou Principes généraux en ces matières*, Paris: Le Breton, 1757.

4 C. de Rémusat, »Discussion du projet de loi relatif à des réformes dans la législation pénale«, Chambre des députés, 1. Dezember 1831, *Archives parlementaires de 1787 à 1860. Recueil complet des débats législatifs et politiques des Chambres françaises*, Zweite Serie, Paris: Paul Dupont, 1889, Bd. LXXII, S. 185, Sp. 2.

5 Van Meenen (Präsident des Kassationsgerichtshofs in Brüssel), »Discours d'ouverture du IIe Congrès international pénitentiaire« (20.-23. September 1847, Brüssel), in: *Débats du Congrès pénitentiaire de Bruxelles*, Brüssel: Deltombe, 1847, S. 20.

funktionen, die das Gefängnis im Strafrechtssystem und in der Gesellschaft insgesamt hervorrufen konnte.

1/Das Gefängnis hindert die Judikative daran, die Umsetzung der Strafen zu kontrollieren und zu überprüfen. Das Gesetz dringt, wie Decazes 1818 sagte, nicht bis ins Gefängnis vor.

2/Das Gefängnis erzeugt, indem es die unterschiedlichen und isolierten Verurteilten zusammenbringt, eine homogene Gemeinschaft von Kriminellen, die sich in der Haft verbünden und dies außerhalb des Gefängnisses auch weiterhin tun. Das Gefängnis erzeugt eine wahre Armee innerer Feinde.

3/Indem das Gefängnis den Verurteilten ein Obdach, Nahrung und oftmals Arbeit gibt, beschert es ihnen ein Los, das zuweilen besser ist als das der Arbeiter. Es kann nicht nur keinen Abschreckungseffekt erzeugen, sondern zieht die Delinquenz an.

4/5 Aus dem Gefängnis kommen Leute, die durch die Gewohnheiten und die Ehrlosigkeit, die sie kennzeichnen, definitiv zur Kriminalität verdammt sind.

Das Gefängnis wird somit sofort als ein Instrument angeprangert, das – weitab von der Justiz – diejenigen fabriziert, die die Justiz in das Gefängnis schicken oder zurückschicken wird. Der Gefängniszirkel wird seit den Jahren 1815-1830 klar bemängelt. Auf diese Kritik gab es nacheinander drei Antworten:

– sich eine Alternative zum Gefängnis auszudenken, die seine positiven Effekte bewahrt (die Segregation der Kriminellen, sie mit Blick auf die Gesellschaft aus dem Verkehr zu ziehen) und seine gefährlichen Folgen beseitigt (ihre erneute Inumlaufbringung). Deshalb greift man auf das alte System der Deportation nach Australien zurück, das die Briten während des Unabhängigkeitskriegs ausgesetzt und nach 1790 wiederaufgenommen hatten. In Frankreich fanden die Diskussionen um Botany Bay in den Jahren 1824-1830 statt. De facto wird die Deportation-Kolonisation die Inhaftierung jedoch nie ersetzen; sie wird in der Zeit der großen kolonialen Eroberungen innerhalb der Kreisläufe der Delinquenz eine komplexe Rolle spielen. Im Laufe des 19. Jahrhunderts wird ein Komplex, der sich aus mehr oder weniger freiwilligen Siedlern, Kolonialregimentern, Afrikabataillonen, der Fremdenlegion zusammensetzt, mit einem Strafwesen korrelieren, das hauptsächlich vom Gefängnis geprägt sein wird;

– das Gefängnissystem von innen so zu reformieren, dass es nicht länger dieses Heer von inneren Gefahren produziert. Dieses Ziel wurde in ganz Europa als »Reform des Strafvollzugs« bezeichnet. Als chronologische Eckpunkte kann man zum einen die *Vorlesungen über die Gefängniß-Kunde* von Julius (1828)[6] ansehen und zum anderen den Kongress in Brüssel von 1847. Diese Reform beinhaltet drei Hauptaspekte: die komplette Isolierung der Häftlinge innerhalb der Gefängnisse (Diskussionen rund um die Systeme von Auburn und Pennsylvania); die Moralisierung der Verurteilten durch Arbeit, Unterweisung, Religion, Belohnungen und Strafnachlass; die Entwicklung von parapönalen Institutionen der Prävention, Vereinnahmung oder Kontrolle. Doch diese Reformen, denen die Revolution von 1848 ein Ende setzte, haben an den zuvor bemängelten Dysfunktionen nichts geändert;

– schließlich dem Gefängniszirkel einen anthropologischen Status zu verleihen; das alte Projekt von Julius und Charles Lucas[7] (eine »Gefängniswissenschaft« zu begründen, die in der Lage ist, die architektonischen, administrativen, pädagogischen Prinzipien einer Institution zu formulieren, die »bessert«) durch eine »Wissenschaft von den Kriminellen« zu ersetzen, die sie in ihrer Spezifität beschreiben und die in ihrem Fall angemessenen Reaktionsweisen bestimmen sollte. Die Klasse der Delinquenten, der der Gefängniszirkel zumindest einen Teil von Autonomie verlieh und deren Isolierung und Abriegelung er gleichzeitig gewährleistete, erschien dann als psychosoziologische Abweichung. Eine Abweichung, die aus einem »wissenschaftlichen« Diskurs hervorgeht (auf den sich psychopathologische, psychi-

---

6 N. H. Julius, *Vorlesungen über die Gefängniß-Kunde*, Berlin: Stuhr, 1828.

7 C. Lucas, *De la réforme des prisons, ou De la théorie de l'emprisonnement, de ses principes, de ses moyens et de ses conditions pratiques*, Paris: Legrand et Bergounioux, 1836-1838, 3 Bde.

atrische, psychoanalytische und soziologische Analysen stürzen werden); eine Abweichung, bei der man sich fragen wird, ob das Gefängnis wohl die angemessene Antwort oder Behandlung darstellt.
Was man zu Beginn des 19. Jahrhunderts und mit anderen Worten dem Gefängnis vorwarf (eine Population von Außenseitern und Delinquenten zu erzeugen), wird nunmehr als Schicksal begriffen. Ja, man nimmt es nicht nur als Tatsache hin, sondern stellt es als Grundgegebenheit dar. Die vom Gefängnis erzeugte Folge der »Delinquenz« wird zum Problem der Delinquenz, auf das das Gefängnis eine passende Antwort liefern muss. Die kriminologische Wende des Gefängniszirkels.

*

Man muss sich fragen, wie eine solche Wende möglich war; wie die bemängelten und kritisierten Folgen am Ende als Grundgegebenheiten einer wissenschaftlichen Analyse der Kriminalität angenommen werden konnten; wie es dazu kommen konnte, dass das Gefängnis, eine neue, fragile, kritisierbare und kritisierte Institution, sich so tief im institutionellen Feld verankern konnte, dass der von seinen Folgen ausgelöste Mechanismus sich als eine anthropologische Konstante präsentieren konnte, die letztlich der Daseinsgrund für das Gefängnis ist, das wiederum eine Antwort auf deren funktionale Anforderungen darstellt.
Diese Frage zu stellen ist umso notwendiger und vor allem eine Antwort umso schwieriger, als man die »ideologische« Genese dieser Institution kaum sieht. Man könnte tatsächlich glauben, dass das Gefängnis sehr wohl, und sehr früh, in seinen praktischen Konsequenzen angeprangert wurde; dass es aber so eng mit der neuen Strafrechtstheorie (die die Ausarbeitung des Strafgesetzbuchs des 19. Jahrhunderts leitete) verbunden war, dass man es mit dieser akzeptieren musste, oder man hätte, wollte man eine radikale Politik gegenüber dem Gefängnis betreiben, diese Theorie von Grund auf revidieren müssen.

Unter diesem Gesichtspunkt führt die Untersuchung der Strafrechtstheorien aus der zweiten Hälfte des 18. Jahrhunderts nun aber zu recht überraschenden Ergebnissen. Keiner der großen Reformer – seien es nun Theoretiker wie Beccaria, Juristen wie Servan, Gesetzgeber wie Le Peletier de Saint-Fargeau oder Brissot, der beides zugleich ist – schlägt das Gefängnis als universelle Strafe oder auch nur Hauptstrafe vor. In all diesen Arbeiten wird der Kriminelle allgemein als Feind der Gesellschaft definiert. Damit greifen die Reformer etwas wieder auf, was das Ergebnis einer langen politischen und institutionellen Entwicklung seit dem Mittelalter war, und transformieren es: die Ersetzung des Verfahrens des Rechtsstreits durch die öffentliche Verfolgung. Indem der Kronanwalt sich einschaltet, bezeichnet er den Rechtsbruch nicht nur als Schädigung einer Person oder des Privatinteresses, sondern als Anschlag auf die Souveränität des Königs. In seinem Kommentar zur englischen Gesetzgebung erklärte Blackstone, dass der Staatsanwalt gleichzeitig die Souveränität des Königs und die Interessen der Gesellschaft verteidigt.[8] Kurz, seit Beccaria war die große Mehrheit der Reformer bestrebt, den Begriff des Verbrechens, die Rolle des öffentlichen Parts und die Notwendigkeit der Bestrafung allein auf der Grundlage des Interesses der Gesellschaft oder des Bedürfnisses, sie zu schützen, zu definieren. Der Verbrecher schadet vor allem der Gesellschaft; indem er den Gesellschaftsvertrag bricht, tritt er in ihr als ein innerer Feind auf. Aus diesem Grundprinzip folgt eine Reihe von Konsequenzen:

1/Jede Gesellschaft muss die Skala der Strafen ihren eigenen Bedürfnissen anpassen. Da sich die Strafe nicht aus dem Vergehen selbst, sondern aus dem der Gesellschaft zugefügten Unrecht oder der Gefahr ableitet, der sie ausgesetzt ist, muss sich eine Gesellschaft umso stärker schützen und sich als umso strenger erweisen, je schwächer sie ist. Für das Strafwesen gibt es daher kein universales Modell, die Strafen sind notwendig relativ.

8 W. Blackstone, *Commentaries on the Laws of England*, Oxford: Clarendon Press, 1758.

2/Solange die Strafe Sühne war, wäre es nicht von Übel gewesen, wenn sie zu hart gewesen wäre; jedenfalls war es schwierig, zwischen ihr und dem Verbrechen das richtige Verhältnis herzustellen. Geht es jedoch darum, die Gesellschaft zu schützen, kann man sie so berechnen, dass sie genau diese Funktion erfüllt: darüber hinaus wird jede zusätzliche Härte zum Machtmissbrauch. Die Gerechtigkeit der Strafe besteht in ihrer Ökonomie.

3/Die Rolle der Strafe ist ganz auf das Äußere und auf die Zukunft ausgerichtet: Sie soll verhindern, dass das Verbrechen sich wiederholt. Im Extremfall wäre ein Verbrechen, bei dem man sicher wüsste, dass es das letzte ist, nicht zu bestrafen. Mithin geht es darum, den Schuldigen außer Stande zu setzen zu schaden und die Unschuldigen vor jeder derartigen Verletzung zu bewahren. Die Gewissheit der Strafe, ihre Unausweichlichkeit begründen hier – mehr als alle Härte – ihre Effizienz.

Ausgehend von Prinzipien wie diesen ist es nun aber nicht möglich, das herzuleiten, was in der Strafrechtspraxis tatsächlich passieren wird, nämlich die Universalisierung des Gefängnisses zur allgemeinen Strafform. Hingegen sieht man ganz andere Strafmodelle auftauchen:

– eines ist um die Ehrlosigkeit angeordnet, das heißt um die Wirkungen der öffentlichen Meinung. Die Ehrlosigkeit ist eine perfekte Strafe, da sie eine unmittelbare und spontane Reaktion der Gesellschaft selbst ist: Sie variiert von Gesellschaft zu Gesellschaft; sie ist nach der Schädlichkeit eines jeden Verbrechens abgestuft; sie kann durch eine öffentliche Rehabilitierung widerrufen werden; schließlich trifft sie allein den Schuldigen. Somit ist dies eine Strafe, die sich am Verbrechen ausrichtet, ohne über ein Gesetzbuch gehen zu müssen, ohne von einem Gericht verhängt werden zu müssen, ohne Gefahr zu laufen, von einer politischen Macht abgewendet zu werden. Sie entspricht genau den Prinzipien des Strafrechtswesens. »Der Triumph einer guten Gesetzgebung besteht darin, dass die öffentliche Meinung allein stark genug ist, nur die Vergehen zu bestrafen [...]. Glücklich ist das Volk, bei dem das Ehrgefühl das einzige Gesetz sein kann!

Es braucht fast keine Gesetzgebung: sein Strafgesetzbuch ist die Ehrlosigkeit«;[9]

– ein anderes Modell, das bei den Reformprojekten zur Anwendung kommt, ist das der Vergeltung. Indem man dem Schuldigen eine Strafe derselben Art und Schwere wie das Verbrechen auferlegt, ist man sich sicher, ein abgestuftes und dabei gleichzeitig exakt proportionales Strafrechtswesen zu erzielen. Die Strafe nimmt die Form eines Gegenangriffs an. Und sie hebt, vorausgesetzt sie erfolgt schnell und unvermeidlich, fast automatisch die Vorteile, die sich der Rechtsbrecher erwartet hat, auf und macht das Verbrechen unnütz. Der Gewinn aus dem Vergehen wird plötzlich auf null reduziert. Das Modell der Vergeltung wurde zweifellos nie detailliert ausgearbeitet, doch hat es oft gestattet die Arten der Bestrafung festzulegen. Beispielsweise bei Beccaria: »Angriffe gegen die Person müssen ohne allen Zweifel mit Leibesstrafen belegt werden«; die »persönlichen, die Ehre [...] kränkende[n] Schmähungen müssen mit der Ehrlosigkeit bestraft werden«. Man findet es auch in Form einer »moralischen Vergeltung«:[10] ein Verbrechen nicht bestrafen, indem man seine Effekte umkehrt, sondern indem man sich den Anfängen und Lastern zukehrt, die die Ursache hierfür sind. Le Peletier de Saint-Fargeau schlug in der Nationalversammlung (am 23. Mai 1791) vor: Mit körperlichem Schmerz sind die Verbrechen zu bestrafen, deren Prinzip die Grausamkeit ist; mit Schwerarbeit diejenigen, deren Prinzip die Faulheit ist; mit Ehrlosigkeit die Verbrechen, die von einer »niederträchtigen und verkommenen« Seele ausgehen;[11]

– schließlich das dritte Modell, die Sklaverei zugunsten der Ge-

---

9 J. P. Brissot de Warville, *Théorie des loix criminelles*, Berlin, 1781, 2 Bde.: Bd. 1, II. Kap., II. Abt., S. 187.

10 C. Beccaria, *Dei delitti e delle pene*, Mailand, 1764; dt.: *Von Verbrechen und Strafen*, Kap. XXVII, S. 120; Kap. XXVIII, 127; Kap. XXX, S. 132.

11 L.-M. Le Peletier de Saint-Fargeau, »Rapport sur le projet du Code pénal«, Assemblée nationale, 23. Mai 1791, *Archives parlementaires de 1787 à 1860. Recueil complet des débats législatifs et politiques des Chambres françaises*, Erste Serie, Paris: Paul Dupont, 1887, Bd. XXVI, S. 322, Sp. 1.

sellschaft. Eine solche Strafe kann entsprechend dem Schaden, der der Gemeinschaft zugefügt wurde, in ihrer Intensität und Dauer abgestuft werden. Sie ist mit dem Vergehen über das Interesse, dem es geschadet hat, verbunden. Die »Sklaverey [ist das] [...] worinnen einer eine gewisse Zeitlang durch eigne dem Staate geleistete Arbeit, die von ihm verübte Kränkung und Verletzung der gesellschaftlichen Verträge wieder vergütet«.[12] Brissot: »[W]as soll an die Stelle der Todesstrafe treten [...]? Die Sklaverei, die den Schuldigen außerstande setzt, der Gesellschaft zu schaden, die Arbeit, die ihn nützlich macht, das lange und fortwährende Leid, das diejenigen abschreckt, die versucht sein könnten, es ihm gleichzutun.«[13]

Sicherlich wird das Gefängnis bei all diesen Entwürfen oft als eine der möglichen Strafen aufgeführt: sei es als Voraussetzung der Zwangsarbeit, sei es als Vergeltungsstrafe für diejenigen, die einen Anschlag auf die Freiheit anderer verübten. Es tritt jedoch weder als generelle Form der Strafe noch als Bedingung für die psychologische und moralische Umformung des Delinquenten in Erscheinung.

Diese Rolle verleihen die Theoretiker dem Gefängnis in den ersten Jahren des 19. Jahrhunderts. »Die Gefängnisstrafe ist in den zivilisierten Gesellschaften die Strafe schlechthin. Sie ist der Tendenz nach moralisch, da sie mit der Pflicht zu arbeiten einhergeht« (P. Rossi, 1829).[14] Aber zu dieser Zeit existiert das Gefängnis als Hauptinstrument des Strafwesens bereits. Das Gefängnis als Ort der Besserung ist eine Neuinterpretation der Praktik der Inhaftierung, die sich in den vorhergehenden Jahren ausgebreitet hatte.

*

12 C. Beccaria, *Von Verbrechen und Strafen*, a. a. O., S. 132.

13 J. P. Brissot de Warville, *Théorie des loix criminelles*, Bd. 1, S. 147.

14 P. L. Rossi, *Traité de droit pénal*, III. Buch, VIII. Kap.: »De l'emprisonnement«, Paris: A. Sautelet, 1829, S. 169.

Die Praktik des Gefängnisses entspringt somit nicht der Strafrechtstheorie. Sie ist anderswo entstanden und hat sich aus anderen Gründen ausgebildet. Sie wurde der Strafrechtstheorie gewissermaßen von außen aufgezwungen, die sich nun verpflichtet sah, sie nachträglich zu rechtfertigen, was zum Beispiel Livingston tat, als er 1820 erklärte, dass die Gefängnisstrafe für die Macht den vierfachen Vorteil hat, sich entsprechend dem Schweregrad der Verbrechen abzustufen; den Rückfall zu verhindern; eine Besserung zu ermöglichen; milde genug zu sein, damit die Richter nicht zögern zu strafen und das Volk sich nicht gegen das Gesetz auflehnt.[15]

Um unterhalb seiner offenkundigen Dysfunktion das eigentliche Funktionieren des Gefängnisses und unterhalb seines oberflächlichen Misserfolgs seinen tiefen Erfolg zu verstehen, muss man zweifellos auf die parapönalen Kontrollinstanzen zurückgehen, innerhalb deren es, wie wir im 17. und vor allem im 18. Jahrhundert gesehen haben, auftritt.

Bei diesen Instanzen spielt die Einsperrung eine Rolle, die drei unterschiedliche Merkmale aufweist:

– sie kommt bei der räumlichen Aufteilung der Individuen zum Einsatz, indem Bettler und Landstreicher zeitweise inhaftiert werden. Gewiss verurteilen Verordnungen (Ende des 17. und im 18. Jahrhundert) diese zur Galeere, zumindest im Wiederholungsfall, doch bleibt die Einsperrung de facto die häufigste Strafe. Wenn man sie nun aber einsperrt, geschieht dies weniger, um sie an den Ort zu binden, an dem man sie festhält, als um sie zu deplatzieren: ihnen die Städte zu verbieten, sie aufs Land zu schicken, oder um sie daran zu hindern, in einer bestimmten Gegend herumzustreunen, und sie zu zwingen, dorthin zu gehen, wo man ihnen Arbeit geben kann. Das ist zumindest eine negative Weise, ihren Aufenthalt mit Blick auf die landwirtschaftliche oder herstellende Produktion zu kontrollieren; eine

15 E. Livingston, *Introductory Report to the System of Penal Law Prepared for the State of Louisiana*, New Orleans, 1820/*Rapport fait à l'Assemblée générale de l'État de la Louisiane sur le projet d'un code pénal*, New Orleans: Impr. B. Levy, 1822.

Weise, auf den Bevölkerungsstrom so einzuwirken, dass gleichzeitig den Erfordernissen der Produktion und des Arbeitsmarkts Rechnung getragen wird;

– die Einsperrung kommt auch auf der Ebene des individuellen Verhaltens zum Einsatz. Sie sanktioniert unterhalb der strafrechtlichen Ebene den Lebenswandel, Diskurstypen, politische Projekte oder Absichten, das Sexualverhalten, Gehorsamsverweigerungen, herausfordernde Meinungsbekundungen, Gewalttätigkeiten etc. Kurz, sie interveniert weniger im Namen des Gesetzes denn im Namen der Ordnung und Regularität. Das Irreguläre, das Unruhige, das Gefährliche, das Schändliche sind Gegenstand der Einsperrung. Während das Strafrecht Vergehen bestraft, sanktioniert sie die Unordnung;

– schließlich, auch wenn es stimmt, dass sie in Händen der politischen Macht liegt und sich ganz oder teilweise der Kontrolle der regulären Justiz entzieht (in Frankreich wird sie fast immer vom König, den Ministern, den Intendanten, den nachgeordnet Bevollmächtigten angeordnet), ist sie doch weit davon entfernt, ein Instrument der Willkür und des Absolutismus zu sein. Das Studium der *lettres de cachet* (ihrer Funktionsweise und ihrer Begründung) zeigt, dass sie zumeist auf das Ersuchen von Familienvätern, unteren Notabeln, lokalen, religiösen oder berufsbedingten Gemeinschaften gegen Individuen ergingen, die ihnen Schwierigkeiten bereiteten oder Unordnung stifteten. Der *lettre de cachet* geht (in Form eines Gesuchs) von unten nach oben, bevor er in Form einer Order, die das königliche Siegel trägt, den Machtapparat in umgekehrter Richtung durchläuft. Er ist das Instrument einer lokalen und sozusagen kapillaren Kontrolle.

Auf die gleiche Weise könnte man die Gesellschaften analysieren, die man seit Ende des 17. Jahrhunderts in England findet. Häufig von »Dissidenten« ins Leben gerufen, verfolgen sie das Ziel, Individuen aufgrund von abweichendem Verhalten, Arbeitsverweigerung, Unordnung im Alltag zu denunzieren, auszuschließen und sanktionieren zu lassen. Zwischen dieser Form der Kontrolle und derjenigen, die der *lettre de cachet* gewährleistet, bestehen natürlich erhebliche Unterschiede. Um nur einen zu nennen: Die englischen Gesellschaften sind (zumindest in der ersten Hälfte des 18. Jahrhunderts) von jeglichem Staatsapparat unabhängig. Zudem sind sie in ihrer Zusammensetzung sehr volksnah; sie kämpfen allgemein gegen die Immoralität der Reichen und Mächtigen; schließlich ist die Unerbittlichkeit, die sie in Bezug auf ihre eigenen Mitglieder beweisen, sicher auch ein Mittel, sie vor einer äußerst strengen Strafjustiz zu bewahren (die englische Strafgesetzgebung, das »blutige Chaos«, kennt mehr Kapitalverbrechen als jedes andere europäische Strafgesetzbuch). In Frankreich waren die Formen der Kontrolle hingegen eng mit dem Staatsapparat verbunden, der die erste große Polizei Europas aufgebaut hatte, die vom Österreich Josephs II. und dann von England nachgeahmt werden sollte. Zu England ist noch anzumerken, dass in den letzten Jahren des 18. Jahrhunderts (vor allem nach den *Gordon Riots* und in der Zeit der großen Volksbewegungen, die mit der Französischen Revolution nahezu zeitgleich waren) neue Gesellschaften zur Moralisierung in Erscheinung traten, die in ihrer Zusammensetzung sehr viel aristokratischer waren (darunter einige, die militärisch gerüstet waren). Sie forderten das Eingreifen der königlichen Macht, die Schaffung einer neuen Gesetzgebung und den Aufbau einer Polizei. Im Mittelpunkt dieses Prozesses stehen das Werk und die Person Colquhouns.

Was das Strafwesen um die Jahrhundertwende herum transformierte, ist die Anpassung des Justizsystems an einen Überwachungs- und Kontrollmechanismus; ihre gemeinsame Integration in einen zentralisierten Staatsapparat; aber auch die Einrichtung und Entwicklung einer ganzen Reihe von (parapönalen und zuweilen nicht pönalen) Institutionen, die als Stützpfeiler, Vorposten oder abgeschwächte Form des Hauptapparats fungieren. Die Gesellschaft wird insgesamt von einem allgemeinen Überwachungs-Einsperrungssystem durchdrungen, dessen Formen von den großen, nach dem Modell des Panopticons gebauten Gefängnissen bis zu den Hilfsvereinen reichen und die nicht nur bei den Delinquenten ansetzen, sondern auch bei den

Findelkindern, den Waisen, den Lehrlingen, den Gymnasiasten, den Arbeitern etc. In einer Passage seiner *Vorlesungen über die Gefängniß-Kunde* stellte Julius die Kulturen des Schauspiels (Opfer- und Ritualkulturen, bei denen es darum geht, allen den Anblick eines einzigen Ereignisses darzubieten, und deren architektonische Hauptform das Theater ist) den Kulturen der Überwachung gegenüber (bei denen es darum geht, einigen wenigen die ununterbrochene Kontrolle möglichst vieler zu gewährleisten, und deren architektonische Idealform das Gefängnis ist). Und er fügte hinzu, dass die europäische Gesellschaft, die die Religion durch den Staat ersetzt hat, das erste Beispiel für eine Überwachungskultur darstellt.[16]

Das 19. Jahrhundert hat das Zeitalter des Panoptismus begründet.

*

Welchen Bedürfnissen entsprach diese Transformation?

Sicherlich neuen Formen und einem neuen Spiel innerhalb der Praxis des Illegalismus, vor allem neuen Bedrohungen.

Das Beispiel der Französischen Revolution (aber auch anderer Bewegungen in den letzten zwanzig Jahren des 18. Jahrhunderts) zeigt, dass der politische Apparat einer Nation zur Zielscheibe von Volksaufständen wird. Hungerrevolten, Steuer- und Abgabenaufstände, der Widerstand gegen die Einberufung sind nicht länger lokale und begrenzte Bewegungen, die zwar die Repräsentanten der politischen Macht angreifen können (auch physisch), deren Strukturen und Verteilung aber unangetastet lassen. Sie sind in der Lage, den Besitz und die Ausübung der politischen Macht in Frage zu stellen. Andererseits aber – und das steht vielleicht im Vordergrund – bringt die Entwicklung der Industrie den Produktionsapparat massiv und direkt mit denjenigen in Berührung, die für sein Funktionieren zu sorgen haben. Die kleinen Handwerkseinheiten, die mit wenig und relativ ein-

16 N. H. Julius, *Vorlesungen über die Gefängniß-Kunde*, a. a. O., S. 108 f.

fachem Gerät ausgestatteten Manufakturen, die Lager mit einem begrenzten Fassungsvermögen, die die lokalen Märkte sicherten, boten für umfassende Plünderungen und Zerstörungen nicht genug Ansatzpunkte. Doch der Einsatz von Maschinen, der Aufbau großer Fabriken mit großen Rohstofflagern, die Globalisierung des Marktes und das Aufkommen großer Warenumschlagszentren machen die Reichtümer zur Zielscheibe unablässiger Attacken. Und diese Attacken kommen nicht von außen, von den Enterbten oder schlecht Integrierten, die in ihrem Bettler- oder Landstreichergewand im 18. Jahrhundert so viel Angst verbreiteten, sondern quasi von innen, von denjenigen, die sie zu bedienen haben, um sie produktiv zu machen. Von der tagtäglichen Veruntreuung der gelagerten Produkte bis zum großen kollektiven Maschinensturm bedroht eine ständige Gefahr die in den Produktionsapparat investierten Reichtümer. Als Beispiel hierfür kann eine ganze Reihe von Maßnahmen dienen, die Ende des 18. Jahrhunderts ergriffen wurden, um die Häfen, Docks und Arsenale Londons zu schützen und die Netze der Zwischenhändler und Hehler zu zerschlagen.

Auf dem Land erzeugt eine offenkundig umgekehrte Ausgangslage analoge Effekte. Die Zerstückelung des Landbesitzes, das mehr oder weniger vollständige Verschwinden des Gemeindelands, die Urbarmachung von Brachland stärken die Eigenverantwortung und führen dazu, dass die ländliche Gesellschaft eine ganze Menge kleinerer Illegalismen, die man innerhalb des Systems des unternutzten Großgrundbesitzes wohl oder übel akzeptieren musste, nicht länger duldet. Die Grauzonen, in denen die Ärmsten der Armen und die Mobilsten überleben konnten, indem sie sich Duldungen, Nachlässigkeiten, in Vergessenheit geratene Vorschriften oder geschaffene Tatsachen zunutze machten, verschwanden. Die Festigung der Eigentumsverhältnisse oder vielmehr der neue Status des Grundeigentums und seine neue Bewirtschaftung verwandelt viele Illegalismen, die sich eingebürgert hatten, in Straftaten. Von Bedeutung – eher politisch als wirtschaftlich – sind die ländlichen Straftaten in Frankreich unter dem Direktorium und dem Konsulat (Straftaten, die entweder mit Kämpfen in Form von Bürgerkriegen oder mit dem Widerstand gegen die Konskription in Verbindung stehen); ebenfalls von Bedeutung ist der Widerstand, der in Europa gegen die verschiedenen Forstgesetze Anfang des 19. Jahrhunderts geleistet wird.

Doch die vielleicht wichtigste Form des neuen Illegalismus liegt anderswo. Sie betrifft weniger den Körper des Produktionsapparats oder des Grundeigentums als den Körper des Arbeiters und die Art und Weise, wie er in den Produktionsapparaten eingesetzt wird. Unzureichende Löhne, Dequalifizierung der Arbeit durch die Maschine, überlange Arbeitszeiten, eine Vielzahl von lokalen und regionalen Krisen, das Assoziationsverbot, der Verschuldungsmechanismus, all das veranlasst die Arbeiter zu Verhaltensweisen wie Absentismus, Kündigung des »Arbeitsvertrags«, Abwanderung, ein »ungeregeltes« Leben zu führen. Das Problem lautet dann, die Arbeiter an den Produktionsapparat zu binden, sie dort sesshaft zu machen oder dorthin umzusiedeln, wo er sie braucht, sie seinem Rhythmus zu unterwerfen, von ihnen die Beständigkeit oder Regelmäßigkeit zu verlangen, die er erfordert, kurz, sie als Arbeitskraft zu konstituieren. Daher eine neue Gesetzgebung, die neue Straftaten kreiert (die Pflicht, ein Arbeitsbuch zu führen, die Schankgesetze, das Lotterieverbot); daher eine ganze Reihe von Maßnahmen, die, ohne absolut verpflichtend zu sein, eine Unterteilung in gute und schlechte Arbeiter vornehmen und eine Abrichtung des Verhaltens zu gewährleisten suchen (die Sparkasse, die Förderung von Eheschließungen, später die Arbeitersiedlungen); daher das Auftauchen von Organen, die eine Kontrollfunktion und Druck ausüben (philanthropische Vereine, Patronat); daher schließlich eine immense Kampagne zur Moralisierung der Arbeiter. Diese Kampagne definiert, was sie als »Disziplinlosigkeit« abstellen und als »Regularität« einführen möchte: einen Arbeiterkörper, der auf die Zeit der Produktion konzentriert, bezogen, ausgerichtet ist und genau die benötigte Kraft liefert. Sie erweist die Delinquenz als unvermeidliche Folge der Irregularität und verleiht so der Marginalisierung, die dem Kontrollmechanismus geschuldet ist, den Status einer psychologischen und moralischen Folgeerscheinung.

*

Von hier aus kann man nun eine Reihe von Schlussfolgerungen ziehen.

1/Die Strafformen, die man zwischen 1760 und 1840 auftauchen sieht, sind nicht mit einem neuen Moralempfinden verbunden. Die Art der vom Strafgesetz definierten Gesetzesverstöße hat sich im Wesentlichen kaum verändert (allerdings kann man das – allmähliche oder plötzliche – Verschwinden religiöser Delikte und das Auftauchen bestimmter ökonomischer und beruflicher Delikte feststellen); und auch wenn das Strafregime deutlich milder geworden ist, sind die Gesetzesverstöße selbst beinahe gleich geblieben. Was die große Neuerung dieser Zeit ins Spiel brachte, ist das Problem des Körpers und der Materialität, eine physische Frage: die neue Form von Materialität, die der Produktionsapparat annimmt; eine neue Art des Kontakts zwischen diesem Apparat und demjenigen, der ihn in Gang hält; neue Anforderungen, die an die Individuen als Produktivkräfte gestellt werden. Die Geschichte des Strafwesens zu Beginn des 19. Jahrhunderts gehört im Wesentlichen nicht zur Geschichte der Moralvorstellungen; sie ist ein Kapitel aus der Geschichte des Körpers. Oder anders ausgedrückt, wenn man die Moralvorstellungen ausgehend von den Praktiken und Institutionen des Strafrechts untersucht, entdeckt man, dass die Entwicklung der Moral vor allem eine Geschichte des Körpers, eine Geschichte *von* den Körpern ist. Von daher versteht sich:

– dass das Gefängnis zur allgemeinen Form der Bestrafung geworden ist und die Folter abgelöst hat. Der Körper muss nicht mehr gebrandmarkt werden; er muss abgerichtet und zurechtgebogen werden; seine Zeit muss gemessen und voll genutzt werden; seine Kräfte müssen kontinuierlich auf die Arbeit verwandt werden. Die Gefängnis-Form des Strafwesens korrespondiert mit der Lohn-Form der Arbeit;

– dass die Medizin als Wissenschaft von der Normalität des Körpers in die Strafrechtspraxis Einzug hält (die Strafe soll das Ziel der Heilung verfolgen).

2/Die Transformation des Strafwesens gehört nicht nur zur Geschichte der Körper, sie gehört genauer gesagt zur Geschichte der Beziehungen zwischen der politischen Macht und den Körpern. Der auf die Körper ausgeübte Zwang, ihre Kontrolle, ihre Unterwerfung, die Art und Weise, wie auf sie direkt oder indirekt Macht ausgeübt wird, die Art und Weise, wie diese sie beugt, bindet, benutzt, ist das Prinzip des untersuchten Wandels. Man müsste eine *Physik* der Macht ausarbeiten und zeigen, wie sehr sich diese gegenüber ihren früheren Formen zu Beginn des 19. Jahrhunderts im Zuge der Herausbildung staatlicher Strukturen verändert hat.

Zunächst eine neue *Optik* als Organ einer flächendeckenden und konstanten Überwachung; alles muss beobachtet, gesehen, übermittelt werden: Aufbau einer Polizei; Einrichtung eines Archivsystems (mit individuellen Akten); Errichtung eines *Panoptismus*.

Eine neue *Mechanik*: Isolierung und Umgruppierung der Individuen; Positionsbestimmung der Körper; optimale Nutzung der Kräfte; Kontrolle und Verbesserung der Arbeitsleistung; kurz, die Schaffung einer ganzen *Disziplin* des Lebens, der Zeit, der Energien.

Eine neue *Physiologie*: Definition von Normen, Ausschluss und Ablehnung von allem, was mit diesen nicht konform ist, Mechanismen zu ihrer Wiederherstellung mittels korrigierender Eingriffe, die doppeldeutig sind, da sie therapieren und strafen.

3/Bei dieser »Physik« spielt die Delinquenz eine wichtige Rolle. Doch man muss sich über den Begriff der Delinquenz verständigen. Es geht nicht um Delinquenten als eine Art psychologische oder soziale Mutanten, die Gegenstand strafrechtlicher Verfolgung wären. Unter Delinquenz muss man vielmehr das aneinandergekoppelte System Strafwesen–Delinquent verstehen. Die Institution des Strafens mit dem Gefängnis im Mittelpunkt erzeugt eine Kategorie von Individuen, die mit ihr einen

Kreislauf bilden: Das Gefängnis bessert nicht; es holt sich unaufhörlich wieder dieselben; es schafft nach und nach eine marginalisierte Population, derer man sich bedient, um auf die »Irregularitäten« oder »Illegalismen«, die man nicht tolerieren kann, Druck auszuüben. Und diesen über die Delinquenz hergestellten Druck auf die Illegalismen übt sie auf eine dreifache Weise aus: indem die Irregularität oder der Illegalismus allmählich in den Rechtsbruch überführt wird, und zwar dank einem Spiel von Ausschlüssen und parapönalen Sanktionen (ein Mechanismus, den man auf die Formel bringen könnte: »Disziplinlosigkeit führt aufs Schafott«); indem die Delinquenten in ihre eigenen Instrumente zur Überwachung des Illegalismus eingebunden werden (Rekrutierung von Provokateuren, Spitzeln, Polizisten; ein Mechanismus, den man auf die Formel bringen kann: »jeder Dieb kann zu einem Vidocq werden«); indem die Rechtsbrüche der Delinquenten in die Richtung der Bevölkerungsgruppen gelenkt werden, deren Überwachung am notwendigsten ist (nach dem Motto: »Ein Armer ist stets leichter zu bestehlen als ein Reicher«).

Wenn man also die ganz zu Anfang gestellte Frage: »Weshalb wurde diese seltsame Institution des Gefängnisses, weshalb diese Wahl eines Strafwesens, dessen Dysfunktionalität so früh bemängelt?« wiederaufgreifen will, muss man vielleicht in folgender Richtung nach einer Antwort suchen: Das Gefängnis hat den Vorteil, die Delinquenz zu produzieren – als ein Instrument, den Illegalismus zu kontrollieren und unter Druck zu setzen; als ein nicht zu vernachlässigender Bestandteil der Ausübung von Macht auf den Körper; als Teil einer Physik der Macht, die die Psychologie des Subjekts hervorgerufen hat.

*

Das Seminar widmete sich in diesem Jahr der Vorbereitung der Veröffentlichung des Dossiers zum Fall Pierre Rivière.

Bernard E. Harcourt*
Situierung der Vorlesungen

Auf dem Höhepunkt einer der militantesten Zeiten Foucaults in Fragen des Strafwesens in Frankreich und im Anschluss an die Vorlesung von 1971-1972, die sich der repressiven Seite des Strafwesens widmete, wendet sich Foucault im Januar 1973 einem breiteren Gegenstand zu. Jenseits der Repression richtet er sein Augenmerk nicht nur auf die produktive Seite des Strafwesens, sondern auch auf die allgemeinere Frage nach der Herausbildung einer Strafmacht, die er »disziplinarisch« nennt. Sie zieht sich durch die ganze Gesellschaft und ist – im 19. Jahrhundert – im gleichen Moment entstanden wie unsere heutige Gesellschaft, die er als »Gesellschaft mit einer Disziplinarmacht« bezeichnet, »das heißt mit Apparaten, deren Form die Beschlagnahme, deren Ziel die Konstituierung von Arbeitskraft und deren Instrument der Erwerb von Disziplin oder Gewohnheiten ist«.[1]

Einen Monat zuvor beschließt die Groupe d'information sur les prisons, zu deren Mitbegründern Foucault 1971 gehörte, ihre Auflösung.[2] Das Anliegen der GIP – »den Häftlingen das Wort zu geben«, um eine Formulierung Foucaults zu gebrauchen[3] – war in gewisser Weise erfüllt: Die erste Gefangenenorganisa-

---

* Bernard E. Harcourt ist Professor für Recht und Politikwissenschaft an der Universität von Chicago und Forschungsdirektor an der École des hautes études en sciences sociales in Paris. Zuletzt ist von ihm erschienen: *The Illusion of Free Markets. Punishment and the Myth of Natural Order*, Cambridge: Harvard University Press, 2011.

1 Vorlesung vom 28. März 1973, hier S. 240; dt.: S. 322.

2 D. Defert, »Chronologie«, in: *Dits et Écrits, 1954-1988*, hg. v. D. Defert u. F. Ewald, unter Mitarbeit von J. Lagrange, Paris: Gallimard, 1994, 4 Bde. (hier: DE]: Bd. I, S. 42; dt.: »Zeittafel«, in: *Dits et Ecrits. Schriften in vier Bänden* [hier zitiert: DE], hg. v. D. Defert u. F. Ewald, unter Mitarbeit von J. Lagrange, übers. v. R. Ansén, M. Bischoff, U. Bokelmann, H. Brühmann, H.-D. Gondek, H. Kocyba u. J. Schröder, Frankfurt/M.: Suhrkamp, 2001; Bd. I, S. 56.

3 M. Foucault, »Le grand enfermement« (Gespräch mit N. Meienberg, in: *Tages Anzeiger Magazin*, Nr. 12, 25. März 1972, S. 15, 17, 20, 37; übers. v.

tion in Frankreich, das *Comité d'action des prisonniers* [Aktionskomitee der Gefangenen], war gerade von den Häftlingen selbst ins Leben gerufen worden.[4] Foucault wird die Schaffung der *Association de défense des droits des détenus* (A. D. D. D.) [Vereinigung zur Verteidigung der Rechte von Gefangenen] unterstützen; denn für sie gilt von jetzt an: »Die Unabhängigkeit des Worts ist bedroht.«[5] Im gleichen Monat, das heißt im Dezember 1972, schreibt Foucault an Daniel Defert, er habe damit begonnen, die Machtbeziehungen auf der Grundlage des »verrufensten aller Kriege [zu analysieren]: nicht Hobbes, nicht Clausewitz, nicht der Klassenkampf, sondern der Bürgerkrieg«.[6] Der Begriff des Bürgerkriegs sowie die damit verbundene Figur des »Kriminellen-Gesellschaftsfeinds« treten in den Vordergrund.[7] Einige Wochen später, Anfang Januar 1973, nimmt Foucault seine Vorlesungen über die »Strafgesellschaft« auf, dreizehn Vorlesungen, die die politische Ökonomie und die Genealogie der Moral miteinander verbinden, um das Auftreten einer neuen – von der Lohn-Form und der Gefängnis-Form nicht zu trennenden – Machtform zu beschreiben, die sich durch die ganze Gesellschaft zieht und eine panoptische Gesellschaft aufbaut, die die gesamte Lebenszeit den kapitalistischen Produktionszyklen unterwirft.

J. Chavy), DE II, Nr. 105, S. 304; dt.: »Die große Einsperrung«, in: DE II, Nr. 105, S. 376.

4 Vgl. D. Defert, »L'émergence d'un nouveau front: les prisons«, in: *Le Groupe d'information sur les prisons. Archives d'une lutte, 1970-1972*, zusammengestellt und eingeleitet von Ph. Artières, L. Quéro u. M. Zancarini-Fournel, Paris: Éditions de l'IMEC, 2003, S. 315-326; A. Kiéfer, *Michel Foucault: le G. I. P., l'histoire et l'action*, philosophische Dissertation (November 2006), Université de Picardie Jules Verne d'Amiens, 2009; F. Brion u. B. E. Harcourt, »Situation du cours«, in: M. Foucault, *Mal faire, dire vrai. Fonction de l'aveu en justice*, Löwen: Presses universitaires de Louvain, 2012, S. 267-276.

5 D. Defert, »Chronologie«, DE I, S. 42; dt.: DE I, S. 65.

6 Ebd.; dt.: S. 66.

7 Vgl. die Vorlesung vom 3. Januar 1973, hier S. 14; dt.: S. 28: »Folglich muss der Begriff des *Bürgerkriegs* in den Mittelpunkt aller Analysen des Strafwesens gerückt werden.«

Innerhalb des Forschungsprojekts, das Foucault in seinem ersten Jahr am Collège de France aufgenommen hat und das ausgerichtet ist auf eine historische Analyse der juristischen und politischen Formen, die Wahrheitseffekte produzieren,[8] sowie innerhalb der Weiterverfolgung seines langjährigen Interesses an den damit verbundenen Wissensformen und Techniken der »Teilung«[9] bietet diese Vorlesung mit dem Titel *Die Strafgesellschaft* einen ersten Entwurf des mit der juristischen und politischen Form der allgemeinen Einsperrung verknüpften Wahrheitsregimes und unterstreicht dabei, wie zentral diese für die gesamte heutige Gesellschaft ist. De facto handelt es sich mehr um die Untersuchung einer juristischen und politischen Form als um die Untersuchung des Gefängnisses selbst: »die Gefängnis-Form ist«, betont Foucault, »weit mehr eine Gesellschaftsform als eine Architekturform«.[10] Zwei Jahre zuvor hatte Foucault in seinen Vorlesungen *Über den Willen zum Wissen* die Analyse der Zusammenhänge zwischen der Wahrheit und den juristischen Formen in Angriff genommen, indem er die

8 Vgl. M. Foucault, *Leçons sur la volonté de savoir. Cours au Collège de France, 1970-1971*, hg. v. D. Defert, Paris: Gallimard-Seuil, 2011, S. 4-6; dt.: *Über den Willen zum Wissen. Vorlesungen am Collège de France 1970-1971*, übers. v. M. Bischoff, Berlin: Suhrkamp, 2012, S. 16-18; M. Foucault, »Théories et institutions pénales« (Résumé du cours, in: *Annuaire du Collège de France, 72e année, Histoire des systèmes de pensée, année 1971-1972*, 1972, S. 283-286), DE, II, Nr. 115, S. 389; dt.: »Theorien und Institutionen des Strafvollzugs«, DE II, Nr. 115, S. 486 (wo Foucault sein »größeres, im vergangenen Jahr skizziertes Vorhaben [beschreibt]: den Nachvollzug der Ausbildung bestimmter Wissensarten, ausgehend von rechtlich-politischen Vorprägungen, die ihnen zur Geburt verholfen haben und ihnen als Stütze dienen«).

9 Vgl. M. Foucault, *Folie et Déraison. Histoire de la folie à l'âge classique*, Paris: Plon, 1961; ders., »Un problème m'intéresse depuis longtemps, c'est celui du système pénal« (Gespräch mit J. Hafsia, in: *La Presse de Tunisie*, 12. August 1971, S. 3), DE II, Nr. 95, S. 206; dt.: »Ein Problem interessiert mich seit langem: das Problem des Strafsystems«, DE II, Nr. 95, S. 251; F. Brion u. B. E. Harcourt, Situation du cours, in: M. Foucault, *Mal faire, dire vrai*, a. a. O., S. 267-273.

10 Vorlesung vom 28. März 1973, S. 230 u. 244, Anm. 3; dt.: S. 308f. u. 327, Anm. 3; vgl. Vorlesung vom 31. Januar 1973, S. 86; dt.: S. 123: »Woher kommt mithin diese Form?«

Probe (*épreuve*) als Form des Wahrsprechens in dem Zweikampf zwischen Antilochos und Menelaos im XXIII. Gesang der *Ilias* von Homer studierte, die Untersuchung (*enquête*) im Fall von *König Ödipus* von Sophokles und schließlich die Frage des Geldes als Maß (*mesure*) der Wahrheit. Foucault hatte in seiner ersten Vorlesung am Collège de France am 9. Dezember 1970 auch dargelegt, dass das Thema seines Seminars die Frage der Wahrheit im Kontext des Strafwesens des 19. Jahrhunderts sei: »Genauer geht es bei dieser Analyse um die Einbringung eines dem Anspruch nach wissenschaftlichen Diskurses (Medizin, Psychiatrie, Psychopathologie, Soziologie) in ein System (das Strafsystem), das bis dahin gänzlich normativer Art gewesen war«.[11] Die Vorlesung des folgenden Jahres, »Theorien und Institutionen des Strafvollzugs«, sollte mit der Analyse weiterer juristischer Formen fortfahren, vor allem mit der Analyse der »Untersuchung« im Kontext der Herausbildung des mittelalterlichen Staates und den »neuen Formen der sozialen Kontrolle« in Frankreich im 16. Jahrhundert.[12] Also spricht Foucault 1973 in der *Strafgesellschaft* erstmals die juristische und gesellschaftliche Spezifität der Gefängnis-Form an und zielt direkt auf das Strafwesen des 19. Jahrhunderts ab: »Der Punkt«, erklärt Foucault, »um den es mir ging, ist: Das Gefängnis als Gesellschaftsform, das heißt als eine Form, in der innerhalb einer Gesellschaft Macht ausgeübt wird – eine Weise, in der sie das Wissen, das sie zu ihrer Ausübung braucht, erhebt, und eine Weise, in der sie auf der Grundlage dieses Wissens Befehle, Vorschriften erteilt.«[13] Foucault wird das Gesamtschema dieses Forschungsvorhabens einige Monate später, Ende Mai 1973, bei seinen Vorträgen an der Katholischen Universität von Rio de Janeiro darlegen. 1975 erfolgt dann die Veröffentlichung von

11 M. Foucault, *Leçons sur la volonté de savoir*, a. a. O., S. 4; dt.: *Über den Willen zum Wissen*, a. a. O., S. 16.

12 M. Foucault, »Théories et institutions pénales«, a. a. O., DE II, S. 392; dt.: »Theorien und Institutionen des Strafvollzugs«, a. a. O., DE II, S. 489.

13 Vorlesung vom 28. März 1973, S. 230; dt.: S. 309.

Überwachen und Strafen, das man im Licht seiner ersten Vorlesungen am Collège de France lesen – oder neu lesen – kann als eine *Fallstudie* zur juristischen Form der Prüfung (*examen*) im 19. Jahrhundert – als Herstellung einer wissenschaftlichen und juristischen Wahrheit über das Subjekt in der Industriegesellschaft.[14] Die zentrale Frage von *Überwachen und Strafen* – weshalb die Einsperrung? oder genauer gesagt: »Warum hat sich die physische Vollstreckung der Bestrafung (die von der Marter zu unterscheiden ist) mitsamt ihrer institutionellen Basis, dem Gefängnis, gegenüber dem gesellschaftlichen Spiel der Strafzeichen und dem geschwätzigen Fest, das sie in Umlauf bringt, durchgesetzt?«[15] – muss aus diesem Blickwinkel betrachtet werden: Dies ist weder einfach die Frage nach der Vorherrschaft einer Institution noch die nach einem Machttypus, sondern, genauer gesagt, die Frage nach der Produktion von Wahrheit und Wissen quer durch die gesamte Gesellschaft. Die Vorlesung von 1973 arbeitet mit anderen Worten heraus, wie sich die Gefängnisstrafe als Straftaktik durchgesetzt und verallgemeinert hat, und bietet uns damit die Möglichkeit, *Überwachen und Strafen* neu zu lesen, nämlich nicht allein in den Begriffen der Macht, sondern in Verbindung mit dem Problem der Wahrheit.

Die Vorlesung von 1973 bedeutet auch einen Bruch mit gewissen früheren Analysen – Analysen, die vor allem mit den Begriffen der Repression, des Ausschlusses und der Überschreitung arbeiteten – und eine Hinwendung zur Erforschung der produktiven Formen des Strafwesens. Foucault beginnt einige Monate zuvor in diese Richtung zu gehen, und zwar im April 1972

---

14 Vgl. M. Foucault, »Théories et institutions pénales«, a. a. O., DE II, S. 390; dt.: »Theorien und Institutionen des Strafvollzugs«, a. a. O., DE II, S. 487: »im nächsten Jahr wird man sich die *Prüfung* (*examen*) als die mit den für die industriellen Gesellschaften typischen Kontroll-, Ausschluss- und Strafsystemen verbundene Macht-Wissen-Form vornehmen«.

15 M. Foucault, *Surveiller et Punir. Naissance de la prison*, Paris: Gallimard, 1975, S. 134; dt.: *Überwachen und Strafen. Die Geburt des Gefängnisses*, Frankfurt/M.: Suhrkamp, 1981, S. 170.

anlässlich eines Besuchs des Gefängnisses von Attica im Staat New York – ein direkter Zugang zu einem Gefängnis und eine Erfahrung, die er als »erschreckend« bezeichnet.[16] Aufgewühlt und »erschüttert« von diesem Besuch, kündigt Foucault eine analytische Wende hin zu den »positiven Funktionen« des Strafsystems an und erklärt: »Nun formuliere ich das Problem aber genau in den gegensätzlichen Begriffen. [...] Nun ergibt sich das Problem, dass man herausfinden muss, welche Rolle die kapitalistische Gesellschaft ihrem Strafsystem zumisst, welche Absicht sie verfolgt, welche Effekte all diese Verfahren der Bestrafung und des Ausschlusses hervorbringen. Welchen Platz nehmen sie im Wirtschaftsprozess ein, welche Bedeutung haben sie für die Ausübung und die Aufrechterhaltung der Macht, welche Rolle spielen sie im Klassenkampf?«[17] Genau diese Hinwendung zu den positiven Funktionen des Strafwesens wird Foucault zu einer Analyse der politischen Ökonomie führen – nicht nur im Sinne einer »politischen Ökonomie des Körpers«,[18] die *Überwachen und Strafen* leiten wird, sondern traditionell, im Stil einer klassischen Untersuchung in diesem Bereich. 1973 verbindet Foucault mithin die klassische politische Ökonomie mit einer nietzscheanischen Genealogie der Moral, die sich um die Quäker und andere englische Dissidenten des 18. Jahrhunderts dreht. Letztere, die in den Vorlesungen von 1973 eine bedeutendere Rolle spielen als in *Überwachen und Strafen*, werden in den Mittelpunkt der historischen Bewegung gerückt, die die Gefängnis-Form hervorbringt. So versucht Foucault zu verstehen – eine Frage von großer Bedeutung –, »[w]ie diese kleinen Männer in Schwarz, die ihren Hut nicht abnehmen, in der Genealogie unserer Moral als deren Stammväter angesehen werden kön-

16 M. Foucault, »À propos de la prison d'Attica« (Gespräch mit J. K. Simon; übers. v. F. Durand-Bogaert, in: *Telos*, Nr. 19, Frühjahr 1974, S. 154-161), DE II, Nr. 137, S. 526; dt.: »Michel Foucault über Attica«, DE II, Nr. 137, S. 654.

17 Ebd., S. 528; dt.: S. 656f.

18 *Surveiller et Punir*, a. a. O., S. 30; dt.: *Überwachen und Strafen*, a. a. O., S. 37.

nen«.[19] Diese quäkerischen Stammväter, diese kleinen Männer in Schwarz, werden die Umkehr der Strafe in Askese, die Moralisierung der Kriminalität und die Einsperrung nach dem Modell der Besserung begründen, das vom kapitalistischen Bürgertum aufgegriffen wird, um die Industriegesellschaft aufzubauen.

Diese These ist radikal und engagiert. Sie lässt einen spüren, dass die Vorlesung von 1973 eine der aktivsten Phasen von Foucaults militanten Zeiten, vor allem im Bereich des Strafwesens und des Gefängnisses, krönt – eine Zeit auch, die Foucault in Frankreich als repressiv empfindet. »Und heute nun kehrt man aus Gründen, die ich noch nicht so recht verstehe«, so Foucault, »zu einer Art allgemeiner, unterschiedsloser Einsperrung zurück.«[20] Einige Monate zuvor hatte Foucault damit begonnen, die Häftlinge uneingeschränkt zu unterstützen, die quer durch Frankreich in zahlreichen Gefängnissen und Untersuchungsgefängnissen revoltierten, unter anderem im Dezember 1971 im Zentralgefängnis Ney von Toul, am 15. Januar 1972 im Untersuchungsgefängnis Charles-III von Nancy, in den Gefängnissen von Nîmes, Amiens, Loos, Fleury-Mérogis.[21] Nach der Revolte von Toul erklärt Foucault in einer gemeinsamen Pressekonfe-

19 Vorlesung vom 7. Februar 1973, S. 105, Fn. a (Manuskript, S. 3); dt.: S. 147, Fn. a.

20 M. Foucault, »Le grand enfermement«, a. a. O., S. 298f.; dt.: »Die große Einsperrung«, a. a. O., S. 371.

21 *La Révolte de la prison de Nancy. 15 janvier 1972. Documents et propos de Michel Foucault, Jean-Paul Sartre et de militants du Groupe d'information sur les prisons*, Paris: Le Point du jour, 2013. Foucault gewährte seine rückhaltlose Unterstützung politischen Gefangenen wie Gefangenen nach dem gemeinen Recht, ohne einen Unterschied zu machen. Indem er den Begriff des »Bürgerkriegs« in den Vordergrund stellte, ergab die Unterscheidung – in politische Gefangene und Gefangene nach gemeinem Recht – keinen Sinn mehr. Dies ist eine – theoretisch wie praktisch – wichtige Komponente der Intervention Foucaults. Vgl. M. Foucault, »Sur la justice populaire. Débat avec les maos« (Gespräch mit Gilles und Victor, 5. Februar 1972, in: *Les Temps modernes*, Nr. 310, S. 355-366), DE II, Nr. 108, S. 340-369; dt.: »Über die Volksjustiz. Eine Auseinandersetzung mit Maoisten«, DE II, S. 424-461.

renz mit der GIP und dem Comité Vérité Toul am 5. Januar 1972: »was in Toul passiert ist, ist der Anfang eines neuen Prozesses: der erste Schlag eines politischen Kampfs gegen das Strafsystem insgesamt von einer Gesellschaftsschicht, die deren Hauptopfer ist«.[22] Zwei Wochen später, am 18. Januar, organisiert Foucault mit Deleuze, Sartre und vierzig weiteren Personen ein Sit-in im Justizministerium.[23] Demonstrationen, Pressekonferenzen, Untersuchungen – die Untersuchungen: »das Unerträgliche« – und Broschüren der GIP, Berichte der neuen Presseagentur Libération (*Agence de Presse Libération/APL*), Stellungnahmen in *Le Monde* und anderen Presseorganen häuften sich.[24] Nachdem Foucault von seinem Besuch im Gefängnis von Attica zurückgekehrt war – wo sieben Monate zuvor eine Meuterei der Häftlinge zu einer militärischen Erstürmung des Gefängnisses und zum Tod von neunundzwanzig Häftlingen und zehn Wärtern geführt hatte –, weist Foucault bereits darauf hin, »wie massiv das amerikanische Gefängnis die Funktion der Ausgrenzung erfüllt«,[25] während man in den Vereinigten Staaten den Ausdruck »Masseninhaftierung« (*mass incarceration*) erst zwanzig Jahre später zu verwenden beginnt. Seit 1973 explodiert die Zahl der Häftlinge in den amerikanischen Gefängnissen geradezu und erstreckt sich bald auf »über eine Million Gefangene«,[26] wie Foucault mitteilt. (Heute erreicht sie mehr als 2,2 Millionen.) Foucault beschreibt hellsichtig die neue »radikale Konzentration«,[27] die sich in den Vereinigten Staaten entwickelt, und nimmt mit Blick hierauf eine ebenfalls ziemlich radikale Position ein: »Nur durch gemeinsames Handeln, durch die politische Organisation, durch die Rebellion können die Inhaftierten diesem

---

22 *La Révolte de la prison de Nancy. 15 janvier 1972*, a. a. O., S. 19 (Abdruck der Manuskriptseite).

23 Vgl. D. Defert, »Chronologie«, a. a. O., S. 40; dt.: »Zeittafel«, a. a. O., S. 62.

24 Ebd.; *La Révolte de la prison de Nancy. 15 janvier 1972*.

25 M. Foucault, »À propos de la prison d'Attica«, a. a. O., S. 530; dt.: »Michel Foucault über Attica«, a. a. O., S. 659.

26 Ebd., S. 529; dt.: S. 658.

27 Ebd., S. 530; dt.: S. 659.

Dressursystem entgehen«, sagt er beim Verlassen von Attica. »Die amerikanischen Gefängnisse scheinen politisches Handeln eher zuzulassen als die europäischen.«[28] Foucault und die GIP engagieren sich aus der Ferne in diesem Kampf und verbreiten ein Flugblatt nach dem Tod – oder vielmehr, wie sie behaupten, der Ermordung – George Jacksons, der Mitglied der Black Panther Party war, in Kalifornien in Saint Quentin einsaß und während einer Revolte am 21. August 1971 in der geschlossenen Abteilung des Gefängnisses von Wärtern getötet wurde.[29] Ebenso hebt Foucault in Frankreich »eine ungeheure Organisation von Knästen« hervor, wo »grosso modo 300 000 Personen durch die Gefängnisse hindurchgehen oder dorthin zurückkehren werden«.[30] Auf der Grundlage dieser Fakten erklärt er in einem Gespräch, das im März 1972 veröffentlicht wurde: »Mit dem GIP beschäftige ich mich genau deshalb, weil ich eine effektive Arbeit dem universitären Geschwätz und dem Büchergekritzel vorziehe. Heute eine Fortsetzung meiner *Histoire de la folie* zu schreiben [...], ist für mich nutzlos. Dagegen erscheint mir eine konkrete politische Aktion zugunsten der Gefangenen sinnvoll.«[31] Dieses Engagement ist bei der Lektüre der *Strafgesellschaft* zu spüren. Die Vorlesung von 1973 ist erfüllt von Entrüstung, ja beinahe Wut über diejenigen, die die Herausforderungen der politischen Kämpfe verkennen:

Man spricht immer von der »Dummheit« des Bürgertums. Ich frage mich, ob das Thema der bürgerlichen Dummheit nicht ein Thema der Intellektu-

---

28 Ebd., S. 529; dt.: S. 658.

29 Dieses Vorkommnis wird übrigens im Manuskript der *Strafgesellschaft* erwähnt; vgl. die Vorlesung vom 7. März 1973, S. 196, Anm. 19; dt.: S. 255, Anm. 19. Ein Jahr zuvor, 1970, hat Jean Genet eine Einführung zu Jacksons Briefen aus dem Gefängnis geschrieben, was zu einem Treffen von Foucault und Genet führte; vgl. G. Jackson, *Soledad Brother. The Prison Letters of George Jackson*, with an Introduction by Jean Genet, New York: Coward-McCann, 1970; D. Defert, »Chronologie«, a. a. O., S. 39; dt.: »Zeittafel«, a. a. O., S. 58.

30 M. Foucault, »Le grand enfermement«, a. a. O., S. 300; dt.: »Die große Einsperrung«, a. a. O., S. 372f.

31 Ebd., S. 301; dt.: S. 374.

ellen ist: Diese stellen sich vor, dass Kaufleute beschränkt sind, dass Leute mit Geld engstirnig sind, dass Leute mit Macht blind sind. Jenseits dieses Glaubens ist das Bürgertum indes von einer bemerkenswerten Intelligenz. Die Scharfsinnigkeit und Intelligenz dieser Klasse, die die Macht unter Bedingungen, die bekannt sind, erlangt und behalten hat, erzeugen durchaus Effekte der Dummheit und Blindheit, doch wo? – wenn nicht gerade bei der Schicht der Intellektuellen? Man kann die Intellektuellen als diejenigen bezeichnen, bei denen die Intelligenz des Bürgertums einen Erblindungs- und Verdummungseffekt hervorruft.[32]

Und Foucault fügt am Rand seines Manuskripts hinzu: »*Diejenigen, die dies leugnen, sind Gaukler. Sie verkennen den Ernst des Kampfs.*«[33]
Diese Entrüstung nährt eine Militanz, die in der ganzen Vorlesung von 1973 zum Ausdruck kommt und die man einige Monate später in Foucaults Vorträgen in Rio über »Die Wahrheit und die juristischen Formen« erneut findet, die ebenfalls die Übereinstimmung von Theorie und politischem Engagement – bei Foucault – widerspiegeln. In Rio wird das Thema der Blindheit (der Intellektuellen) direkt mit dem verknüpft sein, was er als den großen abendländischen Mythos der Antinomie zwischen Wissen und Macht bezeichnet, und weiter gefasst mit der Frage der Wahrheit. »Diesen großen Mythos gilt es aufzulösen«, so Foucault im Mai 1973. »Ihn hat Nietzsche zu zerstören begonnen, als er [...] aufzeigte, dass hinter jedem Wissen, jeder Erkenntnis letztlich ein Machtkampf steckt. Wissen ist nicht frei von politischer Macht, sondern eng mit ihr verwoben.«[34] »Auflösen«, »zerstören« sind starke Worte, die zahlreiche Fragen zu den Erblindungseffekten, ihrer Beziehung zur Wahrheit und vor allem zu der wichtigen, aber heiklen Rolle des Intellektuellen aufwerfen. In einem Gespräch mit Deleuze am 4. März

32 Vorlesung vom 28. Februar 1973, S. 168; dt.: S. 229f.

33 Ebd., Fn. d; dt.: S. 230, Fn. a (Anh. 9. Vorlesung, S. 1).

34 M. Foucault, »La vérité et les formes juridiques« (Vorträge an der Katholischen Universität in Rio de Janeiro, vom 21.-25. Mai 1973, in: *Cadernas da P. U.C.*, Nr. 16, Juni 1974, S. 5-133, übers. v. J. W. Prado, Jr.), DE II, Nr. 139, S. 570; dt.: »Die Wahrheit und die juristischen Formen«, DE II, Nr. 139, S. 705f.

1972 hatte Foucault klargestellt: »Die Rolle des Intellektuellen besteht [...] darin, dort gegen die Formen einer Macht zu kämpfen, wo er zugleich Gegenstand und Instrument dieser Macht ist: in der Ordnung des ›Wissens‹, des ›Bewusstseins‹ und des ›Diskurses‹.«[35] Um den großen abendländischen Mythos zu zerschlagen, um diese Illusion aufzulösen, nimmt Foucault sich in seiner Vorlesung von 1973 somit vor, im Detail zu analysieren, wie innerhalb der gegenwärtigen Disziplinargesellschaft das Wahrheitsregime – die Gefängnis-Form, die Lohn-Form – hergestellt wird.

I. Der intellektuelle Kontext

»Nicht Hobbes, nicht Clausewitz, nicht der Klassenkampf«:[36] der Schlüsselbegriff des Bürgerkriegs leitet *Die Strafgesellschaft*. Er siedelt sich in einem Raum an, der von diesen drei Fluchtpunkten eingegrenzt wird – drei Dimensionen, drei Debatten, die sich hauptsächlich nach dem Mai 68 entspannen, einer Zeit, in der sich »das Problem der Repression und der gerichtlichen Verfolgungen mehr und mehr verschärfte«.[37]

Erste Dimension, Hobbes und die Konzeptualisierung staatlicher Macht: Wie ist das Verhältnis zwischen dem Staat – dem »*Commonwealth*« von Hobbes – und dem Subjekt zu verstehen, oder genauer gesagt, wie kann man nach dem Mai 68 die politische Macht denken? Diese erste Dimension führt Foucault zur Ausarbeitung einer neuen Art und Weise, Macht begrifflich zu fassen, sowie zur Identifizierung einer neuen Form von Macht, womit er nicht nur Hobbes ins Visier nimmt, son-

35 M. Foucault, »Les intellectuels et le pouvoir« (Gespräch mit Gilles Deleuze, in: *L'Arc*, Nr. 49: *Gilles Deleuze*, 2. Trimester 1972, S. 3-10), DE II, Nr. 106, S. 308; dt.: »Die Intellektuellen und die Macht«, DE II, S. 384.

36 D. Defert, »Chronologie«, a. a. O., S. 42; dt.: »Zeittafel«, a. a. O., S. 66.

37 M. Foucault, »Le grand enfermement«, a. a. O., S. 298; dt.: »Die große Einsperrung«, a. a. O., S. 370.

dern implizit auch Althusser. Explizit richtet sich die Intervention Foucaults gegen Hobbes: Er kritisiert Hobbes' Analyse des Bürgerkriegs, die ihn unter den Begriff des Krieges aller gegen alle subsumiert. Das theoretische Bestreben besteht darin, den Begriff des Bürgerkriegs wieder in den *Commonwealth* zu integrieren. Für Foucault ist der Bürgerkrieg nicht das Ende der politischen Verfasstheit, er versetzt uns nicht in den Naturzustand zurück; er ist nicht einfach ein Abbild des Urzustands des Krieges aller gegen alle. Der Bürgerkrieg bildet keinen Gegensatz zur politischen Macht, er konstituiert und rekonstituiert sie: Er ist »eine Matrix, in der die Bestandteile der Macht zur Geltung kommen, sich mit neuem Leben füllen, sich dissoziieren«.[38] Er ist quasi ein Dauerzustand der Konstitution und Rekonstitution von Gemeinwesen und Gemeinschaften. Und aufgrund dieser Tatsache muss die Macht selbst im Prisma des Bürgerkriegs analysiert werden: »Das Wichtige für eine Analyse des Strafwesens ist zu begreifen, dass die Macht nicht das ist, was den Bürgerkrieg beseitigt, sondern das, was ihn führt und fortschreibt.«[39] So muss man, wie Foucault am 10. Januar 1973 darlegt, »das Bild ablehnen, [das Hobbes] aufgebracht hat, indem er mit Aufkommen einer souveränen Ausübung der [Macht] den Krieg aus deren Raum vertrieb«.[40]

Implizit zielt diese Analyse der Macht jedoch auf Althusser ab, der 1970 seine Anmerkungen für eine Untersuchung über »Idéologie et appareils idéologiques d'État« [Ideologie und ideologische Staatsapparate] veröffentlicht hatte. Die Intervention Foucaults von 1973 kann man als eine ziemlich spitze Replik auf Althussers Anliegen lesen: die vollkommene Althusser'sche Trennung zwischen einerseits einer Staatsmacht, die sich in Gewalt und Zwang äußert, und andererseits einer Staatsmacht, die mit der Ideologie arbeitet.[41] Die These, wonach die Analyse

38 Vorlesung vom 10. Januar 1973, S. 33; dt.: S. 53.

39 Ebd., S. 34; dt.: S. 53.

40 Ebd.; dt.: ebd., S. 54.

41 Vgl. L. Althusser, »Idéologie et appareils idéologiques d'État. (Note pour une recherche)«, in: *La Pensée. Revue du rationalisme moderne*,

des Straf- oder Gefängniswesens ganz oder nahezu ganz auf der Seite der Analyse des repressiven Staatsapparats angesiedelt wäre[42] – ohne, gemäß einer Zweiteilung, die Foucault ablehnt, der Instrumente zur Analyse der ideologischen Apparate zu bedürfen –, wird Foucault wiederholt als theoretischer Kontrast dienen. Sicher weist Althusser einen ausgeprägten Sinn für die subjektive Dimension der Ideologie auf, für die Bedeutung der Unterwerfung durch die Interpellation des Subjekts über die ideologischen Formen – alles Themen, für die sich Foucault bereits seit seinen ersten Arbeiten über den Wahnsinn und die *Anthropologie* Kants interessiert und auf die er in seinen letzten Vorlesungen wieder einschwenken wird. Dennoch bieten die Formulierungen »Staatsapparat« und »ideologische Apparate« nicht wirklich die Möglichkeit, das Strafwesen oder das Gefängnis außerhalb der staatlichen Repression zu denken, das heißt gemäß Althusser außerhalb »der ›schlechten Subjekte‹, die gelegentlich das Eingreifen dieser oder jener Abteilung des (repressiven) Staatsapparates provozieren«.[43]

Foucault erwähnt Althusser in seinen Vorlesungen nie, richtet darum aber nicht weniger das Wort an ihn: »Ich glaube jedoch nicht, dass die Macht angemessen als etwas beschrieben werden kann, das in den Staatsapparaten lokalisiert wäre. Es reicht viel-

---

Nr. 151, Juni 1970, S. 3-38, erneut in ders., *Positions*, Paris: Éditions Sociales, 1976, S. 79-137; dt.: »Ideologie und ideologische Staatsapparate (Anmerkungen für eine Untersuchung)«, in: ders., *Ideologie und ideologische Staatsapparate. Aufsätze zur marxistischen Theorie*, übers. v. R. Löper, K. Riepe u. P. Schöttler, Hamburg u. Westberlin: VSA, 1977, S. 108-153.

42 Vgl. ebd., Ausg. v. 1970, S. 13; dt.: S. 119: »in der marxistischen Theorie umfaßt der Staatsapparat (SA) folgendes: die Regierung, die Verwaltung, die Armee, die Polizei, die Gerichte, die Gefängnisse usw., die zusammen das bilden, was wir nunmehr den Repressiven Staatsapparat nennen werden«; ebd., S. 124: »der Staatsapparat schafft durch die Repression (von der brutalsten physischen Gewalt bis zu einfachen administrativen Anordnungen oder Verboten, zur offenen oder versteckten Zensur usw.) die politischen Bedingungen für die Arbeit der Ideologischen Staatsapparate.«

43 Ebd., S. 35; dt.: S. 148.

leicht nicht einmal zu sagen, dass die Staatsapparate Gegenstand eines inneren oder äußeren Kampfs sind. Der Staatsapparat scheint mir eher die konzentrierte Form beziehungsweise stützende Struktur eines Machtsystems zu sein, das darüber hinausreicht und sehr viel tiefer geht.«[44] Foucault setzt dem Modell des Staatsapparats ein fließenderes Konzept entgegen: das Beispiel einer Beschlagnahme, die privaten Ursprungs ist oder auf private Initiative erfolgt (das Fabrik-Kloster von Jujurieux), die nicht direkt auf den Staat zurückgeht, doch auf den Staatsapparat zurückverweist oder »eher [auf] Multiplikatoren-Relais der Macht innerhalb einer Gesellschaft, in der die staatlichen Strukturen die Voraussetzung für das Funktionieren dieser Institutionen bleiben«.[45] Foucault notiert in seinem Manuskript – als würde er Althusser direkt ansprechen –: »Dies ist kein Staatsapparat, sondern ein Apparat, der in das Staatsgeflecht eingebunden ist. Ein innerstaatliches System.«[46]

Diese Einwände gegen Hobbes und Althusser bringen in der *Strafgesellschaft* eine neue Theorie der Macht hervor. Macht kann man weder als im Staatsapparat lokalisiert ansehen noch besitzen, noch einer Produktionsweise unterordnen, noch freilich als Ideologie begreifen.[47] Die Macht muss als ein konstitutiver Faktor gedacht werden: Indem sie die Zeit unter ihre Kontrolle bringt, erzeugt die Macht Subjekte, die sich der Industrialisierung und dem Kapitalismus beugen. In diesem Sinne sind die mit der Disziplinarmacht verbundenen Verhältnisse tatsächlich Faktoren, die für den Kapitalismus konstitutiv sind, und keine bloßen Instrumente oder reiner Zwang. Das bedeutet

---

44 Vorlesung vom 28. März 1973, S. 233; dt.: S. 312. Foucault zieht daraus folgenden Schluss: »Das führt dazu, dass praktisch weder die Kontrolle noch die Zerschlagung des Staatsapparats ausreichen können, um einen bestimmten Machttyp zu transformieren oder verschwinden zu lassen – den, in dem er funktioniert hat.« (Ebd.)

45 Vorlesung vom 21. März 1973, S. 215; dt.: S. 288.

46 Ebd., Fn. a; dt.: ebd., Fn. a (Ms, S. 12).

47 Vgl. die Vorlesung vom 28. März 1973, S. 231-237; dt.: S. 310-317; eine wichtige Passage, in der Foucault vier theoretische Schemata der Macht darlegt und verwirft.

zwangsläufig, dass die Frage der Macht die ganze Gesellschaft durchzieht – oder, wie Foucault im darauffolgenden Jahr in *Die Macht der Psychiatrie* (1974) erklären wird: »Was methodologisch impliziert, daß man das Problem des Staates, der Staatsapparate beiseite läßt und daß man sich des sozialpsychologischen Begriffs der Autorität entledigt.«[48]
Zweite Dimension, Clausewitz und der Krieg als Fortsetzung der Politik mit »anderen Mitteln«:[49] Welcher Zusammenhang besteht zwischen der Praxis und den Institutionen des Krieges und der gewöhnlichen Politik oder, in den Begriffen der Vorlesung von 1973: Welcher Zusammenhang besteht zwischen den Institutionen der Einsperrung – tatsächlich Institutionen des Bürgerkriegs – und den anderen gesellschaftlichen Institutionen, der Arbeit, der Erziehung, der Religionen etc.? Diesen Zusammenhang herzustellen, ist natürlich notwendig: »wenn es stimmt, dass der äußere Krieg die Fortsetzung der Politik ist, muss man im Gegenzug sagen, dass die Politik die Fortsetzung des Bürgerkriegs ist.«[50] Doch wie soll man diesen Zusammen-

48 M. Foucault, *Le Pouvoir psychiatrique. Cours au Collège de France, 1973-1974*, hg. v. J. Lagrange, Paris: Gallimard-Seuil, 2003, S. 42 Fn.*; dt.: *Die Macht der Psychiatrie. Vorlesung am Collège de France 1973-1974*, hg. v. J. Lagrange, übers. v. C. Brede-Konersmann u. J. Schröder, Frankfurt/M.: Suhrkamp, 2005, S. 69, Fn.* Foucault hatte gerade erklärt: »Seien wir sehr antiinstitutionalistisch. Für dieses Jahr habe ich mir vorgenommen, die Mikrophysik der Macht noch vor der Analyse der Institution hervortreten zu lassen« (ebd., S. 34; dt.: S. 58). Vgl. ders., *La Volonté de savoir*, Paris: Gallimard, 1976, S. 117; dt.: *Sexualität und Wahrheit. Der Wille zum Wissen*, übers. v. U. Raulf u. W. Seitter, Frankfurt/M.: Suhrkamp, 1983, S. 110f.

49 Diese Formulierung von Clausewitz war gemäß Daniel Defert damals bei den militanten Maoisten sehr in Mode, was helfen könnte, das Interesse, das Foucault dieser zweiten Dimension beimaß, einzuordnen.

50 Vorlesung vom 10. Januar 1973, S. 34; dt.: S. 53f. Vgl. M. Foucault, *Surveiller et Punir*, a.a.O., S. 170; dt.: *Überwachen und Strafen*, a.a.O., S. 217; ders., *Il faut défendre la société. Cours au Collège de France 1975-1976*, hg. v. M. Bertani u. A. Fontana, Paris: Gallimard-Seuil, 1997, S. 16 und 41; dt.: *In Verteidigung der Gesellschaft*, übers. v. M. Ott, Frankfurt/M: Suhrkamp, 1999, Vorlesung vom 7. Januar 1976, a.a.O., S. 26, und Vorlesung vom 21. Januar 1976, S. 57.

hang analysieren? Sind die Institutionen der Einsperrung nur »andere Mittel«, besteht zwischen ihnen und den anderen gesellschaftlichen Institutionen eine Kontinuität oder eine Kluft? Die Antwort Foucaults wird in der Vorlesung von 1973 dargelegt: Die Institutionen der Einsperrung können streng genommen nicht von den anderen unterschieden werden, sie sind aber auch nicht einfach »andere Mittel«.

Foucault hält seine Vorlesungen über »die Strafgesellschaft« in einer Zeit, die gerade zum Thema des Zusammenhangs der Institutionen der Einsperrung mit anderen Institutionen sowie der Gesellschaft allgemein, in Frankreich wie im Ausland, intellektuell sehr fruchtbar war. In den Vereinigten Staaten hatte der Soziologe und Ethnograph der Chicagoer Schule Erving Goffman den Begriff der so genannten »totalen« Institutionen (*total institutions*) geprägt – für Gesellschaftsstrukturen, die durch »Beschränkungen des sozialen Verkehrs mit der Außenwelt«[51] gekennzeichnet sind – und sein berühmtes Werk *Asylums* [*Asyle*] veröffentlicht, in demselben Jahr (1961), in dem auch *Folie et Déraison* [*Wahnsinn und Gesellschaft*] erschien. Beide Werke überschneiden sich in einigen Punkten. Die ethnographische Studie Goffmans erlaubt die Entwicklung »einer soziologischen Version der Struktur des Selbst«,[52] und die Beobachtung von Patienten in diesen totalen Institutionen gibt Mittel an die Hand, Formen der »Selbstkränkung« zu beschreiben[53] – ein sehr foucaultianisches Thema. Auch misst Goffman der Disziplin in diesen Institutionen eine wichtige Rolle bei – er erklärt

---

51 E. Goffman, *Asylums: Essays on the Social Situation of Mental Patients and Other Inmates*, New York: Doubleday (Anchor Books), 1961, S. 4; dt.: *Asyle. Über die soziale Situation psychiatrischer Patienten und anderer Insassen*, übers. v. N. Lindquist, Frankfurt/M: Suhrkamp, 1973, S. 15f.
Für eine vergleichende Lektüre von Foucault und Goffman siehe I. Hacking, »Between Michel Foucault and Erving Goffman: Between Discourse in the Abstract and Face-to-Face Interaction«, in: *Economy and Society*, Bd. 33 (3), August 2004, S. 277-302.

52 E. Goffman, *Asylums*, a. a. O., S. xiii u. 319.

53 Ebd., S. 23, 46, 48.

sogar, dass der Stundenplan »*tightly scheduled*« [eng gesteckt] ist,[54] und beschreibt detailliert die Funktion der »*surveillance*« in diesen Institutionen, wo »der Verstoß des einzelnen sich deutlich von der sichtbaren und jederzeit von den anderen überprüfbaren Konformität abhebt«.[55] Goffman beschreibt und untersucht auch die Kontrolle der Zeit: wie die Zeit genutzt wird, um den Insassen zu »diskulturieren« und in Bezug auf die Außenwelt seinen »bürgerlichen Tod« zu gewährleisten.[56] »Die Zeit«, schreibt Goffman, »wird von denjenigen, die sie absitzen müssen [*are doing time*], bewusst ausgeklammert, und sie beschäftigen sich in Gedanken dauernd mit ihr, in einem Maße, wie es draußen nicht üblich ist.«[57] Außerdem weist Foucaults Analyse der Kräfteverhältnisse innerhalb dieser Institutionen, zwischen Insassen und Aufsichtspersonal, Parallelen zu den Prozessen auf, die Goffman zwischen »den Insassen und den Wärtern« beschreibt.[58]

Doch auch wenn es zahlreiche Parallelen gibt, sind ihre Analysen des Zusammenhangs, der zwischen den Institutionen – totalen und anderen – besteht, doch grundverschieden. Für Goffman unterscheiden sich das Gefängnis, die Asyle, die geschlossenen Schulen deutlich von anderen gesellschaftlichen Institutionen; sie grenzen sich vom Rest der Gesellschaft ab. Auch

54 Ebd., S. 6 u. 290.

55 Ebd., S. 7.

56 Ebd., S. 13 f., 38 f., 46-48.

57 Ebd., S. 68: »*This time is something its doers have bracketed off for constant conscious consideration in a way not quite found on the outside.*«

58 So könnte man folgende Analyse Foucaults auf die Goffman'sche totale Institution anwenden: »dass in dem Raum und Einflussbereich dieser Institutionen eine Form von Machtkonzentration herrscht, die in ihrer Stärke neu ist: die Macht des Arbeitgebers in der Fabrik, die Macht des Vorarbeiters in der Werkstatt« (Vorlesung vom 21. März 1973, S. 211; dt.: S. 284). Diese Parallelität ist auch in Foucaults Definition der Beschlagnahme zu erkennen; vgl. ebd, S. 222; dt.: S. 297 f.: »Der Beschlagnahme zu unterliegen bedeutet, in einer Diskursivität gefangen zu sein, die in der Zeit ununterbrochen ist, von außen von einer Autorität gehalten wird und notwendig nach dem geordnet ist, was normal und was anormal ist.«

David Rothman, der 1971 *The Discovery of the Asylum* veröffentlichte,[59] präsentiert die Besserungsanstalten, Asyle, Waisenhäuser, Sanatorien, Armenhäuser, kurz, die geschlossenen Einrichtungen, unter demselben Aspekt. Sie gehen aus einer gemeinsamen Bewegung hervor, verfügen jedoch über eine Spezifität, die ihnen strikt inhärent ist. Sie sind die gemeinsame Frucht des tiefen Wunschs, die Ordnung in einer Zeit wiederherzustellen – Anfang des 19. Jahrhunderts, unter der Federführung von Andrew Jackson –, die sich am Rande einer Auflösung der Gesellschaftsordnung, der familiären Bindungen, der gemeinschaftlichen und religiösen Zusammenhänge sah,[60] unterscheiden sich aber von der sie umgebenden Gesellschaft. Für Foucault stehen hingegen die Gemeinsamkeiten aller gesellschaftlichen Institutionen im Vordergrund: die Zeitplanung, der Zugriff auf den Körper, der Zusammenhang zwischen der Gefängnis-Form und der Lohn-Form der Arbeit; es sind diese Gemeinsamkeiten, die es zu untersuchen gilt,[61] und nicht der Umstand, »verschlossene Tore, hohe Mauern, Stacheldraht, Felsen, Wasser, Wälder oder Moore zu haben oder nicht zu haben«.[62] Die gemeinsame Form überwiegt die Unterschiedlichkeit. Folglich muss man die Einsperrung *mit* und nicht gegenüber den anderen gesellschaftlichen und ökonomischen Institutionen denken.

»[D]ie Leute unterhalten während ihres ganzen Lebens Beziehungen zu einer Vielzahl von Institutionen«,[63] bemerkt Foucault. Und genau diese Vielzahl von Institutionen erlaubt Licht in den tieferen Sinn dieser Vorlesung zu bringen. Für Foucault ist

---

59 D. Rothman, *The Discovery of the Asylum: Social Order and Disorder in the New Republic*, Boston, Mass.: Little Brown, 1971.

60 Vgl. M. Foucault, »La vérité et les formes juridiques«, a. a. O., S. 611 f.; dt.: »Die Wahrheit und die juristischen Formen« (Bezugnahme auf einen »amerikanischen Historiker«, der »der Enstehung jener Anstalten und Institutionen nach[geht], die sich in der ganzen westlichen Welt verbreitet haben«). Gemeint ist David Rothman, der genau diese Frage in seinem Buch *The Discovery of the Asylum* (a. a. O.) behandelt.

61 Vgl. die Vorlesung vom 21. März 1973, S. 211; dt.: S. 283.

62 E. Goffman, *Asylums*, a. a. O., S. 4 u. 220.

63 Vgl. die Vorlesung vom 21. März 1973, S. 211; dt.: S. 283.

die sich zeigende Disziplinarmacht nicht nur ein gemeinsames Merkmal »totaler« Institutionen. Die totale Institution des Gefängnisses hebt sich nicht von der Sphäre des Sozialen ab. Sie stellt auch kein »anderes Mittel« im Clausewitz'schen Sinne dar. Das Gefängnis und der Lohn haben »dieselbe Form«,[64] sind »historisch verwandte Formen«,[65] sie teilen miteinander die Beherrschung der Lebenszeit und ihre Umwandlung in Arbeitskraft: »Die Gefängnis-Form des Strafwesens korrespondiert mit der Lohn-Form der Arbeit«.[66] Man könnte fast sagen, dass für Foucault die Gesellschaft insgesamt eine »totalisierende« Institution im goffmanschen Sinne ist – oder in den Worten Foucaults: »Die Gesellschaft weist insgesamt das Element der Buß- und Besserungsanstalt auf, von der das Gefängnis nur ein Ausdruck ist.«[67] Damit offeriert die Vorlesung von 1973 eine Hermeneutik, die wichtig ist, um das Buch zu verstehen, das folgen wird, *Überwachen und Strafen*. Deutlicher vielleicht als dieses Werk – das entsprechend seinem Titel oft als eine bloße Genealogie des Gefängnisses gelesen wurde – stellt *Die Strafgesellschaft*, entsprechend ihrem Titel, einen breiteren Beitrag dar und kündigt eine neue Form von Macht an. Der Panoptismus von Julius und Bentham breitet sich in den Räderwerken des Sozialen aus und beschränkt sich nicht auf eine architektonische Erfindung, ebenso wenig wie er ausschließlich mit dem Gefängnis, dem Krankenhaus oder auch der Fabrik oder dem Kloster verbunden ist. Der Fokus wird erweitert, und der Gegenstand der Analyse bewegt sich nunmehr auf der Ebene der Erfassung und Inbeschlagnahme der Zeit, der Unterwerfung der Lebenszeit unter die Produktionszyklen der Industrie und des Kapitalismus, der permanenten direkten und indirekten Kontrolle eines jeden Augenblicks des Daseins, eines »tagtägliche[n], komplexe[n], tief verankerte[n] Strafsystem[s] [...], das [das Juristische] moralisiert«,[68]

64 Vorlesung vom 31. Januar 1973, S. 86; dt.: S. 122.
65 Vorlesung vom 24. Januar 1973, S. 72; dt.: S. 105.
66 Zusammenfassung der Vorlesungen, S. 267; dt.: S. 353.
67 Vorlesung vom 7. Februar 1973, S. 104; dt.: S. 145.
68 Vorlesung vom 14. März 1973, S. 201; dt.: S. 271.

des Aufbaus eines Gesellschaftsbildes und einer gesellschaftlichen Norm, kurz der Herstellung des Sozialen.[69] Was Foucault in seiner Vorlesung von 1973 analysiert, ist die Disziplinar*gesellschaft*, nicht nur die Einsperrung zur Besserung oder die Geburt des Gefängnisses.

Und hierin ist die Vorlesung Foucaults den Arbeiten von Castel sowie Deleuze und Guattari sehr viel näher als denen von Goffman oder Rothman. Castel veröffentlicht im gleichen Jahr, 1973, *Le Psychanalysme. L'ordre psychanalytique et le pouvoir* und arbeitet an *L'Ordre psychiatrique. L'âge d'or de l'aliénisme*, das drei Jahre später erscheinen wird;[70] während Gilles Deleuze und Félix Guattari gerade, 1972, *Anti-Œdipe. Capitalisme et schizophrénie* publiziert hatten.[71] Foucault bekennt selbst, dass diese beiden Forschungsachsen sein Denken beeinflusst haben.[72] Besonders das Projekt von Castel scheint einer Dynamik zu folgen, die die Ansätze Foucaults teilen: ein sehr ähnliches Empfinden, ein Augenmerk, das gleichzeitig neuen Wissensarten, neuen institutionellen Strukturen und neuen Handlungsträgern gilt, dasselbe Interesse für das Gesetz zu den Geisteskranken von 1838 und das gemeinsame Vorhaben, eine »neue Herrschaftsstruktur« im 19. Jahrhundert zu analysieren und »eine sagen wir: kapillare Utopie« in der heutigen Psychiatrie.[73]

---

69 Vorlesung vom 21. März 1973, S. 220; dt.: S. 295.

70 R. Castel, *Le Psychanalysme. L'ordre psychanalytique et le pouvoir*, Paris: Maspero, 1973; ders., *L'Ordre psychiatrique. L'âge d'or de l'aliénisme*, Paris: Éditions de Minuit, 1976; dt.: *Die psychiatrische Ordnung. Das goldene Zeitalter des Irrenwesens*, übers. v. U. Raulf; Frankfurt/M.: Suhrkamp, 1979.

71 G. Deleuze & F. Guattari, *Anti-Œdipe. Capitalisme et schizophrénie*, Paris: Éditions de Minuit, 1972; dt.: *Anti-Ödipus. Kapitalismus und Schizophrenie I*, übers. v. B. Schwibs, Frankfurt/M.: Suhrkamp, 1977.

72 Vgl. *Surveiller et Punir*, S. 29, Fn. 1; dt.: *Überwachen und Strafen*, S. 35, Fn. 19: »Auf keinen Fall vermag ich durch Hinweise oder Zitate sichtbar zu machen, was dieses Buch G. Deleuze und seiner gemeinsamen Arbeit mit F. Guattari verdankt. Ebenso verpflichtet bin ich R. Castel und P. Nora.«

73 R. Castel, *L'Ordre psychiatrique*, a. a. O., S. 11; dt.: *Die psychiatrische Ordnung*, a. a. O., S. 11.

Dritte Dimension, Marx und der Klassenkampf: Wie lassen sich der Bürgerkrieg und der Klassenkonflikt miteinander verbinden oder voneinander unterscheiden, oder im Kontext dieser Vorlesung genauer formuliert, wie ist die strafrechtliche Verfolgung von Volksaufständen und -bewegungen vor dem Hintergrund neu zu denken, dass nicht nur neue Institutionen der Einsperrung entstanden sind, sondern auch eine verallgemeinerte Strafmacht? Zu dieser Frage können die Vorlesungen von 1973 als ein stilles Zwiegespräch mit den marxistisch geprägten englischen Historikern gelesen werden, vor allem mit dem berühmten Werk von Edward P. Thompson, *The Making of the English Working Class* (1963).[74] Das Thema des »*making*« knüpft natürlich an die Methode der Genealogie an. Und die Hauptprotagonisten – John Wesley, die Methodisten und die Quäker, die *Society for the Suppression of Vice and Encouragement of Religion*, John Howard und Jonas Hanway, Patrick Colquhoun und Edmund Burke, William Wilberforce, die Bewegung der Ludditen und die *Gordon Riots* etc. – finden sich auf beiden Seiten der diesbezüglichen Ausführungen wieder. Aber nicht nur das: Der zentrale Begriff der »Volksillegalismen«, den Foucault hier entwickelt, kann zugleich als eine Kritik und Antwort auf Thompson und die marxistischen Historiker aus England gelesen werden.

Der Beitrag Thompsons – der sich auf die Arbeiten von George Rudé sowie auf andere Historiker stützt, die den Begriff des »Mobs« (*mob*) bereits neu gefasst und erweitert hatten – besteht zum Teil darin, den Begriff des »Aufstands« (*riot*) zu erweitern. Gemäß Thompson ist der Aufstand nicht mehr als eine sponta-

74 Man könnte vielleicht auch im Vorjahr, in den »Theorien und Institutionen des Strafvollzugs«, einen ersten Dialog mit Thompson sehen; aber dort, 1972, bezieht sich Foucault weit mehr auf die Arbeiten des sowjetischen Historikers Boris Porchnev, dessen Quellen aus den Archiven des Fonds Séguier in Leningrad stammen und der in einer gründlichen Studie, die 1948 in Russland veröffentlicht wurde, die Volksaufstände des 17. Jahrhunderts in Frankreich im Prisma des Klassenkampfs interpretiert. Vgl. B. Porchnev, *Les Soulèvements populaires en France de 1623 à 1648*, Paris: SEVPEN, 1963, Neuaufl. Paris: Flammarion, 1972.

ne, krampfartige, ruckartige oder unregelmäßige Bewegung zu verstehen, sondern vielmehr als kohärent, als einer Logik folgend und als mit den anderen Instanzen des Widerstands verbunden.[75] Tatsächlich spiegelt der Aufstand für Thompson keine irrationale oder temporäre Reaktion wider, die auf einen einzigen Stimulus (Hunger, Hungersnot etc.) antwortet; vielmehr drückt sich darin im Gegenteil eine Sozialethik aus beziehungsweise genauer gesagt im 18. Jahrhundert ein konzertierter politischer und moralischer Widerstand gegen das aufkommende *Laissez-faire*. Das, sagt er, würde zum Beispiel die ludditische Bewegung erklären: »Der Luddismus entstand auf dem Höhepunkt einer Entwicklung, durch die die paternalistische Gesetzgebung abgeschafft und den arbeitenden Menschen gegen ihren Willen und gegen ihre Moralvorstellungen eine *Laissez-faire*-Ökonomie aufgezwungen wurde.«[76] Zur gleichen Zeit habe die Niederschlagung der Erhebungen einem blutigen Strafrechts- und Unterdrückungssystem Raum geboten. Das Strafsystem sei so ein Produkt der Unterdrückung; und die ökonomische Entwicklung in der zweiten Hälfte des 18. Jahrhunderts habe sich »im Schatten« dieses Unterdrückungssystems abgespielt – nicht als produktive Folge der Unterdrückung und auch nicht

75 E.P. Thompson, *The Making of the English Working Class*, London: Victor Gollancz, 1963, S. 59-71; ders., »The Moral Economy of the English Crowd in the Eighteenth Century«, in: *Past and Present*, Nr. 50, Februar 1971, S. 76-79, s. S. 78f.: »Der Hungeraufstand (*food riot*) im 17. Jahrhundert in England war eine sehr komplexe Form einer unmittelbaren, disziplinierten, von sehr klaren Zielen angetriebenen Aktion des Volkes [...]. Er gründete sich auf eine feste, traditionelle Vorstellung von sozialen Normen und Pflichten sowie von ökonomischen Funktionen, die den verschiedenen Teilen der Gemeinschaft zukommen, die insgesamt betrachtet das befördern, was man als moralische Ökonomie der Armen bezeichnen könnte«; vgl. auch G. Rudé, *The Crowd in History: A Study of Popular Disturbances in France and England, 1730-1848*, New York: Wiley, 1964.

76 E. P. Thompson, *The Making of the English Working Class*, a.a.O., S. 543; dt.: *Die Entstehung der englischen Arbeiterklasse*, übers. v. L. Eidenbenz, M. Eidenbenz, Ch. Groffy, T. Lindenberger, G. Mischkowski u. R.M. Rosdale, Frankfurt/M.: Suhrkamp, 1987, 2 Bde.: Bd. II, S. 630.

aufgrund einer allgemeinen Machtform: »Die Expansion des Gewerbes, die Einhegungsbewegung, die frühe Phase der Industriellen Revolution spielten sich«, wie Thompson festhält, »im Schatten des Galgens ab.«[77]

Foucault hatte sich der These Thompsons angenähert,[78] doch im Februar 1973 distanziert er sich davon – was man hier einem quasi direkten Zwiegespräch mit Thompson über den Zusammenhang zwischen Volkswiderstand und Unterdrückung entnehmen kann. Zu dem Problem: »Weshalb wurde der Staat selbst zu einer großen ›Besserungsanstalt‹?« bemerkt Foucault: »eine Zeitlang dachte [ich], dass man es [das Problem] in zwei Worten lösen kann«[79] – »zwei Worten«, die der Unterdrückung des »aufrührerischen Mobs« gemäß Thompson wahrscheinlich sehr nahekommen.[80] »Doch«, so Foucault, »ich bin nicht sicher, ob es richtig war, den Begriff ›aufrührerischer Mob‹ zu verwenden. Mir scheint, dass der Mechanismus, der zur Herausbildung dieses Strafsystems geführt hat, in gewissem Sinne tiefgreifender und breiter ist als der der einfachen Kontrolle des aufständischen Mobs.«[81] Die Quelle der Strafgesellschaft wäre für

77 E. P. Thompson, *The Making of the English Working Class*, S. 61; dt.: *Die Entstehung der englischen Arbeiterklasse*, Bd. I, S. 66. Die Frage der Schwere der Strafen und der Anwendung der Todesstrafe in England im 18. Jahrhundert wird unter den Historikern heftige Debatten auslösen. Vgl. D. Hay, »Property, Authority and the Criminal Law«, in: D. Hay, P. Linebaugh, E. P. Thompson, *Albion's Fatal Tree: Crime and Society in Eighteenth Century England*, New York: Doubleday/Pantheon Books, 1975; J. H. Langbein, »Albion's Fatal Flaws«, in: *Past and Present*, Nr. 98 (1), 1983, S. 96-120, erneut in: D. Sugarman (Hg.), *Law in History: Histories of Law and Society*, New York: New York University Press, 1996, Bd. 1.

78 Vorlesung vom 10. Januar 1973, S. 31; dt.: S. 51: »Eine Aufstandsbewegung besteht mithin weniger darin, die Elemente der Macht zu zerstören, als darin, sie sich anzueignen und zur Geltung zu bringen.«

79 Vorlesung vom 21. Februar 1973, S. 143 f.; dt.: S. 197.

80 Foucault erklärt diese »zwei Worte« folgendermaßen: »das Wachstum des Kapitalismus würde eine ganze Reihe von Bewegungen des Volksaufstands nach sich ziehen, auf die die Macht des Bürgertums mit einem neuen Justiz- und Besserungssystem reagiert hätte« (ebd.).

81 Ebd.

Foucault somit nicht die Angst vor den Volksbewegungen des 18. Jahrhunderts und ihre repressive Beantwortung. Die Dynamik würde sich nicht auf ein Triptychon reduzieren: Änderung der politischen Ökonomie – moralische Ökonomie des Widerstands – Unterdrückung durch die herrschende Klasse. Vielmehr entfaltet Foucault seine These über den »*Volksillegalismus*« – ein Phänomen, das er als »tiefgreifender und dauerhafter« bezeichnet und »von dem der Aufstand nur ein Sonderfall ist«.[82] Die Theorie der Illegalismen,[83] das Schlüsselthema der Vorlesung von 1973, bildet aus der Sicht Foucaults die Grundlage einer politischen Ökonomie, die für seine Herangehensweise an das Strafsystem zentral wird und die er im Laufe der folgenden Monate und dann in *Überwachen und Strafen* ausarbeitet.
Aufgrund dieses stillen Zwiegesprächs mit Thompson und Althusser ist die Vorlesung von 1973 stärker marxistisch angehaucht als die übrigen Schriften Foucaults, wobei er klare Grenzen zieht, vielleicht sogar die klarsten, die er je zwischen sich und Marx gezogen hat. Foucault entwickelt eine politische Ökonomie, eine Geschichte des Kapitalismus auf der Grundlage eines Kampfes, der zuweilen dem Klassenkampf ähnelt – was den Text so marxistisch macht –, der *in fine* jedoch ein ganz anderer Kampf ist: ein flächendeckender Bürgerkrieg gegen den »Kriminellen-Gesellschaftsfeind«, der eine Disziplinarmacht hervorbringt, die die gesamte Gesellschaft durchzieht und die Lebenszeit in Produktivkraft verwandelt. Die Vorlesung von 1973 liest sich wie eine Kampfansage an die großen Texte zur Geschichte des Kapitalismus. Denjenigen, die denken, der Kapitalismus brauche keine Moral, scheint Foucault zu sagen: Tatsächlich war nichts natürlich, weder beim Mehrwert noch bei der »notwendigen Arbeit«; es bedurfte einer Menge moralischer Schlachten, die auf die unteren Klassen abzielten, einer Menge ethischer Schlachten auf allen Ebenen, damit das Bürgertum der Illegalismen Herr werden konnte. In diesem

82 Ebd. Vgl. F. Gros, »Foucault et ›la société punitive‹«, in: *Pouvoirs*, Nr. 136, 2010/4, S. 5-14, s. S. 10f.

83 Vgl. hier S. 292-295; dt.: S. 383-386.

Punkt bezieht sich die Vorlesung von 1973 mehr auf Marx als auf seine Kommentatoren und entfaltet eine Analyse der Zusammenhänge zwischen Moral und Ökonomie, die Max Webers *Protestantische Ethik und der Geist des Kapitalismus* in Frage stellt.

II. Argumentationsstruktur

Die Vorlesung wendet sich gegen drei Richtungen – Hobbes/Althusser, Clausewitz/Goffman und Marx/Thompson –, und die Argumentation ist um fünf Grundideen angeordnet: zunächst die Hinwendung zu einer Analyse der produktiven Seite der Repression; sodann die Entwicklung einer politischen Ökonomie und Theorie der Illegalismen; drittens die Unterscheidung vom Marxismus und von der Analyse der Ideologien; viertens die Genealogie der Moral der Besserung; was schließlich zu dem Paar »Überwachen–Strafen« führt.

A. Vom Repressiven zum Produktiven

Die Vorlesung des Vorjahrs, »Theorien und Institutionen des Strafvollzugs«, drehte sich – weitsichtig – um Repression und Zwang und zeigte die verschiedenen repressiven Aspekte der Strafjustiz im Mittelalter und im 17. Jahrhundert auf. Ziel war, die Herausbildung des mittelalterlichen Staates nicht einfach in Verbindung mit der fiskalischen Dimension der Justizpraxis oder in Verbindung mit der Armee zu untersuchen, sondern indem die Anfänge einer rein repressiven Funktion ausfindig gemacht werden.[84] Weitsichtig, weil der Begriff der *Repression* eine der Grundlagen bildete, die für das Foucault'sche Projekt zum Strafwesen notwendig waren. 1972 gehört das Strafrecht

84 Vgl. die Vorlesung vom 3. Januar 1973, S. 20, Anm. 13; dt.: S. 36, Anm. 13; vgl. auch die Vorlesung vom 14. Februar 1973, S. 126; dt.: S. 174.

vor allem zu den neuen Modalitäten, die im 18. Jahrhundert gegen den Aufruhr eingeführt wurden, es ist eine Reaktion auf den »aufrührerischen Mob«: »Alle wichtigen Phasen bei der Herausbildung des Strafrechtssystems, des Repressionssystems sind Reaktionen auf Kampfformen des Volkes«,[85] hatte Foucault in seinen Vorlesungen von 1972 betont. Genau dies begründet die zentrale These der vorhergehenden Vorlesung: »Das Paar Strafrechtssystem – Delinquenz ist eine Folge des Paars repressives System – aufrührerische[s] System. Eine Folge in dem Sinne, dass es ein Produkt, eine Bedingung des Fortbestands, eine Verlagerung und eine Verdeckung ist.«[86] 1973 orientiert sich Foucault von seiner ersten Vorlesung an hingegen am *produktiven* Aspekt des Strafrechts. Er setzt sich sofort mit den positiven Funktionsweisen der Überschreitungen auseinander: »[M]an kann die Funktionsweise des Strafrechtssystems, des Gesetzes- und Verbotssystems, nicht verstehen, wenn man sich nicht fragt, wie diese Illegalismen positiv funktionieren.«[87]

Das stellt in Bezug auf die traditionelle Soziologie, die Foucault als »Soziologie nach Art von Durkheim« bezeichnet,[88] eine doppelte Distanzierung dar. Erste Distanzierung: Während die traditionelle Soziologie danach fragt, wie die Gesellschaft einen moralischen Zusammenhalt herstellen konnte – eine Frage, die Durkheim teilweise mit der Verurteilung des Rechtsbrechers beantwortete –, war Foucault von Anfang an darum bemüht, die *unterschiedlichen Formen des Ausschlusses* zu erforschen. Deshalb: »Theorien und Institutionen des Strafvollzugs« und die Analyse der verschiedenen Arten von Repression – ge-

85 Vgl. M. Foucault, »Théories et Institutions pénales. Cours au Collège de France 1971-1972«, dt.: »Theorien und Institutionen des Strafvollzugs. Vorlesungen am Collège de France 1971-1972«, 7. Vorlesung, Ms. S. 2 [S. 68]; vgl. ders., »Sur la justice populaire. Débat avec les maos«, a. a. O., DE II, S. 351; dt.: »Über die Volksjustiz. Eine Auseinandersetzung mit Maoisten«, a. a. O., DE II, S. 438.

86 M. Foucault, »Théories et Institutions pénales«, a. a. O., S. 3 [S. 68].

87 Vorlesung vom 21. Februar 1973, S. 148; dt.: S. 203.

88 M. Foucault, »À propos de la prison d'Attica«, DE II, S. 527; dt.: »Michel Foucault über Attica«, DE II, S. 656.

genüber den Nu-pieds, der ludditischen Bewegung etc. Doch 1973 der zweite, grundlegendere Anlauf: sich nicht mehr auf die Repression oder den Ausschluss zu konzentrieren. »Das Gefängnis ist eine Organisation, die viel zu komplex ist, um sie auf rein negative Ausschlussfunktionen zu reduzieren.«[89] Die Fragestellung wechselt und wendet sich den positiven Effekten eines bestimmten Strafrechtssystems zu, das heißt nicht der Funktionsweise der Gesellschaft überhaupt oder dem moralischen Zusammenhalt im Rohzustand, sondern der modernen kapitalistischen Gesellschaft, genauer der »Ausübung und Aufrechterhaltung der Macht« in einer solchen Gesellschaft.[90] Mit anderen Worten geht es darum, die Machtwirkungen der verschiedenen Strafrechtssysteme zu untersuchen, so dass man nicht nur die Milderung der Strafen oder die Individualisierung der Strafen unabhängig von den Machtverhältnissen sieht, sondern die Prozesse erkennt, die für spezifische Machtverhältnisse in einer bestimmten Zeit und ökonomischen Organisationsform konstitutiv sind; ein Thema, das 1975 wiederaufgenommen wird.[91] Diese Wende, die sich bereits nach seinem Besuch des Gefängnisses von Attica 1972 abzeichnete,[92] wird zu einer der Hauptaussagen von *Überwachen und Strafen* führen: »Man muß aufhören, die Wirkungen der Macht immer negativ zu beschreiben, als ob sie nur ›ausschließen‹, ›unterdrücken‹, ›verdrängen‹, ›zensieren‹, ›abstrahieren‹, ›maskieren‹, ›verschleiern‹ würde. In Wirklichkeit ist die Macht produktiv; und sie produziert Wirkliches. Sie produziert Gegenstandsbereiche und Wahrheitsrituale; das Individuum und seine Erkenntnis sind Ergebnisse dieser Produktion.«[93]

89 Ebd.
90 Ebd.; dt.: S. 657.
91 Vgl. *Surveiller et Punir*, S. 28; dt.: *Überwachen und Strafen*, S. 33 f.
92 Vgl. »À propos de la prison d'Attica«, DE II, S. 528; dt.: »Michel Foucault über Attica«, DE II, S. 657.
93 Vgl. M. Foucault, *Surveiller et Punir*, S. 196; dt.: *Überwachen und Strafen*, S. 250. Was zwei Jahre nach der *Strafgesellschaft* zu dem methodologischen Imperativ führen wird: »Die Analyse der Strafmechanismen soll nicht in erster Linie an deren ›repressiven‹ Wirkungen als ›Sanktio-

Also eine Hinwendung zur Frage der Produktivität des Strafwesens. Doch eine Produktivität von was? 1973 arbeitet Foucault auf der Grundlage des allgemeinen Gesellschaftskampfs, bei dem die Disziplinierung der Arbeitskraft an erster Stelle steht, eine politische Ökonomie des Kapitalismus zu Beginn des 19. Jahrhunderts aus. Diese Analyse resultiert, wie wir gesehen haben, teilweise aus der Auseinandersetzung mit E. P. Thompson und seinem Werk *The Making of the English Working Class* – wobei die Replik Foucaults darauf abzielt, über die Beschreibung des Strafrechtssystems als Unterdrückung des »aufrührerischen Mobs« hinauszugehen –, aber auch aus seiner im Vorjahr erfolgten Würdigung der marxistischen Thesen, die der sowjetische Historiker Boris Porchnev in seinem Werk *Les Soulèvements populaires en France au XVII*^e^ *siècle* vertritt.[94] Im Brennpunkt von Foucaults Überlegungen steht eine Theorie der *Illegalismen*: Die Idee dabei wäre, die Einsperrung in die breitere ökonomische Bewegung der Produktion von Arbeitskraft einzuordnen, eine Bewegung, mittels deren das Bürgertum das Verhalten der Arbeiter kontrollierte, indem es die Volksillegalismen beherrschte. Der Begriff der Illegalismen steht somit für die Idee, dass das Gesetz nicht dazu gedacht ist, strikt angewendet zu werden, sondern dazu, die Ränder der Legalität in den Griff zu bekommen, dass es ein Instrument der Führung ist.

Foucault arbeitet in der *Strafgesellschaft* in drei Schritten eine Theorie der Illegalismen aus. Erstens entwickelt er die These, dass die Illegalismen systemisch sind. In jeder Gesellschaft praktizieren die verschiedenen Gesellschaftsschichten in Bezug auf das Gesetz, die Normen, die Ordnung, die Abweichungen und die Unordnung strategische Spiele. »Unter jeder Herrschaftsform haben die verschiedenen sozialen Gruppen, die ver-

nen‹ ausgerichtet sein, sondern sie in die Gesamtheit ihrer positiven Wirkungen, auch der zunächst marginal erscheinenden, einordnen« (ebd., S. 28; dt.: S. 34).

94 Vgl. oben, Fn. 74.

schiedenen Klassen und Kasten ihre je eigene Illegalität.«[95] Zum Beispiel erkundet Foucault nicht nur die Illegalismen des Volkes im 18. Jahrhundert, sondern auch die Illegalismen der Händler und des Gewerbes sowie den »Illegalismus der Privilegierten, die dem Gesetz per Stand, per Duldung, per Ausnahme entgehen«,[96] und selbst die Illegalismen der Macht – der Intendanten der Polizeileutnants etc. Diese Illegalismen der verschiedenen Gesellschaftsschichten geraten häufig in Konflikt miteinander, nutzen einander aber auch häufig. Sie funktionieren im Zusammenspiel. Man könnte sagen, dass zwischen ihnen eine symbiotische Beziehung herrscht. Zum Beispiel toleriert das Bürgertum im 18. Jahrhundert die Illegalismen des Volkes, weil es auch selbst den Illegalismus praktiziert, und die Verbindung zwischen all diesen Illegalismen ist für ein gutes Funktionieren des ökonomischen Systems und den aufkeimenden Kapitalismus notwendig: »Mir scheint, dass bis Ende des 18. Jahrhunderts ein gewisser Illegalismus des Volkes mit der Entwicklung der bürgerlichen Ökonomie nicht nur *vereinbar*, sondern dieser sogar *förderlich* war; dann [aber] kam der Moment, in dem der mit der wirtschaftlichen Entwicklung verzahnte Illegalismus mit dieser unvereinbar wurde.«[97]

Zweitens identifiziert Foucault somit einen Bruch. Während die Illegalismen der verschiedenen Klassen im Ancien Régime miteinander verknüpft waren, werden die Illegalismen des Volkes mit Herannahen des 19. Jahrhunderts von den Kaufleuten, den Aristokraten und dem Bürgertum in Frankreich, aber auch in England, Russland usw. als Bedrohung und Gefahr wahrgenommen. Die neue Akkumulation und Transformation der Reichtümer, die neuen Formen des mehr materiellen und beweglicheren Eigentums, der Umschlag der Güter, die Fülle der Wa-

95 M. Foucault, »À propos de l'enfermement pénitentiaire« (Gespräch mit A. Krywin u. F. Ringelheim, in: *Pro Justitia. Revue politique de droit*, Bd. I, Nr. 3-4: *La Prison*, Oktober 1973, S. 5-14), DE II, Nr. 127; dt.: »Zum geschlossenen Strafvollzug«, DE II, Nr. 127, S. 542.

96 Vorlesung vom 21. Februar 1973, S. 146; dt.: S. 199f.

97 Ebd., S. 144; dt.: S. 197.

ren – kurz, der Reichtum der beweglichen Güter ist den Arbeitern, die mit diesem neuen Geschäftsvermögen direkt in Berührung kommen, weit mehr ausgesetzt als der Grundbesitz. Diese Akkumulation und Verfügbarkeit machen die Volksillegalismen für die Interessen des Bürgertums unnütz – ja sogar gefährlich. Foucault arbeitet den historischen Rahmen dieser Transformation in seinen Vorlesungen vom 21. und 28. Februar 1973 klar heraus, ebenso in einem Interview, das er einige Monate später gibt, »Zum geschlossenen Strafvollzug«.[98] Er legt in diesen Vorlesungen dar: »Schließlich hat dieser Illegalismus ab einem bestimmten Moment aufgehört, für die Klasse, die gerade die Macht übernommen hat, tolerierbar zu sein, denn der Reichtum findet sich – in seiner Materialität – in neuen räumlichen Formen angeordnet und läuft Gefahr, von einem Illegalismus des Volkes frontal angegriffen zu werden, der jetzt nicht mehr das System der Gesetze und Vorschriften, sondern die Güter in ihrer Materialität selbst angeht.«[99]

Drittens stellt Foucault eine Wende zum Strafrechtlichen fest.[100] Ende des 18. Jahrhunderts bemächtigt sich das Bürgertum des Justizsystems, um den Volksillegalismen ein Ende zu setzen: nicht nur der »Veruntreuung« des materiellen Eigentums, sondern auch der »Verschwendung« der Zeit und Kraft der Arbeiter selbst – im Grunde des Humankapitals –, eine Disziplinlosigkeit, die »die Form des Absentismus, der Verspätung, der Faulheit, des Feierns, der Ausschweifung, des Nomadentums« annehmen wird.[101] Die Tolerierung der Volksillegalismen wurde »buchstäblich unmöglich [...] Man musste alle Schichten der

98 Siehe oben, Fn. 95. Vgl. die Vorlesung vom 21. Februar 1973, S. 144 u. 155, Anm. 2; dt.: S. 197 u. 212f., Anm. 2.

99 Vorlesung vom 28. Februar 1973, S. 159; dt.: S. 217.

100 Vgl. die Vorlesung vom 21. Februar 1973, S. 144; dt.: S. 197; vgl. auch M. Foucault, »Le grand enfermement«, a.a.O., DE II, S. 297; dt.: »Die große Einsperrung«, a.a.O., DE II, S. 368f.; ders., »Sur la justice populaire. Débat avec les maos«, a.a.O., DE II, S. 357; dt.: »Über die Volksjustiz. Eine Auseinandersetzung mit Maoisten«, a.a.O., DE II, S. 444.

101 Vorlesung vom 14. März 1973, S. 149f.; dt.: S. 260f.

breiten Bevölkerung effektiv einer allgemeinen Überwachung unterziehen«.[102] Das Bürgertum wird Ende des 18. Jahrhunderts den Verwaltungs- und Polizeiapparat an sich reißen und in einen »Justizapparat [umwandeln], der exakt den Auftrag hat, es vom Illegalismus des Volkes zu befreien. Diesen Apparat, der mit dem allgemeinen System des Illegalismus vermengt war, wird das Bürgertum bei seiner Machtergreifung in die Hand nehmen und damit beauftragen, für die Anwendung seiner Legalität zu sorgen«.[103] Somit ist die Akkumulation des Reichtums ursächlich für die Hinwendung zur Überwachung, zur permanenten Kontrolle, zur Prüfung. Das Ergebnis ist die »Buß- und Besserungsanstalt«,[104] ein Begriff, der, wie Frédéric Gros erklärt, für die Vorstellung steht, »dass die Einsperrung weniger den Bruch eines Gesetzes denn die Irregularität des Verhaltens sanktioniert«.[105] Bei Foucault heißt es: »So wird das Element der Buß- und Besserungsanstalt, das, wie ich glaube, im Netzwerk des Nicht-Gesetzlichen funktioniert, genau in dem Moment übernommen und in das Justizsystem integriert, als das Bürgertum den Illegalismus des Volkes nicht mehr tolerieren konnte.«[106] In Verbindung mit der Bewegung zur Moralisierung der Arbeiter (wir werden darauf gleich zurückkommen) wird die Buß- und Besserungsanstalt »ein politisches Instrument zur Kontrolle und Aufrechterhaltung der Produktionsverhältnisse«.[107] Folglich begründet die für das Bürgertum bestehende Notwendigkeit, die Volksillegalismen unter Kontrolle zu bringen, die Errichtung eines neuen Strafsystems.

102 »À propos de l'enfermement pénitentiaire«, a. a. O., DE II, S. 436; dt.: »Zum geschlossenen Strafvollzug«, a. a. O., DE II, S. 543; vgl. auch *Surveiller et Punir*, S. 84-91 u. 277-282; dt.: *Überwachen und Strafen*, S. 104-113 u. 350-357.

103 Vorlesung vom 21. Februar 1973, S. 149f.; dt.: S. 205.

104 Vgl. die Vorlesung vom 7. Februar 1973, S. 103ff., bes. S. 105, Fn. a; dt.: S. 147, Fn. a, und die Vorlesung vom 21. Februar, S. 143 u. Fn. a; dt.: S. 196 u. Fn. a.

105 F. Gros, »Foucault et ›la société punitive‹«, a. a. O., S. 9.

106 Vorlesung vom 21. Februar 1973, S. 150; dt.: S. 205.

107 Ebd., S. 153; dt.: S. 210.

»Das verdichtete und umgestaltete Strafvollzugssystem wird innerhalb des Klassenverhältnisses zwischen dem Bürgertum und dem Proletariat sein Spiel aufnehmen«:[108] Die Vorlesung von 1973 liest sich, als sei ihr Tonfall stark marxistisch geprägt. Trotzdem handelt es sich keineswegs um einen marxistischen Text. Zunächst verschiebt Foucault, wie wir gerade gesehen haben, den Begriff des »aufrührerischen Mobs« zu dem des »Volksillegalismus« – ein Begriff, den er als »operativer« bezeichnet.[109] Sodann ersetzt Foucault, wie wir gesehen haben, den Begriff des Klassenkampfs durch den des Bürgerkriegs. Sicher kommt er zuweilen schablonenhaft auf den Gebrauch des Ausdrucks »Klassenkampf« zurück, zum Beispiel in dem Interview, das er 1972 nach seinem Besuch des Gefängnisses von Attica gibt,[110] und bei seinem Streitgespräch mit Noam Chomsky ein Jahr zuvor.[111] Doch 1973 bemüht sich Foucault ausdrücklich darum, über diesen Begriff hinauszugehen. Seitdem korrigiert sich Foucault selbst; so schreibt er im Manuskript der Vorlesung vom 21. März 1973 »Klassenkampf«, streicht diesen Begriff dann aus und ersetzt ihn durch »Klassenverhältnis«.[112] Der Bürgerkrieg reduziert sich bei Foucault nicht auf die Unterdrückung durch die herrschende Klasse, das sagt er ganz klar: »Natürlich gibt es in

108 Ebd.; dt.: 209.

109 Vorlesung vom 28. Februar 1973, S. 159; dt.: S. 217.

110 Vgl. M. Foucault, »À propos de la prison d'Attica«, a. a. O., DE II, S. 528; dt.: »Michel Foucault über Attica«, a. a. O., DE II, S. 657: »welche Rolle spielen sie [die Verfahren der Bestrafung] im Klassenkampf«.

111 Vgl. die Debatte Chomsky–Foucault, »Justice contre pouvoir«, aufgezeichnet am 20. November 1971 in der Technischen Hochschule von Eindhoven (Niederlande); Auszüge wurden publiziert in *Le Monde diplomatique*, August 2007 ⟨www.monde-diplomatique. fr/ 2007/08/A/15053⟩; dt.: M. Foucault, N. Chomsky u. F. Elders, *Absolute(ly) Macht und Gerechtigkeit. Ein Streitgespräch zwischen Noam Chomsky und Michel Foucault*, übers. v. J. Reuß, Freiburg: Orange Press, 2008.

112 Vorlesung vom 21. März 1973, S. 222, Fn. a; dt.: S. 298, Fn. a.

dieser Art allgemeinem Krieg, über den die Macht ausgeübt wird, eine Gesellschaftsklasse, die einen privilegierten Platz einnimmt und dadurch ihre Strategie durchsetzen, eine Reihe von Siegen erringen, auf sich vereinen und zu ihren Gunsten einen Über-Macht-Effekt erzielen kann, doch dieser Effekt ist kein Über-Besitz. Die Macht ist nicht monolithisch. Sie wird niemals ganz unter einem bestimmten Gesichtspunkt von einer bestimmten Anzahl von Leuten kontrolliert. Sie spielt sich in jedem Moment in einzelnen kleinen Partien ab, mit lokalen Umstürzen, regionalen Niederlagen und Siegen, vorübergehenden Revanchen.«[113] Das Modell des Bürgerkriegs soll das Modell ersetzen, das sich auf die Existenz einer herrschenden Klasse gründet.

Doch über diese beiden Punkte hinaus vollzieht die Vorlesung von 1973 gegenüber Marx und der althusserschen Strömung, die damals in Frankreich die Auslegung von Marx beherrschte, weitere wichtige Verschiebungen.

Erste Verschiebung: Im Vordergrund muss somit die Untersuchung stehen, »welchen *theoretisch-politischen* Effekt das Prinzip des Kriminellen als Gesellschaftsfeind hatte«.[114] Hier wendet sich Foucault ausdrücklich gegen Althusser, indem er – präzise, strategisch und im Stillen – einen der Grundtexte nimmt, die jener seit Oktober 1948 als Repetitor in schulmeisterlicher Manier den Studenten der École normale supérieure erklärte – darunter Foucault, der im Juli 1946 in die École aufgenommen wurde: die Texte des jungen Marx zu den »Debatten über das Holzdiebstahlsgesetz«, die im Oktober und November 1842 in der *Rheinischen Zeitung* veröffentlicht wurden.[115]

Althusser hob in seiner Lektüre die Ideologie der Unterdrü-

---

113 Vorlesung vom 28. März 1973, S. 232; dt.: S. 310f.

114 Vorlesung vom 24. Januar 1973, S. 64; dt.: S. 94 (Herv. B. E. H.).

115 Karl Marx, *Œuvres complètes I: Œuvres philosophiques*, übers. v. J. Molitor, Paris: Alfred Costes, Bd. V, 1948 [1937]. Vgl. zu der Diskussion dieser Texte S. 76, Anm. 5; dt.: S. 110f., Anm. 5 (Vorlesung vom 24. Januar 1973); sowie P. Lascoumes u. H. Zander, *Marx: du »vol de bois« à la critique du droit. Karl Marx à la »Gazette rhénane«, naissance d'une méthode*, Paris: Presses universitaires de France, 1984; und M. Xifaras, »Marx, justice et jurisprudence. Une lecture des ›vols

ckung hervor, die das Denken von Marx lähmte – dieses Denken, das »dem jungen Marx [...] gedient habe«[116] –, dann die Entdeckung des jungen Marx der materiellen Interessen: »Marx entdeckt endlich die Realität jener ideologischen Trübung, die ihn blind gemacht hatte«.[117] Althusser interpretiert diese Texte im Prisma einer Logik der »Befreiung von den Illusionen«.[118] Diese Texte von 1842 waren gemäß Althusser in der damals herrschenden Rechtsprechung gefangen, zeigen aber momentweise, wie Marx sich von dieser Ideologie befreit. Und diese zugleich intellektuelle wie praktische Veränderung der Arbeit des Denkens und Schreibens – durch die Konfrontation mit den materiellen Interessen der Bauern – spiegelt die materialistische Geschichtsauffassung von Marx perfekt wider. So findet Althusser bei der Lektüre dieser Schriften »eine Logik des *Einbrechens der realen Geschichte in die Ideologie*«:[119] »Wenn der ›Weg von Marx‹ exemplarisch ist«, legt Althusser dar, »dann nicht aufgrund seiner Ursprünge und Besonderheiten, sondern aufgrund seines ungestümen Willens, sich von den Mythen, die sich als *Wahrheit* ausgaben, zu befreien, und aufgrund der Rolle der Erfahrung der realen Geschichte, die jene Mythen in Frage gestellt und hinweggefegt hat.«[120] Wie Althusser später, 1970 – mithin in der Zeit der ersten Vorlesungen Foucaults am Collège de France –, schreiben wird, konzentriert sich seine Analyse auf die Frage des *»politisch-ideologischen* Kampfs, den Marx seit den Artikeln der

de bois‹«, in: *Revue française d'histoire des idées politiques*, Nr. 15, April 2002.

116 L. Althusser, »Sur le jeune Marx: questions de théorie«, in: ders., *Pour Marx*, Paris: Maspero, 1968, S. 81; dt.: »Über den jungen Marx (Fragen der Theorie)«, in: ders., *Ideologie und ideologische Staatsapparate*, a. a. O., S. 9-44, hier S. 37.

117 Ebd., S. 79; dt.: S. 34.

118 Ebd., S. 81; dt.: S. 36.

119 Ebd., S. 80; dt.: S. 34 (Herv. im Text). Besonders wichtig ist es, zu ermessen, »von welch *kontingentem Beginn* (in bezug auf seine Geburt) er auszugehen hatte, *welche ungeheure Schicht von Illusionen er zu durchdringen hatte, ehe er sie überhaupt wahrnehmen konnte*« (ebd., S. 81; dt.: S. 35; Herv. im Text).

120 Ebd. (Herv. im Text).

Rheinischen Zeitung führte und durch den er sehr bald gezwungen war, sich mit dieser Realität auseinanderzusetzen und seine ersten Intuitionen zu vertiefen«.[121]

Foucault zieht hingegen – unter Bezugnahme auf dieselben Texte des jungen Marx – gerade dort, wo Althusser vom »*ideologisch-politischen Kampf*« gesprochen hatte, bewusst den Begriff des »*theoretisch-politischen Effekts*« vor. Foucault erklärt, seine Methode »müsste zum Beispiel berücksichtigen, was Marx zu der Diskussion über den Holzdiebstahl geschrieben hat«.[122] Das Ziel Foucaults lautet, die Analyse vom »ideologisch-politischen Kampf« zur Untersuchung des »theoretisch-politischen Effekts« eines Diskurses zu verlagern, das heißt mit anderen Worten, »die Analyse einer theoretisch-politischen Diskussion« zu erstellen, um ausgehend von diesem Modell zu »sehen, wie politische Diskussionen, Gegensätze und Diskurskämpfe innerhalb einer bestimmten politischen Situation zu analysieren sind«.[123] Abermals nennt Foucault Althusser nicht laut, doch die auffallende Parallele zu dessen Neologismus und die Anführung der Texte über den Holzdiebstahl sind klare Indizien.

Hier stellt sich Foucault auf die Seite von Deleuze und Guattari – oder umgekehrt –, die 1972 im *Anti-Ödipus* erklären, dass »der Begriff der Ideologie ein erbärmlicher Begriff [ist], da er die wirklichen Probleme, die stets organisatorischer Natur sind, im Dunkel beläßt«.[124] Deleuze war für Foucault damals einer der wenigen philosophischen Denker, die über die alte Transzendentalphilosophie hinauszugehen vermochten.[125] Diesen

121 L. Althusser, »Idéologie et appareils idéologiques d'État«, a. a. O., S. 22; dt.: »Ideologie und ideologische Staatsapparate«, a. a. O., S. 130 (Herv. B. E. H.; die Übersetzung wurde leicht modifiziert).

122 Vorlesung vom 24. Januar 1973, S. 64; dt.: S. 94.

123 Ebd.; dt.: S. 94.

124 G. Deleuze u. F. Guattari, *L'Anti-Œdipe*, S. 416; dt.: *Anti-Ödipus*, S. 446.

125 »Michel Foucault explique son dernier livre« (Gespräch mit J.-J. Brochier, in: *Magazine littéraire*, Nr. 28, April-Mai 1969, S. 23-25), DE I, Nr. 66, S. 775; dt.: »Michel Foucault erklärt sein jüngstes Buch«, DE I, S. 986.

Weg gehen Deleuze und Guattari in Richtung Wunsch: »Wilhelm Reich ist nicht zuletzt dann ein großer Denker, wenn er es ablehnt, zur Erklärung des Faschismus Verkennen und Illusionismus seitens der Massen heranzuziehen, und demgegenüber darauf besteht, ihn mittels des Wunsches, in dessen Begriffen zu klären.«[126] 1973 schließt sich Foucault ihnen teilweise an.[127] Aber er orientiert sich auch in eine andere Richtung, indem er sich nicht einfach darauf beschränkt, die Frage der Ideologie zu verlagern oder sich von Althusser abzusetzen: »[I]ch [werde] die Analyse verlagern, indem ihr Zielobjekt nicht mehr die Theorien und Praktiken des Strafvollzugs sein werden, sondern die Beziehung zwischen diesen und den tatsächlichen damaligen Taktiken der Bestrafung.«[128] Tut man dies, »trifft man nun auf ein erstaunliches Phänomen: Zu derselben Zeit, als der Grundsatz des Kriminellen-Gesellschaftsfeinds formuliert und innerhalb der Institution des Strafrechts in die Praxis umgesetzt wurde, tauchte eine neue Straftaktik auf: die Gefängnisstrafe«.[129] Folglich muss die Gefängnisstrafe ausgehend von einer Untersuchung der Strategien, Taktiken, Kräfteverhältnisse zu verstehen sein und nicht als einfache Ableitung: Man kann »das System der Gefängnisstrafe nicht aus einer Art theoretischem Modell ableiten, das der Strafrechtstheorie des Kriminellen-Gesellschaftsfeinds entliehen wäre«.[130] Vielmehr geht es aus einem »Machtspiel, das hier erfolgt«, hervor.[131]

Sodann die zweite Verschiebung gegenüber Marx – oder vielmehr gegenüber einem bestimmten universitären Marxismus: Man muss das Subjekt und das, was es kennzeichnet, neu denken. Foucault wendet sich vor allem gegen die Theorie, die man Marx zuschreiben könnte,[132] der zufolge das konkrete We-

---

126 G. Deleuze u. F. Guattari, *L'Anti-Œdipe*, S. 39; dt.: *Anti-Ödipus*, S. 39.

127 Vgl. die Vorlesung vom 14. Februar 1973, S. 135; dt.: S. 187 (über den Ursprung der »gegenwärtige[n] Theorie des Wunsches«).

128 Vorlesung vom 24. Januar 1973, S. 64; dt.: S. 95.

129 Ebd.; dt.: S. 187.

130 Ebd., S. 68; dt.: S. 100.

131 Ebd., S. 67, Fn. c (Ms, S. 7); dt.: S. 99, Fn. a.

132 Obwohl Foucault sich hier nirgends auf sie bezieht, erwähnen wir hier

sen des Menschen die Arbeit ist und die Enteignung der Früchte seiner Arbeit der Ursprung der Entfremdung. Für Foucault ist dies ein Mythos: Die Arbeit ist in keiner Weise das Wesen des Menschen, sondern wird als Wesen fabriziert, was eine ganz andere Vorstellung von Macht impliziert. Die Kritik der Arbeit als Wesen des Menschen wird auch in Rio entfaltet werden, doch ist sie bereits in der Vorlesung von 1973 vorhanden: »Es ist falsch, mit einigen berühmten Nachhegelianern zu sagen, dass das konkrete Wesen des Menschen die Arbeit ist. Die Zeit und das Leben des Menschen sind nicht von Natur aus *Arbeit*, sie sind Vergnügen, Diskontinuität, Feiern, Ausruhen, Bedürfnis, Momente, Zufall, Gewalt etc. Diese ganze explosive Energie muss man nun in eine dauernd und dauerhaft zu Markte getragene Arbeitskraft transformieren.«[133] Foucault wird dieses Thema in Rio fortführen, wo er argumentiert, dass diese Theorie selbst – nämlich, dass die Arbeit das konkrete Wesen des Menschen ist – das Produkt bestimmter Praktiken ist, die sehr eng mit den kapitalistischen Produktionsverhältnissen verknüpft sind.[134] Diese Praktiken, hält Foucault fest, sind diejenigen, die die Körper der Arbeiter gefügig machen. Dabei bezieht er sich auf eine »Submacht«, »politische Techniken und Machttechniken [...] mit deren Hilfe die Zeit und der Körper des Menschen in Arbeitszeit und Arbeitskraft umgewandelt werden, so dass sich

---

die *Ökonomisch-philosophischen Manuskripte aus dem Jahre 1844*, wo Marx das Wesen und die Spezifität des Menschen über seine grundlegende Unterscheidung von denen der Tiere definiert, insofern er fähig ist, eine frei vereinbarte und produktive Arbeit zu machen, während die Tätigkeit der Tiere darin besteht, zu »fressen, trinken und sich fortzupflanzen«. Die Entfremdung der Arbeit, wenn diese zu einem bloßen Mittel des Überlebens wird, reduziert den Menschen somit auf den Status eines Tiers: »Was tierisch ist, wird menschlich, und was menschlich ist wird tierisch.« Vgl. R. L. Tucker, *Philosophy and Myth in Karl Marx / Philosophie et Mythe chez Karl Marx*, übers. v. M. Matignon, Paris: Payot, 1963.

133 Vorlesung vom 28. März 1973, S. 236; dt.: S. 316.

134 Vgl. M. Foucault, »La vérité et les formes juridiques«, a. a. O., DE II, S. 622; dt.: »Die Wahrheit und die juristischen Formen«, a. a. O., DE II, S. 767.

ein Surprofit daraus schlagen lässt«, als »mikroskopisch kleine[r] Faden politischer Macht«[135] – im Gegensatz zum »Staatsapparat« oder der »an der Macht befindliche[n] Klasse«.[136] Die marxistische Theorie der Akkumulation des Kapitals hängt gemäß dem Raster von Foucaults Lektüre von den (wiederum eng mit der kapitalistischen Produktion verbundenen) Disziplinartechniken ab, die die »Produktionskörper« herstellen sollen.[137] Diese Idee wird Foucault zwei Jahre später in *Überwachen und Strafen* ausbauen, wo er, indem er vor allem *Das Kapital* von Marx anführt (Bd. I, Kap. XIII), darlegt, dass die ökonomischen Revolutionen, die die Akkumulation des Kapitals im Laufe des 19. Jahrhunderts möglich gemacht haben, nicht von der Herstellung dieser fügsamen Körper zu trennen sind – was er als »Methoden zur Bewältigung der Akkumulation der Menschen« bezeichnet.[138] Diese Methoden sind exakt die Disziplinartechniken, die in *Überwachen und Strafen* im Mittelpunkt stehen: die »Zeiteinteilung, [die] kollektiven Dressuren, [die] Übungen, [die] zugleich globale und detaillierte Überwachung«;[139] Techniken, die die traditionelleren und rituelleren Praktiken der Gewalt und der Macht ersetzt haben. Für Foucault sind diese Methoden für die kapitalistische Produktion und Erwirtschaftung des Mehrwerts ebenso wichtig wie die Produktionsmittel selbst. »Die beiden Prozesse, Akkumulation der Menschen und Akkumulation des Kapitals, können indes nicht getrennt werden [...]. [D]ie technologischen Veränderungen des Produktionsapparats, die Arbeitsteilung und die Ausarbeitung von Disziplinarprozeduren [waren] sehr eng miteinander verflochten.«[140]

---

135 Ebd.; dt.: S. 766.

136 Ebd.; dt.: ebd.

137 Vorlesung vom 21. März 1973, S. 211; dt.: S. 284.

138 M. Foucault, *Surveiller et Punir*, S. 222; dt.: *Überwachen und Strafen*, S. 283.

139 Ebd., S. 221; dt.: S. 282.

140 Ebd., S. 222; dt.: S. 283. Vgl. *Le Pouvoir psychiatrique*, a. a. O., S. 73; dt.: *Die Macht der Psychiatrie*, a. a. O., Vorlesung vom 28. November 1973, S. 110.

Diese Umkehrung produziert – dritte und letzte Verschiebung – einen völlig anderen Machtbegriff. Die kapitalistische Macht garantiert nicht nur eine Produktionsweise; der Zugriff der Macht auf die Zeit selbst ist für den Kapitalismus grundlegend. Mithin kann man die Macht nicht als ein Instrument, als etwas, das besessen wird, denken, und auch nicht als ideologischen Apparat, sondern man muss sie als einen ursprünglichen und konstitutiven Faktor begreifen.[141] Erneut scheint Foucault seinen eigenen Machtbegriff im Zwiegespräch mit Althusser zu entwickeln. Zunächst indem er die Vorstellung zurückweist, dass die Macht etwas ist, was besessen wird, worin man auch eine Anspielung auf Althusser sehen könnte, der 1970 zum Thema der Staatsmacht geschrieben hatte: »Der ganze politische Klassenkampf dreht sich um den Staat. Verstehen wir uns richtig: um den *Besitz*, d. h. die *Eroberung und Verteidigung* der Staatsmacht durch eine bestimmte Klasse oder ein Bündnis von Klassen oder Fraktionen von Klassen.«[142] Sodann indem er die Charakterisierung der Macht entweder als Gewalt oder als Ideologie ablehnt; auch hierin könnte man eine Anspielung auf die Arbeiten Althussers über die ideologischen Staatsapparate sehen, in denen er eine Unterscheidung macht – freilich mit weiteren Qualifizierungen, aber eine Unterscheidung – zwischen dem »repressiven Staatsapparat, der ›auf der Grundlage der Gewalt funktioniert‹«, und den »Ideologischen Staatsapparaten, die ›auf der Grundlage der Ideologie funktionieren‹«.[143]

Diese drei Verschiebungen gehen mit drei wichtigen Implikationen einher. Die erste lautet, dass es für Foucault keine sich an der Macht befindende herrschende Klasse gibt, die die Einsperrung zur Unterdrückung der Arbeiterklasse benutzen würde. Die

141 Vgl. hier S. 282; dt.: S. 368f.

142 L. Althusser, »Idéologie et appareils idéologiques d'État«, S. 11; dt.: »Ideologie und ideologische Staatsapparate«, S. 117f. (Herv. B. E. H.); vgl. auch S. 15; dt.: S. 122: »*keine herrschende Klasse kann dauerhaft die Staatsmacht innehaben, ohne gleichzeitig ihre Hegemonie über und in den Ideologischen Staatsapparaten auszuüben*« (Herv. im Text).

143 Ebd., S. 14; dt.: S. 121.

Macht läuft nicht Gefahr, mittels einer Verschwörungstheorie begriffen zu werden.[144] Zweitens gibt es hier ebenso wenig wie eine Verschwörung das »Nicht-Gesagte«. Das Unbewusste zu durchforsten oder sich einer Hermeneutik des Verborgenen zu widmen, ist witzlos, man muss nur die Archive lesen und immer wieder von neuem lesen, durchforsten, zuhören, wiederfinden. Das wird im Manuskript vom 10. Januar 1973 ganz deutlich, wo Foucault die Figur des Kriminellen-Gesellschaftsfeinds als »Wechsler« behandelt. Diese Figur, sagt er uns, versteckt sich nicht; sie »ist das, was immer genannt wird. – Immer genannt: Er wird – explizit – in den Texten, in den Gesetzen, in den Theorien genannt. Er wird in den Praktiken, Entscheidungen, Institutionen vorausgesetzt. Er wird in literarischen Bildern beschworen. Er ist nicht das Nicht-Gesagte; er ist das Mehr-als-Gesagte. Das im Übermaß Gesagte.«[145] Keinerlei Bedarf für eine geheimnisvolle oder esoterische Interpretationsmethode. Das soll freilich nicht heißen, dass es keine Komplexität oder Undurchsichtigkeit gibt. Die Untersuchung des Diskurses – der Gesamtheit der gesprochenen Diskurse – beinhaltet gleichzeitig eine bestimmte Transparenz und bestimmte Formen des Ausschlusses. Beides ist Teil der Analyse, und die Transparenz kann so durchsichtig sein, dass sie undurchsichtig wird. Bei der Diskussion seiner archäologischen Methode erläutert Foucault 1969: »Ich suche nicht nach geheimen, verborgenen Beziehungen, die schweigsamer oder grundlegender wären als das menschliche Bewusstsein. Im Gegenteil, ich versuche die Beziehungen zu definieren, die an der Oberfläche der Diskurse liegen; ich versuche sichtbar zu machen, was nur insofern unsichtbar ist, als es allzusehr an der Oberfläche der Dinge liegt«.[146] Die Unsichtbarkeit kann somit von all dem kommen, was zu leicht, zu oft gesagt und verstanden wird.[147] Letztendlich

---

144 Vgl. die Vorlesung vom 28. März 1973, hier S. 232; dt.: S. 310f.

145 Vorlesung vom 10. Januar 1973, hier S. 38, Fn. a; dt.: S. 60, Fn. a.

146 »Michel Foucault explique son dernier livre«, a.a.O., DE I, Nr. 66, S. 775; dt.: »Michel Foucault erklärt sein jüngstes Buch«, DE I, S. 981.

147 Vgl. auch M. Foucault, »Les intellectuels et le pouvoir«, a.a.O., S. 313;

ist alles bereits gesagt, doch das bedeutet nicht, dass alles verstanden wird. Dritte und letzte Implikation: Man muss sich also in methodischer Hinsicht auf den Diskurs konzentrieren. In seiner Vorlesung vom 28. Februar 1973 erklärt Foucault: »Vernachlässigen wir mithin die Werke, die Texte und studieren lieber die Diskurse innerhalb der Funktionen oder strategischen Felder, in denen sie ihre Wirkungen entfaltet haben.«[148]

D. Eine Genealogie der Moral

Den Diskursen zuhören, sie studieren ist genau das, was Foucault in der *Strafgesellschaft* macht, indem er seine Methode einsetzt, um den Diskurs der Quäker und der englischen Dissenter zu analysieren – einen moralisierenden Diskurs, der in das Strafwesen die Idee der Buß- und Besserungsanstalt einführt und dessen Echo zu Beginn des 19. Jahrhunderts in den Diskursen des Bürgertums widerhallt. Dies bildet einen anderen Grundpfeiler dieser Vorlesung, vor allem die Art und Weise, wie bestimmte Gesellschaftsschichten in England und Frankreich die Begriffe der moralischen Verfehlung und Buße dazu benutzt haben, den Aufbau der kapitalistischen Struktur zu erleichtern. Die Moralisierung und Christianisierung der Kriminalität und der Bestrafung gehen einher mit der Besserung, Umerziehung, Erlösung durch die Buße – mit der Idee des individuellen Heils, einer christlichen Idee, der man auch in den Diskursen der Aufklärung begegnet und die bei der Strafe zu einer Kehrtwende in Richtung Askese führt.

Damit liegt der Vorlesung von 1973 eine Genealogie der Moral zugrunde: Über die Werturteile gelingt es dem Bürgertum, Ver-

---

dt.: DE II, S. 390f.: »Man hat es beim ›Verborgenen‹, beim ›Verdrängten‹ und beim ›Ungesagten‹ mit einer ganzen Reihe von Zweideutigkeiten zu tun, die es erlauben, mit wenig Aufwand zu ›psychoanalysieren‹, was Gegenstand eines Kampfes sein soll. Das Geheimnis ist vielleicht schwieriger zu lüften als das Unbewusste.«

148 Vorlesung vom 28. Februar 1973, S. 170; dt.: S. 231.

haltensweisen, die früher toleriert, ja sogar gefördert wurden, in illegale Handlungen zu transformieren. Diese Transformation der Illegalismen in Illegalitäten erfolgt über ihre Verkehrung in moralisch verwerfliche Handlungen, in Handlungen, die der Buße bedürfen, in einen Ausdruck mangelnder Moral. »Die unteren Schichten«, erklärt Foucault, »übertragen die Techniken des alten Illegalismus auf die Substanz des Reichtums, und sie können dem Bürgertum entgegnen: Haben wir nicht zusammen das Gesetz gebrochen, die Reichtümer geplündert? Worauf das Bürgertum einwendet, dass man unter dem Ancien Régime die Vorschriften, die Gesetze, den durch nichts zu rechtfertigenden Missbrauch angriff und dass es damals um die Macht ging, also um Politik; während man jetzt die Dinge angreift, die Besitztümer, folglich das gemeine Recht, das Naturrecht. Früher kämpfte man gegen den Machtmissbrauch, jetzt offenbart man beim Rechtsbruch einen Mangel an Moral.«[149] Im Manuskript präsentiert Foucault diese Passage als eine Replik des Bürgertuns und beendet sie mit folgendem Ausruf: »Gehet hin und tut Buße.«[150]

»Tut Buße«: Hier geht man von der Archäologie zur Genealogie über. Für Foucault lässt sich das Gefängnis nicht archäologisch aus den Strafrechtstheorien der großen Reformer des 18. Jahrhunderts ableiten.[151] Ihre Theorien waren mit einem Universalmodell wie dem Gefängnis unvereinbar; sie zielten in erster Linie auf den Schutz der Gesellschaft ab und verfochten die Prävention, die unabdingbare Relativität der Strafen, die Abstufung, die Abschreckung und boten nicht das Gefängnis als Universallösung an.[152] Ausgehend von »[ihren] Prinzipien« kann es keine archäologische Ableitung geben: »[E]s [ist] nun aber nicht möglich, das herzuleiten, was in der Strafrechtspraxis tatsächlich passieren wird, nämlich die Universalisierung des Gefäng-

149 Ebd., S. 160; dt.: S. 218.
150 Ebd., Fn. a; dt.: ebd., Fn b.
151 Vgl. oben S. 298f. u. Fn. 130; dt.: S. 391 u. Fn. 130.
152 Résumé du cours, S. 260; dt.: Zusammenfassung der Vorlesungen, S. 343.

nisses zur allgemeinen Strafform.«[153] Für Foucault herrscht hier eine vollkommene »Heterogenität«:[154] »Die Praktik des Gefängnisses entspringt somit nicht der Strafrechtstheorie. Sie ist anderswo entstanden und hat sich aus anderen Gründen ausgebildet.«[155] Man muss also anderswo suchen, und mit einer anderen Methode.

Das ist der Ursprung einer genealogischen Analyse der Gefängnis-Form: eine Genealogie von unten der quäkerischen Askese, die den widerspenstigen Körper in Arbeitskraft verkehrt, wo sich die Vorstellung der Verfehlung und der Sünde entfaltet und wo man die erste Erwähnung des Begriffs des »*pénitentier*« (Buß- und Besserungsanstalt) findet,[156] – ein »unglaubliches Wort«, sagt Foucault.[157] Das ist »die erste echte Übertragung der christlichen Moral auf das Strafsystem«.[158] Diese erste Übertragung, die mit dem Begriff der Buße, wie die Qäuker ihn verstehen, verbunden ist, bringt ein Strafsystem, ein Strafregister, »den Kriminellen als Gegenstand des Wissens«, die Wissenschaft der Kriminologie und Psychopathologie und den Einsatz von Priestern im Gefängnis hervor.[159] Alles in allem kann man sagen, so Foucault am 31. Januar 1973: »[W]enn es wahr ist, dass die Gefängnis-Form als Institution und Praktik nicht aus den Strafrechtstheorien Beccarias, Brissots etc. abgeleitet werden kann, dann lässt sie sich aus der Vorstellung der Quäker von Religion, Moral und Macht ableiten.«[160]

Und diese erste Übertragung verfestigt sich im 19. Jahrhundert

153 Ebd.; dt.: S. 344; vgl. die Vorlesung vom 7. Februar 1973, S. 111 f. u. 117 f.; dt.: S. 154 f. u. 163-165.

154 Vorlesung vom 31. Januar 1973; S. 92; dt.: S. 130; vgl. auch die Vorlesung vom 24. Januar, S. 67; dt.: S. 98.

155 Résumé du cours, S. 262; dt.: Zusammenfassung der Vorlesungen, S. 347.

156 Foucault betont in seiner Vorlesung diese alte Schreibweise; vgl. die Vorlesung vom 31. Januar 1973, S. 85 f.; dt.: S. 121 f.

157 Ebd., S. 91; dt.: S. 129.

158 Ebd., S. 92; dt.: S. 130.

159 Vgl. ebd., S. 92-94; dt.: S. 130-132.

160 Ebd., S. 89; dt.: S. 126.

mit der Moralisierung des Lebens der Arbeiter durch die Bürger. Die Praxis der Überwachung und Kontrolle durch das Bürgertum stellt im Grunde eine »Verbindung von Moral und Strafwesen« dar.[161] Es entwickelt sich eine »breite Überwachung«, »die versucht, das Strafwesen zu remoralisieren, und es in eine Art moralische Atmosphäre taucht, kurz, die versucht, eine Kontinuität zwischen Kontrolle und moralischer Repression einerseits und strafrechtlicher Sanktion andererseits herzustellen. Man erlebt somit entgegen seiner Praxis und seinem Diskurs eine Moralisierung des Strafrechtssystems.«[162] Diese Moralisierung setzt sich in Organen wie der Polizei und anderen Instanzen, welche die unteren Gesellschaftsschichten überwachen, fort.[163] Laut Foucault wird die Komponente der Buße, die mittels der Moralisierung der Kriminalität und Bestrafung in das Strafrechtssystem eingeführt wurde, das Gefängnis tolerabel machen und seine Ausbreitung gestatten. Das Element des Zwangs bei der Moralität und Buße ist die »Voraussetzung für die Akzeptanz des Gefängnisses«.[164]

Ziel dieser Moralisierung ist die Kontrolle der Illegalismen der Arbeiter und die Erzeugung von effizienteren Arbeitern – gefügigen Körpern. Die Moralisierung reiht sich mithin in einen ökonomischen Prozess ein. Man muss verhindern, dass die Illegalismen den materiellen Besitz, die Waren und die Interessen des Bürgertums angreifen – einschließlich der Arbeiter selbst, ihrer Arbeitskraft, die dem kapitalistischen Bürgertum zusteht: »[D]as Bürgertum [wollte] erreichen, dass zwischen dem Arbeiter und dem Produktionsapparat, den er in Händen hat, etwas steht, was nicht nur das negative Gesetz ›das gehört dir nicht‹ ist. Es bedarf eines Zusatzes zum Gesetzbuch, der dieses Gesetz ergänzt und dafür sorgt, dass es funktioniert: Der Ar-

161 Vorlesung vom 7. Februar 1973, S. 111; dt.: S. 154.
162 Ebd.; dt.: S. 155.
163 Vgl. ebd., S. 112f.; dt.: S. 156f.
164 Ebd., S. 114; dt.: S. 159. Vgl. zum *Zwang* allgemein ebd., S. 114f.; dt.: S. 159f.

beiter selbst muss moralisiert werden.«[165] Es geht um den Zugriff der Macht auf die Zeit, um den Körper zu beherrschen und zu formen.

Methodologisch spiegelt diese Entwicklung somit den Übergang zu einem Ansatz wider, den Foucault zunächst »dynastisch« nennt,[166] der aber schnell in genealogisch umbenannt wird. Die Frage ist, wie diese neuen Formen der Wahrheit – die Lohn-Form, die Gefängnis-Form – entstehen, akzeptierbar und verallgemeinert werden.[167] Die genealogische Methode wird in folgender Frage gut zusammengefasst: »[W]elche Machtverhältnisse [haben] das historische Auftreten von so etwas wie dem Gefängnis möglich gemacht[?]«.[168] Foucault hatte die genealogische Methode bereits 1970 in seiner Inauguralvorlesung am Collège de France erwähnt;[169] 1973 und in den darauffolgenden Jahren arbeitet er sie aus[170] und wendet sie in *Überwachen und Strafen*

---

165 Vorlesung vom 21. Februar 1973, S. 152f.; dt.: S. 209.

166 Vgl. M. Foucault, »De l'archéologie à la dynastique« (Gespräch mit S. Hasumi, geführt in Paris am 27. September 1972, in: *Umi*, März 1973, S. 182-206), DE II, Nr. 119, S. 406; dt.: »Von der Archäologie zur Dynastik«, DE II, Nr. 119, S. 506.

167 Vorlesung vom 31. Januar 1973, S. 86; dt.: S. 122; Vorlesung vom 7. Februar 1973, S. 115; dt.: S. 149.

168 Vorlesung vom 31. Januar 1973, S. 86; dt.: S. 123.

169 Vgl. M. Foucault, *L'Ordre du discours*, Paris: Gallimard, 1971, S. 62 u. 68; dt.: *Die Ordnung des Diskurses*, übers. v. W. Seitter, Frankfurt/M., Berlin, Wien: Ullstein, 1977, S. 41f. u. 45.

170 M. Foucault, *Le Pouvoir psychiatrique*, a.a.O., S. 14; dt: *Die Macht der Psychiatrie*, a.a.O., S. 30; »La vérité et les formes juridiques«, a.a.O., S. 554 u. 643f.; dt.: »Die Wahrheit und die juristischen Formen«, a.a.O., S. 703 u. 788ff.; *»Il faut défendre la société«*, a.a.O., S. 11; dt.: *In Verteidigung der Gesellschaft*, a.a.O., Vorlesung vom 7. Januar 1976, S. 16f.; ders., »Dialogue sur le pouvoir« (Gespräch mit Studenten in Los Angeles, in: S. Wade (Hg.), *Chez Foucault*, Los Angeles: Circabook, 1978, S. 4-22; übers. v. F. Durand-Bogaert), DE III, Nr. 221, S. 468f.; dt.: »Gespräch über die Macht«, DE III, S. 595f.; ders., »Structuralisme et poststructuralisme« (Gespräch mit G. Raulet, in: *Telos*, Bd. XVI, Nr. 55, Frühjahr 1983, S. 195-211), DE IV, Nr. 330, S. 443; dt.: »Strukturalismus und Poststrukturalismus«, DE IV, S. 546f. Vgl. für eine neuere Diskussion: A. Davidson, »On Epistemology and Archeology: From Canguilhem to Foucault«, in: ders.,

an.[171] Doch der Ausgangspunkt dieses Weges wird in der *Strafgesellschaft* skizziert: »Nach einer archäologischen Analyse geht es nun darum, eine dynastische, genealogische Analyse vorzunehmen, die die Frage der Herkunft von den Machtbeziehungen aus stellt.«[172]

Theoretisch ist diese Entwicklung der Ursprung von Widersprüchen und Konflikten, die jeden Versuch einer strukturellen Lektüre problematisch machen. Im Kern der Analyse herrscht eine Spannung zwischen der Moralisierungsinitiative, den ökonomischen Erfordernissen und den diskursiven Strategien: Genau in dem Moment, in dem die herrschenden Klassen die Staatsmacht aufbieten, um zu moralisieren, Schuldgefühle zu erzeugen und die Volksillegalismen zu bestrafen, müssen sie gleichzeitig über die Arbeitsverträge und die Offenheit des freien Marktes die freie Konkurrenz entwickeln. Diese Doppelbewegung ist die Wurzel eines zentralen Paradoxons des Liberalismus: ein starker und stark moralisierender, mit Zwang arbeitender, zentralisierter Staat gegenüber einer ökonomischen Theorie der Liberalisierung und des »freien Arbeitsmarkts«:[173] »Um den Produktionsapparat zu schützen, seinen Ausbau zu gestatten, verschafft sich das Bürgertum einen starken Staat. In dem Moment, in dem die Notwendigkeit auftaucht, den Produktionsapparat zu schützen, bedarf die Bourgeoisie für sein Funktionieren, seinen Ausbau und die Steigerung des Profits aber auch der Konkurrenz der Arbeiter, des freien Arbeitsmarkts, der Möglichkeit, nach eigenem Belieben aus dem Reservoir an freien Arbeitskräften zu schöpfen.«[174] Das schafft für die Kohärenz des Systems ein heftiges Problem, eine Dissonanz, die das erzeugt, was man als Illusion des freien Marktes bezeichnen

---

The Emergence of Sexuality: Historical Epistemology and the Formation of Concepts, Cambridge, Mass.: Harvard University Press, 2004, S. 192-206.

171 Vgl. *Surveiller et Punir*, S. 27; dt.: *Überwachen und Strafen*, S. 33.

172 Vorlesung vom 31. Januar 1973, S. 86 u. 95f., Anm. 2; dt.: S. 123 u. 134f., Anm. 2.

173 Vorlesung vom 14. März 1973, S. 196; dt.: S. 264f.

174 Vorlesung vom 7. März 1973, S. 179; dt.: S. 241.

könnte:[175] »um dem Arbeitgeber freie Hand zu lassen, gibt man ihm die (illusorische) Form des freien Vertrags«.[176]
Politisch schließt diese Entwicklung eine scharfsinnige Analyse der Bedingungen ein, die einen Repressionsapparat akzeptierbar und tolerierbar machen. Foucault identifiziert zwei »Grundmechanismen«,[177] um den Zwang tolerabel zu machen: der erste, der des Faschismus und Nazismus, aber auch des Zweiten Kaiserreichs, besteht darin, marginalisierten Schichten oder Gruppen die Funktionen des Repressionsapparats zu übertragen; der zweite, der des Ancien Régime, besteht darin, zuzusehen, dass die in den Händen der »führenden Klasse« konzentrierten Repressionsapparate den lateralen Interessen der anderen Mitglieder der Gesellschaft dienen. Diesen zweiten Mechanismus sieht Foucault im 18. Jahrhundert in Frankreich beispielsweise mit der Praktik der *lettres de cachet* am Werk. Diese muss man nämlich weniger als eine willkürliche Ausübung monarchischer Macht betrachten denn als eine Praktik, die von den einfachen Volksschichten ausgeht und deren Interessen dient.[178] Damit steht sie ganz im Dienste der Moralisierung des Strafsystems: »Durch sie wird es im 19. Jahrhundert zu der ganzen Moralisierung und Psychologisierung der Strafe kommen.«[179]

---

175 Vgl. B. E. Harcourt, *The Illusion of Free Markets: Punishment and the Myth of Natural Order*, Cambridge, Mass.: Harvard University Press, 2011. Ich bedaure, nicht die Möglichkeit gehabt zu haben, diese Diskussion von Foucaults Vorlesung in mein letztes Werk, das vor Erscheinen dieses Bandes veröffentlicht wurde, aufnehmen zu können.

176 Vorlesung vom 14. März 1973, S. 196, Fn. b (Ms. S. 10); dt.: S. 265, Fn. a.

177 Vorlesung vom 14. Februar 1973, S. 128f.; dt.: S. 176.

178 Vgl. ebd., S. 139, Anm. 3; dt.: S. 192, Anm. 3.

179 Ebd., S. 132; dt.: S. 183.

Diese vier Elemente führen zu dem Bild von einer Gesellschaft, welche die Merkmale eines totalen Panoptismus aufweist: eine »Straf-« oder letztlich »Disziplinargesellschaft«.[180] Das Hauptthema dieser Vorlesung ist nicht – oder nicht einzig und allein –, dass der moderne Panoptismus, den Julius ersonnen und Bentham ausgearbeitet hat,[181] das Gefängnis hervorgebracht hat, sondern die extensive Anwendung dieses architektonischen Konzepts auf den Raum und die Zeit insgesamt und nicht allein auf den Bereich des Gefängnisses; in seiner ersten Vorlesung stellt Foucault klar, der Panoptismus ist »eine allgemeine Gesellschaftsform, die weit über das Gefängnis hinausgeht«.[182] Das Gefängnis ist nur ein Ort unter anderen, ja nicht einmal ein besonders guter Ort, um das Aufkommen der Kontrolle der Zeit und des Lebens zu beobachten. Dieses Charakteristikum, das unsere Gesellschaft bestimmt, lässt sich unschwer auch in den industriellen Produktionstechniken erkennen, da die kapitalistischen Produktionszyklen von der Kontrolle der Zeit abhängen. Beim Aufbau des Kerkersystems findet man diese Wahrheitseffekte wieder: Wir beobachten die »Einführung allgemeiner Prinzipien, die [außerhalb der Gefängnismauern] die Arbeitsökonomie und -politik leiten, in das Gefängnisinnere [...]. Was man über diese beiden Formen [die Lohn-Form und die Gefängnis-Form] auftauchen sieht, ist die Einführung der *Zeit* in das kapitalistische Machtsystem und in das Strafsys-

---

180 Foucault hatte diese Vorlesung ursprünglich mit »Die Disziplinargesellschaft« betitelt; vgl. D. Defert, »Chronologie«, a.a.O., DE I, S. 43; dt.: »Zeittafel«, a.a.O., DE I, S. 66. In seiner letzten Vorlesung sagt Foucault klar: »Worauf wollte ich hinaus? [...] [Darauf], eine Machtform [zu] analysieren, die ich als strafend bezeichnet hatte, die aber besser disziplinarisch genannt werden sollte« (Vorlesung vom 28. März 1973, S. 240 u. Fn. b [Ms. S. 20]; dt.: S. 322 u. Fn. a.

181 Vgl. die Vorlesung vom 10. Januar 1973, S. 39f., Anm. 2; dt.: S. 61f., Anm. 2; und die Vorlesung vom 24. Januar, S. 78f., Anm. 16; dt.: S. 113f., Anm. 16.

182 Vorlesung vom 28. März 1973, S. 244 [Ms. S. 2]; dt.: S. 327, Anm. 3.

tem«.[183] Die Analyse geht sehr wohl über das Strafwesen hinaus, und diese Allgemeinheit ihrer Thematik ist eine wichtige Dimension dieser Vorlesung – was in der allgemeinen Rezeption von *Überwachen und Strafen* weniger wahrgenommen, aber in der Zusammenfassung der Vorlesung, die eine Synthese der dreizehn Vorlesungen darstellt, hervorgehoben wird, ist, dass das, was Foucault zum Vorschein bringt, gerade »das erste Beispiel für eine Überwachungskultur« ist.[184]

»Das 19. Jahrhundert hat das Zeitalter des Panoptismus begründet«:[185] Während andere Denker wie Guy Debord[186] die Geburt einer Gesellschaft des Spektakels beschreiben, macht Foucault das genaue Gegenteil dieser Analysen. In der Antike regierten sich unsere Vorfahren mittels des Spektakels, doch die gegenwärtige Gesellschaft wird durch das Gegenteil dessen regiert, die Überwachung. So erklärt Foucault: »[G]enau das passiert in der Moderne: die Verkehrung des Anblicks in Überwachung.«[187]

III. Das Paar Überwachen–Strafen

1973 sieht man die ersten Anzeichen für das Paar Überwachen und Strafen, das die Szene zwei Jahre später beherrschen wird: »Das Paar Überwachen–Strafen begründet eine für die Bindung der Individuen an den Produktionsapparat und für die Konstituierung der Produktivkräfte unerlässliche Machtbeziehung und kennzeichnet eine Gesellschaft, die man als *Disziplinargesellschaft* bezeichnen kann.«[188] Es ist ziemlich bemerkens-

---

183 Vorlesung vom 24. Januar 1973, S. 73; dt.: S. 106f.

184 Résumé du cours, S. 265 u. Fn. 16; dt.: Zusammenfassung der Vorlesungen, S. 350 u. Fn. 16.

185 Ebd., S. 265; dt.: S. 350.

186 Vgl. Guy Debord, *La Société du spectacle*, Paris: Buchet/Castel, 1967; dt.: *Die Gesellschaft des Spektakels*, übers. v. J.-J. Raspaud, Hamburg: Edition Nautilus, 1978.

187 Vorlesung vom 10. Januar 1973, S. 25; dt.: S. 42.

188 Vorlesung vom 14. März 1973, S. 201; dt.: S. 271.

wert zu sehen, wie dieses Begriffspaar in diesem Text geboren wird, unter der gleichen Überschrift wie die Figur Damiens,[189] die Zeiteinteilung des Fabrik-Kasernen-Klosters,[190] die Landwirtschaftskolonie von Mettray[191] und die Idee der Disziplinarmacht – die sich sowohl von der Souveränität als auch von der Biomacht, die mit *Der Wille zum Wissen* und *In Verteidigung der Gesellschaft* auftaucht, und den Dispositiven der Sicherheit unterscheidet, die einige Jahre später in *Sicherheit, Territorium, Bevölkerung* ausgearbeitet werden. Was wird hier also entwickelt, und worin bestehen die wichtigen Unterschiede zu diesem Buch, dem die Vorlesung von 1973 den Weg bereitet?

Zunächst wird die Rolle der Moralisierungsbewegungen des 18. Jahrhunderts innerhalb der Machtbeziehungen in der *Strafgesellschaft* stärker hervorgehoben als in *Überwachen und Strafen*, wo der politische Aspekt etwas stärker betont wird. Insofern ist die Vorlesung von 1973 nicht bloß eine Vorarbeit zu dem Buch von 1976, sondern kann als vollwertiger Text gelesen werden. Den englischen Quäkern und Dissentern, die in dieser Vorlesung den Dreh- und Angelpunkt der Genealogie der Gefängnis-Form bilden, wird *Überwachen und Strafen* zum Beispiel, obgleich sie darin vorkommen, einen minimalen Platz einräumen.[192] Ebenso wird der Akzent weniger auf der Moralisierung der Kriminalität liegen; dieses Thema wird durch das etwas politischere der Produktion des Delinquenten ersetzt. Sicher gibt es die Figur des Delinquenten bereits 1973;[193] dennoch vollzieht sich 1975 eine Wende und die Diskussion bezüglich der Moralisierung verliert die beherrschende Stellung, die sie 1973 einnahm: »Man muss die Arbeiterklasse ›erneuern‹, ›moralisie-

189 Vgl. die Vorlesung vom 3. Januar 1973, S. 12; dt.: S. 25.

190 Vgl. die Vorlesung vom 21. März 1973, S. 208; dt.: S. 279.

191 Vgl. ebd., S. 209f.; dt.: S. 281.

192 Vgl. *Surveiller et Punir*, S. 126, 241, 242; dt.: *Überwachen und Strafen*, S. 160, 305, 306.

193 Vgl. die Vorlesung vom 21. Februar 1973, S. 153; dt. S. 210 (anlässlich der ideologischen Instrumentalisierung der Theorie des Delinquenten als Feind der Gesellschaft).

ren‹«;[194] was die Strafgesetze zu Beginn des 19. Jahrhunderts ins Visier nahmen, war »die Immoralität, die den Körper, das Bedürfnis, das Begehren, die Gewohnheit, den Willen betrifft [...]; man muss versuchen, die gesamte moralische Konditionierung in die Strafgerichtsbarkeit zu integrieren«;[195] und das Strafgesetzbuch, das daraus hervorgeht, hat, wie Foucault 1973 betonte, eine umfassende moralische Kontrolle der Landstreicherei, der Trunksucht und einen ganzen prozessrechtlichen Apparat auf den Weg gebracht, vor allem mittels des Systems der mildernden und erschwerenden Umstände, das als »*moralisierende Modulation* des Strafrechtssystems« fungiert.[196] So spricht Foucault in seiner Vorlesung von 1973 lange über Colquhoun und die *Polizey von London*, den er als ein Beispiel für die »Moralisierung des Strafwesens« präsentiert: »Ein Beispiel für diese Entwicklung ist die Person Colquhouns«,[197] verkündet Foucault am 7. Februar 1973, bevor er sich an eine ausführliche Lektüre seines Werks macht. Er geht sogar so weit, über Colquhoun zu sagen, »wenn man Moral lehrt, wenn man sich mit der Geschichte der Moral befasst, setzt man sich bedauerlicherweise immer mit der *Grundlegung zur Metaphysik der Sitten* auseinander und liest nicht diese für unsere Moralität so bedeutende Persönlichkeit«.[198] In *Überwachen und Strafen* taucht Colquhoun zwar mehrfach auf,[199] doch wird Foucault nicht mehr auf den moralischen Aspekt seines Werkes zurückkommen.

---

194 Ebd.; dt.: S. 209.

195 Vorlesung vom 7. März 1973, S. 181; dt.: S. 245.

196 Ebd; dt.: S. 244.

197 Vorlesung vom 7. Februar 1973, S. 111; dt.: S. 155.

198 Ebd.; dt.: S. 155; zu vermerken ist auch folgende Passage: »um das System der Moralität einer Gesellschaft zu verstehen, muss man die Frage stellen: Wo ist das Vermögen? Die Geschichte der Moral muss sich vollständig der Frage der Lokalisierung und Deplatzierung des Vermögens unterordnen« (ebd., S. 112; dt.: S. 156).

199 Vgl. *Surveiller et Punir*, S. 88, 119, Fn. 3, 291, Fn. 1; dt.: *Überwachen und Strafen*, S. 109, [in der dt. Übersetzung wurde S. 119, Fn. 3 weggelassen, Anm. d. Übers.], 368, Fn. 55.

Diese Verschiebung hat erhebliche Auswirkungen auf die Theorie der Volksillegalismen. 1973 transformiert das Bürgertum die Illegalismen des Volkes gerade über die Moralisierung in Illegalitäten. Foucault widmet den »Gesellschaften zur Moralisierung« lange Ausführungen.[200] De facto stellt die Moralisierung des Strafrechtlichen eine der drei Formen des Strafwesens dar; diese sind: (1) das Strafrechtliche im engeren und juristischen Sinne Beccarias; (2) die Moralisierung der Kriminalität; (3) der kriminologische und wissenschaftliche Diskurs des Strafrechtlichen. Ab 1975 pendelt das Strafrechtliche hingegen nahezu alleine zwischen Beccaria und der Kriminologie.[201] Das Thema der Moralisierung wird durch »die politische Dimension der volkstümlichen Gesetzwidrigkeiten« ersetzt;[202] 1975 liegt die Betonung mehr auf den sozialen Kämpfen »in eine[m] allgemeinen politischen Horizont«.[203] Die Ausführungen nähern sich dem Strafwesen eher über die Fabrikation des Delinquenten und über den Begriff der Gefährlichkeit – ein Begriff, der die Moralität freilich berührt, bei dem die Moralisierung aber dennoch eine etwas geringere Rolle spielt. So wendet sich Foucault der Frage der Gefährlichkeit zu, die 1973 weniger präsent ist, aber zu einem zentralen Thema seiner künftigen Forschung wird, vor allem in einem Vortrag, den er 1978 über »Die Entwicklung des Begriffs des ›gefährlichen Menschen‹ in der forensischen

---

200 So erwähnt in den Vorlesungen vom 21. Februar 1973, S. 143; dt.: S. 196, und vom 28. Februar, S. 170, Fn. a; dt.: S. 231 f., Fn. b.

201 Ausgehend von der Vorlesung von 1979, *Naissance de la biopolitique. Cours au Collège de France, 1978-1979*, hg. v. M. Sennelart, Paris: Gallimard-Seuil, 2004; dt.: *Die Geburt der Biopolitik. Vorlesung am Collège de France 1978-1979*, hg. v. M. Sennelart, übers. v. J. Schröder, Frankfurt/M: Suhrkamp, 2006, über den amerikanischen Neoliberalismus könnte man eine weitere Form des Strafwesens hinzufügen: das ökonomistische Konzept von Verbrechen und Strafe von Gary Becker (ebd., Vorlesung vom 21. März 1979, S. S. 253 f. / dt.: S. 346 f.). Vgl. G. Becker, F. Ewald, B. E. Harcourt, »›Becker on Ewald on Foucault on Becker‹: American Neoliberalism and Foucault's 1979 *Birth of Biopolitics*«, in: *Carceral Notebooks*, Bd. 7, 2011, S. 1-35.

202 *Surveiller et Punir*, S. 278; dt: *Überwachen und* Strafen, S. 352.

203 Ebd., S. 280; dt.: S. 354.

Psychiatrie des 19. Jahrhunderts« hält.[204] Im Ganzen gesehen, ändert sich die Theorie der Illegalismen. Während in der *Strafgesellschaft* der Akzent auf der quäkerischen Aufforderung: »Gehet hin und tut Buße« liegt, wird in *Überwachen und Strafen* das entsprechende Kapitel den Titel »Gesetzwidrigkeiten und Delinquenz« (*Illégalismes et délinquance*) tragen und eher den Delinquenten als die Moralisierung in den Mittelpunkt stellen.[205] Die an das Juristische gekoppelte und auf die Binarität des Erlaubten und Verbotenen bezogene Moralisierung sieht sich etwas in den Schatten gestellt und wird durch die *Normalisierung* ersetzt, die 1975 ebenfalls sehr viel wichtiger wird.[206] Sodann spürt man bei der Lektüre beider Texte, dass eine Zeit der methodologischen Entwicklung, 1973, übergegangen ist in die volle Blüte der genealogischen Methode, 1975. In der *Strafgesellschaft* ist Foucault noch im Begriff zu entdecken, dass die Archäologie alleine unzulänglich ist. Gerade das begründet seine zuweilen schonungslose Analyse: Das Gefängnis kann nicht nur nicht aus den Strafrechtstheorien der zweiten Hälfte des 18. Jahrhunderts abgeleitet werden, sondern wird, mehr noch, der »Strafrechtstheorie gewissermaßen von außen aufgezwungen, die sich nun verpflichtet sah, [es] nachträglich zu rechtfer-

---

204 M. Foucault, »L'évolution de la notion d'›individu dangereux‹ dans la psychiatrie légale du XIXe siècle« (*Déviance et Société*, 1981, Bd. 5 (4), S. 403-422), DE III, Nr. 220, S. 443-464; dt.: »Die Entwicklung des Begriffs des ›gefährlichen Menschen‹ in der forensischen Psychiatrie des 19. Jahrhunderts«, DE III, Nr. 220, S. 568-594; siehe auch *Mal faire, dire vrai*, Vorlesung vom 20. Mai 1981, S. 199-233, spez. S. 223. Der Begriff der Gefährlichkeit fehlt bei der Vorlesung von 1973 freilich nicht (vgl. die Vorlesung vom 3. Januar 1973, S. 3; dt.: S. 14, die Vorlesung vom 7. Februar 1973, S. 118; dt.: S. 164 und die Vorlesung vom 14. Februar, S. 127 u. 130; dt.: S. 175 u. 179; die Vorlesung vom 7. März 1973, S. 182f. u. 189, Anm. 18; dt.: S. 246f. u. 255, Anm. 18), aber er ist nicht zentral.

205 Vgl. *Surveiller et punir*, S. 261-299; dt.: *Überwachen und Strafen*, S. 330-378.

206 Vgl. zum Begriff der Normalisierung in der *Strafgesellschaft* die Vorlesung vom 21. März 1973, S. 213, 218 u. Fn. b, 219-221 u. Fn. c, 222f. (Anhang); dt.: S. 286, 292f. u. Fn. a, 293-297 u. Fn. a, 298f. (Anhang); und die Vorlesung vom 28. März, S. 240; dt.: S. 322.

tigen«.[207] Mit *Überwachen und Strafen* ist der genealogische Ansatz in Amt und Würden, er drängt sich von selbst auf und muss nicht mehr gerechtfertigt werden. Man ist in der Genealogie: Foucault muss seinen Ansatz kaum noch mit dem Versagen der archäologischen Ableitung begründen.

Daher besteht eine gewisse Offenheit, über die Strafrechtstheorien des 18. Jahrhunderts nochmals neu nachzudenken. 1973 konzentriert sich deren Analyse auf die Dimensionen des Schutzes der Gesellschaft, des Gesellschaftsfeinds und der Abschreckung; zwei Jahre später tritt die ganze Theatralisierung der Strafe zutage. Das Theater, die Repräsentation und das Zeichen stehen nun an erster Stelle: »[A]n den Wegkreuzungen, in den Gärten, an den Straßen, die erneuert werden, an den Brücken, die gebaut werden, in den Werkstätten, die allen offenstehen, in den Tiefen der Bergwerke, die mach besucht – tausend kleine Züchtigungstheater« mit »Schrifttafeln, Mützen, Anschlagzettel[n], Plakate[n], Symbole[n], Texte[n]«.[208] Außerdem könnte man hinsichtlich des Zusammenhangs zwischen den großen Reformern und dem Strafvollzugssystem des 19. Jahrhunderts einen leichten Unterschied erkennen – so als sei ein Hauch des Zweifels an ihrer völligen Unvereinbarkeit aufgekommen. 1975 hört man aus der Beschreibung, die Foucault von den Reformern gibt, beinahe einen kleinen Widerhall der Disziplinarmacht heraus: »eine Tendenz zu einer sorgfältigeren und verfeinerten Justiz, zu einem lückenloseren Durchkämmen des Gesellschaftskörpers«;[209] eine »Stärkung der Strafgewalt«, um »diese geregelter, wirksamer, beständiger und präziser [zu] machen«;[210] auf »daß aus der Bestrafung und Unterdrückung der Ungesetzlichkeiten eine regelmäßige und die gesamte Gesellschaft erfassende Funktion wird; daß nicht weniger, sondern besser gestraft wird; daß vielleicht mit einer gemilderten Stren-

207 Résumée du cours, S. 262; dt.: Zusammenfassung der Vorlesungen, S. 347.
208 *Surveiller et Punir*, S. 115; dt.: *Überwachen und Strafen*, S. 145.
209 Ebd., S. 80; dt.: S. 99.
210 Ebd., S. 83; dt.: S. 103.

ge, aber jedenfalls mit größerer Universalität und Notwendigkeit gestraft wird; daß die Strafgewalt tiefer im Gesellschaftskörper verankert wird«.[211] So wird die Disziplin im 19. Jahrhundert geschildert werden. Nicht dass es sich um eine grundlegende Revision handeln würde,[212] doch man spürt eine etwas andere Einschätzung der Reformer des 18. Jahrhunderts.

Sodann verschwinden in *Überwachen und Strafen* Hobbes und Clausewitz[213] im Wesentlichen – und der Begriff des Bürgerkriegs verblasst letztlich, obzwar Foucault dieses Thema in der Vorlesung von 1975-1976, *In Verteidigung der Gesellschaft*, wiederaufgreift.[214] Der Bürgerkrieg, der in der Analyse von 1973 so operativ ist, zum Beispiel bei dem Text von Le Trosne sowie innerhalb der Logik der militanten Maoisten der 1970er Jahre, der Begriff des Bürgerkriegs, der »die Matrix aller Machtkämpfe, aller Machtstrategien und folglich auch die Matrix aller Kämpfe um und gegen die Macht« ist,[215] scheint in *Überwachen und Strafen* nicht mehr so zentral zu sein. Vielleicht weil sich die verschiedenen Diskurse im 19. Jahrhundert – einschließlich des marxistischen Diskurses über das Lumpenproletariat[216] – nicht mehr um den Bürgerkrieg und den Gesellschaftsfeind, sondern eher um den Delinquenten drehen. Diese Verlagerung – vom Gesellschaftsphänomen zum psychosozialen Fall, vom Kollektiven zum Individuellen, von der Gesellschaft zu den Individuen, die sie bilden, in Verbindung mit den neuen Moralitätskriterien, die von der kapitalistischen Entwicklung und deren Folgen

---

211 Ebd., S. 84; dt.: S. 104.

212 Vgl. ebd., S. 116; dt.: S. 147: »Das Gefängnis ist insgesamt unvereinbar mit der ganzen Technik der Straf-Wirkung, der Straf-Vorstellung, der allgemeinen Straf-Funktion, des Straf-Zeichens und Straf-Diskurses.«

213 Eine vage Bezugnahme auf Clausewitz findet sich auf S. 170 von *Surveiller et Punir*; dt:. *Überwachen und Strafen*, S. 217.

214 Vgl. M. Foucault, *»Il faut défendre la société«*, a. a. O. S. 26f. und v. a. S. 77ff.; dt.: *In Verteidigung der Gesellschaft*, a. a. O., Vorlesung vom 14. Januar 1976, S. 31f. und v. a. Vorlesung vom 4. Februar 1976, S. 100ff.

215 Vorlesung vom 3. Januar 1973, S. 15; dt.: S. 29.

216 Im Original auf Deutsch, Anm. d. Übers.

bedingt waren – wird die Analyse des Bürgerkriegs zur Frage des Rassismus, der Eugenik und der Biomacht verlagern, Thesen, die Foucault in der Vorlesung von 1975-1976 und im Folgejahr entwickeln wird, *Die Anormalen*.
Schließlich arbeitet die Vorlesung von 1973 die wichtigsten Elemente des Austauschs mit den marxistischen Historikern und Theoretikern aus – zum Beispiel die Volksillegalismen, den Begriff des Zwangs – und entfaltet sie »mit einer sehr großen begrifflichen Klarheit« und »großen Schärfe«, wie Frédéric Gros schreibt.[217] Die Auseinandersetzung mit Marx findet man freilich auch in *Überwachen und Strafen* wieder,[218] aber sie ist 1973 klarer und direkter.

Schluss

Laut Daniel Defert schrieb Foucault seine Bücher in drei Etappen.[219] Erste Etappe: ein ganzes Manuskript, das er in den Müll warf und sagte, dass er nur aufgeschrieben habe, was ihm spontan zu einem Thema eingefallen sei, bevor er Archivstudien betrieben habe. Zweite Etappe: erneut ein ganzes Manuskript, das er transkribieren ließ, um das Typoskript als Grundlage für die dritte und letzte Etappe zu benutzen, das Verfassen des Manuskripts, das schließlich veröffentlicht wird. Die erste Erwähnung von *Überwachen und Strafen*, die man in den Aufzeichnungen Foucaults findet, stammt – zumindest nach unserem Kenntnisstand – vom September 1972, als Foucault in einem Brief an Daniel Defert schreibt, dass er an seinem »Buch über

217 F. Gros, »Foucault et ›la société punitive‹«, a.a.O., S. 5-14, hier S. 13.

218 M. Foucault, *Surveiller et Punir*, S. 166, 171, 177, 222-224, 286; dt.: *Überwachen und Strafen*, S. 211, 218, 227, 283-286, 361.

219 Gespräch mit Daniel Defert; vgl. auch D. Defert, »I Believe in Time ...«, Gespräche mit Guillaume Bellon, in: *Recto/Verso*, Nr. 6: *Genèse de la pensée*, II: *Cheminements et Procédures*, September 2010 ⟨http://www.revuerectoverso.com/spip. php?article186⟩.

die Strafen« arbeitet.[220] Und man weiß, dass Foucault im April 1973 »eine erste Überarbeitung des Buches über die Gefängnisse [dt. *Überwachen und Strafen*]« beendet.[221] Die Vorlesungen, aus denen *Die Strafgesellschaft* besteht, werden in den darauffolgenden Monaten transkribiert und gemäß Alessandro Fontana von Foucault gelesen und benutzt. Vielleicht korrespondieren sie mit der zweiten Etappe des Schreibprozesses? Aber das ist hier nur eine Spekulation; es wird dem Leser zukommen, darüber zu befinden, indem er die Vorlesung von 1973 und *Überwachen und Strafen* parallel liest. Wie dem auch sei, *Die Strafgesellschaft* legt ganz offensichtlich den Grundstein für das kommende Werk und liest sich dabei wie ein eigenständiger Text.

Anmerkung zur Erstellung des Textes

Foucault hielt auf der Grundlage handschriftlicher Notizen, die seit 2013 in der Bibliothèque nationale de France aufbewahrt werden, dreizehn Vorlesungen über *Die Strafgesellschaft*. Jede dieser Vorlesungen wurde mit Zustimmung Foucaults von Gilbert Burlet auf Kassette aufgenommen; die Aufnahmen wurden sodann von Jacqueline Germé transkribiert, die ein Typoskript von 213 Seiten anfertigte. Gemäß Alessandro Fontana wurde die Transkription auf Bitte Foucaults angefertigt, um eine maschinenschriftliche Fassung des Textes zu erhalten; Foucault habe diese Transkription durchgesehen, Korrekturen vorgenommen und sodann das Typoskript benutzt. 1984, nach dem Tode Foucaults, deponierte Burlet sämtliche Aufzeichnungen der Vorlesungen – seine Aufnahmen und Typoskripte – im Collège de France, darunter neun Kassetten mit der Aufschrift »1973«. Diese Aufzeichnungen wurden am Collège de France im Fonds Michel Foucault aufbewahrt. Dennoch wurden die Aufnahmen der Vorlesungen von 1973 irgendwann durch das Überspielen

220 Es handelt sich um *Überwachen und Strafen*; vgl. D. Defert, »Chronologie«, a. a. O., S. 42; dt.: »Zeittafel«, a. a. O., S. 65.

221 Vgl. ebd., S. 43; dt.: S. 67.

der Vorlesung von 1974 auf dasselbe Magnetband gelöscht. Dies wurde erstmals von einem amerikanischen Forscher entdeckt, Richard A. Lynch, der in den Akten des Collège de France eine Notiz hinterlegte, die das Datum des 12. Januar 1999 trägt; auch ein weiterer Forscher, Márcio Alves Da Fonseca, hat dies verifiziert und am 31. Januar 2000 im Fonds Michel Foucault dazu ebenfalls eine Aktennotiz hinterlassen. Intensive Nachforschungen im September 2010 bestätigen, dass die Aufnahme der Vorlesungen von 1973 am Collège de France nicht mehr vorhanden ist. Lange Bemühungen, Kopien der Aufnahmen wiederzufinden, waren vergeblich.[222] Dementsprechend gibt es heute kein Tonzeugnis der *Strafgesellschaft*.

Der Text wurde somit auf der Grundlage der Transkription erstellt, die Jacqueline Germé 1973 angefertigt hatte und die von Foucault offenbar durchgesehen wurde. Als Vorlage dienten dabei die Aufnahmen Gilbert Burlets, die heute verlorengegangen sind. Der gesamte Text wurde anhand der handschriftlichen Notizen Foucaults verifiziert und korrigiert. Wichtige Passagen des Manuskripts, die mit dem Typoskript nicht identisch waren, sowie Hinzufügungen gegenüber dem Typoskript werden in den Fußnoten genannt. Wegen des fehlenden Zugangs zu den Aufnahmen haben wir die Hervorhebungen des Typoskripts nicht in jedem Fall übernommen, es sei denn, ein Wort oder Ausdruck war auch im Manuskript hervorgehoben; hingegen haben wir alle Hervorhebungen des Manuskripts übertragen, selbst wenn sie im Typoskript nicht vorkamen, da wir dachten, das Manuskript – von der Hand Foucaults – sei dem Gestus Foucaults zwangsläufig getreuer. Ohne weitere Kennzeichnung haben wir auch die Anführungszeichen, die im Manuskript vorhanden waren, hinzugefügt.

---

222 Gilbert Burlet war bei der Suche nach diesen Kassetten eine große Unterstützung, und ich danke ihm dafür unendlich. Um mehr über seinen Beitrag im Umkreis Foucaults sowie über den Jacqueline Germés zu erfahren, vgl. D. Defert, Situation du cours, in: *Leçons sur la volonté de savoir*, S. 276, Fn. 63; dt.: Situierung der Vorlesungen, in: *Über den Willen zum Wissen*, S. 355, Fn. 63.

Mein Dank gilt Daniel Defert und François Ewald, den Mitgliedern des Herausgeberkomitees, Henri-Paul Fruchaud, Frédéric Gros und Michel Senellart, sowie Corentin Durand.
B. E. H.

Namenregister

Sachregister

Michel Foucault
Vorlesungen am Collège de France
im Suhrkamp Verlag

- **Über den Willen zum Wissen.** (1970-1971). Aus dem Französischen von Michael Bischoff. Gebunden. 394 Seiten
- **Die Macht der Psychiatrie.** (1973-1974). Aus dem Französischen von Claudia Brede-Konersmann und Jürgen Schröder. Gebunden. 595 Seiten
- **Die Anormalen.** (1974-1975). Aus dem Französischen von Michaela Ott und Konrad Honsel. Gebunden. stw 1853. 476 Seiten
- **In Verteidigung der Gesellschaft.** (1975-1976). Aus dem Französischen von Michaela Ott. Gebunden. 313 Seiten. stw 1585. 341 Seiten
- **Geschichte der Gouvernementalität I. Sicherheit, Territorium, Bevölkerung.** (1977-1978). Aus dem Französischen von Claudia Brede-Konersmann und Jürgen Schröder. stw 1808. 600 Seiten
- **Geschichte der Gouvernementalität II. Die Geburt der Biopolitik.** (1978-1979). Aus dem Französischen von Jürgen Schröder. stw 1809. 517 Seiten
- **Geschichte der Gouvernementalität I und II.** (1977-1979). Aus dem Französischen von Jürgen Schröder. stw 1808. 1136 Seiten
- **Die Regierung der Lebenden.** (1979-1980). Aus dem Französischen von Andrea Hemminger. Gebunden. 400 Seiten
- **Hermeneutik des Subjekts.** (1981-1982). Aus dem Französischen von Ulrike Bokelmann. Gebunden. stw 1935. 694 Seiten
- **Die Regierung des Selbst und der anderen.** (1982-1983). Aus dem Französischen von Jürgen Schröder. Gebunden. stw 2019. 505 Seiten

NF 1041/1/4.18

- **Die Regierung des Selbst und der anderen II. Der Mut zur Wahrheit.** (1983-1984). Aus dem Französischen von Jürgen Schröder. Gebunden. stw 2020. 478 Seiten
- **Die Regierung des Selbst und der anderen I und II.** (1982-1984). Aus dem Französischen von Jürgen Schröder. Broschur. 983 Seiten
- **Die Strafgesellschaft.** (1972-1973). Aus dem Französischen von Andrea Hemminger. Gebunden. 444 Seiten
- **Subjektivität und Wahrheit.** (1980-1981). Aus dem Französischen von Andrea Hemminger. Gebunden. 415 Seiten

NF 1041/2/4.18